KB194251

조선성리학의
사단칠정론 역사

이 저서는 2021년 대한민국 교육부와 한국연구재단의 지원을 받아 수행된 연구임(NRF-2021S1A6A4049308)

조선성리학의
사단칠정론 역사

안 유 경

박문사

서문

저자는 그동안 조선성리학의 사단칠정론에 대해 지속적인 관심을 가지고 연구해왔다. 조선성리학의 사단칠정론은 그것을 언급한 학자의 수나 이론의 규모로 보아 조선유학사의 가장 중심적인 연구 주제였다고 하는 데에는 이의가 없을 것이다.

아직도 한국철학사를 공부하는 학계의 많은 사람들이 조선유학사에서 전개된 퇴계학파의 율곡비판이나 율곡학파의 퇴계비판처럼 각자의 학연 또는 지연의 입장에서 상대방의 이론을 비판·배척하는 태도를 보인다. 퇴계를 공부하는 사람은 퇴계의 이론이 옳다고 하고, 율곡을 공부하는 사람은 율곡의 이론이 옳다고 한다.

분명한 것은 퇴계와 퇴계학파든 율곡과 율곡학파든, 그들의 이론은 당시 보편적 학문이던 성리학의 이기론적 체계로써 인간을 해석한 하나의 해석에 불과하다. 사단칠정론은 '정'이라는 개념으로 인간을 해석한 것이며, 이때 정은 심속에 내재하며 심의 작용으로 드러난 현상이니, 인간의 심을 해석한 심학(心學)에 다름 아니다. 이것은 18세기 인물성동이론에서 성이나 19세기 심설논쟁에서 심의 경우도 마찬가지다.

이러한 해석은 학자들의 주관성(또는 성향)에 따라 얼마든지 다양하게 해석될 수 있다. 이 책에서 다루는 조선유학자 45명의 사단칠정론 역시 학자마다 그 해석이 천차만별하다. 사단과 칠정의 개념을 어떻게 정의

하느냐에 따라, 또는 리와 기의 범주를 어떻게 규정하느냐에 따라 사단
칠정론의 내용이 얼마든지 다양하게 해석될 수 있다. 따라서 오늘날 학
계에서 자신이 연구하는 한 인물의 학설이 진실이고 전부라는 식의 해
석은 옳지 않다. 어떤 학자의 사단칠정론이든, 그것은 그 학자의 하나
의 해석일 뿐이다. 이것이 이 책을 저술하게 된 하나의 이유이다. 또한
문집 내용의 일부에 근거하여 그 학자가 '이발'을 주장했다거나 '기발'
을 주장했다는 식의 단장취의적 해석도 옳지 않다. 이것이 바로 이 책
을 저술하게 된 또 하나의 이유이다.

　이 책에서는 조선유학자 가운데 대표적인 45명을 선정하여 이들을
중심으로 사단칠정론의 이론적 특징을 고찰한 것이다. 무엇보다 사단
칠정론은 퇴계와 율곡 이후 퇴계학파와 율곡학파라는 양대 학파를 중
심으로 전개되며, 이들은 각각 스승의 학설을 옹호하기도 하고 비판하
기도 하면서 자신의 이론을 전개하는데, 이것은 그대로 한말(韓末)까지
지속된다. 이 과정에서 상대방 학파의 이론을 수용하는 절충적 양상을
보이기도 하는데, 이것이 바로 퇴계학파와 율곡학파를 중심으로 한말
까지 이어진 사단칠정론의 역사이다.

　또한 사단칠정론의 해석이 한말까지 지속될 수 있었던 이유는 학파적
전개라는 이유도 있지만, 무엇보다 성리학의 이론체계 속에서 사단과 칠

정에 대한 이론적 정합성을 확보하고 그 의미를 바르게 규명하기 위한 것이라 할 수 있다. 이들의 학설이 성리학적 사회질서 속에서 도덕적 기준을 세우는데 그 이론적 기반이 되기 때문이니, 예컨대 퇴계는 리가 발하여 생기는 사단의 선한 가치를 확충하고 기가 발하여 생기는 칠정의 불선한 가치를 절제함으로써 도덕적 기준을 세우려 한다면, 율곡은 칠정의 가치를 부정하지 않은 상태에서 도덕적 기준을 세우려 한다는 것이다. 결국 사단칠정론을 한 마디로 정의하면, 인간의 선악에 관한 논쟁이고, 어떻게 악을 이기고 선을 이룰 수 있는가의 논쟁이라 할 수 있다.

이 책의 출판을 계기로 조선성리학의 사단칠정론에 대한 보다 정확한 이해가 있기를 기대한다. 끝으로 이 책의 출판을 허락해주신 박문사 윤석현사장님과 멋진 책으로 편집해주신 편집부 최인노선생님께 감사의 인사를 드린다. 또한 항상 바르게 잘 자라주는 자랑스러운 두 아이 준우와 민우한테도 고마운 마음을 전하며, 그리고 지금의 저를 있게 해주신 아이들의 외할아버지(안국진님)와 할머니(이상숙님)께도 이 기회를 빌어서 진심으로 감사의 인사를 드린다.

2025. 04. 09.

안유경

목차

결론

사단칠정론의 사상사적 특징과 현대적 의미   657

사단칠정론의 발단

사단칠정론은 16세기 이황과 기대승에서 시작하지만, 그 발단은 14세기 권근(權近)으로 소급된다. 도설(圖說)의 형식은 그림과 간단한 해설로써 난해한 사상이론을 알기 쉽게 표현하는데 그 목적이 있다. 학문의 이론체계를 도설로 표현하려는 노력은 그 선구적 위치를 차지한 권근의 『입학도설(入學圖說)』(1390)을 시작으로, 그의 문인인 김반(金泮)의 『속입학도설(屬入學圖說)』과 조카인 권채(權採)의 「작성도(作聖圖)」 등에서 나타난다. 이후 김인후 · 정지운 · 이황의 「천명도」를 비롯하여 조선시대 많은 유학자들이 도설의 형식으로 자신의 학문세계를 표현해왔다. 이황과 기대승 사이에 일어났던 조선시대의 대표적인 철학논쟁인 사단칠정논변 역시 정지운이 그린 「천명도」에 이황이 수정하고, 이후 이황의 수정에 대해 기대승이 문제제기를 시작하면서 발단된 사실만 보더라도 도설의 학문적 영향을 짐작할 수 있다.

주돈이(周敦頤)의 「태극도」에는 무극이태극(無極而太極)으로부터 음양의 동정과 오행을 거쳐 만물이 생겨나는 우주의 생성과정을 그리고 있다. 다만 「태극도」에는 만물의 생성과정의 내용만 다루고 있을 뿐이고, 인간심성의 선악문제의 내용은 다루고 있지 않다.[1] 다시 말하면, 주돈

---

1 물론 주돈이의 「태극도설」에는 우주생성의 과정 외에 인간심성의 善惡문제에 대한 해설이 들어있다. "오직 사람만이 그 빼어남을 얻어 가장 영특하다. 형체가 이미 생기니 정신이 지각을 드러낸다. 오성이 감응하여 움직이니 선악이 갈라지고 온갖 일이 생겨난다. 성인은 자신을 中正과 仁義로서 규정하고 靜을 주로 하여 사람의 법칙을 세운다."(『周子全書』卷1,「太極圖說」, "惟人也, 得其秀而最靈. 形旣生矣, 神發知矣. 五性感動而善惡分, 萬事出矣. 聖人定之以中正仁義, 而主靜立人極焉.") 그러나 「태극도」에는 만물의 생성과정을 다룬 天道의 내용만이 그려져 있다.

이의 「태극도」에는 천도(天道)와 인도(人道)가 어떻게 연결되며 어떠한 관계 속에 있는지가 그림으로 표시되어 있지 않다. 이와 달리 조선유학자들은 천도와 인도가 어떻게 연결되고 인도가 어떻게 천도와 합일될 수 있는지에 주목하고, 이것을 그대로 그림으로 표현한다. 그 중에서 가장 대표적인 것이 권근·김인후·정지운·이황으로 이어지는 「천명도」이다. 특히 「천명도」에서는 천인관계를 중심으로 인간심성의 선악 문제에 관심이 집중되어 있다. 인간이 누구나 천명에 의해 선한 성을 가지고 태어난다면, 어째서 현실세계에 악이 존재하는가라는 문제의식에서 출발한다.

이러한 천인관계를 다룬 도설로는 권근의 「천인심성합일지도(天人心性合一之圖)」(『입학도설』)가 그 시원을 열고, 이어서 김인후의 「천명도」, 정지운의 「천명구도」, 이황의 「천명신도」가 차례로 나온다. 이들의 「천명도」에서 다룬 인간심성의 선악문제, 즉 사단칠정의 문제는 최종적으로 이황의 「심통성정도」(『성학십도』)에서 종합된다. 이렇게 보면, 권근으로부터 시작된 천명·심성·선악의 도설적 표현은 이황의 「심통성정도」에 이르러서 일단락된 것으로 볼 수 있다.

(1) 권근의 「천인심성합일지도」2

권근은 이 그림에서 천(天)·명(命)·이지원(理之源)·성(性)을 한 줄로 연결시켜, 인간의 성이 천명에 따른 리에 근원한다는 사실을 밝히고 있

---

2 권근(權近, 1352~1409)은 『입학도설』의 첫머리에 「天人心性合一之圖」를 그리고, 그 이유를 다음과 같이 설명한다. 「天人心性合一之圖」는 주돈이의 「태극도」와 주자의 '天命之謂性'에 대한 『중용장구』의 해석에 근거하여 인간의 심성 위에서 이기·선악의 차이를 밝혀서 배우는 자에게 보여주려는 것이다.(『入學圖說』, 「天人心性合一之圖」, "右圖謹依周子太極圖, 及朱子中庸章句之說, 就人心性上, 以明理氣善惡之殊, 以示學者.")

는데, 이것이 바로 맹자가 말한 성선설(性善說)이요 주자가 말한 성즉리(性卽理)의 내용이다. 이 그림의 중요한 특징은 리(성)에 근원하는 측은·수오·사양·시비의 사단과 기에 근원하는 희·로·애·구·애·오·욕의 칠정을 분명히 구분하고 있다는 점이다. 이것은 이후 조선유학자들에 의해 사단칠정논변이 일어나는 단서가 이미 권근의 「천인심성합일지도」속에 내재하고 있다는 것을 의미한다.

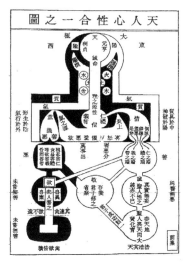

권근의 天人心性合一之道(入學圖說所藏)

(2) 김인후의 「천명도」[3]

김인후의 「천명도」에는 사단과 칠정의 이기론적 해석이 들어있지 않다. 그렇다고 정에 대한 해석이 전혀 없는 것도 아니다. 김인후가 말하는 정이란 칠정 하나를 가리키며, 이 정의 중절 여부로서 선악이 결정된다. 정이 중절하면 선이 되고 중절하지 못하면 악이 되니, 김인후가 보기에는 권근처럼 사단과 칠정을 굳이 이지원(理之源)과 기지원(氣之源)으로 분속시켜 해석할 필요를 느끼지 못하였을 것이다. 이러한 사고는

---

3 김인후(金麟厚, 1510~1560)의 「천명도」(1549)는 정지운의 「천명도」(「天命圖解」 본)속에 수록되어 있다. 김인후가 정지운의 「천명도」를 보아주다가 자신의 「천명도」를 그렸던 것으로 보인다. 이것은 이황이 정지운의 「천명도」를 수정해주다가 자신의 「天命新圖」(1553)를 그린 것과 같은 맥락이다.

이후 이이(또는 기대승)가 '정이 란 칠정 하나이고, 그 가운데 중절(선)한 부분만을 사단이 다'고 보는 해석과 유사하다. 결국 김인후의 「천명도」는 후 에 이이와 율곡학파 사단칠정 론의 전형을 이루었다고 할 수 있을 것이다.

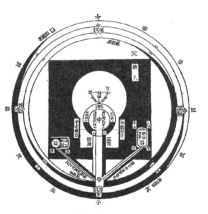

김인후의 天命圖

(3) 정지운의 「천명도」[4]

정지운은 '성발위정'에 따 라 사단과 칠정을 모두 선기 (善幾)로 연결시키면서, 또한 '사단발어리(四端發於理) 칠정발 어기(七情發於氣)'라는 서로 다른 정으로 구분한다. 이것은 이 후 사단과 칠정을 '지나치게 리와 기로 분속시킨다'는 이 황의 지적을 받아 수정되지

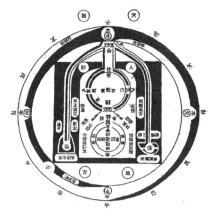

정지운의 天命舊圖(退溪全書所藏)

만, 사단칠정논변이 일어나게 되는 중요한 원인으로 작용한다. 여기에

---

4 정지운(鄭之雲, 1509~1561)이 처음에 그린 도설은 「天命圖解」(1543)이다. 후에 정 지운은 이황과의 논의를 통하여 그 그림에서 몇 가지 수정을 거치고 「天命圖說」 (1553)을 완성한다. 오늘날 전해오는 「天命圖說」본의 「天命新圖」와 「天命舊圖」 중에 「天命新圖」는 이황이 정정한 것이고, 「天命舊圖」는 이황이 정정하기 이전에 정지운이 지은 것으로 알려져 있다. 사실 「天命舊圖」는 정지운의 작품으로 보지 만, 이황과의 여러 차례 수정과정을 거쳤기 때문에 이황의 생각이 많이 반영된 그 림이다.

서 또 하나 중요한 문제가 제기될 수 있으니, 사단과 칠정을 모두 '선기'에서 나온 하나의 정으로 보아야 할 것인지, 아니면 리에서 발한 사단과 기에서 발한 칠정으로 서로 다른 정으로 보아야 하는 것인지이다. 전자를 강조한 것이 이이의 사단칠정론이라면, 후자를 강조한 것은 이황의 사단칠정론이라 하겠다.

(4) 이황의 「천명신도」[5]

정지운의 「천명구도」에서는 사단과 칠정을 두 겹의 원으로 그려서 영역을 달리하고 있으나, 「천명신도」에서는 한 겹의 원 속에다 사단과 칠정을 함께 표시함으로써 둘 사이의 구분을 없애고 있다. 물론 이것은 「천명구도」에서 '사단발어리(四端發於理), 칠정발어기(七情發於氣)'라고 하여 사

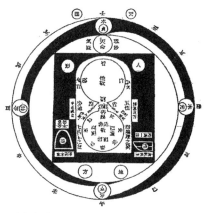

이황에 의해서 수정된 天命新圖(退溪全書所藏)

단과 칠정을 지나치게 리와 기에 분속시키는 것을 경계하기 위한 표현이다.

이어서 이러한 경계를 좀 더 구체화하여 그 옆에다 각각 사단은 리가 발한 것이고 칠정은 기가 발한 것이라는 '사단이지발(四端理之發), 칠정기지발(七情氣之發)'이라고 표시한다. 이것은 사단과 칠정을 지나치게 리와 기에 분속시키는 것을 경계하는 뜻에서 나온 표현이다. 그렇지만

5 이황(李滉, 1502~1571)의 「天命新圖」에도 여러 판본이 있으나, 『퇴계전서』에 실려있는 것을 기준으로 한다.

이황의 이러한 표현 역시 사단과 칠정을 리(理之發)와 기(氣之發)로 분속시키는데서 크게 벗어나지 못한다. '발어리(發於理)'와 '이지발(理之發)'은 모두 리에 근원한다는 의미이고, '발어기(發於氣)'와 '기지발(氣之發)'은 모두 기에 근원한다는 의미이기 때문이다. 때문에 이후에 기대승이 이 문제에 대해 이의를 제기하면서 본격적인 논변이 전개되는데, 이것이 바로 '사단칠정논변'이다.

(5) 이황의 「심통성정도」[6]

이황은 성이 정으로 드러나는 심의 양상을 이기론적 구조 속에서 두 가지 입장으로 분석한다. 중도에서는 '성발위정'의 명제에 근거하여 사단과 칠정이 모두 성이 발한 하나의 정으로 해석하지만, 하도에서는 사단과 칠정을 '이발(理發而氣隨之)'과 '기발(氣發而理乘之)'로 상대시켜 서로 다른 정으로 해석한다. 전자는 사단과 칠정이 모두 성

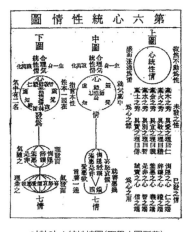

이황의 心統性情圖(聖學十圖所藏)

이 발한 것이므로 선악의 방면에서 질적인 차이가 없지만, 후자는 사단=이발=선, 칠정=기발=유선악이라는 질적인 차이가 존재한다.

---

6 「心統性情圖」는 이황이 1553년 정지운의 「천명도」를 수정하면서 규정한 사단칠정의 해석에 발단하고, 그 후 8년간(1559~1566)에 걸친 기대승과의 사단칠정논쟁을 포함한 성리학 탐구의 오랜 역정에 따른 총체적 입장이 함축되어 있다. 비록 「心統性情圖」가 천인관계를 다룬 「천명도」는 아니지만, 人道에 해당하는 心性부분의 요체를 다루고 있기 때문에 「천명도」의 연장도설로 볼 수 있다.

또한 이황은 이들을 리와 기의 불상잡(不相雜)과 불상리(不相離)의 관계로도 설명한다. 중도가 '불상잡'의 관점에서 성과 정의 순선한 본래의 모습을 설명한 것이라면, 하도는 '불상리'의 관점에서 성이 정으로 드러나는 과정에서 선악이 혼재하는 현실적 모습을 설명한 것이다. 중도에서처럼 '기품 속에서 성만을 가리켜서 말하지 않는다면' 성의 본래 선함을 드러내지 못할 것이며, 하도에서처럼 '기질 속에서 성을 말하지 않는다면' 선악이 혼재하는 현실의 다양성을 반영하지 못할 것이다. 이 때문에 중도에서는 리(성)만을 가리켜서 말한 것이고, 하도에서는 리와 기를 합쳐서 말한 것이다. 여기에서 이황 사단칠정론의 요지가 주로 하도의 문제라고 하더라도, 중도와 하도를 통해 사단과 칠정의 이기론적 해석에서 나타날 수 있는 두 가지 관점을 동시에 포용하는 사실을 확인할 수 있다.

이렇게 볼 때, 이러한 「천명도」의 흐름은 권근의 「천인심성합일지도」를 시작으로 김인후·정지운·이황의 「천명도」로 이어지며, 최종적으로는 이황의 「심통성정도」에서 종합된다. 사단칠정론에 대한 해석 역시 다양한 변화를 보인다. 권근은 사단과 칠정을 리에 근원하는 이지원(理之源)과 기에 근원하는 기지원(氣之源)으로 둘을 분명히 구분한다. 정지운은 이러한 구분을 좀 더 구체화하여 '사단발어리(四端發於理) 칠정발어기(七情發於氣)'로 규정한다. 이황은 정지운의 '사단발어리 칠정발어기'의 표현이 사단과 칠정을 지나치게 리와 기로 분속시키는 폐단을 염려하여 '사단이지발(四端理之發) 칠정기지발(七情氣之發)'로 수정한다. 그럼에도 이 또한 사단과 칠정을 리와 기로 분속시킨다는 기대승의 비판에 직면하여 사단과 칠정을 각각 '이발이기수지(理發而氣隨之) 기발이이승지(氣發而理乘之)'로 최종 확정한다.

한편 김인후의 「천명도」에는 사단과 칠정에 대한 이기론적 해석이 없고, 다만 정의 중절(中節) 여부로 선악을 설명할 뿐이다. 사단에 대한 별도의 언급이 없으니, 이때의 정은 칠정 하나를 가리킨다. 결국 정은 칠정 하나이며, 이 가운데 중절한 것이 사단이라는 의미이다. 이러한 해석은 이이가 칠정의 중절 또는 칠정의 선한 부분만을 사단으로 설명하는 것과 유사하다. 다시 말하면, 권근·정지운·이황의 「천명도」는 이황처럼 사단과 칠정을 리와 기로 상대시켜 해석하는 구조라면, 김인후의 「천명도」는 이이처럼 사단과 칠정을 중절 여부로 해석하는 구조라고 하겠다. 이렇게 볼 때, 「천명도」의 전개과정이 조선성리학 사단칠정론의 발단을 이해하는 중요한 자료가 된다는 사실을 확인할 수 있다.

이 글은 「천명도설의 결정체, 심통성정도(성학십도)」(『유교사상문화연구』60, 한국유교학회, 2015)의 내용을 일부 수정·보완한 것이다.

사단칠정논변과 그 전개:

조선유학자들의 사단칠정론

01

이황(李滉)의 사단칠정론

이황과 기대승 사이에 전개된 사단칠정논변의 발단은 정지운(鄭之雲)의 「천명도」를 이황이 수정하면서 비롯된다. 본래 정지운은 동생 정지림(鄭之霖)을 가르치기 위해 「천명도」를 작성하는데, 그것이 「천명구도(天命舊圖)」이다.

이후 이황이 정지운의 「천명도」를 보고서 그 내용 중에 잘못된 점이 있음을 발견하고, 내용을 수정할 것을 권한다. 특히 정지운이 '사단발어리(四端發於理) 칠정발어기(七情發於氣)'라고 작성했던 부분을 '사단이지발(四端理之發) 칠정기지발(七情氣之發)'로 고치도록 하였는데, 이것이 「천명신도(天命新圖)」이다.[7]

그렇지만 「천명신도」의 내용 역시 학자들 사이에 많은 논란이 제기된다. '사단이지발(四端理之發) 칠정기지발(七情氣之發)'이라는 표현이 사

7 정지운은 1537년(중종 32)에 『性理大全』에 있는 주자의 설과 그 밖의 여러 설을 참고하여 그림(圖)을 그리고 거기에 해설을 더해 「천명도」를 저술한다. 그 뒤 정지운은 이황에게 이 도설을 정정해줄 것을 청하고, 이황은 1553년(명종 8)에 정지운의 「천명도」를 개정하여 새로운 「천명도」를 작성하는데, 수정하기 이전에 정지운이 그린 것을 「天命舊圖」라 하고 이황이 수정한 것을 「天命新圖」라 한다.

단과 칠정을 지나치게 리와 기로 분별하는 느낌이 강하다는 것이다. 「천명신도」를 작성한지 6년이 지난 뒤에, 기대승이 이황에게 이 문제에 대해 이의를 제기하면서 본격적인 논변이 전개된다.

'사단이지발 칠정기지발'이 사단과 칠정을 지나치게 리와 기로 분속시킨다는 기대승의 지적에 따라, 이황은 "사단의 발함은 순수한 리이기 때문에 선하지 않음이 없고, 칠정의 발함은 기를 겸했기 때문에 선악이 있다"[8]라고 수정한다. 이황의 생각에도 분별한 것이 너무 심하여 혹 논쟁의 단서를 불러일으킬까 염려되었기 때문에 순선(純善)·겸기(兼氣) 등의 말로 고치고[9], 이어서 이러한 수정은 어디까지나 "서로 도와서 강론하여 밝히려는 것일 뿐이지, 고친 말에 허물이 없다는 것은 아니다"[10]라고 해명한다. 이황의 수정이 정답임을 고집하는 것은 아니라는 말이다. 이로부터 기대승과의 논변이 전개된다.

이황(李滉, 1501~1570)[11]의 사단칠정론은 "사단도 정이고 칠정도 정으로 똑같은 정인데, 어째서 사단과 칠정이라는 다른 명칭이 있겠는가?"[12]에 대한 질문으로 시작된다. 이것은 사단과 칠정의 명칭이 각각 따로 있으므로 둘을 서로 다른 정으로 구분해보아야 한다는 말이다. 만약 기대승의 말처럼, 칠정 밖에 다시 사단이 있는 것이 아니므로 사단과 칠정에 본래 다른 뜻이 있는 것이 아니라면, 어찌 다른 명칭이 있을 수 있겠는

---

8 『退溪集』卷16, 「與奇明彦大升(己未)」, "四端之發純理, 故無不善, 七情之發兼氣, 故有善惡."

9 『退溪集』卷16, 「答奇明彦(論四端七情 第1書)」, "往年鄭生之作圖也, 有四端發於理, 七情發於氣之說, 愚意亦恐其分別太甚, 或致爭端, 故改下純善兼氣等語."

10 같은 곳, "蓋欲相資以講明, 非謂其言之無疵也."

11 이황의 본관은 眞寶, 자는 景浩, 호는 退溪, 시호는 文純이다. 경북 안동 출신으로, 영남학파의 종주이다. 저서로는 『퇴계전서』·『성학십도』 등이 있다.

12 『退溪集』卷16, 「答奇明彦(論四端七情 第1書)」, "夫四端情也, 七情情也, 均是情也, 何以有四七之異名耶."

가?[13] 결국 사단과 칠정이라는 다른 명칭이 있는 것은 다른 뜻이 있다는 것을 의미한다. 이어서 이황은 다른 뜻이 있게 된 이유를 '나아가 말한 것이 다르기 때문'이라고 설명한다.

> 대개 리와 기는 본래 서로 기다려서 체(體)가 되고 서로 기다려서 용(用)이 되니, 진실로 리 없는 기가 없고 기 없는 리도 없다. 그러나 나아가서 말한 것이 다르니, 또한 구별이 없을 수 없다.[14]

사단에도 기가 없는 것이 아니고 칠정에도 리가 없는 것은 아니지만, 사단과 칠정에 구별이 없을 수 없는 것은 '나아가서 말한 것이 다르다.' 그 이유로써 사단의 경우 "사단이 발하는데 진실로 기가 없을 수 없다고 하지만, 맹자가 가리킨 것은 실제로 기에서 발한 것에 있지 않다. 만약 기를 겸하여 가리킨다고 하면 이미 더 이상 사단이라고 말할 수 없다."[15] 이 말에서 이황의 사단에 대한 해석을 분명히 엿볼 수 있다. 사단도 비록 기를 탄다고 말할 수 있으나, 맹자가 가리킨 것은 기를 타는데 있지 않고 오직 순수한 리가 발하는데 있다.[16] 사단도 정인 이상 리와 기를 겸하지만 즉 기가 없을 수 없지만, 사단은 기를 겸하여 말하는데 있는 것이 아니라는 것이다.

때문에 기대승의 '사단에도 부중절(不中節)이 있다'는 말에 대해서도, 이황은 비록 새로운 이론 같지만 맹자의 본뜻이 아니라고 일축한다. 맹

---

13 『退溪集』卷16, 「答奇明彦(論四端七情 第2書)」, "若本無所異, 則安有異名乎?"
14 『退溪集』卷16, 「答奇明彦(論四端七情 第1書)」, "蓋理之與氣, 本相須以爲體, 相待以爲用, 固未有無理之氣, 亦未有無氣之理. 然而所就而言之不同, 則亦不容無別."
15 『退溪集』卷16, 「答奇明彦(論四端七情 第2書)」, "四端之發, 固非無氣, 然孟子之所指, 實不在發於氣處. 若曰兼指氣, 則已非復四端之謂矣."
16 같은 곳, "四端雖云乘氣, 然孟子所指, 不在乘氣處, 只在純理發處."

자의 뜻은 인·의·예·지에서 발하는 것을 가리켜서 말한 것으로써 성이 본래 선하기 때문에 정도 선하다는 뜻을 나타냈을 뿐이다.[17] 따라서 수오(羞惡)해서는 안될 때 수오하고 시비(是非)해서는 안될 때 시비하는 것과 같은 것은 사단의 문제가 아니라 기질이 어두워서 그러한 것이니, 이러한 말로써 리(천리)에서 발하는 사단을 어지럽힐 수 있겠느냐는 것이다.[18]

칠정[19]의 경우도, 칠정이 비록 리와 기를 겸하지만, 리는 약하고 기는 강하여 그것을 단속할 수 없어서 쉽게 악으로 흐르기 때문에 기가 발한 것이라 한다.[20] 때문에 기가 발하는 것이 비록 본래 선할지라도 쉽게 악으로 흐른다고 말할 뿐이다.[21]

사단과 칠정에 대한 이러한 기본적 이해에 근거하여, 이황은 사단과 칠정의 명칭이 각각 따로 있다고 강조한다. 비록 사단과 칠정이 모두 리와 기를 겸할지라도, 사단은 순수한 리만을 말한 것이고, 칠정은 형기에 감응하여(매개되어) 악으로 흐르기 쉬운 것이므로 둘은 분명히 구분되어야 한다. 이처럼 사단과 칠정에는 각각의 뜻이 따로 있으니 섞어서 하나의 설로 만들어서는 안 된다.[22] 기대승의 말처럼, 칠정의 중절한

---

17 『退溪集』卷16,「答奇明彦(論四端七情 第2書)·後論」, "且四端亦有不中節之論, 雖甚新, 然亦非孟子本旨也. 孟子之意, 但指其粹然從仁義禮智上發出底說來, 以見性本善, 故情亦善之意而已."

18 같은 곳, "夫人羞惡其所不當羞惡, 是非其所不當是非, 皆其氣昏使然. 何可指此儳說以亂於四端粹然天理之發乎?"

19 기대승의 이황비판의 핵심은 칠정을 氣發로 보는데 있다. 이황과 마찬가지로 기대승도 사단을 理發로 보는 데는 동의한다. 그렇지만 칠정을 氣發로 보는 데는 결코 동의하지 않는다. 칠정은 리와 기를 겸하기 때문에 氣發로 볼 수 없다는 것이다. 왜냐하면 칠정의 中節한 것이 사단으로, 칠정이 사단을 포함하기 때문이다.

20 『退溪集』卷17,「附奇明彦四端七情總論」, "七情雖兼理氣, 而理弱氣强, 管攝他不得, 而易流於惡, 故謂之氣之發也."

21 『退溪集』卷16,「答奇明彦(論四端七情 第2書)」, "正緣氣之所發, 雖本善而易流於惡故然耳."

것이 사단이 아니라 사단은 사단이고 칠정은 칠정으로 둘은 서로 다른 정이라는 말이다.

이어서 이황은 사단과 칠정을 둘로 구분해서 보아야 하는 근거로서 성에 이미 본연지성과 기질지성의 구분이 있다고 설명한다. 여기에서 "정에 사단과 칠정의 구분이 있는 것은 성에 본연과 기품의 차이가 있는 것과 같다"[23]라는 이황의 표현이 등장한다.

> 또한 '성' 한 글자를 가지고 말하더라도 자사가 말한 '천명의 성'과 맹자가 말한 '성선의 성'의 이 두 '성'자가 가리켜서 말한 것이 어디에 있겠는가? 리와 기가 부여된 속에 나아가 이 리의 근원이 되는 본원처를 가리켜서 말한 것이 아니겠는가? 그 가리킨 것이 리에 있고 기에 있지 않기 때문에 '순선하고 악이 없다'고 할 수 있을 뿐이다. 만약 리와 기는 서로 떨어지지 않기 때문에 기를 겸하여 말하고자 하면, 이미 성의 본연이 아니다.[24]

비록 '성'이라는 글자에 이미 리와 기가 함께 부여되어 있더라도, '천명의 성'과 '성선의 성'과 같은 것은 리와 기가 부여된 속에 나아가 리의 본원처만을 가리켜서 말한 것이다. 그 이유는 진실로 기를 섞어서 성을 말하면, 성의 본래 선함을 나타낼 수 없기 때문이다.[25] 물론 후대에 정이

---

22 『退溪集』卷17, 「附奇明彦四端七情總論」, "蓋七情四端之說, 各是發明一義, 恐不可滾合爲一說."

23 『退溪集』卷16, 「答奇明彦(論四端七情 第2書)」, "故愚嘗妄以爲情之有四端七情之分, 猶性之有本性氣禀之異也."

24 『退溪集』卷16, 「答奇明彦(論四端七情 第1書)」, "且以性之一字言之, 子思所謂天命之性, 孟子所謂性善之性, 此二性字, 所指而言者何在乎? 將非就理氣賦與之中, 而指此理源頭本然處言之乎. 由其所指者在理不在氣, 故可謂之純善無惡耳. 若以理氣不相離之故, 而欲兼氣爲說, 則已不是性之本然矣."

25 『退溪集』卷16, 「答奇明彦(論四端七情 第2書)」, "誠以爲雜氣而言性, 則無以見性

(程頤)나 장재(張載)가 기품을 가리켜서 기질지성을 말하기도 하지만, 리만을 가리켜서 말한 본연지성과는 구분되어야 한다. 이것은 성도 본연지성과 기질지성으로 나누어 볼 수 있듯이, 정도 사단과 칠정으로 구분할 수 있다는 말이다.

'천명의 성'이나 '성선의 성'과 마찬가지로, 사단 역시 리만을 가리켜서 말한 것은 기를 섞어서 말하면 사단의 순수한 선을 드러낼 수 없기 때문이다. 성에서도 이미 리와 기로 나누어 말할 수 있는데, 정에서만 유독 리와 기로 나누어 말할 수 없겠느냐는 의미이다.[26] 여기에서 이황의 소종래(所從來)에 대한 이론이 전개된다.

> 측은·수오·사양·시비는 어디에서 발하는가? 인·의·예·지의 성에서 발할 뿐이다. 희·로·애·구·애·오·욕이 어디에서 발하는가? 바깥 사물(外物)[27]이 형기에 감촉함에 속에서 움직여서 대상에 따라 나올 뿐이다.[28]

이황은 "사단은 인·의·예·지의 성에서 발한 것이고 칠정은 형기를 따라 나온 것이다"라고 하여 사단과 칠정의 발출근원, 즉 소종래를 성(리)과 형기(기)로 구분한다. 이렇게 볼 때, 비록 사단과 칠정이 모두

之本善故也."

26 같은 곳, "然則其於性也, 旣可以理氣分言之, 至於情, 獨不可以理氣分言之乎?"

27 『孟子』, 「告子(上)」, "耳目之官不思, 而蔽於物, 物交物, 則引之而已矣." 이것은 耳目의 기관은 생각하지 못하여 바깥 사물(物)에 가려지니 바깥 사물이 물건(이목)과 사귀면 거기에 끌려갈 뿐이다. 여기에서 '바깥 사물'은 바로 맹자가 말한 '物'의 의미이다.

28 『退溪集』卷16, 「答奇明彦(論四端七情 第1書)」, "惻隱羞惡辭讓是非, 何從而發乎. 發於仁義禮智之性焉爾. 喜怒哀懼愛惡欲, 何從而發乎. 外物觸其形而動於中, 緣境而出焉爾."

리와 기에서 벗어나지 않는다고 할지라도, 그 소종래에 따라 각각 주로 하는 바와 중시하는 바를 가리켜서 말한다면, 어떤 것은 리가 되고 어떤 것은 기가 된다고 말할 수 있으니 어찌 불가함이 있겠는가.[29] 즉 사단은 리가 되고 칠정은 기가 된다고 말할 수 있다.

맹자가 선한 부분만을 가리켜서 말하였으니, 사단의 소종래가 이미 리라면 칠정의 소종래는 기가 아니고 무엇이겠는가?[30] 이것은 사단과 칠정을 각각 리와 기에 분속시켜 설명한 것이니, 사단은 리에서 발한 것이고 칠정은 기(형기)에서 발한 것이라는 말에 다름 아니다. 그러나 기대승은 사단과 칠정이 모두 리와 기를 겸하므로 리와 기로 분속해서는 안 된다고 주장한다. 사단을 리에 분속시키는 것은 그럴 수도 있다지만, 칠정은 리와 기를 겸하기 때문에 절대로 기에 분속시킬 수 없다는 입장이다. 여기에서 이황의 주리(主理)·주기(主氣)의 논리가 등장한다.

사단이 발한 것을 맹자가 이미 심이라 하였으니, 심은 진실로 리와 기가 합한 것이다. 그러나 가리켜서 말한 것이 리를 주로 하는 것은 무엇 때문인가? 인·의·예·지의 성이 순수하게 속에 있고 네 가지는 그 단서이기 때문이다. 칠정이 발하는 것을 주자가 '본래 당연한 법칙이 있다'고 하였으니, 리가 없는 것이 아니다. 그러나 가리켜서 말한 것이 기에 있는 것은 무엇 때문인가? 바깥 사물이 오면 쉽게 감응하고 먼저 움직이는 것이 형기만한 것이 없는데, 일곱 가지가 그 싹이기 때문이다.[31]

---

29 같은 곳, "由是觀之, 二者雖曰皆不外乎理氣, 而因其所從來, 各指其所主與所重而言之, 則謂之某爲理, 某爲氣, 何不可之有乎."
30 『退溪集』卷16, 「答奇明彦(論四端七情 第2書)」, "四之所從來旣是理, 七之所從來非氣而何."
31 『退溪集』卷16, 「四端七情分理氣辯」, "四端之發, 孟子旣謂之心, 則心固理氣之合也, 然而所指而言者, 則主於理, 何也? 仁義禮智之性, 粹然在中, 而四者其端緒也.

사단에도 기가 없는 것이 아니고 칠정에도 리가 없는 것은 아니지만, 사단은 리를 주로 하여 말한 것이고 칠정은 기를 주로 하여 말한 것이다. 왜냐하면 사단은 마음속에 있는 인·의·예·지인 성(리)의 단서이기 때문이며, 칠정은 바깥 사물에 쉽게 감응하는 형기(기)의 싹이기 때문이다. 이것을 선악으로 표현하면, 사단은 성의 단서이기 때문에 선하고 칠정은 형기의 싹이기 때문에 쉽게 악으로 흐른다는 것이다.

성의 단서인 사단은 리를 주로 하여 말한 것이므로 주리(主理)가 되고, 형기의 싹인 칠정은 기를 주로 하여 말한 것이므로 주기(主氣)가 된다. '주리'이기 때문에 사단의 소종래는 리가 되고, '주기'이기 때문에 칠정의 소종래는 기가 된다. 그렇지만 기대승은 "각각 소종래가 있다는 말은 근원이 같지 않다는 것인데, 사단과 칠정이 모두 성에서 발하므로 각각 소종래가 있다고 하면 옳겠는가"[32]라고 비판한다.

물론 이러한 주리·주기는 리와 기를 분리시켜 보는 분별설의 관점에 따른 것으로써, 여기에서 이황의 분별설을 강조하는 논리가 전개된다.[33] 이어서 이황은 비록 일물(一物)이 혼재하지만, 리와 기로 분별해서 말할 수 있다는 분별설의 타당성을 주돈이의 「태극도」로써 설명한다.

七情之發, 朱子謂本有當然之則, 則非無理也, 然而所指而言者則在乎氣, 何也. 外物之來, 易感而先動者莫如形氣, 而七者其苗脈也."

32 『高峯集』, 「論四端七情書」, "夫謂之各有所從來者, 謂其原頭發端之不同也. 四端七情, 俱發於性, 而謂之各有所從來, 可乎."

33 主理·主氣는 분별설의 인식방법이다. 현실적으로 리와 기는 혼륜하여 섞여있어 서로 분리될 수 없지만 혼륜하여 섞여있는 속에 나아가 분리시켜 말할 수 있으니, 이것이 바로 분별설의 논리이다. 그러므로 분별설이란 리와 기의 혼륜한 관계를 전제로 전개되는 하나의 인식방법이다. 물론 이러한 사고는 어디까지나 논리적 또는 이론적으로만 가능하다. 현실적으로 리와 기는 서로 분리될 수 없는 관계에 있는 것이지만, 이들을 분리시켜 설명하므로 논리적 관점이라고 말하는 것이다. 분별설의 논리에서는 리는 리이고 기는 기로써 둘의 구분이 가능하다. 따라서 리만을 주로 해서 말하거나 기만을 주로 해서 말하는 主理·主氣의 인식방법은 분별설의 논리에서는 가능하다.

"만약 선유들이 분석의 폐단을 우려했다면 주렴계의 「태극도」에서 태극권을 음양의 위에 두지 않았을 것이고, 이미 위에 태극이 있으니 가운데에 태극을 두지 않았을 것이며, 오행권도 음양의 아래에 두지 않았을 것이다."[34] 「태극도」에서 태극은 리이고 음양은 기로서 리와 기는 진실로 떨어지지 않지만, 태극권 · 음양권 · 오행권 등으로 나누어 말할 수 있다. 마찬가지로 리와 기가 일물(一物)이니 분리시킬 수 없다면, 주돈이의 「태극도」는 두 번째 음양권만 있으면 족하거늘 굳이 첫 번째 태극권을 왜 두었겠냐는 것이다. 이러한 사실 하나만 보더라도 비록 리와 기가 일물(一物)이라 하더라도 분리시켜 볼 수 있으며, 하나의 정이라도 리를 주로 하는 사단과 기를 주로 하는 칠정으로 구분해 볼 수 있다. 이것이 바로 선유들의 사물에 대한 인식방법이라는 것이다.

> 대개 혼륜하여 말하면 칠정이 이기를 겸하는 것은 많은 말을 기다리지 않고도 분명하다. 만일 칠정을 사단과 상대시켜 각각 구분하여 말하면 기에 대한 칠정은 리에 대한 사단과 같으니, 그 발하는 것이 각각 혈맥이 있고 그 이름이 모두 가리키는 바가 있다. 그러므로 주로 하는 바를 따라서 〈리와 기로〉분속할 수 있다.[35]

분별설의 관점에서는 사단과 칠정을 주리 · 주기로 구분해볼 수 있다. 물론 주리 · 주기라는 표현도 혼륜하여 말할 때는 이러한 구분이 있

---

34 『退溪集』卷16, 「答奇明彦(論四端七情 第2書) · 後論」, "若爲不知者而慮其分析之弊, 則濂溪之圖, 不應挑出太極圈在陰陽之上矣; 旣有在上之太極, 不應復有在中之太極矣; 五行之圈, 又不應置在陰陽之下矣."
35 『退溪集』卷16, 「答奇明彦(論四端七情 第2書)」, "蓋渾淪而言, 則七情兼理氣, 不待多言而明矣. 若以七情對四端, 而各以其分言之, 七情之於氣, 猶四端之於理也, 其發各有血脈, 其名皆有所指. 故可隨其所主而分屬之耳."

을 수 없고, 다만 분별하여 말할 때만이 이러한 구분이 있을 뿐이다.[36] 따라서 분별설의 관점에서는 주리·주기의 논리에 따라 사단은 리에, 칠정은 기에 각각 분속시킬 수 있다. 왜냐하면 비록 칠정이 리와 기를 겸할지라도 사단과 상대시켜 말하면, 기에 대한 칠정은 리에 대한 사단과 같기 때문이다.

이어서 이황은 이러한 주리·주기의 논리로써 이발·기발(이기호발설)의 타당성을 설명한다.

> 천지지성은 전적으로 리만을 가리킨 것인데, 모르겠으나 이때도 다만 리만 있고 여전히 기는 없는 것인가? 천하에 기 없는 리가 없으니 단지 리만 있는 것은 아니지만, 그런데도 오히려 전적으로 리만을 가리켜서 말할 수 있다. 그렇다면 기질지성이 비록 리와 기가 섞여있을지라도 어찌 기만을 가리켜서 말할 수 없겠는가? 하나는 리가 주가 되기 때문에 리에 나아가 말하였고, 하나는 기가 주가 되기 때문에 기에 나아가서 말하였을 뿐이다. 사단에 기가 없는 것이 아니지만 '리가 발한 것'이라고 하고, 칠정에 리가 없는 것이 아니지만 '기가 발한 것'이라고 한 것은 그 뜻이 이와 같은 것이다.[37]

이기를 겸하고 선악이 있는 것은 정뿐만 아니라 성도 그러하다. 왜냐하면 성도 엄밀히 말하자면, 리가 기질(기) 속에 떨어진 이후를 '성'이라

---

36 『退溪集』卷17, 「答奇明彦(論四端七情　第3書)」, "渾淪言之, 安有主理主氣之分. 由對擧分別言時, 有此分耳."

37 『退溪集』卷16, 「答奇明彦(論四端七情　第2書)」, "天地之性固專指理, 不知此際只有理還無氣乎. 天下未有無氣之理, 則非只有理, 然猶可以專指理言, 則氣質之性, 雖雜理氣, 寧不可指氣而言之乎. 一則理爲主, 故就理言; 一則氣爲主, 故就氣言耳. 四端非無氣, 而但云理之發, 七情非無理, 而但云氣之發, 其義亦猶是也."

고 부르기 때문에 이기를 겸하고 선악이 있다. 이렇게 볼 때, 본연지성(천지지성)에도 기가 없는 것은 아니지만 리만을 가리켜서 말할 수 있듯이, 기질지성에도 리가 없는 것은 아니지만 기만을 가리켜서 말할 수 있다. 마찬가지로 사단에도 기가 없는 것은 아니지만 리를 주로 하여 말할 수 있고, 칠정에도 리가 없는 것은 아니지만 기를 주로 하여 말할 수 있다. 리를 주로 하여 말한 것이므로 '리가 발한 것(理發)'이라 하고, 기를 주로 하여 말한 것이므로 '기가 발한 것(氣發)'이라 한다. 여기에서 이황의 이발·기발, 즉 이기호발설이 전개된다.

이와 달리 기대승은 본연지성은 리만을 가리켜 말한 것이므로 '이발'이라 말할 수 있지만, 기질지성은 리와 기가 섞여있어 기만을 가리킨 것이 아니므로 '기발'이라고 말할 수 없다고 주장한다. 사단 역시 리만을 가리켜 말한 것이므로 '이발'이라고 말할 수 있지만, 칠정은 리와 기를 겸하므로 '기발'이라고 말할 수 없다는 것이다.

물론 사단을 '이발'로 표현하는 것에 대해서는 기대승도 반대하지 않는다. 그럼에도 이황이 말하는 '이발'과 기대승이 말하는 '이발'에는 약간의 의미상의 차이가 있다. 이황이 인·의·예·지의 성이 발한 것을 그대로 '이발'로 해석한 것과 달리, 기대승은 기가 리를 따라 발하여 조금의 막힘도 없는 것[38], 즉 칠정의 중절한 것을 '이발'로 해석한다.

여기에서 중요한 것은 칠정(또는 기질지성)에 대한 해석이다. 이황은 칠정을 '기발'로 보고자 하나, 기대승은 칠정이란 이기를 겸하기 때문에 절대로 '기발'로 보아서는 안 된다고 주장한다. 여기에 두 사람의 주장이 좁혀질 수 없는 결정적 원인이 소재한다.

이어서 좀 더 자세히 이황의 칠정에 대한 기본적 관점을 살펴보자.

---

38 『高峯集』, 「再論四端七情書」, "氣之順理而發, 無一毫有碍者, 便是理之發矣."

맹자의 기쁨(喜), 순임금의 성냄(怒), 공자의 슬픔(哀)·즐거움(樂)은 기가 리를 따라 발하여 조금의 장애도 없기 때문에 리의 본체가 완전하고 온전하다. 그러나 보통 사람들이 친한 이를 보고서 기뻐하고 상을 당하여서 슬퍼하는 것도 기가 리를 따라 발하는 것이지만, 그 기가 가지런할 수 없기 때문에 리의 본체 역시 순수하고 완전할 수 없다. 이로써 논하자면 비록 칠정을 기가 발한 것이라 하더라도 또한 리의 본체에 무엇이 해롭겠는가?[39]

이황은 끝까지 칠정을 '기발'로 해석하려 한다. 칠정이 비록 이기를 겸하지만 리는 약하고 기는 강하여 그것을 단속할 수 없어서 쉽게 악으로 흐르기 때문에 '기가 발한 것'이라 한다.[40] 또한 칠정이 '기가 발한 것'이라는 사실을 칠정 가운데 성냄(怒)을 들어 논증한다.

이황은 「정성서(定性書)」의 "사람의 정에서 쉽게 발하고 억제하기 어려운 것으로 분노가 가장 심하다"[41]라는 글을 인용하면서 "쉽게 발하고 억제하기 어려운 것은 리인가 기인가? 리라면 어찌 억제하기 어려움이 있겠는가? 오직 기이기 때문에 빨리 내달려서 제어하기 어려울 뿐이다"[42]라고 말한다. 기가 발한 것이 비록 본래 선할지라도 쉽게 악으로 흐르니[43], 이황이 보기에는 결국 칠정이란 어디까지나 방탕해지기 쉬

---

39 『退溪集』卷16, 「答奇明彦(論四端七情 第2書)」, "孟子之喜, 舜之怒, 孔子之哀與樂, 氣之順理而發, 無一毫有碍, 故理之本體渾全. 常人之見親而喜, 臨喪而哀, 亦是氣順理之發, 但因其氣不能齊, 故理之本體亦不能純全. 以此論之, 雖以七情爲氣之發, 亦何害於理之本體耶."

40 『退溪集』卷17, 「附奇明彦四端七情總論」, "七情雖兼理氣, 而理弱氣强, 管攝他不得, 而易流於惡, 故謂之氣之發也."

41 『二程全書』, 「定性書(答橫渠張子厚書)」, "夫人之情, 易發而難制者, 惟怒爲甚."

42 『退溪集』卷16, 「答奇明彦(論四端七情 第2書)」, "夫所謂易發而難制者, 是爲理耶, 爲氣耶? 爲理, 則安有難制? 惟是氣故決驟而難馭耳."

운 것이므로 절제하여 단속해야 할 대상에 불과하다.

> 칠정이 발한 것이 오성(五性)에 연유하지 않는다고 말할 수 없지만, 사
> 단이 발한 것과 상대시켜 말한다면 사단은 리를 주로 하여 기가 따르는 것
> 이요 칠정은 기를 주로 하여 리가 타는 것이다. 그러므로 사단은 쉽게 미
> 약해지고 칠정은 쉽게 포악해지니 그 형세가 그러하다.[44]

칠정도 성에 연유하므로 리가 없다고 말할 수는 없지만, 사단과 상대
시켜 말하면 리를 주로 하는 사단과 기를 주로 하는 칠정은 분별되지 않
을 수 없다. 이것은 "사단과 칠정을 상대시키면 둘로 나누어 말하지 않
을 수 없다"[45]라는 말의 다른 표현이다. 이황은 선만 있고 악이 없는 사
단과 달리, 칠정을 포악해지기 쉬운 물건으로 간주한다. 이것을 선악으
로 표현하면, 선한 사단과 달리, 칠정은 불선(악)으로 흐르기 쉬운 것이
된다.

반면 기대승은 『중용』의 "희·로·애·락이 발하여 모두 중절한 것
을 화(和)라 한다"[46]라는 구절을 인용하여 '화'가 바로 달도(達道)이니 '달
도'가 어찌 기가 발한 것이라고 말할 수 있겠는가. 칠정을 '기가 발한 것'
으로 해석할 수 없다는 입장이다.

최종적으로 이황은 기대승의 이기를 겸하는 혼륜의 관점을 받아들

---

43 같은 곳, "正緣氣之所發, 雖本善而易流於惡故然耳."
44 『退溪集』卷11, 「答李仲久」, "七情之發, 雖不可謂不由於五性, 然與四端之發, 對擧
　而言, 則四端主於理而氣隨之, 七情主於氣而理乘之, 故端易微而情易暴, 其勢然
　也."
45 『退溪集』卷16, 「答奇明彦(論四端七情　第2書)·後論」, "惟以七情對四端, 則不得
　不分而言之耳."
46 『中庸』, 第1章, "喜怒哀樂之未發, 謂之中, 發而皆中節, 謂之和. 中也者, 天下之大
　本也; 和也者, 天下之達道也."

여 '사단/이발이기수지(理發而氣隨之), 칠정/기발이이승지(氣發而理乘之)'
로 수정한다. 이것은 사단과 칠정이 모두 이기를 겸한다는 사실을 전제
하더라도 사단은 '이발'로, 칠정은 '기발'로 구분해 보아야 한다는 이황
의 심정이 표출된 것이다. 때문에 '이발이기수지'는 리를 주로 하여 말
한 것이지 리가 기 밖에 있다고 말하는 것이 아니며, '기발이이승지'는
기를 주로 하여 말한 것이지 기가 리 밖에 있다고 말하는 것이 아니라고
강조한다.[47] 사단에도 기가 없는 것은 아니지만(氣隨) 리가 주가 되므로
'리가 발한 것(理發)'이며, 칠정에도 리가 없는 것은 아니지만(理乘) 기가
주가 되므로 '기가 발한 것(氣發)'이다. 사단은 인 · 의 · 예 · 지의 성에서
발한 것이므로 '리가 발한 것'이고, 칠정은 형기에 감응하여 악으로 흐
르기 쉬운 것이므로 '기가 발한 것'이다.

　이렇게 볼 때, 이황은 기대승과의 논변을 거치면서 기대승의 '사단도
이기를 겸하고 칠정도 이기를 겸한다'는 주장을 받아들여 자신의 이론
적 결함을 보완하기도 하지만, 결국 사단은 '리가 발한 것'이요 칠정은
'기가 발한 것'으로 둘을 서로 다른 정으로 구분하고자 한다. 그 이유 중
의 하나가 바로 사단을 '이발'로 해석하는 것뿐만 아니라, 칠정을 끝까
지 '기발'로 해석하려는데 있음을 알 수 있다.

　이황 사단칠정론의 특징은 사단과 칠정을 서로 다른 정으로 구분하
는데 있다. 사단에도 기가 없는 것이 아니지만, 맹자가 가리킨 것은 기
를 타는데 있지 않고 순수한 리가 발하는데 있다. 칠정 역시 이기를 겸
하지만 리는 약하고 기는 강하여 쉽게 악으로 흐르기 때문에 기가 발한
것이다. 사단은 리가 발한 것이고 칠정은 기가 발한 것이므로 둘은 서

---

47 『退溪集』卷16,「答奇明彦(論四端七情　第2書)」, "大抵有理發而氣隨之者, 則可主
理而言耳, 非謂理外於氣, 四端是也; 有氣發而理乘之者, 則可主氣而言耳, 非謂氣
外於理, 七情是也."

로 다른 정이다. 여기에서 사단은 이발(理發)이고 칠정은 기발(氣發)이라는 이황의 이기호발설이 등장하며, 이어서 이발·기발의 근거로서 소종래(所從來)를 제시한다.

'사단의 소종래는 리이고 칠정의 소종래는 기'로서 사단과 칠정의 소종래를 리와 기로 분속시킨다. 그로 인해 파생되는 이론적 문제점을 분별설에 따른 주리·주기의 논리로써 설명한다. 주리·주기의 논리에 따르면, 사단은 리를 주로 하여 말한 것이므로 리에, 칠정은 기를 주로 하여 말한 것이므로 기에 각각 분속시킬 수 있다. 또한 사단과 칠정을 둘로 구분해볼 수 있는 근거로써 성을 거론한다. 성이 이미 본연지성과 기질지성으로 구분해볼 수 있기 되기 때문에 성이 발한 정 역시 사단과 칠정으로 구분해볼 수 있다.

결국 이황의 사단칠정론은 사단을 '이발'로, 칠정을 '기발'로 해석하여 둘을 서로 다른 정으로 구분하려는데 있다. 여기에서 중요한 것은 이황이 사단을 '이발'로 보는 것과 마찬가지로, 칠정을 끝까지 '기발'로 해석한다는 사실이다. 그 이유로써 칠정이 비록 이기를 겸하지만, 리는 약하고 기는 강하여 그것을 단속할 수 없고 다만 쉽게 악으로 흐르기 때문이다. 이황이 보기에, 칠정이란 어디까지나 방탕해지기 쉬운 것이므로 절제하여 단속해야 할 대상이라는 것이다.

이 글은 「퇴계와 고봉 사단칠정론의 대비적 고찰」(『온지논총』47, 온지학회, 2016)의 내용을 일부 수정·보완한 것이다.

기대승(奇大升)의 사단칠정론

기대승(奇大升, 1527~1572)[48]의 사단칠정론은 '사단과 칠정에 애당초 두 가지 뜻이 있는 것이 아니니, 칠정 밖에 다시 사단이 있는 것이 아니다'는 기본 관점에서 출발한다. 이러한 칠정은 이기를 겸하고 선악이 있기 때문에 이황처럼 사단은 리에, 칠정은 기에 각각 분속시키는 것에 반대한다. 먼저 기대승의 사단과 칠정에 대한 기본 해석은 다음과 같다.

> 대개 사람의 정은 하나이나, 그 정이 되는 것은 진실로 이기를 겸하고 선악이 있기 때문이다. 다만 맹자는 이기가 묘합한 속에 나아가서 오로지 리에서 발하여 선하지 않음이 없는 것만을 가리켜서 말하였으니, 사단이 이것이다. 자사는 이기가 묘합한 속에 나아가 혼륜하여 말하였으니, 정은 진실로 이기를 겸하고 선악이 있으니 칠정이 이것이다.[49]

---

48 기대승의 본관은 幸州, 자는 明彦, 호는 高峰, 시호는 文憲이다. 전남 광주 출신이며, 저서로는 『고봉집』이 있다.

49 『高峯集』, 「論四端七情書」, "盖人之情一也, 而其所以爲情者, 固兼理氣有善惡也. 但孟子就理氣妙合之中, 專指其發於理, 而無不善者言之, 四端是也. 子思就理氣妙合之中, 而渾淪言之, 則情固兼理氣有善惡矣, 七情是也."

기대승은 사단이든 칠정이든 사람의 정은 하나뿐이라는 전제에서
출발한다.[50] 그 하나의 정이 바로 칠정이며, 이 칠정이 발하여 중절한 것
이 사단이니, 사단은 칠정 가운데 선한 부분에 해당한다. 맹자는 이기
가 묘합한 가운데 선한 부분만을 가리켜서 말한 것이고, 자사는 그 전체
를 말한 것이다. "맹자와 자사가 나아가 말한 것이 다르기 때문에 사단
과 칠정의 구별이 있을 뿐이지, 칠정 밖에 다시 사단이 있는 것이 아니
다."[51] 이기가 묘합한 가운데 선한 부분만을 가리켜서 말한 것이 사단이
고 이기를 겸하고 선악을 겸하여 말한 것이 칠정이니, 이 때문에 '나아
가 말한 것이 다르다.'

　'나아가 말한 것이 다르다'는 것은 기대승이 말한 동실이명(同實異名)
의 다른 표현이다. '동실이명'은 기대승 사단칠정론의 핵심 개념이다.
내용은 같으면서 명칭만 다를 뿐이니, 칠정 밖에 다시 사단이 있는 것이
아니라 칠정의 중절한 것이 바로 사단이다.

> 　'사단과 칠정은 애당초 두 가지 뜻이 있는 것이 아니다'고 말한 것은 사
> 단이란 이미 칠정 중에 발하여 중절한 것과 내용은 같으면서 명칭만 다르
> 니(同實異名), 그 위로 근원을 미루어 가면 진실로 두 가지 뜻이 있는 것이
> 아니라고 말하였을 뿐이다.[52]

50　이황의 '사단은 理發而氣隨之이고, 칠정은 氣發而理乘之이다'라는 최종 수정안에
　　대해서도 "정이 발할 때에 혹 理動而氣俱하기도 하고 혹 氣感而理乘하기도 한다"
　　라는 표현으로 절충한다.(『高峯集』, 「再論四端七情書」, "情之發也, 或理動而氣
　　俱, 或氣感而理乘.") 이황이 사단/이발과 칠정/기발이라는 서로 다른 정으로 구분
　　한 것과 달리, 기대승은 사단이든 칠정이든 '하나의 정이 발한 것(情之發也)'이라
　　는 사실을 끝까지 견지한다.
51　『高峯集』, 「四端七情說」, "但子思孟子所就以言之者不同, 故有四端七情之別耳,
　　非七情之外復有四端也."
52　『高峯集』, 「論四端七情書」, "若四端七情, 初非有二義云者, 盖謂四端, 旣與七情
　　中, 發而中節者, 同實而異名, 則推其向上根源, 信非有兩箇意思也云爾."

이황도 '나아가 말한 것이 다르다'는 표현을 한다. 그렇지만 이 둘의 말은 그 의미가 다르다. 이황은 '사단은 리를 주로 하여 말한 것이고 칠정은 기를 주로 하여 말한 것'이므로 나아가 말한 것이 다르니, 결국 사단과 칠정은 그 소종래가 각각 다르다는 말이다. 이와 달리 기대승은 본래 하나의 정이지만 리만을 가리켜서 말하면 사단이니, 칠정 밖에 사단이 있는 것이 아니라는 말이다. 때문에 그 근원으로 미루어 가더라도 진실로 두 가지 뜻이 있는 것이 아니라고 말한 것이다.

이어서 기대승은 칠정 밖에 사단이 있는 것이 아니듯이, 정의 근원으로서의 성에서도 기질지성 밖에 본연지성이 있는 것이 아니라는 논리를 전개한다. 이것은 이황이 "정에 사단과 칠정의 구분이 있는 것은 성에 본연과 기품의 차이가 있는 것과 같다"는 논리와 같은 맥락이다. 이것은 정의 이론적 논거를 성에 근거지운 것이다.

> 만약 성에 나아가 논한다면 '기질지성'이란 것은 리가 기질 속에 떨어져 있는 것일 뿐이며 따로 하나의 성이 있는 것이 아니다. 그렇다면 성을 논하면서 본성이라 하고 기품이라 하는 것은 천지와 인물에 나아가 리와 기를 나누어 각각 일물(一物)로 삼은 것이 아니라, 하나의 성을 있는 곳에 따라 분별하여 말한 것일 뿐이다.[53]

기질지성 가운데 선한 것이 바로 본연지성이지, 기질지성을 떠나 따로 하나의 본연지성이 있는 것이 아니다.[54] 하나의 정에서 선한 부분만

---

53 같은 곳, "若就性上論, 則所謂氣質之性者, 卽此理墮在氣質之中耳, 非別有一性也. 然則論性, 而曰本性, 曰氣稟云者, 非如就天地及人物上, 分理氣而各自爲一物也, 乃以一性, 隨其所在, 而分別言之耳."
54 『高峯集』, 「四端七情後說」, "氣質之性之善者, 乃本然之性, 非別有一性也."

을 가리켜서 말한 것이 사단이듯이, 하나의 성 가운데 기질 속에서 말하면 기질지성이고 리만을 가리켜서 말하면 본연지성이다. 칠정 밖에 따로 사단이 있는 것이 아니듯이, 기질지성 밖에 따로 본연지성이 있는 것이 아니다. 또한 칠정의 중절한 것이 사단이듯이, 기질지성 속에서 리만을 가리켜서 말한 것이 본연지성이다. 본연지성과 기질지성이 하나의 성이듯이, 사단과 칠정도 하나의 정이다.

이렇게 볼 때, 정의 근거로서의 성에 대한 해석 역시 이황과 구분된다는 것을 알 수 있다. 이황이 기질지성과 본연지성을 상대시켜 리와 기의 대립적 구조로 이해한다면, 기대승은 기질지성 속에서 본연지성을 이해한다. 사단과 칠정의 경우도 이황이 사단과 칠정을 서로 다른 정으로 구분한다면, 기대승은 칠정 속에서 중절한 것이 사단이라는 하나의 정으로 이해한다.

> 대개 성이 막 발할 때에 기가 용사(用事)하지 않아 본연의 선이 그대로 이루어진 것이 바로 맹자가 말한 사단이라는 것이다. 이것은 진실로 천리가 발한 것이지만, 칠정을 벗어날 수가 있는 것이 아니라 바로 칠정 가운데 발하여 중절한 것의 싹이다.[55]

사단이란 칠정 밖에 따로 있는 것이 아니라, 칠정이 발하여 중절한 것에 불과하다. 여기에서 칠정에 대한 기대승의 해석이 이어진다. 이황과 마찬가지로, 기대승 역시 칠정에 대한 해석이 매우 중요하다. 기대승의 칠정에 대한 해석은 이황의 칠정을 '기발'로 해석하는 것을 비판

---

55 『高峯集』, 「四端七情說」, "蓋性之乍發, 氣不用事, 本然之善得以直遂者, 正孟子所謂四端者也. 此固純是天理所發, 然非能出於七情之外也, 乃七情中發而中節者之苗脈也."

하는데서 출발한다. 칠정이 발하여 중절한 것이 사단이므로 칠정을 그대로 '기발'로 해석할 수는 없다. 다시 말하면, 칠정은 이기를 겸하므로 절대로 '기발'로 해석해서는 안 된다는 것이다.

> 칠정이 발하여 중절(中節)한 것은 애당초 사단과 다르지 않다. 칠정이 비록 기에 속하더라도 리가 본래 그 가운데 있으니, 그것이 발하여 중절한 것은 바로 '천명의 성'이고 '본연의 체'이니 어찌 기가 발한 것이고 사단과 다르다고 할 수 있겠는가?[56]
> 칠정이란 비록 기와 관계되는 것 같지만, 리가 또한 저절로 그 속에 있어서 그것이 발하여 중절한 것은 바로 '천명의 성'이요 '본연의 체'이니, 맹자가 말한 사단과 내용은 같으면서 이름만 다른 것이다.[57]

이 구절이 바로 기대승의 칠정에 대한 해석이 잘 드러난 부분이다. 이황이 칠정에도 리가 없는 것은 아니지만 기가 주가 되므로 칠정을 악으로 흐르기 쉬운 것으로 보는 것과 달리, 기대승은 칠정이란 이기를 겸하기 때문에 칠정의 중절한 것은 바로 '천명의 성'이요 '본연의 체'이니 사단과 다르지 않다. 여기에서 칠정에 대한 두 사람의 해석상의 차이를 확인할 수 있다.

기대승이 보기에는 칠정 밖에 다시 사단이 있는 것이 아니니, 사단과 칠정은 애당초 두 가지 뜻이 있는 것이 아니다. 칠정은 결코 '기발'이 될 수 없다. 이 때문에 이황이 '사단은 이발이고 칠정은 기발이다'고 하여

---

56 『高峯集』, 「四端七情後說」, "七情之發而中節者, 則與四端初不異也. 蓋七情雖屬於氣, 而理固自在其中, 其發而中節者, 乃天命之性本然之體, 則豈可謂是氣之發而異於四端耶."
57 『高峯集』, 「論四端七情書」, "然而所謂七情者, 雖若涉乎氣者, 而理亦自在其中, 其發而中節者, 乃天命之性, 本然之體, 而與孟子所謂四端者, 同實而異名者也."

둘을 리와 기로 분속시키는 것에 반대한다. 이황이 칠정을 '기발'로 보려는 것과 달리, 기대승은 절대로 '기발'로 보아서는 안 된다는 입장이다. 기대승은 그 이유를 다음과 같이 설명한다.

> 자사가 전체를 말할 때에는 진실로 소종래(所從來)의 설을 쓰지 않았다. 그렇다면 맹자가 발라내어 사단을 말할 때는 비록 이발(理發) 한쪽만을 가리켜서 말하였다고 할 수 있겠지만, 칠정과 같은 것은 자사가 이미 리와 기를 겸하여 말하였으니 어찌 맹자의 말 때문에 갑자기 기 한쪽이라고 변경할 수 있겠는가?[58]

맹자의 사단은 리 한쪽만을 가리켜서 말하였다고 할 수 있으나, 자사의 칠정은 이기를 겸하여 말하였으므로 기 한쪽이라고 말할 수 없다. "칠정은 오로지 기만을 가리켜서 말한 것이 아니다."[59] 성의 경우도 마찬가지이니 "이미 성이라고 하면 기질 속에 떨어져 있으나 오로지 기로서만 지목할 수는 없다."[60] 이황처럼 기질지성을 오로지 기에만 분속해서는 안 된다. 칠정을 기에만 분속할 경우, '칠정은 성에서 나오지 않은 것'이 되어 성발위정(性發爲情)의 명제에 어긋나게 된다.

이러한 사고는 이황의 주리·주기의 논리에도 그대로 적용된다. 때문에 기대승은 사단을 '주리'라고 하는 것은 가능할지라도 칠정을 '주기'라고 해서는 절대로 안 된다고 말한다.

---

58 『高峯集』, 「再論四端七情書」, "子思道其全時, 固不用所從來之說, 則孟子剔撥而說四端時, 雖可謂之指理發一邊, 而若七情者, 子思固已兼理氣言之矣, 豈以孟子之言, 而遽變爲氣一邊乎."
59 같은 곳, "七情, 非但專指氣而言者."
60 『高峯集』, 「論四端七情書」, "蓋旣謂之性, 則雖墮在氣質之中, 而不可專以氣目之也."

맹자가 발라내어 리 한쪽만을 가리킨 것에 대해서는 진실로 주리(主理)라고 말할 수 있겠지만, 자사가 혼륜하여 이기를 겸하여 말한 것에 대해서도 주기(主氣)라고 말할 수 있겠는가? 이것이 참으로 내가 이해할 수 없는 것이다.[61]

이황이 사단과 칠정을 이발·기발로 해석하는데 대한 타당성의 논거로 주리·주기의 문제를 제기하였는데, 기대승은 이 역시 반대한다. 사단은 리만을 가리키기 때문에 '주리'라고 말할 수 있으나, 칠정은 이기를 겸하기 때문에 '주기'라고 말할 수 없다. 만약 칠정을 '주기'라고 말한다면, 칠정은 성에서 나오지 않은 것이 된다. 따라서 "사단과 칠정이 모두 성에서 발한 것이라면 각각 발하는 곳에 나아가 〈이발·기발로〉 나누어서는 안 된다."[62]

사단과 칠정은 모두 성이 발한 것이므로 칠정을 기발(주리) 하나에 분속시켜서는 안 된다. 그 이유로써 "사단과 칠정을 상대시켜 말하여 사단을 리라 하고 칠정을 기라 하면, 칠정의 리 한쪽이 도리어 사단에 점유되어 '선악이 있다'는 말이 마치 기에서만 나오는 것처럼 되기 때문이다."[63] 결국 칠정이 이기를 겸하는데, 칠정을 '기발'로만 해석하면 칠정에 있는 리 한쪽이 드러나지 못하게 된다.

기대승은 이황처럼 사단과 칠정을 리와 기로 분속시키면 '두 가지 정(二情)'과 '두 가지 선(二善)'의 문제가 발생한다고 비판한다.

---

61 『高峯集』,「再論四端七情書」, "盖孟子剔撥而指理一邊時, 固可謂之主理而言矣. 若子思渾淪而兼理氣言時, 亦可謂之主氣而言乎. 此實大升之所未能曉者."

62 같은 곳, "大升以爲四端七情, 同發於性, 則恐不可各就所發而分之也."

63 같은 곳, "而今乃與四端對擧互言, 以四端爲理, 七情爲氣, 則是七情理一邊, 反爲四端所占, 而有善惡云者, 若但出於氣."

사단과 칠정을 서로 상대시켜 말하고 도설에 게시하여 어떤 것은 '선하지 않음이 없다'고 하고 어떤 것은 '선악이 있다'고 한다면, 사람들이 그것을 볼 때 두 가지 정이 있는 것으로 의심할 것이다. 비록 정이 둘이라고 의심하지 않더라도, 또한 정 속에는 두 가지 선이 있어 하나는 리에서 발하고 하나는 기에서 발하는 것으로 의심할 것이니, 마땅하지 않다.[64]

'사단이 발한 것은 순수한 리이기 때문에 선하지 않음이 없고, 칠정이 발한 것은 기를 겸한 것이기 때문에 선악이 있다'라고 말하면, 순수한 리에서 발하는 사단과 기를 겸한데서 발하는 칠정이라는 서로 다른 두 가지 정이 있는 것으로 오해할 수 있다. 또한 순수한 리이기 때문에 선하지 않음이 없다(無不善)는 '선'과 기를 겸하기 때문에 선악이 있다(有善惡)는 '선'의 구분이 생길 수 있다. 결국 순수한 리에서 발하는 사단과 기를 겸한데서 발하는 칠정이라는 두 가지의 정과, 사단의 선과 칠정의 선이라는 두 가지 선이 있게 된다. 그렇다면 칠정이 발하여 중절한 선은 사단의 선과 다르게 되니, 『중용장구』・『중용혹문』 등에서 칠정이 이기를 겸하고 있음을 밝힌 말은 모두 빈말이 된다.

여기에서 기대승과 이황의 칠정에 대한 해석상의 차이를 확인할 수 있다. 이황이 칠정을 '기발'로 보려고 하나, 기대승은 이기를 겸하므로 '기발'로 보아서는 안 된다는 입장이다. 선악으로 표현하면, 이황은 칠정을 불선(악)한 것으로 보려고 하나, 기대승은 '성발위정'의 명제에 따라 칠정 역시 성이 발한 선한 것으로 보려고 한다. 때문에 기대승은 이황의 칠정에 대한 해석을 "이기를 겸하여 말하지 않고 오로지 기만을

---

64 『高峯集』, 「論四端七情書」, "盖以四端七情, 對擧互言, 而揭之於圖, 或謂之無不善, 或謂之有善惡, 則人之見之也, 疑若有兩情, 且雖不疑於兩情, 而亦疑其情中有二善, 一發於理, 一發於氣者, 爲未當也."

가리켜서 말한 것이므로 한쪽으로 치우쳤다"고 비판한다.

이어서 기대승은 칠정이 기만이 있는 것이 아니라, 리와 기를 겸한다는 사실을 거듭 강조한다.

> 주자가 말하기를, "천지지성을 논한 것은 오로지 리만을 가리켜 말한 것이고 기질지성을 논한 것은 리와 기를 섞어서 말한 것이다." 이로써 본다면, '사단은 리가 발한 것'은 오로지 리만을 가리켜서 말한 것이고, '칠정은 기가 발한 것'은 리와 기를 섞어서 말한 것이다. 그렇다면 '리가 발한 것'이라 말한 것은 진실로 바꿀 수 없지만, '기가 발한 것'이라 말한 것은 오로지 기만을 가리킨 것이 아니니, 이것에 곡절이 없을 수 없는 것이다.[65]

기대승은 다시 정의 근거로서 성을 거론한다. 성에 천지지성과 기질지성이 있는 것은 정에 사단과 칠정이 있는 것과 같다. 천지지성(본연지성)은 리만을 가리켜서 말한 것이고 기질지성은 리와 기를 섞어서 말한 것처럼, 사단은 리만을 가리켜서 말한 것이고 칠정은 리와 기를 섞어서 말한 것이다. 사단은 리만을 가리켜서 말한 것이므로 '이발'이라 말할 수 있으나, 칠정은 이기를 겸하므로 '기발'이라 말할 수 없다. 바로 이점이 기대승이 끝까지 이황에게 양보할 수 없었던 부분이다. 왜냐하면 '성발위정'의 명제에 따르면 칠정 역시 성이 발한 것이기 때문이다.

---

65 같은 곳, "朱子有曰, 論天地之性, 則專指理言, 論氣質之性, 則以理與氣雜而言之. 以是觀之, 所謂四端, 是理之發者, 專指理言, 所謂七情, 是氣之發者, 以理與氣雜而言之者也. 而是理之發云者, 固不可易, 是氣之發云者, 非專指氣也, 此所謂不能無曲折者也."

사단은 진실로 인·의·예·지의 성에서 발하지만, 칠정 역시 인·의·예·지의 성에서 발한다. 그렇지 않다면 주자가 어찌 '희·로·애·락은 정이지만 발하기 전에는 성이다'라고 하였겠는가?[66]

사단과 마찬가지로 칠정 역시 성에서 발하기 때문에 오로지 기만을 가리킨 것이 아니다. 기대승은 칠정이 이기를 겸한다는 사실을 여러 곳에서 지적한다. "칠정이 어찌 이기를 겸하고 선악이 있는 것이 아니겠으며, 사단이 어찌 칠정 속의 리이고 선이 아니겠는가?"[67] "〈칠정도〉그속에 진실로 리가 있기 때문에 밖으로 감응하면 서로 부합하니, 그 속에 본래 리가 없는데 바깥 사물이 와서 우연히 서로 부딪쳐 감동하는 것은 아니다."[68] 이황처럼 칠정이 밖으로 형기에만 감응하는 것이 아니라, 칠정 속에도 리가 있기 때문에 밖으로 감응하여 중절할 수 있다.

또한 "칠정이 발한 것을 리의 본체가 아니라고 하고 기가 자연히 발현한 것도 리의 본체가 아니라고 한다면, '리에서 발한다'는 것은 어디에서 볼 수 있으며 '기에서 발한다'는 것은 리의 밖에 있다."[69] "이와 같다면 칠정은 성 밖의 사물이니, 자사가 말한 화(和)라는 것은 잘못된 것이다."[70] 따라서 이황처럼 칠정을 '기발'로 해석하면 "칠정은 번잡하고 쓸모없는 것이 되어 도리어 심의 해가 된다"[71]라고 비판한다.

---

66 같은 곳, "四端固發於仁義禮智之性, 而七情亦發於仁義禮智之性也. 不然, 朱子何以曰喜怒哀樂情也, 其未發, 則性也乎."
67 같은 곳, "然則七情, 豈非兼理氣有善惡, 而四端者, 豈非七情中理也善也哉."
68 같은 곳, "蓋由其中間實有是理, 故外邊所感便相契合, 非其中間, 本無是理, 而外物之來, 偶相湊着而感動也."
69 같은 곳, "則乃以七情之發, 爲非理之本體, 又以氣之自然發見者, 亦非理之本體, 則所謂發於理者, 於何而見之, 而所謂發於氣者, 在理之外矣."
70 같은 곳, "若然者, 七情是性外之物, 而子思之所謂和者, 非也."
71 같은 곳, "則是七情者, 其爲冗長無用甚矣, 而反爲心之害矣."

그렇다면 기대승은 왜 칠정을 '기발'로 해석하지 않았던 것인가? 이황이 칠정을 쉽게 방탕해져서 단속해야 할 대상으로 간주한 것과 달리, 기대승은 칠정을 '성발위정'의 명제에 따른 감정 일반으로 이해하기 때문이다. '성발위정'의 명제에 따르면, 사단과 마찬가지로 칠정 역시 성이 발한 것이기 때문에 선하지 않을 수 없다. 칠정에 대한 이들의 이러한 해석상의 차이 때문에 논변과정 내내 한 치의 양보도 할 수 없었던 것이다.

이황의 '사단/이발이기수지(理發而氣隨之), 칠정/기발이이승지(氣發而理乘之)'라는 최종 수정에 대해, 기대승도 "정이 발할 때에 혹 이동이기구(理動而氣俱)하고 혹 기감이이승(氣感而理乘)한다"[72]라는 표현으로 절충한다. 이러한 표현은 외형상으로 볼 때 이발기수(理發氣隨)와 이동기구(理動氣俱), 기발이승(氣發理乘)과 기감이승(氣感理乘)으로 별 차이가 없어보이지만, 실제로는 이황과 기대승의 주장이 두 구절 속에 고스란히 내포되어 있음을 알 수 있다.

물론 이황이 '사단에도 기가 없는 것이 아니고 칠정에도 리가 없는 것이 아니다'는 기대승의 견해를 수용하여 기수(氣隨)와 이승(理乘)이라는 말을 추가하지만, 이황의 요지는 사단은 '리가 발한 것'이고 칠정은 '기가 발한 것'으로 둘을 서로 다른 정으로 구분하는데 있다. 따라서 이황의 '이발이기수지 기발이이승지'라는 말은 기대승의 견해를 받아들인 수정설로 볼 수도 있겠지만, 결국 이황의 '사단은 리가 발한 것이고 칠정은 기가 발한 것이다'는 이발과 기발의 이론을 더욱 완전하게 만들었다고 할 수 있다.

반면 기대승은 사단과 칠정을 모두 같은 정이 발한 것(情之發也)으로

---

72 『高峯集』, 「再論四端七情書」, "情之發也, 或理動而氣俱, 或氣感而理乘."

해석한다. 사단이든 칠정이든 같은 정인데, 이동이기구(理動而氣具)하면 사단이 되고 기감이이승(氣感而理乘)하면 칠정이 된다. 결국 이황이 사단과 칠정을 서로 다른 정으로 구분한 것과 달리, 기대승은 사단과 칠정이 모두 같은 하나의 정이라는 사실을 끝까지 견지하였던 것이다.

기대승 사단칠정론의 특징은 사단과 칠정을 하나의 정으로 보는데 있다. 칠정이 발하여 중절(中節)한 것이 사단이니, 칠정 밖에 다시 사단이 있는 것이 아니다. 사단과 칠정은 애당초 두 가지 뜻이 있는 것이 아니라는 것이다. 때문에 기대승은 사단과 칠정의 관계를 '내용은 같으면서 명칭만 다르다'는 동실이명(同實異名)의 말로 표현한다.

또한 이황과 마찬가지로 그 근거로써 성을 거론한다. 성은 하나이지만 기질 속에서 말하면 기질지성이고 리만을 가리켜서 말하면 본연지성이듯이, 칠정의 중절한 것이 사단이다. 본연지성과 기질지성이 하나이듯이, 사단과 칠정도 하나의 정에 불과하다. 결국 칠정이란 이황이 말한 것처럼 방탕해지기 쉬운 물건이 아니라 중립적인 일반 감정을 가리키게 된다.

이황과 기대승의 이론적 차이에서 한 치의 양보도 없었던 가장 중요한 부분이 바로 칠정에 대한 해석이다. 이황이 칠정을 '기발'로 해석하려는 것과 달리, 기대승은 절대로 '기발'로 해석해서는 안 된다는 것이다. 왜냐하면 칠정은 이기를 겸하므로 기적인 부분과 동시에 리적 인 부분도 있기 때문이다. 그래서 칠정의 중절한 것이 그대로 사단인 것이다. 이황처럼 칠정을 기에만 분속시킬 경우, 결국 칠정은 성에서 나오지 않은 것이 되어 '성발위정'의 명제에 어긋난다.

이것을 선악으로 표현하면, 이황이 칠정을 악으로 흐르기 쉬운 불선(악)으로 보려는 것과 달리, 기대승은 칠정을 불선으로 보아서는 안 된다는 입장이다. '성발위정'의 명제에 따르면, 칠정 역시 성이 발한 것이기 때문에 선하지 않을 수 없으니, 이것이 바로 기대승이 이황에게 끝까지 양보할 수 없었던 것이다.

_____

이 글은 「퇴계와 고봉 사단칠정론의 대비적 고찰」(『온지논총』47, 온지학회, 2016)의 내용을 일부 수정·보완한 것이다.

03
송익필(宋翼弼)의 사단칠정론

송익필(宋翼弼, 1534~1599)[73]의 사단칠정론은 「현승편(玄繩編)상」에 보이는데, 이이의 질문에 대답하는 형식이다. 칠정이 선하다는 이이의 주장에 대해 '칠정에는 선도 있고 불선도 있다'는 것이 그 내용의 요지이다.

먼저 송익필은 이이가 정자의 말에 근거하여 '칠정이 선하다'는 주장에 대해, '칠정에는 선도 있고 불선도 있다'고 설명한다.

이른바 "어찌 불선으로 이름할 수 있겠는가"라고 한 것은 전적으로 불선하다고 말해서는 안 된다는 것이다. 성명(性命)의 바름에 근원한 것은 참으로 선하지 않음이 없으나, 형기(形氣)의 사사로움에 근원한 것도 어찌 모두 선할 수 있겠는가. 오직 총명하고 예지한 자만이 정에 불선이 없어서 그 성을 다할 수 있으나, 그 이하는 선도 있고 불선도 있다.[74]

---

73 송익필은 서얼 출신의 유학자로, 본관은 礪山, 자는 雲長, 호는 龜峯(또는 龜峰)·玄繩, 시호는 文敬이다. 이이·성혼·정철 등과 친하게 지냈으며, 특히 예학에 밝아 김장생에게 큰 영향을 주었다. 저서로는 『구봉집』이 있다.

여기에서 "어찌 불선으로 이름할 수 있겠는가"라는 것은 정자의 말이다. 정자는 '성은 선하고 정은 불선합니까'라는 혹자의 질문에, 정 역시 선하다고 대답한다. "정은 성이 움직인 것이므로 마땅히 바른대로 돌아갈 뿐이니, 또한 어찌 불선으로 이름할 수 있겠는가."[75] 성발위정(性發爲情)에 따르면, 사단뿐만 아니라 칠정 역시 성이 발한 것이므로 불선하다고 해서는 안 된다. 이이는 정자의 말에 근거하여, 칠정을 불선하다고 할 수 없다는 입장이다.

그러나 송익필은 칠정에도 불선이 있음을 강조한다. "성명의 바름에 근원한 것은 참으로 선하지 않음이 없으나, 형기의 사사로움에 근원한 것도 어찌 모두 선할 수 있겠는가." 사단은 성명의 바름에 근원하는 것이므로 선하지만, 칠정은 형기의 사사로움에 근원하는 것이므로 모두 선할 수 없으니 선도 있고 불선도 있다는 말이다.

여기에서 하나 중요한 것은 송익필이 사단과 칠정을 '성명의 바름에 근원한 것과 형기의 사사로움에 근원한 것'으로 구분한다는 사실이다. 이러한 대립적 해석은 원래 이황의 사유구조에 해당한다. 이황에 따르면, 사단은 성명의 바름에 근원한 것이므로 선하지 않음이 없으나, 칠정은 형기의 사사로움에서 생겨난 것이므로 불선하다. 송익필 역시 '성명의 바름에 근원한 것(사단)과 형기의 사사로움에 근원한 것(칠정)'으로 구분하지만, 이황처럼 사단/선과 칠정/불선을 주장하기 위한 것이 아니라, 사단/선과 칠정/선 또는 불선이 있음을 주장하기 위한 것이다.

그렇지만 이황처럼 성명에 근원한 사단과 형기에 감응하여 생겨난

---

74 『龜峯集』卷4, 「答叔獻書別紙」, "所謂何得以不善名之者, 不可以專言不善也. 原於性命之正者, 固無不善; 原於形氣之私者, 亦何能皆善. 惟聰明睿智者, 情無不善, 以能盡其性也, 自其下則有善有不善."

75 『二程全書』, 「粹言」卷2, 〈心性篇〉, "或問, 性善而情不善乎. 子曰, 情者性之動也, 要歸之正而已, 亦何得以不善名之."

칠정을 소종래가 다른 것으로 근원적으로 구분하여 서로 다른 정으로 해석한 것이 아니라, 이이처럼 칠정 가운데 선한 부분만을 사단이라 하여 하나의 정으로 해석한다.

결국 이이가 칠정/선을 주장하고 이황이 칠정/불선을 주장한다면, 송익필은 칠정에 선도 있고 불선도 있다고 주장한다. 이 때문에 송익필은 "오직 총명하고 예지한 자만이 정에 불선이 없어서 그 성을 다할 수 있으나, 그 이하는 선도 있고 불선도 있다." 상지(上智)처럼 아주 뛰어난 사람의 칠정은 선하지 않음이 없지만, 그 이하의 보통 사람의 칠정에는 선도 있고 불선도 있다.

이어서 송익필은 칠정에 불선이 있는 것은 칠정이 바르지 못하기 때문이 아니라, 심이 바르지 못하기 때문이라고 설명한다.

> 정이 다만 선한 데에서만 발하고 불선한 데에서는 발하지 않는다면, 주자의 '제어하기 어렵다'는 경계와 명도(정호)의 '외부 유혹의 두려움'은 무엇을 가리키겠는가. 심은 적감(寂感)을 포함하고 동정(動靜)을 관통하여 포함하고 관통하는 것이 이미 그 바름을 얻으면 감응하고 움직이는 것이 어찌 불선할 수 있겠는가. 그러므로 정에 선과 불선이 있는 것은 심이 바르거나 바르지 않은 때이니, 정이 선하지 않음이 없는 것은 심이 이미 바른 뒤이다. 발하여 모두 절도에 맞으면 곧 정이 선하지 않음이 없다.[76]

여기에서 정은 칠정을 말한다. "정이 다만 선한 데에서만 발하고 불

---

76 『龜峯集』卷4, 「答叔獻書別紙」, "情只發於善而不發於不善, 則朱子難制之戒, 明道
外誘之懼, 何指. 夫心者, 該寂感貫動靜, 該而貫之者, 旣得其正, 則感與動, 安得不
善. 故情之有善不善, 心之正未正時也, 情之無不善, 心之已正後也. 發皆中節, 卽
情之無不善也."

선한 데에서는 발하지 않는다면", 즉 '성발위정'에 따라 칠정 역시 성이 발한 것이라면, 사단과 마찬가지로 칠정에는 불선이 없어야 한다. 그렇지만 주자의 '제어하기 어렵다'는 말이나 정자의 '외부 유혹의 두려움'과 같은 말은 모두 칠정이 불선하다는 의미이다. 따라서 주자와 정자의 말에 근거하면, 칠정이 비록 '성이 발한 것'이라도 선도 있고 불선도 있다.

또한 정에 선과 불선이 있는 것은 전적으로 심이 바르거나 바르지 못하기 때문이다. 심이 바르면 정도 선하지만, 심이 바르지 못하면 정도 불선하다. 왜냐하면 심통성정(心統性情)의 말처럼, 심이 성과 정을 총괄하기 때문이다. 마음이 바깥 사물에 감응하기 이전의 고요하여 움직이지 않은 상태를 적연부동(寂然不動)이라 하고, 바깥 사물에 감응하여 마침내 통하는(드러나는) 것을 감이수통(感而遂通)이라 한다. 그러므로 심이 "적연부동과 감이수통을 포함한다"라고 말한다. 또한 마음이 바깥 사물에 감응하기 이전에는 고요하므로 정(靜)이라 하고, 바깥 사물에 감응하면 움직이므로 동(動)이라 한다. 그러므로 심이 "정과 동을 관통한다"라고 말한다. 이때 '적연부동'과 '정'은 마음의 본체(體)로써 '성'을 말하고, '감이수통'과 '동'은 마음의 작용(用)으로써 '정'을 말한다. 이렇게 볼 때, 칠정에 불선이 없는 것은 심이 이미 바르게 된 뒤의 일이니, 결국 "〈심이〉 발하여 모두 절도에 맞으면 칠정에 불선이 없다."

이 때문에 성인과 달리, 보통 사람의 칠정에는 불선이 있다.

이른바 '성인의 정이 어지럽지 않다'고 하는 것은 모두 선함을 말한 것이며, 이른바 '배우는 자가 그 정을 절제한다'고 하는 것은 혹시라도 불선이 있음을 말한 것이다. 모두 선할 수가 없으므로 성인의 어지럽지 않은 것을 귀하게 여기는 것이며, 때때로 불선이 있으므로 배우는 자에게 절제

하도록 가르치는 것이다.[77]

　"성인의 정이 어지럽지 않다"는 것은 성인의 칠정이 모두 선하지 않음이 없다는 뜻이다. 그러나 보통 사람의 칠정에는 불선이 있지 않음이 없으므로 반드시 절제해야 하니, 이것이 바로 "배우는 자가 그 정을 절제한다"라는 뜻이다.

　따라서 보통 사람의 칠정은 모두 선할 수가 없으므로 불선이 없는 성인의 칠정을 귀하게 여긴다. "성인의 어지럽지 않는 것(선)을 귀하게 여긴다"는 것은 보통 사람의 칠정이 불선하다는 반증이다. 보통 사람의 칠정이 불선하기 때문에 불선이 없는 성인의 칠정을 귀하게 여기는 것이다. 이처럼 "칠정에는 불선이 있으므로 배우는 자에게 절제하도록 가르치는 것이니" 결국 칠정을 절제하는 것이 바로 학문하는 이유이다.

　이어서 송익필은 칠정에 선과 불선이 있음을 물이 흐르는 것에 비유하여 설명한다.

　　아직 움직이지 않은 것은 성이고, 이미 움직인 것은 정이며, 아직 움직이지 않은 것과 이미 움직인 것을 포함하는 것이 심이니, 심이 성과 정을 총괄하는 이유이다. 물에 비유하면, 심은 물과 같고, 성은 물이 고요한 것이고, 정은 물이 움직인 것이다. 사단은 오로지 그 흐름만을 거론한 것이고, 칠정은 그 물결을 아울러 말한 것이다. 물은 흐름이 없을 수가 없으며 또한 물결도 없을 수가 없다. 물결이 평지를 만나서 그 물결이 잔잔하게 흐르는 것은 물결이 그 바름을 얻은 것이고, 물결이 모래와 돌을 만나서

---

77 같은 곳, "所謂聖人之情不亂者, 非不謂皆善也; 所謂學者之節其情者, 非不謂或有不善耶. 不能皆善, 故貴聖人之不亂; 時有不善, 故訓學者以節之."

물결이 거세게 흐르는 것은 물결이 그 바름을 얻지 못한 것이다. 비록 그렇지만 어찌 잔잔하게 흐르는 것은 물결이라고 하면서 거세게 흐르는 것은 물결이라고 하지 않겠는가. 그러므로 '정에는 선도 있고 불선도 있다'라고 한 것이다.[78]

마음이 아직 움직이지 않아 생각이나 감정이 일어나지 않은 고요한 상태를 '성'이라 하고, 마음이 이미 움직여서 생각이나 감정이 일어난 것을 '정'이라 한다. 따라서 마음이 아직 움직이지 않은 것과 이미 움직인 것을 포함하는 것이 심이니, 심이 성과 정을 총괄하는 이유이다. 이것이 바로 심통성정(心統性情)의 뜻이다. 이들의 관계를 물에 비유할 수 있으니, 예컨대 물이 심이라면, 물이 고요한 것은 '성'에 해당하고 물이 움직인 것은 '정'에 해당한다.

물은 흐름이 없을 수가 없으며, 또한 물결도 없을 수가 없다. 이때 오로지 그 물의 흐름만을 말한 것이 사단이라면, 그 물결을 아울러 말한 것이 칠정이다. "아래로 흐르는 것이 물의 본성이다"[79]라는 맹자의 말처럼, '물의 흐름'은 물의 본성에 해당한다. 그러므로 "사단은 오로지 그 흐름만을 거론한 것이니" 결국 사단은 아래로 흐르는 물의 본성을 거론한 것이므로 선하다는 말이다.

---

78 같은 곳, "夫未動是性, 已動是情, 而包未動已動者爲心, 心所以統性情也. 譬之水, 心, 猶水也; 性, 水之靜也; 情, 水之動也. 四端, 單擧其流也; 七情, 竝言其波也. 水不能無流, 而亦不可無波. 波之在平地而波之溶溶者, 波之得其正也; 波之遇沙石而波之洶洶者, 波之不得其正也. 雖然, 豈以溶溶者爲波, 而洶洶者不爲波哉. 故曰情有善不善也."

79 『孟子集註』, 「告子(上)」, "水之過額在山, 皆不就下也. 然其本性, 未嘗不就下……性本善."(물이 이마를 지나고 산에 있는 것은 모두 아래로 나아가지(흐르지) 않는 것이다. 그러나 그 본성은 아래로 나아가지 않은 적이 없으니……성은 본래 선하다.)

그러나 물의 흐름과 달리, 물에는 물결도 있다. 이때 물결에는 잔잔하게 흐르는 것도 있고 거세게 흐르는 것도 있으니, 마치 물결이 평지를 만나면 잔잔하게 흐르지만 모래와 돌을 만나면 거세게 흐르는 것과 같다. 또한 물결이 평지를 만나서 잔잔하게 흐르는 것은 그 바름을 얻은 것이지만, 물결이 모래와 돌을 만나서 거세게 흐르는 것은 그 바름을 얻지 못한 것이다. 그렇다고 잔잔하게 흐르는 것은 물결이지만 거세게 흐르는 것은 물결이 아니라고 해서는 안 된다. 잔잔하게 흐르는 것이든 거세게 흐르는 것이든 모두 같은 물결이다. 이것을 선악의 개념으로 설명하면, 잔잔하게 흐르는 것은 그 바름을 얻었으므로 선하지만 거세게 흐르는 것은 그 바름을 얻지 못하였으므로 불선하다.

이러한 물결에 해당하는 것이 바로 칠정이다. 잔잔하게 흐르는 것도 물결이고 거세게 흐르는 것도 물결이듯이, 칠정에는 선도 있고 불선도 있다. 따라서 거세게 흐르는 것도 물결이 아닐 수 없듯이, 불선 역시 칠정이 아닐 수 없다. 이것은 사단이 선한 것과 달리, 칠정에는 선도 있고 불선도 있다는 말에 다름 아니다.

이에 송익필은 성인과 보통사람과 도척의 칠정을 구분한다.

이 때문에 성인의 정은 모래와 돌에서 거세게 흐르는 때가 없다. 안자(안회)의 정은 비록 혹 거세게 흐르더라도 석 달 뒤에는 거세게 흐르던 것으로 하여금 잔잔하게 흐르게 할 수가 있다. 보통 사람의 정은 한 번 거세게 흐르다가 한 번 잔잔하게 흘러서 거세게 흐르게 할 수도 있고 잔잔하게 흐르게 할 수도 있다. 〈몹시 악한〉도척의 정은 이미 모래와 돌에 있고, 또 모래와 돌에서 거세게 흐르는 것을 끌어다가 잠깐이라도 잔잔하게 흐르게 할 수가 없다. 그렇지만 사단의 흐름은 혹시라도 멈추는 때가 없다. '정에 불선이 없다'고 한 것은 사단만을 끄집어내어 〈말한 것이고〉, '정에는

선도 있고 불선도 있다'고 한 것은 칠정을 통틀어서 말한 것이다.[80]

성인의 칠정은 선하고, 보통 사람의 칠정은 선도 있고 불선도 있으며, 도척의 칠정은 불선하다. "성인의 정은 모래와 돌에서 거세게 흐르는 때가 없다." 즉 성인의 칠정에는 불선이 없다. 그러므로 "안자(안회)의 정은 비록 거세게 흐르더라도 석 달 뒤에는 거세게 흐르던 것으로 하여금 잔잔하게 흐르게 할 수 있다." 안자와 같은 성인은 비록 불선한 칠정이라도 3개월이면 선한 칠정으로 바뀔 수 있으니, 왜냐하면 안자는 석 달간 인(仁)을 어기지 않기 때문이다.[81]

"보통 사람의 정은 한 번 거세게 흐르다가 한 번 잔잔하게 흘러서 거세게 흐르게 할 수도 있고 잔잔하게 흐르게 할 수도 있다." 즉 보통 사람의 칠정에는 선도 있고 불선도 있다. 이와 달리 "〈몹시 악한〉 도척의 정은 거세게 흐르는 것을 끌어다가 잠깐이라도 잔잔하게 흐르게 할 수 없다." 도척의 칠정에는 선이 없고 불선만 있다. 그렇지만 비록 도척이라도 "사단의 흐름은 혹시라도 멈추는 때가 없다." 비록 칠정이 불선하더라도 사단은 선하다는 말이다.

따라서 '정에 불선이 없다'고 한 것은 사단만을 끄집어내어 말한 것이고, '정에는 선도 있고 불선도 있다'고 한 것은 칠정을 통틀어서 말한 것이다. 이것은 사단과 칠정의 관계를 이이처럼 '칠정포사단'의 구조로

---

80 『龜峯集』卷4,「答叔獻書別紙」, "夫引平地溶溶之波而返走沙石者, 意也; 引沙石洶洶之波而還走平地者, 亦意也. 是以聖人之情, 無沙石洶洶之時. 顏子之情, 雖或洶洶, 於三月之後, 而能使洶洶者溶溶焉. 常人之情, 一洶洶一溶溶, 而可使爲洶洶, 可使爲溶溶. 盜跖之情, 旣在沙石, 又引沙石洶洶焉, 無溶溶之少間. 然而四端之流, 無時或息. 情之無不善云者, 拈出四端也; 情之有善不善云者, 統言七情也."

81 『論語』,「雍也」, "子曰, 回也, 其心三月不違仁, 其餘則日月至焉而已矣."(공자께서 말하기를, 안회는 그 마음이 3개월 동안 仁을 어기지 않았으나, 그 나머지 사람들은 하루나 한 달에 이를 뿐이다.)

이해한다는 의미이다. 칠정 가운데 선한 부분만을 가리켜서 말한 것이 사단이니, 사단은 불선이 없고 칠정에는 선도 있고 불선도 있다. 이것은 이이처럼 사단을 칠정에 내포시켜 하나의 정으로 해석하는 것으로써, 이황처럼 사단과 칠정을 상대시켜 서로 다른 정으로 해석하는 것과는 구분된다.

'사단만을 끄집어내어 말한 것'이란 사단이 선하다는 뜻이고, '칠정을 통틀어 말한 것'이란 칠정에는 선도 있고 불선도 있다는 뜻이다. 그러므로 이이처럼 칠정 역시 '성이 발한 것'이므로 선하다는 주장은 옳지 않다.

더 나아가 송익필은 칠정에는 선도 있고 불선도 있으니, 이때 불선한 칠정을 선한 칠정으로 바뀌는 과정에서 의(意)의 역할을 강조한다.

> 마땅히 기뻐하고 성내야 할 때에 움직여 나와서 기뻐하고 성내는 것은 정이며, 마땅히 기뻐하고 성내지 않아야 할 때에 움직여 나와서 기뻐하고 성내는 것도 정이다. 마땅한 데에서 나오는 것은 선이며, 마땅하지 않은 데에서 나오는 것은 불선이다. 그러므로 선과 불선이 모두 정이다. 참으로 반드시 마땅한 데에서 발하고 마땅하지 않은 데에서 발하지 않는다면, 모두 마땅하고 마땅하지 않음이 없을 것이니, 의(意)의 운용하는 뜻이 어디에 있겠는가. 나오는 것에 마땅함과 마땅하지 않음이 있기 때문에 운용하는 것에 능히 마땅하지 않은 것으로 하여금 마땅하게 하는 공이 있는 것이다.[82]

여기에서 기뻐하고 성내는 것은 희 · 로 · 애 · 락(구) · 애 · 오 · 욕의

---

82 『龜峯集』卷4, 「答叔獻書別紙」, "大當喜怒而動出來喜怒者情也, 不當喜怒而動出來喜怒者亦情也. 當而出來者善也, 不當而出來者不善也. 故善不善皆情也. 苟必發於當而不發於不當, 則皆當而無不當, 意之運用底意安在. 出來之有當不當, 故運用之有能使不當者當之之功."

칠정을 말한다. 칠정은 마땅한데서 나오는 것이 있고, 마땅하지 않는데서 나오는 것이 있다. 이때 마땅한데서 나오는 것은 선이 되고, 마땅하지 않는데서 나오는 것은 불선이 된다. 예컨대 마땅히 기뻐하고 성내야 할 때에 기뻐하고 성내는 것은 '마땅한데서 나오는 것'이며, 기뻐하고 성내지 않아야 할 때에 기뻐하고 성내는 것은 '마땅하지 않는데서 나오는 것'이다. 그러므로 칠정에는 선도 있고 불선도 있다.

이 때문에 칠정이 "참으로 반드시 마땅한 데에서 발하고 마땅하지 않는 데에서 발하지 않는다면", 즉 기뻐하고 성내야 할 때에 기뻐하고 성내거나 기뻐하고 성내지 않아야 할 때에 기뻐하고 성내지 않아 모두 절도에 맞는다면, "모두 마땅하고 마땅하지 않음이 없으니" 결국 선하고 불선이 없다. 이때는 '의'의 운용하는 뜻이 필요 없으니, 왜냐하면 계교 · 상량하는 '의'의 운용은 마땅하지 않은 것으로 하여금 마땅하게 하는데 있기 때문이다. 칠정에는 마땅함(선)과 마땅하지 않음(불선)이 있는데, 이때 '의'가 운용하여 마땅하지 않는 것으로 하여금 마땅하게 하는데, 이것이 바로 '의'의 공로이며 역할이다.

이처럼 송익필은 성이 발하여 정으로 드러날 때 살피고 헤아리는 '의'의 역할을 강조한다. 이이 역시 '의'의 역할을 중시하니 "심은 성을 다할 수 있으나 성은 심을 검속할 수 없으며, '의'는 정을 운용할 수 있으나 정은 '의'를 운용할 수 없다"[83]라는 말처럼, 정은 다만 성이 발하여 드러나

---

83 『栗谷集』卷20,「聖學輯要」,〈論心性情〉, "性發爲情, 非無心也; 心發爲意, 非無性也. 只是心能盡性, 性不能檢心, 意能運情, 情不能運意. 故主情而言, 則屬乎性; 主意而言, 則屬乎心, 其實, 則性是心之未發者也, 情意是心之已發者也."(성이 발하여 정이 되나 심이 없는 것이 아니며, 심이 발하여 意가 되나 성이 없는 것이 아니다. 다만 심은 성을 다할 수 있으나 성은 심을 검속할 수 없으며, 意는 정을 운용할 수 있으나 정은 意를 운용할 수 없다. 그러므로 정을 주로 하여 말하면 성에 귀속되고, 意를 주로 하여 말하면 심에 귀속되나, 실제로 성은 심이 아직 발하지 않은 것이고 情과 意는 심이 이미 발한 것이다.)

는 개념에 불과하지만, '의'는 계교 · 상량하는 역할이 주어진다. 이 때문에 이이는 정을 성에 귀속시키고 '의'를 심에 귀속시켜 해석한다. 정은 성에 귀속되므로 주체적 작용을 하지 못하지만, '의'는 심에 귀속되므로 주체적 작용을 한다. 성은 무위(無爲)한 개념이므로 실제로 작용하는 주체가 될 수 없다. 결국 작용의 주체는 어디까지나 심이지만, 심의 주체적 작용이 가능한 것도 다만 '의'의 역할을 심이 포괄하기 때문이다. 이처럼 이이는 심을 성과 구분하고 '의'의 개념을 통한 심에서의 주체적 작용을 강조한다. 이러한 '의'의 해석은 송익필과도 다르지 않다.

이렇게 볼 때, 송익필의 사단칠정론은 불선이 없는 사단과 달리, 칠정에는 선도 있고 불선도 있음을 밝히는데 그 요지가 있다. 다만 '칠정이 선하다'는 것보다 '칠정이 불선하다'는 것을 밝히는데 집중되어 있는데, 이것은 이이의 질문이 '칠정이 선하다'는 관점에 서있기 때문이다.

이처럼 송익필은 칠정의 불선을 강조하는데, 이 때문에 칠정을 불선으로 해석하는 이황의 이론과 유사한 듯하다. 그렇지만 이황처럼 사단은 성명의 바름에 근원하고 칠정은 형기의 사사로움에 근원하는 것처럼 사단과 칠정을 대립적 구조에서 서로 다른 정으로 해석하는 것이 아니라 이이처럼 사단이 칠정에 내포되는 내포적 구조에서 하나의 정으로 해석하니, 결국 사단과 칠정의 기본 구조는 이이와 다르지 않다. 이황이 사단/선과 칠정/불선으로 구분하는 것과 달리, 송익필은 사단/선과 칠정/선도 있고 불선도 있는 것으로 해석하는 차이를 보인다. 또한 칠정에는 선도 있고 불선도 있으니, 이때 '의'를 운용하여 불선한 칠정으로 하여금 선한 칠정이 되게 하는데, '의'의 역할을 강조하는 것은 이이와 다르지 않다.

04

성혼(成渾)의 사단칠정론

성혼(成渾, 1535~1598)[84]의 사단칠정론은 "리와 기가 호발하는 것은 바로 천하의 정해진 이치이니 퇴계의 견해는 정당하다"[85]라는 데서 출발한 다. 이황의 호발설이란 사단은 인·의·예·지의 성(리)에 근원한 것이 므로 '리가 발한 것(理發)'이고, 칠정은 형기에서 생겨난 것이므로 '기가 발한 것(氣發)'한 것이어서 둘은 서로 다른 정으로 상대시켜볼 수 있다는 것이다. '상대시켜 본다'는 것은 기대승처럼 정은 칠정 하나로서 칠정 의 중절한 것을 사단으로 보는 것이 아니라, 사단은 사단이고 칠정은 칠 정으로 둘을 서로 다른 정으로 구분해본다는 말이다. "사단과 칠정을 상대시켜 말하면, 사단은 리에서 발하고 칠정은 기에서 발한다고 하는 것이 옳다."[86] 결국 이황의 호발설이 타당하다는 말이다.

---

84 성혼의 본관은 昌寧, 자는 浩原, 호는 牛溪, 시호는 文簡이다. 성수침의 아들이며, 백인걸 문하에서 배웠다. 이때 이이를 만나 평생 친구로 지냈으며, 문묘에 종사된 해동 18현 중의 한 사람이다. 저서로는 『우계집』이 있다.

85 『牛溪集』卷4,「與栗谷論理氣 第1書(別紙)」, "理與氣之互發, 乃爲天下之定理, 而 退翁所見亦自正當耶."

86 같은 곳, "愚意以爲四七對擧而言, 則謂之四發於理, 七發於氣, 可也."

그렇지만 성혼은 이황 호발설의 타당성의 논거로써 그의 사단칠정
론에 대한 해석을 전개하지 않고, 주자가 해석한 인심도심의 내용인 '혹
원혹생'의 설에 주목한다.

저는 퇴계의 설에 대해서 항상 분명치 않다고 생각했으며, 고봉의 논
변을 읽을 때마다 의심할 바 없이 분명하다고 생각했다. 근래 주자의 인
심도심설을 읽다가 '혹 형기에서 생겨나고 혹 성명에 근원한다(或原或生)'
는 이론에 있어서는 퇴계의 뜻과 합치하는 것 같았다. 그러므로 순임금
당시 많은 논의가 없었을 때에도 이미 이러한 이기호발설이 있었다면, 퇴
계의 견해는 바뀔 수 없는 이론이라고 생각한다.[87]

제가 퇴계선생에 대해서는 자신의 뜻을 제대로 말하지 못하는 미혹됨
이 있었으니, 늘 이기호발설에 대하여 그렇지 않다고 생각하면서도 오히
려 미련이 남아있어 버릴 수가 없었다. 그런데 인심도심설을 읽다가 혹원
혹생(或原或生)의 논의를 보니, 퇴계의 말과 은연중에 부합하였다. 때문
에 선뜻 방향을 바꾸어 지난날의 생각을 버리고 퇴계의 설을 따르려 한 것
이니, 이것이 생각을 바꾸게 된 단서이다.[88]

주자의 인심도심에 대한 해석인 '혹원혹생'의 설에 근거하면, 이황의
호발설이 타당하다. "퇴계의 설을 버리고 종래의 견해를 지키려 하면
'혹원혹생'의 설이 가로막아 따를 수 없었다"[89]라는 말처럼, 성혼도 처

---

87 『牛溪集』卷4, 「與栗谷論理氣 第2書」, "渾於退溪之說, 常懷未瑩, 每讀高峯之辨,
　以爲明白無疑也. 頃日讀朱子人心道心之說, 有或生或原之論, 似與退溪之意合.
　故慨然以爲在虞舜無許多議論時, 已有此理氣互發之說, 則退翁之見, 不易論也."
88 『牛溪集』卷4, 「與栗谷論理氣 第4書」, "渾於退溪先生, 有金注之惑, 每於理氣互
　發之說, 不以爲然, 而猶戀著不能舍. 及其讀人心道心之說, 而看所謂或生或原之
　論, 則與退溪之言暗合. 故慨然向之, 欲棄舊而從之, 此其所以改思之端也."

음에는 이황의 호발설에 대해 그럴 수 있을까라는 의심을 가지기도 하였으나, 주자의 '혹원혹생'설을 보고는 이황의 뜻에 부합한다는 사실을 알게 되었다. 이것이 바로 지난날의 생각을 버리고 이황의 호발설을 따르게 된 이유이며, 더 나아가 이황의 견해는 바뀔 수 없는 이론이라고 확신하게 되었다는 것이다.

주자는 『중용장구』 서문에서 인심과 도심의 차이를 '형기의 사사로움에서 생겨난 인심과 성명의 바름에 근원하는 도심'으로 구분하여 설명한다.[90] 주자의 이러한 '혹원혹생'의 해석에 근거하면, 형기(기)에서 생겨난 인심과 성명(리)에 근원하는 도심으로 둘을 양분할 수 있다. 결국 주자의 '혹원혹생'에 따르면, 인심과 도심은 확실히 리와 기로 상대시켜 볼 수 있다는 것이다.

성혼에 따르면, 인심 · 도심은 확실히 리와 기로 상대시켜 볼 수 있다고 전제하고, 인심 · 도심을 리와 기로 상대시켜 볼 수 있으면 사단과 칠정 역시 리와 기로 상대시켜 볼 수 있지 않겠느냐는 입장이다. 이러한 사고에 근거하여, 성혼은 자신의 사단칠정론에 대한 해석을 인심 · 도심의 논리로써 전개한다. 따라서 성혼은 사단칠정론의 문제에 앞서, 먼저 인심 · 도심의 이론적 구조가 이황의 이기호발설과 부합하는지의 여부를 설명한다.

> 고봉의 「사칠설」에 '인심 · 도심을 논한다면 혹 이와 같이 말할 수 있으나, 사단 · 칠정을 논한다면 아마도 이와 같이 말할 수 없을 것이다'라고

---

89 『牛溪集』 卷4, 「與栗谷論理氣 第5書」, "欲棄而守舊見, 則惟此或生或原之說, 橫格而不去."
90 『中庸章句』 序, "心之虛靈知覺, 一而已矣, 而以爲有人心道心之異者, 則以其或生於形氣之私, 或原於性命之正, 而所以爲知覺者不同."

하였는데, 제 생각으로는 인심·도심을 논한 것이 이와 같이 말할 수 있다면 사단·칠정을 논함에도 이와 같이 말할 수 있다. 어찌 이와 같이 말할 수 없겠는가?[91]

인심도심을 상대시켜 볼 수 있으면 사단칠정도 상대시켜 볼 수 있다. 왜냐하면 사단칠정과 인심도심은 비록 그 말을 세운 의미가 다를지라도, 모두 성정(性情)의 작용을 말한 것이기 때문이다.[92] "사단칠정은 성(性)에서 발한 것을 말한 것이고 인심도심은 심(心)에서 발한 것을 말한 것으로, 그 명목과 의미 사이에 약간의 차이가 있을 뿐이다."[93] 심통성정(心統性情)의 명제에 따르면, 심이 성과 정을 총괄하므로 성이 발한 사단칠정이나 심이 발한 인심도심은 모두 심의 작용을 벗어나지 않는다.

인심도심이 비록 심에서 발한 것이지만, 성정과 무관한 것이 아니다. 심에서 발한 인심도심이든, 성에서 발한 사단칠정이든 모두 명목상에 약간의 차이가 있는 것에 불과하므로 인심도심을 상대시켜 볼 수 있으면 사단칠정도 상대시켜 볼 수 있다. 이러한 이유에서 성혼은 주자의 혹원혹생(或原或生)과 진순(陳淳, 1157~1223)의 종리종기(從理從氣)[94]의 말을 인용하여 이황 호발설의 타당성을 논증한다.

'〈주자의〉 여기(형기)에서 생겨나고 여기(성명)에 근원한다(或原或生)'

91 『牛溪集』卷4,「與栗谷論理氣 第2書」,"高峯四七說, 曰論人心道心, 則或可如此說, 若四端七情, 則恐不得如此說. 愚意以爲論人心道心, 可如此說, 則論四端七情, 亦可如此說也. 如何而不得如此說耶."
92 같은 곳, "大抵四七之與人心道心, 雖其立言意味之差不同, 皆其說性情之用耳."
93 『牛溪集』卷4,「與栗谷論理氣 第1書」,"且夫四端七情, 以發於性者而言也, 人心道心, 以發於心者而言也, 其名目意味之間, 有些不同焉."
94 『性理大全』卷32, "北溪陳氏曰……然這虛靈知覺, 有從理而發者, 有從氣而發者, 又各不同也."

거나 〈북계의〉'리를 따라서 발하고 기를 따라서 발한다(從理從氣)'는 말은
리와 기 두 물건이 먼저 여기에 있는데, 인심이 기에서 생겨나고 도심은
리에서 근원하며, 인심은 기를 따라서 발하고 도심은 리를 따라서 발한다
고 말하는 것과 같다.[95]

인심은 기에서 생겨나고 도심은 리에 근원하며, 인심은 기를 따라서
발하고 도심은 리를 따라서 발한다. '혹원혹생'설에 따르면, 인심도심
은 확실히 리와 기로 양분하여 해석할 수 있으며, 이것이 바로 이황 호
발설의 뜻이다. 결국 '사단은 리가 발한 것이고 칠정은 기가 발한 것이
다'는 이황 호발설의 타당성의 근거를 주자의 '혹원혹생'으로 해명한 것
이다.

이에 성혼은 "사단은 리에서 발하고 칠정은 기에서 발한다는 것이 어
찌 불가함이 있겠는가?"[96]라고 하여, 이이의 '기발이승일도'설에 반대
하고 양변설을 주장한다.

다만 '성정 사이에는 기발이승일도(氣發理乘一途)가 있을 뿐이고 이 외
에 다른 것이 없다'고 하였는데, 제가 이 말을 듣고서 어찌 수용하여 간편
하고 깨닫기 쉬운 학설로 삼으려 하지 않았겠는가마는, 성현들의 이전 말
을 참고해보면 모두가 양변설(兩邊說)을 주장하여 율곡의 고견과 같지 않
기 때문에 감히 따르지 못하는 것이다.[97]

---

95 『牛溪集』卷4,「與栗谷論理氣 第5書」, "所謂生於此原於此, 從理從氣等語, 似是理
氣二物, 先在於此, 而人心道心, 生於此原於此, 從此而發也."

96 『牛溪集』卷4,「與栗谷論理氣 第1書(別紙)」, "今爲四端七情之圖, 而曰發於理, 發
於氣, 有何不可乎."

97 『牛溪集』卷4,「與栗谷論理氣 第6書」, "只曰性情之間, 有氣發理乘一途而已, 此外
非有他事也, 渾承是語, 豈不欲受用, 以爲簡便易曉之學, 而參以聖賢前言, 皆立兩

이황이 사단/이발이기수지(理發而氣隨之)요 칠정/기발이이승지(氣發而理乘之)로 둘을 상대시켜 서로 다른 정으로 해석한 것과 달리, 이이는 사단과 칠정 모두 "발하는 것은 기이고 발하게 하는 소이는 리이다. 기가 아니면 발할 수 없고 리가 아니면 발할 것이 없으니 기발이승일도(氣發理乘一途)뿐이다"[98]라고 주장한다. 성혼도 이이의 '기발이승일도'설이 간단하고 분명하므로 이것으로 자신의 학설로 삼고 싶었지만, 성현들의 옛 말을 참고해보면 모두 양변설을 주장하였기 때문에 이이의 견해를 따를 수 없었다. 이것은 인심도심이든 사단칠정이든 모두 둘로 상대시켜 보아야 한다는 말이다.

여기에서 성혼은 이이가 해석한 주자의 '혹원혹생'설을 자신의 양변설로 재해석한다. 이이는 주자의 '혹원혹생'을 '기발이승일도'의 관점에서 "도심이 발하는 것은 기이지만 성명이 아니면 도심이 발하지 못하고, 인심이 근원하는 것은 성이지만 형기가 아니면 인심이 발하지 못한다"[99]라고 해석한다. 그렇지만 성혼은 이이의 '성명이 아니면 도심이 발하지 못한다'거나 '형기가 아니면 인심이 발하지 못한다'는 것을 그대로 '도심은 성명(리)에 근원하고 인심은 형기(기)에서 생겨나는 것'으로 둘을 양분시켜 해석한다. 여기에서 인심과 도심을 리와 기로 상대시켜 보려고 하는 성혼의 의중을 엿볼 수 있다.

성혼이 인심도심을 상대시켜 보려는 것은 결국 사단칠정을 상대시켜 보는데 그 목적이 있으며, 사단과 칠정을 상대시켜 보는 것은 사단은 '리가 발한 것(理發)'이고 칠정은 '기가 발한 것(氣發)'이라는 이황 호발설

邊說, 無有如高誨者, 故不敢從也."

[98] 『栗谷集』 卷10, 「答成浩原(壬申)」, "發之者, 氣也, 所以發者, 理也. 非氣則不能發, 非理則無所發."

[99] 『栗谷集』 卷10, 「答成浩原」, "發道心者氣也, 而非性命則道心不發, 原人心者性也, 而非形氣則人心不發, 以道心謂原於性命, 以人心謂生於形氣, 豈不順乎."

의 타당성을 인정하는데 있다.

　이어서 성혼은 이이가 비판한 이황 호발설의 본래 뜻이 어디에 있는지를 설명한다.

　　퇴계가 말한 호발이라는 것이 어찌 편지에서 말한 것처럼 "이기가 각각 다른 곳에 있다가 서로 발한다"는 것과 같겠는가? 다만 한 물건으로 섞여 있으나, 리를 주로 하고 기를 주로 하며 안에서 나오고 밖에서 감응되어 먼저 두 가지 뜻이 있다는 것이다. 제가 말한 "성정 사이에 원래부터 이기 두 물건이 있어서 각자 나온다"고 말한 것도 견해가 이와 같으니, 어찌 율곡의 말처럼 "사람과 말이 각각 서 있다가 문을 나선 뒤에 서로 따라가 이른다"는 것이겠는가?[100]

　'이기가 각각 다른 곳에 있다가 서로 발한다'는 것은 이황의 호발설을 비판한 이이의 말처럼, 사단의 소종래는 리가 되고 칠정의 소종래는 기가 되어 따로 떨어져 있다가 서로 발하는 것이 아니다. 이이의 비유로 말하면, 사람과 말이 각각 따로 있다가 문을 나선 뒤에 서로 따라가 이르는 격이 아니라는 것이다.

　'한 물건으로 섞여있다'는 것은 발하기 이전의 성이 하나라는 말이다. 이황과 달리, 성혼은 정으로 드러나기 이전의 성을 하나로 전제한다. 이것은 이황이 사단과 칠정의 근원으로서의 성을 본연지성과 기질지성으로 상대시킨 것과 구분된다. 하나의 성이 발할 때에 리가 주가

---

100 『牛溪集』卷4,「與栗谷論理氣 第6書」, "退溪之所云互發者, 豈眞如來喩所謂理氣各在一處, 互相發用耶? 只是滾在一物, 而主理主氣, 內出外感, 先有兩箇意思也. 渾之所謂性情之間, 元有理氣兩物, 各自出來云者, 亦看如此也, 豈所謂人馬各立, 出門之後, 相隨追到耶."

되는 사단과 기가 주가 되는 칠정의 두 가지 뜻이 있을 수 있으며, 또한 안으로 인·의·예·지의 성에서 나오는 사단과 밖으로 형기에 감응하여 생겨나는 칠정의 두 가지 뜻이 있을 수 있다. 이것이 바로 이황의 호발설에 대한 성혼의 해석이다.

그렇지만 성혼은 이황처럼 '소종래'에 따른 근원적 구분은 인정하지 않는다. 결국 성혼은 이황의 호발설에 대한 이이의 비판에서처럼, "미발 때에 이미 인심과 도심의 싹이 있어서 리가 발하면 도심이 되고 기가 발하면 인심이 되어 심에 두 개의 근본이 있다"[101]라는 것으로 해석하지 않는다는 것이다.

이어서 성혼은 이황의 호발설이 타당하다는 논거로써 주리·주기의 논리를 제기한다. 다만 이황과 달리, 하나의 성(一性)이 막 발하는 그 시점에서 주리·주기의 논리를 적용한다.

> 미발일 때에는 비록 리와 기가 각각 발용하는 싹이 없다하더라도 막 발할 즈음에 의욕이 움직일 때는 마땅히 주리·주기로 말할 수 있으니, 각각 나온다는 것이 아니라 한 가지 길(一途)에서 그 중(重)한 쪽을 취하여 말한 것이다. 이것이 바로 퇴계가 말한 호발의 뜻이다.[102]

'미발의 때에 리와 기가 각각 발하는 싹이 없다'는 것은, 이황처럼 정으로 드러나기 이전의 성에서 이미 사단의 소종래는 본연지성이 되고 칠정의 소종래는 기질지성이 되어 두 개의 근원이 있는 것이 아니라는

---

101 『栗谷集』卷10, 「答成浩原」, "未發之時, 亦有人心苗脈, 與理相對于方寸中也."
102 『牛溪集』卷4, 「與栗谷論理氣 第6書」, "其未發也, 雖無理氣各用之苗脉, 纔發之際, 意欲之動, 當有主理主氣之可言也, 非各出也. 就一途而取其重而言也, 此卽退溪互發之意也."

것이다. 그렇지만 '막 발할 즈음'에는 마땅히 주리 · 주기로 나누어 말할 수 있다. 이황처럼 소종래에 따른 근원적 차이를 인정하는 것은 아닐지라도, 하나의 성이 발하여 정으로 드러날 때에 주(主)가 되거나 중(重)한 쪽을 취하여 말할 수 있으니, 도심은 리가 주가 되므로 '리가 발한 것'이고 인심은 기가 주가 되므로 '기가 발한 것'이다. 사단 · 칠정도 마찬가지이니, 사단은 리가 주가 되므로 '리가 발한 것'이고 칠정은 기가 주가 되므로 '기가 발한 것'이다. 이것이 바로 이황이 말한 호발설의 뜻이라는 것이다.

이러한 주리 · 주기에 따른 해석은 성혼이 이이에게 답한 마지막 편지글 속에서도 보인다.

> 정이 발하는 곳에 주리 · 주기의 두 가지 뜻이 있으니, 분명히 이와 같다면 "말이 사람의 뜻을 따르고 사람이 말의 다리를 믿는다"는 설이며, 아직 발하기 이전에 두 가지 뜻이 있는 것이 아니다. 막 발할 즈음에 '리에 근원하거나 기에서 생겨남이 있다'는 것일 뿐이다. 리가 발하고 기가 그 뒤를 따르거나 기가 발하고 리가 그 다음에 타는 것이 아니다. 〈이것은〉 바로 이기가 하나로 발하는데(理氣一發), 사람이 그 중(重)한 곳에 나아가 말하여 주리 · 주기라고 하는 것이다.[103]

'아직 발하기 이전'은 정으로 드러나기 이전의 성의 상태를 가리킨다. '아직 발하기 이전에 두 가지 뜻이 있는 것이 아니다'는 것은 이황처럼 사단의 소종래는 리(본연지성)가 되고 칠정의 소종래는 기(기질지성)가

---

103 같은 곳, "且情之發處, 有主理主氣兩箇意思, 分明是如此, 則馬隨人意, 人信馬足之說也, 非未發之前有兩箇意思也. 於纔發之際, 有原於理生於氣者耳. 非理發而氣隨其後, 氣發而理乘其第二也, 乃理氣一發, 而人就其重處言之, 謂之主理主氣也."

본론 사단칠정논변과 그 전개: 조선유학자들의 사단칠정론

되어 소종래에 따른 근원적 차이를 인정하지 않는다는 말이다. 또한 이이처럼 "미발의 때에는 리와 기가 각각 작용하는 싹이 없다"는 뜻이다. 이로써 성혼이 이황과 달리 성을 하나로 보려고 한다는 것을 알 수 있다.

여기에서 그의 이기일발(理氣一發)이라는 중요한 말이 등장한다. 이것이 바로 성혼의 사단칠정론을 '이기일발설'로 규정하는 이유이기도 하다. 결국 근원이 하나라는 말이다. 이황처럼 정의 근원으로서의 성을 본연지성과 기질지성으로 구분해보려는 것이 아니라, '성발위정'의 명제에 따라 사단이든 칠정이든 그 근원을 하나의 성으로 보려는 것이다.

이러한 사고는 이이의 견해와 일치한다. 그러나 성이 발하여 정이 되는 그 시점, 즉 성혼의 표현에 따르면 '막 발할 즈음'에는 주가 되거나 중한 것에 따라 주리·주기의 구분이 있다. 이것은 두 개의 근원에서 각각 나온다는 것이 아니라, '한 가지 길(一途)'에서 주가 되거나 중한 쪽을 취하여 말한 것이니, 사단은 리를 주로 하여 말한 것이고 칠정은 기를 주로 하여 말한 것일 뿐이다. 따라서 사단은 리가 주가 되므로 '리가 발한 것(理發)'이고, 칠정은 기가 주가 되므로 '기가 발한 것(氣發)'이다. 이것이 바로 이황의 호발설에 대한 성혼의 해석이고, 적어도 성혼은 이러한 관점에서 이황의 호발설을 이해한다.

물론 이러한 해석은 이황과도 구분되고 이이와도 구분된다. 이황과의 차이는 정의 근원으로서의 성을 본연지성과 기질지성으로 양분시켜 보지 않는다는 점이고, 이이와의 차이점은 주리·주기의 논리에 따라 사단과 칠정을 이발·기발로 구분해본다는 점이다. 이황처럼 소종래에 따른 근원적 구분은 인정하지 않을지라도 사단·칠정을 리와 기로 상대시켜 서로 다른 정으로 보려고 하는데, 여기에 바로 성혼 사단칠정론의 특징이 소재한다.

성혼의 이러한 사단칠정론에 대한 해석은 이후 17세기 퇴계학파의 일원인 정시한(丁時翰)·이익(李瀷) 등과도 유사하다. 이이처럼 사단이든 칠정이든 정의 근원으로서의 성은 하나로 보면서도, 이황처럼 사단과 칠정을 서로 다른 정으로 구분해보려는 사고이다.[104] 물론 이러한 사고는 이황과 이이의 이론을 종합·절충하려는 시도에 따른 것이다.

이처럼 성혼이 이황 호발설의 타당성을 인정하지만, 다만 사단은 리에서 발한 것이므로 '이발'이고 칠정은 기에서 발한 것이므로 '기발'임을 인정할 뿐이지, 그 뒤의 '기수지(氣隨之)'와 '이승지(理乘之)'는 말을 너무 장황하게 끌어대어 명분과 사리에 맞지 않다고 지적한다.[105] 이황의 '사단/이발이기수지와 칠정/기발이이승지'에서 '이발'과 '기발'의 뒤에 '기수지'와 '이승지'를 덧붙일 경우, 이이의 비판처럼 '이발'과 '기수지' 또는 '기발'과 '이승지' 사이에 선후의 관계가 성립하기 때문에 옳지 않다.

사실 이황이 '이발'과 '기발'에다 '기수지'와 '이승지'를 추가한 것은, 기대승이 강조한 이기가 떨어질 수 없는 일물(一物)임을 수용한 표현이다. 사단에도 기가 없는 것이 아니고 칠정에도 리가 없는 것이 아니라는 것을 나타낸 것에 불과하다. 그렇지만 성혼은 이러한 '기수지'와 '이

---

104 이황의 호발설에 대한 퇴계학파에서의 해석은 크게 두 가지로 나누어진다. 하나는 이이의 일원적 관점을 받아들여 정의 근원으로서의 성을 하나로 보고(一性) 발한 이후 주리·주기의 구분에 따라 사단과 칠정을 둘로 상대시켜 보려는 학자들이 있는가 하면, 다른 하나는 이황의 所從來에 따른 근원적 구분을 강조하는 학자들이 있다. 전자로는 丁時翰·李瀷 등이 있고, 후자로는 李玄逸·權相一 등이 있다. 그럼에도 이들은 모두 사단과 칠정을 서로 다른 정으로 구분해보려는 데는 의견이 일치한다.

105 『牛溪集』卷4,「與栗谷論理氣 第1書(別紙)」, "然氣隨之理乘之之說, 正自拖引太長, 似失於名理也."

승지'의 표현을 불편해한다. '기수지'와 '이승지'의 추가 없이 "사단은 리에서 발한 것이고 칠정은 기에서 발한 것이다"[106]라는 표현만으로 충분하다. 굳이 '기수지'와 '이승지'를 덧붙여서 둘 사이에 시간적 선후관계를 만들어놓을 필요가 없다는 것이다.

물론 이것은 성혼이 이이의 이황 비판을 수긍한데 따른 것이다. 이이는 이황의 '이발이기수지와 기발이이승지'에 대해 "리와 기 둘이 어떤 것은 앞에 있고 어떤 것은 뒤에 있어 상대하여 두 갈래가 되어 각각 나오므로"[107] '이발'과 '기수지' 사이에 시간적 선후관계가 발생한다고 비판한다. 성혼도 이황의 본뜻이 이이의 비판처럼 "리가 발한 뒤에 기가 그 뒤를 따르거나 기가 발한 뒤에 리가 그 다음에 타는 것이 아니다"라고 해명하기도 하지만, 선후관계로 해석될 여지가 있음을 인정한다. 때문에 성혼은 "'이발이기수지'와 '기발이이승지'로 단계를 나누는 것은 말뜻이 순조롭지 않고 명분과 사리가 온당하지 못하니, 이것이 제가 〈이황의 말을〉 좋아하지 않는 까닭이다"[108]라고 하여, '이발'과 '기발' 외에 '기수지'와 '이승지'의 사용을 거부한다.

이처럼 성혼은 이황 호발설이 타당한 논거로써 직접 사단칠정의 문

---

106 이황이 처음 정지운의 「天命圖」(天命舊圖) 내용을 보았을 때, '사단은 리에서 발한 것이고(사단/發於理) 칠정은 기에서 발한 것이다(칠정/發於氣)'라는 표현이 사단과 칠정을 지나치게 리와 기로 분속시키는 폐단이 있음을 염려하여 '사단은 리가 발한 것이고(사단/理之發) 칠정은 기가 발한 것이다(칠정/氣之發)'라고 수정한다. 이황은 '리에서 발하고 기에서 발한다'거나 '리가 발하고 기가 발한다'는 것을 의미상 분명히 구분하여 理發과 氣發을 주로 '리가 발한 것'과 '기가 발한 것'으로 해석하지만, 성혼은 정지운의 「天命圖」의 내용에서처럼 '사단은 리에서 발한 것이고 칠정은 기에서 발한 것이다'는 말을 그대로 쓴다.

107 『栗谷集』卷9, 「答成浩原(壬申)」, "四端, 理發而氣隨之; 七情, 氣發而理乘之, 則是理氣二物, 或先或後, 相對爲兩歧, 各自出來矣."

108 『牛溪集』卷4, 「與栗谷論理氣 第6書」, "兩發隨乘之分段, 言意不順, 名理未穩, 此渾之所以不喜者也."

제를 다루기보다는 『중용장구』 서문에 있는 인심도심의 내용에 주목한다. 주자가 도심인심의 차이를 해석한 '혹원혹생'에 근거할 때, 도심인심은 확실히 리와 기로 상대시켜 볼 수 있다. 도심인심을 리와 기로 상대시켜 볼 수 있으면, 사단칠정도 리와 기로 상대시켜 볼 수 있지 않겠느냐는 것이다.

성혼은 주자의 '혹원혹생'에 근거하여 성명에 근원하는 도심과 형기에서 생겨난 인심으로 양분시켜 이해한다. 그리고 그 논거로써 주리·주기의 논리를 제시한다. 도심은 리가 주가 되므로 '이발'한 것이고, 인심은 기가 주가 되므로 '기발'한 것이다. 성혼은 이러한 구조를 사단칠정의 관계에도 그대로 적용시킨다. 사단에도 기가 없는 것은 아니지만 리가 주가 되므로 '이발'한 것이고, 칠정에도 리가 없는 것은 아니지만 기가 주가 되므로 '기발'한 것이니, 이황의 호발설은 타당하다.

그렇지만 이황처럼 '소종래'에 따른 근원적 차이는 인정하지 않는다. 성혼이 이황과 구분되는 가장 큰 특징은 정으로 드러나기 이전의 성을 하나로 전제한다는 사실이다. 이것은 이황이 사단과 칠정의 근원으로서의 성을 본연지성과 기질지성으로 양분시켜 이해하는 것과 구분된다. 성혼의 표현에 따르면, '막 발할 즈음'에 사단은 리가 주가 되므로 '이발'한 것이고 칠정은 기가 주가 되므로 '기발'한 것이니, 두 가지 뜻이 있을 수 있다. 이것이 바로 이황의 호발설에 대한 성혼의 해석이며, 여기에 바로 성혼 사단칠정론의 특징이 소재한다.

그렇다면 성혼은 왜 사단과 칠정을 서로 다른 정으로 구분해보려고 하였는가. 성혼은 사단을 '이발'로 해석함으로써 순선하고 절대적인 리(성)가 발한 사단을 통해 현실세계의 지선(至善: 성선)을 실현할 수 있는 가능근거를 확보하고자 하였기 때문이다. 또한 성혼은 칠정을 '기발'로 해석함으로써 순선한 사단과 달리 악으로 흐르기 쉬운 칠정을 절제하고 단속해야할 대상으로 보았기 때문이다. 물론 이때의 '기발'은 이이가 말하는 '기발'과 그 의미가 다르다. 때문에 칠정은 그대로 '존천리 알인욕(存天理 遏人欲)'의 수양문제와 연결되니, 기가 발한 칠정은 절제의 대상이 된다.

이 글은 「우계와 율곡 사단칠정론의 대비적 고찰」(『퇴계학』25, 안동대학교 퇴계학연구소, 2017)의 내용을 일부 수정·보완한 것이다.

05
이이(李珥)의 사단칠정론

이이(李珥, 1536~1584)[109]의 사단칠정론은 "퇴계의 병폐는 오로지 호발 (互發) 두 글자에 있다"[110]라는 말처럼 사단과 칠정은 호발할 수 없다고 보는데서 출발한다. 이것은 성혼이 "퇴계의 호발설은 천하의 정해진 이 치이니 퇴계의 견해는 정당하다"라고 보는 것과 대조된다. 이황의 호발 설이란 사단은 인 · 의 · 예 · 지의 성(리)에 근원한 것이므로 '리가 발한 것(理發)'이고 칠정은 형기에 감응하여 생겨난 것이므로 '기가 발한 것(氣 發)'이어서 둘은 서로 다른 정이라는 것이다. 그러나 이이는 사단과 칠 정을 하나의 정으로 이해한다.

정은 하나인데, 혹 사단이라고 하고 혹 칠정이라고 하는 것은 오로지 리만을 말한 것과 기를 겸하여 말한 것의 차이 때문이다. 이 때문에 인심

---

109 이이의 본관은 德水, 자는 叔獻, 호는 栗谷, 시호는 文成이다. 강원도 강릉 출생이 다. 서인의 영수로 추대되었으며, 이언적 · 이황 · 송시열 · 박세채 · 김집과 함께 문묘 종사와 종묘 배향을 동시에 이룬 6현 중 하나다. 아홉 차례의 과거에 장원급 제하여 九度壯元公으로 유명하다. 저서로는 『율곡집』이 있다.
110 『栗谷集』卷10, 「答成浩原」, "退溪之病, 專在於互發二字."

과 도심은 서로 겸할 수 없으나 서로 처음과 끝이 되며, 사단은 칠정을 겸할 수 없으나 칠정은 사단을 겸한다.……사단은 칠정의 온전함만 못하고 칠정은 사단의 순수함만 못하는데, 이것이 나의 견해이다.[111]

정은 하나인데, 오로지 리만을 가리켜서 말한 것은 사단이고 이기를 겸하여 전체를 말한 것은 칠정이다. 정을 총체적으로 이름하면 칠정이라 하고, 그 선한 정만을 가리켜서 말하면 사단이라 한다. 그러므로 사단은 칠정을 겸할 수 없지만, 칠정은 사단을 겸한다. 이이의 말로 표현하면, 사단은 선한 정만을 말한 것이기 때문에 칠정보다 순수하다는 것이고, 칠정은 이기를 겸한 정의 전체를 말하기 때문에 사단보다 온전하다는 것이다.

여기에서 이이의 칠정이 사단을 포함한다는 '칠정포사단(七情包四端)'의 이론이 등장한다.[112] 사단은 칠정 중에 선한 부분만을 말할 뿐이니, 칠정을 말하면 사단은 그 안에 있다. 따라서 사단과 칠정은 두 개의 정이 아니므로 '이발'와 '기발'로 호발할 수 없다. 이것은 성혼(또는 이황)이 사단과 칠정을 '리가 발한 것'과 '기가 발한 것'으로 상대시켜 보는 것과 구분된다.

이어서 이이는 사단과 칠정을 하나의 정으로 보아야 하는 이유로써 성을 거론한다.

　　사단과 칠정의 관계는 바로 본연지성과 기질지성과 같으니, 본연지성

---

111 『栗谷集』卷9, 「答成浩原(壬申)」, "情一也而或曰四或曰七者, 專言理兼言氣之不同也. 是故人心道心不能相兼而相爲終始焉, 四端不能兼七情, 而七情則兼四端.……四端不如七情之全, 七情不如四端之粹, 是則愚見也."

112 '七情包四端'의 표현은 성혼과 이이간의 왕복서신에는 보이지 않고, 『栗谷集』卷14, 「人心道心圖說」, "七情實包四端, 非二情也."에 보인다.

은 기질을 겸하지 않고 말한 것이지만 기질지성은 오히려 본연지성을 겸한다. 그러므로 사단은 칠정을 겸할 수 없지만, 칠정은 사단을 겸한다.[113]

정의 근거로서의 성은 하나이다. 성은 하나인데, 오로지 리만을 가리켜서 말하면 본연지성이고 기질 속에서 말하면 기질지성이다. 기질지성 가운데 선한 것이 바로 본연지성이니, 기질지성 밖에 따로 본연지성이 있는 것이 아니다. 때문에 사단은 칠정을 겸할 수 없으나 칠정은 사단을 겸하듯이, 본연지성은 기질지성을 겸할 수 없으나 기질지성은 본연지성을 겸한다.

사단과 칠정은 본연지성과 기질지성의 관계에서와 마찬가지로 부분과 전체의 관계이므로 둘로 양분해서 말할 수 없다. 이것은 성이 하나이므로 정도 하나이어야 한다는 것이다. 그렇지만 성혼은 인심도심을 양분시켜 볼 수 있으면 사단칠정도 양분시켜 볼 수 있다고 주장한다. 이러한 성혼의 주장에 이이는 사단칠정과 인심도심의 관계가 서로 다르다고 설명한다.

> 인심과 도심은 혹 형기(形氣)를 위하기도 하고 혹 도의(道義)를 위하기도 하여 그 근원은 비록 하나이지만 그 흐름은 이미 갈라지니, 두 쪽으로 나누어서 말하지 않을 수가 없다. 사단과 칠정과 같은 것은 그렇지 않으니, 사단은 칠정의 선 한쪽이고 칠정은 사단의 총체적 모임(總會)이다. 한쪽이 어찌 총체적 모임과 두 쪽으로 나누어 상대할 수 있겠는가?[114]

---

113 『栗谷集』卷9,「答成浩原(壬申)」, "四端七情, 正如本然之性氣質之性, 本然之性, 則不兼氣質而爲言也, 氣質之性, 則却兼本然之性. 故四端不能兼七情, 七情則兼四端."

114 『栗谷集』卷10,「答成浩原(壬申)」, "但人心道心, 則或爲形氣, 或爲道義, 其原雖一, 而其流既歧, 固不可不分兩邊說下矣. 若四端七情, 則有不然者, 四端是七情之善

인심과 도심은 상대시켜 이름을 붙인 것이니, 이미 도심이라고 말하면 인심이 아니고 이미 인심이라고 말하면 도심이 아니다. 그러므로 두 쪽으로 말할 수 있다. 칠정과 같은 것은 이미 사단을 그 안에 포함하고 있으므로 사단은 칠정이 아니고 칠정은 사단이 아니라고 말할 수 없다. 어찌 두 쪽으로 나눌 수 있겠는가?[115]

사단은 칠정의 선한 부분만을 말한 것이고 칠정은 정의 전체를 말한 것으로서, 사단과 칠정은 부분과 전체의 관계이므로 둘로 양분시켜 말할 수 없다. 성혼은 인심도심의 관계와 사단칠정의 관계를 명목상의 차이에 불과할 뿐으로 모두 성정(性情)의 작용을 말한 것이므로 둘의 관계를 동일한 구조로 설명한다. 인심도심을 상대시켜 말할 수 있으면 사단칠정도 상대시켜 말할 수 있다. 그러나 이이는 인심도심과 사단칠정의 관계를 서로 다른 것으로 구분한다. "사단은 칠정 가운데 선한 부분만을 가리켜서 말한 것이니, 진실로 인심도심을 상대시켜 말하는 것과는 같지 않다."[116]

따라서 인심은 도심이 아니고 도심은 인심이 아니라고 말할 수 있지만, 사단은 칠정이 아니고 칠정은 사단이 아니라고 말할 수는 없다. 인심도심은 상대시켜 말할 수 있지만, 사단칠정은 내포적 관계이므로 상대시켜 말할 수 없다. 때문에 "사단은 오로지 도심만을 말한 것이고 칠정은 인심과 도심을 합하여 말한 것이니, 인심도심이 저절로 두 쪽으로

一邊也, 七情是四端之摠會者也. 一邊安可與摠會者, 分兩邊相對乎."

115 같은 곳, "蓋人心道心, 相對立名. 旣曰道心, 則非人心, 旣曰人心, 則非道心. 故可作兩邊說下矣. 若七情則已包四端在其中, 不可謂四端非七情, 七情非四端也. 烏可分兩邊乎."

116 『栗谷集』卷9, 「答成浩原(壬申)」, "四端, 則就七情中擇其善一邊而言也, 固不如人心道心之相對說下矣."

나누어지는 것과는 다르다"[117]라고 강조한다.

이이는 칠정이 사단을 포함하는 구체적인 사례를 거론한다. 예를 들어 칠정을 사단에 적용시키면, 희(喜)·애(哀)·애(愛)·욕(欲)의 네 가지 정은 인의 단서이고, 로(怒)·오(惡)의 두 가지 정은 의의 단서이며, 구(懼)의 정은 예의 단서이고, 이 일곱 가지 정을 합하여 그 시비(是非)를 아는 정은 지의 단서이다. 반대로 사단을 칠정에 적용시키면, 측은지심은 애(愛)에 속하고, 수오지심은 오(惡)에 속하며, 공경지심은 구(懼)에 속하고, 시비지심은 지(知)에 속한다.[118] 이렇게 볼 때, 칠정 밖에 다시 사단이 없으니 칠정을 말하면 사단은 그 안에 있다. 결국 사단칠정은 내포적 관계이므로 인심도심처럼 양분하여 말할 수 없다.

또한 사단칠정은 상대적인 관계가 아니기 때문에 주리·주기의 논리로도 구분할 수 없다.[119] 때문에 이이는 주리·주기의 설이 보기에는 해가 없는 것 같지만, 이 속에 병의 뿌리가 감춰져 있다고 말한다.[120] 원래 주리·주기는 이황 호발설의 타당성의 논거로 제시된 개념이다. 인·의·예·지의 성에 근원하는 사단은 리를 주로 하여 말한 것이므로 '이발'한 것이고, 형기에 감응하여 생겨난 칠정은 기를 주로 하여 말

---

117 『栗谷集』卷10, 「答成浩原(壬申)」, "四端專言道心, 七情合人心道心而言之也. 與人心道心之自分兩邊者, 豈不逈然不同乎."

118 같은 곳, "喜哀愛欲四情, 仁之端也. 怒惡二情, 義之端也. 懼情, 禮之端也. 此合七情而知其是非之情也, 智之端也. …… 惻隱屬愛, 羞惡屬惡, 恭敬屬懼, 是非屬于知."

119 물론 이이도 주리·주기를 말한다. 그러나 성혼이 주리·주기의 논리로써 이황 호발설의 타당성을 논증하는 것과 달리, 이이는 다만 기가 리를 따르는지의 여부로써 해석한다. "기가 리의 명령을 들으면 그 중한 것이 리에 있으므로 主理이고, 기가 리의 명령을 듣지 않으면 그 중한 것이 기에 있으므로 主氣라는 것이다."(『栗谷集』卷10, 「答成浩原」, "氣聽命於理, 故所重在理, 而以主理言. …… 則不可謂聽命於理也, 故所重在氣, 而以主氣言.")

120 『栗谷集』卷10, 「答成浩原(壬申)」, "吾兄性有主理主氣之說, 雖似無害, 恐是病根藏于此中也."

한 것이므로 '기발'한 것이다. 이것이 바로 주리·주기의 논리에 따른 이황 호발설의 해석이다.

그러나 이이는 이러한 주리·주기의 논리로는 사단칠정을 설명할 수 없다고 주장한다. 사단을 '주리'라 하면 옳지만 칠정을 '주기'라 하면 옳지 않는데, 그 이유로써 칠정은 이기를 포함하여 말한 것이므로 '주기'가 아니라는 것이다.[121] 이것은 성혼이 사단과 칠정을 상대시켜 보려는 논거로써 주리·주기의 논리를 제기한 것과 구분된다.

이이는 칠정을 '주기'로 말할 수 없는 이유를『중용』의 중화설(中和說)로써 설명한다. 만약 칠정을 '주기'라 한다면, 자사가 논한 대본(大本)과 달도(達道)에서 리 한쪽을 빠뜨린 것이 되니 크게 잘못이라는 것이다.[122]

이것은 본연지성과 기질지성의 관계에서도 마찬가지이다. 본연지성은 오로지 리만을 말한 것이고 기에는 미치지 않으며, 기질지성은 기를 겸하여 말하지만 리가 그 속에 포함되어 있으니 주리·주기의 설로 대충 양분할 수 없다.[123] 본연지성은 기와 섞지 않고 리만을 가리켜서 말한 것이므로 '주리'라고 할 수 있으나, 기질지성은 이기를 겸하여 말한 것이므로 '주기'라고 말할 수 없다. 만약 '주기'라고 말하면 기질지성 속에 포함되어 있는 리의 한쪽을 저버리게 되므로 옳지 않다.

게다가 이이는 주리·주기의 논리로써 본연지성과 기질지성을 둘로 양분시키면 모르는 사람은 두 개의 성이 있는 것으로 오해할 수 있다고 지적한다.[124] 이이가 본연지성과 기질지성을 주리·주기로 양분시켜볼

---

121 같은 곳, "且四端謂之主理, 可也, 七情謂之主氣, 則不可也. 七情包理氣而言, 非主氣也."
122 같은 곳, "若如兄言七情爲主氣, 則子思論大本達道, 而遺却理一邊矣, 豈不爲大欠乎."
123 같은 곳, "本然之性, 則專言理而不及乎氣矣. 氣質之性, 則兼言氣而包理在其中, 亦不可以主理主氣之說, 泛然分兩邊也."

수 없는 이유 중의 하나가 바로 성이 하나이지 둘이 아니라고 보기 때문이다. "성이 이미 하나인데, 정에 이발·기발의 다름이 있다고 한다면 성을 안다고 할 수 있겠는가?"[125] 성이 하나이므로 성이 발한 정도 하나이지, '이발'한 것은 사단이 되고 '기발'한 것은 칠정이 되는 것이 아니다.

> 기질지성과 본연지성은 결코 두 개의 성이 아니니, 다만 기질 위에 나아가 오로지 리만을 가리켜서 본연지성이라 하고, 이기를 합하여 기질지성이라 말할 뿐이다. 성이 이미 하나인데, 정에 어찌 두 근원이 있겠는가? 두 가지 성이 있은 후에야 비로소 두 가지 정이 있을 뿐이다.[126]

이황은 정에 사단과 칠정의 구분이 있는 것은 성에 이미 본연지성과 기질지성의 구분이 있기 때문이라고 설명한다. 그러나 이이는 이황처럼 본연지성과 기질지성을 양분하면, 본연지성이 동쪽에 있고 기질지성이 서쪽에 있어 동쪽에서 나오는 것을 도심(사단)이라 하고 서쪽에서 나오는 것을 인심(칠정)이라 하여 두 가지 성이 있게 된다고 비판한다.[127] "맹자가 본연지성을 말하고 정자와 장자(장재)가 기질지성을 말한 것도 그 실상은 하나의 성을 말한 것에 불과하다."[128] 성이 이미 하나이므로 성이 발한 정도 하나이다. 따라서 정이 하나이므로 주리·주기의 논리

---

124 같은 곳, "本然之性與氣質之性分兩邊, 則不知者, 豈不以爲二性乎."
125 『栗谷集』卷10, 「答成浩原」, "性旣一而乃以爲情有理發氣發之殊, 則可謂知性乎."
126 같은 곳, "氣質之性, 本然之性, 決非二性, 特就氣質上, 單指其理曰本然之性, 合理氣而命之曰氣質之性耳, 性旣一則情豈二源乎? 除是, 有二性然後, 方有二情耳."
127 같은 곳, "若如退溪之說, 則本然之性在東, 氣質之性在西, 自東而出者, 謂之道心, 自西而出者, 謂之人心, 此豈理耶."
128 같은 곳, "子思孟子言其本然之性, 程子張子言其氣質之性, 其實一性."

로써 사단과 칠정을 양분할 수 없다.

이러한 관점에서 이이는 소종래에 따른 근원적 구분을 강조하는 이황의 호발설을 비판한다.

> 보내온 편지에서 말한 것처럼 이기가 호발한다면, 이것은 리와 기 둘이 각기 심 속에 뿌리를 두고서 미발일 때에 이미 인심과 도심의 싹이 있어서 리가 발하면 도심이 되고 기가 발하면 인심이 된다. 그렇다면 우리의 심에 두 개의 근본이 있는 것이니, 어찌 크게 잘못된 것이 아니겠는가?[129]
>
> 지금 만일 '사단은 리가 발하고 기가 따르는 것이며 칠정은 기가 발하고 리가 타는 것'이라고 한다면, 이것은 리와 기 둘이 혹은 앞에 있고 혹은 뒤에 있어서 서로 대치하여 두 갈래가 되어 각자 나오니, 사람의 심에 어찌 두 개의 근본이 〈있는 것이〉 아니겠는가?[130]

사단칠정뿐만 아니라 인심도심에도 본래 상대하는 싹이 없다.[131] '싹이 없다'는 것은 성이 발하기 이전인 미발의 때에 두 개의 근본이 없다는 뜻이다. 이황처럼, 사단의 싹은 리가 되고 칠정의 싹은 기가 되어 리가 발한 것은 사단(도심)이 되고 기가 발한 것은 칠정(인심)이 되는 것이 아니다.

이이는 이황의 호발설을 두 개의 근본이 있는 것으로 해석한다. 만약

---

129 『栗谷集』卷10,「答成浩原(壬中)」, "若來書所謂理氣互發, 則是理氣二物, 各爲根柢於方寸之中, 未發之時, 已有人心道心之苗脈, 理發則爲道心, 氣發則爲人心矣. 然則吾心有二本矣, 豈不大錯乎."
130 『栗谷集』卷9,「答成浩原(壬中)」, "今若曰四端理發而氣隨之, 七情氣發而理乘之, 則是理氣二物, 或先或後, 相對爲兩歧, 各自出來矣, 人心豈非二本乎."
131 『栗谷集』卷10,「答成浩原」, "人心道心, 本無相對之苗脈也."

이황의 호발설과 같다면, 성이 발하기 이전의 미발일 때에 이미 인심과 도심의 두 싹이 따로 있다가 리가 발하면 도심이 되고 기가 발하면 인심이 된다. 이렇게 보면, 정의 근원으로서의 성에 이미 두 근원이 있게 되므로 크게 잘못인 것이다. 왜냐하면 성은 하나이지 두 개의 성이 있을 수 없기 때문이다.

이 때문에 이이는 이황의 호발설에 대해, 아직 문을 나서지 않았을 때는 사람과 말이 각기 따로 떨어져 있다가 문을 나선 뒤에야 사람이 말을 타는 격이라고 비판한다.

> 호발설을 비유하면, 이것은 아직 문을 나서지 않았을 때에는 사람과 말이 각기 다른 곳에 있다가 문을 나선 후에야 사람이 말을 타는데, 혹 사람이 나서자 말이 따르는 경우도 있고 혹 말이 나서자 사람이 따르는 경우도 있어 명분과 이치를 둘 다 잃어 말이 되지 않는다.[132]

정으로 드러나기 이전의 성에서도 사람과 말은 하나로 있어야지 각각 떨어져 따로 있어서는 안 된다. 이것은 성이 하나임을 강조한 표현이다. 또한 이것은 이황이 사단의 소종래를 리로, 칠정의 소종래를 기로 양분하는 것에 대한 비판이다. 때문에 이이는 주자의 '혹원혹생' 역시 성이 하나일 뿐이라는 관점에서 해석해야지, 호발설에 주안점을 두고서 양분하여 보아서는 안 된다고 지적한다.[133] 성이 하나라는 말은 결국 성이 발한 정 역시 하나라는 말에 다름 아니다.

여기에서 '혹원혹생'에 대한 이이의 해석을 엿볼 수 있다.

---

132 같은 곳, "若以互發之說譬之, 則是未出門之時, 人馬異處, 出門之後, 人乃乘馬, 而或有人出而馬隨之者, 或有馬出而人隨之者矣. 名理俱失, 不成說話矣."
133 같은 곳, "朱子或原或生之說, 亦當求其意而得之, 不當泥於言而欲主互發之說也."

주자가 말하기를, "심의 허령지각은 하나일 뿐인데, 혹 성명의 바름에 근원하기도 하고 혹 형기의 사사로움에서 생겨나기도 한다"고 하였다. 먼저 하나의 '심'자를 앞에 두었으니 심은 기이다. '혹원'하기도 하고 '혹생'하기도 하지만 심이 발한 것이 아님이 없으니, 어찌 기발(氣發)이 아니겠는가?……'혹원'은 리의 중한 것을 가지고 말한 것이고 '혹생'은 기의 중한 것을 가지고 말한 것이니, 애초부터 리와 기의 두 싹이 있는 것이 아니다.[134]

이이도 '혹원'은 리의 중한 것을 가지고 말한 것이고 '혹생'은 기의 중한 것을 가지고 말한 것이라고 해석한다. 이것은 성혼이 주리·주기의 논리로써 성명에 근원한 도심은 리가 주가 되고 형기에서 생겨난 인심은 기가 주가 된다고 해석하는 것과 비슷하다. 그렇지만 성혼이 '도심은 리가 주가 되므로 이발(理發)이고, 인심은 기가 주가 되므로 기발(氣發)인 것이다'라고 하여 이황의 호발설과 연결시켜 해석하는 것과 달리, 이이는 '기발' 하나만을 인정한다. 왜냐하면 이이는 '혹원'하는 도심이든 '혹생'하는 인심이든 모두 심이 발한 이후의 두 양상으로 보기 때문이다.

이이는 주자가 '혹원혹생'의 해석에 앞서 "심의 허령지각은 하나일 뿐이다"라고 전제한 사실에 주목하고, 심은 바로 기이니 '혹원'하는 도심이든 '혹생'하는 인심이든 모두 심이 발한 것이므로 '기발'로 해석한다. 같은 주자의 '혹원혹생'의 구절을 두고서 성혼이 '이발'과 '기발' 즉 이황 호발설의 타당성의 논거로 해석하는 것과 달리, 이이는 '기발' 하나로 해석한 것이다. 때문에 이이는 "도심이 성명에 근원할지라도 발하

---

134 같은 곳, "且朱子曰, 心之虛靈知覺, 一而已矣, 或原於性命之正, 或生於形氣之私. 先下一心字在前, 則心是氣也, 或原或生而無非心之發, 則豈非氣發耶.……或原者, 以其理之所重而言也; 或生者, 以其氣之所重而言也, 非當初有理氣二苗脈也."

는 것은 기이므로 '이발'이라 하는 것은 옳지 않다"[135]라고 분명히 지적한다. 따라서 '혹원'하는 도심이든 '혹생'하는 인심이든 모두 심이 발한 것이며, 심은 바로 기이므로 '기발' 하나뿐이라는 기발이승일도(氣發理乘一途)를 주장한다.

그렇지만 이이와 성혼은 모두 이황처럼 소종래에 따른 근원적 구분에는 반대한다. 이황은 사단은 인·의·예·지의 성(리)에 근원하므로 그 소종래를 리로, 칠정은 형기(기)에서 생겨난 것이므로 그 소종래를 기로 보아 둘을 근원적으로 구분한다. 반면 이이는 "애초부터 리와 기의 두 싹이 있는 것이 아니다"고 말한다. '애초부터'란 미발의 때를 말한다. 미발의 때에 리와 기의 두 싹이 있는 것이 아니라는 것은 결국 성이 하나라는 말이다. 이것은 이황이 사단과 칠정의 근원으로서 본연지성과 기질지성을 둘로 양분시킨 것과 구분된다.

이이와 마찬가지로, 성혼도 '막 발하기 이전'의 미발의 때에 리와 기의 두 싹이 있는 것은 아니라고 말한다. 이이와 성혼은 모두 근원으로서의 성이 하나임을 전제한다. 그렇지만 이이와 달리, 성혼은 '막 발할 즈음'에 주리·주기의 논리에 따라 도심(사단)은 리가 주가 되므로 '이발'이고 인심(칠정)은 기가 주가 되므로 '기발'이니 이황의 호발설이 타당하다고 해석한다.

이황의 호발설이 타당하다는 것은 사단은 '이발'이고 칠정은 '기발'이니, 둘은 서로 다른 정이라는 말에 다름 아니다. 이것은 이이가 사단과 칠정을 내포관계로 보아 하나의 정으로 해석하는 것과 구분된다. 또한 이것이 바로 이황의 호발설에 대한 성혼의 해석이기도 하다. 그렇지만 이이는 '혹원혹생'을 성혼처럼 이발·기발의 타당성의 근거로 해석하

---

135 같은 곳, "道心原於性命, 而發者氣也, 則謂之理發不可也."

지 않고, 이미 심이 발한 이후라는 사실에 근거하여 '기발' 하나로 해석한다. 이이에 따르면 "'혹원혹생'이란 심이 이미 발한 것을 보고서 논리를 세운 것이다."[136] 여기에 바로 성혼과 구분되는 이이 사단칠정(인심도심)론의 특징이 소재한다.

이처럼 이이는 사단과 칠정을 하나의 정으로 이해한다. 정은 하나인데, 오로지 리만을 가리켜서 말한 것이 사단이고 이기를 겸한 전체를 말한 것은 칠정이다. 사단과 칠정이 하나인 것은 성이 이미 하나이기 때문이다. 성은 하나인데, 기질 속에서 리만을 가리켜서 말하면 본연지성이고 이기를 겸하여 말하면 기질지성이다. 사단과 칠정이든 본연지성과 기질지성이든, 모두 부분과 전체의 관계이므로 둘을 상대시켜 보아서는 안 된다.

때문에 이이는 주리·주기의 논리로써 사단과 칠정을 상대시켜 보는 것에도 반대한다. 사단과 칠정에는 주리·주기의 논리가 적용되지 않는다. 물론 이러한 사고는 본연지성과 기질지성의 관계에서도 그대로 적용된다. 이이 사단칠정론의 요지는 성이 하나이므로 성에서 발한 정도 하나이어야 한다는데 있다. 정이 하나이므로 사단과 칠정은 서로 다른 정이 될 수 없다. 여기에 바로 이이 사단칠정론의 특징이 소재한다.

그렇다면 이이는 왜 하나의 정으로 총괄해보려고 하였는가? 이이는 중절한 칠정을 그대로 달도(達道)로 해석함으로써 인간 또는 인간의 정을 무한히 긍정하고 신뢰할 수 있는 가능성을 확보하고자 하였기 때문이다. 결국 천인합일(天人合一)의 목표인 성인의 가능근거를 현실 속에서 구현할 수 있게 하는 실천적인 요구에 따른 것이다. 게다가 정을 칠

---

136 『栗谷集』卷10, 「答成浩原(壬申)」, "其所謂或原或生者, 見其旣發而立論矣."

정 하나로 해석하는 것이 논리적 정합성의 측면에서도 옳다고 보았으니, 성이 하나이니 정도 하나이어야 하기 때문이다. 결국 이들의 해석이 서로 달랐던 이유는 인간에 대한 규정이 서로 달랐기 때문이다. 사단과 칠정이라는 정의 문제를 통해 인간을 규정하고, 아울러 인간의 선악 문제를 해명하려는 것이 바로 사단칠정론의 요지이다.

이 글은 「우계와 율곡 사단칠정론의 대비적 고찰」(『퇴계학』25, 안동대학교 퇴계학연구소, 2017)의 내용을 일부 수정·보완한 것이다.

06

김장생(金長生)의 사단칠정론

김장생(金長生, 1548~1631)[137]의 사단칠정론은 한교(韓嶠)[138]에게 보낸 「사단칠정변(四端七情辨)」이라는 짧은 글 속에 보인다. 김장생은 이이의 이론에 근거하여 이황의 이론을 지지하는 한교를 비판한다. 결국 이이의 이기불상리(理氣不相離)와 기발이승일도(氣發理乘一途)에 근거하여 이황의 호발설을 비판하는데 그 요지가 있다.

먼저 김장생은 이황 호발설의 시원을 권근(權近)『입학도설』의 내용에 근거하여 설명한다.

퇴계선생의 칠정과 사단이 서로 발한다는 설은 그 시원이 양촌(권근)의

---

137 김장생은 문묘에 종사된 동방 18현 중의 한 사람으로, 본관은 光山, 자는 希元, 호는 沙溪, 시호는 文元이다. 송익필·이이·성혼 등의 제자로, 기호학파를 형성하는데 기여하였으며 예학에 정통하였다. 저서로는『사계유고』가 있다.

138 한교(1556~1627)의 본관은 淸州, 호는 東潭, 자는 士仰이다. 1592년 임진왜란이 일어나자 의병을 일으켜 전공을 세웠으며, 1623년 인조반정에 공헌하여 벼슬이 참판에 이르렀다. 이이와 성혼의 문하에서 성리학을 연구하였으며, 兵學에도 밝았다. 저서로는『東潭集』이 있다.

『입학도설(入學圖說)』에서 나온 것이다. 그 그림 속에서 사단은 사람의 왼쪽에 쓰고 칠정은 사람의 오른쪽에 썼는데, 추만(정지운)이 양촌에 근거하여 그림을 그렸고, 퇴계가 또 추만에 근거하여 그림을 그렸는데, 이것이 호발설이 일어난 이유이다.[139]

이황의 호발설은 권근의 『입학도설』에 시원한다. 권근은 『입학도설』 속의 「천인심성합일지도(天人心性合一之圖)」에서 사단과 칠정을 각각 이지원(理之源)과 기지원(氣之源)에 분속시킨다. 「천인심성합일지도」는 천인관계와 인간의 심성 및 선악 문제 등을 사람 모양의 그림으로 그리고 짧은 해설을 덧붙인 도설이다. 권근은 이 도설에서 측은·수오·사양·시비의 사단은 이지원(理之源)과 연결시켜 사람의 왼쪽에다 두고, 희·로·애·구·애·오·욕의 칠정은 기지원(氣之源)과 연결시켜 사람의 오른쪽에다 둔다.

후에 정지운은 그의 「천명도(천명구도)」에서 이러한 권근의 해석에 근거하여 '사단은 리에서 발한 것이고 칠정은 기에서 발한 것이다(四端發於理, 七情發於氣)'라고 수정한다. 이황은 정지운의 해석이 사단과 칠정을 지나치게 리와 기에 분속시키는 잘못이 있음을 우려하여 '사단은 리가 발한 것이고 칠정은 기가 발한 것이다(四端理之發, 七情氣之發)'라고 수정한다. 이것이 바로 이황 「천명신도」의 내용이다.

그렇지만 이황의 「천명신도」 내용 역시 학자들 사이에서 많은 논란이 제기된다. 이황의 '사단이지발(四端理之發), 칠정기지발(七情氣之發)'이라는 표현이 사단과 칠정을 지나치게 리와 기로 분속시키는 느낌이 강

---

139 『沙溪遺稿』卷5, 「四端七情辨」, "退溪先生七情四端互發之說, 其原出於權陽村入學圖說. 其圖中, 四端書於人之左邊, 七情書於人之右邊, 鄭秋巒之雲, 因陽村而作圖, 退溪又因秋巒而作圖, 此互發之說所由起也."

하다는 것이다. 「천명신도」를 작성한지 6년이 지난 뒤에, 기대승이 이황에게 이 문제에 대해 이의를 제기하면서 본격적인 논변이 전개된다. 이것이 바로 이황과 기대승 사이에 8년간에 걸쳐 전개된 '사단칠정논변(또는 사칠논변)'이다. 이황은 기대승과의 논변을 거치면서 최종적으로 '사단은 리가 발하고 기가 따르는 것이며, 칠정은 기가 발하고 리가 타는 것이다(理發而氣隨之, 氣發而理乘之)'라고 수정한다. 이것이 바로 이황 사단칠정론의 최종 정론이다.

김장생은 이황의 '사단/이발이기수지'와 '칠정/기발이이승지'가 결국 권근의 「천인심성합일지도」의 내용에서 벗어나지 않는다고 설명한다. "퇴계가 말한 사단은 '이발이기수지'이고 칠정은 '기발이이승지'라는 것은 양촌이 좌우에 나누어 쓴 뜻이다."[140] 사단의 '이발이기수지'는 권근의 이지원(理之源)에 해당하고, 칠정의 '기발이이승지'는 권근의 기지원(氣之源)에 해당하니, 이황의 호발설은 권근의 이론에 시원한다.

이어서 김장생은 이이의 이론에 근거하여 이황의 호발설이 옳지 않다고 비판한다.

오성(五性) 외에 다른 성이 없고 칠정 외에 다른 정이 없다. 맹자는 칠정 가운데 선한 정만을 발라내어 지목하여 사단이라 하였으니, 칠정 외에 다시 사단이 있는 것이 아니다. 선악의 단서는 어떤 것인들 정이 아니겠는가. 악이란 것은 본래 악이 아니라, 다만 형기에 가려져서 지나침과 모자람이 있으면 악이 된다. 그러므로 정자(정호)는 "선악이 모두 천리이다"[141]

---

140 같은 곳, "退溪曰, 四端理發而氣隨之, 七情氣發而理乘之, 是陽村分書左右之意."
141 『二程全書』, 「河南程氏遺書 第2(上)」, "天下善惡皆天理, 謂之惡者非本惡, 但或過或不及便如此, 如楊墨之類."(천하의 선악이 모두 천리이니, 악이라 말하는 것은 본래 악이 아니라 다만 혹 지나치기도 하고 혹 모자라기도 하면 바로 이와 같으니 양주와 묵적의 부류이다.)

라고 하였고, 주자는 "천리에 근거하여 인욕이 있다"[142]라고 하였으니, 사단과 칠정은 과연 두 가지 정이며 리와 기가 과연 서로 발할 수 있겠는가. 사단과 칠정을 두 가지 정이라 하는 것은 리와 기에 대하여 투철하지 못하기 때문이다.[143]

사단과 칠정은 하나의 정이다. "오성 외에 다른 성이 없고, 칠정 외에 다른 정이 없다." 인 · 의 · 예 · 지 · 신의 오성이 하나의 성이듯이, 성이 발한 정 역시 칠정 하나이다. 이것은 이황이 리를 주로 하는 사단은 '리가 발한 것(理發)'이고 기를 주로 하는 칠정은 '기가 발한 것(氣發)'이라는 서로 다른 정으로 구분하는 것에 대한 비판이다. 결국 정은 칠정 하나이며, 칠정 가운데 선한 부분만을 가리킨 것이 사단이다. "맹자는 칠정 가운데 선한 정만을 발라내어 지목하여 사단이라 하였으니, 칠정 외에 다시 사단이 있는 것이 아니다." 이것이 바로 이이가 말한 '칠정이 사단을 포괄한다(七情包四端)'는 의미이다. 이로써 사단과 칠정은 이황처럼 서로 대립적 관계에 있는 것이 아니라, 이이처럼 서로 포괄적(내포적) 관계에 있게 된다.

선악에 대한 해석 역시 이황처럼, 사단은 리가 발한 것이므로 선한 것이고 칠정은 기가 발한 것이므로 악으로 흐르기 쉬운 것이 아니다. 사단과 칠정 모두 이미 발한 정이니 이기를 겸하므로 중절(中節)의 여부

---

142 『朱熹集』卷40, 「答何叔京」, "謂因天理而有人欲則可, 謂人欲亦是天理則不可."(천리에 근거하여 인욕이 있다고 말하면 옳지만, 인욕 역시 천리라고 말하면 옳지 않다.)

143 『沙溪遺稿』卷5, 「四端七情辨」, "夫五性之外無他性, 七情之外無他情. 孟子於七情中剔出善情, 目爲四端, 非七情之外別有四端也. 善惡之端, 夫孰非情乎. 其惡者本非惡, 只是掩於形氣, 有過不及而爲惡. 故程子曰, 善惡皆天理, 朱子曰, 因天理而有人欲, 四端七情, 果是二情, 而理氣果可互發乎. 夫以四端七情爲二情者, 於理氣有所未透故也."

에 따라 선악으로 갈라진다. 중절하면 선이 되고, 중절하지 못하면 악이 될 뿐이다. "악이란 것은 본래 악이 아니라, 다만 형기에 가려져서 지나치거나 모자람이 있으면 악이 된다." 사단과 칠정은 모두 이기를 겸하므로 사단에도 기가 없는 것이 아니고 칠정에도 리가 없는 것이 아니다. 그러므로 사단과 칠정에는 모두 선악이 있다. 이러한 의미에서 정호는 "선악이 모두 천리이다"라고 말하였고, 주자는 "천리에 근거하여 인욕이 있다"라고 말하였다. 이로써 선뿐만 아니라 악도 모두 천리에 근거하게 되니, 악이란 본래 악인 것이 아니라 중절하지 못하면 악이 될 뿐이다.

사단과 칠정은 두 개의 정이 아니며, 리와 기가 서로 발할 수 없다. 정은 칠정 하나이니, 사단은 '리가 발한 것'이고 칠정은 '기가 발한 것'으로 둘을 서로 다른 정으로 보는 이황의 호발설은 옳지 않다. 또한 리는 무위(無爲)하고 기는 유위(有爲)하므로 "리와 기가 서로 발할 수 없으니" 사단은 '이발'이고 칠정은 '기발'이라는 이황의 호발설은 옳지 않다.

나아가 김장생은 이황의 호발설이 옳지 않는 결정적인 이유 중의 하나가 바로 "리와 기에 대한 이해가 투철하기 못하기 때문이다"라고 지적한다. 이것은 리와 기의 관계에 대한 인식방법에서, 리와 기가 서로 떨어질 수 없다는 불상리(不相離)의 관점에서 보아야 한다는 의미이다.

반면 이황은 리와 기가 서로 섞일 수 없다는 불상잡(不相雜)의 관점에서 자기 이론의 정당성의 논거로써 주리·주기의 논리를 전개한다. 이황은 '불상잡'의 관점에 따른 주리·주기의 논리에 근거하여, 사단은 리를 주로 하여 말한 것이므로 '이발'이 되고 칠정은 기를 주로 하여 말한 것이므로 '기발'이 된다고 해석한다. 결국 이황 호발설의 이론적 근거는 리와 기를 서로 분리시켜 보는 '불상잡'의 관점에 기초하고 있음을 알 수 있다. 이러한 이유에서 김장생은 이황이 리와 기의 관계에 대한 이해가 투철하지 못하다고 비판한다.

　김장생은 이러한 리와 기의 '불상리' 관계를 스승인 이이의 이론에 근거지어 설명한다.

　　율곡이 말하기를 "정이 발할 때에 발하는 것은 기이고 발하게 하는 소이는 리이니, 기가 아니면 발할 수 없고 리가 아니면 발할 것이 없다. 리와 기는 혼융하여 서로 떨어지지 않는다. 만약 떨어지거나 합함이 있다면 동정(動靜)에 단서가 있고 음양(陰陽)에 시작이 있을 것이다. 리는 태극이고 기는 음양이다. 지금 '태극과 음양이 서로 동한다'고 한다면, 말이 되지 않는다. 태극과 음양이 서로 동할 수 없다면, 리와 기가 서로 발한다고 하는 것이 어찌 잘못이 아니겠는가."[144]

　이 글은 「성학집요(聖學輯要)」〈논심성정(論心性情)〉에 나오는 글이다. 김장생은 이이의 이 구절을 인용하여 이황의 호발설을 비판한다. 이황의 호발설을 비판하는 이론적 근거로써 리와 기의 관계를 지적한다.

　이 과정에서 김장생은 이이의 "발하는 것은 기이고 발하게 하는 소이는 리이니, 기가 아니면 발할 수 없고 리가 아니면 발할 것이 없다"는 유명한 이론을 거론한다. 실제로 발하는 것은 기이며, 이때 기를 타고 기가 발할 수 있게 하는 소이가 리이니, 사단과 칠정은 모두 기발이승일도(氣發理乘一途)이다. "실제로 발하는 것은 기이므로 기가 아니면 발할 수 없고, 발하게 하는 소이가 리이므로 리가 아니면 발할 것이 없다." 사단

144　같은 곳, "栗谷曰, 凡情之發也, 發之者氣也, 所以發者理也, 非氣則不能發, 非理則無所發. 蓋理氣混融, 元不相離. 若有離合, 則動靜有端, 陰陽有始也. 理者, 太極也; 氣者, 陰陽也. 今曰, 太極與陰陽互動, 則不成說話. 太極陰陽不能互動, 則謂理氣互發, 豈不謬哉?"

도 '기발이승일도'이고 칠정도 '기발이승일도'이다. 이러한 이기관계는 "리와 기는 혼융하여 서로 떨어지지 않는다"는 '불상리'의 관점에 근거한다.

이황의 말처럼 사단은 '이발(理發而氣隨之)'이고 칠정은 '기발(氣發而理乘之)'이라고 할 때, 특히 '이발'은 리의 개념 규정과도 맞지 않다. 리는 태극이고 기는 음양이니, 태극은 동할 수 없고 동하는 것은 오로지 음양이다. 마찬가지로 리는 발할 수 없고, 발하는 것은 오로지 기이다. 태극과 음양이 서로 동할 수 없듯이, 리와 기도 서로 발할 수 없다. 태극은 동할 수 없고 동하는 것은 음양이듯, 리는 발할 수 없고 발하는 것은 기이다. 결국 리는 무위(無爲)하므로 발(發)과 같은 작위적 개념에는 쓸 수 없으며, 작위적 개념은 오로지 기의 몫이다. 이러한 이유에서 김장생은 이황이 말한 사단의 '이발'이 옳지 않다고 비판한다.

더 나아가 김장생은 "칠정은 인심이고 사단은 도심이다"는 말에 집착하여 분개를 주장하는 한교의 이론을 비판한다. 한교는 "칠정은 인심이고 사단은 도심이다"는 내용을 그대로 이황 호발설의 이론적 근거로 이해한다. 성명에 근원하는 도심과 형기에 근원하는 인심으로 구분되듯이, 리(본연지성)에 근원하는 사단과 기(기질지성)에 근원하는 칠정으로 구분된다. 결국 칠정과 인심의 관계는 사단과 도심의 관계와 같다는 것이다.

한교는 이황처럼 "칠정은 인심이고 사단은 도심이다"는 분개적 해석에 근거하여, 이이의 "칠정이 이기를 겸한다"는 견해에 의문을 제기한다. 이것은 칠정이 '기발'이라는 말에 다름 아니다. 게다가 한교는 『주자어류』의 "칠정은 기가 발한 것이다(七情氣之發)"라는 구절을 그대로 기를 주로 하여 말한 것으로 이해한다. 결국 기를 주로 하는 칠정은 형기(기)에 근원하는 인심과 다르지 않고, 리를 주로 하는 사단은 성명(리)에 근원하는 도심과 다르지 않다. 이러한 이유에서 이이의 "칠정이 이기를 겸한다"는 해석이 잘못이라고 의심한다.

그러나 김장생은 한교의 이러한 해석이 옳지 않다고 비판한다. 김장 생에 따르면, 사단은 도심이지만, 칠정은 인심과 도심을 총합한 것이므로 인심만을 말해서는 안 된다. 칠정 역시 이기를 겸하므로 기를 주로 한 것이 아니다. 그러므로 『주자어류』의 "칠정은 기가 발한 것이다"라는 말은 옳지 않다. 칠정에도 리가 없는 것이 아니므로 기를 주로 한 것이 아니니, '기가 발한 것'이 아니다. 이러한 의미에서 김장생은 이이의 "칠정 가운데 인심과 도심이 있다"는 설은 의심할 수 없는 정론이라고 강조한다. "율곡의 말은 불가한 것이 없으니 무슨 맞지 않는 것이 있겠는가.……율곡이 말한 칠정 가운데 인심과 도심이 있다는 설은 의심할 수 없다."[145] 이렇게 볼 때, 김장생이 스승인 이이의 이론을 전적으로 계승하고 있음을 알 수 있다.

"칠정이 형기(形氣)에서 발하는 것을 가리켜서 인심이라 하고, 칠정이 의리(義理)에서 발한 것을 가리켜서 도심이라 하니, 율곡이 말한 '칠정은 이기를 겸하여 말한 것이지, 기를 주로 하여 말한 것이 아니다'는 것은 바로 이것을 말한 것이다."[146] 결국 정은 칠정 하나이고, 이때의 칠정은 바로 인심과 도심을 총합한 것이다. 그러므로 "칠정은 이기를 겸하여 말한 것이지, 기를 주로 하여 말한 것이 아니다." 이러한 의미에서 김장 생은 한교(또는 이황)의 "성명에 근원하는 도심은 리를 주로 하므로 사단과 다르지 않고, 형기에서 생겨난 인심은 기를 주로 하므로 칠정과 다르

---

145 같은 곳, "栗谷之言, 無所不可, 有何齟齬.……栗谷所謂七情中有人心道心之說者, 無可疑."

146 같은 곳, "七情指其發於形氣者, 則謂之人心; 指其發於義理者, 則謂之道心, 栗谷 之所謂兼理氣而言, 非主氣而言者, 正謂此也."

지 않다"는 해석이 옳지 않다고 반대한다.

이 때문에 김장생은 칠정 역시 이기를 겸하므로 칠정을 주기(主氣)로 보거나 기발(氣發)로 보아서는 안 된다고 강조한다. 그러나 이황에 따르면, 사단은 리를 주로 하는 것이므로 '이발'이 되고 칠정은 기를 주로 하는 것이므로 '기발'이 되니, 이것은 결국 칠정을 '주기' 또는 '기발'로 보는 이황의 해석에 대한 비판이라 하겠다.

이처럼 김장생의 사단칠정론은 이황의 호발설을 비판하는 데서 시작된다. 김장생의 이황 호발설의 비판은 사단의 '이발'과 칠정의 '기발' 모두에 해당된다. 리는 무위(無爲)하므로 발(發)과 같은 작위적 개념으로 쓸 수 없으니 사단은 '이발'이 될 수 없으며, 또한 칠정은 이기를 겸하고 인심과 도심을 총합하니 '주기' 또는 '기발'로 해석할 수 없다. 이렇게 볼 때, 김장생은 이이를 지지하는 입장에서, 한교는 이황을 지지하는 입장에서 그들의 사단칠정론에 대한 해석을 전개하고 있음을 알 수 있다.

07
한백겸(韓百謙)의 사단칠정론

한백겸(韓百謙, 1552~1615)[147]의 사단칠정론은 그의 「사단칠정설(四端七情說)」이라는 짧은 글에 보이는데, 이황과 이이의 이론을 동시에 주장하는데 그 특징이 있다. 그 내용은 혹자의 질문에 대한 대답형식으로 이루어져 있다.

먼저 한백겸은 '사단은 어떤 정이고 칠정은 어떤 정인가'라는 혹자의 질문에 다음과 같이 대답한다.

> 형기가 발한 것을 칠정이라 하고 의리가 발한 것을 사단이라 하니, 사단은 도심이 이것이고 칠정은 인심이 이것이다. 대개 사람의 일신(一身)은 온갖 변화에 대응하지만, 다만 칠정이 있을 뿐이고 칠정 외에 다른 사단이 있는 것이 아니다. 다만 칠정 가운데 형기와 섞이지 않은 것에 나아가 이 사단만을 끄집어낸 것이니, 예컨대 측은은 본래 애(愛)와 떨

---

147 한백겸의 본관은 淸州, 자는 鳴吉, 호는 久菴. 閔純의 문인이다. 『주역』에 해박하였고, 조선의 역사와 지리를 연구·정리한 『東國地理志』를 저술하여 실학의 선구자로 일컬어지기도 한다. 저서로는 『구암집』이 있다.

어지지 않고 실행하지만 그 묘맥을 찾아보면 스스로 어지럽힐 수 없는 것이 있다.[148]

한백겸은 사단과 칠정을 상반되는 두 관계로 설명한다. 하나는 사단과 칠정을 대립적 관계로 해석하니, "형기에서 발한 것을 칠정이라 하고 의리에서 발한 것을 사단이라 하니, 사단은 도심이고 칠정은 인심이다." 인심과 도심이 형기에서 생겨난 것과 성명에 근원한 것으로 양분되듯이, 사단과 칠정 역시 '의리(리)에서 발한 것'과 '형기(기)에서 발한 것'으로 양분된다. 이것은 이황처럼 사단은 리가 발한 것(선=도심)이고 칠정은 기가 발한 것(불선=인심)으로 구분하는 것과 다르지 않다.

다른 하나는 사단과 칠정을 포괄적(내포적) 관계로 해석하니 "다만 칠정이 있을 뿐이고 칠정 외에 다른 사단이 있는 것이 아니다." 칠정 가운데 선한 부분만을 말한 것이 사단이니, 사단은 칠정 속에 포함된다. 이에 "사물이 밖에서 감촉하면 곧바로 발하여 정이 되는데, 이 일곱 가지가 있을 뿐이다. 일곱 가지 외에 다시 다른 정이 없다"[149]라고 강조한다. 이것은 이이처럼 사단을 칠정 속에 포함시켜 하나의 정으로 해석하는 것과 다르지 않다.

또한 "칠정 가운데 형기와 섞이지 않은 것에 나아가 이 사단만을 끄집어낸 것이지만" 즉 칠정 가운데 선한 부분만을 말한 것이 사단이지만, 이때 사단은 애(愛, 칠정)와 떨어지지 않고 실행된다. 왜냐하면 칠정이 사단을 포함하기 때문이다. 그럼에도 한백겸은 "그 묘맥을 찾아보면

---

148 『久菴遺稿』上, 「四端七情說」, "以形氣之發而謂之七情, 以義理之發而謂之四端, 四端, 道心是也; 七情, 人心是也. 蓋人之一身, 酬酢萬變, 只有七情, 非七情之外別有四端. 只就七情中不雜於形氣者而拈出此四端, 如惻隱本不離愛而行, 然尋其苗脈, 自有不可亂者."

149 같은 곳, "其物觸於外, 直發爲情, 有此七者而已. 七者之外, 更無他情."

스스로 어지럽힐 수 없는 것이 있다" 즉 사단과 칠정의 소종래(묘맥)가 서로 다르다고 강조한다.

이렇게 볼 때, 한백겸은 이황처럼 사단/이발과 칠정/기발이라는 대립적 관계로 해석하면서, 동시에 이이처럼 사단이 칠정에 포함되는 내포적 관계로 해석하고 있음을 알 수 있다. 전자는 사단/이발과 칠정/기발로 구분되므로 서로 다른 정이지만, 후자는 사단이 칠정 속에 포함되므로 하나의 정이다. 결국 사단과 칠정은 서로 다른 정이기도 하고 하나의 정이기도 하다는 말이니, 논리적 정합성의 측면에서는 문제가 없을 수 없다.

또한 한백겸은 같은 맥락에서 이황과 이이의 이론을 동시에 주장한다.

개괄하여 말하면 사단과 칠정은 각각 소종래가 있고, 나누어 말하면 하나의 정 가운데 모두 사단을 갖추고 있으니, 무엇 때문인가? 여기에 어떤 사람이 있는데, 오래도록 굶주리다가 먹을 것을 얻으면 참으로 흔연히 기뻐할 것이다. 그러나 허벅지를 베어서 먹이면 반드시 측은지심이 생기고, 호통 치며 주거나 발로 차서 주면 반드시 수오지심이 생기며, 얻는 것이 분에 넘치거나 기대 이상이면 반드시 사양지심이 생기고, 마땅히 받아야 할지 사양해야 할지의 사이에는 또한 반드시 시비지심이 생긴다. 이 네 가지가 느끼는 바에 따라 절제함이 있으면 희(喜, 칠정)도 절도에 맞는다.[150]

---

150 같은 곳, "槪而論之, 則四端與七情, 各有所從來; 而分而言之, 則一情之中, 皆具四端, 何者. 有人於此. 久飢得食, 固欣然有喜矣. 然割股而啗之, 則必有惻隱之心; 呼蹴而與之, 則必有羞惡之心; 所得過分過望, 則必有辭讓之心; 當受當辭之間, 又必有是非之心. 有此四者, 隨所感而爲之節制, 則其喜爲中節矣."

"개괄하여 말하면, 사단과 칠정은 각각 소종래가 있다" 즉 이황처럼 사단의 소종래는 리(본연지성)가 되고 칠정의 소종래는 기(기질지성)가 되니 사단과 칠정은 서로 다른 정이다. 또한 "나누어 말하면, 하나의 정 가운데 모두 사단을 갖추고 있다" 즉 이이처럼 정은 칠정 하나이며, 그 가운데 선한 부분만을 말한 것이 사단이니 사단과 칠정은 하나의 정이다. 이처럼 한백겸은 개괄하여 말하거나 나누어 말하는 것으로써 이황과 이이의 이론을 동시에 주장한다. 개괄하여 말하면 이황의 이론이 되고, 나누어 말하면 이이의 이론이 된다.

그럼에도 한백겸은 칠정의 희(喜)를 가지고 사단과의 내포적 관계를 강조한다. 예컨대 어떤 사람이 오래도록 굶주리다가 먹을 것을 얻으면 참으로 기뻐할 것이다(喜). 그러나 이러한 '기쁨' 속에서도 허벅지를 베어서 먹이면 측은지심이 생기고, 호통 치며 주거나 발로 차서 주면 반드시 수오지심이 생기며, 얻는 것이 분에 넘치거나 기대 이상이면 반드시 사양지심이 생기고, 받아야 할지 사양해야 할지의 사이에는 또한 반드시 시비지심이 생긴다. 이것은 칠정 속에 측은지심 · 수오지심 · 사양지심 · 시비지심의 사단이 내포되어 있다는 말이다. 이렇게 볼 때, 한백겸은 이황과 이이의 이론을 동시에 주장하지만, 이이처럼 사단과 칠정의 내포적 관계를 더 강조하고 있는 듯하다.

그렇지만 한백겸은 이이의 '기발이승일도'를 비판하고 이황의 호발설이 후학에게 미친 은혜가 크다고 평가한다.

또 말하기를 "발하는 것은 기이고 발하게 하는 소이는 리이다"라고 하였다. 이것은 리가 다만 앞의 '소이연의 까닭'은 되지만, 뒤의 '소당연의 법칙'에 대해서는 맥락이 통하지 않는다. 비록 앞의 말과 간격이 있으나, 다만 백 보와 오십 보의 차이일 뿐이다. 오직 퇴계의 이발(理發)과 기발(氣發)

의 설만이 주자와 천년토록 서로 부합되어 그 은혜가 후학에게 크다.[151]

"발하는 것은 기이고 발하게 하는 소이는 리이다"[152]라는 것은 이이의 말이다. 이이는 이 말을 자신의 기발이승일도(氣發理乘一途)의 이론적 근거로 삼는다. 발하는 것은 기이고 발하게 하는 근거는 리이니 즉 기는 유위(有爲)하고 리는 무위(無爲)하니, 사단과 칠정은 모두 기가 발하고 리가 타는 '기발이승일도'가 된다.

그러나 이이의 '기발이승일도'처럼 리가 발하게 하는 소이로써 기를 타고 있을 뿐이라면, '소이연의 까닭(또는 소이연)'의 의미에는 통하지만 '소당연의 법칙(또는 소당연)'의 의미에는 통하지 않는다. 리는 '소이연'과 '소당연'이라는 두 가지 의미를 가지는데, 이이의 리는 '소이연'의 의미에만 해당하니 옳지 않다. '소이연'은 리와 기가 항상 함께 있다는 불상리(不相離)에 따른 해석이니, 이것은 리와 기를 '불상리'뿐만 아니라 '불상잡'의 관계로도 해석해야 한다는 말에 다름 아니다. 이러한 이유에서 한백겸은 '불상잡'에 따른 이황의 호발설, 즉 사단/이발과 칠정/기발이 주자와 천년토록 서로 부합되는 이론이라고 평가한다.

따라서 한백겸은 혹자가 '사단/이발과 칠정/기발로 구분하는 구체적인 사례가 있는지'의 질문에 다음과 같이 대답한다.

사람은 음양·오행의 기를 받아 태어난다. 그러므로 성명으로써 말하면 양은 강건함(健)이 되고 음은 유순함(順)이 되어 인(仁, 목)·예(禮, 화)·

---

151 같은 곳, "又曰, 發之者氣也, 所以發之者理也. 此則理只爲前所以然之故, 而於後所當然之則, 脈絡不通. 雖與前說有間, 直百步五十步之間耳. 惟退溪理發氣發之說, 與朱子千載相符, 其惠後學大矣."
152 『栗谷集』卷10,「答成浩原(壬申)」, "發之者, 氣也; 所以發者, 理也."

의(義, 금) · 지(智, 수)라 하는데, 〈그 각각에〉존재하지 않음이 없는 신(信, 토)과 더불어 다섯 가지가 된다. 형기로써 말하면 양은 혼(魂)이 되고 음은 백(魄)이 되어 간장(木) · 심장(火) · 폐장(金) · 신장(水)이라 하는데, 〈그 각각에〉의존하지 않음이 없는 비장(土)과 더불어 다섯 가지가 된다. '인'이 발하여 측은이 되고, '예'가 발하여 사양이 되고, '의'가 발하여 수오가 되고, '지'가 발하여 시비가 되며, '신'은 그 가운데에 가득 차 있다. 간장이 발하여 희(喜)와 애(愛)가 되고, 심장이 발하여 락(樂)이 되며, 폐장이 발하여 로(怒)와 오(惡)가 되며, 신장이 발하여 애(哀)와 욕(欲)이 되며, 비장이 그 사이에서 사려한다. 사단과 칠정은 서로 경위(經緯)가 되어 털끝만큼도 어긋남이 없으니 오묘하다.[153]

"하늘이 음양 · 오행으로 만물을 생성하는데 기로써 형체를 이루고 리 또한 부여한다"[154]라는 주자의 말처럼, 사람은 리와 기로 구성된다. 그러므로 사람은 리로써 말할 수도 있고 기로써 말할 수도 있으니, 리(성명)로써 말하면 인 · 의 · 예 · 지 · 신이 되고 기(형기)로써 말하면 간장 · 심장 · 폐장 · 신장 · 비장이 된다. 이들은 모두 수 · 화 · 목 · 금 · 토의 오행과 연결되니, '인'과 간장은 목(木)에, '예'와 심장은 화(火)에, '의'와 폐장은 금(金)에, '지'와 신장은 수(水)에, '신'과 비장은 토(土)에 각각 해당된다.

---

153 『久菴遺稿』上, 「四端七情說」, "人稟陰陽五行之氣以爲生. 故以性命言之, 則陽爲健, 陰爲順, 曰仁木曰禮火曰義金曰智水, 與無不在之信土爲五. 以形氣言之, 則陽爲魂, 陰爲魄, 曰肝木曰心火曰肺金曰腎水, 與無不資之脾土爲五. 仁之發爲惻隱, 禮之發爲辭讓, 義之發爲羞惡, 智之發爲是非, 而信實乎其中矣. 肝之發爲喜爲愛, 心之發爲樂, 肺之發爲怒爲惡, 腎之發爲哀爲欲, 脾思乎其間矣. 四端七情, 相爲經緯, 無一毫參差, 妙矣."
154 『中庸章句』, 第1章, "天以陰陽五行, 化生萬物, 氣以成形, 而理亦賦焉."

이때 리에 해당되는 인·의·예·지가 발하여 측은·수오·사양·시비의 사단이 되고, 기에 해당하는 간장·심장·폐장·신장이 발하여 칠정이 된다. 또한 칠정의 경우, 간장이 발하여 희(喜)와 애(愛)가 되고, 심장이 발하여 락(樂)이 되며, 폐장이 발하여 로(怒)와 오(惡)가 되며, 신장이 발하여 애(哀)와 욕(欲)이 된다. 결국 사단은 인·의·예·지의 성(리)이 발한 것이고, 칠정은 간장·심장·폐장·신장의 형기(기)가 발한 것이므로 "서로 경위(經緯)가 되어 털끝만큼도 어긋남이 없다." 즉 사단/이발과 칠정/기발로 둘이 분명히 구분된다. 이 때문에 한백겸은 이황의 호발설이 주자와 천년토록 서로 부합하는 이론이라고 평가한 것이다.

또한 한백겸은 '기발'에 해당하는 칠정을 음양·오행과 대응시켜 설명하기도 한다.

대개 사물에 감촉하여 정이 응하니 피차가 서로 움직인다. 그러므로 희(喜)를 말하면 반드시 로(怒)가 있고, 애(哀)를 말하면 반드시 락(樂)이 있으며, 애(愛)를 말하면 반드시 오(惡)가 있는데, 모두 음으로 나누고 양으로 나누어 대대하여 말한 것이지만 욕(欲)만은 유독 대응하는 것이 없다. '욕'이라는 하나의 정은 스스로 〈음양의〉 양단을 포함하기 때문에 화장(火臟)의 빈 한 자리로서 서로 마지막과 처음이 되는 뜻을 나타낸다. 이것은 모두 자연히 그러한 것이지, 사람이 거짓으로 한 곳에 모아서 이루어진 것이 아니다.[155]

---

155 『久菴遺稿』上,「四端七情說」, "蓋物感情應, 彼此相盪. 故言喜則必有怒, 言哀則必有樂, 言愛則必有惡, 皆分陰分陽, 待對言之, 而欲獨無對者. 欲之一情, 自含兩端, 故火臟空一位, 以見互爲終始之義. 此皆自然而然, 非假人爲湊合而成也."

사물(대상)에 감응하면 정이 발하니 사물과 정이 서로 움직인다. 이때 희·로·애·락·애·오의 여섯 가지 정은 서로 대응하니, "희(喜)를 말하면 반드시 로(怒)가 있고, 애(哀)를 말하면 반드시 락(樂)이 있으며, 애(愛)를 말하면 반드시 오(惡)가 있다." 즉 기쁨(喜)과 성냄(怒)이 대응하고, 슬픔(哀)과 즐거움(樂)이 대응하며, 사랑(愛)과 미움(惡)이 대응한다. 이것은 모두 음으로 나누고 양으로 나누어 대대하여 말한 것이니, 사랑·즐거움·성냄은 양에 해당하고 미움·슬픔·기쁨은 음에 해당한다.

그러나 유독 욕(欲)만은 대응하는 것이 없으니, 왜냐하면 '욕'이라는 정은 스스로 음과 양의 양단을 모두 포함하기 때문이다. 예컨대 '욕'이 양에 해당하는 애·락·로와 음에 해당하는 오·애·희에 동시에 배속된다. 이것이 바로 "희·로·애·락·애·오의 여섯 가지 정은 모두 욕에서 생겨나서 욕에서 이루어진다"[156]라는 뜻이다. 이러한 것은 모두 저절로 그러한 것이지, 사람이 인위적으로 배속하여 이루어지는 것이 아니다. 칠정과 음양과의 관계는 김인후의 「천명도」나 정지운의 「천명도」에도 자세히 보인다.

또한 한백겸은 칠정을 오행과도 연결하니 "희(喜)와 애(哀)를 '목'에 배속하면 락(樂)의 발산은 밖에 있으니 저절로 '화'에 속해야 하고, 로(怒)와 오(惡)를 '금'에 배속하면 애(哀)의 통절함이 안으로 향하니 저절로 '수'에 속해야 하나, '욕'은 그 뜻이 또한 다르다."[157] 희(喜)·애(愛)는 '목'에, 락(樂)은 '화'에, 로(怒)·오(惡)는 '금'에, 애(哀)는 '수'에 각각 배속된다.

이렇게 볼 때, 한백겸의 사단칠정론은 이황처럼 사단/이발과 칠정/기발을 인정하지만, 다만 칠정에 대한 해석은 이황과 다르다고 할 수 있

---

156 같은 곳, "喜怒哀樂愛惡之六情, 皆生於欲而成於欲."
157 같은 곳, "以喜愛屬木, 則樂之發散在外, 自當屬火; 怒惡屬金, 則哀之痛切向內, 自當屬水, 而欲則其義又別."

다. 이황이 칠정을 기발(불선)의 의미로 해석하는 것과 달리, 한백겸은 칠정을 음양·오행과 같은 자연현상과 연관지어 해석하는데, 이것은 칠정이 그대로 불선이 아니라는 의미이다. 이 과정에서 칠정이 사단을 내포하는 이이의 이론을 수용·종합하는데, 이것이 바로 이황의 대립적 관계와 이이의 내포적 관계를 동시에 주장하는 이유이다. 이황의 주장을 통해 사단/이발과 칠정/기발로 구분하고, 또한 이이의 주장을 통해 칠정이 불선이 아님을 논증하는데, 이것이 바로 한백겸 사단칠정론의 특징이라 할 수 있다.

08

장현광(張顯光)의 사단칠정론

장현광(張顯光, 1554~1637)[158]의 사단칠정론은 사단과 칠정이 하나의 정이라는 데서 출발한다. 이것은 이이의 칠정포사단(七情包四端)처럼, 칠정이 사단을 포함하므로 칠정 가운데 순선한 것만을 사단으로 해석하는 것이다. 물론 이러한 해석은 이황이 사단과 칠정을 리와 기에 분속시켜 서로 다른 정으로 해석하는 것과는 구분된다.

① 사단과 칠정은 하나의 정이다

장현광은 사단과 칠정을 다음과 같이 규정한다.

　　이른바 사단이라는 것은 맹자가 다만 칠정 위에 나아가 성 속에서 곧바로 나온 것으로, 발하는 초기(初頭)에 사사로운 뜻을 범하지 않는 것을 가

---

158 장현광의 본관은 仁同, 자는 德晦, 호는 旅軒. 경북 인동 출신이다. 그의 철학은 명나라 나흠순과 이이의 이기심성론에 크게 영향을 받은 것으로 평가되며, 남인계열의 학자들 중에서는 매우 독창적인 학설이다. 저서로는『여헌집』·『성리설』등이 있다.

리켜서 말한 것이다. 그러므로 단(端)이라 하여 인·의·예·지의 발현을 말하니, 마치 사물의 씨앗에 처음 싹이 있는 것과 같다. 그러나 사단은 곧 칠정 속의 정이니, 어찌 칠정 밖에 다시 사단의 정이 있겠는가.[159]

사단이란 칠정 가운데 선한 정에 불과하니, 칠정 외에 다시 사단의 정이 있는 것이 아니다. 정은 칠정 하나이며, 그 가운데 순선한 부분만을 가리켜서 사단이라고 한다. 사단이 선한 정이 되는 이유로써, 사단이란 "칠정에 나아가 성에서 곧바로 나온 것으로, 발하는 초기에 사사로운 뜻을 범하지 않는 것을 가리켜서 말하기 때문이다." 마치 사단은 사물의 씨앗에 처음 싹이 나오는 것과 같으니, 이 또한 사단의 순선한 상태를 강조한 표현이다. 결국 사단은 칠정 가운데 순선한 정을 의미한다.

중요한 것은 "칠정 위에 나아가"라는 표현에서 알 수 있듯이, 칠정 위에서 또는 칠정 속에서 사단을 해석한다는 사실이다. 사단이란 칠정 속에 내포된 정이지, 칠정을 벗어나 다시 사단의 정이 있는 것이 아니다. 그래서 "칠정은 사단을 벗어나서 따로 정(情)이 되는 것이 아니며, 사단은 칠정을 떠나서 따로 단(端)이 되는 것이 아니니, 칠정 가운데 나아가 각각 그 본덕(本德)에 따라 비로소 발하여 거짓이 없는 것을 가리킨 것이 사단이다."[160] 사단과 칠정은 하나의 정이고, 그 가운데 순선한 것만을 가리켜서 사단이라고 한다.

이러한 관점에서 사단을 리에 분속시키고 칠정을 기에 분속시켜 서

---

159 『旅軒續集』卷6,「平說」, "所謂四端者, 孟子特就七情上, 指其從性中直出底, 發露初頭, 不犯私意者而言之. 故曰端, 謂仁義禮智之發見, 如物種之始有萌芽爾. 然四端, 卽是七者中之情, 豈七情之外, 別有四端之情乎."
160 『性理說』(『旅軒集』下),「經緯說」, "七情不是外四端而別爲情, 四端不是離七情而別爲端也, 就夫七情之中, 指其各從本德, 始發無僞者, 是四端也."

로 다른 정으로 해석하는 이황을 비판한다. "하나의 심에 사단이라는
하나는 문이 있고 칠정이라는 하나의 문이 있어서 동서와 남북의 문이
다른 것과 같다는 말이 아니다."[161] 동서와 남북에 각각의 문이 있는 것
처럼, 사단의 정이 따로 있고 칠정의 정이 따로 있는 것이 아니니, 이황
처럼 사단과 칠정을 서로 다른 정으로 보아서는 안 된다.

더 나아가 장현광은 사단과 칠정의 관계를 성이 발하여 사단을 거쳐
칠정에 이르는 하나의 경로로써 설명한다.

> 정은 하나의 정인데, 처음 발하여 참을 잃지 않은 것이 바로 단(端: 사단)
> 이고, 이미 용사하여 선악으로 갈라진 것이 바로 정(情: 칠정)이다. 사단은
> 성이 처음 동한 것으로 정이 아직 이루어지지 않은 것이고, 정은 '단'이 되
> 는데 그치지 않고 스스로 하나의 작용을 이룬 것이다. '단'은 처음 동하였
> 기 때문에 악에 섞이지 않으나 정은 이미 작용을 이루었기 때문에 모두 선
> 할 수 없으니, 이것이 '단'과 '정'을 구별하여 말하는 이유이다.[162]

"정은 하나의 정이다"라는 말은 정이 칠정 하나임을 강조한 표현이
다. 정은 칠정 하나이니, 사단과 칠정은 서로 다른 정이 아니다. 또한 사
단과 칠정이 하나의 정임에도 불구하고 둘로 구별되는데, 처음 발하여
참을 잃지 않는 것은 사단이 되고, 이미 작용하여 선악으로 갈라진 것은
칠정이 된다. "처음 발하여 참을 잃지 않는다"는 말은 사단의 순선함을
강조한 표현이다. 결국 정은 칠정 하나이며, 이 칠정이 처음 발하여 순

---

161 『旅軒續集』卷6, 「平說」, "非謂在一心, 有四端之一門, 有七情之一門, 而若東西與
　　南北之異戶也."
162 같은 곳, "情一情也, 而其始發而眞未失者, 卽所謂端也; 旣用事而岐善惡者, 卽所
　　謂情也. 四端, 卽性之初動, 情之未成者也; 情則不止爲端, 自成一用者也. 端爲初
　　動, 故不雜於惡; 情已成用, 故不能皆善, 所以有端與情之別言爾."

선한 상태를 사단이라 하고, 이미 작용하여 선악으로 갈라진 상태를 칠정이라 한다. 이러한 해석은 이이의 '칠정포사단'과 별 차이가 없다.

여기에서 장현광은 성발위정(性發爲情)의 명제를 성이 발하여 사단을 거쳐 칠정에 이르는 하나의 경로로 해석한다. "사단은 성이 처음 동한 것으로 정이 아직 이루어지지 않은 것이고, 정은 단(端)이 되는데 그치지 않고 스스로 하나의 작용을 이룬 것이다." 사단이란 성이 처음 동한 상태이므로 아직 정이라고 말할 수 없는 단계이며, 이러한 사단을 거쳐서 칠정이 이루어진다.

이 때문에 장현광은 성이 발하여 사단을 거쳐 칠정에 이르는 경로를 싹이 발아하여 줄기·잎·꽃·열매에 이르는 연속과정으로 설명한다.[163] 이때에 씨앗이 막 발아하는 단계가 사단이 되고, 싹의 발아를 거쳐 줄기·잎·꽃·열매를 이루는 것이 정(칠정)이 된다. 이것이 바로 그의 일조설(一條說)이다. 이러한 '일조설'에 근거하여 사단과 칠정을 모두 이발(理發)로 규정한다. 성과 사단과 칠정이 하나의 경로로 연결되어 있기 때문에 사단과 칠정은 모두 '성이 발한 것(性發)'이니, 결국 이발(理發)이 된다.

이렇게 볼 때, 사단과 칠정의 관계는 큰 틀에서 보면 칠정 가운데 순선한 것을 사단으로 보는 이이의 '칠정포사단'과 일치하지만, 또한 성에서부터 사단을 거쳐 칠정에 이르는 하나의 경로를 설정한다는 측면에서는 이이의 이론과도 구분된다.

장현광은 정을 칠정 하나로 보고, 그 가운데 순선한 것만을 사단으로

---

163 『性理說』, 「經緯說」, "所謂心如穀種, 生之理, 固有者. 性也, 因其生之理而生爲芽苗者; 情也, 長爲莖葉花實者."(심은 곡식의 종자(씨앗)와 같아서 생하는 이치가 본래 있는 것이다. 성은 그 생하는 이치에 근거하여 생겨나서 싹이 되는 것이고, 정은 자라서 줄기·잎·꽃·열매가 되는 것이다.)

해석한다. 결국 칠정 외에 다시 사단이 있는 것이 아니니, 실제로 사단과 칠정은 하나의 정이 된다. 이러한 의미에서 장현광은 사단을 칠정에 배속시켜 해석한다.

사단은 칠정 밖에 다시 사단의 로맥(路脈)이 있는 것이 아니다. 측은은 바로 칠정의 애(愛)와 애(哀)이고, 수오는 바로 칠정의 로(怒)와 오(惡)이며, 사양은 희(喜)·로(怒)·애(哀)·락(樂)·애(愛)·오(惡)의 사이에서 시행되고, 시비는 순역(順逆)과 경중(輕重)의 경계에 구별되니, 칠정의 밖에 사단이 있겠는가?[164]

'칠정의 밖에 다시 사단이 있는 것이 아니니', 결국 사단과 칠정은 하나의 정이다. 이러한 관점에서 사단을 칠정에 배속시킨다. 측은은 칠정 중의 애(愛)·애(哀)에 해당하고, 수오는 칠정 중의 로(怒)·오(惡)에 해당하며, 사양은 희(喜)·로(怒)·애(哀)·락(樂)·애(愛)·오(惡) 사이에 해당한다. 이러한 해석은 이이가 칠정을 사단에 배속시킨 것과 비슷하다. 이이는 희(喜)·애(哀)·애(愛)·욕(欲)을 측은에, 로(怒)·오(惡)를 수오에, 구(懼)를 공경에 각각 해당시켜 해석한다.[165]

물론 장현광의 해석이 이이의 해석과 내용상 일치하는 것은 아니지만, 사단을 칠정에 배속시키거나 칠정을 사단에 배속시켜 해석하는 이론적 근거는 바로 사단과 칠정을 하나의 정으로 보는데 있다. 사단을 칠정에 배속시키는 것은 실재하는 정이 칠정 하나임을 강조한 표현에

---

164 『性理說』,「經緯說」, "四端, 卽非七情之外, 別有四端之路脈也. 惻隱直是七情之愛與哀也, 羞惡直是七情之怒與惡也, 辭讓施於喜怒哀樂愛惡之際, 是非□別於順逆輕重之境, 則其於七情之外有四端乎."

165 『栗谷集』卷10,「答成浩原(壬申)」, "七情之包四端, 吾兄猶未見得乎.……喜哀愛欲四情, 仁之端也.……怒惡二情, 義之端也.……懼情, 禮之端也."

다름 아니다. 이러한 해석은 이황이 사단과 칠정을 리와 기에 분속시켜 둘을 다른 정으로 보는 것과 분명히 구분된다.

② 사단과 칠정은 모두 이발일조(理發一條)이다

장현광은 하나의 정인 칠정이 모두 성에 근원한다고 설명한다.

> 내가 일찍이 생각해보니, 칠정 또한 오상(五常)에서 나온 것이다. 희
> (喜) · 애(愛)는 '인'이 발한 것이고, 로(怒) · 오(惡)는 '의'가 발한 것이며, 애
> (哀) · 락(樂)은 '예'가 발한 것이다. 희(喜)와 로(怒)가 상대되고, 애(哀)와 락
> (樂)이 상대되며, 애(愛)와 오(惡)가 상대되니, 희(喜) · 락(樂) · 애(愛) 세 가
> 지는 순경(順境)에 감응한 것이고, 로(怒) · 오(惡) · 애(哀) 세 가지는 역경
> (逆境)에 감응한 것으로 순경과 역경에 따라 감응하는 구별이 있는 것은
> '지'가 발한 것이다.[166]

장현광은 칠정이 모두 오상(성)에 근원하고 있음을 구체적으로 열거한다. 희(喜) · 애(愛)는 '인'이 발한 것이고, 로(怒) · 오(惡)는 '의'가 발한 것이며, 애(哀) · 락(樂)은 '예'가 발한 것이다. 따라서 희 · 로 · 애 · 락 · 애 · 오 · 욕의 칠정은 인 · 의 · 예 · 지 · 신의 오상(성)에 근원하게 된다. 이러한 해석은 '성발위정'의 명제에 근거한 것이다. 왜냐하면 사단뿐만 아니라 칠정 역시 성이 발한 것이기 때문이다. 칠정은 모두 성이 발한 것으로써 성에 근원하니 이발(理發)이 된다. 칠정이 '이발'이라면, 사단도 '이발'이 된다. 왜냐하면 칠정 밖에 다른 정이 없으며 사단은 칠정 가

---

166 『性理説』, 「經緯説」, "竊嘗思之七情, 亦出於五常, 喜愛仁之發也, 怒惡義之發也, 哀樂禮之發也. 喜與怒對, 哀與樂對, 愛與惡對, 而喜樂愛三者, 感於順境也, 怒惡哀三者, 應於逆境也, 隨其順逆之境, 而有其感應之別者, 智之發也."

운데 순선한 정이기 때문이다. 사단은 '이발'인 칠정에 내포된 정이므로 사단 역시 '이발'이 될 수밖에 없다.

또한 장현광은 일조설(一條說)에 근거하여 사단과 칠정을 모두 '이발'로 해석한다. 씨앗이 발아하여 줄기 · 잎 · 꽃 · 열매를 이루듯이, 성에서 사단을 거쳐 칠정에 이르는 과정이 하나의 '길에 흐르는 맥(條脈)'처럼 연결되어 있기 때문에 사단과 칠정이 모두 '이발'이 된다. 이러한 의미에서 장현광은 사단과 칠정을 모두 '이발'로 해석한다. 이것이 바로 장현광의 사단칠정론을 이발일조설(理發一條說)로 규정하는 이유이다.

> 칠정 밖에 다른 정이 없으니, 사단은 결코 칠정의 영역을 벗어나지 않는다. 합하여 말하면, 사단과 칠정은 모두 리가 발한 것이니, 왜냐하면 칠정은 성의 용(用)이 되기 때문이다. 사단과 칠정은 모두 기에 속하니, 왜냐하면 사단 역시 칠정 속의 이발(已發)한 것이기 때문이다.[167]

"칠정은 성의 용(用)이다"라는 말은 칠정은 '성이 발한 것'이니, 결국 성에 근원한다는 말의 다른 표현이다. 칠정 역시 성에 근원하니 '이발'이 된다. 칠정 밖에 다른 정이 없고 사단은 칠정 가운데 순선한 부분을 가리키니, 사단 역시 '이발'이 된다. 이러한 의미에서 장현광은 "사단과 칠정은 모두 리가 발한 것이다"라고 강조한다.

또한 이러한 관점에서 사단/이발과 칠정/기발로 해석하는 이황의 호발설을 비판한다. "후학으로 정통하지 못한 자가 양발(兩發)이라는 말에 근거하여, 마침내 '사단은 단연코 리를 따라서 발하므로 기와 섞이지 않는다'라고 하고, '칠정은 단연코 기를 따라서 발하므로 리와 관련되지

---

167 같은 곳, "七情之外無他情也, 四端斷不出七者之區域矣. 合而言之, 四端七情皆理之發, 何則七情爲性之用也. 四端七情皆屬於氣也, 何則四端亦七情中已發也."

않는다'라고 하여, 경계를 사단과 칠정으로 구분하여 반드시 그 근본을 둘로 하고자 하니, 이 어찌 성정의 이치를 아는 자이겠는가? 이와 같다면, 하나의 심속에 본래 두 가지 길이 있어서 하나는 리에 통하고 하나는 기에 통하는 것이다."[168]

양발(兩發)이란 사단을 '이발'로, 칠정을 '기발'로 해석하는 이황의 호발설을 가리킨다. 이황처럼 사단과 칠정을 '이발'과 '기발'로 양분지어 해석할 경우, 하나의 심(一心)에 리에 근원하는 사단과 기에 근원하는 칠정이라는 두 근원이 있게 되므로 옳지 않다. 사단이든 칠정이든 그 근원은 어디까지나 하나의 성이 되어야 하니, 이것이 바로 '성발위정'의 의미라는 것이다. 이러한 해석은 이이가 "성이 이미 하나인데, 정에 어찌 두 근원이 있겠는가? 이것 외에는 두 가지 성이 있은 후에야 비로소 두 가지 정이 있을 뿐이다"[169]라고 하여, 이황의 호발설이 근원이 둘이 되는 이원(二源)의 잘못을 범했다고 비판하는 것과 일치한다. 이처럼 장현광은 사단과 칠정을 모두 '이발'로 해석한다.

그럼에도 또한 장현광은 "사단과 칠정이 모두 기에 속한다"라고 강조한다. "사단과 칠정이 모두 기에 속한다"는 것은 사단과 칠정이 모두 이기를 겸한다는 말의 다른 표현이다. 칠정이 이기를 겸할 뿐만 아니라 사단도 이기를 겸한다는 의미이다. 그 이유로는 "사단 역시 칠정 속의 이발(已發)한 것이기 때문이다." 칠정만 이기를 겸하는 것이 아니라, 사단도 이발(已發)한 정이므로 이기를 겸한다. 이것을 선악의 개념으로 설명하면, 칠정에 선악이 있을 뿐만 아니라 사단에도 선악이 있다. 왜냐

---

168 같은 곳, "後學之未達者, 因兩發之言, 遂以四端爲斷然從理而發, 謂不雜於氣, 七情爲斷然從氣而發, 謂不係於理, 界分四七, 必欲二其本, 此豈知性情之理者哉. 是則一心之中本有二條路, 一通於理, 一通於氣者也."
169 『栗谷集』卷10, 「答成浩原」, "性旣一則情豈二源乎. 除是, 有二性然後, 方有二情耳."

하면 칠정과 마찬가지로 사단 역시 이기를 겸하기 때문이다.

이러한 이유에서 장현광은 사단도 부중절(不中節)할 수 있음을 주장한다.

> 사단도 기에 속한다고 말한 것은 정 가운데서 이미 발한 것이 되니 기인 것이 아니겠는가? 그러므로 측은이라 하고 수오라 하고 사양이라 하고 시비라고 하는 것은 비록 사덕(四德)이 되는 묘맥이지만, 기가 한 것이 아님이 없다. 그러나 리에서 곧장 나와서 순선무악하기 때문에 정 가운데 가장 바르고 가장 참되니, 다만 사덕의 단서로 지목하여 총칭한 정과 구별한 것이다. 단(端, 사단)이라는 것은 처음 발하여 순선한 것을 칭하니, 사단은 자체로 사단이 되고 정이 되지 않는다는 말이 아니다. 그러나 혹 덕성에 함양의 공부가 없는 자가 그 본원의 중정(中正)을 잃기도 하면, 비록 측은이라고 하지만, 측은하는 것이 마땅한 측은함이 아니다.……그 사단의 조목에도 어그러지는 경우가 있다. 측은하지만 인(仁)이 아니고, 수오하지만 의(義)가 아니며, 사양하지만 예(禮)가 아니고, 시비하지만 지(智)가 아닌 것이 혹 있기도 하니, 사단을 순리(純理)로써 말할 수 없음이 있는 것은 또한 기에 간섭되기 때문이다.[170]

사단도 순수한 리(純理)로써 말할 수 없다. 그 이유는 사단도 성이 이미 발한 정이니, 이기를 겸하므로 기에 관섭되지 않을 수 없기 때문이

---

170 『性理說』,「經緯說」, "夫謂四端亦屬氣者, 在情中爲已發, 而非氣者哉. 故爲之惻隱, 爲之羞惡, 爲之辭讓, 爲之是非者, 雖爲四德之苗脈, 而無非氣之爲也. 而從理直出純善無惡, 故爲情中之最正最眞, 特以四德之端目之, 以別於泛稱之情焉. 端者始發純善之稱, 非曰端自爲端而不爲情也. 然或德性無涵養之功者, 有失其本源之中正, 則雖曰惻隱, 而所惻非當惻, 所隱非當隱.……而其於四端之目, 有所戾矣. 惻隱而非仁, 羞惡而非義, 辭讓而非禮, 是非而非智者, 或有之, 則四端有不可以純理言者, 以其亦涉於氣也."

다. 물론 장현광도 "사단은 리에서 곧장 나와서 순선무악하기 때문에 정 가운데 가장 바르고 참되다"는 것을 인정한다. 때문에 사단을 인·의·예·지라는 사덕(四德)의 싹으로 지목하여 칠정과 구별한 것이다.

사단이 비록 칠정과 구별되지만, 칠정 밖의 다른 정을 의미하는 것은 아니다. 그래서 "사단은 자체로 사단이 되고 정이 되지 않는다는 말은 아니다." 비록 사단이 사덕(四德)의 싹이 되어 칠정과 구분될지라도, 칠정 밖의 다른 정을 말하는 것이 아니다. 사단이란 칠정 속의 순선한 정만을 가리키니, 결국 칠정이 아니라는 말이 아니다.

이처럼 장현광은 한편으로는 사단을 칠정과 구분되는 순선무악한 것(四德의 묘맥)으로 해석하면서도, 다른 한편으로는 사단을 순선무악한 것(純理)으로 해석해서는 안 된다고 강조한다. 왜냐하면 사단도 기의 간섭을 받지 않을 수 없기 때문이다. "사단도 기의 간섭을 받지 않을 수 없다"는 것은 사단 역시 성이 이미 발한 정이기 때문에 이기를 겸한다는 의미이다.

사단도 이기를 겸하므로 사단에도 기가 없을 수 없으며, 사단에도 기가 없을 수 없으므로 사단도 기의 간섭을 받지 않을 수 없다. 물론 이것은 사단도 부중절(不中節)할 수 있다는 말의 다른 표현이다. 이 때문에 "비록 측은이라고 하지만, 측은하는 것이 마땅한 측은함이 아니다. ……그 사단의 조목에도 어그러지는 경우가 있다." 여기에서 "측은하는 것이 마땅한 측은함이 아니다"는 것은 마땅히 측은해야 할 때에 측은하지 않거나 마땅히 측은하지 않아야 할 때에 측은하는 것과 같은 사단의 '부중절'한 경우를 의미한다.

그렇다면 사단의 '부중절'이 제기되는 이론적 근거는 무엇인가? 이것은 리와 기의 떨어지지 않는 불상리(不相離)의 관점을 강조하기 때문이다.[171] 이러한 이유에서 "기를 말할 때에 사단도 반드시 그 안에 있지 않은 적이 없으니, 바로 리를 말하지만 기가 그 안에 있고 기를 말하지만 리가 그 가운데 있다는 것이다."[172] 이 구절에서 "리를 말하지만 기가 그 안에 있고, 기를 말하지만 리가 그 안에 있다"는 말은 리와 기의 '불상리' 관계를 강조한 표현이다.

장현광은 '불상리'의 관점에서 사단도 이기를 겸하고 칠정도 이기를 겸한다는 사실을 강조한다. 사단도 이기를 겸하므로 사단에는 기가 없을 수 없다. 때문에 장현광은 "기를 말할 때에 사단도 반드시 그 안에 있지 않은 적이 없다"라고 말한다. 이것은 사단에도 기가 없을 수 없다는 말의 다른 표현이다. "사단에도 기가 없을 수 없다"는 것은 사단도 부중절(不中節)할 수 있다는 말이고, "사단이 부중절할 수 있다"는 것은 사단에도 불선이 있을 수 있다는 말이다.

이러한 의미에서 장현광은 사단을 순수한 리(純理)로써 말할 수 없다고 강조한다. 물론 이러한 해석은 사단을 칠정 가운데 순선한 것으로 해석하는 것과 분명히 모순된다. 그렇다면 왜 이러한 모순이 나타나는가? 그 이유는 순선한 리만을 가리켜서 말한 맹자의 사단과 리와 기의 '불상리'에 근거하여 이기를 겸하여 말한 사단이 서로 충돌하기 때문이다.

③ 칠정의 부중절(不中節)

장현광은 리와 기가 서로 떨어지지 않는다는 '불상리'의 관점에 근거하여 칠정의 '부중절'을 강조한다.

---

171 장현광의 理氣不相離에 대한 강조는 그의 理氣經緯說로 나타나는데, "리는 진실로 기에서 다스리고(經), 기는 진실로 리에서 다스린다(緯)."(『性理說』, 「經緯說」, "理固經於氣, 而氣固緯於理矣.")

172 『性理說』, 「經緯說」, "然而言氣時, 四者亦未必不在其中矣, 卽所謂言理而氣在其中, 言氣而理在其中者也."

칠정은 진실로 모두 달도(達道)의 화(和)가 될 수 없는 것이다. 칠정이 발할 때에 혹 그 일이 아닐 때가 있고, 일에도 혹 그 때가 아닐 때가 있으며, 때에도 혹 절기가 아닐 때가 있으면, 기쁨(喜)은 망령스러운 데로 흐르고, 즐거움(樂)은 음란한데로 흐르며, 사랑(愛)은 탐닉하는 데로 흐르고, 욕구(欲)는 방자한데로 흐르며, 미움(惡)은 심한데 빠지고, 성냄(怒)은 포악한데 빠지며, 슬픔(哀)은 손상시키는데 빠지는 것을 면치 못하는데, 이는 곧 칠정이 자기의 사사로움을 가지고 작용하여 이긴 것이다.[173]

장현광은 칠정의 '부중절'인 달도(達道)의 화(和)를 이루지 못하는 사례를 열거한다. 칠정이 발할 때에 중절하지 못하면, 기쁨은 망령스럽게 되고, 즐거움은 음란하게 되고, 사랑은 탐닉하게 되고, 욕구는 방자하게 되며, 미움은 심하게 되고, 성냄은 포악하게 되며, 슬픔은 손상시키게 된다. 왜냐하면 칠정이 자기의 사사로움을 가지고 작용하여 성을 이기기 때문이다.

이때 칠정이 자기의 사사로움을 가지게 되는 이유는 전적으로 기의 영향 때문이다. 칠정은 성이 이미 발한 정이므로 기의 간섭을 받지 않을 수 없다. "이 칠정에는 선과 불선이 있지만, 불선이 되는 것은 성의 허물이 아니고, 기가 자체로 막 발하는 즈음에 잘못되기 때문이다."[174] 결국 칠정이 달도(達道)의 화(和)를 이루지 못하는 것은 성의 잘못이 아니라, 기의 잘못 때문이다.

이러한 해석은 '성발위정'의 명제에 근거하여 칠정 역시 성이 발한 것

173 『旅軒續集』卷6, 「平說」, "然七情則固不能皆爲達道之和者也. 其發也而有或非其事, 其事也而有或非其時, 其時也而有或非其節, 則不免喜流於妄, 樂流於淫, 愛流於溺, 欲流於肆, 惡入於甚, 怒入於暴, 哀入於傷, 此卽七情之挾帶己私, 爲用所勝."
174 『性理說』, 「經緯說」, "此七情之有善有不善, 而其爲不善者, 非性之咎也, 氣之自謬於方發之際也."

이므로 이발(理發)로 해석한 것과 모순된다. 이렇게 볼 때, 장현광은 칠정을 성이 발한 것 또는 성에 근원하는 것으로 강조하면서도, 결국 칠정이란 '달도의 화(和)를 이루지 못하는 것'으로 해석한다는 것을 알 수 있다.

　이러한 이유에서 장현광은 칠정의 '부중절'에 주목하고 칠정의 절제를 강조한다.

> 그러므로 성인은 사람을 다스리고 가르치는 법을 세우고 학문하는 방법을 만들어서 그 정을 절제하여 성을 회복하게 하였으니, 탁한 자가 맑아지고, 유약한 자가 강해지며, 어질지 못한 자가 어질게 되고 의롭지 못한 자가 의롭게 되어, 예(禮)가 없고 지(智)가 없고 신(信)이 없는 자가 모두 예·지·신을 행할 수 있다.……그렇다면 다섯 가지 성(인·의·예·지·신)을 행하고 행하지 못함은 일곱 가지의 정(칠정)을 절제하느냐 절제하지 못하느냐에 말미암지 않겠는가.[175]

　오상(五常, 성)의 실현 여부는 전적으로 칠정을 절제하느냐 절제하지 못하느냐에 달려있다. 칠정을 잘 절제하여 성을 회복하게 되면 "어질지 못한 자가 어질게 되고, 의롭지 못한 자가 의롭게 되니, 결국 인·의·예·지·신이 없는 사람이 인·의·예·지·신을 이룰 수 있게 된다. 반대로 "칠정을 절제하지 못하여 방탕한데로 흐르도록 내버려두면, 오상을 해치게 되어 결국 사람이 금수가 되는데 이른다."[176]

---

175 『旅軒續集』卷6, 「平說」, "故聖人者, 立治敎之法, 設學問之方, 使之約其情而復其性, 則濁者淸, 柔者剛, 不仁者仁, 不義者義, 無禮智信者, 皆可以禮智信矣.……然則五者之性之行與不行, 其不由於七者之情之節與不節歟."

176 같은 곳, "若聽其流蕩, 任其悖亂, 不爲變化之道, 則人而禽獸, 必至於喪敗殘滅而後已."(만약 방탕함을 따르고 어지러움을 내버려두어 변화의 도가 되지 못하면,

이렇게 볼 때, 장현광에 있어서 칠정이란 어디까지나 절제해야할 대상이다. 칠정을 절제의 대상으로 본다는 것은 칠정이 불선할 수 있다는 말의 다른 표현이다. 때문에 "인 · 의 · 예 · 지 · 신의 다섯 가지 성(오상)을 행하고 행하지 못함은 칠정을 절제하느냐 절제하지 못하느냐에 말미암는다." 결국 오상의 실현 여부는 전적으로 칠정을 얼마나 잘 절제하느냐 절제하지 못하느냐의 여부에 달려있다는 말이다.

칠정에 대한 이러한 해석은 이황이 리가 발한 사단과 달리, 칠정을 기가 발한 것으로 해석하는 것과 비슷하다. 물론 이때의 리가 선을 의미한다면, 기는 악으로 흐르기 쉬운 것을 의미한다. 그럼에도 이황이 사단과 칠정을 소종래(所從來)에 따른 근원적인 구분을 강조하지만, 장현광은 사단과 칠정을 모두 하나의 성에 근원을 두면서도 결국 칠정의 '부중절'을 강조한다. 결국 칠정은 이황의 말처럼 '기가 발한 것(氣發)'에 다름 아니다.

또한 장현광처럼 사단과 칠정을 '칠정포사단', 즉 정은 칠정 하나이고 그 가운데 순선한 것을 사단으로 해석한다면, 자칫 사단이란 명의상의 개념에 불과하게 되어 맹자가 말한 어린아이가 우물에 빠지려는 상황에서 측은지심을 드러낸 의미는 찾을 수 없게 된다. 실재하는 정은 칠정 하나이니, 사단이 가지는 확충(擴充)의 의미는 사라지고 결국 칠정을 어떻게 중절할 것인지의 문제만 남게 된다. 이러한 해석은 이황이 칠정을 단속의 대상으로 삼고 사단을 확충의 대상으로 삼으려는 것과 구분된다.

때문에 장현광은 칠정을 벗어나서 사단을 확충하는 방법이 따로 있는 것이 아니라, 칠정을 절제하는 일이 바로 사단을 확충하는 일이라고

사람이 금수가 되어 반드시 잃고 없어진데 이른 이후에 그친다.)

설명한다. "사단을 확충하는 것은 다른 방법이 있는 것이 아니라, 또한 칠정에 나아가서 그 참됨을 잃지 않게 할 뿐이니, 그 참됨이 바로 인·의·예·지·신의 성이다. 그렇다면 사단이 발한 것은 애초에 칠정에서 벗어나지 않으니, 확충하는 공부 또한 칠정을 제약하는데 있다."[177] 칠정을 절제하여 인·의·예·지·신의 성을 잃지 않게 하는 것, 즉 달도(達道)의 화(和)를 이루는 것이 바로 사단을 확충하는 일이다. 왜냐하면 칠정을 벗어나서 따로 사단의 정이 있는 것이 아니기 때문이다. 이러한 관점에서 장현광은 칠정의 절제 또는 단속을 강조한 것이다.

이처럼 장현광은 '성발위정'의 명제에 근거하여 사단과 칠정을 모두 이발(理發: 선)로 해석하면서도, 결국 리와 기의 떨어지지 않는 '불상리'의 관점에 근거하여 칠정을 절제해야할 대상(불선)으로 해석한다. 이렇게 볼 때, 그의 해석은 외형상 모순을 보인다.

그렇다면 장현광 사단칠정론의 요지는 어디에 있는가? 먼저 정을 칠정 하나로 보아 사단과 칠정 모두 성에 근원지어 해석하면서도, 결국 칠정은 부중절(不中節: 불선)할 수 있으므로 절제의 대상으로 해석하는데 있다. 칠정은 절제하고 단속하여야 비로소 달도(達道)의 화(和)를 이루어 인·의·예·지·신의 성을 회복할 수 있다. 이러한 이유에서 "칠정이 중절하면, 인·의·예·지·신의 오상(五常)이 그 떳떳함을 얻고 말과 행실이 그 바름을 얻어 대중지정(大中至正)한 도가 이에 확립된다. 칠정이 중절하지 못하면, 오상이 그 떳떳함을 잃고 말과 행실이 그 바름을 잃어 대중지정한 도가 이에 숨는다."[178] 이로써 사단과 칠정의 관계는

---

177 같은 곳, "所謂四端擴充之者, 非有他路也, 其亦就七情, 而使之能不失其眞耳, 其眞卽仁義禮智信之本性也. 然則四端之發, 初不外於七情, 而擴充之功, 亦在乎七情之能約也."

178 『旅軒續集』卷5, 「晩學要會」, "七情中節, 則五常得其常, 言行得其正, 而大中至正之道, 斯以立矣. 七情不中節, 則五常失其常, 言行失其正, 而大中至正之道, 斯以晦矣."

정(칠정)과 성의 관계로 귀결된다. 물론 이때의 정은 칠정을 의미하니, 결국 칠정을 절제하여 성을 회복하는데 그의 사단칠정론의 특징이 소재한다. 이러한 해석은 사단이 있어도 그만 없어도 그만이 되어 사단의 역할이 약화되는 경향을 초래한다.

이처럼 장현광은 사단과 칠정의 개념을 이이의 '칠정포사단'의 관점에서 해석한다. 정은 칠정 하나이고, 그 가운데 순선한 것만을 사단이라고 한다. 실재하는 정은 칠정 하나이니, 칠정 밖에 다시 사단의 정이 있는 것이 아니다. 이러한 칠정은 성에 근원하므로 사단과 칠정을 모두 성(리)이 발한 이발(理發)로 해석한다.

또한 장현광은 사단과 칠정을 모두 '이발'로 해석하면서도, 동시에 '이기불상리'에 근거하여 사단과 칠정이 모두 이기를 겸한다는 사실에 주목한다. 그 이유로써 사단과 칠정은 모두 성이 이미 발한 정이므로 이기를 겸한다는 것이다. 사단과 칠정이 모두 이기를 겸하기 때문에 칠정뿐만 아니라 사단도 '부중절'할 수 있다. 물론 이러한 해석은 사단을 칠정 가운데 순선한 것으로 해석하는 '칠정포사단'과 모순된다.

장현광은 칠정 역시 이기를 겸한다는 사실에 근거하여 칠정의 '부중절'을 강조한다. 물론 이러한 해석은 '성발위정'의 명제에 근거하여 칠정 역시 성이 발한 것이므로 이발(理發)로 해석하는 것과 모순된다. 사단의 '부중절'을 말한 것은 사단이 이기를 겸한다는 사실을 강조한 표현으로써, 이것은 '이기불상리'에 근거하여 논리적 일관성을 견지하는 차원에서 전개된 이론이다. 칠정의 중절도 마찬가지이다. 이로써 사단의 '부중절'이나 칠정의 '중절'과 같은 모순이 발생한다.

결국 장현광의 사단칠정론은 정을 칠정 하나로 보고, 하나의 정인 칠정이 '부중절'할 수 있으므로 잘 절제하여 달도(達道)의 화(和)를 이루어 성을 회복하게 하는데 그 요지가 있다. 장현광의 사단칠정론은 사단과 칠정의 문제에서 출발하지만, 결국 성과 정의 문제로 귀결된다. 장현광에 있어서의 정이란 칠정을 의미하며, 이러한 칠정은 '부중절'하므로 절제의 대상이 된다. 칠정을 절제의 대상으로 보려는 것은 이황의 이론과 다르지 않다. 그렇지만 이황은 사단과 칠정을 서로 다른 정으로 구분하는 반면, 장현광은 사단과 칠정을 하나의 정으로 해석한다.

이 글은 「여헌 장현광과 우암 송시열 사단칠정론의 비교 고찰」(『율곡학연구』35, 율곡연구원, 2017)의 내용을 일부 수정·보완한 것이다.

09
정경세(鄭經世)의 사단칠정론

정경세(鄭經世, 1563~1633)[179]의 사단칠정론은 주자와 이황의 이론을 계승하여 '사단/이지발(理之發) 또는 이발(理發), 칠정/기지발(氣之發) 또는 기발(氣發)'로 해석하는데 그 특징이 있다.

먼저 정경세는 '정의 리'와 '정(사단과 칠정)'의 관계를 다음과 같이 설명한다.

삼가 생각건대, 사람의 한 마음에는 온갖 이치가 다 갖추어져 있는데, 인·의·예·지는 특히 큰 것일 뿐이다. 주선생(주자)의 「소학제사(小學題辭)」속의 강(綱)이라는 한 글자를 보면 더욱 알 수 있다. 희(喜)의 리가 속에 있으므로 발하여서 '희'가 되고, 로(怒)의 리가 속에 있으므로 발하여서 '로'가 되니, 그 리가 없으면 어찌 발할 수 있겠는가. 리가 근본이 되고 기

---

179 정경세의 본관은 晉州, 자는 景任, 호는 愚伏·一默, 시호는 文莊이다. 유성룡의 수제자이며, 특히 예학에 뛰어났다. 임진왜란 때에는 고향 상주에서 의병활동을 전개하고, 1623년에 상주의 유림들과 협의하여 조선 최초의 사립 의료시설인 존애원을 건립한다. 저서로는 『愚伏集』·『思問錄』·『朱文酌海』 등이 있다.

가 작용이 되는 것이 바로 천지와 음양이 조화하는 신묘함이니, 칠정만 어찌 유독 그렇지 않겠는가.[180]

현상의 기적 세계가 리에 근본하듯이, 인간의 칠정 역시 리에 근본한다. "희(喜)의 리가 속에 있으므로 발하여서 '희'가 되고 로(怒)의 리가 속에 있으므로 발하여서 '로'가 되니, 그 리가 없으면 어찌 발할 수 있겠는가." 먼저 희·로·애·락과 같은 칠정의 리가 있기 때문에 그것이 발하여 칠정이 되는 것이니, 만약 칠정의 리가 없다면 칠정도 발할 수 없다. 측은·수오·사양·시비의 사단 역시 마찬가지다. 먼저 사단의 리가 있기 때문에 그것이 발하여 사단이 되는 것이니, 만약 사단의 리가 없다면 사단도 발할 수 없다. 이것은 전형적인 이선기후(理先氣後)의 사고이다. 이러한 사고에서는 "리가 근본이 되고 기는 작용이 되는 것이 바로 천지와 음양이 조화하는 신묘함이니, 어찌 칠정만 유독 그렇지 않겠는가." 즉 천지와 음양이 모두 리에 근본하듯이, 인간의 칠정 역시 리에 근본한다는 말이다.

이러한 리는 사람의 마음에도 갖추어져 있는데, 그 중에서 대표적인 것이 바로 인·의·예·지이다. 이것을 주자의 「소학제사」에 나오는 "인·의·예·지는 인성의 벼리이다"[181]라는 구절에 근거하여 설명한다. 사람의 마음에는 온갖 리가 다 갖추어져 있으며 그 가운데서 벼리(綱)에 해당하는 것이 인·의·예·지이다. 이것이 바로 "사람의 한 마음에는 온갖 이치가 다 갖추어져 있는데, 인·의·예·지가 특히 큰 것

<hr />

180 『愚伏集』卷11, 「答曺汝益(癸亥)」, "竊謂人之一心, 萬理皆備, 仁義禮智, 特其大者耳. 觀朱先生小學題辭中綱之一字, 尤可見矣. 喜之理在中, 故發而爲喜, 怒之理在中, 故發而爲怒, 無其理則何以發乎. 理爲之本而氣爲之用, 乃天地陰陽造化之妙, 七情何獨不然."
181 『小學』, 「小學題辭」, "元亨利貞, 天道之常, 仁義禮智, 人性之綱."

일 뿐이다"라는 뜻이다.

이어서 정경세는 사단과 칠정을 '이발'과 '기발'로 해석한다.

> 주자가 말한 '이지발(理之發)과 기지발(氣之發)'이란 것은 다만 각각 주
> 장하는 것으로 말한 것일 뿐이지, 사단에는 기가 없고 칠정에는 리가 없
> 다는 말이 아니다. 이와 같다면 성과 정이 체(體)와 용(用)이 되는 것에는
> 바로 두 가지 모양이 있어 전혀 조화를 이루지 못한다. 이 때문에 이선생
> (이황)이 처음에는 '기가 따르고 리가 탄다'는 설이 있었으나, 결국에는 '주
> 자의 본래 설을 쓰는 것이 병통이 없음만 못하다'고 하였던 것이다.[182]

정경세의 사단칠정론을 언급하기 위해서는 먼저 이황의 사단칠정
론이 전개된 배경에 대한 설명이 필요하다. 이황은 정지운의 「천명구
도(天命舊圖)」에 나오는 '사단은 리에서 발한 것이고 칠정은 기에서 발한
것이다(四端發於理, 七情發於氣)'라는 해석을 보고, 사단과 칠정이 지나치
게 리와 기로 분속되는 것을 우려하여 '사단은 리가 발한 것이고 칠정은
기가 발한 것이다(四端理之發, 七情氣之發)'로 수정할 것을 권한다. 이에 정
지운은 이황의 견해에 따라 '사단이지발, 칠정기지발'로 수정하는데,
이것이 바로 「천명신도(天命新圖)」의 내용이다. 그러나 후에 기대승이
그것을 보고서 이황처럼 '사단이지발, 칠정기지발'로 해석하면, 사단에
는 기가 없는 것이 되고 칠정에는 리가 없는 것이 된다고 비판한다. 기
대승에 따르면, 사단과 칠정은 모두 성이 발한 정이므로 리와 기가 함께
있다는 것이다.

---

182 『愚伏集』卷11,「答曺汝益(癸亥)」, "朱子所謂理之發氣之發云者, 特各以其主張者
言之耳, 非謂四端無氣而七情無理也. 如此則性情之爲體用, 乃有二樣, 全不成造
化矣. 是以, 李先生始有氣隨理勝之說, 而終則曰不如用朱子本說之爲無病也."

기대승의 비판에 직면하여, 이황은 사단에도 기가 없는 것이 아니고 칠정에도 리가 없는 것이 아님을 강조하여 '사단/이발이기수지(理發而氣隨之), 칠정/기발이이승지(氣發而理乘之)'로 수정한다. 이황은 사단에도 기가 없는 것이 아니라는 의미에서 '기수지'를 덧붙이고, 칠정에도 리가 없는 것이 아니라는 의미에서 '이승지'를 덧붙인 것이다. 그렇지만 후에 이황은 『주자어류』속의 '사단이지발(四端理之發), 칠정기지발(七情氣之發)'이라는 주자의 해석을 보고, "주자의 본래 설로 대신하고, 우리의 설은 버리는 것이 온당하다." 이어서 "이 설을 얻은 뒤에 비로소 나의 견해가 크게 잘못되지 않았다고 믿게 되고, 애당초 정지운의 설 역시 저절로 병폐가 없으니 고칠 필요가 없을 것 같다"[183]라고 지적한다. 여기에서 '우리의 설'은 기대승의 비판에 따라 수정한 '사단/이발이기수지(理發而氣隨之), 칠정/기발이이승지(氣發而理乘之)'를 가리키고, 주자의 본래 설은 '사단/이지발(理之發), 칠정/기지발(氣之發)'을 가리킨다.

　　여기에서 정경세는 "주자의 본래 설을 쓰는 것이 병통이 없음만 못하다", 즉 이황이 '기수지'와 '이승지'를 덧붙여 수정한 것이 주자의 설보다 못하다고 강조한다. 이것은 이황처럼 사단과 칠정에 '기수지'와 '이승지'를 덧붙일 필요 없이, 주자처럼 '사단/이지발, 칠정/기지발'로도 충분하다는 말이다.

　　또한 정경세는 이황처럼 '기수지'와 '이승지'를 추가하지 않고 '사단/이지발(또는 이발), 칠정/기지발(또는 기발)'만으로 사단에도 기가 없는 것이 아니고 칠정에도 리가 없는 것이 아니라고 해석한다. 그 이유로써 "각각 주장하는 것으로 말한 것일 뿐이다." 즉 사단은 리를 주로 하여 말

183　"『退溪集』卷16, 「答奇明彦(論四端七情 第1書)」, "請以朱子本說代之, 而去吾輩之說, 便爲穩當矣.……得是說, 然後方信愚見不至於大謬, 而當初鄭說, 亦自爲無病, 似不須改也."

한 것이고 칠정은 기를 주로 하여 말한 것이니, 사단에도 기가 없는 것이 아니며 칠정에도 리가 없는 것이 아니라는 것이다. 이것은 주리 · 주기의 개념으로 사단과 칠정을 해석한 것이다.[184]

주리 · 주기란 원래 리와 기의 '불상리' 관계가 전제된 개념이다. 왜냐하면 리와 기가 분리된 상황에서는 '주로 한다'는 말을 할 수 없기 때문이다. 사단과 칠정은 모두 리와 기를 겸하지만, 다만 리를 주로 하여 말하거나 기를 주로 하여 말할 수 있다. 사단은 인 · 의 · 예 · 지의 성에 근원하므로 리를 주로 하여 말한 것이고, 칠정은 형기에서 생겨난 것이므로 기를 주로 하여 말한 것이다. 따라서 사단에는 기가 없고 칠정에는 리가 없는 것이 아니라, 사단은 리를 주로 하여 말한 것이므로 '이발'이 되고, 칠정은 기를 주로 하여 말한 것이므로 '기발'이 될 뿐이다. 이처럼 정경세는 주리 · 주기의 개념을 거론하여 자신의 '사단/이발, 칠정/기발'의 타당성을 강조한다.

또한 이러한 '사단/이발, 칠정/기발'의 해석은 사단과 칠정이 서로 다른 정이라는 말의 다른 표현이다. '다른 정'이란 사단은 인 · 의 · 예 · 지의 성(리)에 근원하는 것이고 칠정은 형기(기)에서 생겨난 것이므로 서로 차원을 달리하는 정이라는 말이다. 이에 정경세는 "칠정은 그대로 칠정이고 사단은 그대로 사단이다", 즉 사단은 칠정이 아니고 칠정은 사단이 아니라고 강조한다. 이것은 이이가 '정은 칠정 하나이며, 그 가운데 선한 부분만을 가리켜서 사단이라 한다'고 하여 사단과 칠정을 하나의 정으로 해석하는 것과 구분된다.

---

184 원래 主理 · 主氣는 이황이 자신의 이기호발설인 '사단/理發而氣隨之, 칠정/氣發而理乘之'의 타당성을 설명하기 위해 제시한 개념이다. 이황은 자신의 호발설이 기대승의 비판처럼, 사단에는 기가 없고 칠정에는 리가 없는 것이 아니라, 다만 사단은 리를 주로 하여 말한 것이므로 理發이 되고 칠정은 기를 주로 하여 말한 것이므로 氣發이 될 뿐이라고 설명한다.

지금 사람들이 희·로·애·락을 인·의·예·지〈의 단서인 측은·수
오·사양·시비〉[185]에 분배하려고 하는 것은 더욱 견강부회한 것이다. 칠
정은 그대로 칠정이고 사단은 그대로 사단이니, 아마도 서로 합쳐서는 안
될 것이다. 성인은 하나의 성이 맑고 깨끗하여(湛然) 온전히 천리이기 때
문에 칠정이 발한 것도 순전히 천리이다. 맹자가 기뻐하고 문왕이 성내는
것이 어찌 리에서 발하지 않은 적이 있겠는가. 성인보다 한 등급 아래의
사람은 그럴 수 없다. 그러므로 비록 명도(정호)의 자질이 아름답지만, 형
기의 기뻐함이 있음을 면치 못한다.[186]

정경세는 칠정을 사단에 분배하는 것에 반대한다. 예를 들면 애(愛)·
애(哀)를 측은에 분배하거나 로(怒)·오(惡)를 수오에 분배하는 경우이
다. 칠정을 사단에 분배하는 문제는 이이가 주장한 것으로써[187], 이것은
이이처럼 '정은 칠정 하나이고 그 가운데 선한 부분만이 사단이다'라 하

---

185 "지금 사람들이 희·로·애·락을 인·의·예·지에 분배하려고 하는 것은 더욱
    견강부회한 것이다"는 말은, 이어지는 "칠정은 그대로 칠정이고 사단은 그대로 사
    단이다"는 말과 연결시켜 볼 때, '희·로·애·락을 인·의·예·지에 분배하려고
    한다'는 것이 아니라, '희·로·애·락을 인·의·예·지의 단서인 측은·수오·
    사양·시비에 분배하려고 한다'는 것으로 수정하는 것이 더 정확한 표현일 듯하
    다.
186 『愚伏集』卷11, 「答曺汝益(癸亥)」, "今人欲以喜怒哀樂分配於仁義禮智者, 尤覺牽
    强. 七情自七情, 四端自四端, 恐不可相合也. 聖人一性湛然, 全是天理, 故七情之
    發, 亦純是天理. 孟子之喜, 文王之怒, 何嘗不發於理耶. 下聖人一等, 則不能然. 故
    雖以明道之資之美, 不免有形氣之喜."
187 이이는 喜·哀·愛·欲을 측은에, 怒·惡를 수오에, 懼를 공경 등에 해당시켜 해석
    하며, 한원진은 哀·愛는 측은, 怒·惡는 수오, 喜·懼·欲은 측은·수오·공경에
    모두 해당시켜 해석한다. 이러한 해석은 사단과 칠정을 하나의 정으로 본다는 말
    에 다름 아니다. 특히 한원진은 사단과 칠정을 '요약'과 '부연'의 관계로 설명하는
    데, 하나의 정을 네 가지로 요약해서 말하면 사단이 되고, 일곱 가지로 늘려서 말하
    면 칠정이 된다는 것이다.(『南塘集』卷29, 「示同志說」, "七情約之爲四端, 四端衍
    之爲七情.")

여 칠정과 사단을 하나의 정으로 해석할 때 가능하다. 하나의 정이므로 칠정을 사단에 분배할 수도 있고 사단을 칠정에 분배할 수도 있다.

그러나 정경세는 칠정을 사단에 분배하는 것에 분명히 반대한다. "칠정은 그대로 칠정이고 사단은 그대로 사단이니 아마도 서로 합쳐서는 안 될 것이다." 왜냐하면 칠정과 사단은 서로 다른 정이기 때문이다. 서로 다른 정이므로 칠정을 사단에 분배하거나 사단을 칠정에 분배해서는 안 된다.

또한 정경세는 맹자의 기쁨이나 문왕의 성냄과 같은 칠정은 그대로 천리가 발현한 것이라고 설명한다. "성인은 하나의 성이 맑고 깨끗하여 온전히 천리이기 때문에 칠정이 발한 것도 순전히 천리이다." 결국 성인의 칠정은 '기가 발한 것'이 아니라 '리가 발한 것'이라는 말이다.

그렇지만 이것은 어디까지나 성인의 경우이지, 성인보다 한 등급 낮은 보통 사람의 경우에는 그렇지 않다. "비록 명도의 자질이 아름답지만 형기의 기뻐함이 있음을 면치 못한다." 정호와 같은 자질이 훌륭한 사람의 칠정 역시 형기의 기뻐함이 있음을 면치 못하므로 '이발'이 아니라 '기발'이다. 이것은 성인 이하의 보통 사람의 칠정은 모두 '기발'이라는 말이다.

이처럼 정경세는 주자와 이황의 해석에 근거하여 '사단/이발, 칠정/기발'의 타당성을 강조하는데, 이것은 사단과 칠정을 서로 다른 정으로 구분한다는 말에 다름 아니다. 물론 이러한 해석은 사단을 확충의 대상으로 보고, 칠정을 단속의 대상으로 보는 그의 공부방법과 연결된 것이기도 하다. 측은 · 수오 · 사양 · 시비의 사단은 '리가 발한 것'이므로 확충해나가야 할 정이라면, 희 · 로 · 애 · 락 · 애 · 오 · 욕의 칠정은 '기가 발한 것'이므로 절제하고 단속해나가야 할 정이라는 것이다. 이렇게 볼 때, 정경세의 사단칠정론은 주자와 이황 사단칠정론의 요지를 그대로 계승하고 있으며, 이이의 사단칠정론과는 분명한 차이를 보이고 있음을 알 수 있다.

따라서 정경세에 대한 기존 학계의 평가도 재고되어야 할듯하다. 예컨대 현상윤은 "정경세는 장현광과 같이 이기설에 있어서 분명히 퇴계에게 반대하고 율곡에게 찬동하였다"[188]라고 하였으며, 또한 배종호는 "이기설에 있어서는 오히려 율곡설을 지지하여 퇴계의 호발설을 반대한다.……장현광과 정경세는 계통적으로 보면 영남학파에 가깝지만, 그들의 설은 율곡설을 대체로 지지함을 알 수 있다"[189]라고 하였다. 현상윤과 배종호는 정경세가 이황의 이론에 반대하고 이이의 이론을 지지한다고 평가하는데, 이것은 잘못된 것인 듯하다. 적어도 정경세는 그의 사단칠정론에서 이황 호발설의 타당성을 강조하고 이이의 이론을 비판하고 있다.

이 글은 「우복 정경세 예학의 철학적 기반」(『국난기에 빛난 경북의 선비정신』, 한국국학진흥원, 2019)의 내용을 일부 수정·보완한 것이다.

188 현상윤, 『조선유학사』, 현음사, 1986, p.172
189 배종호, 『한국유학사』, 연세대학교출판부, 1983, p.148

10
송시열(宋時烈)의 사단칠정론

① 사단과 칠정은 모두 기발일도(氣發一途)이다

송시열(宋時烈, 1607~1689)[190]의 사단칠정론은 이이의 기발이승일도(氣發理乘一途)에서 출발한다. 이러한 사실은 송시열의 이이에 대한 평가에서도 알 수 있다.

> 율곡의 이기설은 마치 대나무를 쪼갠 듯이 분명하니, 비록 대강 문리에 통한 사람이라도 모두 알 수 있다. 일찍이 어떤 사람이 퇴계를 위하여 율곡을 공격한 말을 보면, 막 말을 배우는 어린아이의 말과 같아서 아이들의 한 번 웃음거리도 되지 못한다.[191]

이이의 이론이 대나무를 쪼갠 듯이 분명한데 반해, 이황의 이론은 막

---

190 송시열의 본관은 恩津, 자는 英甫, 호는 尤庵, 시호는 文正이다. 그의 학문은 조광조→이이→김장생으로 이어지는 기호학파의 학통을 충실히 계승·발전시킨 것으로 평가한다. 저서로는 『송자대전』이 있다.
191 『宋子大全』卷131, 「看書雜錄」, "栗谷理氣說, 如破竹然, 雖粗解文理者, 皆知之矣. 嘗觀或人爲退溪攻栗谷之說, 則正如學語幼兒之言, 不足以供兒童之一笑."

말을 배우는 어린아이의 수준에도 미치지 못한다. 또한 같은 의미에서 "율곡의 설은 한결같이 주자의 뜻을 따르니 더 이상 의심할 수 없다."[192] 이것은 이이의 이론이 주자의 적통을 계승한다는 의미이다. 이이가 주자의 적통을 계승하고 있는 만큼, 송시열 역시 이이의 이론을 따르겠다는 뜻이다.

이이의 이론은 '기발이승일도'를 의미하고 이황의 이론은 '이기호발설'을 의미한다. 송시열은 이이의 '기발이승일도'에 근거하여 사단과 칠정을 모두 기발(氣發) 하나로 해석한다. 이이에 따르면, 사단도 이기를 겸하고 칠정도 이기를 겸하며, "발하는 것은 기이고 발하게 하는 소이가 리이니" 사단과 칠정은 모두 '기발이승일도'가 된다. 그 이유로써 리는 무위(無爲)하여 자체로 발할 수 없기 때문에 모두 '기발'이 된다. 이러한 관점에서 사단을 '이발'로 칠정을 '기발'로 분속시켜 해석하는 이황의 호발설을 비판한다.

특히 송시열은 이황의 호발설 중에서 이발이기수지(理發而氣隨之)를 『중용』, 제1장인 천명지위성(天命之謂性)의 해석에 근거하여 비판한다.

율곡이 퇴계의 설을 그르게 여긴 것은 오로지 "리가 발하고 기가 따른다(理發氣隨)"는 한 구절에 있다. 이 말의 옳고 그름은 『중용』의 "하늘이 명한 것을 성이라 한다(天命之謂性)"는 주석에서 볼 수 있다. 그 주석에는 "기로써 형체를 이루고 리 또한 부여한다"라고 하였으니, "리가 발하고 기가 따른다"는 말과 같은가 다른가?[193]

---

192 『宋子大全』卷90,「答李汝九(庚戌)」, "至於栗翁之說, 一遵朱子意, 更無可疑."
193 『宋子大全』卷131,「看書雜錄」, "栗谷所以非退溪說者, 專在於理發氣隨一句. 此說是非, 當於中庸天命之謂性註可見矣. 其曰氣以成形理亦賦焉者, 與理發氣隨者, 同乎異乎."

송시열은 『중용』의 '천명지위성'에 대한 주자의 주석인 "기로써 형체를 이루고 리 또한 부여한다"는 말에 주목한다. 물론 이것은 사람을 포함한 사물이 모두 리와 기로 구성되어 있음을 강조한 표현이지만, 송시열은 이 구절을 하늘이 만물을 생성할 때에 "먼저 기로써 형체를 이룬 뒤에 리가 부여된다"는 기선이후(氣先理後)의 뜻으로 해석한다.

이러한 관점에서 송시열은 주자의 말을 인용하여 "천은 기가 아니면 사람에게 명할 수 없고, 사람은 기가 아니면 천이 명한 것을 받을 수 없다"[194]거나 "명(命)과 성(性)도 기를 떠나서는 '명'과 '성'이 될 수 없다"[195]라고 강조한다. 이것은 기를 통해야만 리가 실현될 수 있다는 의미이다. 이러한 이유에서 송시열은 "성을 온전히 실현할 수 있는 여부도 전적으로 기의 청탁후박(淸濁厚薄)에 따라 결정된다"[196]라고 말한다.

이러한 해석에 근거할 때, 이황의 '리가 발하고 기가 따른다(理發而氣隨之)'는 말은 옳지 않다. 송시열에 따르면, 이황의 '이발이기수지'는 리가 발한 뒤에 기가 따르는 것이니, 이것은 기가 형체를 이룬 뒤에 리가 부여된다고 보는 그의 해석과 맞지 않다. 이러한 이유에서 "율곡이 퇴계를 그르게 여긴 것은 오로지 이발기수(理發氣隨) 한 구절에 있다"라고 말한 것이다. 이것은 리란 기에 앞서 존재할 수 없다는 이선기후(理先氣後)적 사고에 대한 비판이기도 하다. 이렇게 볼 때, 송시열은 이황의

---

194 같은 곳, "先生嘗言天非氣, 無以命於人, 人非氣, 無以受天所命, 蓋理與氣元不相離故也."(이것은 『朱子語類』卷4에 나오는 말이다. "선생이 일찍이 말하기를, 천은 기가 아니면 사람에게 명할 수 없고, 사람은 기가 아니면 천이 명한 것을 받을 수 없으니, 리와 기는 원래 서로 떨어지지 않기 때문이다.")

195 같은 곳, "命性何嘗離氣而爲命性哉."(性과 命이 어찌 일찍이 기를 떠나서 性과 命이 되겠는가.)

196 같은 곳, "性能因氣而賦於物, 而其能養性不能養性者, 亦以氣之淸濁厚薄云爾, 則爲無病也."(성은 기에 근거하여 사물에 부여될 수 있으나, 성을 기를 수 있고 성을 기를 수 없는 것은 또한 기의 맑고 탁함이나 두텁고 얇음으로 말할 뿐이라면 흠이 없다.)

'이발이기수지'를 '이선기후'의 관점에서 해석하고 있음을 알 수 있다.

물론 이황의 '이발이기수지'는 송시열의 비판처럼, 먼저 리가 발하고 기가 그 뒤를 따른다는 의미가 아니다. 이황의 '이발이기수지'는 리가 발한 뒤에 기가 따른다는 시간적 선후의 개념이 아니라, 리가 발할 때에도 기가 없는 것이 아니라는 의미이다. 이황의 '이발이기수지'에 대해, 이이 역시 "사단은 리가 먼저 발하고 〈기가 그 뒤를 따르며〉, 칠정은 기가 먼저 발하고 〈리가 그 뒤에 탄다〉"[197]라고 해석함으로써, 리와 기에 시간적 선후가 있다고 비판한다. 이렇게 볼 때, 송시열은 이이의 관점에서 이황의 '이발이기수지'를 해석하고 있음을 알 수 있다.

따라서 송시열은 이이의 '기발이승일도'에 근거하여 자신의 사단칠정론을 전개한다. 이이의 '기발이승일도'는 리와 기가 서로 떨어지지 않는 불상리(不相離)의 관점이 강조된 이론이다. 사단과 칠정이 모두 '기발이승일도'라는 것은 사단과 칠정이 모두 이기를 겸한다는 말의 다른 표현이다. 사단과 칠정이 모두 이기를 겸하므로 사단에도 기가 없을 수 없고 칠정에도 리가 없을 수 없다. 사단에도 기가 없을 수 없으므로 사단도 '기발이승일도'가 되고, 칠정에도 리가 없을 수 없으므로 칠정도 '기발이승일도'가 된다.

여기에서 중요한 것은 사단에도 기가 없을 수 없으므로 사단도 부중절(不中節)할 수 있고, 칠정에도 리가 없을 수 없으므로 칠정도 중절(中節)할 수 있다는 '중절'과 '부중절'의 문제가 제기된다. 결국 사단의 '부중절'과 칠정의 '중절' 문제는 이이의 '기발이승일도'를 강화시켜 나갔을 때에 제기되는 문제이다.

---

197 『栗谷集』卷10, 「答成浩源(壬申)」, "四端則理先發, 七情則氣先發也."

② 사단에도 '중절'과 '부중절'이 있고, 칠정에도 '중절'과 '부중절'이 있다

먼저 송시열은 사단의 부중절(不中節)을 강조한다. 이러한 관점에서 이황뿐만 아니라 이이의 이론조차 비판한다.

> 율곡선생이 이에 대해 매우 자세히 변론하였으나, 다만 "사단은 칠정 가운데 중절(中節)한 것이다"는 말은 온당하지 못하다. 주자가 "측은·수오에 중절과 부중절이 있다"라고 하였으니, 이는 사단에도 부중절이 있다는 것이니, 어찌 율곡이 우연히 이것을 보지 못한 것이겠는가?[198]
>
> 내가 살펴보니, 문순공(文純公; 퇴계의 시호)과 문성공(文成公; 율곡의 시호)은 모두 사단을 순선(純善)한 것이라 하였다. 그러나 주자의 설을 고찰해 보면, "측은·수오에도 중절과 부중절이 있다"라고 하였고 또 "측은은 선한 것이지만 측은하지 않아야 할 곳에 측은하는 것은 곧 악이다"라고 하였으니, 이에 근거하면 두 사람의 말 또한 정론이 아니다.[199]

송시열은 주자의 '사단에도 부중절이 있다'는 말에 근거하여 사단을 칠정 가운데 중절한 것으로 해석하는 이이를 비판한다. '사단에도 부중절이 있다'는 것은 측은하지 않아야 할 때에 측은하고 수오하지 않아야 할 때에 수오하거나, 측은해야 할 때에 측은하지 않고 수오해야 할 때에 수오하지 않는 경우이다. 사단 자체는 물론 선한 것이지만, 측은하지 않아야 할 때에 측은하고 수오하지 않아야 할 때에 수오하거나 측은해

---

198 『宋子大全』卷133, 「退溪四書質疑疑義(2)」, "栗谷先生於此, 辨論甚詳, 而但以四端爲七情中中節者而言, 此爲未安. 朱子曰惻隱羞惡有中節不中節, 是則四端亦有不中節者, 豈栗谷偶未之見耶."

199 『宋子大全』卷104, 「答李君輔」, "臣按文純公文成公皆以四端爲純善. 而然考朱子說, 則有曰惻隱羞惡, 也有中節不中節; 又曰惻隱是善, 於不當惻隱處惻隱, 卽是惡, 據此則兩臣之言, 亦未爲定論也."

야 할 때에 측은하지 않고 수오해야 할 때에 수오하지 않는 것은 불선(악)이 된다. 이러한 관점에서 송시열은 사단을 순선한 것으로 해석하는 이황과 이이를 아울러 비판한다.

송시열과 달리, 이황과 이이는 모두 사단의 '부중절'을 인정하지 않는다. 실제로 사단의 '부중절'은 기대승으로부터 시작된다.[200] 기대승은 이황의 "사단은 리에서 발하여 선하지 않음이 없다"는 주장에 대해 다음과 같이 말한다. "일반적으로 정에 나아가 세부적으로 논하면, 사단의 발함에도 '부중절'한 것이 있으니 진실로 모두 선하다고 할 수 없다. 보통 사람은 혹 수오하지 않아야 하는 것을 수오하기도 하고 또 시비하지 않아야 하는 것을 시비하기도 한다. 리가 기 속에 있으니 기를 타고서 발현할 때에 리는 약하고 기는 강하여 그것을 통제하지 못하면 그 유행하는 사이에 진실로 이와 같은 것이 있으니, 어찌 정이 선하지 않음이 없다고 할 수 있으며 또 어찌 사단이 선하지 않음이 없다고 할 수 있겠는가?"[201] 기대승은 사단의 '부중절' 문제를 제기한다. 칠정과 마찬가지로 사단도 리가 기를 타고 발현하고 또한 리는 약하고 기는 강하기 때문에 사단 역시 '부중절'할 때가 있다.

이와 달리 이황은 사단의 '부중절'을 인정하지 않는다. 기대승의 "사단도 부중절할 수 있다"는 주장에 대해, 이황은 "이와 같은 논의는 단지

---

200 물론 "사단에도 不中節이 있다"는 표현은 이미 주자가 말한 것이다. "측은과 수오에도 중절과 부중절이 있으니, 만약 마땅히 측은하지 않아야할 때에 측은하거나 마땅히 수오하지 않아야할 때에 수오하면, 이것이 부중절이다."("『朱子語類』卷 53, "惻隱羞惡也, 有中節不中節, 若不當惻隱而惻隱, 不當羞惡而羞惡, 便是不中節.")

201 『高峯集』,「論四端七情書」, "若泛就情上細論之, 則四端之發, 亦有不中節者, 固不可皆謂之善也. 有如尋常人, 或有羞惡其所不當羞惡者, 亦有是非其所不當是非者. 蓋理在氣中, 乘氣以發見, 理弱氣強, 管攝他不得, 其流行之際, 固宜有如此者, 烏可以爲情無有不善, 又烏可以爲四端無不善耶."

유학의 도를 발명하는데 무익할 뿐만이 아니라, 도리어 후대에 전해져도 유해하다"[202]라는 말로써 일축한다. '부중절'할 수 있는 사단은 결코 사단이라 말할 수 없다는 뜻이다.

이황은 "사단이 발하는데 진실로 기가 없을 수 없으나, 맹자가 가리킨 것은 실제로 기에서 발하는 곳에 있지 않으니, 만약 기를 겸하여 가리킨다고 한다면 이미 더 이상 사단이라고 말할 수 없다"[203]거나 "사단이 비록 기를 탄다고 말하지만, 맹자가 가리킨 것은 기를 타는 곳에 있지 않고 다만 순수한 리가 발하는 곳에 있을 뿐이다"[204]라고 하여, 사단을 리(선)로써 해석한다. 물론 사단도 성이 이미 발한 정이므로 기가 없는 것은 아니지만, 맹자가 말한 사단은 기를 겸하여 말하는데 있는 것이 아니라는 것이다.

이이도 "사단은 단지 선한 정의 다른 이름일 뿐이다"[205]거나 "칠정 가운데 리에서 발한 것이 사단일 뿐이다.……칠정 가운데 인욕과 섞이지 않고 순수한 천리에서 나온 것이 사단이다"[206]라고 하여, 사단을 리(선)로써 해석한다. 이처럼 이황과 이이는 모두 사단을 순선한 리로써 해석한다.

그러나 송시열은 이황과 이이의 해석에 반대한다. 왜냐하면 기대승의 말처럼, 사단도 리가 기를 타고 발한 것이므로 '부중절'할 수 있다. 그런데도 이이는 이러한 사실을 보지 못하고 "사단은 칠정 가운데 중절한

---

202 『退溪集』卷16,「答奇明彦(論四端七情 第2書)」, "如此議論, 非徒無益於發明斯道, 反恐有害於傳示後來也."

203 같은 곳, "四端之發, 固曰非無氣. 然孟子之所指, 實不在發於氣處, 若曰兼指氣, 則已非復四端之謂矣."

204 같은 곳, "愚謂四端雖云乘氣, 然孟子所指, 不在乘氣處, 只在純理發處."

205 『栗谷集』卷10,「答成浩原(壬申)」, "四端只是善情之別名."

206 『栗谷集』卷14,「論心性情」, "七情中之發於理者, 爲四端耳.……七情中之不雜人欲, 粹然出於天理者, 是四端也."

것이다"라고 하였으니, 이것은 온당하지 못하다고 비판한다.

더 나아가 송시열은 "사단도 불선(不善)할 수 있다"는데 근거하여, 이황 · 기대승 · 이이 · 성혼을 아울러 비판한다.

　　퇴계 · 고봉 · 율곡 · 우계는 모두 사단을 순선(純善)하다고 하였으나, 주자는 사단에도 불선(不善)이 있다고 하였으니, 네 분 선생들이 모두 이 말을 보지 못했는지 아직 알 수 없다. 사단에는 어째서 불선이 있는가? 사단도 기가 발하고 리가 타기 때문이다. 발할 때에 기가 청명(淸明)하면 리 역시 순선하고, 기가 분잡(紛雜)하면 리 역시 기에 의해 가려져서 그러하다.[207]

이황 · 기대승 · 이이 · 성혼은 모두 사단을 순선한 것으로 여겼으나, 주자는 사단에도 불선이 있다고 하였으니, 결국 네 분의 선생은 모두 사단에 대한 이해가 정확하지 못하다. 송시열은 주자의 "사단에도 불선이 있다"는 말에 근거하여, 사단을 순선한 것으로 해석하는 이황 · 기대승 · 이이 · 성혼을 모두 비판한다.

그렇다면 사단에는 어떻게 불선이 있을 수 있는가? 그 이유는 "사단도 기가 발하고 리가 타기 때문이다." 물론 이것은 이이의 '기발이승일도'에 근거한 해석이다. 이이의 '기발이승일도'의 논리가 강조되면, 사단의 '부중절'과 칠정의 '중절' 문제가 제기된다. 왜냐하면 이이의 '기발이승일도'는 리와 기가 서로 떨어지지 않는 불상리(不相離)의 관점에 기

---

207 『宋子大全』卷130, 「朱子言論同異攷」, "退溪高峯栗谷牛溪皆以四端爲純善, 朱子以爲四端亦有不善者, 未知四先生皆未見此說乎. 夫四端何以亦有不善乎. 四端亦氣發而理乘之故也. 發之之時, 其氣淸明則理亦純善, 其氣紛雜則理亦爲之所掩而然也."

초하기 때문이다. 사단과 칠정은 모두 이기를 겸하니, 사단에도 기가 없는 것이 아니고 칠정에도 리가 없는 것이 아니다. 사단에도 기가 없는 것이 아니므로, 즉 기의 영향을 받지 않을 수 없으므로 부중절(不中節, 불선)할 수 있다.

때문에 송시열은 "사단이 발할 때에 기가 청명(淸明)하면 리도 순선하지만, 기가 분잡(紛雜)하면 기에 의해 가려져서 불선이 된다"라고 말한다. 이것은 사단도 기의 영향 속에 있다는 말이다. 기가 맑으면 리가 기에 가려지지 않으므로 사단이 순선할 수 있지만, 기가 탁하면 리가 기에 가려져서 사단도 불선함을 면치 못한다. 이러한 이유에서 송시열은 이황·기대승·성혼뿐만 아니라 이이마저도 "사단을 칠정 가운데 중절한 것으로 말하는 것은 온당치 못하다"[208]라고 비판한다. 이러한 관점에서 송시열은 사단의 '부중절' 문제를 제기하고 사단에도 불선이 있음을 강조한다.

③ 칠정의 중절(中節)

또한 "사단이 부중절할 수 있다"는 말은 "칠정이 중절할 수 있다"는 말을 의미한다. 왜냐하면 칠정도 이기를 겸하므로 리가 없을 수 없기 때문이다. 이러한 이유에서 송시열은 칠정의 중절을 강조한다.

> 칠정이라는 것은 희(喜)·로(怒)·애(哀)·구(懼)·애(愛)·오(惡)·욕(欲)이다. 순임금이 상(象: 순임금의 이복동생)의 기쁨을 기뻐하는 것, 문왕과 무왕이 한 번 노하여 천하를 안정시킨 것, 『시경』「관저편」의 슬퍼하되 손상하는데 이르지 않는 것, 공자가 난신적자를 두려워한 것, 맹자가 양

---

208 『宋子大全』卷133,「退溪四書質疑疑義(2)」, "但以四端爲七情中中節者而言, 此爲未安."

주와 묵적을 두려워한 것, 어린아이가 그 부모를 사랑하는 것, 공자가 말재주 있는 자를 미워한 것과 인(仁)하고자 한 것들이 어찌 인심이 되겠는가? 사단이라는 것은 맹자가 인 · 의 · 예 · 지 네 가지를 성이라 했기 때문에 그 단서를 말한 것도 다만 네 가지만을 말한 것이다. 실제로 사단은 진실로 성에서 나온 것이고, 칠정 역시 성에서 나온 것이다.[209]

사단과 칠정은 모두 성에 근원한다. 맹자가 사단을 인 · 의 · 예 · 지의 단서로써 말하였기 때문에 사단이 성에 근원한다는 것은 분명하다. 칠정 역시 "자사가 '발하여 모두 절도에 맞는 것을 화(和)라 한다'라고 하였는데, 주자가 그것을 해석하여 '발하기 이전은 성이다'라고 하고 또 '성이 발한 것이 정이 아니고 무엇이겠는가'라고 하였다."[210] 이러한 주자의 해석에 근거하여 볼 때, 칠정 역시 성에 근원한다. 이에 송시열은 "사단은 진실로 성에서 나온 것이고 칠정 역시 성에서 나온 것이다"라고 말한다.

이어서 송시열은 칠정이 성에 근원한다는 구체적인 사례를 제시한다. 예를 들면 순임금이 동생의 기쁨을 기뻐하는 것(喜), 문왕과 무왕이 한 번 분노하여 천하를 안정시킨 것(怒), 『시경』「관저편」의 슬퍼하되 손상되는데 이르지 않는 것(哀), 공자가 난식적자를 두려워하거나 맹자가 양주와 묵적을 두려워하는 것(懼), 어린아이가 그 부모를 사랑하는 것(愛), 공자가 말재주 있는 자를 미워한 것(惡), 공자가 인하고자 하는 것

---

209 같은 곳, "所謂七情者, 喜怒哀懼愛惡欲也. 舜之象喜亦喜, 文武之一怒而安天下, 關雎之哀而不傷, 孔子之懼亂賊, 孟子之懼楊墨, 孩提之愛其親, 孔子之惡夫佞及我欲仁, 是豈爲人心耶? 夫所謂四端者, 孟子以仁義禮智四者爲性, 故言其端而亦只言四矣. 其實四端固出於性也, 七情亦出於性也."

210 같은 곳, "子思曰發而皆中節謂之和, 朱子釋之曰, 其未發則性也, 又曰性之發用, 非情而何."

(欲) 등이다. 송시열은 희·로·애·구·애·오·욕의 칠정을 열거하고 "이것이 어찌 인심이 되겠는가." 즉 인심이 될 수 없음을 강조한다. "인심이 될 수 없다"는 것은 선악의 개념으로 설명하면, 불선(악)이 될 수 없다는 말이다. 이것은 칠정 역시 성에 근원하고 있다는 말의 다른 표현이다.

이 구절에서 송시열이 열거한 것은 '발하여 모두 절도 맞는(發而皆中節)', 즉 중절한 칠정을 의미한다. 결국 송시열은 칠정의 중절을 강조한다. 그 이유로써 하나는 성발위정(性發爲情)의 명제에 따르면 칠정 역시 성이 발한 것이므로 선하지 않을 수 없다는 것이며, 다른 하나는 이이의 '기발이승일도'에 따르면 칠정 역시 이기를 겸하므로 칠정에도 리가 없을 수 없다는 것이다. 칠정에도 리가 없을 수 없으므로 칠정도 중절할 수 있다. 이러한 해석은 사단을 이발(선)로 칠정을 기발(불선)로 해석하는 이황과 구분된다.

이상에서처럼 이이의 '기발이승일도'에 근거하여 사단에도 중절과 부중절이 있고 칠정에도 중절과 부중절이 있으며, 사단에도 선악이 있고 칠정에도 선악이 있다면, 실제로 사단과 칠정의 구별이 무색하게 된다. 이러한 이유에서 송시열은 사단과 칠정을 하나의 정으로 해석한다.

> 대체로 『중용』과 『맹자』를 합쳐서 보면, 칠정과 사단은 모두 성에서 나온 것이다. 그러므로 주자가 "인(仁)은 스스로 성이니 도리어 애(愛)의 이치가 발하여 나와야 비로소 측은이 있다"라고 하였으니, 이것이 어찌 사단과 칠정을 하나로 합한 뜻이 아니겠는가. 다만 발하여 나올 때에 리가 기를 타고 발하지만 사단은 기에 의해 가려지지 않으므로 '리가 발한다'고 하고, 칠정은 혹 기에 가려져서 곧장 이루어지지 못하므로 '기가 발한다'고 한다. 실제로 사단의 부중절(不中節)한 것은 또한 기가 발한 것이

라고 할 수 있고, 칠정의 중절(中節)한 것은 또한 리가 발한 것이라고 할 수 있으니, 하나에 집착해서 말해서는 안 된다.[211]

사단과 칠정은 하나의 정이다. 사단과 칠정이 하나의 정이 되는 이유로는 '사단과 칠정이 모두 성에서 나온 것'이기 때문이다. 물론 이러한 해석은 '성발위정'의 명제에 근거한 것이다. 성이 발하여 정이 되니 사단과 칠정은 모두 정이므로 성이 발한 것이라는 의미이다.

여기에서 '하나의 정'이라는 말은 사단과 칠정의 개념적 구분에 별 의미를 두지 않는다는 뜻이기도 하다. 이황처럼 사단을 이발(理發)로 칠정을 기발(氣發)로 해석하는 것도 아니며, 이이처럼 칠정 가운데 순선한 것만을 사단으로 해석하는 것도 아니다. 그 이유로써 주자의 "애(愛)의 이치가 발하여 나와야 비로소 측은이 있다"는 말을 인용한다. 이것은 측은의 근거를 '애(愛)의 이치', 즉 인(仁)으로 해석한 것으로써 애(愛)의 칠정과 측은(惻隱)의 사단이 모두 인(仁, 성)에 근원하고 있음을 강조한 표현이다.

같은 의미에서 송시열은 "맹자가 측은을 '인'의 단서라 한 것은 사단으로 말한 것이고, 주자가 애(愛)를 '인'의 작용이라 한 것은 칠정으로 말한 것이다. 그렇다면 사단과 칠정은 실제로 하나이다"[212]라고 말한다. 사단은 '인'의 단서로써 말한 것이고 칠정은 '인'의 작용으로써 말한 것

---

211 같은 곳, "大抵以中庸孟子合而觀之, 則七情四端, 皆出於性者也. 故朱子曰仁自是性, 却是愛之理發出來, 方有惻隱, 此豈非四端七情合一之意耶. 惟其發出之時, 理乘氣而發, 而四端不爲氣所掩, 則謂之理之發; 七情或掩於氣而不爲直遂, 則謂之氣之發. 其實四端之不中節者, 亦可謂氣之發; 七情之中節者, 亦可謂理之發, 不可執一而論也."

212 『宋子大全』卷90, 「答李汝九」, "孟子以惻隱爲仁之端者, 以四端言也, 朱子以愛爲仁之用者, 以七情言也. 然則四端七情, 其實一也."

이니, 실제로 사단과 칠정은 하나라는 것이다.

이러한 관점에서 송시열은 "『예기』에는 칠정에 대해 처음에는 비록 희·로·애·구·애·오·욕을 상대하여 말하였으나, 그 아래에서는 다시 욕(欲)과 오(惡) 두 글자만으로 총괄하였으니[213], 여기에서 말한 희(喜)·로(怒)·애(哀)·구(懼)·애(愛) 다섯 가지는 모두 오(惡)·욕(欲)의 두 가지에 들어있다는 것을 알 수 있다"[214]라고 말한다. 결국 칠정 가운데 희·로·애·구·애 다섯 가지가 오·욕의 두 가지로 수렴된다는 것이다.

송시열은 사단도 "주자가 처음에는 측은·수오·시비·사양에 각각 조리가 있다고 여겼으나, 결국에는 또한 측은의 한 단서를 모두 모이는 표준으로 삼았다"[215]라고 하여, 측은·수오·사양·시비의 네 가지 단서를 측은이라는 하나의 단서에 귀결시킨다. 이렇게 볼 때, 송시열은 사단의 내용과 칠정의 내용에는 실제로 큰 의미를 두지 않음을 알 수 있다. "사단과 칠정은 오(惡)·욕(欲)의 두 가지에 귀결되고, 또 측은이라는 하나의 단서로 합치된다."[216] 이와 같으면, 칠정이 곧 사단이라는 도식

---

213 실제로 『예기』「예운」편에는 喜·怒·哀·懼·愛·惡·欲을 열거하고, 그 아래에 欲·惡 두 글자로 총괄하고 있다. "무엇을 사람의 정이라 하는가. 喜(기쁨)·怒(성냄)·哀(슬픔)·懼(두려움)·愛(사랑)·惡(미움)·欲(욕구)이니 일곱 가지는 배우지 않고도 할 수 있는 것이다.……음식과 남녀는 사람이 크게 원하는 것이고, 죽음과 가난은 사람이 크게 싫어하는 것이다. 그러므로 원하는 것(欲)과 싫어하는 것(惡)은 마음의 큰 단서이다."(『禮記』,「禮運」,"何謂人情? 喜怒哀懼愛惡欲, 七者弗學而能.……飮食男女, 人之大欲存焉, 死亡貧苦, 人之大惡存焉, 故欲惡者, 心之大端也.")

214 『宋子大全』卷90,「答李汝九(壬子)」, "禮記於七情, 始雖以喜怒哀懼愛惡欲, 對擧而言之, 其下又只以欲惡二字, 總而結之, 是所謂喜怒哀懼愛者, 皆入於惡欲二者, 可知矣."

215 같은 곳, "又以爲惻隱羞惡是非辭讓, 各有條理, 而其終則又以惻隱一端, 爲總會之極."

216 같은 곳, "是則四七歸於惡欲二者, 而又合爲惻隱之一端矣."

이 성립되어 사단과 칠정의 구분은 무색하게 된다. 송시열은 이러한 의미에서 사단과 칠정이 하나의 정임을 강조한다.

또한 하나의 정인 사단과 칠정이 모두 발할 때에 리가 기를 타고 발하니, 이때에는 리가 기에 의해 가려지는지 가려지지 않는지, 즉 중절하는지 중절하지 못하는지의 여부가 중요하다. 이때에 기에 의해 가려지지 않으면 선이 되고 이발(理發)이 되며, 이때에 기에 의해 가려지면 악이 되고 기발(氣發)이 된다. 따라서 사단도 '기발'이 될 수 있고 칠정도 '이발'이 될 수 있다. 이것은 이황이 사단은 '이발'이고 칠정은 '기발'이라고 해석하는 것과 구분될 뿐만 아니라, 이이가 사단과 칠정을 모두 '기발' 하나로 해석하는 것과도 구분된다.

결국 송시열의 경우에 '이발'과 '기발'의 차이는, 다만 리가 기를 타고 발할 때에 기에 의해 가려지는지 가려지지 않는지의 여부에 달려있을 뿐이다. 따라서 사단과 칠정을 막론하고, 기에 의해 가려지면 '기발'이 되고 기에 의해 가려지지 않으면 '이발'이 된다. 이 때문에 "실제로 사단의 부중절(不中節)한 것은 또한 기가 발한 것이라고 할 수 있고, 칠정의 중절(中節)한 것은 또한 리가 발한 것이라고 할 수 있으니, 하나에 집착해서 말해서는 안 된다"라고 말한다.

이것은 이황처럼 '사단은 이발이고 칠정은 기발이다'거나 이이처럼 '사단과 칠정은 모두 기발이다'라고 하여, 사단과 칠정을 고정시켜 해석해서는 안 된다는 뜻이다. 왜냐하면 사단과 칠정은 모두 중절 여부에 따라 '이발'이 될 수도 있고 '기발'이 될 수도 있기 때문이다. 이때의 '이발'이란 기에 의해 가려지지 않은 것으로써 선한 것을 의미하고, '기발' 이란 기에 의해 가려진 것으로써 불선한 것을 의미할 뿐이다. 결국 사단과 칠정 또는 '이발'과 '기발'의 차이는 중요하지 않고, 다만 리가 기를 타고 발할 때에 기에 의해 가려지는지 여부, 즉 어떻게 중절하는지의 문제만 남게 된다. 이러한 관점에서 송시열은 사단과 칠정을 모두 중절과 부중절로써 해석한다.

> 만약 "사단과 칠정은 모두 성에서 나왔으나 모두 중절과 부중절이 있다. 그 중절한 것은 모두 도심의 공정한 것이고, 그 부중절한 것은 모두 인심의 위태로운 것이다. 사단의 중절한 것을 확충하면 사해(四海)를 보존하는데 이르고, 칠정의 중절한 것을 미루어 나가면 만물을 화육하는데 이른다. 자사와 맹자가 일찍이 주고받은 것은 그 법도가 한 가지일 뿐이다"라고 한다면, 거의 이치에 합당할 것이다.[217]

송시열은 사단과 칠정을 모두 '중절'과 '부중절'로 해석한다. 또한 이러한 '중절'과 '부중절'을 선악의 개념으로 설명하면, "중절한 것은 도심의 공정한 것이고, 부중절한 것은 인심의 위태로운 것이다." 이때 도심의 공정한 것이라는 말은 선을 의미하고, 인심의 위태로운 것이라는 말은 불선을 의미한다. 결국 사단과 칠정을 막론하고 '중절'한 것은 선이 되고 '부중절'한 것은 불선이 된다. 그렇다면 송시열이 "사단과 칠정이 모두 성에서 나왔다"라고 하여, 사단과 칠정을 모두 성에 근원시켜 해석하는 것은 별 의미를 갖지 못한다. 왜냐하면 비록 사단과 칠정이 모두 성에 근원할지라도, 실제로 기를 타고 발할 때에 기에 의해 가려지지 않으면 선이 되고 기에 의해 가려지면 악이 되기 때문이다.

결국 송시열의 사단칠정론은 중절과 부중절의 문제로 귀결됨을 알

---

217 『宋子大全』卷133, 「退溪四書質疑疑義(2)」, "如曰四端七情皆出於性, 而皆有中節不中節. 其中節者, 皆是道心之公; 而其不中節者, 皆人心之危也. 擴充四端之中節者, 則至於保四海; 推致七情之中節者, 則至於育萬物. 子思孟子所嘗授受者, 其揆一也云爾, 則庶幾得之矣."

수 있다. 사단에도 중절과 부중절이 있고 칠정에도 중절과 부중절이 있으며, 사단에도 선악이 있고 칠정에도 선악이 있다. 이로써 사단이든 칠정이든 막론하고 중절한 것은 선이 되고 부중절한 것은 불선이 된다. 이러한 의미에서 송시열은 "사단의 중절한 것을 확충하면 사해(四海)를 보존하는데 이를 수 있고, 칠정의 중절한 것을 미루어 나가면 만물을 화육하는데 이를 수 있다"라고 강조한다.

사단은 인(仁, 성)의 단서로써 말한 것이고 칠정은 성의 작용으로써 말한 것이니, 실제로 하나의 정이다. 이와 같으면, 칠정이 곧 사단이라는 도식이 성립되어 사단과 칠정의 구분이 무색하게 된다. 이러한 관점에서 송시열은 사단이든 칠정이든 모두 발할 때에 리가 기를 타고 발하는데, 이때에 리가 기에 의해 가려지는지 가려지지 않는지, 즉 중절하는지 중절하지 않는지의 여부를 강조한다. 이때에 기에 의해 가려지지 않으면 선이 되고 이발(理發)이 되며, 이때에 기에 의해 가려지면 불선이 되고 기발(氣發)이 된다.

이렇게 볼 때, 사단과 칠정은 모두 '이발'이 될 수도 있고 '기발'이 될 수도 있다. 이황처럼 사단을 '이발'로 칠정을 '기발'로 해석하는 것과 구분될 뿐만 아니라, 또한 이이처럼 사단과 칠정을 모두 '기발'로 해석하는 것과도 구분된다. 결국 사단과 칠정 또는 '이발'과 '기발'의 구분은 사라지고 어떻게 중절할 것인지의 문제만 남게 된다. 이러한 의미에서 송시열은 사단과 칠정을 모두 중절과 부중절로써 해석하는데, 이것이 바로 송시열 사단칠정론의 특징이다.

이 글은 「여헌 장현광과 우암 송시열 사단칠정론의 비교 고찰」(『율곡학연구』35, 율곡연구원, 2017)의 내용을 일부 수정·보완한 것이다.

11

윤휴(尹鑴)의 사단칠정론

윤휴(尹鑴, 1617~1680)[218]의 사단칠정론은 「사단칠정인심도심설(四端七情人心道心說)」(1638)이라는 글에 자세히 언급되어 있다. 이 글은 혹자의 질문에 대한 답변형식으로 구성되어 있는데, 전체 22문답 가운데 앞의 10조목은 사단칠정론에 관한 것이고 뒤의 11조목은 인심도심론에 관한 것이며, 마지막 1조목은 전체의 내용을 마무리한 것이다.

윤휴의 사단칠정론은 '선현들의 사단칠정에 관한 논설을 들은 적이 있는가'라는 혹자의 질문으로부터 시작된다. 혹자는 이황—기대승과 성혼—이이의 사단칠정론의 내용을 거론하고, 이들 중에서 누구의 이론이 타당한지를 묻는다.

먼저 윤휴는 사단과 칠정의 관계를 다음과 같이 규정한다.

---

218 윤휴의 본관은 南原, 자는 希仲, 호는 白湖 · 夏軒이다. 남인의 거두이며, 예송논쟁 과정에서 윤선도 · 허목 등을 옹호하면서 송시열과 대립한다. 그의 학문은 이서우를 거쳐 이익 · 안정복 · 신후담 · 정약용 등에게로 계승되며, 저서로는 『백호전서』가 있다. (『백호전집』는 경북대학교출판부, 1974 참조한다.)

내가 듣건대, 인·의·예·지는 성인데 칠정은 성이 기를 타고 발하는 것이고, 희·로·애·락은 정인데 사단은 정이 리를 따라 동하는 것이다. 그렇다면 칠정도 정이고 사단도 정인데, 다만 사단은 칠정이 동하여 그 바름을 잃지 않은 것일 뿐이니, 이것이 바로 자사가 말한 '희·로·애·락이 발하여 절도에 맞는다'는 것이다.[219]

"인·의·예·지는 성이고 희·로·애·락은 정이다"는 것은 '성이 발한 것이 정이다(性發爲情)'라고 할 때, 이때의 정이 바로 칠정이라는 뜻이니 결국 정은 칠정 하나가 된다. 정은 칠정 하나이며, 그 가운데 리를 따른 것(중절한 것)만을 말한 것이 사단이다.

"칠정은 성이 기를 타고 발한 것이다" 즉 성이 기를 타고 발한 것이 칠정이고, "사단은 정이 리를 따라 동한 것이다" 즉 칠정이 리를 따른 것이 사단이다. 이렇게 볼 때, 칠정과 사단의 관계는 성이 발한 것이 칠정이고, 그 칠정이 다시 리를 따른 것이 사단이라는 중층적 구조를 이룬다. 그러므로 "사단은 칠정이 동하여 그 바름을 잃지 않는 것일 뿐이다." 즉 칠정의 중절한 것이 사단이다. 이러한 해석은 이이가 정은 칠정 하나이고, 그 가운데 선한 부분만을 사단이라 하는 것과 다르지 않으며, 또한 이황이 사단과 칠정을 서로 다른 정으로 보는 것과는 분명히 구분된다. 이것이 바로 자사가 "희·로·애·락이 아직 발하지 않는 것을 중(中)이라 하고, 발하여 모두 절도에 맞는 것을 화(和)라 한다"[220]라고 말한 뜻이라고 주장한다.

---

219 『白湖全書』卷25, 「四端七情人心道心說」, "聞之也, 仁義禮智性也, 七情者, 性之乘氣而發者也; 喜怒哀樂情也, 四端者, 情之循理而動者也. 然則七情情也, 四端亦情也, 特四端者, 七情之動而不失其正者耳, 正子思所謂喜怒哀樂之中其節者也."
220 『中庸』, 第1章, "喜怒哀樂之未發, 謂之中; 發而皆中節, 謂之和."

이어서 윤휴는 이러한 칠정과 사단의 관계를 좀 더 구체적으로 설명한다.

> 정(情)이란 말은 사람의 마음이 감응하여 속에서 발한 것이고, 단(端)이란 말은 천명의 성이 밖으로 나온 것이다. 칠정이란 것은 사단의 질(質)이 되고 사단이란 것은 칠정의 용(用)을 말하니, 대개 나아가서 말한 것이 다를 뿐이다. 하나이면서 둘이고 둘이면서 하나인 것이니, 합하여 같게 하더라도 사단과 칠정의 구분을 분별하지 않을 수 없고, 나누어 분석하더라도 사단과 칠정의 근원이 둘이 있을 수 없다. 그렇지만 칠정은 기를 타는 것이기 때문에 선할 수도 있고 악할 수도 있으며, 사단은 리를 따르는 것이기 때문에 선이 있고 악이 없다. 이 때문에 군자가 학문을 말하는데 있어서 칠정이 동할 때 살피는 것은 정리(正理)를 따르려는 것이고, 사단이 발할 때 미루어가는 것은 본체를 확충하려는 것이다.[221]

여기에서 정(情)은 칠정을 말하고 단(端)은 사단을 말한다. "칠정은 사람의 마음이 감응하여 속에서 발한 것이다" 즉 칠정도 성(속)에서 발한 것이며, "사단은 성이 밖으로 나온 것이다" 즉 사단은 칠정이 리를 따른 것이므로 성이 드러난 것이다. 이러한 해석은 이황이 칠정을 바깥 사물이 형기에 감촉하여 드러난 것, 즉 '기에서 발한 것(氣發)'으로 보는 것과는 분명히 구분된다.

---

[221] 『白湖全書』卷25, 「四端七情人心道心說」, "謂之情者, 人心之感而發乎中也; 謂之端者, 天命之性而出之外也. 七情也者, 四端之爲質也; 四端也者, 七情之謂用也, 蓋所就而言之不同而已矣. 一而二二而一者也, 合而同之, 四與七之分, 不容無辨也; 離而析之, 四與七之原, 不容有二也. 然而七情乘氣者也, 故能善能惡; 四端循理者也, 故有善有(無)惡. 是以君子之言學也, 於七情之動而察之者, 欲其循軌乎正理也; 四端之發而推之者, 欲其擴充乎本體也." (내용상으로 볼 때, 有善有惡이 아니라 有善無惡이 되어야 할 듯하다.)

윤휴는 칠정 역시 성(리)이 발한 것이라는 관점에서 이황처럼 칠정을 '기발'로 해석하는 것에 반대한다. "이미 '칠정이 기를 겸하여 말한 것'이라고 한다면, 어찌 리의 한쪽을 빠뜨리고 유독 기발(氣發)만을 말할 수 있겠는가."[222] '칠정이 기를 겸한다'는 말 자체에 이미 '리가 함께 있다'는 의미이니, 리의 한쪽을 버리고 '기발' 하나만을 말하는 것은 옳지 않다.

성이 기를 타고 발한 것이 칠정이고, 칠정이 〈다시〉리를 따라 동한 것이 사단이니, 결국 칠정이 몸체(바탕)가 된다. 이러한 이유에서 윤휴는 "칠정은 사단의 바탕(質)이 되고, 사단은 칠정의 작용(用)이 된다"라고 말한다. 칠정이 있은 뒤에 사단이 될 수 있으므로 "칠정은 사단의 바탕이 되고", 또한 사단은 칠정이 리를 따라 발용한 것이므로 "사단은 칠정의 작용이 된다." 때문에 윤휴는 "반드시 칠정이 있은 뒤에 사단이 되니……사단이 이미 발한 뒤에 칠정이 번갈아 작용하는 것이 아니다"[223]라고 강조한다.

"칠정은 사단의 바탕이 되고 사단은 칠정의 작용이 된다"는 것은 이 이처럼 정은 칠정 하나이며 그 가운데 선한 부분만을 사단이라 한다는 말에 다름 아니다. 칠정 가운데 선한 부분(리를 따른 것)만을 말한 것이 사단이니 "사단과 칠정의 구분을 분별하지 않을 수 없고", 또한 분별하더라도 결코 "그 근원은 둘이 될 수 없다." 즉 사단도 정이고 칠정도 정이니 정의 근원은 모두 성 하나이다. 이러한 해석은 이황이 사단의 근원을 리(또는 본연지성)에다 칠정의 근원을 기(또는 기질지성)에다 귀속시키는 것과는 분명히 구분된다.

---

222 같은 곳, "旣曰七情兼言氣, 則烏可遺理之一邊, 而獨言氣之發耶."
223 같은 곳, "謂必有七情而後爲四端……又何嘗曰七情迭用於四端已發之後耶."

그러므로 사단과 칠정은 "나아가서 말한 것이 다를 뿐이니" 즉 자사처럼 칠정은 정의 전체를 말한 것이고, 맹자처럼 사단은 그 가운데 선한 부분만을 발라내어 말한 것일 뿐이다. 결국 칠정 밖에 사단이 있는 것이 아니니, 정은 칠정 하나라는 뜻이다. 윤휴는 이러한 사단과 칠정의 관계를 '하나이면서 둘이고 둘이면서 하나인 것'으로써 설명하는데, 정은 칠정 하나이므로 사단이 칠정에 포함되니 '하나가 되고', 그럼에도 칠정 가운데 리를 따른 것이 사단이므로 사단과 칠정은 구분되니 '둘이 된다.'

이들을 선악의 관계로 설명하면, 칠정은 선악을 겸하지만 사단은 순선하다. 칠정은 성이 기를 타고 발한 것이기 때문에 선할 수도 있고 악할 수도 있으나, 사단은 칠정 가운데 리를 따른 것이기 때문에 선이 있고 악이 없다.

이러한 이유에서 윤휴는 칠정과 사단을 살피는 대상과 미루어나가는 대상으로 구분한다. '살핀다'는 것은 단속 · 절제한다는 뜻이며, '미루어나간다'는 것은 보존 · 확충한다는 뜻이다. 칠정을 살피는 것은 선악을 겸한 칠정이 리를 따르도록 하기 위한 것이고, 사단을 미루어나가는 것은 인 · 의 · 예 · 지의 본체를 확충하도록 하기 위한 것이다. 결국 칠정은 단속해야 할 대상이고 사단은 확충해야 할 대상이니, 이러한 해석은 이황이 악으로 흐르기 쉬운 칠정을 단속해나가고 순선한 사단을 확충해나갈 것을 주장하는 것과 다르지 않다.

이렇게 볼 때, 윤휴는 이이처럼 정은 칠정 하나이며 그 가운데 선한 부분만을 사단이라는 내포적 구조로써 이해하면서도, 동시에 이황처럼 사단과 칠정을 확충과 단속이라는 대립적 구조로써 해석하고 있음을 알 수 있다.

나아가 윤휴는 칠정이 '성에서 발한 것(성에 근본하는 것)'임을 재차 강조한다. 이것은 이황이 칠정을 '기가 발한 것'으로 해석하는 것에 대한 비판이기도 하다.

> 정이 동할 수 있는 것은 성이 근본이 되기 때문이고, 성이 발할 수 있는 것은 정이 작용이 되기 때문이다. 칠정은 정이고 기이지만, 칠정이 될 수 있는 것은 본래 천명(天命)의 본연에 근본한 것이기 때문에 '성이 기를 탄다'고 말한 것이다. 사단도 정이 동한 것이고 기가 발한 것이지만, 사단이 될 수 있는 것은 본래 사덕(四德)을 따라서 발한 것이기 때문에 '정이 리를 따른다'고 말한 것이다.[224]

"정이 동할 수 있는 것은 성이 근본이 되기 때문이다"는 것은 사단과 칠정이 모두 성에 근본한다는 말이며, "성이 발할 수 있는 것은 정이 작용이 되기 때문이다"는 것은 정의 작용에 의해 성이 발한다는 말이다. 따라서 칠정이 기이지만 칠정이 될 수 있는 것은 천명(天命)의 본연(성)에 근본하기 때문이니, 이것이 바로 '성이 기를 탄다'는 뜻이다. 사단도 기이지만 사단이 될 수 있는 것은 사덕(四德, 리)을 따라서 발한 것이기 때문이니, 이것이 바로 '정이 리를 따른다'는 뜻이다. 사단과 칠정은 모두 정이니, 그 근원도 같은 하나의 성이다. 다시 말하면, 성이 기를 타고 발한 것이 칠정이고 그 칠정이 리를 따른 것이 사단이니, 결국 하나의 정이라는 말이다. 이러한 해석은 이황이 사단과 칠정을 서로 다른 정으로 보는 것과 구분된다.

이러한 의미에서 윤휴는 "사단은 칠정을 벗어나지 않고 칠정은 사단

---

224 같은 곳, "情之能動, 性之爲本也; 性之能發, 情之爲用也. 七情, 情也氣也, 然所以爲七情者, 固原乎天命之本然也, 故(曰)性之乘氣也. 四端亦情之動, 而氣之發也, 然所以爲四端者, 固循四德而發也, 故曰情之循理者也."

을 벗어나지 않는다", 즉 사단과 칠정이 하나의 정임을 강조한다.

맹자가 사단을 논하면서 칠정을 말하지 않은 것은 칠정이 사단에서 벗어나지 않기 때문이고, 자사가 칠정을 논하면서 사단을 말하지 않은 것은 사단이 칠정에서 벗어나지 않기 때문이다. 그러나 맹자가 인·의·예·지로서 사단을 논한 것은 '정이 리를 따른다'는 것을 알 수 있고, 자사가 아직 발하지 않은 것(未發)과 이미 발한 것(旣發)으로서 칠정을 논한 것은 '성이 기를 탄다'는 것을 알 수 있다.[225]

"칠정이 사단에서 벗어나지 않는다"는 것은 칠정이 리를 따른 것(중절한 것)이 사단이라는 말이며, "사단이 칠정에서 벗어나지 않는다"는 것은 칠정 밖에 다시 사단이 없다는 말이다. 결국 "칠정이 사단을 벗어나지 않고 사단이 칠정을 벗어나지 않는다"는 말은 정은 칠정 하나이고, 그 가운데 선한 부분만을 말한 것이 사단이라는 의미이다.

다시 말하면, 성이 기를 타고 발한 것이 칠정이고, 칠정이 리를 따른 것이 사단이다. 그러므로 성이 기를 타고 발한 것이 칠정이기 때문에 자사는 '아직 발하지 않은 것(未發)'과 '이미 발한 것(旣發)'으로서 칠정을 말한 것이고, 칠정이 리를 따른 것이 사단이기 때문에 맹자는 인·의·예·지로서 사단을 말한 것이다. 결국 자사의 말로써 성이 기를 타고 발하는 것이 칠정임을 알 수 있고, 맹자의 말로써 칠정이 리를 따른 것이 사단임을 알 수 있다. 그렇지만 이러한 해석은 윤휴가 이이를 비판한 것처럼, 사단이 바로 칠정이고 칠정이 바로 사단이라는 둘 사이의 개념적

---

225 같은 곳, "孟子論四端而不言七情, 則七情之不外乎四端也; 子思論七情而不及四端, 則四端之不出乎七情也. 然而以仁義禮智而論四端, 則情之循理者可知也; 以未發旣發而論七情, 則性之乘氣者可知也."

구분이 모호해질 수 있다.

나아가 윤휴는 칠정이 성에 근본한다는 관점에서 성인의 칠정을 '리가 발한 것(理發)'으로 해석한다. 이것은 후대 이익(李瀷)의 공희로(公喜怒), 즉 성인의 칠정에 대한 논의에 단서를 제공한다.

> 내가 생각하기에는 걸왕과 주왕의 희(喜)·로(怒)가 리의 본연이 아니라고 한다면 옳지만, 리가 없다고 한다면 옳지 않으니, 리와 기는 서로 떨어질 수 없기 때문이다.[226]
> 순임금과 문왕의 희·로가 리를 따라 발한 것이라고 한다면 옳지만, 희·로가 리라고 한다면 옳겠는가. 만약 그렇다면 성과 정이 같은 것이란 말인가.[227]

성이 기를 타고 발한 것이 칠정이니, 칠정은 리(성)와 기를 겸한다. 그러므로 걸왕과 주왕과 같은 악인의 칠정에도 리가 없는 것은 아니지만, 이때는 리의 본연이 아니다. 그러므로 악인의 칠정을 리의 본연이 아니라고 하면 옳지만, 리가 없다고 하면 옳지 않다. 또한 순임금과 문왕과 같은 성인의 칠정에도 기가 없는 것은 아니지만, 이때는 리를 따라서 발한 것이니 리와 다르지 않다. 그렇다고 칠정을 곧장 리라고 하면 옳지 않다. 칠정을 리라고 하면, 결국 성과 정의 구분이 없어지기 때문이다.

따라서 성인의 칠정은 곧장 리는 아니지만 리를 따라서 발한 것이니, 결국 리와 다르지 않다. "그러므로 순임금의 기쁨과 문왕의 분노는 진실로 맹자가 말한 사단의 대열에 있지 않지만, 인·의가 발한 것이라고

---

226 같은 곳, "愚以爲雖桀紂之喜怒, 謂之非理之本然則可, 謂之無理則不可, 蓋理氣不相離故也."
227 같은 곳, "謂舜文之喜怒, 循理而發則可, 謂喜怒爲理可乎. 若然則性情一物耶."

말하지 않겠는가. 그렇다면 '선한 정은 모두 사단에서 벗어나지 않는다'는 말이 그러한 것이 아니겠는가."[228] 성인의 칠정이 비록 맹자가 말한 사단에는 포함되어 있지 않지만, 사단과 마찬가지로 인·의(성=리)가 발한 것이다. 이것이 바로 "선한 정은 모두 사단에서 벗어나지 않는다"는 뜻이니, 결국 성인의 칠정은 '리가 발한 것'이다.

더 나아가 윤휴는 이이와 이황의 장·단점을 함께 지적한다.

> 리는 운행할 수 있고 기는 실을 수 있으며 기는 발용(用)하고 리는 주재하니, 어찌 발하는데 선후(先後)가 있고 운행하는데 강약(强弱)이 있다고 하겠으며, 또 어찌 '오로지 리만을 말하거나 기를 겸한다'고 말할 수 있겠는가. '사람의 마음을 총괄하여 두 근본이 없다'는 설은 율곡의 논설이 정확하지만, '사단이 바로 칠정이고 칠정이 바로 사단이다'라고 한 것은 너무 혼동하여 구별이 없는 것이 아니겠는가. 주리(主理)·주기(主氣)의 설은 퇴계의 소견이 바른 것이지만, '〈사단은 리가 발하고〉 기가 따르며 〈칠정은 기가 발하고〉 리가 탄다'고 한 것은 또한 너무 분석하여 둘로 가른 것이 아니겠는가.[229]

리는 기를 운행하고 주재하며 기는 리를 실거나 발용한다. 즉 리와 기는 항상 함께 있으니 선후와 강약이 없으며, 또한 리만을 말하거나 기를 겸한다고 말할 수 없다. 이것은 리와 기의 '불상리'를 강조한 표현

---

228 같은 곳, "故大舜之喜, 文王之怒, 固不在乎孟子所稱四端之列, 而不曰仁義之發乎. 然則其曰善情之皆不外乎四端者, 不其然乎."

229 같은 곳, "理之能行氣之能載也, 氣之爲用理之爲宰也, 豈曰發之有先後, 行之有强弱哉, 又何專兼之可言也. 統人心無二本之說, 石潭之論確矣, 然曰四端卽七情, 七情卽四端, 則是無乃太混同而無別乎. 主理主氣之說, 退陶之見正矣, 然曰氣隨理乘, 則是不亦太分析而有岐乎."

이다.

　윤휴는 이러한 '불상리'의 관점에서 이이와 이황의 이론을 각각 평가한다. 이이가 이황의 호발설을 '근본이 둘이 된다(二本)'고 비판한 것은 정확하다. 이황처럼 사단은 리가 발한 것이고 칠정은 기가 발한 것이라면, 사단의 근원은 리(또는 본연지성)가 되고 칠정의 근원은 기(또는 기질지성)가 되니 근본이 둘이 된다. 이것은 사단과 칠정이 모두 하나의 정이듯이, 그 근본 역시 하나의 성(리)이라는 말이다. 그럼에도 이이처럼 사단과 칠정을 하나의 정으로 보아, 예컨대 칠정의 희(喜)·애(哀)·애(愛)·욕(欲)을 사단의 측은에, 칠정의 로(怒)·오(惡)를 사단의 수오에, 칠정의 구(懼)를 사단의 공경 등에 해당시키는 것은 결국 사단이 곧 칠정이고 칠정이 곧 사단이 되니, 사단과 칠정의 구별이 없게 된다고 지적한다.

　또한 이황이 자신의 호발설을 주리·주기로 구분한 것은, 즉 사단은 리를 주로 하여 말한 것이므로 '이발'이고 칠정은 기를 주로 하여 말한 것이므로 '기발'이라는 것은 그 견해가 올바르다. 주리·주기의 해석은 이기가 함께 있는 가운데 주가 되거나(所主) 중한 것(所重)을 중심으로 말한다는 의미이니, 결국 '불상리'가 전제된 표현이다. 사단에도 기가 없는 것은 아니지만 리가 주가 되므로 '이발'이고, 칠정에도 리가 없는 것은 아니지만 기가 주가 되므로 '기발'이라는 말이다. 그럼에도 이황처럼 사단은 '리가 발하고 기가 따르며(理發而氣隨之)' 칠정은 '기가 발하고 리가 탄다(氣發而理乘之)'는 말은 지나치게 리와 기로 분속시키는 폐단이 있으니, 이이의 비판처럼 근본이 둘이 된다고 지적한다. 이렇게 볼 때, 윤휴는 이이처럼 '불상리'의 관점에서 사단과 칠정을 하나의 정으로 보면서도, 다만 사단과 칠정을 주리·주기로 구분하는 것에는 일정부분 인정하고 있음을 알 수 있다.

게다가 윤휴는 이황의 호발설이 갖는 근원적 구분을 경계하면서도, 이발기수(理發氣隨)와 기발이승(氣發理乘)이 모두 필요하다고 주장한다.

호발로서 선후를 나눈다면 퇴계의 설은 진실로 이해할 수 없는 바가 있으니, 율곡이 말한 '선후(先後)도 없고 이합(離合)도 없다'는 것은 참으로 바꿀 수 없는 것이다. 그러나 기화(氣化)의 설을 고집하고 이동(理動)의 설을 빠뜨렸으니 이(율곡) 또한 한 가지만 얻었음을 면치 못한 것이다. 내가 듣건대, 리는 기의 장수이고 기는 리가 타는 것이다. 주자(주돈이)가 "태극이 동하여 양을 낳고 정하여 음을 낳는다"라고 하였는데, 이것은 '리가 동하고 기가 따른다(理動氣隨)'는 말이 아니겠는가. 주자가 "기로써 형체를 이루고 리 또한 부여한다"라고 하였는데, 이것은 '기가 발하고 리가 탄다(氣發理乘)는 말이 아니겠는가. 대개 기가 동할 수 있는 것은 리에 동함이 있기 때문이고, 리가 운행할 수 있는 것은 기가 능히 운행하기 때문이니, 앞의 말은 본원에 나아가 살핀 것이고 뒤의 말은 유행에 나아가 말한 것이다.[230]

이황의 호발설, 즉 이발기수(理發氣隨)와 기발이승(氣發理乘)이 이이의 비판처럼 '리가 발하고 나서 기가 따르거나 기가 발하고 나서 리가 타는 것'이라면, 이발(理發)과 기수(氣隨) 또는 기발(氣發)과 이승(理乘) 사이에 시간적 선후관계가 성립되니 옳지 않다. 왜냐하면 이이의 말처럼 리와

---

[230] 같은 곳, "以互發而分先後, 則退陶之說, 誠有所未曉者, 石潭之所謂無先後無離合者, 誠不可易矣. 然執氣化之說, 而遺理動之說, 是亦未免得其一者也. 蓋聞之也, 理者氣之帥也, 氣者理之所乘也. 周子曰太極動而生陽, 靜而生陰, 非理動氣隨之說乎. 朱子曰氣以成形, 而理則(亦)賦焉, 非氣發理乘之說乎. 蓋氣之能動, 理之有動也; 理之能行, 氣之能行也, 由前則卽本原而觀之也, 由後則就流行而言之也."

기는 항상 함께 있으니 선후도 없고 이합도 없기 때문이다. '선후'도 없고 '이합'도 없는 이기관계는 참으로 바꿀 수 없는 정론이다. 리와 기가 함께 있는 가운데 리는 기를 통솔·주재하고 기는 리를 태우니 "리는 기의 장수이고 기는 리가 타는 것이다."

그럼에도 윤휴는 이이가 "기화(氣化)의 설을 고집하고 이동(理動)의 설을 빠뜨렸다"라고 비판한다. '기발이승' 하나만을 인정하고 '이발기수'를 인정하지 않으니, 결국 하나만을 얻은 것에 불과하다. 이것은 이황처럼 '이발기수'와 '기발이승'을 함께 말해야 한다는 의미이다.

또한 윤휴는 이황의 '이발기수'와 '기발이승'를 주돈이와 주자의 말에 근거지어 설명한다. 주돈이의 "태극이 동하여 양을 낳고 정하여 음을 낳는다"는 말은 '이발이기수지'의 의미이며, 주자의 "기로써 형체를 이루고 리 또한 부여한다"는 말은 '기발이이승지'의 의미이다. 태극(리)이 동정하여 음양(기)을 낳는 것은 현상 이전의 본원에 해당하고, 기가 형체를 이룬 뒤에 리가 부여되는 것은 현상의 유행에 해당한다. 본원에서 말하면 "기가 동할 수 있는 것은 리에 동함이 있기 때문이니", 결국 리에 동함이 있기 때문에 기가 동하니 '이발기수'인 것이다. 유행에서 말하면 "리가 운행할 수 있는 것은 기가 능히 운행하기 때문이니", 결국 기가 운행하므로 〈기를 탄〉 리가 운행할 수 있으니 '기발이승'인 것이다. 이렇게 볼 때, 윤휴는 이이처럼 '불상리'의 관점에서 이기관계를 이해하면서도, 이황처럼 '이발기수'와 '기발이승'를 동시에 강조한다.

윤휴는 이것을 사람과 말의 관계에 비유하여 설명한다.

지금 사람이 나가서 말을 몬다면, 말이 가자 사람이 나간 것이라고 하겠는가, 아니면 사람이 나가자 말이 간 것이라고 하겠는가. 사람이 생각을 가지고 말을 몰 경우에는 응당 사람이 나가자 말이 가는 것이라고 해야 한다. 말이 가서 사람을 태운다면, 사람이 타자 말이 간 것이라고 하겠는 가, 아니면 말이 가자 사람이 탄 것이라고 하겠는가. 말이 가서 사람을 태울 경우에는 응당 말이 가자 사람이 탄 것이라고 해야 한다. 말은 사람이 아니면 나갈 수 없으니 아직 문을 나가지 않아서는 사람이 말보다 먼저인 것을 알 수 있고, 사람은 말이 아니면 갈 수 없으니 이미 길을 가서는 말이 사람을 태우는 것을 알 수 있다. 이것이 이른바 '리가 동하는데 기가 따르고(理動氣隨), 기가 화(化)하는데 리가 탄다(氣化理乘)'는 말이 아니겠는가. 그러므로 이 두 말은 모두 서로 있어야 하고 〈하나라도〉 버릴 수 없는 것이다.[231]

여기에서 이동기수(理動氣隨)는 이발기수(理發氣隨)의 의미이고, 기화이승(氣化理乘)은 기발이승(氣發理乘)의 의미이다. 또한 사람과 말은 각각 리와 기에 해당한다.

윤휴는 사람과 말의 관계를 두 가지 경우로 나누어 설명한다. 하나는 사람이 말을 모는 경우이고, 다른 하나는 말이 사람을 태우는 경우이다. 사람이 말을 모는 경우에는 "응당 사람이 나가자 말이 가는 것이라고 해야 한다." 이때 말은 사람이 아니면 〈문을〉 나갈 수 없으니, 아직 문을 나가지 않았을 경우에는 사람이 말보다 먼저인 것을 알 수 있다. 이것이 바로 "리가 동하자 기가 따른다(理發氣隨)"는 뜻이다. 또한 말이 사람을 태울 경우에는 "말이 가자 사람이 탄 것이라고 해야 한다." 이때 사람은 말이 아니면 갈 수 없으니, 이미 길을 갈 경우에는 말이 사

---

231 같은 곳, "今夫人出而制馬, 則將謂馬行而人出乎, 抑將謂人出而馬行乎. 人有意而制馬, 則固當謂人出而馬行矣. 馬行而載人, 則將謂人乘而馬行乎, 抑將謂馬行而人乘乎. 馬能行而人載, 則固當謂馬行而人載矣. 馬非人不出, 則未出門而人之先馬可知矣; 人非馬不行, 則旣行路而馬之載人可知矣. 是非所謂理動氣隨氣化理乘之說然乎. 故此兩說者, 皆相須而不可廢者也."

람을 태우는 것을 알 수 있다. 이것이 바로 "기가 화(化)하자 리가 탄다(氣發理乘)"는 뜻이다. 다시 말하면, 아직 문을 나가기 이전에는 사람이 말을 모니 '이발기수'의 의미이고, 이미 길을 가고 있을 경우에는 말이 사람을 태우니 '기발이승'의 의미이다. 이처럼 윤휴는 사람이 말을 모는 경우와 말이 사람을 태우는 경우로 구분하여 '이발기수'와 '기발이승'을 설명한다.

이러한 이유에서 윤휴는 '기발이승' 하나만을 인정하는 이이의 말이 미비하다고 비판한다. "지금 만약 '하늘과 사람의 도는 기가 화(化)하는데 리가 타는 것일 뿐이다'라고 한다면, 어찌 말이 미비한 것이 아니겠는가."[232] 이이처럼 '기발이승' 하나만을 인정한다면 '이발기수'의 다른 하나를 버리는 것이니 옳지 않다. '이발기수'는 사람이 말을 모는 경우에 해당하고, '기발이승'은 말이 사람을 태우는 경우에 해당하니, 이 두 설은 모두 필요하고 하나라도 버릴 수 없다.

윤휴는 이러한 관점에서 황간(黃幹)[233]의 이론을 선유들의 정설로 이해하기도 한다.

지금 만약 '하늘과 사람의 도는 기가 화(化)하는데 리가 타는 것일 뿐이다'라고 한다면, 어찌 말이 미비한 것이 아니겠는가. 그러므로 직경(황간)은 이전에 '리가 동하자 기가 따르고 기가 발하자 리가 탄다'는 말을 스승의 논설이라 칭하여 성정의 논의에 기록하였는데, 이것이 비록 퇴계의 본의는 아니지만 또한 선유의 정설(定說)이 있는 것이다. 그러나 율곡의 고명하고 탁월한 식견으로서 어찌 이러한 이치를 알지 못한 것이겠는가. 다

---

232 같은 곳, "今若曰天人之道, 氣化理乘而已, 則豈非說之未備者乎."
233 황간(黃幹, 1152~1221)의 자는 直卿이고, 호는 勉齋이다. 송대 福州 閩縣(현 복건성 복주) 사람으로 주자의 고족제자인 동시에 사위이다.

만 고증이 자세하지 못하고 말이 다하지 못한 것에 불과하다. 그러므로 내가 끝내 말한 것이다.[234]

윤휴는 황간의 "리가 동하자 기가 따르고(理動氣隨) 기가 발하자 리가 탄다(氣發理乘)"는 설이 이황의 본의는 아니더라도 선유들의 정설이라고 주장한다. 이것은 이이처럼 사단과 칠정을 '기발이승' 하나로 해석하는 것이 아니라, 이황처럼 사단은 '이발기수'이고 칠정은 '기발이승'이라는 두 가지로 해석한다는 말이다. 이이 역시 이러한 사실을 몰랐던 것이 아니며, 다만 고증이나 말이 자세하지 못하였을 뿐이라고 지적한다.

이렇게 볼 때, 윤휴 사단칠정론의 특징은 두 가지로 구분된다. 하나는 '불상리'의 관점에서 성이 기를 타고 발한 것은 칠정이고, 그 칠정이 리를 따른 것이 사단이다. 이이처럼 정은 칠정 하나이고, 그 가운데에 선한 부분만을 사단으로 이해한다. 그럼에도 이황처럼 칠정은 단속해야 할 대상이고 사단은 확충해야 할 대상으로 구분하거나, 또는 사단은 '주리'이고 칠정은 '주기'로 구분한다. 이러한 연장선상에서 이이처럼 '기발이승' 하나만을 인정하는데 반대하고, 이황처럼 '이발기수'와 '기발이승'을 동시에 인정할 것을 강조한다. 물론 이들 간에 논리적 정합성에 문제가 없는 것은 아니지만, 결국 사단이든 칠정이든 그 근원은 하나로 보면서, 사단/확충해야 할 대상과 칠정/단속해야 할 대상 또는 본원과 유행 등으로 구분함으로써 이이와 이황의 이론을 종합·절충하는 태도를 보인다고 할 수 있다.

---

234 『白湖全書』卷25, 「四端七情人心道心說」, "故黃直卿固嘗以理動氣隨氣發理乘之說, 稱師說, 而著之性情之論矣, 此雖非退陶之本意, 而固亦有先儒之定說矣. 然以石潭高明脫洒之見, 而豈未燭乎斯理. 不過考之有未覈, 而言之有未究耳. 故愚得以遂言之爾."

12
정시한(丁時翰)의 사단칠정론

　　정시한(丁時翰, 1625~1707)[235] 사단칠정론의 특징은 이황의 호발설을 인정하는데 있다. 그 방법에서는 혼륜설에 따른 일심(一心)을 전제하고 그 위에서 주리·주기의 논리에 따라 사단과 칠정을 상대시켜보니, 결국 혼륜과 분별의 두 관점을 동시에 활용한다. 이것이 바로 이황의 호발설에 대한 정시한의 해석이다. 정시한은 이황의 호발설을 다음과 같이 해석한다.

　　리가 발할 때에 기가 없다고 말할 수 없기 때문에 기수(氣隨)라고 말한 것이니, 어찌 리가 먼저 발하고 기가 뒤를 따른다는 말이겠는가? 기가 발할 때에 리가 없다고 말할 수 없기 때문에 이승(理乘)이라고 말한 것이니, 어찌 기가 먼저 발하고 리가 뒤에 있다는 말이겠는가?[236]

235　정시한의 본관은 羅州, 자는 君翊, 호는 愚潭. 서울 출신이다. 정약용은 "정구·장현광 이후로 진정한 유학자는 오직 선생 한 분 뿐이다"라고 정시한의 학문을 존숭하였다. 저서로는 『우담집』이 있다.
236　『愚潭集』卷7,「四七辨證」, "理發之時不可謂無氣, 故謂之氣隨, 豈理先發而氣隨後之謂乎. 氣發之時不可謂無理, 故謂之理乘, 豈氣先發而理在後之謂乎."

이것은 이황의 사단/이발이기수지(理發而氣隨之)와 칠정/기발이이승지(氣發而理乘之)에 대한 정시한의 해석이다. 이이의 말처럼 "사단은 리가 먼저 발하고 기가 그 뒤를 따르거나 칠정은 기가 먼저 발하고 리가 그 뒤에 탄다"는 식으로 이기에 선후가 있는 것이 아니라, 리가 발하지만 이때도 기가 함께 있다는 것을 말하기 위해서 '이발' 아래에 기수지(氣隨之)를 붙인 것이고, 기가 발하지만 이때도 리가 함께 있다는 것을 말하기 위해서 '기발' 아래에 이승지(理乘之)을 붙인 것이다.

'기수지'라는 말은 기가 리를 따르지만 리는 기가 없이는 발하지 못한다는 뜻이고, '이승지'라는 말은 리가 기를 타지만 기는 리가 없이는 발하지 못한다는 뜻이다.[237] 결국 '기수지'와 '이승지'는 사단과 칠정 모두리와 기가 함께 있음을 전제하는 표현이다. 이처럼 사단과 칠정에 모두리와 기가 함께 있지만, 사단은 리를 주로 하여 말한 것이므로 '이발'이 되고 칠정은 기를 주로 하여 말한 것이므로 '기발'이 된다.

여기에서 사단과 칠정에 대한 정시한의 주리·주기적 해석이 전개된다.

> 하나는 리를 주로 하여 말하였기 때문에 먼저 리를 말하지만 또한 기를 말하지 않을 수 없었던 것이고, 하나는 기를 주로 하여 말하였기 때문에 먼저 기를 말하지만 또한 리를 말하지 않을 수 없었던 것이다.[238]

사단은 리를 주로 하여 말하였기 때문에 먼저 '이발'을 말하지만 또한

---

237 『愚潭集』卷7, 「四七辨證」, "氣隨云者, 明其氣之順理而理未嘗無氣而發也. ……理乘云者, 明其理之乘氣而氣未嘗無理而發也."
238 같은 곳, "一則主理而言, 故先言理而亦未嘗不言氣, 一則主氣而言, 故先言氣而亦未嘗不言理."

기도 함께 있다는 것을 말하지 않을 수 없었기 때문에 기수지(氣隨之)라고 한 것이며, 칠정은 기를 주로 하여 말하였기 때문에 먼저 '기발'을 말하지만 또한 리도 함께 있다는 것을 말하지 않을 수 없었기 때문에 이승지(理乘之)라고 한 것이다. 사단에도 기가 없는 것이 아니고 칠정에도 리가 없는 것은 아니지만, 사단은 리를 주로 하여 말한 것이므로 '이발'이 되고 칠정은 기를 주로 하여 말한 것이므로 '기발'이 된다.

이처럼 정시한은 이황의 호발설을 주리·주기의 논리로써 설명한다. 이황의 '이발'과 '기발'이란 다만 주로 하는 바에 나아가서 말한 것이지, 이이의 말처럼 기가 없이도 리가 저절로 발하거나 리가 없이도 기가 저절로 발한다는 말이 아니다.[239] 따라서 '이발'과 '기발'은 리와 기가 함께 작용하는 가운데 각각 '주로 하는 바'에 나아가서 리를 주로 하는 사단과 기를 주로 하는 칠정으로 분속시켜 말한 것이다. 이것이 바로 이황의 호발설에 대한 정시한의 해석이다.

정시한은 리와 기가 혼재해 있는 하나의 마음(一心)을 전제하고 그 위에서 주리·주기의 논리에 따른 '이발'과 '기발'의 타당성을 인정한다.

> 퇴계가 말한 호발(互發)이란 리와 기가 합하여 심이 되기 때문에 리와 기가 일심(一心) 속에 혼재하다가 감촉하는 바에 따라서 발하니, 혹 리가 발할 때도 있고 혹 기가 발할 때도 있어 서로 발현한다고 말하였을 뿐이다.[240]

이황의 호발이란 리와 기가 일심(一心) 속에 혼재해 있다가 마음이 느

---

239 같은 곳, "理氣互發只各就其所主而言, 非謂無氣而理自發, 無理而氣自發也."
239 같은 곳, "理氣互發只各就其所主而言, 非謂無氣而理自發, 無理而氣自發也."
240 같은 곳, "退溪所謂理氣互發者, 蓋以爲理與氣合而爲心, 理氣混然一心之中, 隨所感而發, 或有理發之時, 或有氣發之時, 互相發現云爾."

끼는 바에 따라 리가 발할 때도 있고 기가 발할 때도 있으므로 '호발'이 된다. 정시한은 리와 기가 혼재해 있는 '일심'을 전제하고, 그 위에서 주리 · 주기의 논리에 따라 사단과 칠정을 '이발'과 '기발'로 구분해본 것이다. 여기에서 중요한 것은 마음이 발하기 전에 리와 기가 함께 혼재해 있음을 전제한다는 사실이다. 이것이 바로 이황의 호발설에 대한 정시한 사단칠정론의 특징이다.

정시한은 리와 기가 혼재해 있는 '일심'을 전제하고, 그 위에서 주리 · 주기의 논리에 따라 사단과 칠정을 '이발'과 '기발'로 상대시켜 해석한다. 사단은 리를 주로 하여 말한 것이므로 '이발'이 되고, 칠정은 기를 주로 하여 말한 것이므로 '기발'이 된다.

여기에서 혼륜설과 분별설을 종합하려는 정시한의 모습을 엿볼 수 있다. 정시한은 혼륜해 보더라도 실제로 서로 섞이지 않으며 분별해 보더라도 실제로 서로 떨어져있는 것이 아니라고 설명한다.

> 리와 기는 본래 서로 따르고 떨어지지 않으니 선후(先後)와 이합(離合)이 있다고 말할 수는 없지만, 옛 성인들이 잘라서 말할 때는 '선후'가 있는 듯하고 나누어 말할 때에는 '이합'이 있는 듯하다. 그렇지만 앞을 말하지만 앞에 있다고 말할 수 없고, 뒤를 말하지만 뒤에 있다고 말할 수 없다. 떨어뜨려 말하지만 일찍이 떨어진 적이 없는데 해되지 않고, 합쳐서 말하지만 실제로 서로 섞이지 않는 데로 귀착한다.[241]

---

241 같은 곳, "且夫理氣爲物本相循不離, 雖不可謂有先後有離合, 而古之聖人截而言之之時, 則似乎有先後矣, 分而言之之時, 則似乎有離合矣. 然而先言之而不可謂在先, 後言之而不可謂在後. 離而言之而不害其未嘗離, 合而言之而實歸於不相雜."

리와 기는 본래 서로 분리될 수 없지만 리와 기를 분리시켜 말할 수 있는데, 분리시켜 말할 때는 '선후'나 '이합'이 있을 수 있다. 인용한 구절에서 "나누어 말한다"는 것이 바로 분별설의 관점이다. 그러나 '선후'와 '이합'을 말한다고 해서 실제로 앞에 있거나 뒤에 있다는 말이 아니다. 때문에 분리시켜 말하더라도 실제로는 서로 떨어져있는 것이 아니며, 또한 합쳐서 말하더라도 둘의 성질은 서로 섞이지 않고 구분된다.

이렇게 보아야, 리와 기를 나누어 말하는 가운데 저절로 혼륜하여 서로 분리되지 않는 오묘함을 볼 수 있다.[242] 여기에서 정시한이 분별설을 강조하는 이황과 혼륜설을 강조하는 이이의 두 관점을 동시에 절충하는 모습을 확인할 수 있다.

그렇다면 정시한은 왜 혼륜설과 분별설을 동시에 강조하는가? 하나는 이황의 호발설을 "마음에 두 근본이 있다"[243]라는 이이의 비판에 대응하려는 것이며[244], 다른 하나는 사단과 칠정을 상대시켜 보는 것이 정시한 본인뿐만 아니라 이미 선현들도 그렇게 보았다고 여겼기 때문이다. 주자는 맹자가 리만을 가리켜서 말한 뜻에 근거하여 사단/이지발(理之發)과 칠정/기지발(氣之發)로 구분하였으며, 이황 역시 주자의 말을 조술하여 사단/이발이기수지(理發而氣隨之)와 칠정/기발이이승지(氣發而理乘之)로 구분하여 일심(一心) 속에서 리와 기가 서로 발하는 신묘함을 밝혔다는 것이다.

결국 이황의 '이발이기수지'와 '기발이이승지'는 주자의 '이지발'과

---

242 같은 곳, "以此觀之, 亦可見分言理氣之中, 自有混淪不相離之妙矣."
243 『栗谷集』卷9, 「答成浩源(壬申)」, "善情旣有四端, 而又於四端之外有善情, 則是人心有二本也, 其可乎."
244 『愚潭集』卷4, 「與李翼升玄逸」, "恐未足以卞明栗谷之以退溪之言爲心有二本之譏也."

'기지발'의 뜻을 부연한 것이며, 주자의 '이지발'과 '기지발'은 맹자의 뜻을 조술한 것이다. 이러한 선현들의 뜻에 근거하여 볼 때, 이이가 말한 것처럼 칠정의 선한 부분만이 사단이 아니라 사단과 칠정은 서로 다른 정으로 구분해보아야 한다. 왜냐하면 사단은 리를 주로 하여 말한 것이고 칠정은 기를 주로 하여 말한 것으로서, 가리키는 것이 이미 서로 다르기 때문이다.

이러한 이유에서 정시한은 사단과 칠정을 각각 '이발'과 '기발'로 해석한다. 먼저 사단이 '이발'이 되는 이유를 어린아이가 우물에 빠지는 것을 보고 측은히 여기는 것으로써 설명한다.

> 어린아이가 우물에 빠지는 것을 보는 것은 진실로 기이지만, 측은히 여기는 것은 인(仁)이 발현한 것이다. 측은의 근본이 이미 '인'이라면, '인'이 발하여 측은이 되는 것을 어찌 이발(理發)이라고 이르지 않을 수 있겠는가? '인'이 진실로 발현하지 않고 다만 근본이 되기만 한다면, 이승(理乘)이란 것은 또한 어느 곳에 타는 뜻을 볼 수 있겠는가?[245]

이 구절은 어린아이가 우물에 빠지는 것을 보고 측은히 여기는 것을 '기발'로 해석하는 이이에 대한 비판이다. 정시한은 어린아이가 우물에 빠지는 것을 보고 측은히 여기는 것은 인·의·예·지의 성에서 곧바로 나온 것으로서, '인'이 발현한 것이므로 그대로 '이발'이라고 해석한다. 맹자가 말한 사단은 기품 속에 나아가서 인·의·예·지의 성에서 곧바로 나온 것만을 가리켜서 말한 것이니[246], 사단이 비록 기를 타고 발

---

245 『愚潭集』卷7, 「四七辨證」, "夫見之者固氣也, 而惻隱者仁之發也. 惻隱之本旣是仁也, 則仁發而爲惻隱者, 何可不謂之理發乎. 仁苟不發而徒爲之本, 則其所謂理乘者, 又於何處見其乘之之意乎."

하더라도 맹자가 가리킨 것은 기를 타는데 있지 않고 리가 발하는 데에 있기 때문에 '기발'이 아니라 '이발'이다.

"측은의 근본이 인이다"라는 이이의 말처럼, '인'이 발하지 않고 근본이 되기만 한다면 이승(理乘)의 의미는 어디에서 볼 수 있겠는가? 결국 '인'이 발하지 않고도 측은이 되는 것이니 맹자의 본뜻이 아니다.[247] 정시한은 이이가 말한 이승(理乘)의 의미를 그대로 '이발'로 해석한 것이다.

물론 이황의 '이발'에 대한 해석은 리를 무위(無爲)로 보는 이이의 비판으로 이어진다. 이이에 따르면, 리는 무위하고 기는 유위하므로 작용하고 유행하는 것은 모두 기가 하고 리는 간여하는 일이 없다. 때문에 발용하고 유행하는 것을 모두 기로 간주함으로써 사단과 칠정을 모두 '기발'에 귀속시킨다.

또한 정시한은 칠정을 '기발'로 해석한다. 정시한도 이이의 주장처럼 "칠정이 리와 기를 겸하고 사단을 포함한다"는 사실을 인정한다. 그러나 이것은 어디까지나 칠정만으로 정의 전체를 말할 때만 가능하다. 결국 혼륜설의 관점에서만 가능하다는 말에 다름 아니다. 분별설의 관점에서 사단과 상대시켜 말할 때의 칠정이란 그대로 '기가 발한 것'이다.

> 사단이 비록 칠정 속에 포함되어 있지만 발라내어 말할 때에 어찌 칠정과 주리(主理)·주기(主氣)로 구분하여 상대시켜 말할 수 없겠는가.……
> 칠정도 애초에 선하지 않음이 없지만 !에는 선과 악이 있어 다만 쉽게 악으로 흘러갈 뿐이다. 만약 칠정이 리와 기를 겸했다고 말한다면 옳지만,

---

246 같은 곳, "孟子之言四端, 就氣稟中指出其直發於仁義禮智之性者."
247 같은 곳, "有若仁之體徒爲本於惻隱, 而不得發而爲惻隱者, 然似非孟子之本意也."

선과 악을 겸했다고 말한다면 잘못이다.[248]

이이의 말대로 "사단이 칠정 속에 포함되어 있다"고 하더라도 칠정 속에서 사단을 발라내어 말할 때는 리를 주로 하는 사단과 기를 주로 하는 칠정으로 구분된다. "칠정도 애초에 선하지 않음이 없다"는 말은 칠정이 리와 기를 겸하므로 칠정에도 리가 없는 것이 아니라는 뜻이다. 그러나 리를 주로 하는 사단에 상대시켜 말할 때의 칠정은 기를 주로 하여 말한 것이니 쉽게 악으로 흘러갈 뿐이다.

분별설의 논리에 따라 사단과 상대시켜 해석할 때의 칠정이란 리와 기를 겸한다고 말해서는 안 되고 선악의 구조로 대립시켜 말해야 한다. 왜냐하면 칠정은 기를 주로 하여 말한 것이므로, 이때는 선악이 공존하는 상태가 아니라 선이 배제된 상태를 의미하기 때문이다. 그래서 "칠정이 리와 기를 겸했다고 말한다면 옳지만, 선과 악을 겸했다고 말한다면 잘못이다"라고 말한다. 이렇게 볼 때, 칠정/유선악(有善惡)이 아니라 칠정/불선(不善)이 된다. 이것이 바로 칠정을 '기발'로 해석하는 이유이다.

> 정이 비록 만 가지이지만 어느 것인들 인·의·예·지의 성에 근본하지 않은 것이 있겠는가? 다만 인·의·예·지의 성이 기질 속에 떨어져 있기 때문에 일곱 가지 정이 비록 본래 선하지 않음이 없지만, 밖으로 형기에 감응할 때에 쉽사리 타오르고 방탕하여 그 실마리를 살피는데 어려움이 있다.[249]

---

248 같은 곳, "四端雖包在七情中, 而剔發言之之時, 豈不可與七情分主理主氣相對說下乎.……然而七情亦初無不善, 而幾有善惡, 只易流於惡而已. 若云兼理氣說則是矣, 若云兼善惡說則非矣."
249 같은 곳, "情雖萬般, 夫孰非本於仁義禮智之性者乎. 惟其仁義禮智之性墮在氣質之中, 故七者之情, 雖本無不善, 外感形氣之時, 易以熾蕩有難察其端倪."

'성발위정'에 따르면, 사단뿐만 아니라 칠정도 인·의·예·지의 성에 근원하니 본래 선하지 않음이 없다. 그렇지만 칠정이 발할 때는 성이 기질 속에 내재해 있기 때문에 기의 영향을 받지 않을 수 없다. 기의 영향을 받기 때문에 인·의·예·지의 성에서 곧바로 나온 사단과 질적으로 구분된다. 때문에 정시한은 형기를 따르는 칠정과 인·의·예·지의 성에 근원하는 사단을 상대시켜 구분하고, 그것을 그대로 '이발'과 '기발'로 해석한다.

인·의·예·지의 성에 근원하는 사단이 선한 것과 달리, 형기를 따르는 칠정이란 쉽게 타오르고 방탕해지는 대상이 된다. "쉽게 타오르고 방탕해진다"는 말은 불선(악)을 강조한 표현이다. 이것을 도식화하면 사단=주리=이발=선, 칠정=주기=기발=불선의 관계가 성립한다. 결국 사단은 확충해나가는 대상이 되고 칠정은 단속해나가는 대상이 되므로 공부 방법에도 차이가 생기지 않을 수 없다.

이처럼 정시한 사단칠정론의 특징은 모두 이황의 호발설을 인정하는데 있으며, 그 방법으로는 주리·주기에 따른 분별설의 논리를 강조한다. 사단은 리를 주로 하여 말한 것이므로 '이발'이 되고 칠정은 기를 주로 하여 말한 것이므로 '기발'이 된다. 이것은 이이가 혼륜설의 관점에서 칠정을 정의 전체로 보고 사단을 칠정 속에 내포시켜 이해하는 것과 달리, 사단과 칠정을 상대시켜 대립적 구조 속에서 설명한 것이다. 이것을 선악의 개념으로 표현하면 리가 발한 사단은 선이 되나 기가 발한 칠정은 불선으로 흐르게 된다. 이렇게 볼 때 사단=주리=이발=선, 칠정=주기=기발=불선의 도식이 성립하다. 사단은 인·의·예·지의 성에서 발한 것이므로 순선한 것과 달리, 칠정은 형기에서 생겨난 것으로 불선으로 연결시킨다.

정시한은 사단과 칠정을 상대시켜 본다. '상대시켜 본다'는 말은 이이처럼 칠정의 선한 부분만을 사단으로 보는 것이 아니라 사단은 사단이요 칠정은 칠정으로 서로 다른 정으로 구분해본다는 의미이다. 때문에 사단은 칠정이 될 수 없고 칠정은 사단이 될 수 없다. 이것은 이이가 정을 칠정 하나로 보려는 것과 구분된다. 그러나 정시한은 그 방법상에서 혼륜한 일심(一心)을 전제하고, 그 위에서 리를 주로 하는 사단과 기를 주로 하는 칠정으로 구분한다. 따라서 이기가 일심(一心) 속에 혼재해 있다가 느끼는 바에 따라 리가 발한 것은 사단이 되고 기가 발한 것은 칠정이 된다고 설명한다. 여기에서 중요한 것은 정으로 발하기 전에 일심(一心)이라는 혼륜설의 관점을 전제한다는 사실이다. 리와 기를 하나로 보는 '일심' 위에서 리를 주로 하는 사단과 기를 주로 하는 칠정을 각각 '이발'과 '기발'로 상대시켜 해석한 것이다. 여기에서 정시한의 혼륜설과 분별설을 종합하는 모습을 엿볼 수 있다.

이 글은 「갈암 이현일과 우담 정시한의 사단칠정론 비교 고찰」(『국학연구』36, 한국국학진흥원, 2018)의 내용을 일부 수정·보완한 것이다.

13

이현일(李玄逸)의 사단칠정론

이현일(李玄逸, 1627~1704)[250]의 사단칠정론은 그의 문하에 있던 신익황 (申益愰, 1672~1722)과의 논변을 통해 전개된다.[251] 이현일 사단칠정론의 특징은 "칠정의 중절한 것은 사단과 다르지 않다" 즉 사단과 칠정을 하나의 정으로 보는 신익황과 달리, 사단과 칠정을 서로 다른 정으로 보는 데 있다. 그 이론적 논거로써 신익황이 혼륜설을 강조하는 것과 달리, 분별설을 강조한다. 때문에 이현일은 "칠정 밖에 다시 다른 정은 없으며 사단은 칠정의 선일변이다"는 신익황의 주장에 대해 다음과 같이 비판한다.

사단은 품수받은 인·의·예·지의 마음이고 칠정과 인심은 형기가 화합해서 이루어진 것으로 그 근본으로부터 이미 그러하여 각각 묘맥이

---

250 이현일의 본관은 載寧, 자는 翼升, 호는 葛庵, 시호는 文敬이다. 이시명과 음식디 미방의 저자인 장계향의 아들이다. 외할아버지가 이황의 적통인 김성일의 학통을 이은 장흥효이다. 저서로는 『갈암집』이 있다.
251 〈22 신익황의 사단칠정론〉 참조.

있으니, 〈율곡의 말처럼〉 인심과 도심이 본래 근원이 둘이 아니고 사단과 칠정이 단지 일도(一途)만 있을 뿐인 것은 아니다.[252]

사단은 인·의·예·지의 성에 근원한 것이고 칠정은 형기에서 생겨난 것이므로 둘은 본질적으로 구분된다. 때문에 신익황의 말처럼 "칠정 밖에 다시 사단이 없고 칠정의 선일변이 사단인 것"이 아니라, 사단은 칠정이 아니고 칠정은 사단이 아니다. 이것은 신익황이 사단과 칠정을 하나의 정으로 해석한 것과 달리, 이현일은 사단과 칠정을 서로 다른 정으로 해석한 것이다.

이것을 선악으로 표현하면, 신익황은 정을 칠정 하나로 보고 선한 부분만을 사단으로 보기 때문에 칠정이 곧장 불선(악)이 될 수 없다. 왜냐하면 칠정은 이기를 겸하기 때문이다. 반면 이현일은 사단은 인·의·예·지의 성에 근원하고 칠정은 형기에 근원하므로 사단은 선이 되고 칠정은 불선이 된다.[253] 여기에서 "그 근본으로부터 그러하여 각기 묘맥이 있다"는 말은 소종래(所從來)가 서로 다르다는 말에 다름 아니다. 결국 이현일은 사단과 칠정을 소종래에 따른 근원적 차이로 설명한다.[254]

물론 소종래라는 말도 이이의 비판처럼 실제적으로 근원이 둘이라는 의미가 아니라, 사단과 칠정의 근원을 논리적으로 추론해가면 사단의 소종래는 리가 되고 칠정의 소종래는 기가 되니 둘은 근본적으로 구

---

252 『葛庵集』卷12,「答申明仲(別紙)」, "蓋四端是稟受得仁義禮智之心, 七情與人心是形氣和合做成, 自其根本而已然, 各有苗脈, 不是人心道心本無二源, 四端七情只有一途."
253 물론 칠정 하나만을 두고 말할 때는 不善으로 볼 수 없지만, 사단과 상대해서 말할 때의 칠정은 어디까지나 氣發로 보려는 것이 이현일의 입장이다.
254 『葛庵集』卷18,「栗谷李氏論四端七情書辨」, "蓋其所從來, 各有所主, 自其根本而已然, 初非發則一途, 而旣發之後, 擇善一邊而爲四端也."

분된다. 왜냐하면 사단은 인·의·예·지의 성에 근원한 것이고 칠정은 형기에서 나온 것이기 때문이다. 결국 신익황이 사단과 칠정이 모두 하나의 정이므로 둘로 상대시켜 보아서는 안 된다고 하는 반면, 이현일은 사단과 칠정이 이미 그 근본으로부터 구분되는 서로 다른 정이므로 상대시켜 보아야 한다는 것이다.

　이러한 사단과 칠정에 대한 서로 다른 해석은 인심과 칠정에 대한 인식의 차이로 이어진다. 이현일은 인심과 도심의 관계에서와 마찬가지로, 사단과 칠정을 같은 대립적 범주로 이해한다. 그러나 신익황은 인심과 칠정의 관계를 동일한 범주로 보는 것에 반대한다. 따라서 신익황이 "인심과 칠정에 차이가 없지 않다"고 보는 것과 달리, 이현일은 "인심과 칠정에 차이가 없다"라고 설명한다.

> 　정자가 "인심은 인욕이다"고 하였으니 이는 인심을 칠정으로 여긴 것이고, 주자가 "희·로(칠정)는 인심이다"라고 하였으니 이는 칠정을 인심으로 여긴 것이다. 또한 오로지 인심만을 말한다면 모두 좋지만 도심과 상대해서 말하기 때문에 병통이 생길 수 있다(이것은 주자의 말이다).[255] 역시 칠정을 사단과 상대해서 말하기 때문에 자기의 사사로움을 극복하기 어려운 폐단이 있다.[256]

　정자(정호)가 인심을 칠정으로 보았으며 주자도 칠정을 인심으로 보았으니, 인심과 칠정을 지나치게 구분해서는 안 된다. 인심 하나만을

---

255 『朱子語類』卷62, "朱子曰, 如單說人心則都是好, 對道心說著, 便是便是勞攘物事, 會生病痛底."
256 『葛庵集』卷12, 「與申明仲(別紙)」, "程子曰人心人欲也, 是以人心爲七情也; 朱子曰喜怒人心也, 是以七情爲人心也. 且單說人心則都是好, 對道心說, 故會生病痛(此朱子說). 亦猶七情之對四端說, 故有己私難克之弊."

두고 말하면 모두 좋은 것이지만 도심과 상대해서 말하면 병통이 생길 수 있듯이, 칠정 하나만을 두고 말하면 이기를 겸한 것일지라도 사단과 상대시켜 말할 때는 자기의 사사로움을 극복하기 어려운 폐단이 있다. "병통이 생길 수 있다"거나 "자기의 사사로움을 극복하기 어려운 폐단이 있다"는 것은 불선(不善)의 다른 표현이다.

때문에 "인심과 도심에 대해 하나는 형기에서 생겨나고 하나는 성명에서 근원한다고 말할 수는 있겠지만, 그것을 사단과 칠정으로 말할 수 없다"는 신익황의 주장에 대해, 이현일은 성명에 근원하는 도심과 형기에서 생겨나는 인심으로 구분해볼 수 있듯이, "성명에 근원하는 사단과 형기에서 생겨나는 칠정으로 구분해볼 수 있다"[257]고 주장한다. 이것을 선악으로 표현하면, 도심과 상대해서 말할 때의 인심이 불선이 되듯이, 사단과 상대해서 말할 때의 칠정 역시 불선이 된다. 칠정 그 자체만으로는 선악을 겸할지라도, 사단과 상대해서 말할 때는 그대로 불선이라는 것이다.

결국 인심과 칠정에는 차이가 없다. 인심은 심의 지각운용의 측면에 나아가 말한 것이고 칠정은 정이 바깥 사물에 감응하여 움직이는 곳에서 말한 것으로 그 명의(名義)상에 약간의 차이가 있을 뿐이지[258], 인심과 칠정은 애초에 다른 적이 없다.[259] 이것은 "인심과 칠정에 차이가 없는 것이 아니니, 인심은 도심과 상대해서 말할 수 있으므로 불선이라 할 수 있으나 칠정은 이기를 겸하기 때문에 불선으로 볼 수 없다"[260]는 신익황

257 『葛庵集』卷12, 「答申明仲(戊寅)・別紙」, "但以四端爲原於性命, 七情爲生於形氣, 則恐不可並加譏斥."
258 『葛庵集』卷12, 「答申明仲(別紙)」, "特以爲心字就知覺運用上說, 情字從感物而動處說, 其名義有些不同耳."
259 같은 곳, "竊恐人心與七情, 初未嘗不同也."
260 『克齋集』卷2, 「上葛庵先生(戊寅)・心統性情圖」, "且人心道心, 可謂之出於形氣

의 주장과 구분된다.

또한 공부 방법에서도 인심과 칠정은 단속의 공부로, 사단과 도심은
확충의 공부로 구분한다. 사단과 도심은 리로부터 발하기 때문에 확충
해가고, 칠정과 인심은 기로부터 발하기 때문에 단속하여 중(中)에 맞게
해야 한다.[261]

이어서 이현일은 사단과 칠정을 상대시켜 보아야 하는 논거로써 분
별설의 논리를 강조한다.

> 칠정을 혼륜해서 말하면 이기를 겸하여 말할 수 있겠지만, 사단과 상
> 대해서 말하면 형기의 사사로움에서 나온 것으로 사단과 나란히 놓고 말
> 할 수 없다.[262]

칠정도 혼륜해서 말하면 이기를 겸한다고 말할 수 있겠지만, 분별해
서 말하면 이기를 겸한다고 말해서는 안 된다. 왜냐하면 사단에 상대되
는 칠정은 어디까지나 형기의 사사로움에서 나온 것에 불과하기 때문
이다. 따라서 성명에 근원하는 사단과는 나란히 놓고 말할 수 없다. 신
익황이 칠정을 혼륜설의 관점에서 이기를 겸하는 것으로 보는 반면, 이
현일은 분별설의 관점에서 형기의 사사로움에서 나온 기발(氣發, 불선)
로 이해한다. "희·로·애·락이 만약 혼륜설에서는 이기를 겸하여 말

原於性命, 不可以說四端七情."(인심과 도심은 형기에서 나오거나 성명에 근원한
다고 말할 수 있으나 사단과 칠정을 말할 수 없다. 즉 형기에서 나오는 인심과 성명
에 근원하는 도심은 상대시켜 말할 수 있으나, 칠정은 이기를 겸하므로 상대시켜
말할 수 없다.)

261 같은 곳, "愚意以爲擴充與節約工夫自別. 蓋自理而發, 故擴而充之, 自氣而發, 故
約之使合於中."

262 『葛庵集』卷13,「答申明仲」, "愚亦謂七情若渾淪說, 則可以兼理氣說, 若對四端說,
則便是出於形氣之私, 不可與四端比竝爲說也."

할 수 있겠지만, 분별설에서는 '기발'이라고 말해야지 이기를 겸한다고 말해서는 안 된다."[263]

또한 이현일은 분별설의 타당성을 성현들의 말로써 설명한다.

> 맹자의 말에 "사람마다 모두 요순이 될 수 있다"고 하였으니, 이것은 기질을 섞지 않고 성을 말한 것이다. 또한 "그 정으로 말하면 선하다고 할 수 있다"고 하였으니, 이것은 기질을 섞지 않고 정을 말한 것이다. 만약 기질을 섞어서 말한다면, 어찌 사람마다 모두 요순이 될 수 있고 정이 모두 선할 수 있는 이치가 있겠는가?[264]

현실적으로 또는 실재적으로는 리와 기가 서로 떨어질 수 없지만, 분별하여 말할 수 있다. 예를 들어 맹자가 "사람마다 요순이 될 수 있다"는 말이나 "그 정으로 말하면 선하다고 할 수 있다"는 말은 모두 기질과 섞지 않고 기질 속에서 성의 본체(리)만을 가리켜서 말한 것이다. 이것이 바로 맹자가 성을 말하고 사단을 말하면서 기질을 섞지 않고 말했다는 증거인 것이다.

만약 기질을 섞어서 말한다면 기질에 따라 어질고 지혜로운 사람과 어리석고 불초한 사람이 달라지므로 사람마다 요순이 될 수 없으며, 성이 발하여 정으로 드러날 때도 기질의 영향으로 모두 선한 정이 될 수 없다. 비록 리와 기가 떨어지지 않고 합쳐져 있지만, 리만을 발라내어 말할 수 있다. 『중용』에서 말한 '천명지위성(天命之謂性)'도 마찬가지다.

---

263 『葛庵集』卷13, 「答申明仲(癸未)」, "愚亦以爲喜怒哀樂若從渾淪說, 則可以兼理氣而爲言, 若分別說, 則似當專言氣發, 不宜合理氣而爲說也."
264 같은 곳, "孟子之言曰, 人皆可以爲堯舜, 是不雜氣質而言性也. 又曰乃若其情則可以爲善矣, 是不雜氣質而言情也. 若雜氣質而言之, 則豈有人皆可以爲堯舜, 情皆可以爲善之理乎."

이것 역시 기가 그 안에 포함되어 있지만 오로지 리만을 말한 것이다. 이러한 사례에 근거할 때 비록 일물(一物)이지만 리와 기로 나누어볼 수 있듯이, 하나의 정이지만 사단과 칠정으로 분별해서 말할 수 있다.

또한 이현일은 사단과 칠정을 분별해서 보아야 하는 이유로써 그들의 내력이 이미 서로 다르기 때문이라고 설명한다. 『중용장구』에서 말한 "미발은 성이고 이발은 정이다"는 것은 혼륜하여 말한 것이지만, 맹자에 이르러서 정 가운데 오직 사단만을 발라내어 말함으로써 마침내 사단과 칠정이 둘로 나누어졌다. 때문에 "주자는 '사단은 리가 발한 것 (理之發)이고 칠정은 기가 발한 것(氣之發)'이라 구분하였고, 퇴계선생에 이르러서는 또한 기가 그 속에 포함되어 있음을 겸하여 말하였기 때문에 '사단은 이발이기수지(理發而氣隨之)이고 칠정은 기발이이승지(氣發而理乘之)'라 하여 사단과 칠정의 내력이 같지 않음이 그 근본으로부터 이미 그러하다는 것을 밝혔다."[265]

그런데도 후세의 학자들이 이러한 뜻을 제대로 알지 못하고서 "천하에 리 없는 기가 없고 기 없는 리가 없다"라고 하여 사단을 기질과 섞어서 말하여 "칠정의 중절한 것이 사단이고, 사단은 칠정의 선한 부분이다"라고 말하는데, 이것은 혼륜하여 말한 것으로써 맹자가 사단만을 발라내어 기질에 섞지 않고 말한 뜻을 해석한 것이 아니다. 때문에 "칠정 속에도 리가 있으니 칠정의 중절한 것은 사단과 다르지 않다"는 말은 옳지 않다.

따라서 이현일은 신익황의 양시론(兩是論)을 비판한다. 신익황이 이황과 이이의 이론을 모두 옳다고 보는 '양시론'을 주장하는 것과 달리,

---

265 『葛庵集』卷12, 「答申明仲(己卯)」, "故朱子以爲四端理之發, 七情氣之發, 至於老先生, 兼言氣亦包在其中, 故乃曰四端理發而氣隨之, 七情氣發而理乘之, 以明其來歷不同, 自其根本而已然."

이현일은 이황과 이이의 이론을 향초와 악초, 얼음과 숯이 서로 용납할 수 없는 관계로 이해한다. 하나가 옳으면 하나는 그르게 마련이어서 둘 다 옳은 것으로 병존할 수는 없으니, "비록 향초와 악초, 얼음과 숯처럼 서로 합치되지 않는다고 하더라도 지나치지 않다."[266]

이것은 이현일 혼자만의 생각이 아니라, 이이 역시 이황의 설과는 결코 용납할 수 없는 관계로 보았음을 지적한다. "두 가지 설은 하나가 옳으면 하나가 옳지 않으니, 둘 다 옳은 것으로 병존할 수는 없다. 만일 도리가 이미 이러한데 또 저러한 것이 있다고 한다면, 이는 단 것을 쓰다고 하고 흰 것을 검다고 하는 격이다."[267] 이이가 보기에, 이황의 설과는 단것이 쓴 것이 될 수 없고 흰 것이 검은 것이 될 수 없는 것처럼, 하나가 옳으면 하나가 옳지 않으므로 둘 다 옳은 것으로 병존할 수는 없는 관계이다. "옳고 그름은 서로 뒤섞일 수 없는지가 오래되어 옳은 것은 그 자체로 옳고 그른 것은 그 자체로 그르니, 사단과 칠정의 논변도 향초와 악초, 얼음과 숯처럼 서로 합치되지 않는다."[268] 결국 사단과 칠정은 이이의 혼륜설로 보아서는 안 되고 이황의 분별설로 말해야 한다는 것이다.

물론 이현일도 혼륜설은 혼륜설대로 분별설은 분별설대로 각자의 역할이 있음을 인정한다. 때문에 "『중용』·「악기」의 설은 자체로 『중용』·「악기」의 설이고 『맹자』의 설은 자체로 『맹자』의 설이니, 나란히 놓고 하나의 뜻으로 보아서는 안 된다."[269] 『중용』과 『예기』「악기」의

---

266 같은 곳, "雖謂之薰蕕氷炭之不相合, 不爲過矣."
267 『栗谷集』卷10, 「答成浩原(壬申)」, "二說, 一是則一非, 不可兩可而俱存也. 若道理旣如此, 而又有如彼者, 則是甘亦可喚做苦, 白亦可喚做黑也."
268 『葛庵集』卷12, 「答申明仲(別紙)」, "夫是非之不可相混也久矣, 是者還他是, 非者還他非. 今此四七理氣之辨, 判然如薰蕕氷炭之不相合."
269 『葛庵集』卷13, 「答申明仲」, "故中庸樂記說, 自是中庸樂記說, 孟子說, 自是孟子

칠정은 혼륜해서 말한 것이고 『맹자』의 사단은 분별해서 말한 것이니, 둘을 구분해보아야 한다. "만약 맹자의 사단을 『중용』· 「악기」의 설과 섞어서 말한다면, 결국 이해할 수 없게 된다."[270] "자사가 말한 차원에 나아가 저런 도리(혼륜설)를 이해하고 맹자가 말한 차원에 나아가 이런 도리(분별설)를 이해하면, 혼륜설과 분별설의 뜻이 저절로 분명해질 것이다."[271] 결국 맹자가 말한 사단의 설은 분별설의 관점에서 보아야 한다.

신익황이 이황과 이이의 설이 모두 옳다는 '양시론'을 제기하면서 이황의 분별설보다 이이의 혼륜설을 취하듯이, 이현일도 혼륜설은 혼륜설대로 분별설은 분별설대로 각자의 뜻이 있음을 인정하면서도 결국은 분별설을 강조한다. 때문에 이현일은 이러한 분별설의 관점에서 신익황이 혼륜설에 치우쳤음을 비판한다.

> 제가 늘 이기의 분별설을 주장하기 때문에 이렇게 한쪽으로 치우치는 병폐가 있다고 생각하겠지만, 저 또한 현자(신익황)께서 항상 혼륜설을 주장하기 때문에 이렇게 합하는 것을 좋아하고 나누는 것을 싫어하는 의론이 있다고 생각한다.[272]

신익황이 이현일의 이론이 분별설 한쪽에 치우쳤다고 생각하는 것처럼, 이현일 역시 신익황의 이론이 혼륜설 한쪽에 치우치는 병폐가 있다고 생각한다. 이렇게 볼 때, 이들 두 사람은 사단칠정에 대한 이론적

說, 恐不可賺連比竝, 作一意看也."
270 같은 곳, "今若以孟子四端之說, 合中庸樂記說, 滾同說來, 則畢竟恐無理會處."
271 『葛庵集』卷12, 「答申明仲(己卯)」, "於今且就子思所言地頭, 理會那邊道理, 就孟子所言地頭, 理會這邊道理, 則渾淪說分別說之義, 各自分明, 無所疑晦."
272 『葛庵集』卷12, 「與申明仲(別紙)」, "乃謂淺陋常主理氣分別說, 故有此一偏之弊, 淺陋亦恐賢者常主渾淪說, 故有此喜合惡離之論也."

차이를 혼륜설과 분별설이라는 관점의 차이로 해석하고 있음을 알 수 있다.

결국 이현일과 신익황은 분별설과 혼륜설을 인정하면서도 이현일은 분별설의 관점에서, 신익황은 혼륜설의 관점에서 사단과 칠정을 해석할 것을 주장한다. 이현일은 분별설의 관점에서 사단과 칠정은 서로 다른 정이므로 상대시켜 보아야 한다고 주장하는 반면, 신익황은 혼륜설의 관점에서 하나의 정이므로 "칠정의 중절한 것이 사단이며 사단은 칠정의 선한 부분"으로 보아야 한다고 주장한다.

이처럼 이현일은 이황과 마찬가지로 사단과 칠정을 서로 다른 정으로 해석한다. 칠정의 중절한 것이 사단이며 사단은 칠정의 선한 부분이 아니라, 사단은 인·의·예·지의 성(리)에 근원하고 칠정은 형기(기)에서 생겨난 것이므로 둘은 리와 기로 근본적으로 구분된다. 때문에 사단은 칠정이 될 수 없고, 칠정은 사단이 될 수 없다.

사단과 칠정에 대한 이러한 대립적 사고는 그대로 인심과 도심의 관계로 이어진다. 인심 하나만을 두고 말하면 좋은 것이지만 도심과 상대해서 말하면 물리쳐야할 대상이듯이, 칠정 하나만을 말하면 이기를 겸할지라도 사단과 상대해서 말할 때는 자기의 사사로움을 극복하기 어려운 폐단이 있다. 결국 인심과 칠정은 차이가 없다.

이현일은 그 논거로써 분별설을 강조한다. 그 이유로써 사단과 칠정의 내력이 서로 다르다고 지적하고, 선유들의 설로써 분별설의 타당성을 논증한다. 이 과정에서 이황과 이이의 설을 모두 옳다고 보는 신익황의 양시론(兩是論)을 비판하고, 둘의 관계를 향초와 악초, 얼음과 숯처럼 용납할 수 없는 관계로 이해한다. 이황의 설이 옳으면 이이의 설은 그르다는 것으로써, 이이의 혼륜설이 아니라 이황의 분별설의 관점에서 사단과 칠정은 상대시켜 보아야 한다. 물론 이현일도 혼륜설은 혼륜설대로 분별설은 분별설대로 각자의 역할이 있음을 인정한다. 그렇지만 사단과 칠정의 관계에서는 분별해서 보아야 한다. 왜냐하면 맹자가 사단을 말할 것은 기를 겸한데 있는 것이 아니라 리만을 가리켜서 말한데 있기 때문이다.

이 글은 「갈암 이현일과 극재 신익황 사단칠정론의 대비적 고찰」(『퇴계학보』138, 퇴계학연구원, 2015)의 내용을 일부 수정·보완한 것이다.

14

박세채(朴世采)의 사단칠정론

박세채(朴世采, 1631~1695)[273]의 사단칠정론은 그의 「사단이발칠정기발설(四端理發七情氣發說)」이라는 짧은 글 속에 보인다. 박세채 사단칠정론의 요지는 "사단은 리가 발한 것이고 칠정은 기가 발한 것이다"는 주자의 이론에 근거하여 이황의 호발설을 지지하고 이이의 기발이승일도(氣發理乘一途)를 비판하는데 있다.

먼저 박세채는 "사단은 리가 발한 것이고 칠정은 기가 발한 것이다"라는 설이 주자뿐만 아니라, 이황과 기대승의 이론과도 부합한다고 설명한다.

『주자어류』의 "사단은 리가 발한 것이고 칠정은 기가 발한 것이다"라는 설은 퇴계가 『성학십도』에 인용하여 "사단은 리가 발하고 기가 따르는

---

273 박세채의 본관은 潘南, 자는 和叔, 호는 南溪 또는 玄石이며, 시호는 文純이다. 현석은 그가 살았던 한양의 지명(마포구 현석동)에서 따온 것이다. 이언적 · 이황 · 이이 · 송시열 · 김집과 함께 조선시대 문묘에 종사된 6현 중 하나이다. 김상헌 · 김집의 문인이다. 서인이었다가 許㙟의 옥사를 계기로 서인이 노론과 소론으로 분당되자, 소론을 결성하고 소론의 영수가 된다. 저서로는 『남계집』이 있다.

것이며 칠정은 기가 발하고 리가 타는 것이다"라고 하였다. 고봉이 처음에는 그것을 매우 의심하였으나, 후에 「사단칠정총론(四端七情總論)」을 지어 퇴계에 합치하였다. 그 후에 율곡이 다시 설을 지어 퇴계의 잘못을 변별하였으니, 대체로 "사단은 오로지 리만을 말하고 칠정은 기를 겸하여 말한 것"을 주로 하여 또한 "각각 근거하는 바가 있다"고 말할 수 있으나, 다만 『주자어류』의 뜻에는 끝내 부합하지 못하였다.[274]

이황은 "사단은 리가 발하고 기가 따르는 것이며(理發而氣隨之) 칠정은 기가 발하고 리가 타는 것이다(氣發而理乘之)"는 이론을 자신의 최종안으로 제시한다. 이 과정에서 이황은 주자의 말에 근거하여 자기 이론의 타당성을 확인한다. "최근에 『주자어류』에서 맹자의 사단을 논한 곳의 마지막 조목을 살펴보니 바로 이 일을 논하였는데, 그 말에서 '사단은 리가 발한 것이고 칠정은 기가 발한 것이다'라고 하였다. 옛사람이 말하지 않았는가, 감히 자신을 믿지 말고 스승을 믿으라고. 주자는 내가 스승으로 삼는 분이고, 또한 천하고금의 종사(宗師)이다. 이 말을 얻은 후에 비로소 나의 견해가 크게 잘못된데 이르지 않았음을 알았으며, 애당초 추만(정지운)의 설 역시 병폐가 없어 고칠 필요가 없었던 것 같다."[275]
주자의 "사단은 리가 발한 것이고(理之發) 칠정은 기가 발한 것이다(氣之發)"는 말에 근거하면, 자신의 호발설이 별 문제가 없다는 뜻이다. 게

---

274 『南溪集』卷55, 「四端理發七情氣發說」, "語類四端理之發, 七情氣之發之說, 退溪引用於聖學十圖, 以謂四端理發而氣隨, 七情氣發而理乘之. 高峯初頗疑之, 後作四七總論, 以合於退溪. 其後栗谷又著說, 以卞退溪之失, 大抵以專言理兼言氣爲主, 亦可謂各有所據矣, 第於朱子語類之旨, 終未能有所脗合者."

275 『退溪集』卷16, 「答奇明彦(論四端七情 第2書)」, "近因看朱子語類論孟子四端處末一條, 正論此事, 其說云, 四端是理之發, 七情是氣之發, 古人不云乎? 不敢自信而信其師. 朱子吾所師也, 亦天下古今之所宗師也. 得是說, 然後方信愚見不至於大謬, 而當初鄭說, 亦自爲無病, 似不須改也."

다가 정지운의 "사단은 리에서 발한 것이고 칠정은 기에서 발한 것이다 (四端發於理, 七情發於氣)"라는 말이 지나치게 리와 기에 분속시키는 잘못이 있음을 염려하여 "사단은 리가 발한 것이고 칠정은 기가 발한 것이다(四端理之發, 七情氣之發)"로 수정하였는데, 애당초 정지운의 설을 수정할 필요가 없었던 것 같다고 말한다. 더구나 이황은 사단칠정론에서 기대승과 이황 두 사람의 설을 모두 버리고 주자의 설로 대신하자는 견해까지 제시한다. "주자의 본래 설로 대신하고, 우리들의 설은 버리는 것이 온당할 것이다."[276] 주자의 본래 설이란 바로 "사단은 리가 발한 것이고 칠정은 기가 발한 것이다(四端理之發, 七情氣之發)"는 것을 의미한다.

이러한 이유에서 박세채는 이황의 호발설이 주자의 이론에 근거한 것이라고 설명한다. 주자의 '사단/이지발(理之發) 칠정/기지발(氣之發)'의 설에 근거하여, 이황의 '사단/이발이기수지(理發而氣隨之), 칠정/기발이이승지(氣發而理乘之)'라는 최종안이 확립된다. 이후에 기대승이 이황의 최종안에 상당한 의심을 보이지만, 결국 「사단칠정총론」[277]을 지어 이황의 이론에 동조한다.

기대승은 이황과 논변을 전개하던 초기에는 '정은 칠정 하나이며, 그 가운데 선한 정만을 가리켜서 사단이라 한다'는 관점에서 사단과 칠정을 하나의 정으로 해석한다. 하나의 정이니, 사단은 '리가 발한 것(理發)'이고 칠정은 '기가 발한 것(氣發)'이라는 서로 다른 정으로 해석하는 이황의 견해에 반대한다. 그러나 이황과의 논변과정을 거치면서 나중에는 사단과 칠정에 각각의 뜻이 있음을 인정하고 「사단칠정총론」을 짓는다. "사단과 칠정의 설은 각각 하나의 뜻을 밝힌 것이니, 뒤섞어 하나

---

276 같은 곳, "請以朱子本說代之, 而去吾輩之說, 便爲穩當矣."
277 「사단칠정총론」은 〈고봉 8서〉에 「四端七情後說」과 같이 실려 있다.

의 설로 만들어서는 안 된다."[278] 사단에는 사단의 뜻이 있고 칠정에는 칠정의 뜻이 있으니 둘을 하나로 섞어서는 안 된다. 예를 들면 사단은 확충의 대상이고 칠정의 단속·성찰의 대상인 만큼, 사단과 칠정의 이름에는 각각 그러한 까닭이 있다. 이것은 결국 사단은 '리가 발한 것'이고 칠정은 '기가 발한 것'으로 서로 다른 정임을 인정한다는 의미이다.

그 후에 이이가 다시 성혼과의 사단칠정논변을 전개하면서 이황의 잘못을 변론한다. 이때 이이는 "사단은 오로지 리만을 말한 것이고 칠정은 이기를 겸하여 말한 것이다"는 이론에 근거하여 자신의 사단칠정론을 전개하는데, 이이의 이러한 주장은 나름 "근거하는 바가 있다." 그 이유로써 사단과 칠정은 모두 이미 발한 정이므로 칠정 역시 이기를 겸하기 때문이다. 그러나 칠정이 이기를 겸한다면, 칠정에도 리가 없는 것이 아니므로 주기(主氣)의 논리로써 '기발'이라고 말할 수 없다. 그러므로 주자의 '사단/이지발, 칠정/기지발'의 뜻에는 끝내 부합하지 못한다. 이처럼 박세채는 주자의 '사단/이지발, 칠정/기지발'의 설에 근거하여 이황 이론의 타당성을 강조하고, 동시에 이이의 이론을 비판한다.

이어서 박세채는 이황 호발설의 타당한 근거로써 황간(黃幹)·정복심(程復心)·진순(陳淳)·허겸(許謙) 등의 설을 인용하여 논증한다. 이에 "사단은 리가 발한 것이고 칠정은 기가 발한 것이다"라는 설은 주자가 말하였을 뿐만 아니라, 주자학파의 일반적인 통설이라는 강조한다.

『성리대전』속에 기록된 면재(황간)의 말을 보니 "성이 발하지 않을 때에는 이 마음이 고요하지만, 사물에 감응하여 움직일 때에 미쳐서는 혹 기가 움직여서 리가 따르기도 하고 혹 리가 움직여서 기가 끼이기도 한

---

278 『高峯集』, 「四端七情總論」, "蓋七情四端之說, 各是發明一義, 恐不可滾合爲一說."

다."[279] 『성리연원(性理淵源)』[280]을 얻어서 임은(정복심)이 의재(심귀보)의 말을 인용한 것을 보니 "감응하여 통하는 것을 정이라 하니, 사단은 리가 발한 것이고 칠정은 기가 발한 것이다." 또 "리가 발하여 사단이 되고 기가 발하여 칠정이 되니, 측은·수오·사양·시비는 바른 정으로 선하지 않음이 없으며, 희·로·애·락·애·오·욕의 칠정이 중절하면 공정하여 선하고, 중절하지 못하면 사사로워 악하다." 북계(진순)가 말하기를 "지각이 리를 따라 발하면 도심이고, 지각이 형기를 따라 발하면 인심이다." 백운(허겸)이 말하기를 "인심은 기에서 발하고 도심은 리에서 발하니" 마찬가지다.[281]

황간의 "혹 기가 움직여서 리가 따르기도 하고(사단), 혹 리가 움직여서 기가 끼이기도 한다(칠정)", 정복심의 "사단은 리가 발한 것이고 칠정은 기가 발한 것이다"거나 "리가 발하여 사단이 되고 기가 발하여 칠정이 된다", 진순의 "지각이 리를 따라 발하면 도심(사단)이고, 지각이 형기

---

279 원문의 내용은 다음과 같다. 『性理大全』卷31, 「性理(3)」, "勉齋黃氏曰, 然方其未發也, 此心湛然, 物欲不生, 則氣雖偏而理自正, 氣雖昏而理自明, 氣雖有羸乏而理則無勝負, 及其感物而動, 則或氣動而理隨之, 或理動而氣挾之. 由是至善之理聽命於氣, 善惡由之而判矣."(면재황씨가 말하였다. 그러나 바야흐로 아직 발하지 않을 때에는 이 마음이 고요하여 물욕이 생기지 않으면, 기가 비록 치우치더라도 리는 스스로 바르고, 기가 비록 어둡더라도 리는 스스로 밝으며, 기가 비록 남거나 모자람이 있더라도 리는 이기거나 짐이 없으니, 혹 기가 움직여서 리가 그것을 따르기도 하고 혹 리가 움직여서 기가 그것에 끼이기도 한다. 이로부터 지극히 선한 리가 기에게 명령을 들으니, 선악이 이로부터 결정된다.)

280 『성리연원』의 본래 이름은 『性理淵源撮要』로 柳崇祖가 편집한 책이다.

281 『南溪集』卷55, 「四端理發七情氣發說」, "嘗見性理大全中錄黃勉齋之言曰, 性未發也, 此心湛然, 及其感物而動, 則或氣動而理隨之, 或理動而氣挾之. 及得性理淵源, 見程林隱學沈毅齋之言曰, 感通之謂情, 則四端者理之發, 七情者氣之發. 又曰理發爲四端, 氣發爲七情, 惻隱羞惡辭遜是非者正情, 無有不善, 喜怒哀樂愛惡欲七者, 中節則公而善, 不中則私而惡. 北溪陳氏曰, 知覺從理上發來, 便是道心; 知覺隨形氣上發來, 便是人心. 白雲許氏曰, 人心發於氣, 道心發於理一."

를 따라 발하면 인심(칠정)이다", 허겸의 "인심은 기에서 발하고 도심은 리에서 발한다"는 등의 말은 모두 주자의 "사단은 리가 발한 것이고 칠정은 기가 발한 것이다"는 이론에 근거하고 있음을 알 수 있다. 이때의 인심과 도심은 사단과 칠정의 의미와 다르지 않다.

이러한 내용들은 결국 이황의 "사단은 리가 발하고 기가 따르는 것이며(理發而氣隨之) 칠정은 기가 발하고 리가 타는 것이다(氣發而理乘之)"는 호발설이 타당하다는 말에 다름 아니다. 이 때문에 박세채는 "이것은 마땅히 주자·면재(황간)·임은(정복심)·퇴계(이황)·고봉(기대승)의 설과도 맞지 않음이 없다"[282]라고 강조한다.

더 나아가 박세채는 "사단은 리가 발한 것이고 칠정은 기가 발한 것이다"는 이론적 근거로써 본연지성과 기질지성의 관계를 거론한다.

> 사단이 발할 때에 비록 기를 타지만, 그것이 인·의·예·지의 순수한 리에서 곧장 나온 것이기 때문에 리를 주로 하여 지목하여 말하면 '리가 발한 것'이니, 마치 사람의 본연지성이 비록 기질 속에 있으나 오로지 주로 하는 것만을 가리키면 '본연지성'이라고 말할 수 있는 것과 같다. 혹 중절하지 못한데 이른 연후에 악이라고 말한다. 칠정이 발할 때에 비록 리에 근원하지만, 그것이 섞여서 희·로·애·락·애·오·욕이 기를 겸한 데에서 발동한 것이기 때문에 기를 주로 하여 지목하여 말하면 '기가 발한 것'이니, 마치 사람의 기질 속에 비록 진실로 본연지성이 있으나 다만 주로 하는 것에 나아가서 말하면 '기질지성'이라고 말할 수 있는 것과 같다. 중절에 이른 연후에 화(和)라고 말한다.[283]

---

282 같은 곳, "是當與朱子勉齋林隱退溪高峯諸說, 無不脗合."
283 같은 곳, "蓋四端之發, 雖亦乘於氣, 而以其直從仁義禮智純理底出來, 故主於理而目之曰理之發, 如人本然之性, 雖在氣質之中, 而可單指其所主者曰本然之性也.

이이의 말처럼, 사단과 칠정은 모두 이미 발한 정으로써 이기를 겸하므로 사단에도 기가 없는 것이 아니고 칠정에도 리가 없는 것이 아니다. 사단에도 기가 없는 것이 아니므로 "사단이 발할 때에 비록 기를 타지만" 이때는 인·의·예·지의 순수한 리에서 곧장 나온 것이기 때문에 리를 주로 하여 지목하여 말하면 '리가 발한 것(理發)'이다. 이것은 사람의 본연지성이 비록 기질 속에 있으나, 오로지 주로 하는 것만을 가리키면 '본연지성'이라고 말할 수 있는 것과 같다. 본연지성이 비록 기질 속에 있으나 오로지 본연지성만을 가리킬 수 있듯이, 사단에도 기가 없는 것은 아니지만 오로지 리만을 주로 하여 말하면 '이발'이라고 말할 수 있다.

칠정에도 리가 없는 것이 아니므로 "칠정이 발할 때에 비록 리에 근원하지만" 이때는 희·로·애·락·애·오·욕이 기를 겸한 상태에서 발동한 것이기 때문에 기를 주로 하여 지목하여 말하면 '기가 발한 것(氣發)'이다. 이것은 사람의 기질 속에 비록 본연지성이 있으나, 주로 하는 바에 나아가서 말하면 '기질지성'이라고 말할 수 있는 것과 같다. 비록 기질 속에 본연지성이 있으나 주로 하는 바에 나아가서 기질지성이라고 말할 수 있듯이, 칠정에도 리가 없는 것은 아니지만 기를 주로 하여 말하면 '기발'이라고 말할 수 있다.

박세채의 이러한 해석은 결국 사단은 리를 주로 하여 말한 것이므로 '이발'이 되고, 칠정은 기를 주로 하여 말한 것이므로 '기발'이 되니, 이것은 이황의 주장처럼 사단은 '이발(理發而氣隨之)'이고 칠정은 '기발(氣發而理乘之)'이라는 서로 다른 정으로 구분한다는 의미이다. 그렇지만 기

至或不中節, 然後謂之惡. 七情之發, 雖亦原於理, 而以其滾自喜怒哀樂愛惡欲兼氣底發動, 故主於氣而目之曰氣之發, 如人氣質之中, 雖固有本然之性, 而可特就其所主者而言曰氣質之性也. 至乃中節然後謂之和."

대승(또는이이)은 사단과 칠정이 모두 이기를 겸하므로 리와 기로 분속 시켜서는 안 된다고 주장한다. 사단을 리에 분속시키는 것은 그럴 수도 있겠지만, 칠정은 이기를 겸하기 때문에 절대로 기에 분속시킬 수 없다는 입장이다.

이러한 문제에 직면하여 이황은 주리·주기의 논리를 등장시킨다. 사단에도 기가 없는 것이 아니고 칠정에도 리가 없는 것은 아니지만, 사단은 리를 주로 하여 말한 것이고 칠정은 기를 주로 하여 말한 것이다. 그 이유로써 "사단은 인·의·예·지인 성의 단서이기 때문이고, 칠정은 바깥 사물에 쉽게 감응하는 형기의 싹이기 때문이다."[284] 박세채 역시 이황처럼 주리·주기의 논리에 근거하여 사단은 '리가 발한 것'이고 칠정은 '기가 발한 것'임을 논증한다. 박세채의 이러한 해석은 이황의 호발설이 타당하다는 것을 확인하는 일에 다름 아니다.

이처럼 박세채는 이황 호발설의 타당성을 인정하면서도, 동시에 사단이라도 혹 중절하지 못하면 악이 되고, 칠정이라도 혹 중절하면 화(和, 善)가 된다고 주장한다. 이러한 해석은 "사단과 칠정이 모두 이기를 겸한다"는 이론에 근거한 것으로써, 기대승(또는이이) 이론의 기본 구조이다. 리와 기는 서로 떨어지지 않는다는 '불상리'의 관계에 있으며, 이러한 '불상리'의 관점을 강조할 경우, 사단도 중절하지 못하면 악이 되

---

284 『退溪集』卷16, 「四端七情分理氣辯」, "四端之發, 孟子旣謂之心, 則心固理氣之合也. 然而所指而言者, 則主於理, 何也? 仁義禮智之性, 粹然在中, 而四者其端緖也. 七情之發, 朱子謂本有當然之則, 則非無理也. 然而所指而言者, 則在乎氣, 何也. 外物之來, 易感而先動者, 莫如形氣, 而七者其苗脈也."(사단이 발한 것을 맹자가 이미 심이라 하였으니, 심은 진실로 리와 기가 합한 것이다. 그러나 가리켜서 말한 것이 리를 주로 하는 것은 무엇 때문인가? 인·의·예·지의 성이 순수하게 속에 있고 네 가지는 그 단서이기 때문이다. 칠정이 발하는 것을 주자가 '본래 당연의 법칙이 있다'고 하였으니, 리가 없는 것이 아니다. 그러나 가리켜서 말한 것이 기에 있는 것은 무엇 때문인가? 바깥 사물이 오면 쉽게 감응하고 먼저 움직이는 것이 형기만한 것이 없고 일곱 가지가 그 싹이기 때문이다.)

고 칠정도 중절하면 선이 된다. 왜냐하면 사단과 칠정은 모두 이기를 겸하니, 사단에도 기가 없는 것이 아니고 칠정에도 리가 없는 것이 아니기 때문이다. 이러한 사단의 부중절(不中節)과 칠정의 중절(中節) 문제를 강조한 인물이 바로 18세기에 활동한 한원진(韓元震)이다. 결국 박세채는 주리·주기와 같은 분개(또는 불상잡)의 관점에 있는 이황의 이론을 지지하면서도, 동시에 혼륜(또는 불상리)의 관점에 있는 기대승의 이론을 일부 수용하는 모습을 보인다.

더 나아가, 박세채는 사단과 칠정의 이론적 근거를 본연지성과 기질지성이라는 성의 문제로 소급한다.

> 진실로 그 근원을 거슬러 올라가서 성으로 말하면, 본연지성은 본래 기질 속에 있으나 이 때문에 본연이라고 말하지 않을 수 없고, 정으로 말하면 사단의 정은 본래 칠정에서 나오나 이 때문에 사단이라고 말하지 않을 수 없다. 성은 체(體)이고 정은 용(用)이니 저절로 다른 뜻이 없다. 이에 마침내 사단은 본연을 따라서 '리가 발한 것'이라 하고, 칠정은 기질을 따라서 '기가 발한 것'이라 하니, 무슨 불가함이 있겠는가?[285]

사단은 '리가 발한 것'이고 칠정은 '기가 발한 것'이다. 그러므로 사단은 이발(理發而氣隨之)이 되고 칠정은 기발(氣發而理乘之)이 된다. 박세채는 그 이론적 근거를 정의 근원으로서의 성으로 소급시켜 설명한다. 사단과 칠정은 모두 정이고 그 근원을 소급해가면 성이 되니, 이것이 바로

---

285 『南溪集』卷55, 「四端理發七情氣發說」, "誠欲溯其源, 則以性言之, 本然之性本在於氣質, 而不可因此不謂之本然; 以情言之, 四端之情本出於七情, 而不可因此不謂之四端. 性情體用, 自無異致. 於是遂以四端從本然而謂理之發, 七情從氣質而謂氣之發, 有何不可."

'성발위정'의 의미이다. "사단은 본연지성을 따라서 리가 발한 것이라 하고, 칠정은 기질지성을 따라서 기가 발한 것이라 한다." 이황의 말처럼, 사단은 본연지성(리)에 근원하고 칠정은 기질지성(기)에 근원한다. 결국 사단은 본연지성에 근원하므로 '리가 발한 것'이 되고, 칠정은 기질지성에 근원하므로 '기가 발한 것'이 된다. 따라서 "사단은 '이발'이라 하고 칠정은 '기발'이라 한들 무슨 잘못이 있겠는가." 사단은 '이발'이고 칠정은 '기발'이니, 이황의 호발설이 타당하다는 의미이다.

이렇게 볼 때, 박세채의 사단칠정론은 이황의 호발설을 지지하고 이이의 이론을 비판하는데 있다고 하겠다. 박세채는 이이의 이론에 대해 "몸소 그 문하에서 물을 수 없는 것이 한스럽다"[286]라고 애석해하기도 한다. 이것은 소론의 영수로써 노론과 대치하던 그의 정치노선과도 무관해 보이지 않는다. 이로써 노론의 반대편에 있던 남인의 영수격인 이황의 이론을 지지하고, 노론의 영수격인 이이의 이론에는 비판적 태도를 보인 것으로 볼 수 있다.

---

286 같은 곳, "恨不能躬質於其門也."

15

이숭일(李嵩逸)의 사단칠정론

이숭일(李嵩逸, 1631~1698)[287]의 사단칠정론은 「서율곡이씨논사단칠정
서후(書栗谷李氏論四端七情書後)」라는 짧은 글에 보이는데, '율곡 이씨의
사단칠정을 논한 글 뒤에 쓴 글'이라는 말에서 알 수 있듯이 이이의 사
단칠정론을 비판하는데 그 요지가 있다. 그의 형인 이현일도 이와 유사
한 「율곡이씨논사단칠정서변(栗谷李氏論四端七情書辨)」(1688)을 지어 이이
의 사단칠정론을 비판한 바가 있다.

먼저 이숭일은 이이의 이론이 분분하고 견강부회한 것은 모두 리에
대한 잘못된 이해에서 비롯된 것이라고 지적한다.

> 선유가 말한 '리는 무위(無爲)하고 기는 유위(有爲)하다'는 것은 '리는 정
> 의가 없고 기는 작용이 있다'고 말하는 것에 불과하다. '정의가 없다'는 것

---

287 이숭일의 본관은 載寧, 자는 應中, 호는 恒齋로 경북 영해 출신이다. 아버지는 이
조판서에 추증된 李時明이며, 어머니는 안동장씨로 張興孝의 딸이다. 외할아버
지와 아버지로부터 가학을 전수받아 형인 이휘일 · 이현일과 함께 퇴계학맥을 계
승한다. 저서로는 『항재집』이 있다.

은 '작용이 있다'는 것만 못하다는 것을 말할 따름이지, 진실로 리를 광활하고 아득하여 체(體)는 있으나 용(用)이 없는 물건으로 여긴 것이 아니다. 율곡은 이러한 잘못을 고집하여 바꿀 수 없는 정론이라 여기니, 비록 선현이 논한 '태극에는 동정이 있고 리에는 스스로 작용이 있다'는 설이 있으나, 모두 생각할 겨를이 없이 감히 멋대로 이론을 세웠다. 음양의 동정을 논하는데 이르러서는 "음이 고요하고 양이 움직이는 것은 기틀이 스스로 그러할 뿐이고 시키는 자가 있는 것이 아니다. 양이 움직인 것은 리가 움직임에 탄 것이지 리가 움직인 것이 아니고, 음이 고요한 것은 리가 고요함에 탄 것이지 리가 고요한 것이 아니다." 그가 근원과 종지에 대해 잘못 이해한 것이 이미 이와 같으니, 또한 그 설이 분분하고 견강부회함에 이상할 것이 없다.[288]

주자에 따르면 "기는 응결하고 조작할 수 있으나, 리는 오히려 정의(감정)가 없고 계탁(생각)이 없고 조작이 없다."[289] 즉 리는 무위하고 기는 유위하다는 말이다. 그러나 선유(주자)가 말한 '리는 무위하고 기는 유위하다'는 것은 리는 정의가 없고 기는 작용이 있다고 말한 것에 불과하다.

그러므로 이때 '정의가 없다'는 것은 곧장 작용이 없다는 뜻이 아니다. 다만 '정의가 없다'는 것은 '작용이 있다'는 것만 못하다는 것을 말

---

288 『恒齋集』卷4, 「書栗谷李氏論四端七情書後」, "先儒所謂理無爲氣有爲者, 不過曰理無情意, 氣有作用. 無情意者, 不如有作用者云爾, 非眞以理爲蕩蕩茫茫, 有體無用之物也. 栗谷執此誤, 認以爲不可易之論, 雖有先賢所論太極有動靜理自有用之說, 皆不暇致思, 乃敢肆然立論. 至論陰陽動靜, 則曰陰靜而陽動, 機自爾也, 非有使之者也. 陽之動則理乘於動, 非理動也; 陰之靜則理乘於靜, 非理靜也. 其於源頭宗旨錯解旣如此, 則亦無怪乎其說之紛紜穿鑿也."
289 『朱子語類』卷1, "蓋氣則能凝結造作, 理卻無情意, 無計度, 無造作."

할 따름이지, 즉 기와 같은 '작용이 있다'는 말은 아니지만, 그렇다고 "진실로 리를 광활하고 아득하여 체(體)는 있으나 용(用)이 없는 물건으로 여긴 것이 아니다" 즉 리가 전혀 작용이 없는 무위한 물건이 아니라는 말이다. 이황의 말처럼 "정의가 없다고 운운한 것은 본연의 체이고, 발할 수 있고 낳을 수 있는 것은 지극히 신묘한 용이다."[290] 즉 리에는 본연의 본체와 동시에 지극히 신묘한 작용이 있다는 말이다. 결국 리에는 발하고 낳는 신묘한 작용이 있으니, 이이의 주장처럼 무위한 것이 아니다.

그럼에도 이이는 '리는 무위하고 기는 유위하다'는 말을 고집하고, 이것을 바꿀 수 없는 정론으로 간주한다. "리는 무형(無形)하고 기는 유형(有形)하며, 리는 무위(無爲)하고 기는 유위(有爲)하다. 무형·무위하지만 유형·유위의 주재가 되는 것은 리이고, 유형·유위하지만 무형·무위의 그릇이 되는 것은 기이다."[291] 이이에 따르면, 리는 무형·무위하므로 유형·유위한 기에 의지해야만 존재할 수 있다. 비록 이이가 리의 주재를 말하고 있지만, 이때의 주재 역시 리가 실제로 기에게 명령하거나 시키는 능동적 주체로 해석하는 이황과는 분명히 구분된다.

이러한 이이의 해석과는 달리, 선현들은 리의 주체적 작용을 강조한다. 예컨대 주돈이의 "태극에는 동정이 있다"거나 이황의 "리에는 스스로 작용이 있다"는 설의 경우이다. 주돈이에 따르면 "태극이 동하여 양을 낳고 정하여 음을 낳는다"[292] 즉 태극이 동정하여 음양을 낳으니, 태극은 동정하는 주체가 된다. 또한 이황에 따르면 "리에는 스스로 작용

---

290 『退溪集』卷39, 「答李公浩養中(問目)」, "蓋無情意云云, 本然之體, 能發能生, 至妙之用也."

291 『栗谷集』卷10, 「答成浩原」, "理無形也, 氣有形也; 理無爲也, 氣有爲也. 無形無爲而爲有形有爲之主者, 理也; 有形有爲而爲無形無爲之器者, 氣也."

292 『周子全書』卷1, 「太極圖說」, "太極動而生陽……靜而生陰."

이 있기 때문에 자연히 양을 낳고 음을 낳는다"[293] 즉 리가 작용하는 주
체가 된다. 이처럼 이숭일은 주돈이와 이황의 말에 근거하여 리가 무위
한 것이 아니라, 실제로 동정(작용)하는 주체임을 강조한다. 이 때문에
이숭일은 이러한 선현들의 설이 있는데도 이이가 제대로 생각지도 않
고 감히 멋대로 이론을 세웠다고 비판한다.

그러나 이이는 리가 무위하므로 결코 동정과 같은 작위성이 없다고
주장한다. "음이 고요하고 양이 움직인 것은 기틀이 스스로 그러할 뿐
이지 시키는 자가 있는 것이 아니다. 양이 움직인 것은 리가 움직임에
탄 것이지 리가 움직인 것이 아니고, 음이 고요한 것은 리가 고요함에
탄 것이지 리가 고요한 것이 아니다."[294] 이때의 기틀(機)이란 리를 태우
거나 실을 수 있는 물건이니, 리의 영역이 아니라 기의 영역에 해당한
다. 결국 리가 실제로 동정하는 주체가 아니라, 리가 타고 있는 기틀(기)
이 동정한다. 이것은 리의 실제적 동정뿐만 아니라, 아울러 만물의 생
성 역시 '리가 만물을 낳는다'고 주장하는 이황의 해석과는 분명히 구분
된다.[295]

이 때문에 이숭일은 이이가 근원과 종지, 즉 리에 대해 잘못 이해하
고 있기 때문에 그의 이론이 분분하고 견강부회하다고 비판한다. "이이
의 설에 차이가 나는 까닭은 리가 무위하다는 설로 말미암아 잘못된 것
이다."[296] 이이에 따르면, 리는 무위하니 이황의 '리가 발한다(사단/이발)'

---

293 『退溪集』卷39,「答李公浩養中(問目)」, "理自有用, 故自然而生陽生陰也."

294 『栗谷集』卷10,「答成浩原」, "〈氣發而理乘者, 何謂也.〉陰靜陽動, 機自爾也, 非有
使之者也. 陽之動則理乘於動, 非理動也; 陰之靜則理乘於靜, 非理靜也."

295 이황은 공자의 '역에 태극이 있으니 이것이 兩儀를 낳는다'거나 주돈이의 '태극이
동하여 양을 낳고 정하여 음을 낳는다'는 구절에 근거하여, 태극(리)이 음양(기)을
낳는다고 해석한다. "만약 리와 기가 본래 一物이라면, 태극이 곧 兩儀이니 어찌
태극이 兩儀를 낳을 수 있겠는가."(『退溪集』卷41,「非理氣爲一物辯證」, "今按孔
子周子明言陰陽是太極所生. 若曰理氣本一物, 則太極即是兩儀, 安有能生者乎.")

는 것은 잘못된 것이며, 사단과 칠정은 모두 기가 발하고 리가 타고 있는 기발이승일도(氣發理乘一途)일 뿐인 것이다.

또한 이숭일은 주자의 말에 근거하여 이이의 주장이 잘못이라고 비판한다.

> 주자가 또 말하기를 "리에 동정이 있기 때문에 기에 동정이 있다. 만약 리에 동정이 없다면, 기가 무엇으로부터 동정할 수 있겠는가."[297] 또 말하기를 "태극은 스스로 동정할 수 있으니 결코 흙덩이처럼 자리만 지키는 물건이 아닐 뿐이다." 이에 근거하면, 율곡이 말한 "양이 움직인 것은 리가 움직임에 탄 것이지 리가 움직인 것이 아니고, 음이 고요한 것은 리가 고요함에 탄 것이지 리가 고요한 것이 아니다"라는 것은 잘못이다.[298]

주자에 따르면, 리는 실제로 동정하는 주체이지 흙덩이처럼 그냥 우두커니 자리만 지키는 물건이 아니다. 이이가 주장하는 '기의 동정' 역시 리의 동정에 근원하니, 리의 동정에 연유하여 기가 동정한다는 말이다. 때문에 "리가 동정하는 것이 아니라, 다만 기의 동정에 타고 있을 뿐이다"는 이이의 주장은 잘못된 것이다.

이어서 이숭일은 리가 실제로 발동하는 사례를 어린아이가 우물에 들어가는 상황에 비유하여 설명한다.

---

296 『恒齋集』卷4, 「書栗谷李氏論四端七情書後」, "此說之所以差, 又由於理無爲之說誤之也."

297 『朱熹集』卷56, 「答鄭子上」, "理有動靜, 故氣有動靜, 若理無動靜, 則氣何自而有動靜乎."

298 『恒齋集』卷4, 「書栗谷李氏論四端七情書後」, "朱子又曰理有動靜, 故氣有動靜. 若理無動靜, 氣何自而有動靜乎. 又曰, 太極自會動靜, 決非塊然自守之物而已. 據此則栗谷所謂陽動則理乘於動, 非理動也; 陰靜則理乘於靜, 非理靜也者爲謬矣."

주자가 또 말하기를 "바야흐로 갑자기 어린아이가 우물에 들어가는 것을 보았을 때에 마음속에 본래 가지고 있던 리가 감촉에 따라 발하니, 마음이 감싸둘 수 없고 기가 간여할 수 없다."[299]……이에 근거하면, 율곡이 말한 "기가 아니면 발할 수 없고 리가 아니면 발하는 것이 없다"는 것은 더욱 의심스럽고, 사단과 칠정은 다만 "기가 발하고 리가 타는 하나의 길이다"고 하는 것은 결국 터무니없는 말이니, 〈이것은〉 리를 투철하게 보지 못한 병통이다.[300]

주자에 따르면, 리는 무위(無爲)한 것이 아니라 실제로 발동한다. 예를 들어 갑자기 어린아이가 우물에 들어가는 것을 보면 마음속에 본래 가지고 있던 리가 감촉에 따라 발하는데, 이때는 마음이 감싸둘 수 없고 기가 간여할 수 없다. '마음이 감싸둘 수 없다'는 것은 대상의 감촉에 따라 마음속의 리가 곧바로 측은지심으로 발현되어 달려가서 어린아이를 구제하는데, 이러한 측은지심의 발현이 바로 '리가 발한 것(이발)'이다. 또한 '기가 간여할 수 없다'는 것은 이때에도 기가 없는 것은 아니지만(리와 기가 함께 있지만), 기가 용사하지 못하므로 다만 리가 발할 뿐이다. 결국 측은과 같은 사단은 리(성)가 발한 것이니, 리는 결코 무위한 것이 아니다.

---

299 주자의 이 글은 『朱子語類』卷53, "方其乍見孺子入井時, 也著脚手不得."과 『朱子語類』卷5, "理便在心之中, 心包蓄不住, 隨事而發."을 발췌하여 인용한 것이다. 이 글이 발췌한 것임은 이현일의 문집에 보인다. 『葛庵集』卷18, 「栗谷李氏論四端七情書辨」, "然方其乍見孺子入井時, 心中本有之理, 隨觸而發, 心包蓄不住, 氣著脚手不得.(此三轉語, 節略朱子語.)"(어린아이가 갑자기 우물에 들어가는 것을 보았을 때에 마음속에 본래 가지고 있던 리가 감촉에 따라 발하여 마음이 감싸둘 수 없고 기가 간여할 수 없다.(이 세 마디는 주자의 말을 발췌한 것이다.))

300 『恒齋集』卷4, 「書栗谷李氏論四端七情書後」, "朱子又曰, 方其乍見孺子入井時, 心中本有之理, 隨觸而發, 心包蓄不住, 氣著脚手不得.……據此則栗谷所謂非氣則不能發, 非理則無所發者, 尤可疑, 而四端七情, 只有氣發理乘一途云者, 終歸亂道胡說, 看理不透之病也."

이러한 주자의 말에 근거하면, 이이의 "발하는 것은 기이고 발하게 하는 소이는 리이니, 기가 아니면 발할 수 없고 리가 아니면 발할 것이 없다"[301] 즉 발하는 것은 기이지 리가 아니라는 말은 옳지 않다.

그럼에도 이이에 따르면, 리는 무위하므로 발할 수 없고 발하는 것은 기이니 사단과 칠정은 모두 기가 발하고 리가 타는 '기발이승일도'일 뿐이다. 사단과 칠정이 모두 리에 근원할지라도(리가 타고 있을지라도) 실제로 발하는 주체는 기가 된다. 이것은 실제로 발하는 주체를 리로써 해석하는 이황과는 분명히 구분된다.

이 때문에 이숭일은 이이의 '기발이승일도'가 터무니없는 말에 불과하며, 이 모든 병통의 원인이 바로 리에 대한 이해가 투철하지 못하기 때문이라고 비판한다. 이것은 이이처럼 사단과 칠정이 모두 '기발이승일도'가 아니라, 이황처럼 사단/이발과 칠정/기발로 구분해야 한다는 말에 다름 아니다.

더 나아가 이숭일은 사람의 마음뿐만 아니라 천지의 조화 역시 리와 기로 분속할 수 있다고 강조한다.

> 삼가 유추해보면, 비단 사람의 마음에만 이동(理動)과 기동(氣動)의 구별이 있는 것이 아니라, 천지의 조화 역시 사단과 칠정처럼 리와 기로 나누어 말할 수 있다. 무릇 원·형·이·정의 리가 생(生, 씨앗)·장(長, 성장)·수(收, 수확)·장(藏, 저장)에 발현되니, 예컨대 인·의·예·지의 성이 발하여 사단이 되는 것과 같으니 어찌 이른바 '리가 발한 것'이 아니겠는가. 음양의 기가 감촉되는 바가 있으면 추위·더위·바람·비·우레·천둥·서리·우박이 되니, 예컨대 기질지성이 발하여 칠정이 되는 것과

---

301 『栗谷集』卷10, 「答成浩原(壬申)」, "大抵發之氣也, 所以發者理也, 非氣則不能發, 非理則無所發."

같으니 어찌 이른바 '기가 발한 것'이 아니겠는가. 이와 같다면 율곡이 말한 "천지의 조화도 기가 발하고 리가 타는 것이 아님이 없다"는 것은 더욱이 왼쪽으로도 구속되고 오른쪽으로도 막혀서 모두 귀착할 곳이 없음을 볼 수 있다.[302]

　　이황처럼 사단과 칠정은 리와 기로 분속시켜 말할 수 있다. 사단은 본연지성(리)이 발한 것이므로 '이발'이 되고, 칠정은 기질지성(기)이 발한 것이므로 '기발'이 된다. 그러므로 비록 사단과 칠정이 모두 리와 기를 겸하지만, 사단은 리를 주로 하여 말한 것이므로 리에 분속시키고 칠정은 기를 주로 하여 말한 것이므로 기에 분속시킬 수 있다.

　　따라서 사람의 마음에만 이동(理動)과 기동(氣動), 즉 '이발'과 '기발'의 구분이 있는 것이 아니라, 천지의 조화에도 이동(이발)과 기동(기발)의 구분이 있다. 예컨대 원·형·이·정의 리가 생·장·수·장으로 발현되는데, 이것은 마치 인·의·예·지의 본연지성(리)이 발하여 측은·수오·사양·시비의 사단이 되는 것과 같으니, 바로 '리가 발한 것(理發)'이다. 또한 음양의 기가 감촉되는 바가 있으면 추위·더위·바람·비·우레·천둥·서리·우박이 되는데, 이것은 기질지성(기)이 발하여 칠정이 되는 것과 같으니, 바로 '기가 발한 것(氣發)'이다. 결국 사람의 마음과 마찬가지로, 천지의 조화 역시 리(이발)와 기(기발)로 구분하여 말할 수 있다.

　　그러나 이이에 따르면 "천지의 조화와 내 마음의 발함이 〈모두〉 기가

---

302 『恒齋集』卷4, 「書栗谷李氏論四端七情書後」, "因竊以類而推之, 非但人心有理動氣動之別, 雖天地之化, 亦可以分言理氣, 如四端七情之爲也. 蓋元亨利貞之理, 發見於生長收藏, 譬如仁義禮智之性, 發爲四端, 豈非所謂理發者乎. 陰陽之氣, 有所感觸, 爲寒暑風雨雷霆霜雹, 譬如氣質之性, 發爲七情, 豈非所謂氣發者乎. 是則栗谷所謂天地之化, 亦無非氣發而理乘者, 尤可見其左牽右礙, 都無所著落也."

발하고 리가 타지 않는 것이 없다"[303] 사람의 마음과 마찬가지로, 천지의 조화 역시 '기발이승일도'일 뿐이다. 이때의 '기발이승'이란 리는 무위하고 기는 유위하다는 말의 다른 표현이다. 리는 무위하므로 발할 수 없고 발하는 것은 기이니, 천지의 조화는 모두 '기발이승일도'이다. 이 때문에 이숭일은 이이의 주장이 좌우로 구속되고 막혀서 모두 귀착할 곳이 없다고 비판한다. 이것은 사람의 마음과 마찬가지로, 천지의 조화 역시 리(이발)와 기(기발)로 구분해야 한다는 말이다.

이 때문에 이숭일은 이이가 사단과 칠정을 모두 '기발이승일도'로 해석하는 것을 비판한다.

> '사단과 칠정이 서로 발용한다'는 것을 논함에는 "칠정이 사단을 겸하니 칠정 밖에는 사단이 없다"라고 하였고, 천인합일의 이치를 논함에는 "비단 사람의 마음만이 기가 발하고 리가 타는 것이 아니라 천지의 조화도 기가 발하고 리가 타는 것이 아님이 없다"라고 하였다. 이는 다만 음양에 동정이 있는 것만 알고 다시 태극에 스스로 동정의 신묘함이 있음을 알지 못한 것이다. 그러므로 전후에서 말한 것이 기 한쪽의 설만을 주장하지 않은 것이 없으니, 어찌 이른바 '근원에 대해 한번 잘못 이해하면, 무한한 추태와 착오를 낳는다'는 것이 아니겠는가.[304]

이이에 따르면, 칠정 가운데 선한 부분만을 말한 것이 사단이니, 칠정 밖에 사단이 있는 것이 아니다. 결국 칠정이 사단을 포괄하니 사단

---

303 『栗谷集』卷10, 「答成浩原」, "是故天地之化吾心之發, 無非氣發而理乘之也."
304 『恒齋集』卷4, 「書栗谷李氏論四端七情書後」, "論四端七情之互有發用, 則曰七情兼四端, 七情之外, 更無四端; 論天人合一之理, 則曰非特人心爲氣發而理乘也, 天地之化, 無非氣發而理乘也. 是蓋徒知陰陽之有動靜, 不復知太極自有動靜之妙. 故前後云云, 無非主張氣一邊底說, 豈非所謂一錯了源頭, 生出無限醜差者乎."

과 칠정은 하나의 정이다. 정이 하나이니, 그 근원으로서의 성 역시 하나이다. 사단과 칠정이 모두 성(리)이 발한 것이니, 선악으로 말하면 이때의 칠정은 선이 되고 불선의 의미가 아니다. 이것은 사단과 칠정을 서로 다른 정으로 해석하는 이숭일(이황)과는 분명히 구분된다. 사단과 칠정은 서로 다른 정이니 그 근원으로서의 성 역시 둘이다. 사단은 본연지성(리)이 발한 것이고 칠정은 기질지성(기)이 발한 것이니, 선악으로 말하면 이때의 칠정은 불선의 의미이다.

또한 이이는 사람의 마음과 천지의 조화를 모두 '기발이승일도'로 해석하는데, 이것은 전적으로 '리는 무위하고 기는 유위하다'는 말에 근거한다. 결국 기가 아니면 발할 수 없으니 "기 한쪽의 설만을 주장하지 않은 것이 없다."

이렇게 볼 때, 이이의 병폐는 근원 즉 리에 대한 이해가 잘못된 데에서 비롯된다. 리를 '무위'한 개념으로 인식함으로써 기에 동정이 있는 것만 알고 리에 스스로 동정하는 신묘함이 있음을 알지 못한 것이다. 이 때문에 이숭일은 이이가 이황처럼 '사단과 칠정이 서로 발용한다' 즉 사단/이발과 칠정/기발로 해석하는 것이 아니라, 사단과 칠정을 모두 '기발이승일도'로 해석하는 무한한 추태와 착오를 낳았다고 비판한다.

더구나 이숭일은 이것이 바로 이이 자신을 그릇되게 하고 후학을 그릇되게 한 것이라고 비판한다.

> 아! 율곡은 남보다 뛰어난 자질과 빼어난 기상이 있어서 일세(一世)를 뒤흔들었으니, 성명을 거리낌 없이 말한 것은 결코 보통 사람들이 미칠 수 있는 바가 아니다. 다만 뛰어난 것에 빠져서 다시 마음을 낮추거나 뜻을 겸손히 하여 인내하고 이해하지 않았으니, 이치를 밝힘에는 '신묘함을

궁구하여 변화를 안다'고 여겼지만 혹 정밀하게 분별하고 치밀하게 살피는 공부가 결여되었고, 이론을 세움에는 성인이 〈다시 태어나도〉 나의 말을 바꾸지 않는다고 여겼지만 거칠고 경솔한 병통을 벗어나지 못하였다.……큰 근원처에 이르러서는 더욱 그 병폐가 다양함을 볼 수 있으니, 이전 〈성현의〉 말에 물어봐도 맞는 것이 없고 내 마음에 증험해도 타당한 바가 없으니, 자신을 그릇되게 하고 후학을 그릇되게 함이 심하다.[305]

이이는 당대를 뒤흔들 정도로 자질이 뛰어났지만, 다만 자신이 뛰어나다는 오만에 빠져서 '신묘함을 궁구하여 변화를 안다'거나 '성인이 다시 태어나도 나의 말을 바꾸지 않는다'고 잘난 체함으로써 공부가 거칠고 경솔한 병통에서 벗어나지 못하였다. 특히 큰 근원처 즉 리에 대한 이해에서는 그 병폐가 더욱 심하였으니, 모든 작용(동정)은 기가 하는 것이고 리는 다만 무위할 뿐이라는 것이다. 이이의 이러한 주장은 주자와 이황과 같은 이전 성현에게 물어보아도 합당하지 않고, 이숭일 자신이 직접 검증해보아도 타당하지 않다. 이 때문에 이숭일은 이이가 자신뿐만 아니라 후학을 그르친 것이 매우 심하다고 비판한다.

또한 이숭일은 성혼의 주장이 타당한데도, 이이의 주장에 굴복한 것을 탄식하기도 한다.

당시 우계와 같은 여러 분이 처음 본 것이 또한 확실하고 잘못이 없다고 할 수 있으나, 한번 율곡의 웅변에 주춤하여 끝내 버티지 못하고 연이

---

305 같은 곳, "噫. 栗谷有絶人之資俊爽之氣, 袒臂一世, 高談性命, 決非庸庸者所可企及. 惟其困於所長, 不復低心遜志, 耐煩理會, 明理則以爲窮神知化, 而或闕於精辨密察之工, 立論則以爲聖人不吾易, 而不免於粗疏率爾之病.……至於人源頭處, 尤見其病敗多端, 質諸前言而無所合, 驗諸吾心而無所當, 其自誤而誤後學甚矣."

어 머리를 숙이고 명을 들으니, 아! 이 또한 한탄스러울 뿐이다.[306]

　성혼에 따르면, "이기호발설은 바로 천하의 정해진 이치이니, 퇴계의 견해는 타당하다."[307] 이러한 성혼의 주장이 확실하고 잘못이 없었으나, 이이의 웅변에 버티지 못하고 그의 주장을 따랐으니 개탄스럽다. 이것은 이황의 호발설이 타당하다는 말에 다름 아니다.

　이렇게 볼 때, 이숭일의 사단칠정론은 이황의 호발설을 지지하고 이이의 '기발이승일도'를 비판하는데 그 특징이 있다. 무엇보다 이이의 잘못은 '리는 무위하고 기는 유위하다', 즉 리에도 신묘한 작용이 있음을 알지 못한데 있다고 비판한다.

306　같은 곳, "當時如牛溪諸公初來所見, 亦可謂端的無差, 而一被栗谷雄辯所難倒, 遂不敢與之支吾, 相率而俯首聽命焉, 吁, 是亦可歎也已."

307　『牛溪集』卷4, 「與栗谷論理氣 第1書(別紙)」, "理與氣之互發, 乃爲天下之定理, 而退翁所見亦自正當耶."

16

조성기(趙聖期)의 사단칠정론

조성기(趙聖期, 1638~1689)[308]의 사단칠정론은 그가 20세에 지은 '퇴계와 율곡 두 선생의 사단칠정과 인심도심의 이기설에 대한 뒷 변론'이라는 「퇴율양선생사단칠정인도이기설후변(退栗兩先生四端七情人道理氣說後辨)」의 글 속에 자세히 보인다. 변론의 제목에서도 알 수 있듯이, 조성기는 사단과 칠정의 문제를 인심과 도심의 이기론적 내용에 근거하여 해석을 전개한다.

때문에 조성기의 사단칠정론은 리와 기의 관계에 대한 규정으로부터 시작된다.

리는 반드시 기에 붙어서 존립하지만, 실제로 기의 주재가 되어 기를 타고서 동정한다. 기는 본래 리에서 근원하여 있지만, 도리어 리의 껍데기가 되어 리를 담고서 유행한다. 때문에 리에는 기 없는 리가 없고 기에

---

308 조성기의 본관은 林川, 자는 成卿, 호는 拙修齋이다. 평생 관직에 나가지 않고 학문 연구에 몰두하였으며, 김창협·임영 등과 교유하였다. 저서로는 『졸수재집』이 있다.

는 리 없는 기가 없어서 반드시 서로 기다려서 작용하고 혼합되어 있어 서로 떨어지지 않는다. 이 심은 비록 신묘한 작용이 헤아릴 수 없고 순환이 만 가지이나, 그 까닭을 궁구해보면 실제로 리와 기가 합하고 기발이승(氣發理乘)에 불과할 따름이다. 그러나 '기발이승' 속에서 세분하여 말하면, 또한 '리가 기를 타고서 움직이는 것(理乘氣而動)'과 '기가 리에 붙어서 발하는 것(氣寓理而發)'이 있다.[309]

조성기는 리와 기가 서로 떨어질 수 없다는 불상리(또는 혼륜)의 관계를 강조한다. "리에는 기 없는 리가 없고, 기에는 리 없는 기가 없다." 리와 기는 반드시 함께 있으니, 리는 기에 붙어있고(타고 있고) 기는 리를 담는다(태운다). 그러므로 "리와 기는 반드시 서로 기다려서 작용하고 함께 있어 서로 떨어지지 않는다." 이 때문에 심의 작용 역시 "실제로 리와 기가 합하고 '기가 발하고 리가 타고 있는 것(氣發理乘⋯途)'에 불과하다." 이때의 심의 작용은 사단칠정과 인심도심의 내용을 포괄한다. 이것은 사단칠정과 인심도심 모두 '기발이승일도'에 불과하다는 말이다. 이이의 말처럼 "발하는 것은 기이고 발하는 하는 소이가 리이니" '기발이승일도'가 된다.

그러나 조성기는 "리는 반드시 기에 붙어서 존립하지만 실제로 기의 주재가 되어 기를 타고서 동정한다." 이때 '리가 기를 타고서 동정한다'는 것은 실제로 동정하는 것은 기이지만, 리가 기를 타고서 기의 동정을 주재하니 결국 기를 타고 있는 리에 동정이 없을 수 없다는 의미이다.

---

309 『拙修齋集』卷11,「退栗兩先生四端七情人道理氣說後辨」, "故理必寓乎氣而立, 而實爲氣之主宰, 乘氣而動靜. 氣本原乎理而有, 而反爲理之殼子, 盛理而流行. 所以理無無氣之理, 氣無無理之氣, 必相須而爲用, 渾合而不相離. 而是心也雖妙用不測, 循環萬端, 而究其所以, 則實不過乎理與氣合, 氣發理乘而已. 然而就氣發理乘之中, 細分而言之, 則又有理乘氣而動者, 與氣寓理而發者."

그럼에도 '리가 기를 타고서 동정한다', 즉 '리가 동정한다'는 표현은 이이의 "리는 무위(無爲)하고 기는 유위(有爲)하다"는 주장과 배치되지 않을 수 없다.

게다가 조성기는 기를 리의 껍데기로 해석한다. "기가 본래 리에 근원하여 있지만, 리의 껍데기가 되어 리를 담고서 유행한다." 기를 리의 껍데기로 해석하는 것은 실제로 작용하고 운용하는 것을 전적으로 기의 몫으로 해석하는 이이의 기 중시적 경향과는 조금 차이를 보인다. 결국 조성기는 기의 작용보다 리의 주재를 더 중시하는 것으로 보인다. 이러한 표현은 오히려 리와 기를 존비(尊卑)·귀천(貴賤)의 관계로 해석하는 이황의 이론과 유사하다.

이처럼 리의 주재나 동정을 강조하고 기를 껍데기로 보는 사고는 그대로 불상잡(또는 분개)의 관점으로 이어진다. 리를 드러내기 위해서는 기와 분리시키지 않을 수 없다. 이 때문에 조성기는 이이의 '기발이승일도'를 다시 세분하여 '리가 기를 타고서 움직이는 것(理乘氣而動)'과 '기가 리에 붙어서 발하는 것(氣寓理而發)'으로 구분할 것을 주장한다. 이로써 조성기가 불상리(혼륜)와 불상잡(분개)의 두 관점을 종합하고 있음을 알 수 있다. 이것은 그대로 이이의 이론이 불상리(혼륜)의 관점을 강조하고 이황의 이론이 불상잡(분개)의 관점을 강조한다고 할 때, 이이와 이황의 두 이론을 종합하고 있다는 말에 다름 아니다. 이어서 조성기는 이들의 구체적 내용을 설명한다.

그렇다면 '리가 기를 타고서 움직인다'는 것은 무엇을 말하는가.

'리가 기를 타고서 움직인다(理乘氣而動)'는 것은 무엇을 말하는가. 사람이 이미 인·의·예·지의 성을 가지고 있으면 반드시 인·의·예·지의 정이 있다. 그러므로 어린아이가 우물에 들어가는 것을 보면, '인'의 리가 바로 움직여서 측은지심이 생겨난다. '옛다'하고 던져주는 음식을 받으면, '의'의 리가 바로 움직여서 수오지심이 생겨난다. '예'와 '지'의 리도 느끼는 바의 차이에 따라서 각각 나와서 응하니, 이에 사양지심과 시비지심이 있다. 비록 기품의 치우침과 물욕의 어두움에 구속되지만, 가지고 있는 리는 끝내 가려지거나 손상될 수 없다. 그러므로 느끼는 바의 바름에 따라 천명(天命)의 본체가 기를 타고서 유행한 것이지, 처음부터 기가 시켜서 그러한 것이 아니다. 이것이 '리가 기를 타고서 움직인다'는 것인데, 사람은 이러한 성을 가지고 있지 않는 자가 없다.[310]

사람은 천명에 의해 리를 성으로 부여받으며, 이때 성이 심의 작용을 통해 정으로 드러난다. 이것이 바로 '성발위정'의 의미이다. "사람이 인·의·예·지의 성을 가지고 있으면 반드시 인·의·예·지의 정이 있다." 사람에게 있는 정은 바로 성이 발하여 드러난 것이니, 정의 근원은 성이 된다.

조성기는 인·의·예·지의 성이 측은·수오·사양·시비의 정으로 드러나는 과정을 설명한다. 예를 들어 어린아이가 우물에 빠지려는 것을 보면, 바로 깜짝 놀라고 불쌍히 여기는 측은지심이 생기는데, 이때 측은지심은 바로 '인(仁)의 리'가 움직여서 나온 것이다. 또한 '옛다'하고 던져주는 음식을 받으면, 바로 자신에게 부끄러워하거나 남에게 미워하는 수오지심이 생기는데, 이때 수오지심은 바로 '의(義)의 리'가 움

---

310 같은 곳, "何謂理乘氣而動. 人旣具仁義禮智之性(則), 則必有仁義禮智之情. 故見孺子之入井, 則仁之理便動, 而惻隱之心生焉. 得嗟來之食, 則義之理便動, 而羞惡之心生焉. 禮智之理, 亦隨所感之異, 而各出來以應之, 斯則有辭讓是非之心. 雖局於氣稟之偏, 物欲之昏, 而所其之理, 終不可以蔽虧, 故因所感之正, 而天命之本體, 便乘氣而行, 而初非氣使而然也. 此所謂理乘氣而動, 而人莫不有是性."(괄호 속의 則은 잘못하여 하나 더 추가된 것으로 보인다.)

직여서 나온 것이다. 어른을 보면 양보하는 사양지심이 생기는데 이때 사양지심은 '예(禮)의 리'에서 나온 것이며, 선은 옳은 것이고 악은 그른 것이라는 옳고 그름을 판별할 때에 시비지심이 생기는데 이때 시비지심은 '지(智)의 리'에서 나온 것이다. "사람은 이러한 성을 가지고 있지 않은 자가 없다." 즉 사람이면 누구나 이러한 성(리)을 가지고 있다.

그렇지만 이러한 인·의·예·지의 성도 기품의 영향을 받지 않을 수 없다. 왜냐하면 성은 반드시 기질 속에 내재하기 때문이다. 기질의 청탁(淸濁)·수박(粹駁)에 따라 기질 속에 내재된 성 역시 치우치고 온전한 차이가 없을 수 없다. 기질이 맑고 순수하면 그 속에 내재된 성 역시 온전하지만, 기질이 탁하고 잡박하면 그 속에 내재된 성 역시 치우치게 된다. 그럼에도 불구하고 이때 성의 본래 모습은 조금도 모자라거나 부족함이 없다. "비록 기품의 치우침과 물욕의 어두움에 구속되지만, 가지고 있는 리는 끝내 가려지거나 손상될 수 없다."

성의 본래 모습은 조금도 가려지거나 손상될 수 없으니, 이때는 그대로 "천명의 본체(리)가 기를 타고서 유행한 것이다." 천명의 본체가 기를 타고 유행한다는 것은 리가 기를 타고 발한다는 의미이다. 이때는 기와는 전혀 관계가 없으므로 "기가 시켜서 그러한 것이 아니다." 이것이 바로 '리가 기를 타고서 움직인다(理乘氣而動)'는 뜻이다. 이렇게 볼 때, '리가 기를 타고서 움직인다'는 것은 이황의 사단은 '리가 발하고 기가 따른다(理發而氣隨之)'는 의미와 유사하다. 왜냐하면 조성기가 말하는 측은·수오·사양·시비의 사단은 인·의·예·지의 성(리)에 근원하는데, 이황 역시 이것을 그대로 '이발'로 해석하기 때문이다.

이어서 조성기는 '기가 리에 붙어서 발한다'는 것을 설명한다.

'기는 리에 붙어서 발한다(氣寓理而發)'는 것은 무엇을 말하는가. 사람이 이미 이 형체를 부여받아 생겨났으니, 심의 지각은 실제로 혈기 속에 붙어서 행해지지만 기에는 욕심이 없을 수 없다. 그렇다면 마땅히 귀·눈·입·코에 접촉하여 보고, 듣고, 말하고, 움직임이 촉발될 때에는 몸의 정욕·이해·혈기의 사사로운 작용이 가장 쉽게 느끼고 쉽게 깨달아 그만둘 수 없는 것이다. 그러므로 귀는 소리를 원하고, 눈은 색을 원하며, 입은 맛을 원하고, 코는 냄새를 원하며, 사지는 편안하기를 원하는데, 그 모든 지각이 형기에서 움직여져 나오는 것으로 이 심이 기를 따라서 발하지 않은 것이 없으니, '리가 발한 것'이라고 말할 수 없는 것이다. 다만 그것이 발할 때에 기가 홀로 유행하는 때가 없고 반드시 발하게 하는 소이로서의 리에 붙어있으니, 실제로 이 심이 유행하는 것이 아님이 없으며, 또한 음식·남녀의 욕구도 사람이 반드시 가지고 있는 것이다. 그러나 이 때문에 '식색의 성'을 '천리의 진(眞)'과 혼동해서는 안 된다. 그러므로 리와 기가 발하여 나뉘어져 둘이 되니, 이것이 '기는 리에 붙어서 발한다'는 것이다.[311]

사람은 리와 기로 이루어진다. 『중용장구』의 '천명지위성(天命之謂性)'에 대한 주자의 해석처럼 "기로써 형체를 이루고 리 또한 부여한다."[312] 사람은 기로써 형체를 이루면 리가 부여되어 성이 갖추어지는데, 이때 리와 기가 이루어지면 비로소 심의 지각작용이 시작된다. 이 때문에 심

---

311 같은 곳, "何謂氣寓理而發. 人旣賦是形以爲生, 心之知覺, 實寓行於血氣之中, 而氣不能無欲焉. 則宜其耳目口鼻之所接, 視聽言動之所發, 是身上情欲利害血氣之私用, 最爲易感易覺, 而不容已者也. 故耳欲於聲, 目欲於色, 口欲於味, 鼻欲於臭, 四肢之欲安佚, 而凡他知覺之動於形氣而出者, 無非此心之從氣而發, 不得謂之理發者也. 第其發也, 氣未有獨行之時, 必寓所以發之之理焉, 實亦無非此心之流行, 而且飲食男女之欲, 亦人之所必有者也. 但不可以此而認食色之性混天理之眞. 故理氣之發, 分而爲二, 此所謂氣寓理而發."
312 『中庸章句』, 第1章, "天以陰陽五行, 化生萬物, 氣以成形, 而理亦賦焉."

을 리와 기의 결합으로 해석한다.

"심의 지각은 실제로 혈기 속에 붙어서 행해지지만 기에는 욕심이 없을 수 없다." 심의 지각은 욕심의 대상인 기의 영향을 받지 않을 수 없다. 그래서 귀·눈·입·코 등의 감각기관이 대상과 접촉하여 보고, 듣고, 말하고, 움직임이 발생할 때에는 몸의 정욕·이해·혈기의 사사로운 작용이 쉽게 감응되거나 지각된다. 이로써 귀는 아름다운 소리를 원하고, 눈은 아름다운 색을 원하며, 입은 맛있는 음식을 원하고, 코는 향기로운 냄새를 원하며, 몸은 편안하게 쉬기를 원한다. 이러한 심의 지각은 모두 형기에서 움직여서 나온 것이므로, 비록 심이 이기를 겸한다고 하더라도 이때는 "심이 기를 따라서 발하지 않은 것이 없다" 즉 심이 기를 따라서 발한 것이니, '기발'이지 '이발'이라고 말할 수 없다.

때문에 "음식·남녀의 욕구도 사람이 반드시 가지고 있는 것이지만", 이것은 '식색의 성'에 해당하는 것이므로 '천리의 진(眞)'으로 혼동해서는 안 된다. 결국 음식·남녀의 욕구도 '기가 발한 것'이지 '리가 발한 것'이 아니다. 그렇지만 이때에도 "기가 홀로 유행하는 때가 없고 반드시 발하게 하는 소이로서의 리에 붙어있다." 기만 홀로 작용하고 리가 없는 것은 아니다. 이것이 바로 '기는 리에 붙어서 발한다'는 뜻이다.

이렇게 볼 때, '기가 리에 붙어서 발한다'는 것은 이황의 칠정은 '기가 발하고 리가 탄다(氣發而理乘之)'의 의미와 유사하다. 왜냐하면 비록 칠정도 이기를 겸하지만, 칠정은 인·의·예·지의 성에 근원하는 사단과 달리 형기에서 생겨난 것인데, 이황 역시 이것을 그대로 '기발'로 해석하기 때문이다.

이상의 두 가지 내용에 근거하면, 리가 발할 때도 있고 기가 발할 때도 있다. "리와 기가 발하여 나뉘어져 둘이 된다." 리가 발할 때와 기가 발할 때의 둘로 구분된다. 리가 발할 때는 '리가 기를 타고서 움직이는 것(理乘氣而動)'을 말하고, 기가 발할 때는 '기가 리에 붙어서 발하는 것(氣寓理而發)'을 말한다. 결국 리가 발할 때인 '이발'과 기가 발할 때인 '기발'의 두 가지 경우가 있다는 의미이다.

그렇지만 리가 발할(움직일) 때에도 반드시 기를 타고 있으며(理乘氣而動), 기가 발할 때에도 반드시 리에 붙어있다(氣寓理而發). 이것은 리와 기는 결코 서로 떨어질 수 없다는 '불상리'의 관계를 전제한다는 의미이다. 엄밀하게 말하면, 이것은 이황의 경우도 마찬가지다. 이황이 '이발' 뒤에 기수지(氣隨之)를 붙이고 '기발' 뒤에 이승지(理乘之)을 붙인 것도 리와 기가 함께 있음을 강조한 표현이다. 이렇게 볼 때, 조성기의 이승기이동(理乘氣而動)과 기우이이발(氣寓理而發)은 이황의 이발이기수지(理發而氣隨之)와 기발이이승지(氣發而理乘之)의 의미와 다르지 않음을 알 수 있다.

이러한 관점에서 조성기는 이황 호발설의 의미와 그 문제점을 지적한다.

퇴계는 인심과 도심에 주리·주기의 다름이 있고, 사단과 칠정에 두 가지 뜻이 있음을 알았기 때문에 마침내 리와 기로 나누어 말하였다.……또한 기질지성과 본연지성을 사단과 칠정, 리와 기의 나눔에 견주었는데 이것은 진실로 옳지만, 리와 기가 서로 따르고 서로 떨어지지 않는다는 점에서는 끝내 분명하게 말하지 못하였다. 그러므로 '이발이기수지(理發而氣隨之)'의 설은 말하는 사이에 실수한 것이다.[313]

---

313 『拙修齋集』卷11, 「退栗兩先生四端七情人道理氣說後辨」, "退陶則知人心道心有主理主氣之不同, 而四端七情兩箇意思, 故遂以理氣分言.……又以氣質本然之性, 比四七理氣之分, 此固然矣, 而於理氣相循不相離處, 終不能分明說出. 故理發氣隨之說, 失於名言之間."

먼저 조성기는 이황의 호발설이 가지는 의미를 지적한다. "퇴계는 사단과 칠정에 두 가지 뜻이 있음을 알았다." 이황에 따르면, 사단은 인·의·예·지의 성(리)에 근원하고 칠정은 형기에서 싹튼 것이다. 사단은 인·의·예·지의 성에 근원한 것이므로 리가 주가 되니 '이발(理發而氣隨之)'이고, 칠정은 형기에서 싹튼 것이므로 기가 주가 되니 '기발(氣發而理乘之)'이다. 이러한 이유에서 이황은 사단과 칠정을 리(또는 이발)와 기(또는 기발)로 분속시켜 해석한 것이다.

게다가 이황은 사단과 칠정을 리와 기로 분속시키는 이론적 근거로써 본연지성과 기질지성을 제기한다. "정에 사단과 칠정의 구분이 있는 것은 성에 본연(본연지성)과 기품(기질지성)의 차이가 있는 것과 같다."[314] 사단은 본연지성(리)에 근원하므로 '이발'이고, 칠정은 기질지성(기)에 근원하므로 '기발'이다. 이러한 이유에서 조성기는 이황이 사단과 칠정을 각각 리와 기로 분속시키더라도 "진실로 옳다"라고 말한다.

또한 조성기는 이황의 호발설이 가지는 문제점을 지적한다. "리와 기가 서로 따르고 서로 떨어지지 않는다는 점에서는 끝내 분명하게 말하지 못하였다." 사단과 칠정은 모두 이미 발한 정이므로 이기를 겸한다. 사단도 이기를 겸하고 칠정도 이기를 겸한다. 그렇지만 이황의 말처럼 사단은 '이발'이고 칠정은 '기발'이라면, 결국 사단에는 기가 없고 칠정에는 리가 없는 것으로 해석될 여지가 있다. 때문에 조성기는 이 점에 대한 이황의 명확한 설명이 없는 것을 실수라고 비판한다. 그러므로 "이발이기수지(理發而氣隨之)의 설은 말하는 사이에 실수한 것이다"라고 말한다.

그렇지만 조성기의 비판과 달리, 이황은 사단과 칠정이 모두 이기를

---

314 『退溪集』卷16, 「答奇明彦(論四端七情 第2書)」, "情之有四端七情之分, 猶性之有本性氣稟之異也."

겸한다는 사실을 강조한다. 때문에 '이발' 뒤에는 기가 없는 것이 아님을 강조하여 기수(氣隨)를 붙이고, '기발' 뒤에도 리가 없는 것이 아님을 강조하여 이승(理乘)을 붙였던 것이다. 이처럼 조성기는 이황 호발설의 취지를 인정하면서도, 동시에 리와 기의 '불상리'에 대한 명확한 설명이 없는 것을 비판한다.

이어서 조성기는 이이의 이론이 가지는 의미와 문제점을 지적한다. 먼저 조성기는 이이의 이론이 가지는 의미로써 '기발이승일도'를 거론한다. "율곡은 인심과 도심이 모두 '기가 발하고 리가 타고 있는 것(氣發理乘)'을 알고서 마침내 붙잡아서 말하였기 때문에 한편의 대의는 여기에서 벗어나지 않는다."[315] 이이는 사단칠정의 대의가 '기발이승'에 있음을 분명히 알았다는 뜻이다.

그렇지만 조성기는 "그것이 발할 때에 이미 '리가 기를 타고서 움직이는 것(理乘氣而動)'과 '기가 리에 붙어서 발하는 것(氣寓理而發)'의 다름이 있음을 결코 알지 못하였다"[316]라고 비판한다. 그 이유로써 "사단칠정이든 인심도심이든 똑같이 '기발이승'이지만, 하나는 리가 주가 되어 의리(義理)의 바름에서 발한 것이고, 하나는 기가 주가 되어 혈기(血氣)의 사사로움에서 발한 것이기 때문이다."[317] 이러한 해석은 이황의 주리 · 주기의 논리와 다르지 않다.

특히 조성기는 이이의 이론 가운데 '리가 무위하다'는 관점에 대해 집중적인 비판을 가한다.

---

315 『拙修齋集』卷11, 「退栗兩先生四端七情人道理氣說後辨」, "栗翁則知人心道心之同是氣發理乘, 而遂執而爲言, 故一篇大意, 不越乎此."
316 같은 곳, "殊不知發之之時, 已有理乘氣而動, 與氣寓理而發者之不同."
317 같은 곳, "蓋同一氣發理乘, 而一則理爲之主, 是心之知覺發自心中義理之正; 一則氣爲之主, 是心之知覺發自身上血氣之私."

만약 대체로 리가 작위하는 바가 없어서 마침내 심의 선악을 다만 기의 청탁(淸濁)에만 귀속시킨다면, 이 리가 선악에 간여하는 바가 없어 이른 바 "리라는 것은 그야말로 흐리멍덩한 것으로써 있어도 되고 없어도 되니, 어찌 만물과 만사의 지도리와 주재가 될 수 있으며, '무극의 진(眞)'이 지극히 허하면서 지극히 실한 본연의 신묘함이 어디에 간들 그렇지 않음이 없음을 장차 어느 곳에서 볼 수 있겠는가. 율곡은 이곳에서 스스로 한 단락의 말뜻이 부족하니, 그 잘못은 변론하지 않아도 알 수 있다.[318]

이이는 '리는 무위하고 기는 유위하다'는 이론에 근거하여, 심의 선악을 모두 기의 청탁(淸濁)으로 해석한다. 리는 무위하므로 어떠한 작용도 없으니, 작용하는 것은 모두 기의 몫이다. 사단과 칠정은 모두 이미 발한 정이므로 이기를 겸한다. 그러므로 실제로 발하는 것은 전적으로 기의 몫이니, 사단이든 칠정이든 모두 '기발이승일도'가 된다. 이러한 이유에서 이이는 사단을 '이발'로 해석하는 이황을 비판하니, 리는 무위하므로 결코 발(發)과 같은 작위적 개념에 쓰일 수 없다.

때문에 이이는 심(또는 정)의 선악문제를 그대로 기의 청탁으로 해석한다. "선은 청기(淸氣)가 발한 것이고, 악은 탁기(濁氣)가 발한 것이다."[319] 비록 사단과 칠정이 모두 성에 근원한다고 하더라도, 리는 무위하기 때문에 어떠한 작용이나 주재도 하지 못한다. 결국 심의 선악은

---

318 같은 곳, "若槩理無所作爲, 而遂以心之善惡, 只屬乎氣之淸濁, 則是理無所與於善惡, 而所謂理者直是一箇儱侗物事, 有亦可無亦可, 烏足爲萬物萬事之樞紐主宰, 而無極之眞, 至虛而至實, 本然之妙, 無適而不然者, 將於何處而可見乎. 栗翁於此, 自欠一段語意, 而其失不待辨說而可知矣."

319 『栗谷集』卷14, 「人心道心圖說」, "善者, 淸氣之發也; 惡者, 濁氣之發也."(『拙修齋集』卷11, 「退栗兩先生四端七情人道理氣說後辨」, "善者, 固是淸氣之發矣; 惡者, 固是濁氣之發矣.")

전적으로 기에 의해 결정되니, 선이 되는 '청기'와 악이 되는 '탁기'로 구분된다.

조성기는 이러한 이이의 해석에 반대한다. 이이처럼 "리는 작위하는 바가 없어서 마침내 심의 선악을 다만 기의 청탁에만 귀속시킨다면", 이 리는 그야말로 있어도 그만 없어도 그만인 흐리멍덩한 물건이 되어 만사만물의 지도리와 주재가 될 수 없다. 이로써 지극히 허하면서 지극히 실한 무극의 진(眞), 즉 천리가 유행하는 본연의 신묘함을 어디에서도 볼 수 없게 된다. 결국 선한 정은 천리가 발한 것이지, 청기(淸氣)에 의한 것이 아니다. 이러한 이유에서 조성기는 "율곡은 이곳에서 말뜻이 부족하니 그 잘못은 변론할 필요가 없다"라고 비판한다.

이처럼 조성기는 이이가 '기발이승'에 대의를 둔 것은 인정하면서도, 동시에 주리·주기의 논리에 따라 이승기이동(理乘氣而動)과 기우이이발(氣寓理而發)로 세분하지 못한 것이나 '리가 무위하다'는 이유로 주재를 인정하지 않는 것은 매우 잘못이라고 비판한다.

조성기는 이황과 이이의 이론에 모두 문제가 있음을 지적하면서도, 동시에 이이의 이론보다 이황의 이론에 좀 더 관대한 태도를 보인다.

> 율곡은 칠정이 인심과 도심을 겸하고 리와 기를 합하므로 사단과 함께 '이발'과 '기발'로 나눌 수 없다는 것으로써 마침내 퇴계의 말을 강하게 공격하였다. 퇴계의 말은 비록 잃은 바가 있지만 그 근본은 주자에서 나와서 처음부터 의미가 있으니, 한 마디의 견해로서 경솔하게 논리를 세워 퇴계를 비방하는 것은 옳지 않다.[320]

---

320 『拙修齋集』卷11, 「退栗兩先生四端七情人道理氣說後辨」, "又以七情兼人道合理氣, 不可與四端分理氣之發, 遂力攻退溪之言. 退溪之言, 雖有所失, 其本則出於朱子, 而初有意義, 不可以一截之見, 率然立論而詆斥之也."

주자는 『주자어류』에서 사단과 칠정을 '리가 발한 것'과 '기가 발한 것'으로 해석한다. "사단은 리가 발한 것이고 칠정은 기가 발한 것이다."[321] 후에 이황은 주자의 말에 근거하여 "사단은 리가 발하고 기가 따르는 것이며(理發而氣隨之) 칠정은 기가 발하고 리가 타는 것이다(氣發而理乘之)"라고 해석한다. 이 때문에 조성기는 "퇴계의 말은 비록 잃은 바가 있지만, 그 근본은 주자에서 나와서 처음부터 의미가 있다"라고 말한다.

'주자에서 나왔다'는 것은 주자의 "사단은 리가 발한 것이고 칠정은 기가 발한 것이다"는 해석에 근거한다는 의미이다. '잃은 바가 있다'는 것은 이황처럼 사단과 칠정을 '이발'과 '기발'로 해석할 경우, 사단에는 기가 없고 칠정에는 리가 없는 것으로 해석될 우려가 있다는 의미이다. 결국 이황의 이론에도 실수가 없지 않지만 그 대의(大義)는 주자에 근본하기 때문에 이이가 "경솔하게 논리를 세워 퇴계를 비방하는 것은 옳지 않다."

이어서 조성기는 이이의 병폐가 이황의 실수보다 더 심각하다고 지적한다.

주자는 사단과 칠정을 리에서 발한 것이고 기에서 발한 것이라고 논하는 외에도, "기뻐하고 화내는 것은 인심이며, 마땅히 기뻐하고 화내야할 것을 기뻐하고 화내는 것은 바로 도심이다"라는 말이 있는데, 이러한 말은 사단칠정과 인심도심의 설에서 더욱 분명히 리와 기로 나누고 있다. 율곡의 설이 과연 주자에게 부합하는지 과연 주자에게 부합하지 않는지 알지 못하겠다. 이것은 내가 감히 알지 못하는 것으로서, 아마도 율곡의

321 『朱子語類』卷53, "四端是理之發, 七情是氣之發."

말이 지나치게 고상한 병폐는 오히려 퇴계가 그대로 따르는 실수보다 더 심한 것이 있다.[322]

주자의 "사단은 리가 발한 것이고 칠정은 기가 발한 것이다"는 말이나, "기뻐하고 화내는 것은 인심이며, 마땅히 기뻐해야 할 것을 기뻐하고 마땅히 화내야 할 것을 화내는 것은 바로 도심이다"[323]라는 말에 근거하면, 확실히 사단칠정과 인심도심은 모두 리와 기로 구분된다. 사단은 리가 발한 것이고 칠정이 기가 발한 것이며, 도심은 성명(리)에 근원하는 것이고 인심은 형기(기)에서 생겨난 것이니, 결국 사단칠정과 인심도심은 모두 리(또는 이발)와 기(또는 기발)에 분속된다.

이렇게 볼 때, 이이의 이론이 과연 주자에게 부합하는지 부합하지 않는지 알지 못하겠다. 정확하게 말하면, 주자의 이론과는 부합하지 않는다는 의미이다. 이러한 이유에서 조성기는 이이의 병폐가 이황의 실수보다 더 심하다고 지적한다. "아마도 율곡의 말이 '지나치게 고상한' 병폐는 오히려 퇴계가 '그대로 따르는' 실수보다 더 심한 것이 있다." 이황이 사단칠정과 인심도심을 리와 기에 각각 분속시켜 해석하는 것이 오히려 이이의 이론이 가지는 병폐보다 적다.

이처럼 조성기는 이이의 '기발이승일도'를 강조하면서도, 동시에 이황의 호발설이 가진 의미를 인정한다. 그 과정에서 이황과 이이를 모두 비판하지만, 이황보다 이이의 병폐가 더 심하다고 주장한다. 이 과정에서 조성기는 리와 기에 대해 불상리(혼륜)와 불상잡(분개)의 두 관점을 종

---

322 『拙修齋集』卷11, 「退栗兩先生四端七情人道理氣說後辨」, "論四七也, 於發於理發於氣之外, 有上所言喜怒人心也, 喜怒其所當喜怒乃道心之語, 此等語, 於四七人道之說, 尤爲昭然分理氣矣. 未知栗翁之說, 果有合於朱子乎, 果不合乎朱子乎. 此余之所不敢知, 而恐其言論過高之病, 反有甚於退溪依樣之失也."

323 『朱子語類』卷78, "如喜怒, 人心也.……須是喜其所當喜, 怒其所當怒, 乃是道心."

합할 것을 강조한다.

> 기는 반드시 리를 내포하고 리는 반드시 기에 붙어있어서 반드시 서로
> 기다려서 작용하고 섞여있어 서로 떨어지지 않는다. 비록 서로 기다려서
> 작용하지만, 실제로 분명하게 두 물건(二物)으로 선후의 경계를 말할 수
> 없는 것이 아니다. 비록 섞여있어 서로 떨어지지 않지만, 실제로 섞여서
> 한 덩어리가 되어 '새가 대추를 삼키는 것'처럼 분별이 없는 것이 아니다.
> 반드시 같음 속에서 다름을 알고 다름 속에서 같음을 알아야 비로소 도
> (道)와 기(器)의 구분에 밝아지고, 또한 제가들이 말한 유(有)와 무(無)를 둘
> 로 하는 병폐에 빠지지 않을 것이다.[324]

기는 리를 내포하고 리는 기에 붙어있어서 서로 기다려서 작용하고
섞여있어 서로 떨어지지 않는다. 비록 리와 기가 서로 기다려서 작용한
다고 하더라도, 리와 기를 분명히 두 물건으로 경계지어 말할 수 없는 것
이 아니다. 또한 비록 서로 섞여있어 떨어지지 않는다고 하더라도, 한 덩
어리로 만들어 '새가 대추를 삼키는 것'처럼 분별이 없어서도 안 된다.
결국 조성기는 리와 기를 섞어서 보거나(혼륜, 같음) 분리시켜서 보는(분
별, 다름) 두 가지 인식방법을 동시에 강조한다. 이와 유사한 인식방법이
이황에게도 보인다. "같은 것 속에 나아가 다름이 있음을 알고 다른 것
속에 나아가서 같음이 있음을 보아서, 나누어 둘로 만들어도 일찍이 떨
어지지 않는데 해되지 않고, 합쳐서 하나로 만들어도 실제로 서로 섞이

---

324 『拙修齋集』卷11, 「理氣說」, "理必涵氣, 氣必寓理, 必相須而爲用, 渾合而不相離.
雖相須而爲用, 而其實非判然二物, 無先後界限之可言. 雖渾合而不相離, 而其實
非滾作一團, 無鶻圇呑棗之難分. 須於同中識異, 異中識同, 方哲於道器之分, 而亦
不陷於諸子言有無爲二之陋矣."(理와 氣의 위치가 바뀐 듯하다.)

지 않는 데로 돌아가야, 바로 두루 갖추어 편벽됨이 없을 것이다."[325]

조성기와 마찬가지로 이황 역시 같음(同)과 다름(異), 혼륜과 분개, 불상리와 불상잡의 두 관점을 병행하는 입장을 강조한다. 그럼에도 '같음'보다는 '다름'에, '혼륜'보다는 '분개'에, '불상리'보다는 '불상잡'에 기우는 경향을 보이는 것 또한 사실이다. 이러한 인식방법은 조성기와 다르지 않다. 다만 조성기는 '불상리'를 전제하면서도 '불상잡'의 방법을 아울러 강조하는 차이를 보일 뿐이다.

이렇게 볼 때, 조성기는 이이의 '기발이승일도'를 대전제로 하면서도, 이황처럼 사단과 칠정을 주리·주기의 논리에 따라 구분해보고 있음을 알 수 있다. 이로써 사단은 '리가 기를 타고서 움직이는 것(理乘氣而動)'이 되고 칠정은 '기가 리에 붙어서 발하는 것(氣寓理而發)'이 된다. 이것은 천리로부터 나오는 성의 발현을 확보하려는 취지로 보이는데, 이것이 바로 조성기가 이이와 이황의 이론을 종합하려는 '절충파'로 분류하는 이유이기도 하다.

---

325 『退溪集』卷16,「答奇明彦(論四端七情 第1書),"就同中, 而知其有異, 就異中, 而見其有同, 分而爲二, 而不害其未嘗離; 合而爲一, 而實歸於不相雜, 乃爲周悉而無偏也."

17

권상하(權尙夏)의 사단칠정론

　권상하(權尙夏, 1641~1721)[326]의 사단칠정론은 그의 「사칠호발변(四七互
發辨)」이라는 짧은 글 속에 보인다. 글의 제목만 보더라도 이황의 호발
설에 대한 변론임을 짐작할 수 있다. 권상하 사단칠정론의 특징은 이이
의 이론을 지지하고 이황의 이론을 비판하는데 있다.
　권상하는 이이의 이론에 기초하여 이황의 호발설을 비판한다.

　　율곡선생이 "발하는 것은 기이고 발하게 하는 소이는 리이다"라고 하
　　였으니, 이 말을 깊이 은미해보면 호발설을 분별할 수 있다. 맹자가 "측은
　　지심은 인(仁)의 단서이다"라고 하였으니, 율곡이 말한 '기'란 곧 심이며,
　　'발하는 것'이란 곧 심의 작용으로서 불쌍히 여기는 것이며, '발하게 하는
　　소이가 리'란 곧 심의 본체인 인(仁)이다. 맹자의 말이 저와 같이 분명한

326　권상하의 본관은 安東, 자는 致道, 호는 遂菴 · 寒水齋, 시호는 文純이다. 송시열 ·
　　송준길의 문인이며, 기호학파의 적통으로써 이이의 이론을 계승한다. 특히 송시
　　열의 수제자로, 그의 유언을 받들어 화양동에 만동묘를 세웠다. 저서로는 『한수재
　　집』이 있다.

데, 무엇 때문에 사단을 이발(理發)에 치우쳐 귀속시키는가.[327]

이이의 말처럼 "발하는 것은 기이니" 사단과 칠정은 기가 발한 것이며, 또한 "발하게 하는 소이는 리이니" 사단과 칠정은 기가 발하고 리가 타고 있으니, 사단과 칠정은 모두 기발이승일도(氣發理乘一途)이다. 이이의 이 말에 근거하면, 사단과 칠정이 모두 '기발'이니, 사단은 '이발'이고 칠정은 '기발'이라는 이황의 호발설은 분명히 잘못이다.

권상하는 이이의 '기발이승일도'의 이론적 근거로써 맹자의 말을 거론한다. "측은지심은 인(仁)의 단서이다." 이때의 심은 기이니, 측은은 기가 작용한 내용이 된다. 이로써 측은·수오·사양·시비와 같은 사단은 모두 '기발'이 된다. 또한 이때 심의 본체가 인(仁)이니, '인'이 바로 발하게 하는 소이로서의 리가 된다. 그러나 리는 무위(無爲)하므로 작용할 수 없으니 기에 타고서 발하게 하는 소이로서의 역할을 한다. 그러므로 사단과 칠정은 모두 '기발이승일도'가 된다. 이러한 이유에서 권상하는 "무엇 때문에 사단을 '이발'에 치우쳐 귀속시키는가" 사단은 결코 '이발'이라 해서는 안 된다고 강조한다.

이어서 권상하는 이황의 호발설 가운데 칠정을 '기발'로 해석하는 것을 비판한다.

『중용』에서는 "희·로·애·락이 아직 발하지 않은 것을 중(中)이라 한다"라고 하였다. '중'이 발한 것이 곧 칠정이 되니, 칠정이 리에서 발한다

---

327 『寒水齋集』卷21,「四七互發辨」, "栗谷先生曰, 發者氣也, 所以發者理也, 深味此言, 可辨互發之說矣. 孟子曰, 惻隱之心仁之端也云云, 蓋栗翁所謂氣者, 卽心也; 所謂發者, 卽心之用惻隱也; 所謂所以發之理, 卽心之體仁也. 孟子之言, 如彼其分曉, 何故以四端偏屬於理發也."

는 것을 자사가 이미 말하였는데, 무엇 때문에 '기가 발한 것'이라고 말하는가. 성이 발하여 정이 되는 것은 바뀌지 않는 설이지만, 기가 아니면 또한 어찌 발할 수 있겠는가.[328]

『중용』에 따르면 "희·로·애·락이 아직 발하지 않는 것을 중(中)이라 한다." 희·로·애·락이 아직 발하지 않는 것은 성의 상태이며, 이때의 성이 발하여 정이 되니(性發爲情), 결국 "중(中)이 발한 것이 곧 칠정이 된다." 주자는 중화신설(中和新說)에서 심을 미발(未發)과 이발(已發) 또는 체(體)와 용(用)으로 구분하여 심의 미발(체)은 성이고 심의 이발(용)은 정이라고 해석한다.[329] 결국 미발(未發) 때의 성이 발하여 이발(已發) 때의 칠정이 되니, 칠정은 '리가 발한 것(理發)'이다. 이것은 '성발위정'의 명제에 충실한 해석이다. 사단뿐만 아니라 칠정 역시 성(리)이 발한 것이므로 '이발'이 되어야 한다. 이러한 이유에서 권상하는 "무엇 때문에 기가 발한 것이라고 말하는가." 칠정은 '기발'이 될 수 없으니, 이황처럼 칠정을 '기발'로 해석해서는 안 된다.

그렇다면 여기에는 중요한 이론적 모순이 발생한다. 권상하는 한편으로는 이이의 '기발이승일도'에 근거하여 사단과 칠정이 모두 '기발'이라고 주장하면서, 다른 한편으로는 『중용』의 해석에 근거하여 칠정은 '기발'이 아니라 '이발'이라고 주장한다. 그렇다면 칠정은 '기발'인가 '이발'인가.

결국 권상하의 칠정에 대한 해석은 두 가지로 구분된다. 칠정은 '기

---

328 같은 곳, "中庸曰, 喜怒哀樂之未發謂之中. 中之發, 卽爲七情, 則七情之發於理, 子思已言之, 何故曰氣之發也. 蓋性發爲情, 是不易之說, 而非氣則亦何能發乎."

329 『朱子語類』卷98, "心之未發, 則屬乎性; 旣發, 則情也."(또는『朱子語類』卷117, "心之體爲性, 心之用爲情.")

발'이면서 동시에 '이발'이 된다. 리가 무위(無爲)하므로 실제로 작용하는 것은 기이다. 이때는 사단과 칠정을 막론하고 발하는 것은 모두 기이니, 칠정은 '기발'이 된다. 동시에 칠정은 성이 이미 발한 정으로써 이기를 겸하므로 칠정에도 리가 없는 것이 아니다. 이때 리에서 발한 것이 바로 자사가 말한 중(中)에 해당하니, 칠정은 '기발'이 아니라 '이발'이 된다. 이황의 해석대로라면, 『중용』에서 말한 "희·로·애·락이 아직 발하는 않은 것을 중(中)이라 한다"는 '중(또는 리)'의 의미가 드러나지 못한다. 때문에 권상하는 칠정을 '중(또는 리)'이 발한 것이라는 입장에서 이황이 칠정을 '기발'로 해석하는 것을 비판한다.

이렇게 볼 때, 같은 '기발'이라는 표현을 쓰더라도 이이의 '기발'과 이황의 '기발'이 갖는 의미상의 차이를 확인할 수 있다. 이이의 '기발'은 말그대로 발동(發)과 같은 기의 작용성을 의미한다면, 이황의 '기발'은 악으로 흐르기 쉬운 선악의 가치를 의미한다. 때문에 이황은 사단의 '이발'은 인·의·예·지의 성에 근원하기 때문에 선하지만, 칠정의 '기발'은 형기에 매개되어 감응하기 때문에 쉽게 악으로 흐른다고 해석한다.

또한 권상하는 "기가 아니면 어찌 발할 수 있겠는가"라고 하여, 사단을 '이발'로 해석하는 이황을 비판한다. 이것은 사단 역시 '기발'로 해석한다는 의미이다. 물론 이러한 해석의 이론적 근거는 리와 기가 서로 떨어질 수 없다는 불상리(不相離)의 관점에 기초한다. 사단 역시 성이 이미 발한 정이니, 이기를 겸하므로 사단에도 기가 없을 수 없다. 이때의 기가 실제로 작용하니 사단 역시 '기발'이 된다.

나아가 권상하는 칠정이 사단을 포함하니, 사단과 칠정을 각각 리와 기로 분속시켜는 안 된다고 주장한다.

주자가 「공손추」편의 『맹자집주』에서 "사람이 마음을 삼는 것은 이 네 가지에서 벗어나지 않는다"라고 하였다. 이것에 근거하면 칠정이 사단을 속에 포함하고 있음을 알 수 있으니, 무엇 때문에 리와 기에 분속시켜서 호발(互發)이라고 하는가.[330]

『맹자』「공손추(상)」편에서 주자는 "사람이 마음을 삼는 것은 이 네 가지에서 벗어나지 않는다"[331]라고 해석한다. 이 네 가지의 마음이 바로 측은지심·수오지심·사양지심·시비지심이다. '측은지심'은 남의 처지를 슬퍼하거나 아파하는 마음이고, '수오지심'은 자기의 잘못을 부끄러워하거나 남의 잘못을 미워하는 마음이며, '사양지심'은 자기 것을 미루어 남에게 베푸는 마음이고, '시비지심'은 선한 것은 옳고 악한 것은 그름을 분별할 줄 아는 마음이다. 사람이 사람될 수 있는 것은 이 네 가지 마음에 근거한다. 만약 사람에게 이것이 없으면 사람이라 할 수 없으니, 사람이면 누구나 반드시 이 네 가지 마음을 가지고 있다.

권상하에 따르면, 이러한 측은·수오·사양·시비의 사단은 모두 칠정 속에 내포되어 있다. "칠정이 사단을 속에 포함하고 있다." 이것은 정은 칠정 하나이고 그 가운데 선한 부분만을 가리켜서 사단이라 한다는 의미이니, 바로 이이의 '칠정포사단'에 해당한다. 사단은 칠정에 내포되는 개념이니, 사단과 칠정을 각각 리와 기에 분속시켜 사단은 '이발'이고 칠정은 '기발'로 해석하는 이황의 호발설은 잘못이다. 이것은 동시에 "사단은 본연지성에 근원하고 칠정은 기질지성에 근원한다"는 이황의 소종래에 따른 해석에 대한 비판이기도 하다.

더 나아가 권상하는 사단과 칠정을 도심과 인심의 관계로 해석하는

---

330 『寒水齋集』卷21, 「四七互發辨」, "朱子於公孫丑集註曰, 人之所以爲心者, 不外乎是四者. 據此, 則七情之包在四端之中可知, 何故分屬于理與氣, 而謂之互發也."
331 『孟子集註』, 「公孫丑(上)」, "人之所以爲心, 不外乎是四者."

것에 반대한다.

　　"인심은 형기의 사사로움에서 생겨난다"는 이 '기'자는 귀 · 눈 · 입 · 코
를 가리켜서 말한 것이고, "칠정은 기에서 발한다"는 이 '기'자는 심을 가
리켜서 말한 것이다. 글자가 비록 같으나, 가리키는 것은 매우 다르다. 예
로부터 여러 선현들이 늘 "인심도심을 이미 이와 같이 말할 수 있다면, 사
단칠정을 유독 이와 같이 말할 수 없겠는가"라고 한 것은 우연히 살피지
못해서 그런 것이 아니겠는가.[332]

　　주자는 『중용장구』 서문에서 인심과 도심의 차이를 "인심은 혹 형기
의 사사로움에서 생겨나고, 도심은 혹 성명의 바름에 근원한다"[333]라고
해석한다. 또한 주자는 『주자어류』에서 사단과 칠정의 차이를 "사단은
리가 발한 것이고 칠정은 기가 발한 것이다"[334]라고 해석한다. 권상하
는 인심의 '기'자와 칠정의 '기'자는 그 의미가 매우 다르다고 지적한다.
전자가 귀 · 눈 · 입 · 코와 같은 형기를 가리킨다면, 후자는 이기를 포
괄하는 심(또는 정)을 가리킨다. 따라서 인심은 도심과 상대되는 개념이
지만, 칠정은 사단과 상대되는 개념이 아니라 사단을 포괄하는 개념이
다. 그러므로 사단과 칠정을 인심과 도심처럼 리와 기로 분속시키는 것
은 옳지 않다.

　　또한 권상하는 성혼(成渾)의 글을 인용하여 인심도심과 사단칠정의

---

332 『寒水齋集』 卷21, 「四七互發辨」, "人心生於形氣之私, 此氣字指耳目口鼻而言也;
七情發於氣, 此氣字指心而言也. 字雖同, 所指絶異. 而從古諸先賢, 每曰人心道心,
旣可如此說, 則四端七情, 獨不可如此說乎, 無乃偶失照勘而然耶."

333 『中庸章句』 序, "心之虛靈知覺, 一而已矣, 而以爲有人心道心之異者, 其或生於形
氣之私, 或原於性命之正."

334 『朱子語類』 卷53, "四端是理之發, 七情是氣之發."

관계를 설명한다. 성혼은 이황 호발설의 타당성의 근거로써 인심도심을 리와 기에 분속시킬 수 있다면 사단칠정 역시 리와 기에 분속시킬 수 있다고 주장한다. "제 생각으로는 인심도심을 논한 것이 이와 같이 말할 수 있다면, 사단칠정을 논함에도 이와 같이 말할 수 있다. 어찌 이와 같이 말할 수 없겠는가."[335] 인심도심과 마찬가지로 사단칠정 역시 리와 기에 분속시킬 수 있다. 그러므로 사단은 '이발'이고 칠정은 '기발'이라는 이황의 호발설은 타당하다.

물론 이러한 성혼의 주장은 기대승이 그의 「사단칠정설」에서 "인심도심을 논한다면 혹 이와 같이 말할 수 있으나, 사단칠정을 논한다면 아마도 이와 같이 말할 수 없을 것이다. 칠정은 오로지 인심으로 보아서는 안 된다"[336]라는 주장에 대한 반론이다. 기대승에 따르면, 인심도심은 리와 기에 분속시킬 수 있으나 사단칠정은 리와 기에 분속시킬 수 없다. 왜냐하면 사단과 칠정은 모두 이기를 겸하기 때문이다. 그러므로 칠정은 결코 '기발'로 보아서는 안 된다.

권상하는 기대승의 입장에서 성혼의 주장이 "우연히 살피지 못해서 그런 것이 아니겠는가"라고 비판한다. 이것은 기대승의 말처럼, 인심도심은 리와 기에 분속시킬 수 있으나 사단칠정은 리와 기에 분속시킬 수 없다. 결국 인심은 '기발'로 볼 수 있으나, 칠정은 결코 '기발'로 보아서는 안 된다는 뜻이다.

한 걸음 더 나아가 권상하는 리는 무위(無爲)하므로 '이발'이라는 표현을 써서는 안 된다고 주장한다.

---

335 『牛溪集』卷4, 「與栗谷論理氣 第2書」, "愚意以爲論人心道心, 可如此說, 則論四端七情, 亦可如此說也. 如何而不得如此說耶."
336 『高峯集』, 「四端七情說」, "論人心道心, 則或可如此說, 若四端七情, 則恐不得如此說. 蓋七情不可專以人心觀也."

음양이 동정하는 것은 '기가 발한다(氣發)'는 것이다. 그러나 염계(주돈이)는 "태극이 동하여 양을 낳는다"라고 하였으니, 태극이라는 것이 어찌 발하게 하는 소이로서의 리가 아니겠는가. 만약 호발설과 같다면, 태극의 동정과 음양의 동정이 확연히 두 가지가 되니 말이 될 수 있겠는가. 『주역』「계사전」에서 "한번 음하고 한번 양하는 것을 도라 한다"라고 하였는데, 염계의 설은 실제로 이것에 근본한 것이다.[337]

실제로 동정하는 것은 태극이 아니라 음양이니, 이것이 바로 '기가 발한다'는 의미이다. 때문에 주돈이의 "태극이 동하여 양을 낳는다"[338]는 말 역시 실제로 태극이 동정하는 것이 아니다. 동정하는 것은 음양(기)이며, 태극은 음양을 타고서 동정하게 하는 소이로서 역할을 한다. 그러므로 실제로 발하는 것은 기가 되고, 태극은 다만 발하게 하는 소이로서의 리가 될 뿐이다. 이때 발하는 주체는 기가 되고, 리는 기를 타고서 발하게 하는 원리로서의 역할을 한다. 이것이 바로 이이가 말하는 '기발이승일도'의 의미이다. 그러나 이황은 "태극이 동하여 양을 낳는다"는 말을 그대로 리가 '동'하거나 리가 '발'하는 것으로 해석하니, 이것이 바로 이황이 말하는 '이발'의 의미이다.

권상하는 이황의 말처럼 사단이 '이발'이고 칠정이 '기발'이라면, 리가 실제로 발하는 것이 되므로 옳지 않다고 비판한다. 결국 "태극의 동정과 음양의 동정이 확연히 두 가지가 되니 말이 되지 않는다." '이발'은 태극이 동정한 것이고 '기발'은 음양이 동정한 것이니, 천지의 운행에

---

337 『寒水齋集』卷21, 「四七互發辨」, "陰陽之動靜, 是所謂氣發也. 然濂溪曰太極動而生陽云云, 所謂太極者, 豈非所以發之理乎. 若如互發之說, 則太極之動靜與陰陽之動靜, 判爲二物, 其可成說乎. 繫辭曰一陰一陽之謂道, 濂溪說, 實本於此."
338 『周子全書』卷1, 「太極圖說」, "太極動而生陽……靜而生陰."

두 가지의 동정이 있을 수 없다. 동정하는 것은 태극이 아니라 음양이 듯이, 발하는 것은 리가 아니고 기이다. 이것이 바로 『주역』「계사전(상)」의 "한번 음하고 한번 양하는 것을 도라 한다"[339]라는 뜻이니, 한번 음하고 한번 양하는 음양의 작용은 기이고, 한번 음이 되게 하고 한번 양이 되게 하는 소이가 바로 리(도)이다.

따라서 주돈이의 "태극이 동하여 양을 낳는다"는 말은 『주역』「계사전(상)」의 "한번 음하고 한번 양하는 것을 도라 한다"는 말에 근거하니, 결국 발하는 것은 기가 되고 발하게 하는 소이는 리가 된다. 그러므로 사단과 칠정은 모두 '기발이승일도'이다.

이처럼 권상하는 이이의 '기발이승일도'에 근거하여 이황의 호발설을 비판한다. 리가 무위하므로 사단은 '이발'이 될 수 없고, 또한 『중용』의 해석에 근거하여 칠정 역시 리(中)에서 발한 것이므로 '기발'이 될 수 없다. 그러므로 이황의 사단은 '이발'이고 칠정은 '기발'이라는 말은 옳지 않다.

---

339 『周易』,「繫辭傳(上)」, "一陰一陽之謂道."

18

임영(林泳)의 사단칠정론

임영(林泳, 1649~1696)[339]의 사단칠정론은 이황과 이이의 이론을 동시에 비판하는데 그 특징이 있다. 이것은 이황을 비판하므로 이이와 유사한 점도 있고, 이이를 비판하므로 이황과 유사한 점도 있다는 말에 다름 아니다. 이것이 바로 그가 '절충파'로 불리는 이유이기도 하다.

먼저 임영은 사단과 칠정의 관계를 다음과 같이 정의한다.

사단은 사람의 마음에 이미 이 네 가지의 덕을 갖추고 있으므로 그것이 발현하는 곳에 이 네 가지 단서가 모두 가려질 수 없는 것이다. 맹자가 지적한 것은 바로 그 대강이니, 그 외의 리에 합당한 선한 정도 묘맥을 자세히 미루어보면, 네 가지 단서가 아닌 것이 없다. 칠정은 사람의 마음이 발함에 이 일곱 가지의 길이 있으며, 대체로 선과 악을 가리지 않고 다만 그 정상(情狀)만을 말한 것이다. 그 속에 나아가서 자세히 살펴보면, 비록 선과 악을 가리지 않고 이름을 세웠으나, 이미 이 정이 있으면 어찌 선하지

---

339 임영의 본관은 羅州, 자는 德涵, 호는 滄溪로 전남 나주 출신이다. 李端相·朴世采의 문인이며, 뒤에 송시열·송준길에도 수학한다. 저서로는 『창계집』이 있다.

도 않고 악하지도 않은 때가 있겠는가. 그 선한 것은 바로 사단이고, 불선한 것은 바로 형기가 가려서 사단에 반대되는 것이다.[340]

맹자에 따르면, "측은지심은 인(仁)의 단서이고, 수오지심은 의(義)의 단서이며, 사양지심은 예(禮)의 단서이고, 시비지심은 지(智)의 단서이다."[341] 측은·수오·사양·시비의 사단은 인·의·예·지라는 네 가지 덕(四德)의 단서이니, 결국 사단이라는 네 가지 단서를 통해 인·의·예·지의 성(덕)이 사람의 마음에 갖추어져 있음을 확인한다. 사람의 마음에는 이미 인·의·예·지의 네 가지 덕을 갖추고 있으므로 그것이 발현하는 곳에는 "이 네 가지 단서가 모두 가려질 수 없는 것이다." 즉 이 네 가지 단서가 모두 드러난다는 말이다.

맹자의 사단은 그 대강만을 말한 것이니, 이외에도 리에 합당한 선한 정이 있으며, 이때 리에 합당한 선한 정 역시 사단이 아닌 것이 없다. 이것은 칠정 가운데 선한 부분만을 말한 것이 사단이라는 뜻이다. 결국 "그 외의 리에 합당한 선한 정"은 칠정을 가리키며, 이때의 칠정은 사단과 다르지 않다.

칠정은 선과 악을 겸하여 그 정의 전체를 말한 것이니 "선과 악을 가리지 않고 다만 그 정상(情狀)만을 말한 것이다." 칠정이 비록 선과 악을 겸하여 이름을 세웠으니 "어찌 선하지도 않고 악하지도 않은 때가 있겠

---

340 『滄溪集』卷25, 「日錄(甲寅)」, "四端, 人心旣其此四德, 故其發見處, 四者之端, 皆有不可掩者. 孟子所指, 卽其大槩, 其餘善情之當理, 細推苗脉, 無非四者之端. 七情, 人心之發, 有此七塗, 蓋不揀善惡, 而只言其情狀者也. 就其中詳玩, 則雖不揀善惡而立名, 然旣有此情, 安有不善不惡時節. 其善者卽是四端, 不善者乃形氣之掩而反於四端者也."

341 『孟子』, 「公孫丑(上)」, "惻隱之心, 仁之端也; 羞惡之心, 義之端也; 辭讓之心, 禮之端也; 是非之心, 智之端也."

는가" 즉 칠정에는 선도 있고 악(불선)도 있다는 말이다. 다만 선한 칠정
은 "사단이 아닌 것이 없으니" 즉 사단이고, 불선한 칠정은 바로 형기가
가려서 사단에 반대되는 것이다. '사단에 반대된다'는 것은 사단이 선
한 것과 달리, 이때의 칠정은 불선하다는 뜻이다.

이렇게 볼 때, 임영의 사단과 칠정의 관계는 이이의 '칠정포사단'처
럼, 칠정 가운데 선한 부분만을 사단으로 이해하고 있음을 알 수 있다.
이때 칠정의 선한 것이 바로 사단이니(칠정이 사단을 포함하니), 결국 사단
과 칠정은 하나의 정이다. 또한 정이 하나이니, 그 근원으로서의 성 역
시 하나이다. 그러므로 사단과 칠정은 모두 성이 발한 것이니, 이것이
바로 성발위정(性發爲情)의 뜻이다. 이것은 사단은 본연지성(리)이 발한
것이고(理發) 칠정은 기질지성(기)이 발한 것이므로(氣發) 서로 다른 정이
라는 이황의 주장과는 분명히 구분된다.

이처럼 정이 하나이듯이, 성 역시 하나이다. 때문에 임영은 선한 칠
정(사단)뿐만 아니라 불선한 칠정도 모두 성에서 발하여 나온 것이라고
강조한다.

> 정은 성에서 나오지 않은 것이 없으니, 그 선한 것은 기가 리를 제약하
> 지 않아서 성이 곧바로 이루어져 그것이 성 속에서 나온 것임이 명백하고
> 쉽게 알 수 있으나, 그 불선한 것은 기가 용사(用事)하여 성이 곧바로 이루
> 어지지 못하여 기에서 발하여 나온 것과 같다. 그러나 이 성이 없으면 불
> 선한 정 또한 저절로 발할 수 없다. 그러므로 "희·로·애·락이 아직 발
> 하지 않은 것을 성이라고 한다"라고 하고, "희·로·애·락의 선한 쪽이
> 아직 발하지 않은 것을 성이라고 한다"라고 하지 않는다.[342]

342 『滄溪集』卷25, 「日錄(甲寅)」, "情無非出於性者, 其善者, 氣不拘理而性能直遂, 其
自性中出來, 明白易見; 其不善者, 氣用事而性不能直遂, 有似自氣發來, 而但無此

'성발위정'의 말처럼 "정은 성에서 나오지 않은 것이 없으니" 사단과 칠정은 모두 성에서 발하여 나온 것이다. 이것은 사단뿐만 아니라 칠정 역시 성에서 발한 것임을 강조한 말에 다름 아니다. 사단과 마찬가지로 칠정 역시 성이 발한 것이라 하더라도, 칠정에는 선도 있고 불선도 있다. 이때 선한 것은 성이 발할 때에 "기가 리를 제약하지 않아서" 성이 곧바로 이루어지니 그것이 성에서 나온 것임이 분명하다. 그러나 불선한 것은 성이 발할 때에 "기가 용사하여(기가 리를 제약하여)" 성이 곧바로 이루어지지 못하니, 이때는 리(성)가 아니라 기에서 발하여 나온 것과 같다. 즉 칠정이 불선한 것은 이황이 말한 칠정/기발의 의미라는 것이다.

그렇지만 "이 성이 없으면 불선한 정 또한 저절로 발할 수 없다." 즉 불선한 칠정이라도 그 근원은 '성'이라는 말이다. 이 때문에 "희·로·애·락이 아직 발하지 않은 것을 성(中)이라 한다"고 말한 것이지, "희·로·애·락의 선한 쪽이 아직 발하지 않은 것을 성이라 한다"고 말하지 않은 것이다. 선한 칠정이든 불선한 칠정이든 모두 성이 발한 것이라는 말이지, 선한 칠정만 성이 발한 것이 아니다. 불선한 칠정도 성이 발한 것이지만, 다만 성이 발할 때에 기가 용사하여(기가 리를 제약하여) 성이 곧바로 이루어지지 못하면 불선이 될 뿐이다. 따라서 불선한 칠정은 기가 리를 제약하기 때문에 마치 "기에서 발하여 나온 것과 같다"고 말한 것이다.

이처럼 칠정에는 선한 칠정도 있고 불선한 칠정도 있으니, 이 때문에 이황처럼 사단/이발(선)과 칠정/기발(불선)로 양분하는 것에 반대한다.

性, 則不善之情, 亦無自而發矣. 故喜怒哀樂未發之謂性, 而不曰喜怒哀樂善一邊之未發謂之性."

주자가 "사단은 리가 발한 것이고 칠정은 기가 발한 것이다"라고 하였다. 내가 생각건대, 사단은 오로지 선만을 말한 것이고 칠정은 선과 악을 가리지 않고 겸하여 말한 것이니 〈이 둘을〉상대하여 말해서는 안 될 듯하다. 그러나 주자의 뜻은 대체로 "무릇 정이 절도에 맞고 리에 합당한 것은 바로 리가 발한 것이고, 그 정의 체질은 바로 기가 발한 것이니, 예를 들어 마땅히 기뻐해야 할 때에 기뻐하고 마땅히 성내야 할 때에 성내는 것은 바로 사단이고 바로 '리가 발한 것'이며, 기뻐하고 성내는 것은 바로 칠정이고 바로 '기가 발한 것'이다"라는 말이니, 대개 정에 나아가 그 내력과 면모를 분별하여 말한 것일 따름이다.[343]

사단은 오로지 선만을 말한 것이고 칠정은 선과 악을 겸하여 말한 것이니, 이 둘을 이황처럼 사단/이발과 칠정/기발(불선)로 상대시켜 말해서는 안 된다. 이이의 주장처럼 정은 칠정 하나이고 그 가운데 선한 부분만을 말한 것이 사단이니, 결국 칠정이 사단을 내포하므로 이 둘을 대립적 관계로 해석해서는 안 된다.

때문에 임영은 주자의 "사단은 리가 발한 것이고 칠정은 기가 발한 것이다"[344]라는 말 역시 대립적 관계가 아니라 내포적 관계로 해석한다. 정은 하나인데, 그 가운데 절도에 맞고 리에 합당한 것은 사단이고 '리가 발한 것'이니, 예컨대 마땅히 기뻐해야 할 때에 기뻐하고 마땅히 성내야 할 때에 성내는 것과 같은 경우이다. 이것은 칠정 가운데 선한 부분, 즉 중절하거나 리에 합당한 것을 사단이라 한다는 뜻이다. 반면 정

---

343 같은 곳, "朱子曰, 四端理之發, 七情氣之發. 按四端專言善, 七情不揀善惡而兼言之, 似不可對待說下. 而朱子之意, 則蓋謂凡情之中節而合理者, 便是理之發; 其情之體質, 便是氣之發, 如當喜而喜, 當怒而怒, 卽是四端, 卽是理之發; 其喜其怒則卽是七情, 卽是氣之發, 蓋就情上, 分別其來歷面貌而爲言耳."
344 『朱子語類』卷53, "四端是理之發, 七情是氣之發."

의 체질(모습)은 바로 칠정이고 '기가 발한 것'이니, 예컨대 기뻐하고 성내는 것과 같은 경우이다. 이것은 기뻐하지 않아야 할 때에 기뻐하거나 성내지 않아야 할 때에 성내는 것과 같은 중절하지 않거나 리에 합당하지 않는 경우도 있다. 즉 칠정 가운데 선한 부분만을 말한 것이 아니라 선도 있고 불선도 있는 그 전체를 말한 것이라는 뜻이다.

결국 주자의 "사단은 리가 발한 것이고 칠정은 기가 발한 것이다"라는 말 역시 하나의 정에 나아가 그 내력과 면모를 분별하여 말한 것에 불과하다. 이것은 이황처럼 사단/이발과 칠정/기발로 상대시켜 해석해서는 안 된다는 말이다. 이처럼 임영은 사단과 칠정을 이황처럼 대립적 관계가 아니라, 이이처럼 내포적 관계로 해석하고 있음을 알 수 있다.

이 때문에 임영은 인심과 도심처럼, 칠정과 사단을 상대시켜 말해서는 안 된다고 강조한다.

> 칠정은 본래 선과 악을 겸하지만, 지금 이미 사단에다 대응하면, 칠정의 선한 것은 모두 이미 사단에 속하고, 그 불선한 것과 비록 불선에 이르지는 않더라도 형기에서 발하여 공공(公共)에 속하지 않는 인심의 부류와 같은 것은 모두 칠정이라 말할 수 있다. 대개 칠정과 사단을 일반적으로 말하면, 칠정은 사단을 아울러 포괄하니 마땅히 상대하여 두 길로 말해서는 안 되지만, 이미 대응한 것을 살펴보면 그 의미와 체단 역시 각각 맞아떨어진 곳이 있으니, 비록 〈상대하여〉 두 길로 말하더라도 또한 반드시 불가하지 않다. 다만 인심이 이미 도심과 대응하면 인(人)자에는 바로 사기(私己, 사사로운 자기)의 뜻이 있게 되어 도심과는 끝내 서로 섞이지 못하지만, 칠정은 비록 사단과 대응하더라도 결코 '오로지 형기와 불선에 속한다'는 뜻이 있음이 보이지 않으니, 아마도 끝내 확고한 대립의 관계가 아니다. 마땅히 먼저 성과 정의 사이를 고찰하여 분명히 이해한 후에 각각

말한 본뜻에 따라서 그 취지의 귀결을 깊이 탐구하면, 거의 그 내용을 다 알 수 있을 것이다.[345]

칠정은 본래 선과 악(불선)을 겸하므로 인심과 도심의 관계처럼 사단과 대응하여 말할 수 없다. 예컨대 칠정을 사단에 대응하면, 칠정의 선한 것이 모두 사단에 귀속되므로 칠정에는 불선한 것만 남게 된다. 그러므로 칠정의 불선한 것과 비록 불선에는 이르지 않더라도 형기에서 발하여 공공(公共)에 속하지 않는 인심의 부류와 같은 것이 모두 칠정에 귀속된다. 이로써 칠정은 도심에 상대되는 인심처럼 불선한 것이 되니, 이것은 '칠정이 본래 선과 악을 겸한다'는 뜻에 맞지 않다. 그러므로 칠정을 사단과 대응시켜 대립적 관계로 말해서는 안 된다.

그러나 인심과 도심은 대응시켜 말할 수 있다. "예컨대 인심을 일반적으로 말하면 무릇 사람의 마음이 모두 인심이니, 어찌 오로지 형기에서 나왔다고 말할 수 있겠는가.……도심과 상대하여 말하면 심이 도의(道義)를 지각한 것은 모두 이미 도심에 속하니, 이른바 인심이라는 것은 다만 형기에서 발한 것일 뿐이다."[346] 인심 하나만을 말하면, 이때의 인심은 일반적으로 사람의 마음을 가리키니 "어찌 오로지 형기에서 나왔다고 말할 수 있겠는가" 즉 불선의 의미가 아니다. 그러나 도심과 상대

---

345 『滄溪集』卷25,「日錄(甲寅)」, "七情本兼善惡, 而今旣將四端做對, 則七情之善者, 皆已屬之四端, 其不善者, 及雖不至不善, 而發於形氣, 不屬公共, 如人心之類, 皆可謂之七情. 大槩泛言七情四端, 則七情兼包四端, 固不須把做對待兩行說開, 而旣做對參觀, 則其意味體段, 亦各有下落處, 雖兩行說開, 亦未必不可. 但人心旣與道心做對, 則人字便見有私己之意, 與道心終始不相夾雜, 七情則雖與四端做對, 未見有必專屬形氣不善之意, 恐終非鐵定對立底關鍵. 要當先察性情之際, 瞭然默識而後, 各從立言本義, 深究其旨意之歸, 庶可盡其曲折耳."

346 같은 곳, "且如泛言人心, 則凡人之心, 皆是人心, 豈可謂專出於形氣.……與道心相對立言, 則心之覺於道義者, 皆已屬之道心, 所謂人心, 只是發於形氣者也."

하여 말하면, '도의'를 지각한 것이 이미 도심에 속하니, 이때의 인심은 "다만 형기에서 발한 것일 뿐이다" 즉 불선이 된다.

이처럼 사단·칠정과 달리 인심과 도심은 대응시켜 말할 수 있으며, 이때의 인심은 그대로 형기에서 발한 것이니 불선이 된다. 따라서 인심을 도심과 대응하면, 이때 인심의 '인'자에는 사사로운 뜻이 있게 되어 "도심과는 끝내 서로 섞이지 못한다." 도심이 선한 것과 달리, 인심은 불선이 되니 둘은 분명히 구분된다.

한편 임영은 인심과 도심처럼 칠정과 사단도 대응시켜 말할 때도 있다고 설명한다. 예컨대 칠정과 사단을 일반적으로 말하면, 칠정이 사단을 포괄하니 이 둘을 대응시켜 말해서는 안 되지만, 이미 대응한 것을 살펴보면 "그 의미와 체단 역시 각각 맞아떨어진 곳이 있다." 즉 사단이 도심처럼 선하다면 칠정은 인심처럼 불선하니 "비록 두 길로 말하더라도 반드시 불가하지 않다" 즉 사단과 칠정을 대응시켜 말할 수도 있다. 이것은 어디까지나 칠정과 사단을 이미 대응하여 말한 경우에 해당한다.

그렇지만 사단·칠정은 인심·도심과는 다르다. 사단과 칠정을 일반적으로 말하면, 칠정은 사단을 포괄하니 칠정 가운데 선한 부분만을 말한 것이 사단이다. 그러므로 인심과 도심처럼, 이 둘을 대응시켜 사단/선과 칠정/불선으로 말해서는 안 된다. "칠정이 비록 사단과 대응하더라도 결코 '오로지 형기와 불선에 속한다'는 뜻이 있지 않으니" 즉 칠정은 선과 악을 겸하니, 비록 사단에 대응하는 칠정이라도 인심과 도심처럼 "끝내 확고한 대립의 관계가 아니다" 즉 일반적으로 말하면 사단과 칠정은 내포적 관계이니 상대시켜 말해서는 안 된다. 왜냐하면 '성발위정'의 말처럼, 사단과 마찬가지로 칠정 역시 성이 발한 것이기 때문이다. 이 때문에 임영은 "성과 정의 사이를 분명히 이해하면, 거의 복잡한 내용을 다 알 수 있다"라고 강조한다.

이처럼 임영은 이이처럼 사단과 칠정을 내포적 관계로 이해하니, 이 때의 칠정은 선과 악을 겸한다. 그러므로 이황처럼 칠정/기발(불선)로 해석하는데 반대한다.

① 이황에 대한 비판
임영은 이황의 칠정/기발(불선)에 반대한다.

> 내가 생각건대 기발(氣發)은 다만 형기에서 발한 것이라고 말한다면 또한 통하지만, 그렇지 않다면 결코 맞아떨어질 곳이 없다. 대개 이미 선하면 바로 사단이고, 불선하면 선하다고 말할 수는 없으나 다만 그 형기가 발한 희(喜)와 로(怒)도 혹 바른 리를 거스르지 않는 때가 있으니, 이 것(칠정)이 비록 기에서 발하더라도 리 또한 잃지 않으면 곧 '기가 발하고 리가 탄다(氣發理乘)'고 말할 수 있다. 다만 퇴계의 뜻이 과연 어떠한지 알지 못하겠다. 곧바로 칠정으로 인심을 대신하는 것은 또한 저절로 통하지 않는 곳이 있으니, 분개가 너무 심한 설을 가벼이 여겨서는 안 될 듯하다.[347]

이황의 '기발'은 다만 형기에서 발한 것이라고 말하는 것은 괜찮지만, 곧장 불선한 것이라고 말하면 옳지 않다. 왜냐하면 형기에서 발한 칠정 이라도 혹 리를 어기지 않은 때가 있기 때문이다. 이것은 이황의 칠정/

---

347 같은 곳, "按氣發, 只做發於形氣者說則亦通, 不然, 殊無下落處. 蓋旣善則卽是四端, 不善則不可謂無不善', 獨其形氣所發底喜怒, 亦或有不咈正理時節, 此雖發於 氣, 理亦不失, 則卽可謂氣發而理棄(乘)也. 但未知退溪之意果如何. 直以七情代人 心, 又自有不通處, 分開太甚之說, 恐不可易也."(棄는 乘의 오자인 듯하다.)

기발은 인정하더라도, 칠정/기발을 그대로 불선으로 해석해서는 안 된다는 말에 다름 아니다.

『중용』의 "〈희·로·애·락이〉발하여 모두 중절한 것을 화(和)라 한다"[348]라는 말처럼, 형기에서 발한 칠정이라도 중절하면 이때는 선이고 리가 된다. 칠정이 "이미 선하면 바로 사단이니", 왜냐하면 칠정 가운데 선한 부분만을 말한 것이 사단이기 때문이다. 그러므로 칠정이 비록 기에서 발한 것이라도 리를 잃지 않으면(발하여 모두 중절하면), 이황의 말처럼 '기가 발하고 리가 탄다(氣發而理乘之)' 즉 칠정/기발이라 말할 수 있다. 물론 이때의 '기발'은 이황(기발/불선)과 달리, 선도 있고 불선도 있다.

때문에 임영의 칠정/기발에 대한 해석은 이황과 다르다. 임영이 말한 칠정/기발은 기가 발할 때에 '리가 타고 있기' 때문에 이때의 칠정은 곧장 불선의 의미가 아니다. 이것은 이황이 칠정/기발을 그대로 불선의 의미로 해석하는 것과 구분된다. 이황에 따르면, 칠정에도 리가 없는 것이 아니지만(理乘), 다만 기를 주로 하여 말한 것이니(氣發) 불선의 의미이다. 이것이 바로 이황의 칠정/기발(또는 氣發而理乘之)의 뜻이다. 이에 임영은 "퇴계의 뜻이 과연 어떠한지 알지 못하겠다" 즉 이승(理乘)은 버려두고 기발(氣發: 불선)에만 주목해서는 안 된다는 뜻이다.

또한 칠정에도 '리(선)가 타고 있으므로(理乘)' 곧바로 칠정으로 인심(불선)을 대신하는 것은 옳지 않다. 인심과 도심은 상대시켜 말할 수 있지만, 칠정과 사단은 상대시켜 말할 수 없으니, 왜냐하면 칠정에는 기도 있고 리도 있기 때문이다. 이러한 이유에서 임영은 인심과 도심처럼, 사단과 칠정을 너무 심하게 분개해서는 안 된다고 강조한다.

이어서 임영은 사단과 마찬가지로 칠정 역시 '성에서 발한 것(性發爲

---

[348] 『中庸』, 第1章, "喜怒哀樂之未發, 謂之中; 發而皆中節, 謂之和."

情)'이므로, 이황의 '형기에서 발한 것'이라는 주장이 옳지 않다고 비판
한다.

　　내가 생각건대, 사단과 칠정에 붙인 이름이 다른 것은, 사단은 근본(本)
을 따라서 이름을 붙인 것이고 칠정은 드러나는 현상(見)에 의거하여 수
를 열거한 것이다. 〈사단은〉 근본을 따랐기 때문에 그것이 성명(性命)의
중에 근원하는 것이 저절로 분명하니, 사람은 응당 확충하고 배양해야 뿐
이다. 〈칠정은〉 수를 열거한 것이기 때문에 혹 리를 주로 하기도 하고 혹
기를 주로 하기도 하며, 혹 선하기도 하고 혹 악하기도 하여 모두 안에 내
포되어 있으므로 사람이 반드시 절제하고 조심하는 공부가 필요하다. 만
약 전부 선하다면, 어찌 절제하고 조심하는 공부가 필요하겠는가.(만약 전
부 불선하다면, 또 어찌 절제하고 조심할 뿐이겠는가. 반드시 완전히 없애야 비로
소 가할 것이다.) 그 〈둘의〉 다른 점이 바로 여기에 있으니, 만약 '칠정이 오
로지 바깥 사물에서 발한 것'이라고 한다면 크게 옳지 않다. 이와 같다면
'성이 발하여 정이 된다'는 것이 오히려 빈말일 것이다.[349]

　이황에 따르면, "측은 · 수오 · 사양 · 시비는 어디에서 발하는가.
인 · 의 · 예 · 지의 성에서 발할 뿐이다. 희 · 로 · 애 · 구 · 애 · 오 · 욕
은 어디에서 발하는가. 바깥 사물이 그 형기에 감촉함에 속에서 움직여
서 대상을 따라 나올 뿐이다."[350] 사단은 인 · 의 · 예 · 지의 성에서 발한

---

[349] 『滄溪集』卷25,「日錄(甲寅)」, "按四端七情立名之異, 四端從本命名者也, 七情據
見歷數者也. 從本故其原於性命之中者, 便自曉然, 人當擴充培養而已. 歷數故或
主理或主氣, 或善或惡, 皆包在內, 人須用制節愼謹之功. 若全是善, 焉用制節愼謹
之功.(若全是不善, 又豈可制節愼謹而已哉. 必須剗地掃滅, 乃可耳.) 其異處正在
此, 若謂七情專發於外物, 則人不是. 如此則性發爲情, 乃虛語耶."

[350] 『退溪集』卷16,「答奇明彦(論四端七情　第一書)」, "惻隱羞惡辭讓是非, 何從而來

것이고, 칠정은 형기에서 발한 것이니, 왜냐하면 바깥 사물이 옴에 쉽게 감응하여 먼저 움직이는 것이 형기만한 것이 없기 때문이다. 그러나 임영은 '칠정이 오로지 바깥 사물에서 발한 것' 즉 형기(기)에서 발한 것으로 보아서는 안 된다고 비판한다. 왜냐하면 '성발위정'에 따르면, 칠정 역시 성이 발한 것이기 때문이다. '칠정 역시 성이 발한 것'이라는 말은 칠정에도 리(또는 선)가 있다는 뜻이며, 동시에 이황의 칠정/기발에 반대한다는 뜻이기도 하다.

사단과 칠정의 이름이 다른 것은 이미 그 내력이 다르기 때문이다. 사단은 인·의·예·지의 성에 근본하여 이름한 것이고, 칠정은 다만 드러나는 일곱 가지 수를 열거한 것일 뿐이다. 결국 사단은 인·의·예·지의 성에 근본한 것이 분명하니 널리 확충해나가면 된다. 그러나 칠정은 이황처럼 형기에서 발한 것이 아니라, 다만 드러나는 일곱 가지 수를 열거한 것일 뿐이므로 이때는 리와 기를 겸하고 선과 악이 함께 있다. "혹 리를 주로 하기도 하고 혹 기를 주로 하기도 하며, 혹 선하기도 하고 혹 악하기도 하다." 리와 기 또는 선과 악이 칠정 안에 함께 있으므로 곧장 '기발(불선)'이 아니지만, 그럼에도 반드시 절제하고 조심하는 공부가 필요하다.

만약 사단처럼 칠정이 모두 선하다면, 절제하고 조심하는 공부는 필요 없을 것이며, 또한 만약 칠정이 모두 불선(악)하다면 절제하고 조심할 것이 아니라 악한 칠정을 완전히 없애는 공부가 필요할 것이다. 결국 '절제하고 조심하는 공부가 필요하다'는 것은 칠정에는 선도 있고 불선도 있다는 말에 다름 아니다. 때문에 이황처럼 "칠정이 오로지 바깥 사물(형기)에서 발한 것이라고 한다면 크게 옳지 않다." 즉 이황처럼 칠정을 기

乎, 發於仁義禮智之性焉爾; 喜怒哀懼愛惡欲, 何從而發乎, 外物觸其形而動於中, 緣境而出焉爾."

발(불선)로 해석해서는 안 된다는 말이다. 결국 이황의 말과 같다면, '성발위정'은 헛되고 쓸모없는 말이 된다고 비판한다. 그렇지만 이황은 절제하고 조심해야 하는 칠정을 그대로 기발/불선으로 해석한다.

게다가 임영은 이황이 사단과 칠정의 근원(소종래)을 본연지성과 기질지성으로 양분하는 것에 대해서도 비판한다. "본연지성과 기질지성으로 사단과 칠정의 증거로 삼은 것 역시 서로 맞지 않은 듯하다."[351] 이황은 사단과 칠정이 서로 다른 정이라는 증거로써, 정이 발하여 나온 근원으로서 성 역시 본연지성과 기질지성으로 양분한다. 사단은 본연지성이 발한 것이고(理發) 칠정은 기질지성이 발한 것이니(氣發), 사단과 칠정은 서로 다른 정이다. 그러나 임영은 사단과 칠정이 모두 하나의 정이듯이(칠정 가운데 선한 부분만을 말한 것이 사단이듯이), 그것이 발하여 나온 성 역시 하나이며, 이것이 바로 '성발위정'의 뜻이라고 강조한다.

이처럼 임영은 칠정 역시 '성이 발한 것'이라는데 근거하여 이황의 칠정/기발(불선)을 비판한다. 이황처럼 칠정/불선이 아니라 칠정도 중절하면 선하니, 이것이 바로 『중용』의 뜻이라는 것이다.

② 이이에 대한 비판

먼저 임영은 '불상리'의 관점에서는 이황의 이기호발설이 옳지 않다고 설명한다.

> 율곡이 "우계가 이미 리와 기는 한순간도 서로 떨어질 수 없다는 것을 알면서도 여전히 〈퇴계의〉 호발설에 연연하고 집착한다"라고 하였는데, 나는 이른바 '리와 기가 서로 떨어질 수 없다'는 것이 어떤 리를 가리켜서

---

351 『滄溪集』卷25, 「日錄(甲寅)」, "且以本性氣質之性, 爲四端七情之證, 亦恐不相襯貼."

말한 것인지 모르겠다. 만약 맑은 기는 선이 되고 탁한 기는 악이 되는 이유를 가리켜서 모두 리라고 한다면, 진실로 한순간도 서로 떨어질 수 없을 것이다. 무릇 사람과 사물의 작용은 선악을 불문하고 이 기가 하는 것이 아님이 없고 기는 또한 모두 리에 근본하니, 마땅히 호발(互發)로 말해서는 안 될 것이다.[352]

성혼이 이황의 호발설을 인정하자, 이이는 '불상리'의 관점에서 성혼을 비판한다. "형(성혼)께서는 이미 리와 기가 한순간도 서로 떨어질 수 없다는 것을 알면서도 여전히 호발설에 연연하고 집착한다."[353] '불상리'에 따르면, 이황의 호발설은 옳지 않다. 리와 기는 한순간도 서로 떨어질 수 없으니, 사단에도 리와 기가 함께 있고 칠정에도 리와 기가 함께 있다. 이황처럼 사단/이발과 칠정/기발이라 한다면, 특히 칠정/기발이라 한다면, 칠정에는 리가 없는 것이니 잘못이다.

그러나 임영은 이이의 이러한 주장에 이의를 제기한다. 리에는 '소이연의 의미'와 '주재의 의미'가 있는데, 이이처럼 '불상리'를 말한 것은 '소이연의 리'에 해당한다. 이 때문에 임영은 "리와 기가 서로 떨어질 수 없다는 것이 어떤 리를 가리켜서 말한 것인지 모르겠다." 즉 이이가 말하는 리는 '주재의 리'가 아니라 '소이연의 리'를 가리킬 뿐이라는 말이다.

'소이연'은 사물이 그렇게 되는 이유·까닭의 뜻이니, 예컨대 사물(기)이 있으면 그 사물이 되는 이유·까닭(존재이유)이 바로 리이다. 이처

---

352 같은 곳, "栗谷謂牛溪旣知理氣之不能一瞬相離, 而猶戀着互發之說, 愚未知所謂理氣不能相離者, 指何理而言乎. 若指淸氣之所以爲善, 濁氣之所以爲惡者, 皆謂之理, 則誠不能以一瞬相離矣. 凡人物之作用, 不揀善惡, 無非此氣之所爲, 而氣又皆本於理, 則宜不可以互發言也."

353 『栗谷集』卷10, 「答成浩原」, "但兄旣知理氣之不能一瞬相離, 而猶戀著互發之說."

럼 리를 소이연의 의미로 해석하면, 진실로 리와 기는 한순간도 서로 떨어질 수 없다. 왜냐하면 사물이 있으면, 반드시 그 사물이 되는 이유·까닭으로써 리가 없을 수 없기 때문이다. 예컨대 맑은 기는 선이 되고 탁한 기는 악이 되는 이유 역시 리가 된다.

이러한 '불상리' 속에서는 선악의 문제를 막론하고 "그 작용은 기가 하는 것이 아님이 없고, 기는 또한 모두 리에 근본한다." 실제로 발하는 것은 기이고, 리는 다만 기의 소이연(근원)일 뿐이다. 이것이 바로 이이의 "발하는 것은 기이고 발하게 하는 소이는 리이다"[354]거나 "기는 유위(有爲)하고 리는 무위(無爲)하다"는 뜻이다. 결국 사단과 칠정은 모두 〈발하는 것은 기이므로〉 기가 발하고 〈발하게 하는 소이는 리이므로〉 리가 타는 '기발이승일도(氣發理乘一途)'일 뿐이니, 이황처럼 사단/이발과 칠정/기발로 말할 수 없다. 이처럼 '불상리'에 따른 '소이연의 리'가 강조되면, 무엇보다 이황의 사단/이발은 성립될 수 없다. 왜냐하면 리는 무위하므로 발(발동)과 같은 작위적 표현을 쓸 수 없기 때문이다.

이에 임영은 이이가 말하는 '소이연의 리'는 참된 리가 아니라고 설명한다.

> 이와 같다면 이른바 리는 다만 만물이 그렇게 되는 까닭을 총괄한 이름일 뿐이고, 그 속에서 선이 되고 악이 되는 것에는 도리어 일정한 방향이 없게 된다. 〈그렇다면〉 이른바 리가 만약 공허하고 주재함이 없는 물건(존재)이라면 곧 〈기와〉 뒤섞이고 모호한 물건일 것이다. 이것은 예로부터 성현들이 서로 전수하던 순수지선(純粹至善)한 리가 아니다. 사람에서는 이른바 "군자는 성이라고 말하지 않는다"는 성이고, 사물에서는 이른바

---

354 『栗谷集』卷10, 「答成浩原(壬申)」, "大抵發之氣也, 所以發者理也, 非氣則不能發, 非理則無所發."

"그 기질에 따라서 저절로 하나의 성이 된다"는 성으로써, 다시는 인·의·예·지의 본연을 논할 수 없는 것이니, 이것으로 리를 말한 것이 어찌 참된 리이겠는가.[355]

이이의 주장처럼 '소이연의 리'는 다만 만물이 그렇게 되는 까닭을 총괄한 이름일 뿐이지, 그것이 선이 되고 악이 되는 것에는 도리어 일정한 역할(방향)이 없다. 이것은 리가 소이연의 의미가 아니라 주재의 의미일 때라야 선악의 결정 과정에서 일정한 역할을 할 수 있다는 말이다. "리가 만약 공허하고 주재함이 없는 물건(존재)이라면" 즉 소이연의 리일 뿐이라면, 리와 기는 한순간도 서로 떨어질 수 없으니 "곧 뒤섞이고 모호한 물건이 되어" 기 속에 내재한다.

리가 기 속에 내재하면 기에 구속되지 않을 수 없으니, 이러한 리는 예로부터 성현들이 서로 전수하던 순수지선한 리가 아니다. 리가 기에 구속된 것이 바로 기질지성이다. 이것이 바로 "군자가 성이라 말하지 않는다"[356]라는 성이고, "그 기질에 따라 저절로 하나의 성이 된다"[357]라는 성이다. 이러한 성은 모두 기질에 구속된 기질지성이므로 군자는 성이라고 말하지 않는다. 군자가 성이라고 말하는 것은 인·의·예·지의 본연지성을 가리킬 뿐이다.

따라서 사물 속에 내재하는 리는 기질지성이지 본연지성이 아니다.

---

355 『滄溪集』卷25,「日錄(甲寅)」, "但如此則所謂理者, 却只是萬物所以然之總名, 其中爲善爲惡, 却無定向. 所謂理者, 若非空虛無主宰之物, 卽是夾雜汨董之物矣. 此非從上聖賢相傳相授純粹至善之理. 在人則所謂君子不謂之性之性, 而在物則所謂隨其氣質, 自爲一性, 不復可論仁義禮智之本然者, 以此言理, 豈眞理哉."(문맥상 若非에서의 非자가 빠져야 할 듯하다.)
356 『孟子』,「盡心(下)」, "君子不謂性也."
357 『朱熹集』卷58,「答徐子融」, "氣質之性只是此性墮在氣質之中, 故隨氣質而自爲一性."

결국 이이가 말하는 '소이연의 리'는 기에 구속되어 인·의·예·지의 본연지성을 논할 수 없는 것이니, 이러한 리는 참된 리가 아니다. 참된 리는 기에 구속되지 않는 '주재의 리'라는 것이다. 이것은 리의 주재적 지위를 인정해야 한다는 말에 다름 아니다.[358]

그렇다면 이이가 리의 무위(소이연의 리)에 근거해서 사단/이발을 비판한 것과 달리, 임영은 이황처럼 사단/이발을 인정한다는 입장이다. 이이처럼 리가 무위하므로 '발'이라는 작위적 표현을 쓸 수 없는 것이 아니라, 사단은 실제로 순수지선한 리(인·의·예·지의 성)가 발한 것이다. 이렇게 볼 때, 임영은 이황의 칠정/기발(불선)은 인정하지 않지만 사단/이발은 인정하고 있음을 알 수 있다.

이러한 이유에서 임영은 이이의 주장과 같다면, 리의 본체와 실용이 제대로 밝혀질 수 없다고 비판한다.

> 만약 〈이이처럼〉 이러한 리가 〈기와〉 서로 떨어지지 않는 것이 옳다는 것만 알아서 '또한 기가 발하고 리가 타는 것이지 애당초 호발(互發)하는 일이 없다'고 말한다면, 리의 본체와 실용이 끝내 제대로 밝혀질 수 없고 오직 기가 하는 것이고 아득하여 주재의 뜻이 없으니, 이것이 어찌 이기와 체용을 두루 정밀하게 논한 것이겠는가.[359]

---

358 물론 "리는 기의 주재이고 기는 리가 타는 것이다"라는 말에 근거하여 이이 역시 리의 주재를 강조하였다고 주장하기도 한다.(『栗谷集』卷10, 「答成浩原(壬申)」, "夫理者, 氣之主宰也; 氣者, 理之所乘也.") 그러나 이이는 철저하게 리의 無爲를 그의 학문적·이론적 근거로 삼는 만큼, 무위한 리가 실제로 얼마만큼 기를 주재할 수 있는지는 의문이다.

359 『滄溪集』卷25, 「日錄(甲寅)」, "若只見得此箇理之不相離, 便爲善, 亦氣發而理乘, 初無互發之事云爾, 則理之本體實用, 終不能自明, 而惟氣所爲, 茫無主宰意思矣, 此豈論理氣體用, 週遍而精審者乎."

이이에 따르면, 리는 무위(소이연의 리)하므로 발할 수 없고 실제로 발하는 것은 기이므로 사단과 칠정은 모두 '기발이승일도'이다. 이러한 해석에 근거하여 이황의 사단/이발과 칠정/기발을 비판하니, 리는 무위하므로 '이발'이라 말할 수 없으며, 또한 칠정에도 리가 없는 것이 아니므로 '기발'이라 말할 수 없다. 그러므로 이황의 사단/이발과 칠정/기발은 옳지 않다. 이것이 바로 이이가 말한 "퇴계의 병폐는 오로지 호발(互發) 두 글자에 있다"[360]라는 뜻이다.

그러나 임영은 이러한 이이의 주장에 대해 "리의 본체와 실용이 끝내 제대로 밝혀질 수 없다"라고 비판한다. 이이처럼 '불상리'에 따라 리를 소이연의 의미로 해석하면, 실제적인 작용은 전적으로 기가 하는 것이므로 리에는 주재의 뜻이 없게 된다. 그렇다면 리는 있어도 그만 없어도 그만인 무용지물이 되어 선악의 결정에서 아무런 역할을 할 수 없다. 때문에 리의 적극적인 주재 하에서만이 선이 되고 악이 되는 과정에서 악을 제어하고 선을 확보할 수 있다. 이것이 바로 이이와 구별되는 점이며, 동시에 이황의 '이발'에 대한 해석이라 할 수 있다.

더 나아가 임영은 선이 되고 악이 되는 선악의 유래에 근거하면 이황의 이기호발설도 타당하다고 설명한다.

> 이 때문에 선한 마음에 기가 없는 것은 아니지만 이 선이 리에 말미암아 발하기 때문에 이발(理發)이라 하고, 악 또한 리가 없는 것은 아니지만 악이 되는 것이 실제로 기의 과불급에 말미암고 리에 말미암은 것이 아니기 때문에 기발(氣發)이라 한다. 대개 그것이 선이 되고 악이 되는 유래를 가지고 구분한 것이지, '리에서 하나의 마음이 생겨나고 기에서 또 하나

---

360 『栗谷集』卷10, 「答成浩原」, "退溪之病, 專在於互發二字."

의 마음이 생겨난다'는 말이 아니다. 그 마음은 하나일 뿐이다. 그러나 그
것이 선이 되고 악이 되는 구분은 정밀하게 분석하지 않을 수 없으니, 이
와 같다면 '리와 기가 서로 떨어질 수 없다'고 한 것은 옳지만, '선과 악이
모두 기가 발하고 리가 탄다'고 한 것은 옳지 않을 듯하다.[361]

마음은 리와 기가 합쳐진 것이다. 그러므로 선한 마음에도 기가 없는
것이 아니고, 악한 마음에도 리가 없는 것이 아니다. 선한 마음에도 기
가 없는 것은 아니지만 이때의 선은 리에 말미암아 발한 것이기 때문에
'이발'이라 하고, 악한 마음에도 리가 없는 것은 아니지만 이때의 악은
리에 말미암은 것이 아니고 기의 과불급(過不及)에 말미암은 것이기 때
문에 '기발'이라 한다.

사단과 칠정도 마찬가지다. 사단과 칠정은 모두 성이 이미 발한(已發)
한 이후의 정이므로 리와 기를 겸하니, 사단에도 기가 없는 것이 아니고
칠정에도 리가 없는 것이 아니다. 사단에도 기가 없는 것은 아니지만
이때는 리에 말미암아 발한 것이기 때문에 '이발'이라 하고, 칠정에도
리가 없는 것은 아니지만 이때는 리에 말미암은 것이 아니고 기의 과불
급에 말미암은 것이기 때문에 '기발'이라 한다. 결국 사단은 리에 말미
암은 것이므로 '이발'이 되고, 칠정은 기의 과불급에 말미암은 것이므로
'기발'이 된다.

이러한 '이발'과 '기발'은 마음이 선이 되고 악이 되는 즉 선악의 유래
를 가지고 구분한 것이지, "리에서 하나의 마음이 생겨나고 기에서 또

---

361 같은 곳, "是故善心非無氣也, 以其此善由理而發, 故謂之理發; 惡亦非無理也, 以
其爲惡, 實由氣之過不及而非由理也, 故謂之氣發. 蓋以其爲善爲惡之所由來者分
之, 亦非謂自理生出一箇心, 自氣又生出一箇心也. 其心之爲心則一而已矣. 但其
爲善爲惡之分, 不可不剖析精微也, 如此則謂理氣不相離者得矣, 謂善惡皆氣發理
乘者, 恐未爲得也."

하나의 마음이 생겨난다는 말이 아니다." 예컨대 리에서는 선한 마음이 나오고 기에서는 악한 마음이 나오는 것이 아니라, 마음은 하나일 뿐이다. 마음은 하나인데(리와 기가 함께 있으나), 다만 마음이 리에 말미암은 것은 선이 되고 마음이 기의 과불급에 말미암은 것은 악이 될 뿐이다.

정 역시 하나인데, 다만 리에 말미암은 것은 사단(이발)이 되고 기의 과불급에 말미암은 것은 칠정(기발)이 될 뿐이다. 이것은 '불상리'가 전제된 해석이다. 때문에 이황이 본연지성(리)에서 발한 것은 사단이고 기질지성(기)에서 발한 것은 칠정이라 하여, 사단과 칠정을 리와 기로 분속시켜 근원적으로 구분한 것과는 분명히 대조된다. 그렇지만 선이 되고 악이 되는 그 유래를 가지고 말하면, 이황처럼 사단/이발(선)과 칠정/기발(불선)로 양분할 수 있다.

따라서 마음이 하나이듯이 정 역시 하나이므로 '리와 기가 서로 떨어질 수 없다'고 한 것은 옳지만, '기가 발하고 리가 타고 있다(氣發理乘一途)'고 한 것은 옳지 않다. 선악의 유래를 가지고 말하면, 사단/이발(선)이고 칠정/기발(불선)이니, 이이처럼 사단과 칠정을 모두 '기발이승일도'로 해석해서는 안 된다.

이에 임영은 "그것이 선이 되고 악이 되는 구분은 정밀하게 분석하지 않을 수 없다" 즉 사단/선과 칠정/불선의 구분을 정밀하게 분석할 것을 강조한다. 이렇게 볼 때, 임영은 이황처럼 사단/선과 칠정/불선으로 해석하고 있음을 알 수 있다. 이러한 해석은 임영이 앞부분에서 칠정의 중절(中節), 즉 '칠정을 기발이라 말해서는 안 된다'고 말한 것과는 서로 상반·모순된다.

그렇다면 임영의 칠정은 불선한 것인가 아닌가.

만약 순수지선(리)이 일용의 사물을 떠나지 않는 것을 가리켜서 '리와 기가 서로 떨어질 수 없는 것'이라고 말한다면, 『중용』에서 말한 "잠시도 떠날 수 없다"라는 것과 정자가 말한 "드러남과 은미함에 간격이 없다"라는 것은 참으로 의심할 것도 없고 따질 것도 없다. 그러나 리는 원래 일용을 떠나지 않으나, 사람이 리를 따르지 않고 심지어 리를 완전히 어기는데 이르는 것은 또 무슨 연유로 그러한가. 이때에도 참으로 리가 기를 떠난다고 말할 수 없으나, 다만 기의 작용에 말미암은 것이고 리와 관련된 일이 아니니, 또한 어찌 리를 완전히 어기는 것으로 리를 완전히 따르는 것과 동일시하여 '기가 발하고 리가 타는 것일 뿐이다'라고 뭉뚱그려서 말할 수 있겠는가.[362]

리는 원래 일용의 사물을 떠나지 않으니, 리와 기는 한순간도 서로 떨어질 수 없다. 이것이 바로 『중용』의 "잠시도 떠날 수 없다"[363]거나 정자의 "드러남(현상계)과 은미함(본체계)에 간격이 없다"[364]라는 뜻이니, 참으로 의심할 것이 없이 분명하다.

이처럼 리가 일용을 떠나지 않는데도, 사람이 리를 따르지 않거나 심지어 리를 완전히 어기는 경우가 있다. 무엇 때문인가. '사람이 리를 따르지 않거나 리를 완전히 어긴다'는 것은 불선(악)하다는 것을 의미한다. 리가 일용을 떠나지 않는데(리가 일용 속에 있는데), 어째서 불선이 생

---

362 같은 곳, "若指純粹至善, 不離乎日用事物者, 而謂理氣不能相離也, 則乃中庸所謂不可須臾離, 程子所謂顯微無間者, 固無可疑, 固無可論. 而但理固不離於日用, 而人不能循理, 甚至於一切悖理者, 又何自而然乎. 此時固不可道理離於氣, 只由於氣之作用, 而非干理事也, 亦豈可以一切悖理者, 同於一切循理者, 而渾稱曰氣發理乘而已哉."

363 『中庸』, 第1章, "道也者, 不可須臾離也, 可離非道也."

364 『二程全書』, 「伊川易傳」, "體用一源, 顯微無間." 예컨대 사물이 있으면 거기에 사물의 이치가 있는 것처럼, 현상계와 본체계가 서로 떨어질 수 없이 相卽하여 있음을 말한다.

기는가. 임영에 따르면, 사람이 불선한 것은 전적으로 기의 작용에 말미암은 것이고 리와는 상관이 없는 일이다. 결국 사람이 불선한 것은 리가 없기 때문이 아니라 기의 소행 때문이다.

여기에서 임영은 '리를 완전히 따르는 것'과 '리를 완전히 어기는 것'으로 구분하여 사단과 칠정을 해석한다. '리를 완전히 따르는 것'이 사단이 된다면, '리를 따르지 않거나 리를 완전히 어기는 것'은 칠정이 된다. 결국 임영은 '리를 따르지 않거나 리를 완전히 어기는 것'을 칠정에 귀속시킨다.

그러므로 '리를 완전히 따르는 것/선'과 '리를 완전히 어기는 것/불선'을 동일시하여 사단과 칠정을 모두 '기발이승일도'로 뭉뚱그려 말해서는 안 된다. 이것은 리를 완전히 따르는 사단/선과 리를 완전히 어기는 칠정/불선은 분명히 구분해야 한다는 말에 다름 아니다. 예컨대 이이처럼 사단과 칠정이 모두 '기발이승일도'라면, 칠정/불선이 아니라 칠정/선(리)이 된다. 결국 이이의 '기발이승일도'로 해석해서는 안 되고, 이황처럼 사단/선(이발)과 칠정/불선(기발)로 양분해야 한다는 말이다.

이렇게 볼 때, 임영은 이이의 '칠정포사단'처럼 사단과 칠정을 하나의 정으로 해석하면서도(이때는 칠정의 중절(中節)을 강조하고 이황의 칠정/기발(불선)을 비판한다), 그럼에도 선악의 관점에서는 이황처럼 사단/선(이발)과 칠정/불선(기발)으로 양분함으로써 칠정의 불선을 강조하고 이이의 '기발이승일도'를 비판한다. 이황의 사단칠정론이 칠정/불선에 주목하여 '기발'로 해석한 것이라고 할 때, 결국 임영의 사단칠정론 역시 이황처럼 칠정/불선을 강조하고 있음을 알 수 있다. 이것이 바로 이이와 다른 점이며, 동시에 이황과 같은 점인 것이다.

따라서 임영이 이황과 이이의 이론을 동시에 비판하지만, 결국 사단

/이발과 칠정/기발로 귀결되니 이황의 이론에 좀 더 가깝다고 할 수 있다. 임영 사후에 율곡을 계승한 같은 기호학파의 학자인 이간의 신랄한 비판이 있은 것도 이러한 이유 때문이다. 결국 임영의 사단칠정론은 당시 이황과 이이의 양자적 구도에 얽매이지 않고, 즉 기호계통이지만 사승이나 학파의 틀에서 벗어나 스스로 학문적 소신을 피력한 것이라 할 수 있다.

19

정제두(鄭齊斗)의 사단칠정론

정제두(鄭齊斗, 1649~1736)[365]의 사단칠정론은 그의 「사단칠정설(四端七情說)」[366]이라는 글 속에 보인다. 정제두 사단칠정론은 기존의 이황과 이이의 이론과 구분되는 새로운 해석을 선보인다.

먼저 정제두는 사단을 '정의 성'으로 칠정을 '성의 정'으로 해석한다.

> 정에서 발한 것으로 말하면, 희(喜)·로(怒)·애(哀)·락(樂)·애(愛)·
> 오(惡)·구(懼)·욕(欲)은 '성의 정'이고, 측은·수오·사양·시비는 '정의
> 성'이다. 희·로·애·락에 선한 것이 있고 선하지 않는 것이 있는 것은
> 리가 있고 리가 아닌 것이 있기 때문이다. 측은·수오가 모두 선한 것은
> 모두 리가 되기 때문이다.[367]

---

365 정제두의 본관은 迎日, 자는 士仰, 호는 霞谷, 시호는 文康이다. 박세채·윤증의
문인이다. 조선에 전래된 양명학을 연구하고 발전시켜 사상적 체계를 세웠으며,
이를 바탕으로 강화학파를 형성하였다. 그의 저서로는 『하곡집』이 있다.
366 그의 「四端七情說」은 『霞谷集』卷8, 「存言(上)」에 들어있다.
367 『霞谷集』卷8, 「四端七情說」, "以發乎情言, 喜怒哀樂愛惡懼欲, 性之情也; 惻隱
羞惡辭讓是非, 情之性也. 喜怒哀樂, 有善者焉有不善者焉, 以有理有非理故也. 惻

사단은 '정의 성'이고 칠정(또는 八情)은 '성의 정'이다. 성이 발하여 정이 되니(性發爲情), 사단과 칠정은 모두 성에 근원하는 정이다. 사단과 칠정이 모두 성에 근원하지만, 사단은 오로지 리만을 가리키므로 '정의 성'이고 칠정은 이기를 겸하므로 '성의 정'이다. 때문에 사단은 선한 것이고, 칠정은 선한 것도 있고 불선한 것도 있다. 그 이유로써 사단은 리가 되기 때문이고, 칠정은 리가 있기도 하고 리가 아닌 것(또는 기)이 있기도 하기 때문이다. 오로지 선한 사단과 달리, 칠정은 선할 때도 있고 불선할 때도 있다. 리를 따르면 선하고 기를 따르면 불선하다. 그렇지만 '성의 정'이라고 할 때는 주로 칠정의 선한 경우를 가리킨다.

이러한 해석은 이이의 "정은 칠정 하나이고, 그 가운데 선한(또는 중절한) 부분만을 가리켜서 사단이라 한다. 그러므로 사단은 선하지만 칠정은 선악을 겸한다"는 내용과 유사하다. 오로지 선한 사단과 달리, 칠정은 선할 때도 있고 불선한 때도 있다. 칠정이 리를 따르면 선하고 기를 따르면 불선하다. 반면 이황의 "사단은 이발(理發)이고 칠정은 기발(氣發)이다. 그러므로 사단은 선하지만 칠정은 악으로 흐르기 쉽다"는 내용과는 분명히 구분된다. 오로지 선한 사단과 달리, 칠정은 악으로 흐르기 쉬운 것이므로 불선이 된다.

결국 이들의 내용 가운데 칠정에 대한 해석은 분명한 차이를 보인다. 이황이 칠정을 '악으로 흐리기 쉬운' 불선한 것으로 해석하는 것과 달리, 정제두(또는 이이)는 칠정에 선도 있고 불선도 있다고 해석한다. 때문에 "희 · 로 · 애 · 락에 선한 것이 있고 선하지 않은 것이 있는 것은 리가 있고 리가 아닌 것이 있기 때문이다." 칠정이 리를 따르면 선이 되고, 기

隱羞惡惡皆善焉, 以皆爲理故也."

의 영향으로 리를 따르지 못하면 불선이 되니, 이때 선이 되고 불선이
되는 것은 전적으로 리에 근거한다.

일반적으로 칠정은 희·로·애·구·애·오·욕 또는 희·로·애·
락·애·오·욕을 말하는데, 정제두는 이들 가운데 서로 다른 구(懼)·
락(樂)을 모두 아울러서 칠정 대신 팔정(八情)을 제시하니, 희(喜)·로
(怒)·애(哀)·락(樂)·애(愛)·오(惡)·구(懼)·욕(欲)이다. 실제로 칠정이
든 팔정이든 그 내용에는 별 차이가 없다. 19~20세기에 활동한 이진상
(李震相)·곽종석(郭鍾錫) 등은 『예기』「예운」의 희·로·애·구·애·
오·욕에다 『대학』의 분(忿)·락(樂)·우(憂)의 셋을 더하여 십정(十情)이
라는 표현을 쓰기도 한다.

이어서 정제두는 사단도 불선할 수 있고 칠정도 선할 수 있다고 설명
한다.

> 희·로·애·락은 리와 리가 아닌 것을 통틀어 말한 것이니 본래 선
> 하지 않은 것이 있지만, 만일 그것이 리에서 나오면 참으로 또한 순수하
> 고 지선하다. 측은·수오는 오로지 리만을 가리켜서 말한 것이니 본래
> 선하지만, 만일 기에서 움직여서 치우침이 있으면 또한 지선(至善)이 될
> 수 없다.[368]

사단은 오로지 리만을 가리켜서 말한 것이고, 칠정은 이기를 겸하여
말한 것이다. "희·로·애·락은 리와 리가 아닌 것을 통틀어 말한 것이
다." '리가 아닌 것'은 기를 의미하니, 칠정은 리와 기를 통틀어 함께 말
한 것이다. 칠정은 이기를 겸하므로 "본래 선하지 않은 것이 있다." 그

---

[368] 같은 곳, "喜怒哀樂, 通理與非理而言, 固有不善者, 如其出於理, 則固亦純粹至善
也. 惻隱羞惡, 專指理而言, 固本善也, 若有動於氣而有偏, 則亦不得爲至善."

렇지만 칠정이라도 "리에서 나오면" 또한 순수하고 지선하다. 이것은
칠정도 중절(中節)할 수 있다는 의미이다.

반면 사단은 오로지 리만을 가리켜서 말한 것이므로 본래 선하다.
"측은·수오는 오로지 리만을 가리켜서 말한 것이니 본래 선하다."
그렇지만 사단이라도 "기에서 움직여서 치우침이 있으면" 또한 지선
(至善)이 될 수 없다. 이것은 사단도 부중절(不中節)할 수 있다는 의미
이다.

사단은 오로지 리만을 가리켜서 말한 것이므로 본래 선하지만 이때
도 기의 영향을 받아서 치우치면 선할 수 없으며, 칠정은 이기를 겸하여
말한 것이므로 선할 때도 있고 불선할 때도 있지만 이때도 기의 영향을
받지 않고 리를 따르면 선할 수 있다. 결국 사단도 '부중절'할 때가 있고
칠정도 '중절'할 때가 있다.

이러한 해석은 리와 기가 서로 떨어질 수 없다는 '불상리'의 관점을
강조할 때 나타나는 현상이다. 사단과 칠정은 모두 이미 발한 정이므로
사단도 이기를 겸하고 칠정도 이기를 겸한다. 사단도 이기를 겸하므로
사단에도 기가 없는 것이 아니며, 칠정도 이기를 겸하므로 칠정에도 리
가 없는 것이 아니다. 따라서 사단도 기의 영향을 받지 않을 수 없고, 칠
정도 리의 영향을 받지 않을 수 없다. 사단도 기의 영향을 받기 때문에
중절하지 못하여 불선할 수 있고, 칠정도 리의 영향을 받기 때문에 중절
하여 선할 수 있다.

나아가 정제두는 사단과 칠정을 인심도심의 문제와 연결시켜 설명
한다.

대체로 각각 중한 것에 나아가 말하면, 칠정은 인심이고 사단은 도심
이며, 형기(形氣)는 인심이고 도의(道義)는 도심이며, 운용은 인심이고 주

재는 도심이다.[369]

사단칠정은 인심도심의 관계로 해석할 수 있다. 개괄적으로 말하면, 사단은 도심·도의·주재에 해당하고, 칠정은 인심·형기·운용에 해당한다. 그렇지만 이것은 어디까지나 개괄적으로 말할 때의 표현이다. 때문에 정제두는 이들의 관계를 다시 세부적으로 구분한다.

> 나누어 자세히 말하면, 칠정·형기는 참으로 인심이라고 할 수 있으나, 형기·칠정이 발할 때에 저절로 도에서 나온 것이면 형기·칠정은 이미 전적으로 인심이라 할 수 없다. 사단·예의는 참으로 도심이라고 할 수 있으나, 예의·사단 속에서도 인심이 섞인 것이면, 예의·사단에도 전적으로 인심이 없다고 말할 수 없다. 운용과 주재도 이와 같으니, 정밀하게 살피고 세밀하게 구하면 그렇지 않은 것이 없다.[370]

개괄적으로 말하면, 사단은 도심·도의·주재에 해당하고 칠정은 인심·형기·운용에 해당한다. 세부적으로 말하면, 칠정은 "전적으로 인심이라 할 수 없고" 사단 역시 "전적으로 인심이 없다고 말할 수 없다."

칠정은 참으로 인심이라고 할 수 있으나, 칠정이 발할 때에 "도에서 나온 것이면" 이때는 기의 영향을 받지 않으므로 전적으로 인심이라고

---

369 같은 곳, "緊各就其重者言之, 七情人心也, 四端道心也; 形氣人心也, 道義道心也; 運用人心也, 主宰道心也."

370 같은 곳, "分而細言, 則七情也形氣也, 固可以謂人心, 而形氣七情之發, 自有出於 道者, 則形氣七情, 已不可以專指爲人心也. 四端也禮義也, 固可以爲道心, 而禮義 四端之中, 亦有雜乎人心者, 則禮義四端, 又不可謂之專無人心. 運用主宰亦如此, 精以察之, 密而求之, 無所不然."

말할 수 없다. 이것은 칠정이라도 도심으로 바뀔 수 있다는 뜻이다. 또한 사단은 참으로 도심이라고 할 수 있으나, 사단 속에 "인심이 섞인 것이면" 이때는 기의 영향을 받으므로 전적으로 인심이 없다고 말할 수 없다. 이것은 사단이라도 인심으로 바뀔 수 있다는 뜻이다.

결국 사단은 도심에 해당하고 칠정은 인심에 해당하는 관계가 아니라, 사단도 인심이 될 수 있고 칠정도 도심이 될 수 있다. 이것을 선악으로 설명하면, 사단도 불선이 될 수 있고 칠정도 선이 될 수 있다.

이러한 해석은 이이의 인심도심상위종시설(人心道心相爲終始說)의 내용과 유사하다. 인심으로 시작하지만 도심으로 마칠 수 있고, 도심으로 시작하지만 인심으로 마칠 수 있다. 인심이 도심으로 바뀔 수 있고 도심이 인심으로 바뀔 수 있듯이, 사단도 칠정처럼 불선할 수 있고 칠정도 사단처럼 선할 수 있다. 사단도 불선할 수 있고 칠정도 선할 수 있으니, 이때의 사단칠정은 이황의 "사단은 '리가 발한 것'이므로 선하고 칠정은 '기가 발한 것'이므로 불선하니 둘은 서로 다른 정이다"라고 해석하는 것과는 분명히 구분된다. 오히려 정은 칠정 하나이며 그 가운데 선한 부분만을 사단으로 보는 이이의 해석에 가깝다. 왜냐하면 이때의 칠정은 중절 여부에 따라 선할 수도 있고 불선할 수도 있기 때문이다. 이렇게 볼 때, 정제두는 개괄적인 해석에서 이황의 이론을 인정하면서도, 세부적인 해석에서 이이의 이론을 지지한다. 이것은 이이의 이론에 더 가깝다는 말에 다름 아니다.

이러한 의미에서 정제두는 사단도 불선이 될 수 있고 칠정도 선이 될 수 있다고 주장한다.

> 희·로·애·락이 기를 따르는 것은 포악해지기 쉬우니, 이것이 바로 사욕의 객기(客氣)이다. 측은·수오가 리가 되는 것은 미약해지기 쉬우

니, 이것은 본심인 천리이다. 그러나 희·로·애·락이 리가 되는 것은 그 천리도 측은과 다름이 없으며, 측은·수오가 기에 움직여지는 것은 객기도 희·로와 다름이 없다.[371]

정제두는 사단과 칠정을 본심인 천리와 사욕의 객기로 구분한다. 칠정이 기를 따르면 포악해지기 쉬운데, 이것은 사욕의 객기에 해당한다. 또한 사단이 리를 따르면 미약해지기 쉬운데, 이것은 본심인 천리에 해당한다. 그러므로 칠정은 사욕의 객기를 따르기 때문에 포악해지기 쉽고, 사단은 본심인 천리를 따르기 때문에 미약해지기 쉽다.

그렇지만 사욕의 객기인 칠정이라도 리를 따르면, 이때의 칠정은 본심의 천리인 사단과 다름이 없다. "희·로·애·락이 리가 되는 것은 측은과 다름이 없다." 본심의 천리인 사단이라도 기의 영향을 받으면, 이때의 사단은 사욕의 객기인 칠정과 다름이 없다. "측은·수오가 기에 움직여지는 것은 희·로와 다름이 없다." 결국 칠정이라도 리를 따르면 선이 되고, 사단이라도 기를 따르면 불선이 된다.

더 나아가 정제두는 『중용』의 중화(中和) 내용에 근거하여 칠정을 다시 체용(體用)의 관계로 해석한다.

희·로·애·락의 정은 그 체(體)로써 욕심에 얽매이지 않고 기에 움직이지 않아서 순수지선(純粹至善)한 것으로 말하면, 이른바 "미발을 중(中)이라 한다"는 것이지 발함이 없다는 말이 아니다. 희·로·애·락의 정은 그 용(用)으로써 절도에 합하고 리에 맞아서 각각 마땅함을 얻지 않음이

371 같은 곳, "喜怒哀樂之從氣者易暴, 是卽私欲客氣也. 惻隱羞惡之爲理者易微, 此爲本心天理也. 然喜怒哀樂之爲理者, 其天理亦與惻隱無異, 惻隱羞惡之動氣者, 其客氣亦與喜怒無異."

없는 것으로 말하면, 이른바 "발하여 절도에 맞는 것을 화(和)라 한다"는 것이지 움직임이 있다는 말이 아니다. 그 본체는 순수하여 치우치고 얽매이는 바가 없기 때문에 '중'이라 하고, 그 품위와 절도가 리에 합당하지 않음이 없기 때문에 '화'라고 한다. 그러므로 리에 합당한 것은 치우치고 얽매이는 바가 없는 것의 용(用)이며, 치우치고 얽매이는 바가 없는 것은 리에 합당한 것의 체(體)이다.[372]

희·로·애·락의 칠정이라도 욕심에 매이지 않고 기의 영향을 받지 않으면 순수지선하다. 이것이 바로 칠정의 체(體)이며, 『중용』에서 말한 "미발을 중(中)이라 한다"는 의미이다. 이때도 칠정이 발한 것이니 "발함이 없다는 말이 아니다." '칠정이 발한다'는 것은 이기를 겸하고 있다는 뜻이니, 이때도 기가 없는 것은 아니지만 기의 영향을 받지 않는다.

또한 희·로·애·락의 칠정이라도 절도에 합하고 리에 맞으면 각각 마땅함을 얻지 않음이 없다. 이것이 바로 칠정의 용(用)이며, 『중용』에서 말한 "발하여 절도에 맞는 것을 화(和)라 한다"는 의미이다. 이때도 기가 없는 것은 아니지만 기의 영향을 받지 않으니 "움직임이 있다는 말이 아니다." '움직임이 있지 않다'는 것은 기의 영향을 받지 않는다는 뜻이다.

따라서 칠정의 체에서는 치우치고 얽매이는 바가 없이 순수지선하기 때문에 '중'이 되고, 칠정의 용에서는 절도에 합하고 리에 맞아서 각각 마땅하지 않음이 없기 때문에 '화'가 된다. 그렇지만 칠정의 체에서

---

372 같은 곳, "夫喜怒哀樂之情, 以其體不累於欲不動於氣, 純粹至正者言, 則所謂未發謂之中者也, 非謂其無發. 喜怒哀樂之情, 以其用合節中理, 無不各得其宜者言, 則所謂發而中節之謂和者也, 非謂其有動也. 以其本體純粹無所偏累, 故謂中; 以其品節當理無不合宜, 故謂和. 故當理合宜者, 無所偏累者之用也; 無所偏累者, 當理合宜者之體也."

도 기의 영향을 받아 치우치고 얽매이면 '중'이 될 수 없고, 칠정의 용에서도 기의 영향을 받아 절도에 맞지 않으면 '화'가 될 수 없다. 반드시 치우치고 얽매임이 없는 '중'과 절도에 맞지 않음이 없는 '화'를 이룬 연후에 비로소 지선(至善)에 이룰 수 있다.

　이러한 체와 용은 서로 대립적 관계가 아니라 서로 포용적 관계에 있으므로, 체 속에 용이 있고 용 속에 체가 있다. 그러므로 "리에 합당한 것은 치우치고 얽매이는 바가 없는 것의 용(用)이며, 치우치고 얽매이는 바가 없는 것은 리에 합당한 것의 체(體)이다." 칠정의 체는 용의 체가 되고, 칠정의 용은 체의 용이 된다.

> 　체 속에 용이 있고 용 속에 체가 있어서 체와 용은 두 가지가 아니다. 치우치고 얽매임이 없는 체가 있은 후에 비로소 합당하지 않음이 없는 용이 있을 수 있으며, 합당하지 않음이 없는 용이 있는 이후에 치우치고 얽매임이 없는 체가 비로소 행해진다. 용은 체가 아니면 할 수 없고, 체는 용이 아니면 행할 수 없으니, 체와 용은 서로 없어서는 안 된다.[373]

　『중용』의 중화 내용에 근거하면, 중(中)은 칠정의 체가 되고 화(和)는 칠정의 용이 되니, 체와 용은 두 가지가 아니다. 그러므로 지나치거나 모자람이 없는 '체'가 있은 후에 비로소 절도에 맞지 않음이 없는 '용'이 있으며, 또한 절도에 맞지 않음이 없는 '용'이 있은 후에 지나치거나 모자람이 없는 '체'가 행해진다. "체는 용이 아니면 행할 수 없고, 용은 체가 아니면 할 수 없으니, 체와 용은 서로 없어서는 안 된다." 체와 용이

373　같은 곳, "體中有用, 用中有體, 體用非有二也. 有無所偏累之體而後, 乃可有無不合宜之用; 有無不合宜之用而後, 無所偏累之體乃行. 用非體無能, 體非用無行, 體用不相無也."

서로 없어서는 안 되듯이, 칠정 역시 체와 용의 두 측면에서 동시에 해석해야 한다. 칠정의 '체'는 지나치거나 모자람이 없는 '중'이 되고, 칠정의 '용'은 절도에 맞지 않음이 없는 '화'가 된다.

이것을 선악의 관계로 표현하면, 칠정 역시 선이 된다. 지나치거나 부족함이 없는 칠정의 체도 선하고, 절도에 맞지 않음이 없는 칠정의 용도 선하다. 이것을 '이발'과 '기발'의 개념으로 설명하면, 칠정 역시 '이발'이 된다.

이러한 해석은 사단과 칠정을 모두 '이발'로 보는 이진상(李震相)의 해석과 유사하다. "사단과 칠정은 모두 성에서 발한 것이므로 두 갈래로 있는 것이 아니며, 성이 곧 리이니 기발(氣發)이라고 말할 수 없다."[374] 사단과 칠정은 모두 성에서 발한 것이므로 '이발'이 되어야 한다. 이진상은 이때 '이발'이 되는 이론적 근거의 하나로써 체용의 해석을 제시하니 "리의 체는 성이고, 리의 용은 정이다." 결국 사단과 칠정은 모두 리의 용이므로 사단뿐만 아니라 칠정 역시 '이발'이 된다. 이러한 해석의 배경에는 그의 심즉리(心卽理) 이론이 자리하는데, 심이 곧 리이므로 심을 체용관계로 해석하는 것이 아니라 리를 그대로 체용관계로 해석한 것이다.

이렇게 볼 때, 정제두가 칠정을 체용관계로 해석하는 것은 그의 '심즉리' 이론과 연관이 있어 보인다. 칠정 역시 심의 한 양태로 볼 때, 칠정이란 어디까지나 리의 발현에 다름 아니다. 결국 정제두의 사단칠정론은 이황 또는 이의의 이론과는 구분되는 독자적인 해석을 하고 있음을 알 수 있다.

---

374 『寒洲集』卷33, 「太極圖箚疑後說」, "四七人道, 皆自性發, 非有二岐, 則性則理也, 不可謂之氣發."

20
김창협(金昌協)의 사단칠정론

김창협(金昌協, 1651~1708)[375]의 사단칠정론은 그의 「사단칠정설(四端七情說)」이라는 짧은 글에 보인다. 김창협 사단칠정론의 특징은 사단과 칠정을 주리·주기의 논리로 해석하는데 있다. 이것은 이황이 호발설의 타당성 근거로 제시한 주리·주기의 논리에 따른 분개설의 관점을 수용한 측면으로 볼 수 있고, 동시에 "칠정을 '주기'로 볼 수 없다"는 이이의 이론을 정면으로 부정한 측면으로도 볼 수 있다.

김창협은 노론의 거두였던 김수항(金壽恒)의 둘째 아들이며 이이의 적전(嫡傳)이었던 송시열(宋時烈)의 문하에서 수학하였다는 사실로 볼 때, 그가 율곡학파의 일원이었음을 알 수 있다. 그럼에도 김창협은 여러 방면에서 이이의 이론을 비판하는데, 특히 이이가 성혼과의 논변에서 끝까지 견지하였던 "칠정을 '주기'로 볼 수 없다"거나 "이이처럼 이발(理發)을 부정하고 리의 무위성을 강조하면 리의 지위가 약화된다"는 등이다. 김창협은 사단과 칠정을 주리·주기로 해석하거나 "기가 리의 명

375 김창협의 본관은 安東. 자는 仲和, 호는 農巖, 시호는 文簡이다. 경기도 과천 출신으로, 김상헌의 증손자이고 김창집의 아우이다. 저서로는 『농암집』이 있다.

령을 듣는다"는 표현 등을 강조함으로써 오히려 이황의 이론에 동조하는 모습을 보인다. 이러한 사실이 그가 '절충파'로 분류되는 이유이기도 하다.

주리 · 주기의 논리에서 사단을 '주리'로 보는 것은 이황과 이이 모두 크게 문제 삼지 않는다. 물론 기대승이 "사단도 부중절(不中節)할 수 있다"고 하여 문제를 삼기도 하였지만, 이들이 강조했던 것은 맹자의 의도에서처럼 '인간의 본성이 선하다'는 성선설의 근거로 제시되었던 선한 정으로서의 사단에 충실하는데 있었으며, 김창협도 예외가 아니었다. 그러나 칠정에 대한 해석은 학자 간에 차이를 보인다. 그 대표적인 사례로서 이황이 칠정을 '주기'로 보아 '주리'인 사단과 대립적 관계로 이해하는 반면, 이이는 사단을 '주리'로 보는 것과 달리 칠정을 끝까지 '주기'로 볼 수 없다는 입장을 견지한다.

먼저 김창협의 사단과 칠정에 대한 개념적 정의를 살펴보자.

> 사람의 마음에는 리가 있고 기가 있으니, 바깥 사물에 감응하면 기의 기틀이 발동하고 리가 거기에 올라탄다. 칠정은 기의 기틀이 발동하는데 나아가 이름을 세운 것이고, 사단은 그 도리가 드러난 것만을 곧장 가리킨 것일 뿐이고 기의 일과는 상관이 없다. '기의 일과는 상관이 없다'는 것은 사단이 기 없이 스스로 동한다는 말이 아니라, 그것을 말할 때에 이 기가 용사(夾帶)하지 않을 뿐이라는 것이다.[376]

김창협은 사단과 칠정 모두 기의 기틀이 발동하고 리가 거기에 타고

---

376 『農巖續集』卷下, 「四端七情說」, "人心有理有氣, 其感於外物也, 氣機發動, 而理則乘焉. 七情者, 就氣機之發動而立名者也, 四端則直指其道理之著見者耳, 不干氣事. 所謂不干氣事者, 非謂四端無氣自動也, 言其說時, 不夾帶此氣耳."

있다는 이이의 기발이승일도(氣發理乘一途)를 전제한다. 이러한 전제 위에서 사단과 칠정을 개념적 차원에서 구분한다. 칠정은 기의 기틀이 발동한 것을 가리켜서 말한 것이고, 사단은 도리가 드러난 것을 가리켜서 말한 것이다. 사단에도 기가 없는 것이 아니지만, 사단은 도리가 드러난 것만을 가리켜서 말한 것이므로 기의 일과는 상관이 없다. 그렇지만 "기의 일과는 상관이 없다"고 하여 기 없이 사단만이 홀로 발한다는 말은 아니다. 다만 기가 용사(用事)하지 않을 뿐이다.[377]

또한 칠정에도 리가 없는 것은 아니지만, 칠정은 기의 기틀이 발동하는 것을 가리켜서 말한 것이므로 리의 일과는 상관이 없는 것이다. 그렇지만 "리의 일과는 상관이 없다"고 하여 리 없이 칠정만이 홀로 발한다는 말은 아니다. 김창협은 사단과 칠정 모두 이기를 겸한 '기발이승일도'임을 전제하면서도, 동시에 사단은 도리(리)만을 가리켜서 말한 것이고 칠정은 기의 발동을 가리켜서 말한 것으로 둘을 구분한다. 이것을 리와 기의 개념으로 설명하면, 사단은 주로 리를 가리켜서 말한 것이 되고 칠정은 주로 기를 가리켜서 말한 것이 된다.

여기에서 김창협의 사단칠정론에 대한 주리·주기의 해석이 등장한다.

> 사단은 리를 주로 하여 말한 것이지만 기가 그 속에 있고, 칠정은 기를 주로 하여 말한 것이지만 리가 그 속에 있다. 사단의 기가 곧 칠정의 기이고 칠정의 리가 곧 사단의 리이니, 두 가지가 있는 것이 아니다. 다만 이름

---

377 夾帶는 옛날 과거시험에 응시하는 수험생이 커닝용으로 책 등의 문자자료를 몰래 소지하는 것을 말한다. 그러나 일반적으로 이러한 문장에서는 주로 用事라는 표현을 쓴다. 사단에 비록 기가 없는 것은 아니지만, 이때는 기가 用事하지 못하기 때문에 기가 여기에 간여할 수 없다는 것이다.

을 말할 때에 뜻에 각각 주된 바가 있을 뿐이다.[378]

사단에도 기가 없는 것은 아니지만 리를 주로 하여 말한 것이고, 칠정에도 리가 없는 것은 아니지만 기를 주로 하여 말한 것이다. 사단과 칠정 모두 이기를 겸하므로 사단의 리와 칠정의 리가 다르다거나 사단의 기와 칠정의 기가 다르다는 말이 아니다. 때문에 "사단의 기가 곧 칠정의 기이고, 칠정의 리가 곧 사단의 리이다"라고 말한 것이다.

또한 비록 사단도 이기를 겸하고 칠정도 이기를 겸하지만 동시에 사단과 칠정을 각각 주로 하여 말할 수 있으니, 사단은 리를 주로 하여 말한 것이므로 주리(主理)이고 칠정은 기를 주로 하여 말한 것이므로 주기(主氣)이다. 이것이 바로 사단과 칠정을 주리·주기의 논리로 해석한 것이다. 이것을 선악이 개념으로 표현하면, 사단은 리를 주로 하여 말한 것이므로 선하지만, 칠정은 기를 주로 하여 말한 것이므로 불선이 있다.

원래 주리·주기란 이황 호발설의 타당성의 논거로 제시된 개념이다. 이황에 따르면, 인·의·예·지의 성에 근원하는 사단은 리를 주로 하여 말한 것이므로 이발(理發)이 되고, 형기에 감응하여 생겨난 칠정은 기를 주로 하여 말한 것이므로 기발(氣發)이 된다. 이것이 바로 주리·주기의 논리에 따른 이황 호발설의 해석이다.

반면 이이는 이러한 주리·주기의 논리로는 사단칠정론을 설명할 수 없다고 비판한다. "사단을 '주리'라고 하면 옳지만 칠정을 '주기'라 하면 옳지 않은데, 칠정은 이기를 포함하여 말한 것이므로 '주기'가 아니

---

378 『農巖續集』卷下,「四端七情說」, "四端, 主理言而氣在其中, 七情, 主氣言而理在其中. 四端之氣, 卽七情之氣, 七情之理, 卽四端之理, 非有二也. 但其名言之際, 意各有所主耳."

다."[379] 이어서 칠정을 '주기'로 말할 수 없는 이유를 『중용』의 중화설로써 설명한다. "만약 칠정을 '주기'라고 한다면, 자사가 대본(大本)과 달도(達道)를 논하면서 리의 한쪽을 빠뜨린 것이니 어찌 크게 잘못이라 하지 않겠는가."[380] 희·로·애·락의 칠정이 발하여 중절한 것이 바로 '달도'이니, '달도'가 어찌 기만을 말한 것이라 할 수 있겠는가. 결국 칠정이 발하여 중절한 '달도'는 기만을 말한 것이 아니므로 칠정을 '주기'로 해석해서는 안 된다.

그럼에도 김창협은 사단과 칠정을 주리·주기의 개념으로 논증한다. 이러한 사고는 율곡학파의 일원으로써 이이의 이론에 정면으로 저촉되는 해석이다. 먼저 김창협은 사단이 '주리'의 개념임을 논증한다.

> 사단은 리를 주로 하여 말한 것이기 때문에 측은을 말하면 바로 인(仁)이 발현한 것임을 알고, 수오를 말하면 바로 의(義)가 발현한 것임을 알며, 사양과 시비도 모두 그러하다. 리는 선하지 않음이 없으며 그 체와 용에도 각각 정해진 분수가 있어서 서로 어긋남을 용납하지 않기 때문에 그 단서에 나아가서 그것이 어디로부터 나온 것인지를 알 수 있다.[381]

남을 불쌍히 여기는 측은지심을 통해 '인'이 드러난 것임을 알 수 있고, 자신의 잘못을 부끄러워하거나 남의 잘못을 미워하는 수오지심을

---

379 『栗谷集』卷10,「答成浩原(壬申)」, "且.四端謂之主理, 可也, 七情謂之主氣, 則不可也. 七情包理氣而言, 非主氣也."
380 같은 곳, "若如兄言七情爲主氣, 則子思論大本達道, 而遺却理一邊矣, 豈不爲大欠乎?"
381 『農巖續集』卷下,「四端七情說」, "四端, 主理而言, 故纔說惻隱, 便見其爲仁之發, 纔說羞惡, 便見其爲義之發, 辭讓是非皆然. 蓋理無不善, 而其體用, 又各有定分, 不容差互, 故卽其端而可知其所自來也."

통해 '의'가 드러난 것임을 알 수 있으며, 남에게 사양하는 사양지심을 통해 '예'가 드러난 것을 알 수 있고, 옳고 그름을 가릴 줄 아는 시비지심을 통해 '지'가 드러난 것임을 알 수 있다. 어린아이가 우물에 빠지려는 것을 보면 모두 깜짝 놀라고 불쌍히 여기는데 이것은 마음속의 리가 드러난 것이며, 이때에도 기가 없는 것은 아니지만 기가 간여할 수 없다. 이렇게 볼 때, 사단은 리를 주로 하여 말한 것이다. 이황은 여기서 한걸음 더 나아가 마음속에서 드러난 리를 그대로 이발(理發)로 해석한다.

또한 김창협은 칠정이 '주기'의 개념임을 논증한다.

> 정자의 「호학론(好學論)」에서는 "정이 이미 왕성해져서 더욱 방탕해지면 그 성이 훼손된다"[382]라고 하였다. 이천(정이)이 '정이 리에 근본한다'는 것을 모르지 않으면서 이와 같이 말한 것은 또한 정(칠정)이 기를 주로 한 것이기 때문이다. 이 뿐만이 아니다. 예로부터 칠정을 논한 것에는 모두 경계하는 뜻이 있으니 사단을 오로지 확충으로 말한 것과 같지 않는데, 칠정이 기를 주로 하여 말한 것임을 알 수 있다.[383]

김창협이 칠정을 '주기'로 보려는 이유이다. 정이 「호학론」의 이 구절은 "성이 움직이면 정이 되지만, 정이 마음속에서 타올라 끝에 가서 더욱 방탕해지면 도리어 그 성을 해치게 된다.……예로써 정을 제약하여 중도를 잃지 않게 하기 때문에 그 마음을 바르게 하여 사악하고 치우친 데로 흐르지 않을 수 있다"[384]라는 뜻이다. 정이의 말처럼, 칠정

---

382 『二程全書』, 「顔子所好何學論」, "喜怒哀樂愛惡欲, 情既熾而益蕩, 其性鑿矣."
383 『農巖續集』 卷下, 「四端七情說」, "程子好學論, 亦曰情既熾而益蕩, 其性鑿矣. 伊川非不知情之本乎理, 而其言如此者, 亦以氣爲主焉耳. 不獨此也. 古來論七情者, 皆有戒之之意, 非若四端專以擴充爲言, 其爲主氣而言, 可見矣."
384 『近思錄集解』, 「爲學」, "性動則爲情, 然情炎于中, 末流益蕩, 則反戕賊其性矣.

이 리에 근본하는 것을 모르는 것은 아니지만, 칠정이란 어디까지나 방탕해지기 쉬운 물건이기 때문에 단속하고 제약해야 할 대상이다. 이것은 칠정에도 리가 없는 것은 아니지만, 기를 주로 하여 말한 것이라는 의미이다.

역대 선현들의 사단칠정에 대한 해석을 참고해보더라도, 사단은 선하기 때문에 확충[385]해나갈 대상으로 보았으며 칠정은 방탕하여 쉽게 악으로 흐르기 때문에 단속해야 할 대상으로 보았다는 것이다. 이것이 바로 김창협의 칠정에 대한 해석이다. 이러한 칠정에 대한 해석은 이이와 상반되며 오히려 이황과 유사하다. 이황 사단칠정론의 요지는 사단을 이발(주리)로 해석하는 것과 마찬가지로 칠정을 끝까지 기발(주기)로 해석하는데 있다.

이황에 따르면, "칠정이 비록 이기를 겸하지만 리는 약하고 기는 강하여 그것을 단속할 수 없어서 쉽게 악으로 흐르기 때문에 '기발'이라 한다."[386] 칠정이란 어디까지나 악으로 흐르기 쉬운 것이므로 절제하여 중도에 맞도록 단속해야 할 대상이다. 반면 이이는『중용』의 중화설로써 희ㆍ로ㆍ애ㆍ락이 발하여 중절한 것이 바로 달도(達道)이니 칠정을 오로지 '기발(주기)'로만 해석해서는 안 된다고 주장한다.

이러한 관점에서 김창협은 "칠정을 '주기'로 볼 수 없다"는 이이의 주

……以禮制情, 使不失乎中, 故能正其心, 而不流於邪僻."

385 擴充은『맹자』「공손추(상)」에 나오는 '擴而充之'의 준말로, 선한 씨앗을 넓혀 가득 채워나간다는 뜻이다. 맹자는 사단인 측은지심ㆍ수오지심ㆍ사양지심ㆍ시비지심은 인ㆍ의ㆍ예ㆍ지를 이룰 수 있는 단서이므로 부단히 확충시켜 나갈 것을 강조한다.(『孟子』,「公孫丑(上)」, "惻隱之心, 仁之端也; 羞惡之心, 義之端也; 辭讓之心, 禮之端也; 是非之心, 智之端也. 人之有是四端也, 猶其有四體也.……凡有四端於我者, 知皆擴而充之矣, 若火之始然, 泉之始達. 苟能充之, 足以保四海; 苟不充之, 不足以事父母.")

386 『退溪集』卷17,「附奇明彦四端七情總論」, "七情雖兼理氣, 而理弱氣强, 管攝他不得, 而易流於惡, 故謂之氣之發也."

장에 반대한다.

> 퇴계가 칠정을 주기(主氣)라 한 것을 율곡이 비난하였으나, 이것은
> "칠정이 리에 근본하지 않는다"고 말하는 것이 아니라, 비록 칠정이 리
> 에 근본하지만 주로 하여 말한 것이 기에 있을 뿐인 것이다. 이 때문에
> 자사가 대본(大本)과 달도(達道)를 논하면서 "희·로·애·락이 발하는
> 것이 천하의 '달도'라고 하지 않고, 반드시 발하여 중절한 것을 천하의
> '달도'라고 하였으니" 이것이 바로 사람 마음에 있는 기의 기틀이 동할
> 때는 잘못되기 쉬우니 반드시 리를 따라 그 바름을 얻은 후에 '달도'라고
> 할 수 있다.[387]

이이는 이황이 칠정을 '주기'로 해석한 것을 옳지 않다고 비판하였는
데, 김창협은 이러한 이이의 비판이 옳지 않다고 지적한다. 김창협에
따르면, 이황이 칠정을 '주기'로 해석한 것은 이이의 비판처럼 칠정에는
리가 없다는 말이 아니라, 칠정에도 리가 없는 것은 아니지만 다만 주로
하여 말한 것이 기에 있기 때문에 '주기'라고 하였다는 것이다. 이러한
관점에서 김창협은 칠정을 '주기'로 해석한다. 칠정에도 리가 없는 것
은 아니지만, 기를 주로 하여 말한 것에 불과하다는 것이다.

그 이유로도 이이와 마찬가지로 『중용』의 달도(達道)를 거론한다. 앞
에서 말한 것처럼 이이는 칠정을 '주기'로 볼 수 없음을 『중용』의 달도
로써 설명하지만, 김창협은 칠정을 '주기'로 해석해야 하는 이유를 『중

---

[387] 『農巖續集』卷下, 「四端七情說」, "以七情爲主氣, 栗谷非之, 然此非謂七情不本乎
理也, 雖本乎理而所主而言者, 則在乎氣耳. 以是以子思論大本達道, 不曰喜怒哀
樂之發, 是天下之達道也, 而必以發而中節者, 爲達道者, 正人心氣機之動, 易於差
忒, 須是循理而得其正, 然後可謂之達道也."

용』의 달도로써 설명한다. 『중용』에서는 희·로·애·락이 발한 것을 그대로 '달도'라고 하지 않고, 희·로·애·락이 발하여 중절한 것을 '달도'라고 하였다는 것이다.

결국 희·로·애·락의 칠정은 중절(中節)을 필요로 하는 대상이다. '중절을 필요로 한다'는 것은 잘못 발하기 쉬운 것이라는 말이며, '잘못 발하기 쉽다'는 것은 희·로·애·락의 칠정이 기를 주로 하여 말한 것이라는 말이다. 희·로·애·락의 칠정이 기를 주로 하여 말한 것이기 때문에 "발하여 중절해야 달도라고 할 수 있다." 이러한 의미에서 "리를 따라 그 바름을 얻은 후에 달도라고 할 수 있다"라고 말한다. 때문에 칠정은 '주기'로 해석해야 한다.

또한 김창협은 칠정을 '주기'로 보아야 한다는 관점에서, 이이의 '기를 주로 하여 말한다'는 겸언기(兼言氣)를 비판한다.

> 사단은 선한 부분이고 칠정은 선악을 겸하며, 사단은 오로지 리만을 말한 것이고 칠정은 기를 겸하여 말한 것이라는 율곡의 학설이 명백하지 않는 것은 아니지만, 나의 생각과는 조금 차이가 없지 않으니, 다투는 곳은 다만 '기를 겸하여 말한다(兼言氣)'는 한 구절에 있을 뿐이다. 칠정은 비록 실제로 이기를 겸하지만 기를 주로 해야 하니, 선한 것은 기가 리를 따르는 것이고 불선한 것은 기가 리를 따르지 않는 것이다. '선악을 겸한다'는 것은 이와 같을 뿐이니, 애초에 칠정이 기를 주로 한다는 것에 해되지 않는다.[388]

---

388 같은 곳, "四端善一邊, 七情兼善惡, 四端專言理, 七情兼言氣, 栗谷之說, 非不明白, 愚見不無少異者, 所爭只在兼言氣一句耳. 蓋七情, 雖實兼理氣, 而要以氣爲主, 其善者, 氣之能循理者也, 其不善者, 氣之不循理者也. 其爲兼善惡, 如此而已, 初不害其爲主氣也."

이이의 사단칠정론에 관한 여러 이론 중에서, 유독 김창협과 이론적 차이를 보이는 곳이 바로 칠정을 겸언기(兼言氣)로 해석하는 부분이다. 이이의 '겸언기'는 사단을 주리(主理)로 해석하는 것과 상대되는 개념이다.[389] 그렇지만 김창협에 따르면, 칠정이 실제로 이기를 겸하지만, 요지는 칠정이 이기를 겸하는데 있지 않고 기를 주로 하여 말하는데 있기 때문에 '겸언기'라는 표현을 써서는 안 된다. 칠정은 기를 겸하여 말한 것이 아니라, 기를 주로 하여 말한 것일 뿐이다. '주기'라고 하더라도 이이의 비판처럼 칠정에 리가 없다는 말이 아니라, 칠정이 이기를 겸하지만 기를 주로 하여 말한 것에 불과하다. 때문에 '칠정이 선악을 겸한다(兼善惡)'고 하는 것과 모순되지 않는다. 왜냐하면 비록 칠정을 '주기'로 해석하더라도, 실제로 칠정이 이기를 겸하므로 이때에 기가 리를 따르면 선이 되고 기가 리를 따르지 않으면 불선이 되기 때문이다.

김창협이 보기에는 비록 사단과 칠정이 모두 이기를 겸한다고 하더라도, 주리·주기의 논리로써 해석할 수 있다. 물론 이러한 주리·주기에 따른 해석은 이황이 강조하는 분개설의 관점을 수용한다는 것을 의미한다.

그렇다면 김창협은 왜 그의 사단칠정론을 주리·주기로 해석하려고 하는가? 왜 그의 사단칠정론에 주리·주기라는 분개설의 관점을 적용하는가? 그것은 이이의 혼륜설에 따른 기발이승일도(氣發理乘一途)에서 생길 수 있는 폐단을 우려했기 때문이다. 이이의 주장처럼 리를 드러내기 위해서 반드시 기를 타야만 한다면, 이것은 기에 대한 리의 의존성을 의미하니 결국 성리학 체계 내에서 리의 절대적 지위는 손상된다.

---

389 이이의 '兼言氣'라는 표현은 사단을 主理로 해석하는 것과 상대해서 말한 것이다. (『栗谷集』卷12, 「答安應休」, "朱子發於理發於氣云者, 只是指四端之主理, 七情之兼言氣耳.")

이러한 '기발이승일도'의 구조에서는 선악이 기에 따라 달라질 수 있고, 좀 더 정확하게 표현하면 전적으로 기에 의해 결정되므로, 사단도 순선한 리가 아닌 맑은 기에 의해 확보되는 결과를 초래할 수 있다. 결국 선악의 결정 과정에서 리는 아무런 영향력을 행사할 수 없는 무용지물이 된다.[390] 이것이 바로 퇴계학파에서 끝내 이이의 이론을 인정할 수 없었던 이유이며, 동시에 김창협이 퇴계학파의 이론을 일부 수용하지 않을 수 없었던 이유이기도 하다. 김창협이 사단과 칠정을 주리·주기로 해석하려는 것도 이러한 이유와 무관하지 않다. 때문에 김창협은 이황의 '사단/이발이기수지(理發而氣隨之)와 칠정/기발이이승지(氣發而理乘之)'가 결함이 있음을 인정하면서도 그 뜻이 정밀하므로 후인들이 살피지 않으면 안 된다고 강조한다.[391]

김창협은 리가 정의가 없고 조작이 없다는 특성으로 비록 기를 타고 있지만, "기 또한 리의 명령을 듣는다"고 하여 리의 주재성을 강조한다.

> 리가 비록 정의(情意)가 없고 조작(造作)이 없다고 하지만, 그 필연·능연·당연·자연이 진북계(진순)의 말과 같으니, 또한 두루 주재가 없지 않다. 이 때문에 사람의 마음이 동할 적에 리가 비록 기를 타지만 기 역시 리의 명령을 듣는다. 지금 만약 선악의 정을 한결같이 기의 맑음과 탁함으로 돌린다면, 리의 실체와 성이 선하다는 것을 볼 수 없을 것이다.[392]

---

390 김용헌, 「농암 김창협의 사단칠정론」, 『사단칠정론』, 서광사, 1992, pp.271-272 참조.

391 『農巖續集』卷下, 「四端七情說」, "退溪有見於此, 而此處極精微難言, 故分析之際, 輒成二歧, 而至其言氣發理乘, 理發氣隨, 則名言之差, 不免有累於正知見矣. 然其意思之精詳縝密, 則後人亦不可不察也."

392 같은 곳, "理雖曰無情意無造作, 然其必然能然當然自然, 有如陳北溪之說, 則亦未嘗漫無主宰也. 是以人心之動, 理雖乘載於氣, 而氣亦聽命於理. 今若以善惡之情, 一歸之於氣之淸濁, 則恐無以見理之實體而性之爲善也."

사단의 발현이 기의 작용에 의지하지 않을 수 없지만, 기의 작용을 온전하게 주재하는 곳에서 사단이 발현된다. 이때 기의 작용은 리의 명령을 듣는 것에 지나지 않으니, 결국 기 작용의 주체는 리가 된다. '리가 기를 타고 있다'는 것은 결국 리가 어떤 형태로든 기에 의존한다는 것을 의미한다. 이 점이 강조될수록 리가 차지하는 절대적 지위는 그만큼 손상될 수밖에 없다. 때문에 김창협은 이이의 '기발이승일도'를 전제함과 동시에 리의 지위를 강조한다.

김창협은 리의 무위(無爲)를 인정하는 범위에서 리의 주재성을 강조함으로써 순선한 사단에 리가 관여할 수 있는 여지를 남겨둔다. 이이의 주장처럼, 선악이 기의 청탁(淸濁)에 의해 결정된다면, 리는 있어도 그만 없어도 그만인 쓸모없는 것이 되어 선악의 결정 과정에서 아무런 영향력을 행사할 수 없게 된다. 이것이 바로 이이와 구별되는 곳이며, 이황의 이발(理發)에 대한 해석이기도 하다.

이렇게 볼 때, 김창협은 '이발'을 통해 사단의 순선을 확보하고자 했던 이황의 취지를 이이의 '기발이승일도'의 구조 속에서 해결하고자 하였음을 알 수 있다. 이것은 인간행위 속에서 리의 주재를 통한 선의 구현이라는 것이 어떤 형식으로라도 인정되지 않으면 안 된다는 신념의 발로이다. 이 때문에 김창협은 이황 또는 퇴계학파에서 강조하던 분개설의 관점을 적극 수용한 것이다.

김창협 사단칠정론의 특징은 이이의 혼륜설에 따른 기발이승일도(氣發理乘一途)를 전제하면서도, 동시에 사단과 칠정을 주리·주기로 분개하여 해석하는데 있다. '기발이승일도'의 구조에서는 사단도 순선한 리가 아닌 맑은 기에 의해 확보되는 결과를 초래한다. 왜냐하면 칠정과 마찬가지로 사단도 기가 발한 것이기 때문에, 순선한 리에 의한 것이 아니라 맑은 기에 의해 결정되니 결국 리는 아무런 영향력을 행사할 수 없는 쓸모없는 물건이 된다. 이로써 성리학 체계 내에서 리의 절대적 지위는 손상되지 않을 수 없다.

따라서 김창협은 퇴계학파에서의 분개설의 논리를 받아들여 사단과 칠정을 주리·주기로 해석함으로써, 이이처럼 사단을 기발(氣發)로 보는 것이 아니라 순선한 리에 의해 확보될 수 있는 여지를 남겨둔다. 이로써 김창협은 이이의 '기발이승일도'를 전제하면서, 동시에 사단을 '주리'로 해석함으로써 리의 지위를 강조한다. 이것이 바로 그가 퇴계학파의 분개설을 받아들이는 이유이다. 이 과정에서 김창협은 이이의 "칠정은 주기로 볼 수 없다"거나 "칠정은 기를 겸하여 말한 것이다(兼言氣)"는 등의 이론을 비판한다. 김창협에 따르면, 칠정은 '주기'로 볼 수 있으며, '주기'이므로 기를 주로 하여 말한 것이지 기를 겸하여 말한 것이 아니다.

이렇게 볼 때, 김창협은 혼륜설과 분개설의 두 관점을 종합하고 절충하고자 하였음을 알 수 있다. 김창협은 이이의 '기발이승일도'를 전제하면서도 리를 주로 하는 사단과 기를 주로 하는 칠정으로 둘을 분명히 구분한다. 물론 이러한 사고는 정을 서로 다른 정으로 나누어보려는 이황과도 구분되고, 칠정의 중절한 것을 사단으로 보려는 이이와도 구분된다.

이 글은 「대산과 농암 사단칠정론의 대비적 고찰」(『동양철학』45, 한국동양철학회, 2016)의 내용을 일부 수정·보완한 것이다.

21

김창흡(金昌翕)의 사단칠정론

김창흡(金昌翕, 1653~1722)[393]의 사단칠정론은 「일록(日錄)」의 3월 7일과 8일자에 보이는데, 이이와 이황의 이론을 동시에 비판하는데 그 특징이 있다. '선은 성에 근거한다'는 관점에서 이이의 "선은 맑은 기가 발한 것이고 악은 탁한 기가 발한 것이다"는 말을 비판하고, 또한 '칠정이 사단을 포괄한다'는 관점에서 이황의 사단/이발과 칠정/기발이라는 대립적 관점을 비판한다.

① 이이에 대한 비판

먼저 김창흡은 이이의 '선은 맑은 기가 발한 것이다'는 말이 맹자의 성선의 뜻과 맞지 않다고 비판한다.

　　율곡이 말한 "선은 맑은 기가 발한 것이고 악은 탁한 기가 발한 것이다"

393　김창흡의 본관은 安東, 자는 子益, 호는 三淵, 시호는 文康으로 서울 출신이다. 조선후기 노론을 대표하는 가문인 김상헌의 증손자이며, 형인 김창협과 함께 성리학과 문장으로 이름을 떨쳤다. 李端相의 문인이며, 저서로는 『삼연집』 등이 있다.

는 것은 다만 주장하는 것이 기에 있는 것만 알고 '성이 선하다(性善)'는 것을 중하게 여기지 않았으니, 또한 맹자와 다르다. 또한 '발'이라는 말은 갑자기 발출하는 것을 말하니, 이른바 갑자기 어린아이가 우물에 들어가는 것을 보는 것과 같은 것이 그것이다. 이때에는 범인과 성인이든 인자한 사람과 포악한 사람이든 모두 같아서(한 빛깔이어서) 선한 정이 발하므로 〈어린아이가 우물에 들어가는 것을〉목격하면 이마에 땀이 나니, 어찌 맑고 탁한 기가 제약할 수 있겠는가.[394]

이이에 따르면, "선은 맑은 기가 발한 것이고 악은 탁한 기가 발한 것이다."[395] 이 말은 '정이란 심속에 갖추어져 있는 성이 발한 것이므로(性發爲情) 본래 선하지만, 정에 혹 불선이 있는 것은 무엇 때문인가'에 대한 이이의 해석이다. 이이는 정이 선하거나 불선한 원인을 기의 청탁(淸濁)으로 해석하니, 정이 선한 것은 성이 발할 때에 맑은 기를 탔기 때문이고 정이 불선한 것은 성이 발할 때에 탁한 기를 탔기 때문이다. 맑은 기를 탔기 때문에 성이 곧바로 나와서 그 중(中)을 잃지 않으므로 선이 되고, 탁한 기를 탔기 때문에 성이 탁한 기에 가려서 혹 지나치기도 하고 혹 모자라기도 하여 불선이 된다.

그러나 이이의 이러한 해석은 "다만 그 주장하는 것이 기에 있는 것만 알고 성이 선하다는 것을 중하게 여기지 않았으니, 또한 맹자와 다르다." 선을 기로써만 주장한 것이지, 맹자처럼 성으로써 주장한 것이 아니다. 맹자는 사람의 선을 성으로써 주장하였으니, 그것이 바로 그의

---

394 『三淵集』卷33,「日錄 三月(초7일)」, "栗谷所謂善者淸氣之發, 惡者濁氣之發, 徒知主張者在氣, 而不以性善爲重, 亦異乎孟子矣. 且發之爲言, 驀然發出之謂也, 如所謂'乍見赤子之入井是已. 當其時, 凡聖慈暴一色, 善情之發, 目擊而顙泚, 何淸濁之可拘哉."

395 『栗谷集』卷14,「人心道心圖說」, "善者, 淸氣之發也; 惡者, 濁氣之發也."

성선설이다. "지금 사람이 어린아이가 우물에 들어가려는 것을 보면, 모두 깜짝 놀라고 측은한 마음을 가진다.……측은지심은 인(仁)의 단서이다."[396] 물건이 있으면 실마리가 밖으로 드러나는 것처럼, 남을 불쌍히 여기는 측은지심을 통해 사람의 마음속에 선의 근원인 '인'이 내재되어 있음을 안다. 결국 인·의·예·지의 성이 발하여 측은·수오·사양·시비의 사단으로 드러난 것이니, 선이란 성이 발한 것이다. 이처럼 맹자의 성선설에 따르면, 선이란 맑은 기가 발한 것이 아니라 성이 발한 것이다. 이 때문에 김창흡은 이이의 주장이 맹자와 다르다고 비판한 것이다.

또한 이때의 '발한다'는 것은 갑자기 발출하는 것을 말하니, 예컨대 갑자기 어린아이가 우물에 들어가는 것을 보는 것과 같다. 갑자기 어린아이가 우물에 들어가는 것을 목격하면 누구나 측은지심과 같은 선한 정이 발하고 이마에 땀이 나는데, 이러한 선한 정은 성인과 범인이든 인자한 사람과 포악한 사람이든 모두 똑같다. 이렇게 볼 때, 선한 정은 이이처럼 '맑은 기'가 발한 것이 아니라 맹자처럼 '성'이 발한 것이니, 이때는 맑고 탁한 기가 그것을 제약할 수 있는 것이 아니다.

이어서 김창흡은 주자의 말에 근거하여 선한 정은 맑은 기가 발한 것이 아니라고 설명한다.

> 주자가 말하기를 "선이란 천명이 부여한 본연이며 악이란 물욕이 낳은 사악하고 더러운 것이다"[397] 율곡의 실수는 결국 '선한 정이 오로지 맑은 기에서 나온다'고 여기는데 있다. 예컨대 '선한 정의 발함은 탁한 기가 막

---

396 『孟子』, 「公孫丑(上)」, "今人乍見孺子將入於井, 皆怵惕惻隱之心.……惻隱之心, 仁之端也."
397 『大學或問』, 傳十章, "善者, 天命所賦之本然; 惡者, 物欲所生之邪穢也."

을 수 있는 것이 아니며, 덕행이 성취되는 것에 이르러서 비로소 맑은 기가 돕는다'고 말하면 옳다.[398]

주자의 말처럼 "선이란 천명이 부여한 본연이니" 즉 천명이 부여한 성이 발한 것이지, 이이처럼 맑은 기가 발한 것이 아니다. 천명이 부여한 성이 발한 것이므로 "선한 정의 발함은 탁한 기가 막을 수 있는 것이 아니다." 성은 홀로 발할 수 없고 반드시 기를 타고 발하는데, 이때 타고 있는 기가 비록 탁하더라도 그것이 '성이 발하는 것'을 막을 수 없으니, 예컨대 어린아이가 우물에 들어가는 것을 보면 인자한 사람이든 포악한 사람이든 똑같이 측은지심과 같은 선한 정이 발하고 이마에 땀이 나는 것이 바로 그것이다.

이 때문에 김창흡은 "이이의 실수는 결국 선한 정이 오로지 맑은 기에서 나온다고 여기는데 있다"라고 비판한다. 선한 정은 맑은 기에서 나오는 것이 아니라 성에서 나오는 것이며, 비록 기가 탁하더라도 성의 발현을 막을 수 없다. 다만 성은 반드시 기를 타고 발하는데, 이때 맑은 기를 타면 성이 곧바로 발하여 중(中)을 잃지 않으므로 덕행(선)을 성취할 수 있다. 그러므로 "덕행이 성취되는 것에 이르러서 비로소 맑은 기가 돕는다." 즉 맑은 기가 발하여 선이 되는 것이 아니라, 성이 발할 때에 맑은 기가 도와서 선을 성취한다고 말하는 것이 옳다는 것이다.

더 나아가 김창흡은 형인 김창협의 말에 근거하여, 비록 기가 지극히 탁한 사람이라도 혹 선한 정이 발하기도 한다고 설명한다. 이것은 이이의 '악이란 탁한 기가 발한 것이다'는 말에 대한 비판이다.

---

398 『三淵集』卷33, 「日錄 三月 (초7일)」, "朱子曰, 善者, 天命所賦之本然; 惡者, 物欲所生之邪穢. 栗谷之失, 終在於以善情爲專出於淸氣. 如曰善情之發, 非濁氣所拒, 而至其德行成就, 乃淸氣攸助, 則可矣."

둘째 형님이 말한 "기가 지극히 맑은 자는 결코 악한 정이 발할 수 없으니, 여기에서 성은 본래 악이 없고 악은 다만 '기가 하는 것'임을 본다. 기가 지극히 탁한 자는 〈혹〉 선한 정이 발하는 것을 허용하니, 여기에서 선이 성에 근거하고 기가 끝내 가릴 수 없음을 본다"[399]고 한 것은 독실한 의론이라 할 수 있다.[400]

김창협에 따르면, 비록 기가 지극히 탁한 사람이라도 혹 선한 정이 발할 수 있다. 예컨대 조금도 맑은 기가 없이 탁한 기로 가득 찬 극악무도한 자라도 누군가 그 부모를 해치려는 것을 보면, 저도 모르게 참된 마음(선한 정)이 발로되어 부모의 원수를 갚을 것을 생각한다.[401] 이때의 선한 정은 천명이 부여한 성에 근거한 것이므로 탁한 기가 그것을 막을 수 있는 것이 아니다. 이처럼 탁한 기를 가진 자라도 선한 정을 발할 때가 있으니, '악이란 탁한 기가 발한 것이다'는 이이의 주장은 옳지 않다. 이 때문에 김창흡은 김창협의 말이 독실하다고 평가한다.

---

399 『農巖續集』卷下, 「四端七情說」, "氣至淸者, 絶無惡情之發, 此見性之本無惡, 而惡只是氣之爲也. 氣至濁者, 容有善情之發, 此見善之根於性, 而氣終有不能蔽也."

400 『三淵集』卷33, 「日錄 三月(초7일)」, "仲氏之言曰, 氣至淸者, 絶無惡情之發, 此見性之本無惡, 而惡只是氣之爲也. 氣至濁者, 容有善情之發, 此見善之根於性, 氣終有不能蔽也, 可謂篤論."

401 『農巖續集』卷下, 「四端七情說」, "至於頑愚之甚, 平日所爲, 至無道者, 猝見人欲害其親, 則亦必勃然而怒, 思所以仇之. 彼其方寸之內, 濁氣充塞, 豈復有一分淸明之氣. 特以父子之愛, 於天性最重, 故到急切處, 不覺眞心發出. 於此可以見人性之善, 於此可以見天理之不容已. 此豈可曰淸氣之所爲哉."(매우 어리석어 평소의 행동이 지극히 무도한 자의 경우도 갑자기 누군가 그 부모를 해치려는 것을 보면, 반드시 분노하여 원수를 갚을 것을 생각한다. 그 마음속에는 탁한 기로 가득 차 있으니, 어찌 다시 조금의 맑은 기가 있겠는가. 다만 부자간의 사랑이 천성에서 가장 중하기 때문에 매우 절박한 곳에 이르러 저도 모르게 참된 마음이 발출된 것일 뿐이다. 여기에서 사람의 성이 선함을 알 수 있고, 여기에서 천리가 그치지 않는다는 것을 알 수 있다. 이것이 어찌 맑은 기가 한 것이라고 말할 수 있겠는가.) 즉 선이란 맑은 기가 발한 것이 아니라, 성이 발한 것이다.

이렇게 볼 때, 김창협과 김창흡 형제는 선악의 정을 모두 기의 청탁(淸濁)으로 해석하는 이이의 주장을 비판하고 있음을 알 수 있다. 그 이유로써 "지금 만약 선악의 정을 한결같이 기의 맑음과 탁함으로 돌린다면, 아마도 리의 실체로써 성이 선하다는 것을 볼 수 없다"[402]라는 김창협의 말처럼, 맹자의 성선설과 맞지 않기 때문이다.

② 이황에 대한 비판
김창흡은 성인의 칠정에 대한 이황의 해석을 비판한다.

> 주자가 말하기를 "사단은 리가 발한 것이고 칠정은 기가 발한 것이다."[403] 이 말은 활간하지 않으면 잘못되기 쉽다. 퇴계는 이 말에 대해서 몹시 고집하여 끝내 말에 따라 해석하는 것을 면치 못하였으니, 예컨대 사단을 선 한쪽에 놓고 칠정과 인심이 중절하지 못한 것을 악 한쪽에 놓았다. 또 중간에 '순임금이 사흉(四凶)에게 성낸 것과 상이 기뻐하면 〈순임금도〉 기뻐한다'는 부류로써 별도로 한 자리를 만들어 대신하였다. 대개 그가 '기뻐한다'고 하고 '성낸다'고 하여 정의 범주로 말하고 사단과 구별한 것을 보면, 마치 높고 낮음의 우열이 있는 것 같다.[404]

이황에 따르면, 사단은 본연지성(리)이 발한 것이고 칠정은 기질지성

---

402 같은 곳, "今若以善惡之情, 一歸之於氣之淸濁, 則恐無以見理之實體而性之爲善也."

403 『朱子語類』卷53, "四端是理之發, 七情是氣之發."

404 『三淵集』卷33, 「日錄 三月(초7일)」, "朱子曰, 四端理之發, 七情氣之發. 此說未活看, 則易致病. 退溪於此說, 執之甚固, 終不免隨語生解, 如以四端置善一邊, 以七情人心之不中節者, 置惡一邊. 又於中間, 以舜之怒四凶與象喜亦喜之類, 別設一位以待之. 蓋纔見其曰喜曰怒, 謂是情圈, 而別之於四端, 若有高下者然."

(기)이 발한 것이다. 물론 사단에도 기가 없는 것이 아니고 칠정에도 리가 없는 것이 아니지만, 사단은 리를 주로 하여 말한 것이므로 '리가 발한 것(理發)'이고 칠정은 기를 주로 하여 말한 것이므로 '기가 발한 것(氣發)'이다. 이로써 사단과 칠정은 '이발'과 '기발'로 구분되는 서로 다른 정이다.

그러나 기대승이 "칠정 가운데 선한 부분만을 말한 것이 사단이니, 사단과 칠정은 하나의 정이다"는 관점에서 비판하자, 이황은 자신의 주장이 틀리지 않음을 주자의 말에 근거지어 설명한다. "근래에 『주자어류』에서 『맹자』의 사단을 논한 곳의 마지막 한 조를 살펴보니 바로 이 일을 논하였는데, 그 말에 '사단은 리가 발한 것이고 칠정은 기가 발한 것이다'라고 하였다. 옛 사람이 '감히 자신을 믿지 말고 그 스승을 믿으라'고 말하지 않았던가. 주자는 내가 스승으로 여기는 분이고 또한 천하 사람들이 예나 지금이나 종사(宗師)로 여기는 분이다. 이 말을 얻은 뒤에 비로소 나의 소견이 크게 잘못되는데 이르지 않았음을 믿게 되었다."[405] 주자 역시 "사단은 리가 발할 것이고 칠정은 기가 발한 것이다"라고 하였으니, 사단과 칠정을 이발(리)과 기발(기)로 분속시키더라도 문제될 것이 없다.

그렇지만 김창흡은 이황과 달리, 주자의 이 말을 활간하지 않으면, 즉 융통성 있게 보지 않으면 잘못되기 쉽다고 강조한다. 이것은 주자의 말을 글자 그대로 해석해서는 안 된다는 말이다. "주자의 허다한 설에서는 이 두 구절을 〈상세히〉 해석하지 않고 오히려 큰 일로 여기지 않았

---

405 『退溪集』卷16, 「答奇明彦(論四端七情 第1書)」, "近因看朱子語類論孟子四端處末一條, 正論此事, 其說云, 四端是理之發, 七情是氣之發. 古人不云乎, 不敢自信而信其師. 朱子吾所師也, 亦天下古今之所宗師也. 得是說, 然後方信愚見不至於大謬."

으니, 비록 그것을 빠뜨려도 괜찮다."[406] 주자의 이 두 구절에 대해 큰 의미를 부여할 필요가 없다는 말이다. 그러나 이황은 주자의 이 말을 고집하여 끝내 말에 따라, 즉 글자 그대로 해석하는 것을 면치 못하였으니, 예컨대 사단은 리가 발한 것이니 선이 되고 칠정은 기가 발한 것이니 불선(악)이 된다는 것이다.

이 때문에 이황은 사단을 선 한쪽에 놓고, 중절하지 못한 칠정(또는 인심)을 악 한쪽에 놓고서 서로 대립적 관계로 해석한다. 만약 이황처럼 칠정을 곧장 중절하지 못한 악의 개념으로 해석한다면(기가 발한 것이라고 한다면), 성인의 칠정도 '기가 발한 것(악)'인가. 이러한 질문에 대해, 이황은 "맹자의 기쁨, 순임금의 성냄, 공자의 슬픔과 즐거움은 기가 리를 따라 발하여 조금의 장애가 없으므로 리의 본체가 온전하다."[407] 즉 성인의 칠정은 기가 리를 따라 발한 것이므로 선하다고 설명한다. 결국 이황의 해석에 따르면, 사단/선과 성인의 칠정/선과 칠정/악이라는 삼층의 구도가 성립된다.

이에 김창흡은 이황이 사단/선과 칠정/악의 중간에 성인의 칠정/선이라는 별도로 한 자리를 만들었다고 비판한다. "또 중간에 순임금이 사흉(四凶)에게 성낸 것과 상이 기뻐하면 〈순임금도〉 기뻐한다는 부류로써 별도로 한 자리를 만들어 대신하였다." 이것은 칠정 가운데 선한 부분만을 말한 것이 사단이니, 즉 성인의 칠정이 곧 사단이니, 이황처럼 사단/선과 성인의 칠정/선과 칠정/악으로 구분해서는 안 된다는 말이다.

---

406 『三淵集』卷33,「日錄 三月(초7일)」, "朱子許多說, 未解此兩句, 猶未爲大事, 雖闕之可也."
407 『退溪集』卷16,「答奇明彦(論四端七情 第2書)」, "孟子之喜, 舜之怒, 孔子之哀與樂, 氣之順理而發, 無一毫有碍, 故理之本體渾全."

이 때문에 김창흡은 이황이 사단과 칠정을 지나치게 '이발'과 '기발'로 구분함으로써 사단/선과 성인의 칠정/선에 우열이 있다고 비판한다. 이황이 성인의 칠정을 말하지만 "사단과 구별한 것을 보면, 마치 높고 낮음의 우열이 있는 것 같다." 사단은 리가 발한 것이므로 높은 것이 되고 성인의 칠정은 기가 발한 것이므로 낮은 것이 된다. 이것은 사단/선과 성인의 칠정/선이 다르다는 말이니 옳지 않다. 사단/선과 성인의 칠정/선에 우열이 있는 것이 아니라, 성인의 칠정이든 보통 사람의 칠정이든 중절한 것은 바로 사단의 선이 된다.

이러한 이유에서 김창흡은 이황이 성인의 칠정을 선(사단)과 악(칠정)의 사이에 둔 것은 잘못이라고 비판한다. "순임금이 사흉에게 성낸 것과 상이 기뻐하면 〈순임금도〉 기뻐한 것을 사단이 아니라고 하고, 선과 악의 사이에 둔 것은 그 잘못이 중하다."[408] 성인의 칠정은 '기가 리를 따라 발한 것이니' 즉 중절한 것이니, 그것이 바로 사단인 것이다. 이것은 이황처럼 리가 발한 사단(선)과 기가 발한 칠정(불선)이 아니라, 칠정 가운데 선한 부분만을 말한 것이 사단이라는 말이다. 이로써 칠정은 불선의 개념이 아니라, 선한 사단을 포함하는 유선악(有善惡)의 개념이 된다.

이어서 김창흡은 이황이 사단/이발과 칠정/기발의 대립적 관계로 해석하는 것을 비판한다.

'리가 발한 것'과 '기가 발한 것'을 왼쪽과 오른쪽으로 배열하는 것이 안과 밖으로 나누는 것만 못한 것 같다. 오상은 고요하고 〈형체가 없기〉 때문에 다만 속에 있는 도리일 뿐이나, 칠정은 기의 기틀(氣機)이기 때문에 밖에서 운행하여 희·로·애·락이 각각 모습이 있으니, 마치 목(木)이 뻗

---

408 『三淵集』卷33, 「日錄 三月(초7일)」, "緣此而以舜之怒四凶與象喜亦喜, 謂非四端而置之善惡之間, 則其錯爲重."

어나고 화(火)가 타오르며 금(金)이 시들고 수(水)가 서늘한 것과 같다. 리가 그 위에 실려서 감촉에 따라 중절하거나 중절하지 못함이 있으니, 중절한 것은 사단이고 중절하지 못한 것은 인심의 지나친 것과 정이 매우 방탕한 것일 따름이다. 칠정은 모두 기의 기틀인데, 그 가운데서 사단을 골라내어 왼쪽과 오른쪽에 배열하는 것은 끝내 온당치 않은 것 같다.[409]

리가 발한 것(사단)과 기가 발한 것(칠정)을 왼쪽과 오른쪽에 배열한다는 것은 이황이 『성학십도』「심통성정도」 하도에서 사단과 칠정을 좌우로, 정확하게 말하면 상하로 구분해놓은 것을 말한다. 사단은 위에다 놓고 칠정은 아래에다 놓아 이 둘이 서로 다른 정임을 분명히 구분한 것이다.

그러나 김창흡은 사단과 칠정을 좌우 또는 상하의 대립적 관계가 아니라, 「심통성정도」 중도에서처럼 칠정이 사단을 포함하는 내포적 관계로 해석한다. 사단과 칠정의 배열은 "안과 밖으로 나누는 것만 못하다" 즉 칠정이 사단을 포함하는 내포적 관계라야 한다는 말이다.

또한 "오상은 고요하기 때문에 다만 속에 있는 도리일 뿐이니" 성은 무위하므로 발할 수 없고 실제로 작용하는 것은 기가 된다. 때문에 성이 기 위에 실려서(기를 타고) 발하는데, 다만 감촉에 따라 중절하거나 중절하지 못함이 있을 뿐이다. 이때 중절한 것은 사단이고, 중절하지 못한 것은 인심의 지나친 것이나 정이 매우 방탕한 것이다. 결국 칠정은 중절하거나 중절하지 못한 것을 포괄하는 개념이며, 이때 중절한 것이

---

409 같은 곳, "理之發氣之發, 排作左右, 似未若分爲表裏. 五常冲漠, 故只爲在中道理, 七情氣機, 故運行於外, 喜怒哀樂, 各有色象, 如木舒火炎金肅水湫. 理載乎上, 隨感而有中節不中節, 中節者四端, 不中節者, 人心之過與情之熾蕩者耳. 七情摠爲氣機, 揀四端於其中而排作左右, 終似未安."

바로 사단이다. 이것은 이황이 칠정을 선한 사단과 구분하여 악으로 흐르기 쉬운 것(불선)으로 해석하는 것과 분명히 구분된다.

이 때문에 김창흡은 칠정을 선악의 의미가 아니라 기의 기틀(氣機)로 해석한다. 칠정은 기의 기틀이기 때문에 밖에서 운행하여 희·로·애·락이 되는데, 이것은 마치 오행이 밖에서 운행하여 나무가 뻗어나고 불이 타오르며 쇠가 시들고 물이 서늘한 것처럼 각각 다른 모습이 있는 것과 같다. 이것을 선악의 개념으로 설명하면, 선도 아니고 악도 아닌 중립적 개념이다. 그러나 이황은 칠정 가운데서 사단을 골라내어 좌우(상하)로 배열하니, 즉 사단/선과 칠정/악과 같은 대립적 관계로 해석하니 끝내 온당치 못하다.

이렇게 볼 때, 김창흡의 사단칠정론은 사단과 칠정을 대립적 관계가 아니라 내포적 관계로 해석하고 있음을 알 수 있다. 이황처럼 사단은 리가 발한 것이고 칠정은 기가 발한 것으로 서로 다른 정이 아니라, 이이처럼 칠정 가운데 선한 부분만을 말한 것이 사단이니 사단과 칠정은 하나의 정이다. 그러나 이이의 "선은 맑은 기가 발한 것이고 악은 탁한 기가 발한 것이다"는 말에 대해서는 비판하는데, 이때의 선한 정을 맑은 기가 아닌 성에 근거지어 해석한다.

22

신익황(申益愰)의 사단칠정론

신익황(申益愰, 1672~1722)[410] 의 사단칠정론은 그의 스승인 이현일(李玄逸, 1627~1704)과의 논변을 통해 전개된다.[411] 신익황 사단칠정론의 특징은 이이와 마찬가지로 "칠정 중에도 리가 없지 않기 때문에 중절한 것은 사단과 다름이 없다"라고 보는데 있다. 그 이론적 논거로 이현일이 분별설을 강조한 것과 달리, 혼륜설을 강조한다. 따라서 신익황은 혼륜하여 말할 때는 "칠정의 중절한 것이 사단이며 사단은 칠정의 선한 부분이다"라고 설명한다.

혼륜하여 말하면 칠정이 대용(大用)이 되고 사단은 그 속에 있으므로 칠정의 중절한 것이 곧 사단이니, 또 어찌 척출(剔出)의 설이 있을 수 있겠는가? 오직 분별하여 말할 때라야 이 설이 비로소 쓸 수 있을 뿐이다. 그러나 "사단은 곧 칠정의 선한 부분이다"는 설은 비록 혼륜하여 말할 때라도

---

410 신익황의 본관은 平山, 자는 明仲, 호는 克齋로 경북 안동출신이다. 아버지는 申命全이며, 저서로는 『극재집』이 있다.
411 〈13 이현일의 사단칠정론〉 참조.

또한 쓸 수 있다.[412]

"사단이 곧 칠정의 선한 부분이다"는 말은 혼륜하여 말할 때에 쓸 수 있으며, 맹자가 사단만을 발라내어 말한 척출(剔出)의 설은 분별하여 말할 때에 쓸 수 있다. 신익황이 혼륜설의 관점을 견지하려는 결정적인 이유는 사단과 칠정에 대한 개념적 정의를 이현일과 달리하기 때문이다. 이현일은 사단과 칠정을 서로 대립되는 별개의 정으로 이해한 반면, 신익황은 칠정이 사단을 포함하는 정의 전체 개념으로 이해한다. "칠정을 제외하고 사단만을 구하려고 하면 구할수록 얻을 수 없다."[413] 왜냐하면 사단은 칠정 속에 내포되어 있으므로 칠정을 제외하고 사단만을 구할 수 없기 때문이다. 또한 척발(剔發)이란 것도 칠정을 벗어나서는 어디에도 '척발'이 있을 수 없다.[414] 왜냐하면 칠정 가운데서 선한 부분만을 발라낸 것이 사단이기 때문이다.

사단은 칠정 속에 내포되어 있으므로 칠정의 중절한 것이 사단이며, 사단은 칠정의 선한 부분이다. 때문에 "사단은 칠정 중에서 발하여 중절한 것인데, 사단과 칠정을 리와 기로 나누어 대구(對句)로 만들어 말한다면 말뜻이 편중된다."[415] 물론 이것은 이현일이 사단과 칠정을 상대시켜 해석한 것에 대한 비판이다.

신익황의 사단칠정에 대한 이러한 해석을 선악으로 표현하면, 사단

---

412 『克齋集』卷2, 「答上葛庵先生(別紙)」, "渾淪言之, 七情爲大用, 而四端在其中, 則七情之中節者, 便是四端, 又安有剔出之說乎. 惟分別言時, 此說方可用耳. 然道心四端, 即七情之善一邊也之說, 雖渾淪言時, 亦可用矣."
413 같은 곳, "欲外七情而求之, 則愈求而愈不可得矣."
414 같은 곳, "所謂剔發者, 是於何剔發."
415 『克齋集』卷3, 「答上葛庵先生(附葛庵先生答書)」, "乃謂四端是七情中發而中節者, 以四端七情, 分理氣作對句說者, 爲語意偏重."

은 선이 되고 칠정은 유선악(有善惡)이 된다. 왜냐하면 칠정은 정의 총체적 표현이며, 그 가운데 선한 부분만이 사단이기 때문이다. 이것은 이현일이 사단을 선으로, 칠정을 불선(악)으로 보려는 것과 구분된다.

또한 사단과 칠정에 대한 서로 다른 해석은 인심과 칠정의 차이에 대한 논변으로 이어진다.

> 칠정 외에 다른 정이 없으니, 사단과 도심은 그 발함이 도의(道義)를 위하니 곧 칠정의 선한 부분이고, 인심은 그 발함이 구체(口體)를 위하니 곧 칠정의 사사로운 부분이다. 그렇다면 칠정의 발함이 혹 '도의'를 위하기도 하고 혹 '구체'를 위하기도 하니, 어찌 인심이 단지 '구체'만을 위하여 발한 것과 같고 다름이 없겠는가?[416]

이현일이 "칠정과 인심이 다름이 없다"고 주장한 것과 달리, 신익황은 "칠정과 인심이 다름이 없지 않다"고 주장한다. 왜냐하면 인심은 다만 구체(口體)만을 위해 발하지만, 칠정은 도의(道義)를 위해 발하기도 하고 구체(口體)를 위해 발하기도 하므로 '구체'만을 위해서 발하는 인심과는 다르기 때문이다. 사사로운 부분인 인심과는 달리, 칠정에는 '도의'를 위하여 발하는 선한 부분이 있다. 이것은 이현일이 칠정을 사사로운 부분, 즉 '구체'만을 위하는 것으로 보는 것과 구분된다.

형기에서 나오는 인심과 성명에 근원하는 도심은 상대시켜 말할 수 있겠지만, 그것을 사단과 칠정에 적용시킬 수는 없다.[417] 왜냐하면 칠정

---

416 『克齋集』卷2,「上葛庵先生(論權參判四端七情說)」, "蓋七情之外無他情, 四端與道心, 其發爲道義, 卽七情之善一邊也; 人心其發爲口體, 卽七情之私一邊也. 然則七情之發, 或爲道義, 或爲口體, 豈可與人心之只爲口體而發者, 同而無異哉."
417 『克齋集』卷2,「上葛庵先生(戊寅)·心統性情圖」, "且人心道心, 可謂之出於形氣原於性命, 不可以說四端七情."

은 이기를 겸하므로 사사로운 부분, 즉 '구체'만을 위하는 것이 아니라 '도의'를 위하여 발할 때도 있기 때문이다. 이것은 이이가 사단과 칠정의 관계를 인심과 도심처럼 상대적으로 말한 것과 다르다는 주장과 일치한다. "사단은 칠정 가운데서 선한 부분만을 택하여 말한 것이니, 진실로 인심과 도심을 상대해서 말한 것과는 같지 않다."[418]

여기에서 신익황은 인심과 칠정을 같지 않다고 보아야 하는 논거로서 혼륜설을 강조한다. "인심과 칠정이 같지 않다는 것을 논할 때에는 혼륜한 곳에서 말할 수 있으니, 이것은 사단과 칠정을 상대시켜 말하는 것과 그 뜻이 저절로 구분된다."[419] 사단과 칠정을 상대시켜 보는 분별설과 달리, 혼륜설의 관점에서는 인심과 칠정이 다르다.

또한 혼륜하여 말할 때는 '칠정 밖에 다시 사단이 없다'는 말도 가능하며[420], 혼륜하여 말할 때는 척출(剔出)의 설을 쓸 수 없다. 퇴계선생의 이발·기발도 분별하여 말할 때는 이렇게 나눌 수 있으나 혼륜하여 말할 때는 이렇게 나눌 수 없으며[421], 주리·주기의 구분도 혼륜하여 말할

---

418 『栗谷集』卷9, 「答成浩原(壬申)」, "四端則就七情中擇其善一邊而言也, 固不如人心道心之相對說下矣." 이러한 예는 여러 곳에서 찾아볼 수 있다. "칠정이 이미 사단을 그 안에 포함하고 있으므로 사단은 칠정이 아니고 칠정은 사단이 아니라고 말할 수는 없으니, 어찌 두 부분으로 나눌 수 있겠는가?"(『栗谷集』卷10, 「答成浩原(壬申)」, "若七情則已包四端在其中, 不可謂四端非七情, 七情非四端也, 烏可分兩邊乎.") "칠정 밖에 다시 사단이 없으니, 사단은 오로지 도심만을 말한 것이고 칠정은 인심과 도심을 합하여 말한 것이다. 인심과 도심이 저절로 둘로 나누어지는 것과 어찌 확연히 다르지 않겠는가?"(『栗谷集』卷10, 「答成浩原(壬申)」, "七情之外, 更無四端矣. 然則四端專言道心, 七情合人心道心而言之也, 與人心道心之自分兩邊者, 豈不迥然不同乎.")

419 『克齋集』卷2, 「答上葛庵先生(別紙)」, "況鄙說方論人心七情之不同, 則可就渾淪處言之, 而與四七對擧之說, 其義又當自別. 然則七情之外, 更無他情云者, 恐亦不至甚謬矣."

420 같은 곳, "渾淪言時, 雖曰七情之外無四端, 亦可也."

421 같은 곳, "且李先生所謂四端理發七情氣發者, 其旨意宗主處, 蓋謂對擧分別言時, 乃有此分, 而渾淪言時, 則不可有此分."

때는 옳지 않고 분별하여 말할 때만 가능하다.[422] 기대승과 이이가 이황의 호발설을 비판한 것도 혼륜설의 관점에 따른 것이다. 때문에 신익황은 기대승과 이이의 설이 혼륜설로 보아도 그르다고 말할 수 있는지 의문을 제기한다.[423] 결국 혼륜하여 말할 때는 기대승과 이이의 설이 어긋나지 않다는 것이다.

이러한 이유에서 신익황은 사단과 칠정을 혼륜해서 보아야 하는 이유를 설명한다.

> 리와 기 두 가지가 떨어져 있고 합쳐짐이 없다면, 오성(五性)이 미발의 대본(大本)이 될 수 없고 칠정이 이발의 대용(大用)이 될 수 없으니, 그 폐단은 장차 말로 다할 수 없을 것이다.[424]

리와 기가 분리될 수 없듯이, 사단과 칠정도 하나의 정이므로 양분하여 말할 수 없다. 분별해서 말하고 혼륜해서 말하지 않으면, 성은 미발의 대본(大本)이 될 수 없고 정은 이발의 대용(大用)이 될 수 없다. 왜냐하면 사단과 칠정은 모두 하나의 근원(성)에서 나오기 때문이다. 성발위정(性發爲情)의 명제에 근거하면, 사단과 칠정이 모두 성이 발하여 드러난 하나의 정이다. 이것은 이현일이 인·의·예·지의 성에 근원하는 것은 사단이고 형기에서 생겨난 것은 칠정으로 둘을 상대시켜 보는 것과 구분된다.

때문에 신익황은 혼륜설과 분별설 둘 중에 하나를 폐기하라고 하면

---

422 같은 곳, "渾淪言之, 安有主理主氣之分, 由對擧分別言時, 有此分耳."
423 같은 곳, "於高峯栗谷所論, 雖作渾淪說看, 而亦非乎? 抑以其遺却分別說, 而不可乎."
424 같은 곳, "理氣二者, 有離而無合, 五性不得爲未發之大本, 七情不得爲已發之大用, 而其流之弊, 將有不可勝言者."

마땅히 분별설을 폐기하겠다고 주장한다.

> 성정을 논할 때에 혼륜설과 대거설(분별설)이 모두 없을 수 없다. 그러
> 나 만약 두 가지 중에서 하나를 폐하고자 한다면, 마땅히 먼저 대거설을
> 폐해야 한다. 왜냐하면 혼륜설 가운데에는 선악(善惡)·공사(公私)의 설
> 이 저절로 갖추어져 있지 않음이 없기 때문이다.[425]

성정을 논할 때는 혼륜설과 분별설이 없을 수 없는데, 그 중에서 하
나를 없애고자 한다면 분별설을 없애야 한다. 이것은 사단과 칠정을 혼
륜해서 보아야 한다는 말의 다른 표현이다. 이현일이 분별설의 관점에
서 '사단과 칠정을 상대시켜 서로 다른 정'으로 보는 것과 달리, 신익황
은 혼륜설의 관점에서 '칠정의 중절한 것이 사단이며 사단은 칠정의 선
한 부분'으로 해석한다. 만약 이현일처럼 사단과 칠정을 상대시켜 본다
면, 결국 칠정은 불선(악)한 부분만을 취하게 됨으로써 칠정의 선한 부
분이 빠지게 된다. 따라서 사단과 칠정은 혼륜해서 말해야 하니, 혼륜
설 속에는 칠정의 선악이 모두 갖추어져 있기 때문이다.

이어서 신익황은 사단이 칠정의 선한 부분이 아니라면, 이는 칠정의
선한 것 외에 다시 하나의 선, 즉 사단의 선이 있어 두 개의 선이 있게 된
다고 비판한다.[426] 이것은 이이가 이황의 호발설에 대해 사단의 선과 칠
정의 선이라는 '두 개의 선(二善)'이 있다고 비판한 대목과 일치한다. "퇴
계가 이미 선을 사단에 귀속시키고, 또한 '칠정도 역시 선하지 않음이

---

425 같은 곳, "論性情時, 渾淪說對擧說, 皆不可無. 然若於二者, 欲廢其一, 則當先廢對
     擧說. 何者, 渾淪說之中, 善惡公私之說, 自無不備故也."
426 같은 곳, "道心四端, 若非七情之善一邊者, 則是七情之善者外, 別有一善二善者,
     是道心四端乎."

없다'고 하였으니, 그렇다면 사단 이외에 또 선한 정이 있는 것이니 이
정은 어디에서 나오는 것인가?……선한 정에 이미 사단이 있고 또 사단
밖에 선한 정이 있다면, 이것은 사람의 마음에 두 개의 근본이 있는 것
이니 옳겠는가?"[427] 이황의 말처럼 '사단을 선에 귀속시키고' 또다시 '칠
정도 선하지 않음이 없다'고 한다면, 사단의 선 이외에 또 칠정의 선이
라는 두 개의 선이 있게 되니 옳지 않다.[428] 결국 사단과 칠정은 분별해
서 보아서는 안 되고 혼륜해서 보아야 하니, 혼륜하여 말할 때는 칠정
밖에 다시 사단이 없으며 인심과 칠정에도 차이가 있다.

　신익황은 이이의 혼륜설을 강조하면서도, 이황과 이이의 설이 모두
옳다는 양시론(兩是論)을 제기한다. "이황은 자세히 갖추어져 있고(詳備)
이이는 명료하니(直截), 그들의 주장은 병행하고 서로 모순되지 않는다.
천하의 이치가 둘 다 옳은 것은 없으나, 이 경우는 둘 다 옳다."[429] 때문에
신익황은 이황과 이이의 설이 어떤 부분에서 옳은지를 각각 설명한다.

　　퇴계선생이 말한 이발(理發)과 기발(氣發)은 실제로 사단에 기가 없고
　　칠정에 리가 없음을 말하는 것이 아니라, 다만 사단은 리가 주가 되고 칠
　　정은 기가 됨을 말하는 것일 뿐이다. 또한 성정을 혼륜하여 말할 때에 이
　　미 이런 구분이 있음을 말하는 것이 아니라, 다만 사단과 칠정을 대거하

427　『栗谷集』卷9,「答成浩原(壬申)」, "且退溪先生旣以善歸之四端, 而又曰七者之情,
　　亦無有不善. 若然則四端之外, 亦有善情也, 此情從何而發哉.……善情旣有四端
　　而又於四端之外有善情, 則是人心有二本也, 其可乎."
428　물론 이황이 '칠정 역시 선하지 않은 것이 없다'라고 하였으나, 이황이 말하는 칠정
　　은 선악의 개념으로 표현하면 어디까지나 不善의 의미이다. 따라서 이이가 이황
　　의 사단과 칠정을 二善으로 비판한 것은 이황의 본뜻을 헤아린 것이 아니라, 드러
　　나는 표현을 비판한 것에 불과하다.
429　『克齋集』卷2,「上葛庵先生(論權參判四端七情說)」, "退溪則詳備, 栗谷則直截, 恐
　　並行而不相悖. 天下之理, 固無兩是, 而此則兩是."

여 말할 때에 이런 구분이 있음을 말하는 것이다.[430]

이황의 호발설이 주리·주기에 따른 분별설의 관점에서는 가능하
다. 사단에도 기가 없는 것이 아니고 칠정에도 리가 없는 것은 아니지
만, 사단은 리를 주로 하여 말한 것이므로 '이발'이 되고 칠정은 기를 주
로 하여 말한 것이므로 '기발'이 된다. 이렇게 볼 때, 이황이 사단과 칠
정을 '이발'과 '기발'로 해석하는 것은 타당하다. '이발'과 '기발'은 혼륜
하여 말할 때에 이런 구분이 있다는 말이 아니라, 분별하여 말할 때에
이런 구분이 있다. 이와 같다면, 퇴계선생의 설은 참으로 의심할 것이
없다.[431]

물론 신익황이 이황의 '이발'과 '기발'을 주리·주기로 해석하는 것은
이이와 구분된다. 이이는 "사단을 주리라고 하면 옳지만 칠정을 주기라
고 하면 옳지 않다. 칠정은 이기를 포함하여 말한 것이므로 주기가 아
니다"[432]라고 분명히 언급하기 때문이다.

이처럼 신익황은 이황의 호발설을 주리·주기에 따른 분별설의 관
점에서 그 타당성을 인정하면서도, 다른 한편으로는 이이의 기발일도
(氣發一途)설의 입장에서 사단과 칠정을 해석한다.

성은 체(體)이고 심의 리이며, 정은 용(用)이고 기가 움직인 것이다. 그
러므로 그 발하는 곳으로서 말하면 사단도 기이지만, 근본하는 리가 이미

---

430 『克齋集』卷2, 「答上葛庵先生(別紙)」, "先生所謂理發氣發者, 實非謂四端無氣, 七
情無理, 特謂四端理爲主, 七情氣爲主耳. 亦非謂就性情渾淪言時, 已有此分, 特謂
以四七對擧言時, 乃有此分耳."
431 같은 곳, "如是則先生之說, 固自無疑."
432 『栗谷集』卷10, 「答成浩原(壬申)」, "且四端謂之主理, 可也, 七情謂之主氣, 則不可
也. 七情包理氣而言, 非主理也."

곧장 이루어질 수 있으면 그 선이 되는데 해가 되지 않는다. 근본하는 곳
으로서 말하면 칠정도 리이니, 발하는 기가 가리거나 빼앗는 바가 없으면
또한 악이 되는데 이르지 않는다. 이와 같다면, 둘로 말하여 혹 두 근본의
의혹이 있는 것보다는, 하나로 말하여 또한 갖추지 못하는 걱정이 없는
것이 낫지 않겠는가?[433]

사단과 칠정이 모두 이기를 겸한다는 것을 강조한 표현이다. 칠정과
마찬가지로 사단도 발하는 것은 기이고, 사단과 마찬가지로 칠정도 리
에 근원하니 '기발이승일도(氣發理乘一途)'가 된다. 이것을 선악으로 표
현하면, 사단에도 기가 없는 것이 아니므로 발할 때에 근본하는 리가 곧
장 이루어지지 못하면 불선이 될 수 있고, 칠정에도 리가 없는 것이 아
니므로 발할 때에 형기의 방해를 받지 않으면 선이 될 수 있다.
　이러한 '기발일도'의 관점에서, 이황의 분별설처럼 나누어 말하여 근
본이 둘이라는 의혹에 빠지기보다는, 이이의 혼륜설처럼 하나로 합쳐
서 말하여 갖추지 못하는 걱정이 없는 것이 낫다. 사단과 칠정을 둘로
나누어 서로 다른 정으로 보는 이황의 설보다는, 사단과 칠정을 하나로
보고 그 가운데 선한 부분만을 사단으로 보는 이이의 설이 더 타당하
다. 결국 신익황은 이황과 이이의 설이 모두 옳다는 양시론(兩是論)을 제
기하지만, 사단과 칠정의 해석에서는 이황의 분별설보다 이이의 혼륜
설의 관점을 취한다.
　이러한 이유에서 혼륜설의 관점에서는 이이의 설에 잘못이 없다는

---

433 『克齋集』卷2, 「答上葛庵先生(別紙)」, "性者體也, 心之理也; 情者用也, 氣之動也.
故以其所發處言之, 則四端亦氣, 而所本之理旣能直遂, 則不害其爲善. 以其所本
處言之, 則七情亦理, 而所發之氣無所掩奪, 則亦不至爲惡矣. 如是則與其兩下說,
而或有二本之疑, 孰若一直說而亦無不備之患乎."(이것은 이이의 말을 직접 인용
한 것이 아니라 신익황이 이해한 이이 사단칠정론의 요지를 말한 것이다.)

것을 재차 강조한다.

〈이이가〉"천하에는 리 없는 기가 없고 기 없는 리가 없으므로 사단과 칠정을 막론하고 발하는 것은 기이고 발하게 하는 까닭은 리이니, 기가 아니면 발할 수 없고 리가 아니면 발하는 것이 없다. 다만 발할 즈음에 탁한 기에 가리면 불선으로 흐르게 된다"라고 하였는데, 이 설이 의리에 무슨 불가함이 있겠는가?[434]

"천하에는 리 없는 기가 없고 기 없는 리가 없다"는 말은 사단과 칠정이 모두 이기를 겸한다는 뜻이다. "사단과 칠정을 막론하고 발하는 것은 기이다"는 말은 사단이든 칠정이든 모두 기가 아니면 발할 수 없으니, 사단도 기가 발한 것이고 칠정도 기가 발한 것이라는 뜻이다. 이것은 이현일이 사단은 리가 발한 것이고 칠정은 기가 발한 것이라고 해석하는 것과 구분된다.

또한 "발할 즈음에 탁한 기에 가려지면 불선으로 흐르게 된다"는 말은 사단과 칠정에 본래 두 근원이 없음을 강조한 표현이다. 사단과 마찬가지로 칠정 역시 리에 근원하지만 탁한 기에 가려지면 불선이 된다는 뜻으로써, 이것은 이현일이 리가 발한 사단은 선이 되고 기가 발한 칠정은 불선이 된다고 해석하는 것과 구분된다. 이이의 설은 혼륜설의 관점에서 해석한 것이며, 이러한 혼륜설의 관점에서는 이이의 설이 결코 의리에 어긋나지 않는다.

때문에 "이치란 한 사람이 사사로이 소유할 수 있는 것이 아니며 사

---

434 『克齋集』卷2, 「上葛庵先生」, "其大意以爲天下無無理之氣, 亦無無氣之理, 無論四端七情, 發之者氣也, 所以發者理也, 非氣則不能發, 非理則無所發, 特其發之之際, 掩於濁氣, 則流爲不善. 此說於義理, 有何不可哉."

람의 소견도 저마다 다르니, 진실로 같지 않은 것을 억지로 끌어다가 맞출 수는 없다. 어찌 이황의 설과 다르다는 이유만으로 죄를 물어서 그 사람을 판단할 수 있겠는가."[435] 이황의 분별설만 옳고 이이의 혼륜설은 그르다고 해서는 안 된다. 물론 이것은 지나치게 분별설만을 주장하는 이현일에 대한 경계이기도 하다.

이렇게 볼 때, 이황은 분별해서 말한 것을 후회할 것이고, 기대승도 자기의 주장을 지키지 못한 것을 후회할 것이며, 이이도 끝내 굴복하지 않을 것이다.[436] 이현일이 분별설의 관점에서 사단과 칠정을 상대시켜 보려고 한 것과 달리, 신익황은 혼륜설의 관점에서 사단과 칠정을 하나로 보고자 한다. 이 과정에서 신익황이 '양시론'을 제기하여 이황의 분별설과 이이의 혼륜설을 모두 옳다고 하지만, 결국 이이의 혼륜설을 취함으로써 이이의 설에 기울어진다.

이처럼 신익황은 칠정의 중절한 것이 사단이며 사단은 칠정의 선한 부분이라고 해석한다. 이러한 사단과 칠정의 관계를 인심과 도심의 관계와 구분한다. 신익황은 이이와 마찬가지로 "인심과 도심은 상대시켜 볼 수 있지만, 사단과 칠정은 상대시켜 볼 수 없다"는 입장에서 인심과 칠정에는 차이가 있다고 주장한다. 왜냐하면 칠정은 이기를 겸하기 때문에 도심과 상대되는 인심과 동일한 범주로 볼 수 없다는 것이다.

신익황은 그 논거로써 혼륜설을 강조하고, 혼륜설의 관점에서 사단과 칠정을 하나의 정으로 본다. 물론 신익황도 이황의 호발설을 주리·

---

435 『克齋集』卷2, 「答上葛庵先生(別紙)」, "然理非一家之所得私, 人之所見亦各不同, 固不可强其所不同而就其所同, 此豈必可罪而爲其人之斷案哉."

436 같은 곳, "如是則老先生, 當悔其發此論, 高峯亦悔其不守己見, 而栗谷之心, 終不可服矣."

주기로 해석하는 분별설의 관점을 인정하여 '양시론'을 전개하기도 한다. 그렇지만 분별설보다는 혼륜설의 관점을 취하며, 둘 중에 하나를 버리라면 분별설을 버려야 한다고 주장한다. 신익황은 혼륜설의 관점에서 "칠정의 중절한 것은 사단이며 사단은 칠정의 선한 부분이니" 하나의 정으로 보아야 한다고 주장한다. 이렇게 볼 때, 같은 퇴계학파 내에서도 이황의 설을 그대로 묵수한 것이 아니라, 이이의 이론을 수용하여 다양한 관점에서 재해석하고 있음을 알 수 있다. 이들의 논변은 이황의 이론이 퇴계학파를 거치면서 다양한 이론으로 발전해나갈 수 있는 하나의 동력으로 작용하였다고 하겠다.

이 글은 「갈암 이현일과 극재 신익황 사단칠정론의 대비적 고찰」(『퇴계학보』138, 퇴계학연구원, 2015)의 내용을 일부 수정 · 보완한 것이다.

23

이간(李柬)의 사단칠정론

이간(李柬, 1677~1727)[437]의 사단칠정론은 「제임조이공이기변후(題林趙二公理氣辨後)」에 보이는데, '임영과 조성기 두 공의 이기변 뒤에 적다'라는 말에서 알 수 있듯이, 임영과 조성기를 비판하는데 그 요지가 있다. 임영과 조성기가 이황의 호발설(특히 理發)을 지지하는 입장에서 이이의 기발이승일도(氣發理乘一途)를 비판하자, 이간은 이이를 지지하는 입장에서 임영과 조성기를 재비판한다.

① 임영에 대한 비판

먼저 이간은 임영이 이이를 비판한 글이 매우 고루하고 견식이 없다고 비판한다.

내가 요 몇 해 사이에, 임영의 『창계집』이라는 것을 얻어 그 서간문·

---

437 이간의 본관은 禮安, 자는 公擧, 호는 巍巖·秋月軒, 시호는 文正이다. 송시열의 수제자인 권상하의 문인으로, 강문8학사의 한 사람이다. 호락논쟁에서 낙론인 人物性同論을 주장한 대표적 인물이다. 저서로는 『외암유고』가 있다.

상소문·독서록과 같은 것을 보았는데, 그 말이 상세하고 이치가 친절하여 문인들의 실속 없는 말투가 아닌 것 같아서 매우 좋아하였다. 「일록(日錄)」이라는 것에 이르러서는 〈율곡〉 선생의 이기설을 심하게 공격하는 한 단락의 말이 있어 그 스스로가 논박한 말을 점검해보니, 다만 고루하고 견식이 없는 설로 매우 가소로울 뿐이었다.[438]

이간이 임영의『창계집』에 들어있는 서간문·상소문·독서록 등의 글을 얻어 보았을 때는 다른 문인들의 실속 없는 말투와 달리, 그 말이 상세하고 이치가 친절하여 그의 글을 매우 좋아하였다. 그러나 그의 「일록」에서 이이의 이기설을 심하게 공격한 것을 보고서 그가 논박한 말을 점검해보니, 그 말이 고루하고 견식이 없는 것이 한 마디로 가소로울 뿐이라는 것이다.

또한 이간은 임영이 당시의 동년배보다 걸출한 인물이었음에도, 결국 오만하고 잘난 체하여 천박한데 그쳤다고 비판한다.

공의 전집을 통론해보면 식견에는 매우 생각이 있고, 또 그 사이에 명언과 훌륭한 의론은 여러 가지 새로운 이목을 끌었다. 또한 공의 거취를 살펴보면 벼슬에 나아가는데 급급해하지 않았으니, 이와 같은 두각은 요컨대 동년배보다 걸출하다고 할 수 있다. 말세에 공과 같은 인물을 얻는 것은 실로 매우 만나기 어렵지만, 어찌 뜻이 조금도 겸손하지 않고 학문도 방법을 알지 못하여 결국 오만하고 잘난 체하여 문인의 천박함에 돌아

---

438 『巍巖遺稿』卷13,「題林趙二公理氣辨後」, "余於頃年, 得所謂林滄溪集者, 觀其書牘疏簡若讀書錄, 甚愛其言語詳懇, 理趣親切, 有似非文人無實之口氣. 至所謂日錄, 則有一段說話, 深攻先生理氣說, 而夷攷其所自辨駁之言, 則直甚可笑孤陋無見之說也."

가는데 그쳤는가.[439]

임영의 문집 전체를 살펴보면, 매우 식견이 있고, 또한 문집 속의 명언과 의론은 새로운 이목을 끌기에 충분하였다. 그의 거취를 살펴보더라도 벼슬에 나아가는데 급급해하지 않았으니, 그의 인품이 동년배보다 걸출하다고 할 수 있다. 당시에 임영과 같은 인물을 얻기란 실제로 매우 어려운 것이 사실이다. 그러나 이이의 '기발이승일도'를 배척하는 데 있어서는 조금도 겸손하지 않고 오만하고 잘난 체하였으니, 결국 문인들처럼 천박한데로 돌아가고 말았다.

임영은 이이의 '기발이승일도'를 다음과 같이 비판한다. "선한 마음(정)에 기가 없는 것은 아니지만 그것이 리에 말미암아 발하기 때문에 '이발'이라 하고, 악 또한 리가 없는 것은 아니지만 그것이 기에 말미암고 리에 말미암지 않기 때문에 '기발'이라고 하니, 이와 같다면 '리와 기는 서로 떨어지지 않는다'고 말한 것이 맞다. 이이처럼 선과 악이 모두 '기가 발하고 리가 탄다'는 말은 아마도 맞지 않다."[440] 사단과 칠정은 이기를 겸하니, 선한 정이라도 기가 없는 것이 아니고 악한 정이라도 리가 없는 것이 아니므로 '리와 기는 서로 떨어지지 않는다'는 원칙에 어긋나지 않는다. 다만 선한 정은 리에 말미암아(리를 주로 하여) 발한 것이므로 '이발'인 것이고, 악한 정은 기에 말미암아(기를 주로 하여) 발한 것이므로

---

439 같은 곳, "若通論公之全集, 則識解見趣, 甚有意思, 又其間名言妙論, 種種新警. 又觀公之去就, 亦不汲汲於進取, 似此頭角, 要之, 可謂傑然於流輩矣. 末路人物得如公者, 實甚難値, 而何志不少遜, 學未知方, 畢竟以傲兀自大, 歸宿於文人浮薄而止哉."

440 같은 곳, "滄溪之言曰, 善心非無氣也, 以其由理而發, 故謂之理發; 惡亦非無理也, 以其由氣而不由理, 故謂之氣發, 如此則謂理氣不相離者得矣. 謂善惡皆氣發理乘者, 恐未爲得云云."(이 내용은 『창계집』권25, 「일록」에 나온다.)

'기발'인 것이다. 이것이 바로 이황의 호발설에 대한 임영의 해석이다.

이렇게 볼 때, 이황의 사단/이발과 칠정/기발에 대한 해석은 잘못이 없으며, 오히려 이이처럼 선과 악이 모두 '기가 발하고 리가 탄다'는 해석이 옳지 않다. 임영이 비록 사단/이발은 인정하지만, 다만 '칠정이 이기를 겸한다(有善惡)'는 입장에서 이황처럼 칠정을 불선(기발)의 의미로 해석하는 것에는 반대한다.

이러한 임영의 해석에 대해, 이간은 다음과 같이 비판한다.

> 내가 이에 대해 시험삼아 하나 물어보자. 그것이 리에 말미암거나 기에 말미암거나 불문하고, 그 발하는 것은 어떤 것인가. 만약 그 발하는 것이 혹 심이기도 하고 혹 심이 아니기도 하다면, 후현이 전인을 뛰어넘는 것이 참으로 탁월하지만, 만약 그렇지 않고 리에서 말미암거나 기에서 말미암는 것이 이 심이 발한 것이 아님이 없다면, 이른바 '이발'과 '기발'이라는 것은 말에서 얻지 못한 것이 있는데도 다시 생각하지 못한 것이 아니겠는가.[441]

무엇보다 이간은 '발'의 해석에 주목한다. 이이의 "발하는 것은 기이고, 기가 아니면 발할 수 없다"는 말처럼, 리는 무위(無爲)하므로 발할 수 없고 실제로 발하는 주체는 전적으로 기의 몫이다. 비록 선과 악이 리에 말미암아 발하든 기에 말미암아 발하든 막론하고, 발하는 것은 리가 아니라 기이다. 그러므로 '이발'이라는 말은 옳지 않다.

"만약 그 발하는 것이 혹 심이기도 하고 심이 아니기도 하다면" 즉 발

---

441 같은 곳, "愚於此試下一問着. 無論其由理與由氣, 其發者是何物耶. 如其發者是或心或非心, 則後賢之度越前人, 眞簡是卓絶矣; 如未而其由理與由氣, 無非此心之發, 則所謂理發氣發者, 無乃有不得於言而未能再思者歟."

하는 것이 기이기도 하고 리이기도 한다면, 임영의 말은 틀리지 않으니, 결국 임영이 이이를 뛰어넘은 것이 참으로 탁월하다고 말할 수 있다. 그렇지 않고 "만약 리에서 말미암거나 기에서 말미암는 것이 이 심이 발하는 것이 아님이 없다면" 즉 발하는 것이 모두 기라면, '이발'과 '기발'이라는 것은 "말에서 얻지 못한 것이 있는데도" 즉 맞지 않는데도 생각하지 못한 것일 뿐이다.

따라서 비록 선한 정이 리에 말미암아 발한 것이라고 하더라도, 발하는 주체는 어디까지나 기이므로 '이발'이라는 말은 옳지 않다. 또한 악한 정이 기에 말미암아 발한 것이라고 하더라도, 리를 타고 있으므로 곧장 '기발(불선)'이라는 말은 옳지 않다. 그러므로 임영이 옹호하는 이황의 호발설은 잘못이다. 이이처럼 발하는 것은 기이고 발하게 하는 근거가 리이니, 선한 정과 악한 정은 모두 기가 발하고 리가 타고 있는 '기발이승일도'뿐이다. 그러므로 이이의 주장은 정당하다.

그럼에도 불구하고 이이처럼 발하는 것은 기이고 리는 타고 있을 뿐이라면, 즉 모든 것은 기가 하는 것이고 리는 아득하여 주재함이 없다면, 리는 있어도 그만 없어도 그만인 무용지물이 아닌가. 이 때문에 임영은 이이의 리가 성현들이 전수해준 참된 리가 아니라고 비판한다. "이른바 리라는 것이 만약 공허하고 주재함이 없는 물건이라면 곧 뒤섞이고 모호한 물건일 것이니, 이것은 성현들이 전수하던 순수지선(純粹至善)한 리가 아니다.……어찌 참된 리이겠는가."[442] 참된 리란 아득하여 주재함이 없는 것이 아니라, 그 본체가 스스로 드러날 수 있어야 한다.

그러나 이간은 리의 주재를 실제로 스스로 드러나는 것이 아니라 시

---

442 같은 곳, "所謂理者, 若非空虛無主宰之物, 卽是夾襍汨董之物矣, 此非聖賢傳授純粹至善之理.……豈眞理哉."(이 내용은 『창계집』권25, 「일록」에 나온다. 문맥상 若非에서의 非자가 빠져야 할 듯하다.)

키지 않고 저절로 하게 하는 것으로 해석한다.

만약 그렇다면 그 순수 여부는 모르겠지만, 그가 말하는 '주재'라는 것은 바로 작용하고 유위한 것을 가리켜 말한 것이다. 작용하고 유위한 것이 리이겠는가. 만물을 조화하고 발육하게 하면서도 혼연히 자취가 없는 것이 리이고, 사람의 마음으로 하여금 만 가지 변화에 응대하게 하면서도 적연히 작위가 없는 것이 리이다. '시킨다'는 것도 본래 시키지 않고 〈저절로〉 하게 하는 것이니, 이것이 이른바 '주재'이다. 만약 참으로 어떤 것(一物)이 있어 만물이 만변하는 사이에 왔다갔다 하면서 창도한다고 한다면, 그 말이 비록 매우 신묘하더라도 그것이 어찌 참된 리이겠는가.[443]

임영이 말하는 리란 무위한 것이 아니라 작용하고 유위한 것을 가리켜서 말한 것이다. 예컨대 이황의 '이발'처럼, 즉 어린아이가 우물에 들어가는 것을 보면 마음속의 인(仁)이 측은지심으로 발현되는 것처럼, 리의 실제적 발동을 말한다. 그러나 이간은 임영의 작용하고 유위한 것은 리가 아니라 기의 영역으로 해석한다.

그렇다면 리란 무엇인가. 만물을 조화하고 발육하게 하면서도 혼연히 자취가 없는 것이 리이고, 사람의 마음으로 하여금 만 가지 변화에 응대하게 하면서도 적연히 작위가 없는 것이 리이다. '시킨다'는 것도 실제로 시키는 것이 아니라, 즉 "시키지 않고 저절로 하게 하는 것이니" 이것이 바로 리의 주재이다. 결국 이간이 말하는 리의 주재는 이황처럼

---

443 같은 곳, "若爾則其純粹與否, 則末知, 而其所謂主宰云者, 合下指作用有爲而言也. 作用有爲者, 是理乎哉. 使造化發育萬物而渾然無迹者, 理也; 使人心酬酢萬變而寂然無爲者, 理也. 其使也, 本以不使使之, 此其所謂主宰也. 若眞有一物憧憧於萬物萬變之間而爲之侶, 則其言雖甚新妙, 而於實理何哉."

실제로 명령하거나 시키는 의미가 아니라[444], 이이처럼 "기틀이 저절로 그러한 것이지 시키는 자가 있는 것이 아니다"[445]라는 의미이다. 이러한 의미에서 이간은 "하물며 성현이 서로 전한 리를 율곡선생께서 알지 못한다면 누가 그것을 알겠는가."[446] 리에 대해서는 이이의 해석이 가장 뛰어나다는 말이다.

이간은 "만약 참으로 리라는 물건이 있어 만물이 만변하는 사이에 왔다갔다 하면서 창도한다(앞장서서 이끈다)고 한다면" 즉 이황처럼 리가 실제로 명령하거나 시키는 존재라고 한다면, 그 말이 비록 매우 신묘하더라도 그것은 참된 리라고 할 수 없다고 강조한다. 예컨대 이황의 "전에는 다만 본체의 무위함만을 보고 '신묘한 작용'이 현행(顯行)할 수 있음을 알지 못하여 리를 거의 죽은 물건으로 알았다"[447]라는 말처럼, 리의 실재하는 작용을 묘용(妙用)으로 해석하더라도 그것은 참된 리가 아니다.

이어서 이간은 임영처럼 이황의 호발설을 지지하는 것이 결국 천착되고 기이한 설을 구하는 것이라고 비판한다.

---

444 『退溪集』卷13, 「答李達·李天機」, "理本其尊無對, 命物而不命於物, 非氣所當勝也."(리는 본래 존귀하여 상대가 없는 것으로 사물에게 명령하고 사물에게서 명령을 받지 않는 것이니, 기가 이길 수 있는 것이 아니다.)

445 『栗谷集』卷10, 「答成浩原」, "氣發而理乘者, 何謂也? 陰靜陽動, 機自爾也, 非有使之者也. 陽之動則理乘於動, 非理動也; 陰之靜則理乘於靜, 非理靜也.……是故天地之化吾心之發, 無非氣發而理乘之也."(기발이승은 무엇인가. 음이 고요하고 양이 움직임은 기틀이 저절로 그러할 뿐이지 시키는 자가 있는 것이 아니다. 양이 움직이면 리가 움직임에 타는 것이지 리가 움직인 것이 아니며, 음이 고요하면 리가 고요함에 타는 것이지 리가 고요한 것이 아니다.……이 때문에 천지의 조화와 내 마음의 발함이 모두 기가 발하고 리가 타지 않는 것이 없다.)

446 『巍巖遺稿』卷13, 「題林趙二公理氣辨後」, "況聖賢相傳之理, 先生而不識, 則誰其識之."

447 『退溪集』卷18, 「答奇明彦(別紙)」, "向也但有見於本體之無爲, 而不知妙用之能顯行, 殆若認理爲死物."

대개 정밀하고 심오한 의리가 열리는데 선후가 있으니, 〈율곡〉선생의 설이 아직 나오지 않았을 때에 천하에 호발설이 있었던 것은 이상한 일이 아니다. 퇴계의 융성한 덕성과 학문으로도 오히려 살피지 못한 안건이 있었거늘, 하물며 다른 사람에 있어서이겠는가. 〈율곡〉선생의 설이 나옴에 이르러서는 리와 기의 근본이 마치 해가 중천에 떠있는 것과 같을 뿐만이 아니어서 눈 있는 자는 모두 볼 수 있었다. 이와 같은데도 오히려 호발설을 행한다면, 이는 어둡고 막히고 고집하는 견해가 아니라면 곧 천착되고 기이한 것을 구하는 설이니 어찌 망령되지 않은가.[448]

"정밀하고 심오한 의리가 열리는데 선후가 있으니" 즉 새로운 이론이 나오는데 선후가 있으니, 이이의 '기발이승일도'가 나오기 이전에 이황의 호발설이 있었던 것은 이상한 일이 아니다. 이것은 이이의 '기발이승일도'가 나온 이후에도 여전히 이황의 호발설을 주장하는 것은 참으로 이상한 일이라는 말에 다름 아니다. 왜냐하면 이이의 이론은 옳고 이황의 이론은 옳지 않기 때문이다. 이황과 같은 융숭한 덕성과 학문으로도 "오히려 살피지 못한 안건이 있었거늘", 특히 이황의 '이발'은 옳지 않거늘, 다른 사람들이야 말할 필요가 없다.

이이의 설이 나옴에 이르러서는 "리와 기의 근본이 마치 해가 중천에 떠있는 것처럼 분명해졌으니" 즉 리는 무위하므로 발할 수 없고 발하는 것은 오직 기이니 '기발이승일도'일 뿐임을 눈이 있는 사람이면 누구나 알 수 있다. 이것은 마치 해가 중천에 떠있는 것처럼, 이이의 '기발이승

---

448 『巍巖遺稿』卷13,「題林趙二公理氣辨後」, "大抵義理精奧, 開有後先, 先生之說未出, 而天下有互發之論, 卽非異事也. 以退陶德學之盛, 猶有未勘底公案, 況餘人哉. 至於先生之說出, 則理氣根窟, 不啻如日中天, 有目者皆可覩矣. 如是而猶爲互發之論, 則此若非暗滯執拗之見, 卽是穿鑿求異之說也, 庸非妄乎."

일도'가 분명하고 타당하다는 말이다. 이와 같이 이이의 주장이 분명한 데도 여전히 이황의 호발설을 주장한다면, 이는 막히고 고집하는 견해에 불과하다. 그것이 아니라면 천착되고 기이한 것을 구하는 설이니 망령된 자일뿐이다.

더 나아가 이간은 이이의 '기발이승일도'에 만족하지 못하는 임영을 재비판한다.

> "발하는 것은 기이고 발하게 하는 소이는 리이며, 기가 아니면 발할 수 없고 리가 아니면 발할 것이 없다." 이것은 율곡선생의 이론인데, 창계(임영)의 뜻은 이에 만족하지 못하고 이것을 다만 '기발의 측면일 뿐이다'고 하였다. 시험삼아 그가 말한 '이발의 측면'에 나아가 말해보자. "발하는 것은 리이고 따라서 발하는 것은 기이며, 리가 아니면 발할 수 없고 기가 아니면 탈 것이 없다." 반드시 이와 같이 말한 뒤에 비로소 창계의 뜻에 유쾌히 만족할 것이니, 리의 본체가 비로소 주재를 이룰 수 있는가.[449]

이간은 이이의 "발하는 것은 기이고 발하게 하는 소이는 리이며, 기가 아니면 발할 수 없고 리가 아니면 발할 것이 없다"[450]라는 이론에 근거하여 '기발이승일도'를 주장한다. 발하는 것은 기이고 기가 아니면 발할 수 없으니 사단과 칠정은 모두 '기가 발한 것(氣發)'이다. 그럼에도 발하게 하게 소이(근거)는 리이고 리가 아니면 발할 것이 없으니 사단과

---

449 같은 곳, "發之者氣也, 所以發者理也, 非氣則不能發, 非理則無所發. 此先生之論, 而滄意不滿於是, 以爲此只是氣發邊也. 試就其所謂理發邊, 作對語曰, 發之者理也, 隨而發者氣也, 非理則不能發, 非氣則無所乘. 必如是立言而後, 始快滿於滄意, 而理之本體, 方能成主宰耶."
450 『栗谷集』卷10, 「答成浩原(壬申)」, "發之者, 氣也, 所以發者, 理也, 非氣則不能發, 非理則無所發."

칠정은 모두 '리가 타고 있는 것(理乘)'이다. 이것이 바로 이이의 '기발이 승일도'이다. 물론 이때의 리는 실제로 명령하거나 시키는 의미가 아니라, 그렇게 되는 원리·법칙으로서의 의미일 뿐이다(소이연의 리).

이간은 임영이 이이의 '이기불상리'에 대해서는 어쩌지 못하면서 '기발이승일도'만을 배척한다고 비판한다. "대개 율곡선생의 말은 다만 두 구절에 있을 뿐이니, 하나는 '리와 기가 서로 떨어지지 않는다'는 것이고, 또 하나는 '기가 발하고 리가 탄다'는 것이다. 창계는 앞 구절에 대해서는 감히 어쩌지 못하고, 뒷 구절에 대해서는 배척하고 비난한다."[451] 이이의 이론을 구성하는 요지는 '이기불상리'와 '기발이승일도'에 있으나, 임영은 이들 가운데 '이기불상리'는 수용하면서도 '기발이승일도'는 배척한다는 말이다. 리와 기는 항상 함께 있으니 사단과 칠정 역시 리와 기가 함께 있다. 이때 '기가 아니면 발할 수 없고 리가 아니면 발할 것이 없으니' 사단과 칠정은 모두 기가 발하고 리가 타는 '기발이승일도'이다.

그런데도 임영은 이이의 이러한 해석에 만족하지 않고, 이것이 '기발의 측면' 즉 기만을 주장한 것이라고 비판한다. 이에 이간은 '이발의 측면'에서 말하더라도 리의 본체가 실제로 주재할 수 있는 것이 아니라고 주장한다. 만약 임영의 주장처럼 '이발의 측면'에서 말하면, "발하는 것은 기가 아니고 리이며, 기가 아니면 발할 수 없는 것이 아니라 리가 아니면 발할 수 없다"라고 말한 뒤에야 비로소 임영이 만족할 것이다. 그렇지만 이렇게 말한다고 리의 본체가 주재할 수 있는 것은 아니다. 왜냐하면 리는 무위하기 때문이다.

이렇게 볼 때, 이간의 사단칠정론은 이황의 호발설, 특히 '이발'을 지

---

451 『巍巖遺稿』卷13,「題林趙二公理氣辨後」, "蓋先生之言, 只有兩句, 一則曰理氣不相離, 一則曰氣發而理乘. 滄溪則於上句不敢動, 而於下句, 斥而非之."

지하고 이이의 '기발이승일도'를 비판하는 임영에 대해, 이이의 '기발일
승일도'를 옹호하는 입장에서 재비판하고 있음을 알 수 있다.

② 조성기에 대한 비판

이간은 임영과 마찬가지로 조성기 역시 그 설이 지루하고 번잡하다
고 비판한다.

> 근래에 또 조성기의 『졸수재집』이라는 것을 얻어〈보았는데〉, 그가 말
> 한 「사칠인도이기변(四七人道理氣辨)」이 무려 수천 여 글자이나 그 요지
> 는 창계〈와 같다.〉 그 설은 지루하고 번잡하여 거의 읽을 수가 없었으며,
> 그가 〈율곡〉 선생을 능가한다는 것이 또한 더욱 거리낌이 없었다. 창계가
> 졸수재와 조금 다르지만, 그 연원은 본래 여기에서 나온 것이라 짐작
> 된다.[452]

「사칠인도이기변(四七人道理氣辨)」은 『졸수재집』권11에 들어있는
「퇴율양선생사단칠정인도이기설후변(退栗兩先生四端七情人道理氣說後辨)」,
즉 '퇴계와 율곡 두 선생의 사단칠정과 인심도심의 이기설 뒤의 변론'을
말한다. 이 글에는 조성기의 사단칠정론에 관한 글이 무려 수천 여 글
자이지만, 그 요지는 임영과 다르지 않다. 그의 설이 지루하고 번잡하
여 차마 읽을 수가 없으며, 게다가 이이를 능가한다는 말을 거리낌 없이
하고 있다. 임영이 조성기와 조금 다르지만, 임영의 이론은 조성기에
연원하고 있음이 분명하다.

---

452 같은 곳, "近日, 又得所謂趙拙修集者, 其所謂四七人道理氣辨者, 無慮數千餘言,
其旨則滄溪也, 其說則支離冗雜, 殆不可讀, 而其所凌駕先生者, 則又益無忌憚矣.
滄溪差少於拙修, 意其淵源本出於此者乎."

이에 이간은 조성기의 주장이 임영의 설과 마치 한 입에서 나온 것과
같다고 설명한다.

　　또한 그(조성기)가 말하기를 "만약 리가 작위가 없으므로 마침내 마음
　　의 선악을 다만 기에만 분속시킨다면, 이는 리가 선악에 관여함이 없는
　　것이다. 리라는 것은 다만 쓸모없는 물건일 뿐으로 있어도 그만이고 없어
　　도 그만이니 어찌 만물과 만사의 주재가 될 수 있겠는가. 율옹이 여기에
　　서 스스로 한 단락의 어의를 빠뜨렸으니 그의 실수는 변설하는 것을 기다
　　리지 않고도 알 수 있다"[453]라 하였다. 이는 대개 천리가 본래 스스로 주장
　　하는 하나의 길이 있으나, 율곡선생께서 보지 못하였기 때문에 '이발'에
　　대해 끝내 말하지 못했다는 말이다. 그 말은 대개 창계의 설과 마치 한 입
　　에서 나온 것과 같다.[454]

　이이의 말처럼 "선은 맑은 기가 발한 것이고 악은 탁한 기가 발한 것
이다"[455]면, 즉 리는 무위하므로 마음의 선악을 모두 기에다 분속시킨다
면, 결국 리는 선악에 간여함이 없는 것이 된다. 이것은 성(리)이 발하여
선이 되는 맹자의 성선설과도 맞지 않다. 그렇다면 리는 있어도 그만이
고 없어도 그만인 쓸모없는 물건이 되니, 어찌 만사만물의 주재가 될 수
있겠는가. 이이처럼 '리가 무위하다'는 이유로써 선악의 결정을 모두

453　이 내용은 『拙修齋集』卷11, 「退栗兩先生四端七情人道理氣說後辨」에 나온다.
454　『巍巖遺稿』卷13, 「題林趙二公理氣辨後」, "又其言曰, 若槩以理無所爲, 而遂以心
　　之善惡, 只屬乎氣, 則是理無所與於善惡. 而所謂理者, 直一箇儱侗物事, 有亦可無
　　亦可, 烏足爲萬物萬事之主宰乎. 栗翁於此, 自欠一段語意, 而其失不待辨說而可
　　知云云. 此蓋言天理本有自主張一途, 而先生未有所見, 故於理發一着, 終未說出
　　云爾. 其言蓋與滄說, 如出一口矣."
455　『栗谷集』卷14, 「人心道心圖說」, "善者, 淸氣之發也; 惡者, 濁氣之發也."

기의 몫으로만 돌린다면, 리는 쓸모없는 무용지물에 불과하다. 이 때문에 조성기는 이이가 여기에서 스스로 한 단락의 어의를 빠뜨렸으니, 그의 실수는 논변을 기다리지 않고도 알 수 있다고 비판한다.

여기에서 '〈이이가〉한 단락의 어의를 빠뜨렸다'는 것은 천리가 본래 스스로 주장하는(발하는) 하나의 길이 있음을 알지 못한 것을 말한다. 리는 무위한 것이 아니라 스스로 발하는 하나의 길이 있는데도 이이는 그것을 알지 못하였으니, 이것이 바로 이이가 '이발'에 대해 끝내 말하지 못한 이유이다.

이러한 조성기의 이이 비판에 대해, 이간은 이이가 '이발'을 말하지 않은 이유를 다음과 같이 설명한다.

> 아! 천리가 과연 스스로 주장할 수 있다면, 기의 청탁(淸濁)을 막론하고 그 본래 선함을 곧장 이루어야 비로소 스스로 주장하는 실질을 볼 수 있다. 지금 반드시 맑은 기를 얻어야 곧장 이루고 맑은 기를 얻지 못하면 곧장 이루지 못하니, 〈천리가〉스스로 주장하는 것이 어디에 있는가. 성리의 선은 비록 심기(心氣)에 근본하지 않지만 그 선의 존망은 실제로 '심기'가 선한지의 여부에 달려있으니, 심이 바르지 않은데 성이 스스로 중(中)할 수 있고 기가 불순한데 리가 스스로 화(和)할 수 있는 것이 천하에 있겠는가. 그러므로 그 본래 선한 본체에 대하여 만약 사물의 이치를 범론하면 스스로 그 기(器)와 관계하지 않는다고 말할 수 있지만, 지금 인심과 도심이 발용·응대하는 기틀을 논하면서 '성리에 본래 스스로 주장하는 신묘함이 있다'고 한다면, 내 생각에는 진실로 말이 되지 않는다.[456]

---

456 『巍巖遺稿』卷13, 「題林趙二公理氣辨後」, "噫. 天理果能自主張, 則不論氣之淸濁而直遂其本善, 方可見其自主張之實也. 今必得淸氣而直遂, 不得淸氣, 則不能直遂, 惡在其自主張歟. 性理之善, 雖則不本於心氣, 而其善之存亡, 實係心氣之善否,

조성기의 말처럼, 천리가 본래 스스로 주장할 수 있다면, 기의 청탁(淸濁)을 막론하고 그 본래 선함이 곧장 이루어져야 비로소 스스로 주장하는 실질을 볼 수 있다. 이이는 정이 선하거나 불선한 원인을 기의 청탁으로 해석하니, 정이 선한 것은 성이 발할 때에 맑은 기를 탔기 때문이고 정이 불선한 것은 성이 발할 때에 탁한 기를 탔기 때문이다. 맑은 기를 탔기 때문에 성이 곧바로 나와서 그 중(中)을 잃지 않으므로 선이 되고, 탁한 기를 탔기 때문에 성이 탁한 기에 가려서 혹 지나치기도 하고 혹 모자라기도 하여 불선이 된다.

이이와 달리 "천리가 본래 스스로 주장할 수 있다면", 성(리)이 발할 때에 비록 탁한 기가 그것을 가리더라도 본래 선함을 곧장 이루어야 한다. 기의 선악을 막론하고 선(성)의 실현이 이루어져야 한다는 말이다. 그런데도 지금 맑은 기를 얻어야 곧장 이루고, 맑은 기를 얻지 못하면 곧장 이루지 못하니, 즉 탁한 기를 얻으면 탁한 기에 가려서 성을 곧바로 완수하지 못하니, 그렇다면 "천리가 스스로 주장한다는 것이 어디에 있는가." 결국 조성기처럼 천리가 스스로 주장한다, 즉 리가 발한다(이발)는 말은 옳지 않다.

물론 성리의 선은 심기(心氣)[457] 즉 기에 근본하지 않는다. 성리의 선은 리에 근본하지만, 그 선의 존망은 실제로 '심기'가 선한지 선하지 않은지의 여부에 달려있다. 예컨대 심(기)이 바르지 않으면 성이 스스로 중(中)할 수 없고, 기가 불순하면 리가 스스로 화(和)할 수 없다. 반대로 심이 바르면 성이 스스로 '중'할 수 있고, 기가 불순하지 않으면 리가 스

心之不正而性能自中, 氣之不順而理能自和, 天下有是乎. 故其本善之體, 若汎論物理, 則可自不涉其器而言矣, 今論人心道心發用酬酢之機, 而謂性理本有自主張之妙云, 則愚誠不思其說也."

457 이간은 이이의 心是氣의 해석에 근거하여 기를 心氣로 표현한 것이다.

스로 '화'할 수 있다. 왜냐하면 성은 홀로 발할 수 없고 반드시 심기(기)를 타고 발하기 때문이다. 이것이 바로 이이의 "선은 맑은 기가 발한 것이고 악은 탁한 기가 발한 것이다"라는 뜻이다. 결국 성리의 선은 리에 근본하더라도 기의 청탁에 따라 달라진다.

따라서 "그 본래 선한 본체에 대해 범론하면 그 기(氣)와 관계하지 않는다고 말할 수 있지만", 즉 선한 본체인 리만을 가리켜서 말한다면 기와는 관계가 없으므로 기의 청탁에는 영향을 받지 않으니 이때는 '이발'이라 말할 수 있다. 그렇지만 "지금 인심과 도심이 발용·응대하는 기틀을 논하면서 '성리에 본래 스스로 주장하는 신묘함이 있다'고 한다면", 즉 사단칠정과 인심도심처럼 성이 발한 이후를 논한다면 이때는 기의 청탁에 영향을 받지 않을 수 없으니 '이발'을 말해서는 안 된다. 결국 선의 본체를 말할 때는 '이발'을 말할 수 있으나, 사단칠정을 말할 때는 '이발'을 말할 수 없다.

때문에 기의 영향 속에 있는데도 "천리가 본래 스스로 주장한다"고 한다면, 이것은 말이 되지 않는다. 무엇보다 성리가 탁한 기를 타고 발할 때는 탁한 기에 가려져서 그 본래 선한 본체를 드러내지 못한다. 이러한 이유에서 이간은 "천리가 본래 스스로 주장한다(이발)"는 조성기의 해석을 비판한다. 이것은 이황처럼 사단을 '이발'로 해석해서는 안 된다는 말에 다름 아니다. 사단과 칠정은 성이 발한 이후에 해당하니, 이때는 리와 기가 함께 있으므로 사단과 칠정은 모두 '기발이승일도'이다.

모두가 의리의 두뇌에서 매우 분명하면 나머지는 큰 착오를 면할 수 있다. 지금 이 리와 기의 문제에서 예컨대 분명히 이해한다면 그것이 '떨어지지 않는다'는 사실은 마땅히 말할 필요가 없고, '떨어지지 않는다'는 사실을 말할 필요가 없다면 반드시 '기가 발하고 리가 탄다'는 것에 또 무엇을 의심하겠는가. '기가 발하고 리가 탄다'는 것이 이미 의심할 것이 없다면, 여기에서 논변한 것은 선과 악일 뿐이며 공과 사일 뿐이다.[458]

"의리의 두뇌에서 매우 분명하면" 즉 모두가 '리와 기가 서로 떨어지지 않는다'는 것을 분명히 이해하면, "나머지는 큰 착오를 면할 수 있다" 즉 나머지는 별 문제될 것이 없다. 지금 리와 기의 문제에 대해 분명히 이해한다면, 즉 이이의 말처럼 "발하는 것은 기이니 기가 아니면 발할 수 없고, 발하게 하는 소이는 리이니 리가 아니면 발할 것이 없다"는 것을 이해한다면, 리와 기가 서로 떨어지지 않는다는 사실은 말할 필요가 없다.

리와 기가 서로 떨어지지 않으니, 사단에도 리와 기가 함께 있고 칠정에도 리와 기가 함께 있다. 이때 발하는 것은 기이고 발하게 하는 근거가 리이니, 사단과 칠정은 모두 기가 발하고 리가 타는 '기발이승일도'일 뿐이다. 이 때문에 이간은 '리와 기가 떨어지지 않는다'는 사실을 말할 필요가 없다면, '기발이승일도' 역시 의심할 것이 없다. 이것은 이황의 호발설, 특히 사단/이발이 옳지 않다는 말에 다름 아니다.

이렇게 볼 때, 이간의 사단칠정론은 이이의 '기발이승일도'를 적극 지지하고 이황의 호발설을 비판하는데 그 특징이 있음을 알 수 있다. 이 과정에서 '이발'을 주장하는 임영과 조성기를 비판하는데, 이들이 '이발'을 주장하는 이유로는 무엇보다 '리와 기가 서로 떨어지지 않는다

---

458 『巍巖遺稿』卷13, 「題林趙二公理氣辨後」, "大家義理於頭腦, 十分分曉, 則餘可免大段差謬矣. 今此理氣之頭面, 如的然於心目, 則其不離之實, 當不待言諭, 而不離之實, 不待言諭, 則其必氣發而理乘, 又何疑乎. 氣發理乘, 旣無所疑, 則於此所辨, 善與惡而已, 公與私而已."

(불상리)'는 사실을 알지 못하기 때문이다. 사단과 칠정은 모두 성이 발한 이후의 정이니 리와 기가 함께 있다, 즉 '리와 기가 서로 떨어질 수 없다'는 것이다.

이 때문에 이간은 임영과 조성기가 모두 리와 기의 문제에 대해 분명한 견해가 없는 것이 마치 노나라와 위나라의 혼란한 정치가 닮은 것과 같다고 비판한다. "리와 기의 문제에 대하여 모두 분명한 견해가 없으니, 어쩌면 노나라와 위나라의 정치가 〈닮은 것과 같은 것이〉 아니겠는가."[459] 리와 기의 개념에 대한 분명한 이해가 없었기 때문에 그들이 '이발'을 주장하고, 결국 이이의 '기발이승일도'를 비판하는 데까지 이르렀다는 것이다.

---

459 같은 곳, "其於理氣頭面, 皆無的然之見, 則蓋非所謂魯衛之政者乎."

24

권상일(權相一)의 사단칠정론

권상일(權相一, 1679~1759)[460] 사단칠정론의 특징은 이황과 마찬가지로 사단과 칠정을 서로 다른 정으로 구분해보는데 있다. 먼저 그 근거로써 소종래(所從來)의 구분에 주력하니, 사단과 칠정의 구분을 소종래에 따른 근원적인 차이로 설명한다. 이이처럼 "칠정의 중절한 것은 사단과 다르지 않다"고 보는 것에 반대한다.

> 사단은 본연지성에서 나오고 칠정은 기질지성에서 나온다. 기가 만약 리에 따라 발하여 모두 중절한다면 애(哀)는 측은과 비슷하고 로(怒)는 수오와 비슷하지만, 그 소종래를 궁구하면 그 묘맥은 다르다.[461]

비록 칠정의 중절한 것이라도 사단이 될 수 없다. 왜냐하면 사단과

---

460 권상일의 본관은 安東, 자는 台仲, 호는 淸臺, 시호는 僖靖이며, 경북 상주 출신이다. 저서로는『청대집』이 있다.
461 『淸臺集』卷15, 「觀書錄」, "四端出於本然之性, 七情出於氣質之性. 氣若順理發皆中節, 則哀似惻隱, 怒似羞惡. 然究其所從來, 則其苗脈不同."

칠정은 이미 그 소종래가 서로 다르기 때문이다. "사단은 본연지성에서 나온 것이고, 칠정은 기질지성에서 나온 것으로"[462] 그 소종래가 서로 다르기 때문에 애(哀)는 측은(惻隱)과 비슷하고 로(怒)는 수오(羞惡)와 비슷할 수 있지만, 둘은 본질적으로 구분된다.

사단과 칠정을 서로 다른 정으로 구분해야 하는 이유로써 그 소종래에 이미 본연지성과 기질지성의 구분이 있기 때문이다. 물론 사단에도 기가 없는 것이 아니고 칠정에도 리가 없는 것은 아니지만, 그 소종래를 따라가면 사단은 본연지성에 근원하고 칠정은 기질지성에 근원하므로 둘은 본질적으로 구분된다. 결국 사단의 소종래는 본연지성(리)이 되고 칠정의 소종래는 기질지성(기)이 되어, 정의 근원으로서의 성에 이미 본연지성과 기질지성이라는 분명한 차이가 있다. 이것은 이황의 "정에 사단과 칠정의 구분이 있는 것은 성에 본연(본연지성)과 기품(기질지성)의 차이가 있는 것과 같다"[463]라는 말과 같은 맥락이다.

이황과 마찬가지로, 권상일은 정의 근원으로서의 성에 이미 본연지성과 기질지성의 구분이 있기 때문에 성이 발하여 나온 정 역시 사단과 칠정으로 구분해보아야 한다고 강조한다. 반면에 이이가 사단과 칠정을 둘로 구분하지 않고 하나로 보는 것도 본연지성과 기질지성을 합하여 하나의 성으로 보았기 때문이라고 지적한다.[464] 이것은 이이처럼 "칠정을 사단에 분배하거나 칠정의 중절한 것은 사단과 다름이 없다"는 것이 아니라, 사단은 칠정이 될 수 없고 칠정은 사단이 될 수 없다는 말이다.

---

462 같은 곳, "四端, 出於本然之性; 七情, 出於氣質之性."
463 『退溪集』卷16,「答奇明彦(論四端七情 第1書)」, "情之有四端七情之分, 猶性之有本然氣質之異."
464 『淸臺集』卷15,「觀書錄」, "蓋性在氣中, 雖不可分析, 而亦不可混合爲一, 故退溪取以爲四七不同之證. 栗谷是合本然氣質爲一性, 故取以爲四七不分之證."

인심이 도심에서 명령을 들으면 도심과 비슷하지만, 결국 성·색·취·미에서 생겨난 것이니 도심이라 말할 수 없다. 칠정이 리를 따라 발하면 사단과 비슷하지만, 결국 희·로·애·락이 발한 것이니 사단이라 말할 수 없다.……칠정의 애(愛)와 오(惡)는 기가 발한 것이고, 애지리(愛之理)의 '애'나 수오(羞惡)의 '오'는 리가 발한 것이다.[465]

기뻐해야 할 때 기뻐하거나 성내야 할 때 성내는 것과 같이 비록 칠정의 중절한 것일지라도, 결국에는 희·로·애·락이 발한 것이므로 사단이라고 말할 수 없다. 물론 칠정이 리를 따라 발하여 모두 중절하면 애(哀)는 측은(惻隱)과 비슷할 수 있고, 오(惡)는 수오(羞惡)와 비슷할 수 있다. 그러나 칠정의 '오'는 기가 발한 것이고 사단의 '오'는 리가 발한 것이니, 둘은 본질적으로 구분된다. 왜냐하면 사단은 본연지성이 발한 것이므로 '이발'이 되고, 칠정은 기질지성이 발한 것이므로 '기발'이 되기 때문이다.

따라서 서로 비슷하다는 이유만으로 사단과 칠정을 분명히 구분하지 않으면 애(哀)를 측은으로 오인하거나 오(惡)를 수오로 오인하는 경우가 많은데, 이것이 바로 기를 리로 오인하는 병폐이다. 기를 리로 오인하는 원인은 전적으로 리와 기를 구분하지 않고 일물(一物)로 보기 때문이다.[466]

권상일은 이러한 소종래에 따른 근원적 차이에 따라 사단과 칠정을 '이발'과 '기발'로 해석한다.

---

465 같은 곳, "人心聽命於道心, 則似道心, 而畢竟是聲色臭味所生, 不可謂道心. 七情順理而發, 則似四端, 而畢竟是喜怒哀樂所發, 不可謂四端.……七情之愛惡, 是氣之發; 愛之理之愛羞惡之惡, 是理之發."

466 같은 곳, "以其相似而不能分明辨別, 則認哀爲惻隱, 認怒爲羞惡者, 多矣, 此所謂認氣爲理. 其病原於不分理氣爲一物看."

사단에도 기가 없는 것이 아니고 칠정에도 리가 없는 것이 아니지만, 그 소종래의 묘맥이 서로 다르다. 그래서 퇴계선생은 사단의 경우에는 먼저 이발(理發)을 말하고 기수(氣隨) 두 글자를 이었고, 칠정에는 먼저 기발(氣發)을 말하고 이승(理乘) 두 글자를 이었다. 사단과 칠정을 모두 기라고도 할 수 없고 또한 리라고도 할 수 없다.[467]

"사단과 칠정을 모두 기라고도 할 수 없고 또한 리라고도 할 수 없다"는 말은 사단과 칠정에 모두 이기가 함께 있다는 뜻이다. 사단에도 기가 없는 것이 아니고, 칠정에도 리가 없는 것이 아니다. 그러나 사단은 본연지성이 발한 것이므로 '이발'이 되고 칠정은 기질지성이 발한 것이므로 '기발'이 되니 그 소종래가 다르다.

사단에도 기가 없는 것이 아니라는 의미에서 '이발'의 아래에다 기수(氣隨)를 붙인 것이고, 칠정에도 리가 없는 것이 아니라는 의미에서 '기발'의 아래에다 이승(理乘)을 붙인 것이다. 사단과 칠정은 모두 이기가 함께 있지만, 사단은 본연지성이 발한 것이므로 '이발'이 되고 칠정은 기질지성이 발한 것이므로 '기발'이 되니 둘은 본질적으로 구분된다. 이러한 입장에서 권상일은 이익(성호)이 사단뿐만 아니라 칠정까지도 모두 '이발'로 해석하는 것을 비판한다.

인심이 비록 도심에서 명령을 들어 이르지 않음이 없으나, 결국 형기에서 생겨난 것이니 인심은 도심이 될 수 없다. 칠정이 사단에서도 그러하니, 비록 리에 따라 중절하더라도 어찌 이것을 이발(理發)이라고 말할

---

[467] 『淸臺集』卷9,「答禹大來」, "四端非無氣, 七情非無理, 而所從來苗脉不同. 故退翁於四端, 則先言理發, 而繼以氣隨二字; 於七情, 則先言氣發, 而繼以理乘二字. 不可謂四七皆是氣, 亦不可謂四七皆是理也."

수 있겠는가?[468]

사단칠정의 관계는 인심도심의 관계와 같다. 형기에서 생겨난 인심과 성명에 근원하는 도심이 둘로 구분되듯이, 사단과 칠정도 둘로 구분해보아야 한다. 비록 칠정의 중절한 것이라도 사단과 같은 '이발'이 될 수가 없다. 왜냐하면 사단은 본연지성이 발한 것이고 칠정은 기질지성이 발한 것이기 때문이다. "사단은 본연지성이 발한 것이므로 '이발'이라 하고, 칠정은 기질지성이 발한 것이므로 '기발'이라 한다."[469] 이것을 주리(主理)·주기(主氣)로 표현하면, 사단은 리를 주로 하여 말한 것이므로 '이발'이 되고 칠정은 기를 주로 하여 말한 것이므로 '기발'이 된다. 결국 리가 발한 사단과 기가 발한 칠정은 분명히 구분되니, 사단은 칠정이 될 수 없고 칠정은 사단이 될 수 없다.

이러한 의미에서 권상일은 이익이 사단과 칠정을 모두 '이발'로 해석하는 것에 반대한다. 물론 이익도 사단과 칠정을 모두 똑같은 의미의 '이발'로 본 것은 아니다. 사단은 형기에 매개되지 않는 '이발'로, 칠정은 형기에 매개된 '이발'로 보아 둘을 본질적으로 구분한다. 그러나 권상일은 사단은 본연지성이 발한 것이므로 '이발'로, 칠정은 기질지성이 발한 것이므로 '기발'로 구분한다. 때문에 권상일은 "퇴계선생이 이미 사단과 칠정을 주리·주기의 차이로 '이발'과 '기발'이라 하였는데, 이익이 지금 도리어 사단과 칠정을 모두 '이발'이라고 하니 어찌 크게 서로 다르지 않겠는가"[470]라고 비판한다.

---

468 『淸臺集』卷9,「答黃得甫」, "人心雖聽命於道心, 無遠不及, 而畢竟是形氣所生, 不可以人爲道也. 七情之於四端, 亦然, 雖順理中節, 而豈可以此謂之理發耶."
469 『淸臺集』卷15,「觀書錄」, "四端是本然之性所發, 故曰理發, 七情是氣質之性所發, 故曰氣發."
470 『淸臺集』卷9,「答黃得甫」, "退翁旣云, 主理主氣之不同, 而今反謂之皆理發, 豈不

이처럼 권상일은 사단과 칠정의 구분을 소종래에 따른 근원적인 차이로 설명한다. 그것을 그대로 이발·기발로 연결시켜 이황의 호발설을 해석한다. 물론 '소종래'라는 말도 이이의 비판처럼 근원이 둘이라는 의미가 아니라, 사단과 칠정을 나누어보려는데 따른 논리적 추론을 의미한다. 여기에서 권상일은 사단과 칠정을 둘로 구분해보는 논거로써 '불상잡'의 논리를 강조한다.

　　일반적으로 성리학은 이 세상에 존재하는 모든 것을 리와 기의 개념으로 설명한다. 리와 기가 합쳐져야 비로소 사물의 존재가 가능하다. 리는 홀로 존재할 수 없고 반드시 기 속에 내재하기 때문에 리와 기는 실제로 서로 떨어질 수 없는 관계에 있다. 그럼에도 리와 기는 형이상과 형이하라는 서로 다른 성격을 갖기 때문에 논리적 또는 이론적인 구분이 가능하다.

　　주자는 이러한 리와 기의 관계를 "하나이면서 둘이고, 둘이면서 하나이다"라고 설명한다. 리가 기 속에 내재해 있으므로 나누어 볼 수 없다는 의미에서 '하나'라고 한 것이고, 리는 형이상의 성질이고 기는 형이하의 성질로써 둘이 본질적으로 구분된다는 의미에서 '둘'이라고 한 것이다. 하나로 보는 관점을 불상리(不相離)라고 하고, 둘로 보는 관점을 불상잡(不相雜)이라고 한다. 이러한 '불상리'와 '불상잡'은 리와 기의 관계를 규정하는 성리학의 대표적 명제이다. 이에 대한 권상일의 해석은 다음과 같다.

　　　　하나이면서 둘이라는 것은 '불상리'이면서 '불상잡'을 말한 것이고, 둘이면서 하나라는 것은 '불상잡'이면서 '불상리'를 말한 것이다. 하나라는

大相逕廷耶."

것은 합하여 하나가 되는 것이지 하나의 사물임을 말하는 것이 아니며, 둘이라는 것은 나뉘어 둘이 되는 것이지 본래 두 가지 사물이라는 것이 아니다.[471]

'불상리'와 '불상잡'은 리와 기의 관계를 규정하는 두 가지의 인식방법이다. '불상리'도 리와 기를 하나로 보는 것일 뿐이지 실제로 존재하는 한 물건을 의미하는 것이 아니며, '불상잡'도 리와 기를 둘로 나누어 보는 것일 뿐이지 두 물건을 의미하는 것이 아니다. 하나로 보는 '불상리'는 옳고 둘로 나누어 보는 '불상잡'은 틀린 것이 아니라, '불상리'와 '불상잡'의 두 관점에서 모두 리와 기를 규정할 수 있다.

"리와 기는 진실로 학문하는 근본이지만 '불상리'와 '불상잡'이라 말하는데 불과하다. '불상리'한 곳에 나아가서 혼륜하여 말하고 '불상잡'한 곳에 나아가서 분석하여 말하니, 예로부터 성현들의 여러 설이 모두 이와 같다."[472] 또한 "이황의 이발·기발이란 것은 '불상잡'의 곳에 나아가서 나누어 말한 것이고, 이이의 기발이승(氣發理乘)이란 것은 '불상리'의 곳에 나아가서 합하여 말한 것이니, 리와 기의 모습이 본래 이와 같다."[473] 이 것은 '불상리'와 '불상잡'의 두 관점을 동시에 강조하는 모습이다.

동시에 권상일은 '불상리'의 관점에서 리와 기를 하나로 보는 것보다, '불상잡'의 관점에서 리와 기를 구분해볼 것을 강조한다. "리가 기

---

471 『淸臺集』卷15,「觀書錄」, "一而二者, 言其不相離而不相雜也; 二而一者, 言其不相雜而不相離也. 一者合而爲一也, 非言爲一物也; 二者分而爲二也, 非本爲二物也."

472 『淸臺集』卷8,「答李景文」, "理氣一款, 實是學問之頭顱根本, 而不過曰不相離不相雜而已. 就其不相離處而混淪言之, 就其不相雜處而分析言之, 從古聖賢諸說皆如此."

473 『淸臺集』卷9,「答黃得甫」, "理發氣發云者, 就不相雜處而分言之者也, 氣隨理乘云者, 就不相離處而兼言之者也. 理氣面目, 本來如此."

속에 있어 비록 혼륜하여 분별할 수 없을지라도, 리는 스스로 리이고 기는 스스로 기여서 서로 섞이지 않는다."[474] 리가 기 속에 내재하여 서로 분리될 수 없는 관계에 있을지라도, 리는 리이고 기는 기로서 저절로 구분된다.

권상일은 이러한 리와 기의 '불상잡' 관계를 물과 그릇의 관계에 비유한다. "리가 기 속에 있는 것은 물이 그릇에 담겨있는 것과 같다. 비록 물은 자체로 물이고 그릇은 자체로 그릇이지만, 물은 스스로 그릇을 떠날 수 없다. 만약 서로 분리되지 않는 것만을 알고 혼합하여 말하면, 자기도 모르게 물을 가리켜서 그릇이라 하는 병폐에 빠진다."[475] '불상리' 의 관점에서 물이 그릇을 떠날 수 없다고만 말하면, 물을 가리켜서 그릇이라 여기는 병통에 빠질 수 있으므로 '불상잡'의 관점에서 물과 그릇을 구분해보아야 한다. 물과 그릇을 둘로 구분해보아야 하듯이, 하나의 정이라도 사단과 칠정을 둘로 분명히 구분해보아야 한다.

이러한 관점에서 권상일은 "이이가 '불상리'의 관점에서 사단과 칠정을 나누지 않고, '사단은 칠정 가운데 선한 부분이다'거나 '발하는 것은 기이고, 발하게 하는 소이(까닭)는 리이다'라고 하였는데, 이것은 분석해야 할 곳에 혼륜하여 말한 것이므로 합당하지 않다"[476]라고 비판한다. '불상잡'의 관점에서 볼 때 사단은 칠정이 아니고 칠정은 사단이 아니니 둘로 구분해보아야 하는데, 이이는 '불상리'의 관점에서 칠정의 선한 부분만을 사단이라 하여 사단과 칠정을 하나로 보았으니 옳지

---

474 『淸臺集』卷9, 「答禹大來」, "理在氣中, 雖渾淪不可分別, 而亦理自理氣自氣, 不相夾雜矣."
475 『淸臺集』卷15, 「觀書錄」, "理之在氣中, 猶水之盛於器. 雖水自水器自器, 而水自離器不得. 若徒知其不相離, 而混合爲說, 則不覺入於指水爲器之病矣."
476 같은 곳, "栗翁於理氣, 只要不相離看, 故不分四七, 有曰四端是七情中善一邊. 又曰發者氣所以發者理, 就分析處作渾淪說, 此恐未安."

않다. 이황의 호발설 역시 이러한 '불상잡'의 관점에서 가능하다. "불
상잡에서는 혹 리가 발하기도 하고 혹 기가 발하기도 하여 호발하지 않
을 수 없다."[477] "이발·기발이란 것은 '불상잡'의 곳에 나아가서 나누어
말한 것이다."[478]

더 나아가 권상일은 이러한 '불상잡'의 관점에서 이유동정(理有動靜)
을 인정한다.

> 리는 본연의 신묘함이기 때문에 자연히 동정이 있고, 기는 〈리가〉 타는
> 기틀이기 때문에 또한 따라서 동정이 있다. '리에 동정이 있다'는 것은 기
> 와 서로 섞이지 않아서 그러한 것이며, '기에 동정이 있다'는 것은 리와 서
> 로 떨어지지 않아서 그런 것이다.[479]

리에는 동정이 있다. 리에 동정이 있는 것은 리에는 '본연의 신묘함'
이 있기 때문이다. 이 '본연의 신묘함'이 주재하는 작용을 한다.[480] 리는
이이의 말처럼 소이연의 근거로서만 존재하는 것이 아니라, 기의 모든
동정을 주재한다. 리에 동정이 있기 때문에 리를 태우고 있는 기에도
동정이 없을 수 없으니 기에도 동정이 있다. 결국 기의 동정은 본연의
신묘함을 가진 리의 동정에서 파생된 것이다.

또한 권상일은 이러한 이유동정(理有動靜)과 기유동정(氣有動靜)을 '불
상잡'과 '불상리'의 차이로 설명한다. '이유동정'은 기와 섞이지 않는 '불

---

477 『淸臺集』卷6, 「答李子新」, "旣不相雜, 則或理或氣, 不得不互發矣."
478 『淸臺集』卷9, 「答黃得甫」, "理發氣發云者, 就不相雜處而分言之者也."
479 『淸臺集』卷15, 「觀書錄」, "蓋理是本然之妙, 故自然有動有靜, 而氣是所乘之機, 故
亦隨而有動靜. 理有動靜者, 是與氣不相雜而然也; 氣有動靜者, 是與理不相離而
然也."
480 『淸臺集』卷8, 「答李仲久(別紙)」, "妙是主宰運用之謂."

상잡'의 관점에서 말한 것이고, '기유동정'은 리와 떨어지지 않는 '불상리'의 관점에서 말한 것이다. 이렇게 볼 때, 권상일은 '불상잡'의 관점에서 '이유동정'을 인정한다는 것을 알 수 있다.

마찬가지로 이러한 '불상잡'의 관점에서 이선기후(理先氣後)를 강조한다.

> '불상잡'의 곳에 나아가서 말하면 이유동정(理有動靜)과 이선기후(理先氣後) 등의 말이 있고, '불상리'의 곳에 나아가서 말하면 이무동정(理無動靜)과 이기무선후(理氣無先後) 등의 말이 있다. 그러나 '이무동정'이란 참으로 동정이 없다는 뜻이 아니라, 비록 동하고 정하더라도 동하고 정하는 자취를 볼 수 없다는 것이다. '이기무선후'란 참으로 선후가 없다는 뜻이 아니라, 비록 리가 기를 낳더라도 그 간격은 털끝만큼도 용납되지 않아 〈리와 기가〉 있으면 함께 있기 때문에 선후를 구분할 수 없다는 것이다.[481]

'이유동정'과 '이선기후'는 '불상잡'의 관점에서 말한 것이고, '이무동정'과 '이기무선후'는 '불상리'의 관점에서 말한 것이다. '불상리'의 관점에서 말한 '이무동정'도 실제로 리에는 동정이 없고 기가 동정한다는 뜻이 아니라, 동정하는 것은 리이지만 다만 리는 본래 형체가 없으므로 리에서는 동정의 자취를 볼 수 없고 기에서만 동정의 자취를 볼 수 있다는 의미이다. 마찬가지로 '이기무선후'도 원래는 리가 기에 앞서 있어 리가 기를 낳지만, 리가 기를 낳은 시점에서는 이기가 항상 함께 있으므로

---

481 『淸臺集』卷8, 「答李景文」, "蓋就不相雜處而說, 則所以有理有動靜理先氣後等語; 就不相離處而說, 則所以有理無動靜理氣無先後等語也. 然謂之無動靜者, 非眞無動靜也, 雖動且靜, 而不見動之靜之之跡也. 謂之無先後者, 非眞無先後也, 理雖生氣, 而其間不容毫髮, 有則俱有, 故不能分先後爾."

둘 사이에 조금의 간격이 없다는 의미라는 것이다.

이렇게 볼 때, '이무동정'과 '이기무선후'도 리가 실제로 동정하고 이기에 선후가 있음을 강조하는 표현에 다름 아니다. 이러한 '이유동정'과 '이선기후'는 모두 '불상잡'의 관점을 전제로 한다. 결국 권상일은 '이유동정'과 '이선기후' 등을 강조하기 위해 '불상잡'의 관점을 끌어들인 것이라고도 볼 수 있다.

물론 이러한 '이유동정'과 '이선기후'에 대한 인정은 이이가 '불상리'의 관점에서 리의 무위(無爲)를 강조하여 이황의 이발(理發)을 비판한데 대한 대응이다. 때문에 권상일은 "이이는 다만 리가 형기에 내재된 후에 리에 자취가 없다는 것만을 보았을 뿐이고, 당초에 '리가 기를 낳는다'거나 '리가 기에 앞선다'는 조목을 보지 못하고서 바로 작용이 오로지 기라고 말한 것이다"[482]라고 비판한다.

이처럼 권상일은 '불상리'와 '불상잡'의 두 관점을 동시에 인정하면서도, '불상잡'의 관점에서 '이유동정'과 '이선기후'를 강조한다. 이것은 '불상잡'의 관점에서 '이유동정'과 '이선기후'를 인정하듯이, 사단과 칠정도 '불상잡'의 관점에서 이발(理發)과 기발(氣發)로 나누어 보아야 한다는 말에 다름 아니다. 결국 성을 본연지성과 기질지성으로 구분해 볼 수 있듯이, 정 역시 사단과 칠정으로 나누어 볼 수 있다.

권상일은 정의 근원으로서의 성에 이미 본연지성과 기질지성의 차이가 있다는 소종래의 구분에 주력함으로써 사단과 칠정을 소종래에 따른 근원적인 차이로 설명한다. 그렇지만 이이의 비판처럼 근원이 둘이라는 의미는 아니다. 소종래에 따른 구분은 사단과 칠정을 서로 다른 정으로 구분해 보려는데 따른 논리적 추론을 의미한다. 그 논거로써

---

482 같은 곳, "但見理墮在形氣, 後泯無形迹, 不見夫當初理生氣理先氣後一款, 而乃謂之作用專是氣."

'불상잡'의 인식방법을 강조한다. '불상잡'의 관점에서는 이유동정(理有動靜)을 인정할 수 있듯이, 이황의 '사단은 이발(理發)이고 칠정은 기발(氣發)이다'는 호발설도 '불상잡'의 관점에서는 가능하다. 결국 성도 본연지성과 기질지성으로 구분할 수 있듯이, 정 역시 사단과 칠정으로 구분할 수 있다는 것이다.

<hr />

이 글은 「성호와 청대 사단칠정론의 대비적 고찰」(『민족문화』47, 한국고전번역원, 2016)의 내용을 일부 수정·보완한 것이다.

25

박필주(朴弼周)의 사단칠정론

박필주(朴弼周, 1680~1748)[483]의 사단칠정론은 「농암사칠설지의(農巖四七說識疑)」라는 짧은 글에 보이는데, '김창협의 사단칠정론에 대해 의심나는 것을 적는다'는 말처럼 김창협의 사단칠정론에 대한 비판이다. 그 요지는 김창협이 '칠정은 사덕(四德)에 분배할 수 없다'고 주장한 것과 달리, 박필주는 '칠정은 사덕에 분배할 수 있다'고 주장하는데 있다.

먼저 박필주는 김창협의 '칠정은 사덕에 분배할 수 없다'는 주장에 대해 다음과 같이 설명한다.

사단은 맹자가 이미 인·의·예·지로 분명히 제기하였으나, 자사가 희·로·애·락 네 가지를 말한 것은 또한 사덕(四德)에 분배하여 그러한 것이다. 비유하면 사단은 봄·여름·가을·겨울의 맨 처음의 일기(一氣)

---

483 박필주의 본관은 潘南, 자는 尙甫, 호는 黎湖·蔾溪, 시호는 文敬으로 서울 출신이다. 생활이 곤궁해도 학문에 독실했는데, 사서·오경을 1만 번이나 읽었다고 한다. 김창흡에게서 배웠고 권상하·이재 등과 교유하였으며, 저서로는 『黎湖集』·『讀書隨箚』·『朱子往復彙編』 등이 있다.

와 같고, 희·로·애·락은 각각 그 처음과 끝의 전체를 거론한 것일 따름이다. 「예운」에서 칠정에 다시 〈애·오·욕〉세 가지를 더한 것도 〈희·로·애·락의〉수 외에 보태어 늘어놓은 것이 아니다. 대저 인(仁)이 발한 것은 다만 측은일 뿐만 아니라, 예를 들어 희(喜)가 화락하고 편안하며 애(愛)가 자애롭고 어진 것도 모두 '인'에 속한다. 그러나 맹자가 다만 측은 만을 말한 것은 더욱 절실하고 분명한 곳에 나아가 맥락의 분명한 연고를 보았기 때문이다. '의'의 단서가 로(怒)와 오(惡)에 미치지 않은 것과 '예'의 단서가 구(懼)에 미치지 않은 것과 '지'의 단서가 애(哀)와 욕(欲)에 미치지 않은 것은 그 뜻이 모두 이와 같다.[484]

사단과 칠정의 관계는 이이처럼 칠정이 사단을 내포한다, 즉 칠정 가운데 선한 부분만을 말한 것을 사단으로 해석한다. 칠정이 사단을 내포하니 사단과 칠정은 하나의 정이다. 이러한 사단과 칠정의 내포적 관계를 봄·여름·가을·겨울의 사계절에 비유하여 설명한다. "사단은 봄·여름·가을·겨울의 맨 처음의 일기(一氣)와 같고, 칠정은 그 처음과 끝의 전체를 거론한 것일 따름이다." 칠정은 사계절의 처음과 끝의 전체를 말한 것처럼 정의 전체를 말한 것이고, 사단은 사계절의 맨 처음의 '일기'를 말한 것처럼 정 가운데 선한 부분만을 말한 것이다. 결국 칠정은 정의 전체를 말한 것이고, 사단은 칠정 가운데 선한 부분만을 말한 것이니, 이이처럼 사단과 칠정은 하나의 정이다.

---

484 『黎湖集』卷18, 「農巖四七說識疑」, "四端, 孟子旣以仁義禮智明白提出, 而子思之言喜怒哀樂四件, 蓋亦分配四德而然也. 譬則四端如春夏秋冬之最初一氣, 喜怒哀樂則各擧其始終全體耳. 禮運七情之更加三者, 亦非仁外添設. 大抵仁之發, 不只惻隱, 如喜之融洩, 愛之慈良, 都屬於仁. 而孟子之只言惻隱, 則爲就其尤親切分明處, 見其來脉的的故也. 義端之不及於怒惡, 禮端之不及於懼, 智端之不及於哀欲, 意皆倣此."

정이 하나이니, 성 역시 하나이다. 사단과 칠정은 모두 성이 발한 것이니, 사단이 인·의·예·지의 성이 발한 것이듯이 칠정 역시 인·의·예·지의 성이 발한 것이다. 이에 사단과 칠정을 모두 인·의·예·지의 사덕(四德)에 분배한다. 사단은 맹자가 이미 인·의·예·지로 분명히 제기하였으니 "측은지심은 인의 단서이고, 수오지심은 의의 단서이며, 사양지심은 예의 단서이고, 시비지심은 지의 단서이다."[485] 맹자의 말처럼, 사단은 인·의·예·지의 사덕에 분배된다.

이어서 박필주는 칠정 역시 인·의·예·지의 사덕에 분배된다는 사실을 자사의 말에 근거지어 설명한다. "자사가 희·로·애·락 네 가지를 말한 것은 또한 사덕에 분배하여 그러한 것이다." 즉 『중용』에서 자사가 칠정으로 희·로·애·락만을 말한 것은 사덕에 분배하기 위한 것이라는 말이다. 예를 들면 희(喜)는 '인'이 발한 것이고, 로(怒)는 '의'가 발한 것이며, 애(哀)는 '예'가 발한 것이고, 락(樂)은 '지'가 발한 것과 같다. 이것은 칠정 역시 성이 발한 것임을 강조한 표현에 다름 아니다.

때문에 『예기』「예운」에서 "칠정에 다시 〈애·오·욕〉세 가지를 더한 것도 〈희·로·애·락의〉수 외에 보태어 늘어놓은 것이 아니다." 즉 「예운」에서 희·로·애·락(구)에다 다시 애·오·욕 세 가지를 더하여 희·로·애·구(락)·애·오·욕을 말한 것도 자사가 말한 희·로·애·락 네 가지에서 벗어나지 않는다는 말이다. 때문에 '인'이 발한 것은 사단의 측은뿐만 아니라, 칠정의 희(喜)와 애(愛) 역시 '인'이 발한 것이다. 다만 맹자가 '인'의 단서로써 측은만을 말한 것은 그것이 발하여 나온 맥락이 절실하고 분명한 것에 나아가 말한 것일 뿐이다.

---

485 『孟子』,「公孫丑(上)」, "惻隱之心, 仁之端也; 羞惡之心, 義之端也; 辭讓之心, 禮之端也; 是非之心, 智之端也."

의·예·지도 마찬가지다. '의'가 발한 것은 수오뿐만 아니라 로(怒)
와 오(惡) 역시 '의'가 발한 것이며, '예'가 발한 것은 사양뿐만 아니라 구
(懼) 역시 '예'가 발한 것이며, '지'가 발한 것은 시비뿐만 아니라 애(哀)와
욕(欲) 역시 '지'가 발한 것이다. 결국 측은·수오·사양·시비의 사단뿐
만 아니라, 희·로·애·구·애·오·욕의 칠정 역시 인·의·예·지
의 성이 발한 것이다. 이로써 칠정도 인·의·예·지의 사덕에 분배되
며, 이것이 바로 성발위정(性發爲情)의 뜻이다.

그러나 김창협은 "사단은 사덕에 분속(분배)할 수 있으나 칠정은 사덕
에 분속할 수 없다"고 주장한다. "주자가 성정과 체용을 논할 때에 반드
시 사덕과 사단으로 말하고, 칠정을 사덕에 분속한 적이 없는 것은 분속
하기가 어렵다는 것을 알았기 때문이다.……만약 곧장 〈칠정을 사덕
에〉 하나하나 분속하면, 통하지 않은 것이 있다. 예컨대 희(喜)를 '인'에
분속하고 구(懼)를 '예'에 분속하여 힘써 말하면 비록 통할 수 있는 것 같
지만, 끝내 억지로 끌어당겨 배치한 곳이 있으니 자연히 확실하고 바뀔
수 없는 논의가 아니다."[486] 김창협에 따르면, 주자 역시 사단은 사덕에
분속하였으나 칠정은 사덕에 분속한 적이 없으니, 칠정을 인·의·
예·지의 사덕에 하나하나 분속하는 것은 통하지 않는다. 마치 희(喜)를
'인'에 분속하고 구(懼)를 '예'에 분속하면 통하는 것 같기도 하지만, 억지
로 끌어당겨 분배한 것이므로 자연스럽지 않다. 결국 칠정 역시 성이
발한 것이지만 인·의·예·지의 사덕에는 분속할 수 없다.

게다가 박필주는 '주자가 칠정을 사덕에 분속한 적이 없다'는 김창협

---

486 『黎湖集』卷18,「農巖四七說識疑」, "朱子論性情體用, 必以四德四端爲言, 而未曾
以七情分屬四德, 知其難分屬故耳.……若遂一一分屬, 則有不通者. 如以喜屬仁
懼屬禮, 費力說來, 雖若可通, 終有牽強安排處, 非自然的確不易之論也."(이 글은 『
農巖續集』卷下,「四端七情說」에 나온다.)

의 말에 대해, 주자 역시 칠정을 사덕에 분속한 사실을 지적한다. 주자 역시 칠정을 사단에 분속하여 말한 적이 있으니, "보건대 희·로·애·오·욕은 도리어 인(仁)과 의(義)에 가까운 것 같다는 제자의 질문에, 〈주자는〉'진실로 서로 비슷한 곳이 있다'라고 대답한다."[487] 이것이 바로 주자가 칠정을 사덕에 분속한 증거라는 말이다. 이처럼 박필주는 김창협의 '칠정은 사덕에 분속할 수 없다'는 주장에 대해, 주자 역시 칠정을 사덕에 분속하였으므로 '칠정은 사덕에 분속할 수 있다'고 주장한다.

이어서 김창협은 사단과 칠정뿐만 아니라 천만 개의 정이라도 모두 인·의·예·지의 사덕에 분속된다고 설명한다.

> 비록 똑같이 하나의 정이지만 기상과 의미에는 각자 여러 모양의 다름이 있으니, 이것은 사단이 적은 것이 아니고 칠정이 많은 것이 아니다. 가령 천만 개의 정이라도 이 네 개의 성에서 흘러나오지 않은 것이 없으니, 마치 저 높고 낮음이 각양각색인 것은 역법에 정통한 사람이라도 그 변화하는 형상을 헤아리지 못하지만, 결국 봄·여름·가을·겨울 가운데서 벗어나지 않은 것과 같다. 칠정이 사덕(四德)에 분속하는 것을 '통하지 않은 것이 있다'고 한다면, 이것은 과연 어떤 견해인가.[488]

칠정 가운데 선한 부분만을 말한 것이 사단이니, 사단과 칠정은 모두 하나의 정이다. 사단과 칠정이 모두 하나의 정이지만 그 기상과 의미는 여러 모양의 다름이 있으니, 사단이라고 적은 것도 아니고 칠정이라고

---

487 『朱子語類』卷53, "問, 看得來如喜怒愛惡欲, 卻似近仁義. 曰, 固有相似處."
488 『黎湖集』卷18, 「農巖四七說識疑」, "盖雖同爲一情, 而氣象意類, 各自有數樣之不同, 是則四端不爲少, 而七情不爲多. 假使千萬箇情, 無非爲此四性之所流出, 如彼高下散殊, 巧曆莫究其變狀, 而總之不外乎春夏秋冬之中. 以七情之分屬四德爲有不通者, 是果何見哉."

많은 것도 아니다. 사단과 칠정을 막론하고 모든 정은 그 기상과 의미가 저마다 다르니, 이로써 천만 개의 정이 있을 수 있다.

비록 천만 개의 정이라도 "인·의·예·지의 네 가지 성에서 흘러나오지 않은 것이 없으니", 즉 모두 인·의·예·지의 성에서 발한 것이다. 이것은 마치 역법에 정통한 사람이라도 그 변화하는 형상을 다 헤아리지 못하지만, 결국 봄·여름·가을·겨울의 사계절을 벗어나지 않은 것과 같다. 역법의 변화하는 형상이 모두 봄·여름·가을·겨울의 사계절을 벗어나지 않듯이, 사람의 천만 개의 정 역시 인·의·예·지의 사덕을 벗어나지 않는다. 결국 사단과 칠정을 비롯한 모든 정은 인·의·예·지의 성에서 발한 것이니, 칠정이 사덕에 분속하는 것을 '통하지 않은 것이 있다'고 한다면, 옳은 견해가 아니다.

이 때문에 박필주는 모든 정은 성에서 발한 것이니, 칠정 역시 사덕에 분속할 수 있음을 강조한다.

> 또한 이른바 정은 어찌 성에서 발하지 않은 것이 있겠는가. 다만 〈칠정이〉사단과 같이 〈사덕에〉하나하나 분속할 수 없다는 것은 아마도 스스로 학문이 얕고 천박하여 진실로 이 인·의·예·지 외에 다른 하나의 성이 있다고 말하는 것이니, 감히 알지 못하겠다. 그렇지 않다면 이미 성에서 발하지만 또한 속하는 곳이 없으니, 이러한 이치가 있겠는가. 만약 그 발한 것이 세 개의 희(喜)와 욕(欲)이면, 이것은 다만 리가 서로 번갈아 교대하는 것일 따름이다. 그 일은 비록 다르지만, '희'가 인(仁)에 말미암고 '욕'이 지(智)에 말미암는 것은 진실로 분명하니, 또 어찌 '각각 주로 하는 바가 있다'는 말에 해가 되겠는가.[489]

---

489 같은 곳 "且其所謂情, 豈有不發於性. 但不可一一分屬如四端者, 恐自踈淺, 苟謂外此仁義禮智而別有箇性, 則不敢知. 不然則旣發於性而又無屬處, 有是理乎. 若其

정은 성에서 발하지 않은 것이 없으니, 사단과 칠정은 모두 성에서 발한 것이다. 칠정 역시 성에서 발한 것이니, 사단처럼 인ㆍ의ㆍ예ㆍ지의 사덕에 하나하나 분속할 수 있다. 그런데도 김창협의 말처럼 '칠정은 인ㆍ의ㆍ예ㆍ지의 사덕에 하나하나 분속할 수 없다'고 한다면, 이것은 아마도 학문이 얕고 천박하여 이 인ㆍ의ㆍ예ㆍ지의 성 외에 다른 하나의 성이 있다고 말하는 것이다. 즉 사단은 인ㆍ의ㆍ예ㆍ지의 성에서 발한 것이지만, 칠정은 인ㆍ의ㆍ예ㆍ지의 성이 아닌 다른 하나의 성에서 발한 것이라는 뜻이다. 결국 사단이 발하여 나온 성과 칠정이 발하여 나온 성이 다르다는 말이니 "감히 알지 못하겠다" 즉 옳지 않다.

그렇지 않다면 "이미 성에서 발하지만 또한 속하는 곳이 없으니" 즉 칠정이 인ㆍ의ㆍ예ㆍ지의 성에서 발한 것이지만 인ㆍ의ㆍ예ㆍ지 가운데 어디에도 속하는 곳이 없다는 말이니 "이러한 이치가 있겠는가" 즉 모두 옳지 않다.

예컨대 측은은 '인'에 속하고, 수오는 '의'에 속하고, 사양은 '예'에 속하고, 시비는 '지'에 속하는 것처럼, 사단이 인ㆍ의ㆍ예ㆍ지의 사덕에 분속하는 것에 각각 주로 하는 바가 있다. 칠정 역시 "희(喜)는 '인'에 말미암고 욕(欲)은 '지'에 말미암는 것이 진실로 분명하니" 인ㆍ의ㆍ예ㆍ지의 사덕에 각각 분속할 수 있다. 다만 희(喜)가 '인'에 속하기도 하고 애(愛)가 '인'에 속하기도 하는 것처럼, 칠정은 리가 서로 번갈아 교대하는 것일 따름이다. 그러므로 사단처럼 '각각 주로 하는 바가 있다'는 말에 해가 되지 않는다.

이렇게 볼 때, 박필주의 사단칠정론은 사단과 칠정을 모두 인ㆍ의ㆍ예ㆍ지의 사덕에 분속하고 있음을 알 수 있다. '칠정 역시 사덕에 분속

所發三件喜欲, 則此只是理之相互者耳. 其事雖殊, 而喜之由於仁, 欲之由於智, 則固自若也, 亦何害於各有攸主耶."

할 수 있다'는 것은 칠정 역시 성이 발한 것이며, 이것을 선악의 개념으로 설명하면, 칠정 역시 선하다는 말에 다름 아니다. 이러한 해석은 사단은 본연지성이 발한 것이므로 '이발(선)'이고 칠정은 기질지성이 발한 것이므로 '기발(불선)'이라는 이황의 해석과는 분명히 구분된다. 결국 박필주 사단칠정론의 기본 구조는 이이의 이론에 가깝고, 이황의 이론과는 분명히 구분된다.

26

이익(李瀷)의 사단칠정론

이익(李瀷, 1681~1763)[490] 사단칠정론의 특징은 이황과 마찬가지로 사단과 칠정을 서로 다른 정으로 구분해 보는데 있다. 그 이유로써 사단과 칠정의 명칭이 생기게 된 내력이 같지 않지 않기 때문이니, 하나로 섞어서 말해서는 안 된다. 『맹자』는 사단을 주로 하여 말한 것이고 『예기』 「예운」은 칠정을 주로 하여 말한 것이며, 또한 정이(이천)의 「호학론(好學論)」은 「예운」을 계승한 것이고 주자의 「인설(仁說)」은 『맹자』를 조술한 것이니[491], 사단과 칠정의 명칭이 생기게 된 내력이 처음부터 서로 달랐다는 것이다.

때문에 "『맹자』는 스스로 이것(사단)을 논한 것이고 「예운」은 스스로 저것(칠정)을 논한 것이어서 애초에 혼륜한 뜻이 아니었다."[492] 『맹자』

---

490 이익의 본관은 驪州, 자는 子新, 호는 星湖이다. 안정복 · 윤동규 · 신후담 · 이중환 등을 배출하였으며, 그의 학통은 채제공 · 정약용 · 이가환 등으로 이어졌다. 천주교와 서학의 수용에 개방적이었던 그의 학풍을 둘러싸고 제자들 간에는 성호좌파와 성호우파의 분열이 일어나기도 했다. 저서로는 『星湖僿說』 · 『星湖集』 · 『李先生禮說』 · 『四七新編』 등이 있다.

491 『四七新編』序, "孟子主言四端, 禮運主言七情. 好學論述禮運, 仁說述孟子."

는 사단을 말하고 「예운」은 칠정을 말하여 처음부터 사단과 칠정을 섞어서 하나로 보려는 뜻이 없었다. 이이처럼 "칠정 중의 선한 부분이 사단이니 사단과 칠정은 다른 뜻이 없다"는 것이 아니라, 사단과 칠정은 서로 구별되는 다른 정이라는 것이 이익의 기본 생각이다.

이이(또는 기대승)의 "칠정이 발하여 중절한 것은 사단과 다르지 않다"는 주장에 대해, 이익은 사단과 칠정은 서로 다른 정이므로 칠정의 중절한 것이라도 사단이 될 수 없다고 강조한다.

> 기쁨(喜)과 성냄(怒)이 비록 적중하였다고 하더라도 사단과 무슨 상관이 있으며, 슬픔(哀)과 두려움(懼)이 비록 선하다고 하더라도 사단과 무슨 상관이 있겠는가? 만약 칠정의 선을 사단의 조목에 해당시킨다면, 사양과 시비 등은 어느 곳에서 볼 수 있겠는가?[493]

사단은 사단이고 칠정은 칠정으로 둘은 서로 다른 정이니, 사단의 중절한 것이라도 칠정이 될 수 없다. 이이의 말처럼 칠정 밖에 사단이 있지 않는 것이 아니라, 칠정 밖에 다시 사단이 있다.[494] 칠정의 중절한 것도 사단과 상관이 없는 것처럼, 마찬가지로 사단의 부중절(不中節)한 것역시 칠정과 상관이 없다. 때문에 "사단이 막혀도 칠정은 존재하며, 사단이 드러나도 칠정은 존재한다."[495]

칠정의 '중절'한 것도 사단이 될 수 없고, 사단의 '부중절'한 것도 칠정

---

492 『四七新編』後說, "孟子自論此, 禮運自論彼, 初非渾淪之義."
493 『四七新編』序, "喜怒雖中, 與四端何干. 哀懼雖善, 與四端何干. 若以七者之善, 當四之目, 則更於何處討辭讓是非等看耶."
494 『四七新編』附錄, 「讀退溪先生書記疑」, "七情之外, 恐復有四端."
495 『四七新編』, 「七情亦有因道心發(第11)」, "四端錮蔽, 而亦有此七情; 四端著顯, 而亦有此七情."

이 될 수 없으니, 왜냐하면 사단과 칠정은 서로 다른 정이기 때문이다. 따라서 "측은은 희·로·애·락이 아니고 사양도 희·로·애·락이 아니니"[496], 사단은 칠정이 아니고 칠정은 사단이 아니다.

이어서 이익은 사단과 칠정이 서로 다른 정이라는 사실을 공(公)·사(私)의 개념으로 설명한다. 사단은 공적인 것이고 칠정은 사적인 것이니 둘은 분명히 구분된다.

> 사단의 은(隱, 측은)은 칠정의 애(哀)가 아니다. '은'은 사물에 대해서 측은해하는 것이니 공(公)이며, 애(哀)는 자기에 대해서 슬퍼하는 것이니 사(私)이다. 사단의 오(惡, 수오)는 칠정의 오(惡)가 아니다. 사단의 '오'는 불선을 싫어하는 것이니 공(公)이며, 칠정의 '오'는 자기를 해치는 것을 싫어하는 것이니 사(私)이다.[497]

사단은 천하의 모든 것들에 대해 그렇게 여기는 것이기 때문에 공적인 것이고, 칠정은 자기 한 몸에 대해 그렇게 여기는 것이기 때문에 사적인 것이다. 때문에 사단의 측은(隱)은 칠정의 애(哀)가 아니고, 사단의 수오(惡)는 칠정의 오(惡)가 아니다. 왜냐하면 칠정은 형기에서 나와서 자기 한 몸의 사사로움과 관련되는 사적인 것이지만, 사단은 리에서 곧장 나와서 천하의 모든 것들과 관련되는 공적인 것이기 때문이다. 이익은 사단은 공적인 것이고 칠정은 사적인 것으로 둘을 분명히 구분하는데, 이것은 이황의 이론과 별 차이가 없다.

---

496 『四七新編』附錄, 「讀退溪先生書記疑」, "惻隱, 非喜怒哀樂也; 辭讓, 非喜怒哀樂也."
497 『四七新編』, 「四端字義(第1)」, "四之隱, 非七之哀也. 隱者, 隱於物, 公也; 哀者, 哀在己, 私也. 四之惡, 非七之惡. 四之惡, 惡不善, 公也; 七之惡, 惡害己, 私也."

그렇지만 정의 근원으로서의 성에 대한 이해에서는 이황과 그 해석을 달리한다. 이익은 이황과 달리, 정에 사단과 칠정의 구분이 있는 것과 성에 본연지성과 기질지성의 구분이 있는 것은 같지 않다고 설명한다.

> 본연지성과 기질지성은 두 개의 성이 아니다. 기질지성은 기품과 합하여 말한 것이고, 본연지성은 기품을 발라내서 말한 것이다. 하나는 〈리만을〉 오로지 말한 것이고 하나는 〈리와 기를〉 겸하여 말한 것이니, 본래 대립하는 것이 아니다.[498]

이황과 구분되는 이익 사단칠정론의 특징이 드러난다. 이황에 따르면, "정에 사단과 칠정의 구분이 있는 것은 성에 본성(본연지성)과 기품(기질지성)의 다름이 있는 것과 같다."[499] 이황과 달리, 이익은 성이 하나임을 전제한다. 성은 하나이니, 기품과 섞지 않고 리만을 말하면 본연지성이고 기품과 섞어서 리와 기를 함께 말하면 기질지성이다. 성에 대한 이러한 이해는 기본적으로 이이의 견해와 일치한다. 이것은 아마도 성을 본연지성과 기질지성으로 구분할 경우, "사람의 마음에 두 근원이 있게 된다"는 이이의 비판을 고려한 것으로 보인다.

성에 대한 이러한 이해에 근거하여, 이익은 이황처럼 사단/이발이기수지(理發而氣隨之)와 칠정/기발이이승지(氣發而理乘之)로 해석하지 않고 이들을 모두 '이발이기수지' 하나로 설명한다.

---

498 『四七新編』附錄, 「讀退溪先生書記疑」, "本然之性與氣質之性, 非二性也. 或與氣稟合言之, 或剔去氣稟而言之, 一則單言, 一則兼言, 本非對立物也."

499 『退溪集』卷16, 「答奇明彦(論四端七情 第1書)」, "情之有四端七情之分, 猶性之有本性氣稟之異也. 然則其於性也, 旣可以理氣分言之, 至於情, 獨不可以理氣分言之乎."

사단과 칠정의 이발(理發)·기발(氣發)은 지극하다. 사단은 형기를 따르지 않고 곧게 발하므로 '이발'에 속하나, 칠정은 리가 형기를 따라 발한 것이므로 '기발'에 속한다. 저 '기발'은 또한 어찌 일찍이 리가 발한 것이 아니겠는가?……그러므로 내가 말하기를, 이발기수(理發氣隨)는 사단과 칠정이 같은 것이다.[500]

이황에 따르면, 사단은 인·의·예·지의 성이 곧바로 발한 것이므로 '이발'한 것이고, 칠정은 형기에 따라 발한 것이므로 '기발'한 것이다. 그러나 이익은 사단뿐만 아니라 칠정까지도 모두 '이발' 하나로 해석한다. "사단과 칠정을 막론하고 성이 아니면 정은 따라서 발할 수 없으니, 정은 성을 떠나서 나오는 것이 아니다."[501] 정이 드러날 수 있는 것은 그 속에 성(리)이 있기 때문이다. "칠정도 리가 발한 것이니 리가 없으면 발할 수가 없다."[502] 결국 칠정도 마음속에 있는 리가 발한 것이므로 '이발'한 것이다.

그러나 이때는 사단처럼 인·의·예·지의 성에서 곧바로 발한 것이 아니라, 형기의 감촉에 따라서 리가 발한 것이다. "기가 이미 형체를 이룬 뒤에 밖의 사물이 그 형체에 감촉하여 리에 감응하기 때문에 리도 형질에 따라서 밖으로 감응한다."[503] 결국 사단의 '이발'과 칠정의 '이발'은 실제로 그 의미가 다르다. 사단의 '이발'은 형기를 따르지 않고 리가 곧

---

500 『四七新編』, 「重跋」, "四七之理發氣發, 至也. 四端不因形氣而直發, 故屬之理發; 七情理因形氣發, 則屬之氣發. 彼氣發, 亦何嘗非理之發乎.……余故曰, 理發氣隨, 四七同然."

501 『四七新編』, 「七情亦無有不善(第10)」, "盖無論四七, 非性則情無由發, 情者, 非離性而出也."

502 『四七新編』, 「七情橫貫四端(第6)」, "七情亦理發, 無理做出來不得."

503 『四七新編』, 「四七有相似處(第5)」, "氣已成形以後, 外物觸其形而感於理, 故理亦因形質, 而感於外."

장 발한 것이라면, 칠정의 '이발'은 형기를 따라서 발한 것이다.

> 사단과 칠정이 어느 것인들 리가 발한 것이 아니겠는가마는, 그것이
> 나누어지는 연유를 말하자면 바깥 사물이 감촉함에 이 리가 바로 응하여
> 처음부터 형기의 매개가 없는 것을 사단이라 하며, 바깥 사물이 형기에
> 감촉함에 형기가 매개하여 리가 이에 응하는 것을 칠정이라 한다.[504]

사단은 형기가 매개되지 않는 '이발'이고, 칠정은 형기가 매개된 '이
발'이다. 칠정도 리가 발한 것이지만, 이때는 리가 형기를 따라서 발한
것이다. 물론 이황은 형기를 따라 발한 칠정을 그대로 '기발'로 해석한
다. 이것은 사단과 칠정을 모두 '이발' 하나로 보면서, 형기의 매개 여부
에 따라 사단과 칠정을 구분한 것이다.

"마음속에 있는 리가 혹 곧게 감응하여 발하기도 하고, 혹 사물이 형
체에 감촉하여 대상에 따라 발하기도 한다."[505] '곧게 감응하여 발한다'
는 것은 형기에 매개되지 않는 사단의 '이발'을 말한다. '사물의 형체에
감촉하여 대상에 따라 발한다'는 것은 형기에 매개된 칠정의 '이발'을
말한다.

이익은 이황의 사단/이발이기수지와 칠정/기발이이승지를 다음과
같이 해석한다.

> 이발기수(理發氣隨)는 리가 먼저 동하고 기가 비로소 따라서 뒤에 있다

---

504 『四七新編』附錄, 「讀李栗谷書記疑」, "四端七情, 孰非理發? 以其緣由之分言, 則
外物感, 而此理便應, 初無形氣之媒者, 謂之四端; 外物觸於形質, 形氣爲媒, 而理於
是應者, 謂之七情.

505 『四七新編』, 「四七有相似處(第5)」, "但其在中之理, 或直感而發, 或物觸形而緣境
發."

는 말이 아니라, 그 발함이 곧 나의 천리가 그렇게 한 것이라는 말이다. 기발이승(氣發理乘)은 기가 먼저 동하고 리가 비로소 가서 그것을 탄다는 말이 아니라, 그 발함이 곧 나의 형기가 그렇게 한 것이라는 말이다.[506]

"리가 먼저 동하고 기가 비로소 따라서 뒤에 있다거나 기가 먼저 동하고 리가 비로소 가서 그것을 탄다"는 말은 이황이 사단칠정을 '이발이기수지'와 '기발이이승지'로 해석하면 "사단은 리가 먼저 발하고 칠정은 기가 먼저 발하여"[507] 이기에 선후가 있게 된다는 이이의 비판에 대한 이익의 해석이다.

이이의 비판처럼 "리가 먼저 발하고 난 뒤에 기가 리를 따르거나, 기가 먼저 발하고 난 뒤에 리가 거기에 탄다"는 것이 아니라, 사단의 '이발이기수지'는 나의 천리가 그렇게 한 것이므로 형기에 매개되지 않고 리가 곧바로 발한 것이며, 칠정의 '기발이이승지'는 나의 형기가 그렇게 한 것이므로 형기에 매개되어 리가 발한 것이다.

결국 이익은 칠정을 '이발'로 해석하면서 동시에 사단의 '이발'과 구분하여 '이발' 위에 다시 한 층의 묘맥을 두는데, 이것이 바로 형기지발(形氣之發), 즉 형기에 매개된 '이발'이다.[508] 그렇지만 형기에 매개된 '이발'이 갖는 의미는 이황의 '기발'과 별 차이가 없다. "나의 성이 바깥 사물에 감응하여 움직일 때 나의 형기와 상관되지 않는 것은 '이발'에 귀속시키고, 바깥 사물이 나의 형기에 감촉한 후에 나의 성이 비로소 감응

---

506 『四七新編』,「七情便是人心(第8)」, "理發氣隨者, 非謂理先動而氣方隨在後也, 是發也, 卽吾天理之爲之也. 氣發理乘者, 非謂氣先動而理方去乘他也, 是發也, 卽吾形氣之爲之也."

507 『栗谷集』卷10,「答成浩源(壬申)」, "非曰四端則理先發, 七情則氣先發也."

508 『四七新編』,「重跋」, "若七情, 則理發上面, 更有一層苗脈, 所謂形氣之私(發), 是也."(『四七新編』序에서는 '形氣之發'로 되어 있다.)

하여 움직이는 것은 '기발'에 귀속시킨다."[509] 이익이 말한 형기에 매개된 '이발'이란 '기발'의 의미에 불과하다.

> 칠정 역시 성에서 발한 것이니 그 기미(氣味)와 모상(貌象)의 사이에는 진실로 사단과 더불어 서로 같은 곳이 있다. 그러나 칠정은 기가 그 바탕이 되어 묘맥이 사단과 이미 구별되니, 끝내 억지로 끌어다가 서로 배합시킬 수 없다.[510]

칠정도 성에서 발한 것이므로 '이발'이라 할 수 있지만, 그 바탕이 기이므로 리에 근원하는 사단의 '이발'과는 근본적으로 구분된다. 여기에서 이익은 이황의 이발이기수지(理發而氣隨之)와 기발이이승지(氣發而理乘之)에서 기수(氣隨)의 '기'와 기발(氣發)의 '기'를 심기(心氣)와 형기(形氣)로 구분한다. "'기수의 기'는 심기에 속하고 '기발의 기'는 형기에 속한다"[511] '심기의 기'는 리를 발현시켜주는 것이고, '형기의 기'는 형체를 주로 하여 말한 것이므로 사사로운 뜻이 된다. 이익은 '형기의 기'를 대기(大氣)라 하고, '기수의 기'를 소기(小氣)라 하여 둘을 구분한다. 여기에서 이익의 대기(大氣) · 소기(小氣)의 이론이 전개된다.

'대기'가 칠정의 원인인 욕구를 일어나게 하는 것이라면, '소기'는 성이 정으로 드러나게 하는 마음의 작용에 해당된다. 이것은 이이의 기발이승(氣發理乘)의 '기'와 이황의 이발(理發) · 기발(氣發)에서 '기'의 의미가서로 다른 것과 같은 맥락이다. '대기'의 기가 이황의 기발이승(氣發理乘)

---

509 『四七新編』,「七情便是人心(第8)」, "吾性感於外物而動, 而不與吾形氣相干者, 屬之理發. 外物觸吾形氣而後, 吾性始感而動者, 屬之氣發."

510 『四七新編』後說, "蓋七情亦自性發, 則其氣味貌象之間, 固有與四端相似處. 然氣爲田地, 苗脈旣別, 終不可强引相配."

511 『四七新編』序, "氣隨之氣, 屬心氣; 氣發之氣, 屬形氣."

의 기에 해당된다면, '소기'의 기는 이이의 기발이승(氣發理乘)의 기에 해당된다. 실제로 형기(形氣: 大氣)의 기는 이황이 말한 기발(氣發)의 기와 의미상 별 차이가 없다. 이렇게 볼 때, 이익은 사단과 칠정을 모두 '이발' 하나로 해석하면서도, 결국은 소기(小氣)와 대기(大氣: 形氣之私)로써 둘을 분명히 구분하고 있음을 알 수 있다.

여기에서 복잡한 문제가 제기된다. 칠정을 '이발'로 해석할 경우, 사단과 마찬가지로 공적인 성격이 있음을 인정하지 않을 수 없게 된다. 칠정이 리가 발한 것이라면, 칠정은 공적인 것인가 사적인 것인가? 이익은 이것을 공희로(公喜怒) 또는 공칠정(公七情)이라 부른다. '공칠정'이란 맹자가 기뻐하는 것과 순임금이 성내는 것과 같은 중절한 칠정을 의미한다.

실제로 이익은 칠정의 중절한 것을 '이발'로 해석하기도 한다. 이익은 오(惡)가 마땅히 미워해야 할 것을 미워하는 것을 '사(私) 가운데의 정(正)' 또는 '사(私) 가운데의 공(公)'이라고 표현하는데, 이때의 '정 또는 공'은 자기의 사사로움에서 벗어난 것은 아니지만 사악한데로 흐르지 않는 것이다.[512] 이것은 천하 사람들이 모두 원하는 것을 원하고, 천하 사람들이 모두 미워하는 것을 미워하는 것에 해당된다.[513] 형기의 사사로움에서 생기는 칠정 가운데 사적인 것과 관련되지 않는 것도 있다. 때문에 "자기의 사사로움과 관계되지 않는 희 · 로(칠정)는 '이발'이 아님이 없으니, 형기에서 생긴 것과 섞어서 말해서는 안 된다."[514] 이익은 이것을 '공희로 또는 공칠정'이라고 부른다.[515]

---

512 『四七新編』, 「聖賢之七情(第4)」, "惡止於所當惡, 乃私中之正也. 正者, 何也? 雖不離己私, 而不流於邪."

513 『四七新編』, 「聖賢之七情(第4)」, "欲天下之所同欲, 惡天下之所同惡, 乃私中之公也."

514 『四七新編』, 「重跋」, "凡喜怒之不干己私者, 莫非理發, 不可與形氣生者混稱也."

515 公七情의 내용을 다룬 것이 그의 「重跋」설이다. 그러나 뒤에 이익은 이러한 公七

동시에 이익은 칠정의 중절한 것을 '이발'로 해석하는 것에는 반대한다.

> 만약 칠정의 중절한 것을 이발(理發)이라고 한다면, 사단이 어두운 기에 구속되어 중절하지 못한 것도 기발(氣發)이라 할 수 있겠는가? 칠정이 비록 중절하더라도 기에서 발한 것임은 바꿀 수 없으며, 사단이 비록 어둡고 가려졌더라도 리에서 발한 것임은 바꿀 수 없다.[516]

사단의 부중절한 것이 '기발'이 될 수 없듯이, 칠정의 중절한 것도 '이발'이 될 수 없다. 왜냐하면 칠정의 중절한 것이라도 기에서 발한 것이고, 사단의 부중절한 것이라도 리에서 발한 것이기 때문이다. 결국 사단과 칠정은 서로 다른 정이다. 때문에 "리에서 발하면 중절하든 중절하지 못하든 모두 '이발'이며, 기에서 발하면 중절하든 중절하지 못하든 모두 '기발'이다.……그러므로 성현의 중절한 칠정도 끝내 기가 발한 것이다."[517] 이것은 기대승의 "칠정이 발하여 중절한 것은 사단과 다름이 없다"는 주장과 분명히 구분된다.

이러한 서로 모순된 주장이 있게 된 원인은 사단과 칠정을 모두 '이발'로 해석하면서, 또한 사단과 칠정을 서로 다른 정으로 구분해보려고 하기 때문이다. 사단과 칠정을 서로 다른 정으로 해석할 경우는 사단이

情을 인정할 경우 사단과 칠정의 구분이 불분명해진다는 제자들의 지적에 따라 「重跋」을 폐기한다.

516 『四七新編』, 「聖賢之七情(第4)」, "若但以七情之中節者爲理發, 則如四端之拘於氣昏, 而不能中節者, 亦可謂氣發乎?, 七情雖中節, 而發於氣, 則不可易; 四端雖昏蔽, 而發於理, 則不可易."

517 같은 곳, "發於理則其中不中, 猶是理發也, 發於氣則其中不中, 猶是氣發也.……愚故曰聖賢中節之七情, 終是氣之發."

공적인 것과 달리, 칠정은 사적인 것이 된다. 그렇지만 사단과 칠정을 모두 '이발'로 해석할 경우는 칠정에도 공적인 부분을 인정하지 않을 수 없다. 이것이 바로 이익의 이론이 갖는 논리적 한계일 수 있으며, 동시에 이황의 이론을 재해석한 것으로도 볼 수 있다.

이러한 해석은 이황과 이이의 이론을 종합하려는 입장에서 나타난 현상으로 이해할 수 있다. 때문에 권상일(청대)도 이익의 이러한 주장에 대해 "퇴계의 설에서 벗어나기를 원하지 않으면서도 또한 호발의 기롱을 피하고자 한 것이다"[518]라고 지적한다.

그렇지만 이러한 공칠정(公七情)도 그 출발은 사적인 칠정에서 시작되며, "이때의 '공'은 칠정을 다스린 효과이지 칠정의 본래 모습이 아니다."[519] 아직 다스리지 않았을 때에는 다만 사사로운 정이 있을 뿐이며, 이미 다스린 뒤에는 사사로운 것과 관계되지 않는다. 이것은 천리가 칠정을 간섭한 효과이지 칠정의 본래 모습이 아니다.[520] 이익이 사단과 칠정을 모두 '이발'로 해석하여 칠정의 공적인 부분을 인정하기도 하지만, 결국 칠정을 공적인 사단과 구분하여 사적인 영역에 귀속시킨다. 이렇게 볼 때, 사단=공(公)=형기에 매개되지 않는 '이발'과 칠정=사(私)=형기에 매개된 '이발'이라는 도식이 성립한다.

또한 이익은 이러한 사단과 칠정의 관계를 혼륜(渾淪)과 분개(分開)라는 관점의 차이로도 설명한다.

합해서 말하면 사단과 칠정이 모두 '리가 발한 것(理發)'이지만, 나누어

---

518 『淸臺集』卷9, 「答黃得甫」, "旣不欲違退翁之說, 又欲避互發之譏."
519 『四七新編』, 「聖賢之七情(第4)」, "是公者, 治情之功, 非情之本然也."
520 같은 곳, "其未治之前, 只有私有底情, 已治之後, 便却有不涉於私者. 此則天理管攝之功也, 非七情之本然也."

서 말하면 둘은 서로 다르다.[521]

참되고 고요한 오성(五性)이 속에 있어 아직 발하지 않을 때에는 비록
혼륜하여 말할지라도 발함에 미쳐서는 분명히 리와 기로 다르다.[522]

이 구절은 혼륜과 분개를 동시에 강조하는 모습이다. 합해서 보는 혼
륜의 관점에서는 사단과 칠정이 '이발'이지만, 나누어서 보는 분개의 관
점에서는 형기에 매개되지 않는 '이발'과 형기에 매개된 '이발'의 차이
가 있다. 발하기 이전의 '하나의 성(一性)'은 혼륜의 관점에서, 발한 이후
의 사단과 칠정은 분개의 관점에서 보아야 한다.

때문에 "나누어 둘이 되어도 혼륜함에 방해되지 않고, 합쳐서 하나가
되어도 각각의 조리에 어긋남이 없다."[523] 이것은 분개의 일면만을 강
조하는 이황과는 분명히 구분된다. 이러한 관점은 정시한의 "혼륜하지
만 각각 분개의 묘맥이 있고, 분개하지만 실제로 혼륜의 일원(一源)에 말
미암는다"[524]는 이론과 상통한다.

이황과 마찬가지로, 이익 역시 사단과 칠정을 서로 다른 정으로 구분
해본다. 그럼에도 두 사람의 사단칠정론의 내용에는 차이가 있다. 이
황이 사단과 칠정을 각각 '이발'과 '기발'로 해석하는 것과 달리, 이익은
사단과 칠정을 모두 '이발' 하나로 해석한다. 사단과 칠정에 대한 이들
의 해석이 서로 달라진 이유는 이들의 성에 대한 이해가 서로 다른데 근
거한다.

---

521 『四七新編』, 「七情便是人心(第8)」, "合而言, 則皆理發; 分而言, 則有二者之殊."
522 『四七新編』, 「聖賢之七情(第4)」, "蓋眞而靜, 五性未發在中之時, 則雖曰渾淪言之,
   而及其發也, 分明有理氣之不同."
523 『四七新編』序, "分而爲二, 而不妨於渾淪; 合而爲一, 而無背於條理."
524 『愚潭集』卷4, 「答李翼升」, "此圖說所謂渾淪而各有分開之苗脈, 分開而實由渾淪
   之一源者也."

정의 근원으로서의 성에 대해, 이익은 하나의 성으로 이해하지만 이황은 서로 다른 성으로 이해한다. 이익이 보기에는, 기품과 섞지 않고 리만을 말하면 본연지성이고 기품과 섞어서 리와 기를 함께 말하면 기질지성이니 하나의 성이다. 반면 이황에 따르면, 사단의 소종래는 본연지성이고 칠정의 소종래는 기질지성이니 둘로 구분된다. 때문에 이익은 성발위정(性發爲情)의 명제에 따라 사단과 칠정은 모두 하나의 성이 발한 것이므로 '이발'이 되지만, 이황은 사단은 본연지성이 발한 것이므로 '이발'이 되고 칠정은 기질지성이 발한 것이므로 '기발'이 된다.

비록 이익이 사단과 칠정을 모두 '이발'로 해석하지만, 동시에 사단은 형기에 매개되지 않는 '이발'이고 칠정은 형기에 매개된 '이발'이라 하여 둘을 구분한다. 이때 형기에 매개된 '이발'은 실제로 이황의 '기발'의 의미와 별 차이가 없다. 그럼에도 이익이 칠정을 '이발'로 해석함으로써 칠정에 공적인 부분을 인정하지 않을 수 없게 된다. 여기에서 그의 공칠정(公七情) 또는 공희로(公喜怒)의 이론이 전개되니, 이것이 바로 그의 「중발(重跋)」의 내용이다. 그렇지만 결국 이익은 사단과 칠정의 경계가 불분명해진다는 이유로 '공칠정'을 '이발'로 해석하는데 반대한다.

이익의 이러한 해석은 이이와 이황의 이론을 종합하는 과정에서 나타난 현상으로, 이이의 비판을 수용하여 이황의 문제점을 재해석하려는 시도에 따른 것이다. 또한 성을 하나로 보면서 사단과 칠정을 구분해보려는 것은 그의 사물을 바라보는 인식방법에서도 그대로 나타난다. 이익은 분개(不相雜)의 일면을 강조하는 이황과 달리, 혼륜과 분개를 동시에 강조한다. 발하기 전의 '하나의 성'은 혼륜의 관점에서, 발한 후의 사단과 칠정은 분개의 관점에서 보아야 한다는 것이다.

이렇게 볼 때, 이익은 이황의 사단칠정론을 재해석한 측면이 있는데,

이것은 17세기 퇴계학파 사단칠정론의 다양한 해석양상의 한 측면으로 이해할 수 있다.

이 글은 「성호와 청대 사단칠정론의 대비적 고찰」(『민족문화』47, 한국고전번역원, 2016)의 내용을 일부 수정·보완한 것이다.

27

한원진(韓元震)의 사단칠정론

① 사단과 칠정은 모두 '기발일도'이다

한원진(韓元震, 1682~1751)[525] 사단칠정론의 특징은 "사단 밖에 칠정이 없고 칠정 밖에 사단이 없으니, 사단과 칠정은 두 개의 정이 아니다"[526]는데 있다. "사단 밖에 칠정이 없고 칠정 밖에 사단이 없다"는 것은 사단과 칠정이 서로 다른 정이 아니라 하나의 정이라는 말의 다른 표현이다.

한원진은 정이 하나라는 사실에 근거하여, 사단과 칠정을 요약과 부연의 관계로 설명한다.

> 칠정을 요약하면 사단이 되고, 사단을 통합하면 하나의 정이 된다. 외부 사물의 감응에 따라 안에서 발하는 것이 다르니, 성에서 인(仁)이 발하

---

[525] 한원진의 본관은 淸州, 자는 德昭, 호는 南塘, 시호는 文純이다. 권상하의 문인으로, 호락논쟁에서 인물성이론을 주장한 대표적 인물이다. 저서로는 『남당집』·『주자언론동이고』 등이 있다.

[526] 『南塘集』 卷29, 「示同志說」, "四外無七, 七外無四, 則四七非二情也."

면 측은이 되고, 성에서 의(義)가 발하면 수오가 되며, 성에서 예(禮)가 발하면 공경이 되고, 성에서 지(智)가 발하면 시비가 된다. 이 사단은 각각 주로 하는 바가 있어 바꿀 수 없다. 칠정에서 애(哀)·애(愛)는 '인'에서 발하고, 로(怒)·오(惡)는 '의'에서 발하여 역시 각각 주로 하는 바가 있어 바꿀 수 없다. 희(喜)·구(懼)·욕(欲)은 혹 '인'에서 발하기도 하고 혹 '의'에서 발하기도 하고 혹 '예'에서 발하기도 하여 일정하게 주로 하는 바가 없다. 희·로·애·구·애·오·욕을 아는 것은 '지'가 발하는 것이지만, '인'에서 발한 것은 모두 측은에 속하고, '의'에서 발한 것은 모두 수오에 속하며, '예'에서 발한 것은 모두 공경에 속하고, '지'에서 발한 것은 모두 시비에 속한다. 그러므로 칠정을 요약하면 사단이 되고, 사단을 부연하면 칠정이 된다.[527]

한원진은 사단과 칠정의 관계를 "칠정을 요약한 것이 사단이고 사단을 부연한 것이 칠정이다"라고 설명한다. 하나의 정을 네 가지로 요약해서 말할 수도 있고 일곱 가지로 늘려서 말할 수도 있는데, 네 가지로 요약해서 말하면 사단이 되고 일곱 가지로 늘려서 말하면 칠정이 된다.
한원진은 칠정을 요약하면 사단이 되는 구체적인 사례를 열거한다. 예를 들어 애(哀)·애(愛)는 측은에 해당하고, 로(怒)·오(惡)는 수오에 해당하며, 희(喜)·구(懼)·욕(欲)은 측은·수오·공경에 모두 해당한다. 이것은 이이가 희(喜)·애(哀)·애(愛)·욕(欲)을 측은에, 로(怒)·오(惡)를 수

---

527 같은 곳, "七情約之爲四端, 四端統之爲一情. 隨其外感, 異其內發, 性之仁發則爲惻隱, 性之義發則爲羞惡, 性之禮發則爲恭敬, 性之智發則爲是非. 是四端者各有所主, 不可移易也. 七情則哀愛發於仁, 怒惡發於義, 而亦各有所主, 不可移易也. 喜懼欲或發於仁, 或發於義, 或發於禮, 而無所定主矣. 知其所喜怒哀懼愛惡欲者, 則智之發也, 然發於仁者皆惻隱之屬, 發於義者皆羞惡之屬, 發於禮者皆恭敬之屬, 發於智者皆是非之屬也. 故七情約之爲四端, 四端衍之爲七情."

오에, 구(懼)를 공경 등에 해당시켜 해석하는 것과 비슷하다.[528] 그렇지만
이이가 희(喜)·욕(欲)을 측은에 해당시키고 구(懼)를 공경에 해당시킨 것
과 달리, 한원진은 희(喜)·구(懼)·욕(欲)을 측은·수오·공경 모두에 해
당시킨다. 희(喜)·구(懼)·욕(欲)은 측은에도 해당할 수 있고 수오에도 해
당할 수 있으며 공경에도 해당할 수 있으므로 꼭 일정하지 않다.

그래서 "희(喜)·구(懼)·욕(欲)은 혹 '인'에서 발하기도 하고, 혹 '의'에
서 발하기도 하고, 혹 '예'에서 발하기도 하여, 일정하게 주로 하는 바가
없다"고 말한다. 결국 사단을 칠정에 해당시키거나 칠정을 사단에 해당
시키는 해석은 사단도 칠정이 될 수 있고 칠정도 사단이 될 수 있다는 뜻
으로써, 사단과 칠정이 하나의 정임을 강조하는 말에 다름 아니다.

사단과 칠정이 하나의 정임을 강조한 표현은 그의 경위(經緯)에 대한
해석에도 보인다. 한원진은 "사단은 경(經)이 되고 칠정은 위(緯)가 된
다"[529]라고 하여, 사단과 칠정을 경위의 관점에서 해석한다. '경위'란 체

---

528 『栗谷集』卷10, 「答成浩原(壬申)」, "七情之包四端, 吾兄猶未見得乎. 夫人之情, 當
喜而喜, 臨喪而哀, 見所親而慈愛, 見理而欲窮之, 見賢而欲齊之者, 已上喜哀愛欲
四情, 仁之端也. 當怒而怒, 當惡而惡者, 怒惡二情, 義之端也. 見尊貴而畏懼者, 懼
情, 禮之端也. 當喜怒哀懼之際, 知其所當喜所當怒所當哀所當懼, 此屬是. 又知其
所不當喜所不當怒所不當哀所不當懼者, 此屬非. 此合七情而知其是非之情也. 智
之端也. 善情之發, 不可枚擧, 大槪如此."(칠정이 사단을 포함하는 것을 형(성혼)
께서는 아직 보지 못하였는가? 사람의 정은 기뻐해야 할 때는 기뻐하고, 상을 당해
서는 슬퍼하며, 가까운 사람을 보고서는 사랑하고, 이치를 보고서는 궁구하고자
하고, 어진 사람을 보고서는 똑같아지고자 하는 것은(이상은 喜·哀·愛·欲의 네
가지 정이다) 仁의 단서이다. 화내야 할 때 화내고, 미워해야 할 때 미워하는 것은
(怒·惡의 두 가지 정이다) 義의 단서이다. 존귀한 사람을 보고서 두려워하는 것은
(懼의 정이다) 禮의 단서이다. 喜·怒·哀·懼할 때에 기뻐해야 하고, 화내야 하
고, 슬퍼해야 하고, 두려워해야 할 줄을 알고(이것은 是에 속한다), 또한 기뻐해서
는 안 되고, 화내서는 안 되며, 슬퍼해서는 안 되고, 두려워해서는 안 되는 것을 아
는 것은(이것은 非에 속한다. 이것은 칠정을 통틀어 옳고 그름을 아는 정이다) 智
의 단서이다. 선한 정의 발함을 일일이 다 들 수 없으니, 대개는 이와 같다.)

529 『南塘集』卷36, 「雜識(內篇下)」, "四端爲經, 七情爲緯, 其理亦如是."

용(體用)과 같은 해석방법으로써, 하나의 정을 경(經: 씨줄)과 위(緯: 날줄)의 두 측면에서 해석하는 것을 의미한다. 정은 하나인데, '경'의 측면에서 말하면 사단이 되고 '위'의 측면에서 말하면 칠정이 된다. "칠정이 인(仁)에서 발한 것은 측은이 되고, 의(義)에서 발한 것은 수오가 되며, 예(禮)에서 발한 것은 공경이 되고, 지(智)에서 발한 것은 시비가 되니, 칠정과 사단에 과연 두 가지 정이 있겠는가."[530] 사단과 칠정은 결코 두 개의 정이 아니다. 이것은 사단 밖에 칠정이 없고 칠정 밖에 사단이 없다는 말의 다른 표현이다.

그렇다면 사단과 칠정을 하나의 정으로 보는 이론적 근거는 어디에 있는가? 한원진은 그것을 이이의 기발이승일도(氣發理乘一途)에 근거하여 설명한다. '기발이승일도'에 따르면, 사단도 이기를 겸하고 칠정도 이기를 겸하므로 사단에도 기가 없는 것이 아니고 칠정에도 리가 없는 것이 아니다. '사단도 이기를 겸하고 칠정도 이기를 겸한다'는 말은 결국 사단에도 선악이 있고 칠정에도 선악이 있다는 말의 다른 표현이다. 때문에 한원진은 이이의 '기발이승일도'에 근거하여 사단과 칠정이 모두 이기를 겸하며 모두 선악이 있다는 사실을 강조한다.

성이 발하여 정이 되면 마땅히 그 정이 선하지 않음이 없어야 하는데, 혹 선하기도 하고 혹 악하기도 하는 것은 어째서인가? 이발(已發)할 즈음에 기가 비로소 작용하기 때문이다. 그러므로 리가 맑은 기를 타고 발하는 것은 기에 의해 가려지지 않아서 곧바로 본연의 선을 이루니 이른바 화(和)라는 것이다. 리가 탁한 기를 타고 발하는 것은 기에 의해 가려져서 곧바로 본연의 선을 이루지 못하니 화(和)라고 말할 수 없다. 정이 악한 것은

---

530 같은 곳, "七情之發於仁者爲惻隱, 發於義者爲羞惡, 發於禮者爲恭敬, 發於智者爲是非, 則七情四端, 果有二情乎."

기가 시켜서 그러한 것이지 리의 죄가 아니다. 그러나 리가 이미 기 속에 있으면 기를 따라 저절로 하나의 리가 되니, 기가 선하면 리도 선하고 기가 악하면 리도 악하여 기만이 홀로 악하거나 리만이 홀로 악하지 않다고 말할 수 없다. 다만 〈이것이〉 리의 본연이 아니기 때문에 기에 섞지 않고 오로지 리만을 가리키면 리의 온전한 본체는 일찍이 혼연하여 지극히 선하지 않음이 없다. 사단과 칠정이 하나의 정이니 모두 '기가 발하고 리가 타는 것(氣發理乘)'이며 모두 선악을 겸한다. 어떤 사람은 "사단은 리에서 발하고 칠정은 기에서 발한다"고 하니, 이는 리와 기를 알지 못하는 말이다.[531]

'성발위정'에 따르면, 사단과 칠정 모두 성이 발한 것이므로 선하지 않음이 없어야 한다. 물론 이러한 이유에서 일부 유학자들은 사단과 칠정을 모두 '이발'로 규정하기도 한다.[532]

그렇지만 성이 발한 정이라도 현실적으로 혹 선하기도 하고 혹 악하기도 하는 것은 어째서인가? 한원진은 사단과 칠정 모두 이발(已發)한 정이기 때문이라고 설명한다. 기의 작용이 없는 미발(未發)의 때와 달리, 이발(已發)의 때에는 기가 작용을 시작한다. 때문에 성이 발한 정인 이발(已發)한 사단도 이기를 겸하게 되고 칠정도 이기를 겸하게 된다. '사단도 이기를 겸하고 칠정도 이기를 겸한다'는 말은 사단에도 선악이

---

531 『南塘集』卷29,「示同志說」, "性發爲情, 則宜其情之無不善, 而或善或惡何也. 已發之際, 氣始用事. 故理之乘淸氣而發者, 不爲氣揜, 而直遂其本然之善, 所謂和也. 理之乘濁氣而發者, 爲氣所揜, 而不能直遂其本然之善, 不可謂之和也. 情之惡, 氣使之然, 非理之罪也. 然是理旣在是氣, 則隨其氣而自爲一理, 氣善則理善, 氣惡則理惡, 不可謂氣獨惡, 而理獨不惡也. 但非理之本然也, 故不雜乎氣, 單指其理, 則理之全體未嘗不渾然至善也. 四七一情, 則皆是氣發理乘而皆兼善惡也. 或以爲四端發於理, 七情發於氣, 是非達理氣之言也."

532 대표적인 인물로는 張顯光·李瀷·李震相 등을 들 수 있다.

있고 칠정에도 선악이 있다는 말의 다른 표현이다. 때문에 한원진은
"사단과 칠정이 모두 선악을 겸한다"라고 강조한다. 물론 이것은 이이
의 '기발이승일도'에 근거한 해석이다.

② 사단에도 선악(善惡)이 있다

여기에서 하나의 중요한 문제가 제기된다. '기발이승일도'에 근거
하여 "사단도 이기를 겸하고 칠정도 이기를 겸하며, 사단에도 선악이
있고 칠정에도 선악이 있다"고 해석할 경우, 사단과 칠정의 구분이 무
색하게 될 수 있다. 한원진이 사단과 칠정의 개념적 차이를 요약과 부
연의 관계로 설명하기도 하고 경위(經緯)의 관계로 설명하기도 하지
만, "칠정에도 선악이 있고 사단에도 선악이 있다"는 해석은 결국 사
단과 칠정의 내용상 차이가 없게 된다. 한원진도 이러한 문제를 의식
하였던지, 실제로 "주자의 사단이 선악을 겸한다는 설로써 말할 것 같
으면, 사단과 칠정은 원래 같고 다름의 구별이 없다"533라고 말하기도
한다.

더 나아가 한원진은 '사단도 선악을 겸한다'는 해석에 근거하여, "이
이가 말한 사단이 순선무악(純善無惡)하다는 것은 아마도 완전하지 못하
다"534라고 비판한다. 사단도 악으로 흐를 수 있으므로 순선한 것으로
해석해서는 안 된다. 여기에서 이이와 구분되는 한원진 사단칠정론의
특징을 엿볼 수 있다. 이이와 한원진은 모두 '기발이승일도'에 근거하
여 사단과 칠정이 모두 이기를 겸한다는 사실을 강조한다. 그렇지만 이
이의 경우 사단과 칠정이 모두 이기를 겸한다는 사실을 인정하면서도

533 『南塘集』卷29, 「吳道一困得編辨」, "若又以朱子四端兼善惡之說言之, 則四端七
情, 元無異同之辨矣."
534 『南塘集』卷29, 「示同志說」, "但栗谷所謂四端純善無惡者, 亦恐爲不備也."

'사단이 순선하여 악이 없는 것'으로 해석한다.

반면 한원진은 사단과 칠정 모두 이기를 겸하므로 칠정처럼 사단도 선악을 겸한다고 해석한다. '사단도 선악을 겸한다'는 것은 사단도 악으로 흐를 수 있다는 것을 의미한다. 왜냐하면 사단도 이기를 겸하고 칠정도 이기를 겸한다면, 사단에도 선악이 있고 칠정에도 선악이 있기 때문이다.

이처럼 이이가 정을 칠정 하나로 보고 그 가운데 순선하여 악이 없는 것만을 사단으로 해석하는 것과 달리, 한원진은 사단에도 선악이 있다는 것을 강조한다. 무엇 때문인가? 이것은 리와 기의 불상리(不相離) 관점에 근거한 '기발이승일도'의 논리를 강화시켜 나갔기 때문이다. '불상리'의 관점에 따르면, 리는 무위(無爲)하여 자체의 작용성을 갖지 못하므로 기에 의지하지 않을 수 없다. 이러한 이유에서 한원진은 "리가 이미 기 속에 있으면 기를 따라 저절로 하나의 리가 된다"라고 말한다. 리가 기에 타는 순간에 리는 기의 영향을 받지 않을 수 없으니, 리란 기에 의지해야만 리로서의 현실화가 가능하다.

이렇게 볼 때, 사단과 칠정은 모두 기의 영향에서 자유로울 수 없게 된다. "리가 기에 의지하지 않을 수 없다"는 것을 선악의 개념으로 설명하면, 기의 선악에 따라 리의 선악도 달라지지 않을 수 없다는 뜻이다. 이 때문에 한원진은 "기가 선하면 리도 선하고, 기가 악하면 리도 악하다"고 말한 것이다.

이러한 해석은 리보다 상대적으로 기의 역할이 강조되지 않을 수 없다. 때문에 한원진은 "리가 맑은 기를 타고 발하는 것은 기에 의해 가려지지 않으므로 곧바로 본연의 선을 이루지만, 리가 탁한 기를 타고 발하는 것은 기에 의해 가려져서 곧바로 본연의 선을 이룰 수 없다"라고 말한다. 리가 본연의 선을 이룰 수 있는지의 여부는 전적으로 "맑은 기를 타고 발하느냐, 탁한 기를 타고 발하느냐"에 달려있으니, 결국 기에 의해 결정된다. 그래서 "정이 악한 것도 기가 시켜서 그러한 것이지, 리의 죄가 아니다"라고 말한다.

이렇게 볼 때, "기만 홀로 악하거나 리만 홀로 악하지 않다고 말할 수 없으니", 사단이든 칠정이든 모두 기의 청탁(淸濁)에 따라 선할 수도 있고 악할 수도 있다. 여기에서 이이와 마찬가지로, 기 또는 기질을 회복하는 수양공부가 강조된다.

이러한 관점에서 사단은 이발이기수지(理發而氣隨之)이고 칠정은 기발이이승지(氣發而理乘之)로 해석하는 이황의 호발설을 "리와 기를 제대로 알지 못하는 말이다"고 비판하며, 또한 주자의 사단이지발(四端理之發) 칠정기지발(七情氣之發)에 대해서도 역시 "기록의 잘못이거나 일시적 견해일 뿐이지, 평소의 정론이 아니다"[535]라고 비판한다. 이처럼 한원진은 '기발이승일도'에 근거하여 "사단도 이기를 겸하고 칠정도 이기를 겸하며, 사단에도 선악이 있고 칠정에도 선악이 있다"고 해석함으로써 사단에서의 기의 역할을 강조한다.

> 사단의 논의는 본래 맹자에서 나온 것으로 측은지심·수오지심·사양지심·시비지심이라고 하였으니, 심은 기가 아니겠는가? 주자는 "사람 가운데 목의 기운(木氣)을 얻은 것이 무거운 자는 측은지심이 항상 많고, 금의 기운(金氣)을 얻은 것이 무거운 자는 수오지심이 항상 많다"라고 하

---

535 『朱子言論同異攷』卷2, 「情」, "先生以四端七情分屬理氣之發者, 只一見, 而以情或屬心或屬性, 不分於心性者, 乃其雅言也. 其一見者, 或是記錄之誤, 或是一時之見, 而其雅言者, 可知其爲平生之定論也."(선생이 사단과 칠정을 '리가 발한 것'과 '기가 발한 것'으로 분속시킨 것은 다만 한번 보이지만, 정을 혹 심에 배속시키기도 하고 혹 성에 배속시키기도 하여 심과 성을 구분하지 않은 것은 바로 평소의 말이다. 한번 보이는 것은 혹 기록의 잘못이거나 혹 한때의 견해이지만, 평소의 말은 평생의 정론임을 알 수 있다.)

였으며, 그 고제자인 진북계(진순)는 '측은은 기이다'는 설을 가지고 선생 (주자)에게 질문하자 선생이 그르다고 하지 않았으니, 사단이 기를 겸하 는 것은 본래 저절로 명백하여 정해진 뜻이다.[536]

한원진은 '사단이 기를 겸한다'는 사실을 몇 가지 사례를 들어 설명한다. 그 중의 하나로써 맹자가 사단을 말할 때에 측은·수오·사양·시비라고 하지 않고 측은지심·수오지심·사양지심·시비지심이라 하여 '심'자를 덧붙였는데, 이때의 심은 바로 기이기 때문에 사단 역시 기를 겸한다는 것이다. 한원진이 심을 기로 해석하는 것은 그의『주자언론동이고(朱子言論同異攷)』속의 "심은 기이면서 성을 포함하고 있고, 성은 리이면서 심에 갖추어져 있으며, 정은 심의 움직임이면서 성이 타고 있는 것이다"[537]라는 말에서도 확인할 수 있다. 이러한 해석은 이이와 마찬가지로, 심에는 성이 없고 기만 있다는 말이 아니라 심에서의 기의 작용성을 강조한 말이다.

그렇다면 한원진은 어째서 사단에서의 기의 역할을 강조하는가? 그것은 아마도 사단도 이발(已發)한 정에 해당하므로 기가 아니면 사단이 드러날 수 없다고 보았기 때문일 것이다. 이러한 해석은 리와 기의 관계에서 기의 역할을 강조하는 것과 연결된다.

한원진은 이러한 '기' 중시적 사고의 연장선상에서 오행의 기로써 사단을 해석하기도 한다. "목의 기운(木氣)을 많이 얻은 사람은 측은지심

---

536 『南塘集』卷9,「與李公擧別紙」, "四端之論, 本出孟子, 而曰惻隱之心羞惡之心辭讓之心是非之心, 則心非氣耶? 朱子曰, 人得木氣重者, 惻隱之心常多; 得金氣重者, 羞惡之心常多. 其高第弟子陳北溪, 以惻隱爲氣也之說, 質之先生, 而先生不以爲非, 則四端之兼氣, 本自有明白定訓矣."

537 『朱子言論同異攷』卷2,「情」, "蓋心則氣也而包是性, 性則理也而具於心, 情則心之動而性之乘者也."

이 많고, 금의 기운(金氣)을 많이 얻은 사람은 수오지심이 많으며, 화의
기운(火氣)을 많이 얻은 사람은 사양지심이 많고, 수의 기운(水氣)을 많이
얻은 사람은 시비지심이 많다." 어떤 오행의 기를 얻느냐에 따라 사단
의 내용이 달라지니, 결국 사단은 오행의 기에 의해 결정된다. 사단이
오행의 기에 의해 결정되므로 사단이 기를 겸한다는 사실은 당연하다.

또한 주자의 제자인 진순이 '측은은 기이다'는 설로써 질문했을 때에,
주자가 그 질문이 잘못되었다고 지적하지 않은 이유를 들어 '사단이 기
를 겸한다'는 사실을 논증하기도 한다. '사단이 기를 겸한다'는 것은 사
단도 악으로 흐를 수 있다는 말의 다른 표현이다.

물론 한원진의 이러한 해석은 사단을 오로지 리(또는 선)만으로 해석
하려는 이황과 이이의 이론과는 구분된다. 이황은 "사단이 발하는데 진
실로 기가 없을 수 없다. 그러나 맹자가 가리킨 것은 실제로 기에서 발
하는 곳에 있지 않으니, 만약 기를 겸하여 가리킨다고 한다면 이미 더
이상 사단이라고 말할 수 없다"[538]거나 "내 생각으로는 사단도 비록 기
를 탄다고 말할 수 있으나, 맹자가 가리킨 것은 기를 타는 곳에 있지 않
고 다만 순수한 리가 발하는 곳에 있다"[539]라고 하여, 사단을 리(선)로써
해석한다. 사단도 이발(已發)한 정이므로 이기를 겸하지만, 맹자가 말한
사단은 기를 겸하여 말하는데 있지 않고 인·의·예·지의 성이 곧장
발한 것이므로 그대로 '이발'이 된다. 그렇지만 이때도 기가 없는 것이
아니기 때문에 기수(氣隨)라는 표현을 덧붙여서 사단을 이발이기수지
(理發而氣隨之)로 규정한다.

이이도 "사단은 단지 선한 정의 다른 이름일 뿐이다"[540]거나 "칠정 가

538 『退溪集』卷16, 「答奇明彦(論四端七情 第2書)」, "四端之發, 固曰非無氣. 然孟子
之所指, 實不在發於氣處, 若曰兼指氣, 則已非復四端之謂矣."
539 같은 곳, "愚謂四端雖云乘氣, 然孟子所指, 不在乘氣處, 只在純理發處."

운데 리에서 발한 것이 사단일 뿐이다.……칠정 가운데 인욕과 섞이지 않고 순수하게 천리에서 나온 것이 사단이다"[541]라고 하여, 사단을 리(선)로써 해석한다. 이황과 달리 이이는 사단을 '기발이승일도'로 규정하는데, 왜냐하면 사단도 칠정과 마찬가지로 이발(已發)한 정이므로 이기를 겸하기 때문이다. 이황과 이이는 모두 사단을 순선한 리로써 해석하면서도, 이황은 사단을 이발(理發)로 규정하고 이이는 기발(氣發)로 규정한다.

③ 사단은 이기를 겸하므로 본연지성에 분속시킬 수 없다

한원진은 '사단도 이기를 겸한다'는 관점에 근거하여, 사단을 본연지성에 연결시키고 칠정을 기질지성에 연결시켜 해석하는 것에 반대한다.

> 또한 기질지성이 본연지성을 포함하는 것으로서 칠정이 사단을 포함하는 것을 비유하는데, 이전의 논의는 대부분 이와 같았다. 그러나 사단과 칠정에는 모두 리와 기, 본연지성과 기질지성을 가지고 있다. 하나는 리만을 오로지한 것(專理)이고 하나는 기를 겸한 것(兼氣)이니, 기질지성은 진실로 칠정과 같지만 본연지성이 어찌 사단과 견줄 수 있겠는가? 늘 사단을 본연지성에 견주었기 때문에 사단을 마구 리 한쪽에 분속시켰다. 기질지성이 본연지성을 포함하는 것은 이기를 겸한 것으로써 '오로지 리만을 말한 것'을 포함하는 것이며, 칠정이 사단을 포함하는 것은 선악을 겸한 것으로써 '오로지 선만을 말한 것'을 포함하는 것이다. 이기를 논할 것 같으면, 본연지성은 기를 겸할 수 없으나 사단은 도리어 이기를 겸하

---

540 『栗谷集』卷10, 「答成浩原(壬申)」, "四端只是善情之別名."
541 『栗谷集』卷14, 「論心性情」, "七情中之發於理者爲四端耳.……七情中之不雜人欲, 粹然出於天理者, 是四端也."

므로 그 뜻이 같지 않다. 또한 주자의 "사단은 선악을 겸한다"는 설로써 말할 것 같으면, 사단과 칠정은 원래 같고 다름의 구별이 없다.[542]

한원진은 사단과 칠정의 관계를 본연지성과 기질지성의 관계로 소급시켜 해석하는 것을 비판한다. 그 이유로써 사단과 칠정은 모두 이기를 겸하기 때문에 칠정은 기질지성에 분속시킬 수 있으나 사단은 본연지성에 분속시킬 수 없다. 칠정은 이기를 겸하고 기질지성도 이기를 겸하여 말한 것이므로 칠정은 기질지성에 분속시킬 수 있으나, 사단은 이기를 겸하지만 본연지성은 오로지 리만을 말한 것이므로 사단을 본연지성에 분속시킬 수 없다. 그런데도 이전의 학자들은 사단을 본연지성에 분속시켰기 때문에 사단을 리의 한쪽에 분속시키고, 더 나아가 사단을 이발(理發)로까지 해석하였다는 것이다.

사단은 이기를 겸하므로 오로지 리만을 가리키는 본연지성에 분속시킬 수 없다. 때문에 한원진은 "본연지성은 기를 겸할 수 없으나, 사단은 도리어 이기를 겸하므로 그 뜻이 같지 않다"라고 말한다. 본연지성은 오로지 리만을 가리켜서 말한 것이고, 사단은 리와 기를 겸하여 말한 것이므로 그 의미가 다르다. 왜냐하면 본연지성은 미발(未發)의 때에 해당하므로 아직 기의 작용이 있지 않으나, 사단은 이발(已發)한 이후에 해당하므로 기의 작용이 없을 수 없기 때문이다.

한원진의 이러한 해석은 이황과 구분될 뿐만 아니라 이이와도 구분

---

542 『南塘集』卷29, 「吳道一困得編辨」, "又以氣質之包本然, 以喩七情之包四端, 前此之論, 亦多如此. 然四端七情, 皆具理氣本然之性氣質之性. 一則專理, 一則兼氣, 氣質之性, 固與七情同, 而本然之性, 安得與四端爲比乎? 每以四端擬之於本然之性, 故靡靡然以四端屬之理一邊矣. 氣質之性包本然之性, 以兼理氣者, 包專言理者; 七情之包四端, 以兼善惡者, 包專言善者. 若論理氣, 則本然不能兼氣, 而四端却兼理氣, 其義不同矣. 若又以朱子四端兼善惡之說言之, 則四端七情, 元無異同之辨矣."

된다. 이황은 사단과 칠정을 서로 다른 정으로 구분해보아야 하는 이유를 본연지성과 기질지성의 관계로 소급시켜 해석한다. "내가 생각하기에, 정에 사단과 칠정의 구분이 있는 것은 성에 본연(본연지성)과 기품(기질지성)의 차이가 있는 것과 같다."[543] 정의 근원으로서의 성에 이미 본연지성과 기질지성의 구분이 있기 때문에 성이 발한 정인 사단과 칠정 역시 구분해보아야 한다.

이이도 사단과 칠정을 하나의 정으로 보아야 하는 이유를 본연지성과 기질지성의 관계로 소급시켜 해석한다. "사단과 칠정은 바로 본연지성과 기질지성과 같으니, 본연지성은 기질을 겸하지 않고 말한 것이나 기질지성은 도리어 본연지성을 겸한다. 그러므로 사단은 칠정을 겸할 수 없지만 칠정은 사단을 겸한다."[544] 이기를 겸한 기질지성이 오로지 리만을 말한 본연지성을 포함하듯이, 이기를 겸한 칠정 역시 오로지 리만을 말한 사단을 포함하니, 사단과 칠정의 관계는 본연지성과 기질지성의 관계와 같다. 물론 이것은 성이 하나이므로 정도 하나이어야 한다는 말의 다른 표현이다.

이황은 사단과 칠정이 서로 다른 정임을 본연지성과 기질지성의 관계로 소급시켜 설명하고 이이도 사단과 칠정이 하나의 정임을 본연지성과 기질지성의 관계로 소급시켜 설명하니, 이들이 주장하려는 내용은 다를지라도 모두 사단과 칠정을 본연지성과 기질지성에 소급시켜 해석하려는 방법은 일치한다. 그렇지만 이황과 이이와 달리, 한원진은 사단을 본연지성과 연결시키고 칠정을 기질지성과 연결시키는 해석에

---

543 『退溪集』卷16, 「答奇明彦(論四端七情 第1書)」, "故愚嘗妄以爲情之有四端七情之分, 猶性之有本性氣稟之異也."

544 『栗谷集』卷9, 「答成浩原(壬申)」, "四端七情正如本然之性氣質之性, 本然之性, 則不兼氣質而爲言也; 氣質之性, 則却兼本然之性. 故四端不能兼七情, 七情則兼四端."

반대한다. 그 이유로써 칠정과 기질지성은 모두 이기를 겸하여 말한 것이므로 칠정을 기질지성에 견줄 수 있으나, 본연지성은 오로지 리만을 말한 것이므로 이기를 겸하여 말한 사단에 견줄 수 없다. 이러한 사실은 한원진의 다음의 글에서도 확인할 수 있다.

> 성은 미발로서 미발의 때에는 기가 용사하지 않아서 리가 저절로 혼연히 갖추어져 있으니, 비록 서로 떨어지지 않지만(不相離) 또한 서로 섞이지도 않는다(不相雜). 그러므로 섞이지 않는데 근거하여 오로지 리만을 가리켜서 본연지성이라고 하고, 떨어지지 않는데 근거하여 이기를 겸하여 가리켜서 기질지성이라고 하는 것은 불가할 것이 없다. 정에 이르러서는 이발(已發)인데, 이발의 때에 "발하는 것은 모두 기이고 발하게 하는 것은 모두 리이니, 기가 아니면 발할 수 없고 리가 아니면 발할 것이 없다." 진실로 '오로지 리만 발한 것'과 '이기를 겸하여 발한 것'의 차이가 본래 있지 않다면, 또한 어찌 '오로지 리만을 말한 것(專言理)'과 '기를 겸하여 말한 것(兼言氣)'으로 말할 수 있겠는가. 전언리(專言理)와 겸언기(兼言氣)로 말하는 것도 오히려 옳지 않은데, 하물며 리와 기로 나누어 말하여 어떤 것은 이발(理發)이라 하고 어떤 것은 기발(氣發)이라 할 수 있겠는가.[545]

한원진은 사단과 칠정의 관계가 본연지성과 기질지성의 관계와 다르다는 사실을 전언리(專言理)와 겸언기(兼言氣)의 개념으로써 설명한

---

545 『南塘集拾遺』卷4,「退溪集箚疑」, "性則未發也, 未發之時, 氣不用事而理自渾具, 雖不相離而亦不相雜. 故因其不雜, 而專指其理, 謂之本然之性; 因其不離, 而兼指理氣, 謂之氣質之性, 無不可矣. 至於情則已發也, 已發之際, 發之者皆氣, 而所以發者皆理也, 非氣則不能發, 非理則無所發. 固未有專以理而發, 兼理氣而發者不同, 則又安可以專言理兼言氣而言之耶. 專言理兼言氣而言之, 尚不可, 況又可以理氣分言, 而謂某是理發乎, 某是氣發乎."

다. 성에 해당하는 본연지성과 기질지성은 '전언리'와 '겸언기'의 관계로 해석할 수 있으나, 사단과 칠정은 '전언리'와 '겸언기'의 관계로 해석할 수 없다. 그 이유를 성과 정의 개념적 차이로 설명한다. 성은 미발로서 미발의 때에는 기가 작용하지 않으므로 리가 저절로 혼연히 갖추어져 있으니, 이때는 오로지 리만을 말할 수 있다. 때문에 미발의 때에는 "비록 서로 떨어지지 않지만(不相離) 또한 서로 섞이지 않는다(不相雜)."

미발의 때에도 비록 기가 없는 것은 아니지만(불상리), 기가 작용하지 않기 때문에 실제로 기와 섞이지 않는(불상잡) 상태와 같다. 때문에 미발의 때에는 "서로 섞이지 않는데 근거하여 오로지 리만을 가리켜서 본연지성이라고 하고, 서로 떨어지지 않는데 근거하여 이기를 겸하여 가리켜서 기질지성이라고 하더라도 불가할 것이 없다." 본연지성은 오로지 리만을 말한 것이고 기질지성은 이기를 겸하여 말한 것이니, 전언리(專言理)와 겸언기(兼言氣)로 해석할 수 있다.

그렇지만 정은 이발(已發)한 이후를 가리키므로 사단과 칠정 모두 이기를 겸한다. 사단과 칠정이 모두 이기를 겸하므로 "사단은 오로지 리만 발한 것이고, 칠정은 이기를 겸하여 발한 것"이라는 차이가 있을 수 없으니, 사단은 '전언리'이고 칠정은 '겸언기'로 말할 수 없다. 결국 칠정처럼 사단도 이발(已發)한 정으로써 이기를 겸하므로 '전언리'로 말할 수 없고 '겸언기'로 말해야 한다.

사단을 '겸언기'로 해석한다는 것은 "사단도 선악을 겸한다"는 말의 다른 표현이다. 사단이 선악을 겸하므로 사단을 이발(理發)로 해석할 수 없음은 당연하다. 한원진은 "전언리(專言理)와 겸언기(兼言氣)로 말하는 것도 오히려 옳지 않은데, 하물며 리와 기로 나누어 어떤 것은 이발(理發)이라 하고 어떤 것은 기발(氣發)이라 할 수 있겠는가"라고 하여, 사단을 '이발'로 칠정을 '기발'로 해석하는 이황의 호발설을 비판한다. 게다가 이이의 '기발이승일도'에 근거하여, 사단과 칠정이 모두 이기를 겸하고 사단과 칠정이 모두 선악을 겸한다는 전제하에서 사단을 선한 것으로 해석하는 이이의 이론 역시 비판한다.

이처럼 한원진의 사단칠정론은 "사단 밖에 칠정이 없고 칠정 밖에 사단이 없으니 사단과 칠정은 두 개의 정이 아니다", 즉 사단과 칠정은 하나의 정이라는 데서 출발한다. 하나의 정이므로 네 가지로 요약해서 말하면 사단이 되고 일곱 가지로 늘려서 말하면 칠정이 되며, 하나의 정이므로 경(經)의 측면에서 말하면 사단이 되고 위(緯)의 측면에서 말하면 칠정이 된다. 이것은 이이의 칠정이 사단을 포함한다는 '칠정포사단'의 의미이며, 동시에 이황이 사단을 리(이발)에다 칠정을 기(기발)에다 분속시켜 해석하는 것과 구분된다.

그렇다면 한원진은 사단과 칠정을 왜 하나의 정으로 보는가? 그 이유를 기발이승일도(氣發理乘一途)에 근거하여 설명한다. 그리고 이이의 '기발이승일도'를 맹자의 성선설에 버금가는 이론으로 높이 평가한다. 이이의 '기발이승일도'에 근거하면, 사단과 칠정은 모두 이기를 겸하니 사단에도 기가 없는 것이 아니고 칠정에도 리가 없는 것이 아니다. "사단에도 기가 없는 것이 아니고 칠정에도 리가 없는 것이 아니다"는 말은 사단에도 선악이 있고 칠정에도 선악이 있다는 말의 다른 표현이다. '사단에도 선악이 있다'는 말은 사단도 악으로 흐를 수 있다는 의미이다. 이러한 관점에서 사단을 순선무악(純善無惡)하다고 해석하는 이이나 사단을 이발(理發)로 해석하는 이황을 아울러 비판한다.

한원진은 왜 사단이 선악을 겸한다는 사실을 강조하는가? 이것은 리보다 상대적으로 기의 역할을 강조하는 그의 이기관계에 대한 해석과 연결된다. 이러한 사실은 "리가 이미 기 속에 있으면, 기를 따라 하나의 리가 된다"는 말에서도 알 수 있다. 한원진은 사단에서 기의 역할을 강조하고, 이러한 기 중시적 사고는 오행의 기로써 사단을 해석하기도 한다.

한원진은 왜 사단에서의 기의 역할을 강조하는가? 사단도 이발(已發)한 정이니 기가 아니면 사단이 드러날 수 없다. '기발이승일도'의 이론에서처럼, 사단과 칠정 모두 발하는 것은 '기발' 하나가 되기 때문이다.

또한 한원진은 "사단도 이기를 겸한다"는 관점에 근거하여 사단을 본연지성에, 칠정을 기질지성에 소급시켜 해석하는 것에 반대한다. 사단도 이기를 겸하고 칠정도 이기를 겸하기 때문에 칠정은 기질지성에 배속시킬 수 있으나 사단은 오로지 리만을 말한 본연지성에 배속시킬 수 없다. 왜냐하면 본연지성은 미발(未發)의 때에 해당하므로 아직 기의 작용이 있지 않으나, 사단은 이발(已發)한 이후에 해당하므로 기의 작용이 없을 수 없기 때문이다. 이러한 해석은 이황과 이이가 사단과 칠정을 본연지성과 기질지성에 소급시켜 해석하는 것과 분명히 구분된다. 이것이 바로 이황·이이와 구분되는 한원진 사단칠정론의 특징이며, 이를 통해 이황과 이이의 사단칠정론이 18세기에는 어떻게 전개되어 나갔는지 그 전개양상을 확인할 수 있다.

이 글은 「순암 안정복과 남당 한원진 사단칠정론의 대비적 고찰」(『유교사상문화연구』69, 한국유교학회, 2017)의 내용을 일부 수정·보완한 것이다.

28

임상덕(林象德)의 사단칠정론

임상덕(林象德, 1683~1719)[546]의 사단칠정론은 그의 「논사단칠정(論四端七情)」(1711)에 보이는데, 이황의 사단/이발이기수지(理發而氣隨之)와 칠정/기발이이승지(氣發而理乘之)를 변호하고 이이의 사단·칠정/기발이승일도(氣發理乘一途)를 비판하는데 그 요지가 있다. 이것은 이이처럼 칠정이 사단을 포함하는 내포적 관계가 아니라, 이황처럼 사단과 칠정을 대립적 관계로 해석한다는 의미이다.

먼저 임상덕은 사단과 칠정의 관계를 다음과 같이 규정한다.

사단은 리에서 발한 것이고 칠정은 기에서 발한 것이다. 원래 기 없는 리가 없고 또한 리 없는 기가 없으니, 주자의 말은 '사단이 기와 관계하지 않는다거나 칠정이 리와 함께 하지 않는다'고 말한 것이 아니라, 다만 주로 하여 말한 차이일 뿐이다. 다만 주로 하여 말한 차이일 뿐만 아니라, 그

---

546 임상덕의 본관은 羅州, 자는 潤甫·彛好, 호는 老村. 尹拯의 문인이다. 특히 우리 나라 역사에 많은 관심을 기울여 편년체 역사책인 『東史會綱』을 남겼으며, 저서 로는 『노촌집』이 있다.

내력·묘맥·명색·면목을 자세히 궁구하면 또한 저절로 경계와 구분이 있다.[547]

　"사단은 리에서 발한 것이고 칠정은 기에서 발한 것이다(사단/發於理, 칠정/發於氣)"라는 말은 주자의 "사단은 리가 발한 것이고 칠정은 기가 발한 것이다(사단/理之發, 칠정/氣之發)"라는 구절을 가리킨다. 주자의 말처럼 "사단은 리가 발한 것이고 칠정은 기가 발한 것이다"라고 하지만, 이때도 사단과 칠정은 모두 이기를 겸한다. 왜냐하면 원래 기 없는 리가 없고 리 없는 기가 없기 때문이다. 그러므로 주자의 말은 "사단이 기와 관계하지 않는다거나 칠정이 리와 함께 하지 않는다고 말한 것이 아니다." 즉 사단도 기가 없는 것이 아니고 칠정도 리가 없는 것이 아니라는 말이다.

　다만 주로 하여 말한 것에 따라 사단과 칠정의 차이가 있을 뿐이다. 예컨대 사단도 이기를 겸하지만 리를 주로 하여 말한 것이고, 칠정도 이기를 겸하지만 기를 주로 하여 말한 것이다. 또한 사단은 리를 주로 하여 말한 것이므로 '리가 발한 것(理發)'이고, 칠정은 기를 주로 하여 말한 것이므로 '기가 발한 것(氣發)'이다.

　원래 '리를 주로 한다'거나 '기를 주로 한다'는 주리와 주기는 이황이 자신의 호발설이 타당함을 논증하는 과정에서 제기한 하나의 해석방법이다. 사단에도 기가 없는 것은 아니지만 리를 주로 하여 말한 것이므로 '이발'이라 하고, 칠정도 리가 없는 것은 아니지만 기를 주로 하여 말한 것이므로 '기발'이라 한다.[548] 이처럼 임상덕은 이러한 주리·주기에 근

---

547 『老村集』卷4,「論四端七情」, "四端, 發於理; 七情, 發於氣. 元來未有無氣之理, 亦未有無理之氣, 則朱子之言, 非謂四端不涉於氣, 而七情無與於理也, 特所主而言之異耳. 不但所主而言異, 細究其來歷苗脉名色面目, 亦自有界分."

548 『退溪集』卷16,「答奇明彦(論四端七情 第2書)」, "一則理爲主, 故就理言; 一則氣爲主, 故就氣言耳. 四端非無氣, 而但云理之發, 七情非無理, 而但云氣之發, 其義亦

거하여 주자가 말한 사단/이발과 칠정/기발의 차이를 해석한다.

게다가 사단과 칠정은 이러한 주리·주기의 차이뿐만 아니라 "그 내력·묘맥·명색·면목을 자세히 궁구하면 또한 저절로 경계와 구분이 있다." 이것은 소종래(所從來)의 차이를 인정한다는 의미이다. 예컨대 사단은 리에 근원한 것이고 칠정은 형기에서 생겨난 것이니 둘은 근원적으로 구분된다. "그것이 따라서 발하는 것(소종래)을 나누면, 혹은 리에 근원하고 혹은 기에서 생겨나지만, 리에 근원하는 것도 일찍이 기에서 발하지 않음이 없고 기에서 생겨나는 것도 일찍이 리에 의지하지 않음이 없다."[549] 결국 사단과 칠정은 비록 리와 기를 겸하지만 근원적으로 구분되는 서로 다른 정이다. 이것은 이이처럼 사단과 칠정을 내포적 관계가 아니라, 이황처럼 대립적 관계로 해석한다는 의미이다.

또한 임상덕은 사단과 칠정을 성(性)과 육(肉)의 차이로도 설명한다.

> 정이라는 글자는 성(性)을 따르고 육(肉)을 따른다. 선유들은 인성이 혈육에 말미암아 발하는 것에 일곱 가지 종류가 있다고 보고 수로 나열하여 모두 칠정이라 하였으니, 칠정은 말미암는 바로써 이름을 얻은 것이다. 단(端)이란 단서의 단과 같다. 맹자는 인성의 단서가 마음의 움직이는 곳에서 발현하는데 네 가지가 있다고 보고 차례대로 가리켜서 사단이라 하였으니, 사단은 말미암는 바에서 이름을 얻은 것이다.[550]

猶是也."(하나는 리가 주가 되므로 리에 나아가 말한 것이고, 하나는 기가 주가 되므로 기에 나아가 말한 것이다. 사단에도 기가 없는 것이 아니지만 이발이라 하고, 칠정에도 리가 없는 것이 아니지만 기발이라고 하는 것은 그 뜻이 또한 이와 같다.)

549 『老村集』卷4,「論四端七情」, "分其所從發, 則或根於理, 或生於氣, 而根於理者, 未嘗不發於氣; 生於氣者, 未嘗不資於理也."

550 같은 곳, "情之爲字, 從性從肉. 先儒見人性之緣血肉而發者有七種, 而列數以該之曰七情者, 七情之所由以得名也. 端者, 如端緖之端. 孟子見人性之端緖, 發見於心之動處有四件, 而歷指以示之曰四端者, 四端之所由而得名也."

정은 성(性)을 따르기도 하고 육(肉, 혈육)을 따르기도 한다. 이때 성을 따른 것은 사단이고, 혈육을 따른 것은 칠정이다. 예컨대 맹자의 사단 은 마음의 움직이는 곳에서 발현한 것을 가리킨 것이고, 선유들의 칠정 은 혈육에 말미암아 발하는 것을 나열한 것이다. 결국 사단은 '마음(성) 이 발현한 것'이고 칠정은 '혈육에 말미암는 것'으로 분명히 구분된다. 이렇게 볼 때, 사단과 칠정은 그 내력이 서로 다르다.

비록 칠정이 혈육에 말미암아 발한 것이지만 곧장 악인 것은 아니다. "사단은 본성이 발현하여 순수하게 선한 것의 이름이고, 칠정은 성이 혈육에 말미암아 발한 것이지만 또한 악한 것의 이름은 아니다."[551] 왜 냐하면 칠정 역시 성이 발한 것이기 때문이다. 이에 임상덕은 칠정이 곧장 악이 아니라는 것을 이황의 말에 근거지어 설명한다. "그러므로 퇴계는 사단에 대해서 '순선하고 악이 없다'고 하고, 칠정도 '선하지 않 음이 없다'고 말한 것이다."[552] 그렇지만 실제로 이황은 선한 사단과 달 리, 칠정을 악으로 흐르기 쉬운 정(불선/기발)으로 해석하니 "칠정은 본 래 선하지만 악으로 흐르기 쉽다"[553]라는 말이 바로 그것이다.

그럼에도 임상덕은 이황처럼 칠정을 악(불선)으로 말할 수 있다고 설 명한다.

내가 생각건대, 네 가지 단서는 리라는 근본을 탐구하여 이름한 것이 고, 일곱 가지의 정은 형기(대상)에 말미암아 항목을 나열한 것이다. 그러 므로 사단은 저절로 순선하고 악이 없으며, 반드시 리가 발하여 이루지

---

551 같은 곳, "四端者, 本性之發見而純乎善之名也; 七情者, 性之緣於血肉而發而亦非 惡底名也."
552 같은 곳, "故退溪於四端曰, 純善無惡, 而七情則曰, 亦無有不善."
553 『退溪集』卷16, 「答奇明彦(論四端七情 第2書)」, "七情, 本善而流於惡."

못하고 기에 가려진 이후에 불선이 된다. 그러나 일단 기에 가려져서 불선이 되면, 바로 사단이 아니며 또한 도심이 아니다. 그것이 리를 탐구하여 이름한 것이므로 리가 가려지면 그 이름을 그대로 가질 수 없다. 칠정 또한 본래 선하지 않은 것이 없지만, 만일 기가 발하여 중절(中節)하지 못하고 그 리를 소멸하면 방종하여 악이 된다. 그러나 비록 중절하지 못하고 그 리를 소멸하더라도 여전히 칠정이고 여전히 인심이다. 그것이 형기에 말미암아 항목을 나열한 것이므로 리가 비록 소멸되더라도 그 이름은 바뀔 수 없다. 오직 이곳에서 자세히 간파하면 사단과 칠정의 내력·묘맥·명목이 가리키는 것에 분명히 경계와 구분이 있으니, 주자의 말은 아마도 기록의 잘못이 아니며 퇴계의 견해도 또한 틀린 것이 아니다.[554]

사단은 근본이 되는 리를 탐구하여 이름한 것이고, 칠정은 형기에 말미암아 항목을 나열한 것이다. 사단은 리를 탐구한 것이므로 저절로 순선하고 악이 없다. 다만 리가 발하여 이루지 못하고 기에 가려진 이후에 불선이 되지만, 일단 기에 가려져서 불선이 되면 더 이상 사단이 아니다. 왜냐하면 사단은 리를 탐구하여 이름한 것이므로 리가 가려지면 "그 이름을 그대로 가질 수 없다" 즉 더 이상 사단이라 말할 수 없다. 이것은 사단의 불선(不善)이나 부중절(不中節)을 인정하지 않는다는 말에 다름 아니다. 사단의 불선이나 부중절은 '사단이 기를 겸한다'는 불상리(不相離)를 강조할 때에 제기되는 이론이다. 사단에도 기가 없는 것

---

554 『老村集』卷4,「論四端七情」, "竊謂四者之端, 探理本而立名者也; 七者之情, 緣形境而列目者也. 故四端, 自純善無惡, 必理發未遂而掩於氣, 然後爲不善. 然一掩於氣而爲不善, 則便不是四端, 亦不是道心. 以其探理立名, 故理掩則不可仍冒其名也. 七情固亦無有不善, 若氣發不中而滅其理, 則放而爲惡. 然雖不中而滅其理, 猶是七情, 猶是人心. 以其緣形列目者, 故理雖滅, 而其名無所改也. 唯此處仔細觀破, 卽四七之來歷苗脉名目所指, 分明有界分, 朱子之言, 恐非記錄之誤, 而退溪之見, 亦非朴撰也."

이 아님을 강조하면, 사단 역시 기의 영향 속에 있으므로 불선이나 부중절할 수 있다.

그러나 임상덕은 사단의 불선이나 부중절에 반대하는데, 이것은 이황의 해석과 다르지 않다. 이황 역시 '불선'한 것은 사단이 아니라고 강조한다. "사단이 발하는데 진실로 기가 없는 것은 아니지만, 맹자가 가리킨 것은 실제로 기에서 발하는 곳에 있지 않으니, 만약 기를 겸하여 가리킨 것이라고 한다면 이미 더 이상 사단을 말하는 것이 아니다."[555] 또한 이황은 '부중절'한 것도 사단이 아니라고 강조한다. "사단에도 부중절이 있다는 말은 비록 매우 새로운 것이지만 또한 맹자의 본뜻이 아니다.……어찌 이러한 경솔한 말을 지적하여 순수하게 천리가 발한 사단을 어지럽힐 수가 있는가."[556] 결국 불선하거나 부중절한 것은 사단이 될 수 없다는 말이다.

이처럼 임상덕은 이황과 마찬가지로, 불선한 것은 결코 사단이라 말할 수 없다고 강조한다. 왜냐하면 비록 사단에도 기가 없는 것은 아니지만, 사단은 '리를 탐구하는 것'이기 때문이다.

또한 칠정 역시 성이 발한 것이므로(性發爲情) 선하지 않음이 없다. 다만 리가 발하는 것이 아니라 "기가 발하여 중절하지 못하고 그 리를 소멸하면 방종하여 악이 된다." 이때는 비록 중절하지 못하고 그 리를 소멸하더라도 여전히 칠정이다. 예컨대 사단은 리가 가려져서 불선이 되면 그 이름을 그대로 가질 수 없으나(더 이상 사단이 아니다), 칠정은 리가 소멸하여 악(불선)이 되더라도 그 이름이 바뀌지 않는다(여전히 칠정이다).

---

555 『退溪集』卷16, 「答奇明彦(論四端七情 第2書)」, "四端之發, 固曰非無氣, 然孟子之所指, 實不在發於氣處, 若曰兼指氣, 則己非復四端之謂矣."
556 같은 곳, "且四端亦有不中節之論, 雖甚新, 然亦非孟子本旨也.……何可指此儻說以亂於四端粹然天理之發乎."

왜냐하면 칠정은 '형기에 말미암은 것'이기 때문이다. 이로써 사단은 선한 것이지만, 칠정에는 선뿐만 아니라 악도 있다.

따라서 이 둘의 차이에 대해 자세히 간파하면 "사단과 칠정의 내력·묘맥·명목이 가리키는 것에 분명한 경계와 구분이 있다." 사단과 칠정이 모두 성이 발한 것이지만, 사단은 '리를 탐구하는 것'이므로 선하고 칠정은 '형기에 말미암는 것'이므로 악도 있으니, 둘에는 분명한 차이가 있다. 이것은 사단과 칠정을 이이처럼 내포적 관계가 아니라, 이황처럼 대립적 관계로 해석한다는 의미이다.

이렇게 볼 때, 주자의 "사단은 리가 발한 것이고(理之發) 칠정은 기가 발한 것이다(氣之發)"는 말은 기록의 잘못이 아니며, 이황의 "사단은 리가 발하고 기가 따르며(理發而氣隨之) 칠정은 기가 발하고 리가 탄다(氣發而理乘之)"는 견해도 틀린 것이 아니다.

그렇지만 이이는 주자의 이 말을 기록의 잘못이라고 비판하니 "전해지는 기록에 반드시 잘못이 없는 것은 아니다."[557] 게다가 기록의 잘못이 아니라면 주자도 잘못이라고 비판하니 "만약 주자가 참으로 리와 기가 서로 발용하여 상대하여 각각 나온다고 여겼다면, 이것은 주자 또한 잘못이니 어찌 주자라 하겠는가."[558] 마찬가지로 이이는 이황에 대해서도 "퇴계의 병폐는 오로지 호발(互發) 두 글자에 있다"[559]라고 비판한다. 이처럼 이이는 칠정이 사단을 포함한다는 내포적 관점에서 주자와 이황의 사단/이발과 칠정/기발과 같은 대립적 관점을 비판한 것이다. 그러나 이이의 비판과 달리, 임상덕은 주자와 이황의 견해가 잘못이 아니

---

557 『栗谷集』卷12,「答安應休」, "傳錄未必無誤."
558 『栗谷集』卷10,「答成浩原」, "若朱子眞以爲理氣互有發用, 相對各出, 則是朱子亦誤也, 何以爲朱子乎."
559 같은 곳, "退溪之病, 專在於互發二字."

라고 강조하니, 이것은 사단과 칠정을 대립적 관계로 보아야 한다는 말에 다름 아니다.

이러한 관점에서 임상덕은 사단과 칠정을 내포적 관계로 해석하는 이이를 비판한다.

> 만약 '사단은 원래 맹자가 칠정 속에 나아가 선 한쪽을 발라내어 말한 것이다'라고 운운한다면, 또한 아마도 타당하지 않은 듯하다.……이제 만약 곧장 '맹자가 칠정 속에 나아가 사단을 발라내어 사단을 칠정과 상대할 수 없는 증거로 삼는다'고 한다면, 아마도 맞지 않은 듯하다.[560]

이이처럼, 칠정 가운데 선한 부분만을 가리켜서 사단이라 하는 것은 타당하지 않다. 또한 이이의 이러한 해석으로써 사단과 칠정을 상대하여 말할 수 없는 증거로 삼는다고 한다면, 그 역시 옳지 않다. 따라서 사단과 칠정은 이이처럼 내포적 관계가 아니라, 주자나 이황처럼 대립적 관계로 해석해야 한다.

이어서 임상덕은 이러한 대립적 관점에서 이황의 호발설 역시 병폐가 없다고 강조한다.

> 퇴계의 '리가 발하고 기가 따르며 기가 발하고 리가 탄다'는 말은 활간하면 두 구절이 모두 병폐가 되지 않는다. 활간하지 못하면 두 구절이 모두 병폐가 있다. 그러나 율곡은 '기가 발하고 리가 탄다'는 한 구절에만 충실히 의거하여 천하의 사물은 '기가 발하고 리가 타지 않은 것이 없다'고

---

560 『老村集』卷4, 「論四端七情」, "若謂四端, 元是孟子就七情中, 剔出善一邊而言云爾, 則亦恐未爲的當.……今若直謂孟子就七情中, 剔出四端, 而爲四不可與七作對之證, 則恐未然."

하니, 이 단락에 대해서는 항상 이해할 수 없다.[561]

　　이황의 사단/이발이기수지(理發而氣隨之)와 칠정/기발이이승지(氣發
而理乘之)는 활간하면 병폐가 없으나, 활간하지 못하면 병폐가 있다. 무
슨 뜻인가. 예컨대 "리와 기는 원래 이물(二物)이 아니고 또한 일물(一物)
도 아니다. 그러므로 〈二物이 아니므로〉 발하는 때에는 비록 선후(先後)
로 말할 수 없으나, 〈一物이 아니므로〉 발하는 자리(곳)에서는 오히려
빈주(賓主)로 말할 수 있다."[562] 일물(불상리)과 이물(불상잡)의 두 관점이
동시에 성립하니, '일물'의 관점뿐만 아니라 '이물'의 관점에서도 말할
수 있다. 그러므로 활간하여 이물(二物)의 관점인 '발하는 자리(곳)'에서
말하면, 사단은 리에서 발한 것이고 칠정은 기에서 발한 것이니 이황의
말은 병폐가 없다.

　　그러나 활간하지 못하고 일물(一物)의 관점에서만 말하면, '이발이기
수지'에는 리가 먼저 발하고 기가 그 뒤를 따르는 의혹이 있고, '기발이
이승지'에도 기가 먼저 발하고 리가 그 뒤에 타는 의혹이 있다. 이것이
바로 이이가 이황을 비판한 내용이기도 하다. 이이는 이황의 말과 같다
면 "사단은 리가 먼저 발하고〈기가 그 뒤를 따르며〉, 칠정은 기가 먼저
발하고〈리가 그 뒤에 타니〉"[563] 선후의 간격이 있다고 비판한다. 그러
나 임상덕에 따르면, 이이의 비판은 어디까지나 활간하지 못하고 '일물'
의 관점에 집착된 해석일 뿐이다.

　　이 때문에 임상덕은 이황의 말이 "리가 이쪽에 있고 기가 저쪽에 있

561　같은 곳, "退溪理發氣隨氣發理乘之語, 活看則兩句皆未必爲病. 不活看, 則兩句皆
　　有病. 而栗谷乃篤據氣發理乘一句, 謂天下之物, 無非氣發理乘, 此段尋常未曉."
562　같은 곳, "理氣元非兩物, 而亦非一物. 故發之時節, 雖無先後之可言, 而發之地頭,
　　却有賓主之可指."
563　『栗谷集』卷10,「答成浩源(壬申)」, "四端則理先發, 七情則氣先發也."

어 발할 때에 이쪽에 있는 것이 먼저 발하고 저쪽에 있는 것이 뒤따라 나오거나, 저쪽에 있는 것이 먼저 발하고 이쪽에 있는 것이 타고 나오는 것이 아니다"[564]라고 변호한다. 이이의 비판처럼, 리가 먼저 발하고 기가 그 뒤를 따르거나 기가 먼저 발하고 리가 그 위에 타는 것처럼 선후의 간격이 있는 것이 아니라는 말이다.

결국 사단과 칠정은 활간하여 '이물'의 관점에서 말하면, 사단/이발이기수지와 칠정/기발이이승지로 양분할 수 있다. 임상덕은 이러한 '이물'의 관점에서 이이의 '기발이승일도'를 비판하니, 사단과 칠정이 모두 리가 발하고 기가 타고 있는 하나의 길뿐이라는 '기발이승일도'의 "한 단락에 대해서는 항상 이해할 수 없다." 즉 이이의 '기발이승일도'는 옳지 않고, 이황의 호발설이 더 타당하다는 말이다.

이러한 이유에서 임상덕은 인심과 도심의 관계처럼, 사단과 칠정 역시 양변으로 분속할 수 있다고 강조한다.

다만 인심과 도심은 바로 일시에 한 입으로 둘로 말하였기 때문에 분명히 두 가지가 되지만, 사단과 칠정은 각각 주로 하여 말한 것이지 일시에 대거하여 말한 것이 아니다. 그러므로 인심과 도심이 확연히 대립하는 것과 같을 수 없다.……그러나 명목에는 이미 두 가지가 있고 내력에도 두 길이 있으니, 도(圖)를 그릴 때의 위치는 양변에 분속시키는 것이 절대로 불가한지 모르겠다.[565]

---

564 『老村集』卷4, 「論四端七情」, "非理在這邊, 氣在那邊, 到發時在這邊者先發, 而在那邊者却來追到; 在那邊者先發, 而在這邊者却來跨取也."
565 같은 곳, "但人心道心, 乃一時一口兩下說, 故分明成兩隻, 四七則各有所主而言, 而非一時對擧見成說話. 故不能如人心道心之爲的對.……然名目旣有兩般, 來歷煞有兩路, 則作圖位置, 分屬兩邊, 未知其千萬不可."

인심과 도심은 확연히 둘로 대립된다. 그러나 사단과 칠정은 각각 주로 하여 말한 것이지, 예컨대 사단은 리를 주로 하여 말한 것이고 칠정은 기를 주로 하여 말한 것이지, 인심과 도심처럼 일시에 대거하여 말한 것이 아니다. 선악으로 말하면, 도심/선과 인심/악으로 대립되지만, 사단과 칠정은 그렇지 않으니 왜냐하면 칠정에는 악뿐만 아니라 선도 있기 때문이다.

그렇지만 사단은 '리를 탐구하는 것'이고 칠정은 '형기(또는 혈육)에 말미암는 것'처럼, 이미 명목과 내력이 서로 다르기 때문에 양변으로 분속시키더라도 불가할 것이 없다. 결국 인심과 도심처럼, 사단과 칠정도 양분할 수 있다는 말이다.

이렇게 볼 때, 임상덕은 사단과 칠정을 이이처럼 내포적 관계가 아니라 이황처럼 대립적 관계로 해석하고 있음을 알 수 있다. 이러한 대립적 관점에서 이황의 사단/이발이기수지와 칠정/기발이이승지를 변호하고 이이의 '기발이승일도'를 비판하는데, 이것이 바로 임상덕 사단칠정론의 특징이다.

29

채지홍(蔡之洪)의 사단칠정론

채지홍(蔡之洪, 1683~1741)[566]의 사단칠정론은 그의 「사단변(四端辨)」이라는 짧은 글 속에 보인다. 채지홍 사단칠정론의 특징은 사단에도 불선(不善)이 있다는데 있다. 그 이유로는 만약 사단이 순선무악(純善無惡)하다면 성과의 구분이 없어지고, 또한 사단이 이기를 겸한다는 사실과도 맞지 않기 때문이다.

어떤 사람이 "사단에는 선도 있고 불선도 있다"는 채지홍의 말에 의심을 가지자 다음과 같이 말한다.

경문 속에 비록 사단에 불선이 있다는 뜻은 없지만, 대체로 사람의 성정으로 논하면, 사덕(四德)은 성이고 사단(四端)은 정이다. 사단이 이미 정의 이름을 얻었다면, 어찌 그것이 순선하여 악이 섞이지 않았다고 보장하겠는가. 진실로 성찰의 공부를 더하지 않으면, 아마도 반드시 절도에 맞지 못할 것이다.[567]

566 채지홍의 본관은 仁川, 자는 君範, 호는 鳳巖이다. 권상하의 문인으로, 강문8학사 중 한 사람이다. 저서로는 『봉암집』·『성리관규』 등이 있다.

채지홍은 사단에 불선이 있다는 해석이 『경전』에는 보이지 않는다
는 것을 인정한다. 그렇지만 채지홍은 사단에도 불선이 있는 이유를 두
가지로 설명한다. 하나는 성정으로 말하면, "사덕(四德)은 성이고 사단
(四端)은 정이다." 성은 인·의·예·지의 사덕이고 정은 측은·수오·
사양·시비의 사단이다. 성이 발하여 정이 되니(性發爲情) 사덕인 성과
사단인 정은 분명히 구분된다. 만약 사단에 불선이 없다고 한다면, 사
덕인 성과 사단인 정의 의미가 다르지 않아 둘의 분별이 없어진다. 그
러므로 사덕인 성과 달리, 사단에는 불선이 있다.

다른 하나는 이기로 말하면, 사단은 성이 이미 발한 정이므로 이기를
겸한다. "이미 정의 이름을 얻었다면" 사단 역시 이기를 겸하므로 사단
에도 기가 없을 수 없다. 사단에도 기가 없는 것이 아니니 "어찌 그것이
순선하여 악이 섞이지 않았다고 보장하겠는가." 그러므로 사단 역시 순
선무악(純善無惡)을 보장할 수 없으므로 사단에도 불선이 있다. 이러한
이유에서 채지홍은 사단에도 불선이 있다고 주장한다.

이러한 해석의 기본 전제는 리와 기가 서로 떨어지지 않는다는 불상
리(不相離)의 관점에 근거한다. 사단과 칠정은 모두 성이 이미 발한 정이
므로 이기를 겸한다. 사단도 이기를 겸하고 칠정도 이기를 겸한다. 그
러므로 사단에도 기가 없는 것이 아니므로 불선이 있다.

결국 사단에도 불선이 있기 때문에 사단이라도 성찰의 공부를 더하
지 않으면 중절(中節)을 이룰 수 없다. 이러한 해석은 이황의 "사단은 순
선하므로 확충해나가는 공부가 필요하고 칠정은 악으로 흐르기 쉬우
므로 성찰하거나 절제해나가는 공부가 필요하다"는 것과는 분명히 구

---

567 『鳳巖集』卷9,「四端辨」, "經文中, 雖無四端有不善之意, 然槩以人之性情論之, 四
德性也, 四端情也. 旣得情之名, 則安保其純善而無雜也. 苟不加省察之工, 則恐無
以必中於節也."

분된다. 채지홍은 칠정과 마찬가지로 사단 역시 성찰의 공부가 필요하다고 주장한다. "지금 만약 사단이 발하는 것을 지목하여 순선하다고 하여 그 확충의 공부에만 일임해버리고 더 이상 기미가 일어나는 즈음에 성찰하지 않는다면, 이것은 솜옷과 같은 거친 옷을 부끄러워하고 성인과 같은 뛰어난 자를 시기하는 것이니 또한 의(義)의 단서이며 본성의 당연함이라고 말할 수 있겠는가."[568] 사단의 때에도 반드시 성찰의 공부가 있어야 한다. 만약 성찰의 공부 없이 확충의 공부에만 일임해버리면, 측은 · 수오 · 사양 · 시비는 더 이상 인 · 의 · 예 · 지의 단서가 아니다. 인 · 의 · 예 · 지의 단서가 되지 못하니, 결국 사단을 통한 인 · 의 · 예 · 지가 제대로 실현되지 못한다.

> 대체로 『예기』에서 말하는 희 · 로 · 애 · 락 · 애 · 오 · 욕과 『중용』에서 말하는 희 · 로 · 애 · 락 및 『추경(맹자)』에서 말하는 측은 · 수오 · 사양 · 시비는 하나의 설이 아님이 없다. 그러므로 사단의 측은은 곧 칠정의 애(愛)이고, 사단의 수오는 곧 칠정의 오(惡)이다. 사단과 칠정은 모두 정이니, 만약 "사단이 칠정에 비하여 선의 의미가 많다"고 말한다면 진실로 그러하지만, 지목하여 순선무악(純善無惡)하다고 하면 거의 정을 성이라고 여기는 것이 아니겠는가.[569]

맹자가 추나라 사람이기 때문에 추나라의 경전이라는 의미에서 『추

---

568 같은 곳, "今若以四端之發者, 目之以純善, 而一任其擴充之工, 不復省察於幾微之際, 則是羞恥緼袍, 媢嫉彦聖者, 亦可謂義之端而性分之常然乎."

569 같은 곳, "大凡禮記所謂喜怒哀樂愛惡欲, 中庸所謂喜怒哀樂, 及鄒經所謂惻隱羞惡辭讓是非, 莫非一串說話. 故四端之惻隱, 卽七情之愛也; 四端之羞惡, 卽七情之惡也. 四端七情, 均是情也, 若云四端比七情, 善意思多, 則固然矣; 目之以純善無惡, 則不幾於認情爲性乎."

경(鄒經)」이라는 표현을 쓴 것이니, 『맹자』를 말한다.

채지홍은 사단과 칠정을 하나의 정으로 이해한다. "『예기』에서 말하는 희 · 로 · 애 · 락 · 애 · 오 · 욕과 『중용』에서 말하는 희 · 로 · 애 · 락, 『맹자』에서 말하는 측은 · 수오 · 사양 · 시비는 하나의 설이 아님이 없다." 하나의 설이라는 것은 하나의 정이라는 의미이다. 이러한 해석은 이이의 "정은 칠정 하나이며, 그 가운데 선한 부분만을 가리켜서 사단이라 한다"는 이론과 유사하다. 그러므로 "사단의 측은은 곧 칠정의 애(愛)이고, 사단의 수오는 곧 칠정의 오(惡)이다." 이이 역시 사단과 칠정을 서로 연결시켜 이해한다. 희(喜) · 애(哀) · 애(愛) · 욕(欲)은 측은에, 로(怒) · 오(惡)는 수오에, 구(懼)를 공경에 각각 해당시킨다.[570] 그렇지만 사단을 순선한 것으로 보는 이이와 달리, 채지홍은 사단에도 불선이 있다고 주장한다.

이 때문에 채지홍은 사단과 칠정이 모두 동일한 정이라는 전제에서 "사단이 칠정에 비하여 선의 의미가 많다고는 말할 수 있겠지만, 사단을 오로지 순선무악(純善無惡)한 것으로 지목하는 것은 옳지 않다"고 강조한다. 사단이 칠정에 비하여 선의 의미가 많을 수 있겠지만, 순선무악한 것은 아니다. 만약 사단이 순선무악하다면, 결국 사단은 정이 아니라 성의 뜻이 된다. "거의 정을 성이라고 여기는 것이 아니겠는가." 사단의 정을 사덕의 성으로 오인하는 결과를 초래하니, 옳지 않다. 그렇지만 이러한 해석은 사단과 칠정의 실질적인 차이를 찾기가 어려우니, 결국 사단과 칠정의 구분이 무색해질 수 있다.

이어서 채지홍은 이이의 말에 근거하여 사단과 칠정이 두 가지 정이 아님을 설명한다. 이렇게 볼 때, 채지홍이 이이의 이론을 수용 또는 계

---

570 『栗谷集』卷10, 「答成浩原(壬申)」, "喜哀愛欲四情, 仁之端也. …… 怒惡二情, 義之端也. …… 懼情, 禮之端也."

승하고 있음을 알 수 있다.

　　율곡선생이 "심과 성에 두 가지 작용이 없다면, 사단과 칠정이 어찌 두
가지 정이겠는가"라고 하였는데, 참으로 정확한 논리라고 말할 수 있다.
또한 성은 리이니, 바야흐로 발동할 때에는 곧 이 기가 감응하는 것이다.
바야흐로 기에 의해 감응되면 진실로 성인의 자질이 아니니, 어찌 그것이
반드시 리에 맞을 수 있겠는가.[571]

　채지홍은 이이의 "심과 성에 두 가지 작용이 없으니 정에도 두 가지
정이 없다"는 말에 근거하여, 사단과 칠정이 두 가지 정이 아님을 설명
한다.
　이이의 말은 「성학집요(聖學輯要)」〈논심성정(論心性情)〉에 나오는 내
용이다. "심과 성에 두 가지 작용이 없으니, 사단과 칠정이 어찌 두 가지
정이겠는가."[572] 이이에 따르면, "심의 체(體)는 성이고 심의 용(用)은 정
이니, 성과 정 밖에 다시 다른 심이 없다."[573] "희·로·애·락하게 하는
소이로서의 리는 성이고, 희·로·애·락할 줄 아는 것은 심이며, 사물
에 접촉하여 희·로·애·락하는 것은 정이다."[574] "성이 발하여 정이
되지만, 심이 없는 것이 아니다. 다만 심은 성을 다할 수 있으나, 성은 심
을 검속할 수 없다. 실제로 성은 심의 미발(未發)이고 정은 심의 이발(已

571　『鳳巖集』卷9,「四端辨」, "栗谷先生曰, 心性無二用, 則四端七情, 豈二情乎, 眞可謂
　　確論也. 且性者理也, 才動時, 即是氣感之也. 才爲氣所感, 則苟非聖人資質, 幾何
　　其必中於理也."
572　『栗谷集』卷20,「聖學輯要」,〈論心性情〉, "心性無二用, 則四端七情, 豈二情乎."
573　같은 곳, "夫心之體是性, 心之用是情, 性情之外, 更無他心."
574　같은 곳, "其所以喜怒哀樂之理, 則性也; 知其可喜怒哀樂者, 心也; 遇事而喜怒哀
　　樂之者, 情也."

發)이다.[575] 이러한 내용에서 볼 때, 실제로 작용하는 것은 심이고, 심의 작용 근거는 성이며, 심의 작용 결과는 정이다. 결국 성과 정은 심의 내용이니, 심과 성에 두 가지 작용이 있는 것이 아니다.

또한 이이는 정이 하나이듯이, 정의 근원으로서의 성 역시 하나라고 강조한다. "사단은 성의 본연지성을 말한 것과 같고, 칠정은 성의 이기를 합하여 말한 것과 같다. 기질지성은 실제로 본성(본연지성)이 기질 속에 있는 것이니, 두 가지 성이 아니다. 그러므로 칠정은 실제로 사단을 포괄하니 두 가지 정이 아니다. 반드시 두 가지 성이 있어야 비로소 두 가지 정이 있을 수 있다."[576] 성에 본연지성과 기질지성의 두 가지 성이 있는 것이 아니듯이, 정에도 사단과 칠정의 두 가지 정이 있는 것이 아니다. 성은 기질지성 하나이고 그 가운데 선한 것만을 가리킨 것이 본연지성이듯이, 정은 칠정 하나이고 그 가운데 선한 것만을 가리킨 것이 사단이다. 그러므로 "오성(五性) 외에 다른 성이 없고, 칠정 외에 다른 정이 없다."[577]

이 때문에 이이는 "무릇 심과 성을 두 가지 작용이라 하고 사단과 칠정을 두 가지 정이라 하는 것은 모두 리와 기에 투철하지 못하기 때문이다"[578]라고 비판한다. 리와 기는 서로 떨어질 수 없는 '불상리'의 관계이다. 그러므로 "정이 발할 때에 발하는 것은 기이고 발하게 하는 소이는 리이니, 기가 아니면 발할 수 없고 리가 아니면 발할 것이 없다. 왜냐하면 리와 기는 원래 혼융하여 서로 떨어지지 않기 때문이다."[579]

---

575 같은 곳, "性發爲情, 非無心也. ……只是心能盡性, 性不能檢心. ……其實, 則性是心之未發者也, 情意是心之已發者也."
576 같은 곳, "四端猶性之言本然之性也, 七情猶性之合理氣而言也. 氣質之性, 實是本性之在氣質者, 非二性. 故七情實包四端, 非二情也. 須是有二性, 方能有二情."
577 같은 곳, "五性之外, 無他性, 七情之外, 無他情."
578 같은 곳, "夫以心性爲二用, 四端七情爲二情者, 皆於理氣有所未透故也."
579 같은 곳 "凡情之發也, 發之者氣也, 所以發者理也, 非氣則不能發, 非理則無所發. 理氣混融, 元不相離."

채지홍은 이이의 이러한 해석이 정확한 논리라고 지적하며, 이이처럼 심과 성에 두 가지 작용이 있을 수 없듯이, 사단과 칠정에도 두 가지 정이 없다고 강조한다. '사단과 칠정에 두 가지 정이 없다'는 것은 결국 정은 칠정 하나라는 의미이다. 그렇지만 '하나의 정'에 대한 해석은 이이와 구분된다. 이이는 정은 칠정 하나이고, 그 가운데 선한 부분만을 가리켜서 사단으로 해석한다. 반면 채지홍은 이이처럼 하나의 정이 칠정을 의미하는 것이 아니라, 사단과 칠정을 모두 포괄한다. 이렇게 볼 때, 사단과 칠정의 실제적 구분은 없어진다.

또한 성이 발하여 정이 될 때, 감응하는 것은 기이다. 왜냐하면 성은 리이므로 작용할 수 없기 때문이다. 기에 의해 감응되면 "성인의 자질이 아니니, 어찌 그것이 반드시 리에 맞을 수 있겠는가." 결국 사단의 정이라도 발할 때에는 기의 영향을 받기 때문에 중절(中節)하지 못하여 불선할 수 있다.

따라서 채지홍은 대화의 상대선생에게 "사단을 성의 정으로 여기고 또한 순선하다고 말하면, 정 역시 오로지 리만을 가리켜서 말한 것이고 기질과 관련이 없는 것이 아니겠는가."[580] 선생께서 사단을 기질과 관계없이 오로지 리만을 가리키는 순선한 것으로 간주하면, 변론을 반복하더라도 끝내 의견의 일치를 이룰 수 없다. 이러한 상반된 관점에서는 더 이상의 변론이 무의미하다. 혹 이러한 주장이 맹자의 본의(本意)에는 부합할 수도 있겠지만, 성정과 이기의 분별에 대해서는 이해가 부족하다.

그의 뜻은 "사단은 실의 실마리와 같아서 측은지심에 말미암아 밖으로 발현되는 것은 순선무악(純善無惡)하기 때문에 그 속에 내재하는 인(仁)이

---

580 『鳳巖集』卷9, 「四端辨」, "高明既以四端爲性之情, 而又謂之純善, 則無乃情亦有專指理言, 而不涉於氣質乎."

본래 불선이 없다는 것을 안다. 측은이 발하는 것이 만약 리에 맞지 않는 것이 있다면, 무슨 근거로 그 '인'이 본래 선하다는 것을 알겠는가"라고 생각한 것이다. 이 친구는 비록 맹자의 본의(本意)는 알 수 있었으나, 오히려 성정과 이기의 분별은 알지 못하였다.[581]

친구는 채지홍과 논변을 벌이는 상대방이다. 채지홍의 친구는 사단이 선하며 결코 불선할 수 없다고 생각한다. 왜냐하면 사단은 실의 실마리와 같으니 실마리를 통해 실타래에 이르듯이, 사단을 통해 결국 성에 이르기 때문이다. 예컨대 측은·수오·사양·시비의 사단에 근거하여 그 속에 인·의·예·지의 성이 내재함을 알게 된다. 결국 사단은 인·의·예·지의 성이 발현한 것이므로 선하지 않을 수 없다.

만약 사단에 불선이 있다면, 그 근원에 해당하는 성 역시 순선무악을 담보할 수 없게 된다. "측은이 발하는 것이 만약 리에 맞지 않은 것이 있다면, 무슨 근거로 그 인(仁)이 본래 선하다는 것을 알겠는가." 실마리의 내용은 실타래에 근원하듯이, 사단이 선한 것은 그 근원인 성에 근원한다. 실마리인 사단에 불선이 있다는 것은 결국 실타래인 성이 선하지 않다는 의미이니 잘못이다. 성이 선하다면 사단 역시 선하지 않을 수 없다. 왜냐하면 사단은 성의 단서이기 때문이다.

이러한 친구의 주장에 대해, 채지홍은 그것이 비록 맹자의 뜻이라고 하더라도, 성정과 이기의 관계로 볼 때는 옳지 않다고 비판한다. "이 친구는 비록 맹자의 본의는 알 수 있었으나, 오히려 성정과 이기의 분별은 알지 못하였다." 이것은 "아마도 이기와 성정의 분별에 있어서 오히려

---

581 같은 곳, "蓋彼意以爲四端猶絲之緒, 由其惻隱之心, 發見於外者純善無惡, 故知其在內之仁, 本無不善. 惻隱之發, 若有不中理, 則曷由而識其仁之本善也. 此友雖能識孟子本意, 却不識性情理氣之分也."

명백하게 통달하지 못했기 때문에 다만 『맹자』의 본의에만 구속되어 꽉 막힌 것이 너무 지나치다"[582]라는 말에 다른 표현이다. 성정과 이기의 논리에 따르면, 성은 순선무악하나 정에는 선악이 있다. 왜냐하면 성은 아직 발하지 않은 것이고 정은 이미 발한 것이므로, 사단과 칠정은 모두 이기를 겸하기 때문이다. '이기를 겸한다'는 것은 청탁(淸濁) · 수박(粹駁)한 기의 영향을 받는다는 말이니, 사단 역시 기의 영향을 받지 않을 수 없으므로 사단에도 불선이 있다. 결국 채지홍은 칠정뿐만 아니라 사단 역시 이기를 겸하고 기의 영향 속에 있음을 강조하는데, 이것이 바로 채지홍 사단칠정론의 특징이다.

채지홍은 그 구체적인 사례를 제시한다.

> 사람이 움직이지 않고 고요할 때에 죄 없이 사지(死地)로 끌려가는 것을 문득 보게 되면, 두려운 마음이 생기기를 기다리지 않더라도 저절로 그렇지 않을 수 없으니, 이것은 요순과 길가는 사람이 같다. 그러므로 여기에서 그 성이 본래 선하다는 것을 징험할 수 있다. 만약 우물에 빠진 사람이 설령 죽어 마땅한 악이 있어서 많은 사람들에 의해서 심한 미움을 받는다면, 어찌 반드시 사람에게 모두 측은지심이 생기겠는가. 측은하게 여기지 않을 뿐만 아니라, 혹 좇아가서 돌을 던지는 자가 없지 않을 것이다.[583]

『맹자』「양혜왕(상)」에는 양혜왕이 흔종(釁鍾: 완성된 새 종에 소의 피를 바

---

582 같은 곳, "恐於理氣性情之分, 猶未能明白洞察, 故徒拘於鄒經之本旨, 而膠滯太過."

583 같은 곳, "人於寂然不動之時, 忽見無罪而將死者, 不期於怵惕而自不得不然, 此則堯舜與路人一也. 故於此可以驗其性之本善也. 向使落井之人, 設有當死之惡, 爲衆人所深惡, 則何必人皆有惻隱之心也. 不惟不惻隱, 或不無從而下石者矣."

르는 의식)을 위해 두려워서 벌벌 떨며 죄 없이 사지로 끌려가는 소를 놓아줄 것을 명령하는 일화가 나온다. 맹자는 벌벌 떠는 소를 보고 불쌍히 여기는 마음이면, 바로 왕도(王道) 또는 인정(仁政)을 행할 수 있다고 설명한다.

또한 『맹자』「공손추(상)」에는 유자입정(孺子入井)의 일화가 나온다. 맹자는 갑자기 어린아이가 우물에 빠지려는 것을 보면 깜짝 놀라고 측은히 여기는 마음이 생기는데, 이러한 마음은 사람이면 누구나 가지고 있다고 설명한다. "측은지심이 없으면 사람이 아니다."[584] 동시에 이러한 측은지심은 바로 인(仁)의 단서이니[585], 결국 '인'에 근거해서 측은지심이 발현된다는 뜻이다.

이처럼 사람은 죄 없이 사지(死地)로 끌려가거나 어린아이가 우물에 빠지려는 것을 보면, 두려워하거나 측은히 여기는 마음이 생긴다. 이러한 마음은 생기기를 기다리지 않더라도 저절로 생기는데, 이것은 요순과 같은 성인만 그러한 것이 아니라 길 가는 보통 사람들도 모두 그러하다. 이때 두려워하거나 측은히 여기는 마음은 곧 성의 발현이니, 이로써 성이 본래 선하다는 것을 징험할 수 있다. 이것이 바로 맹자 성선론(性善論)의 요지이기도 하다.

그렇지만 채지홍은 여기에서 하나의 의문을 제기한다. 만약에 우물에 빠진 사람이 순진무구한 어린아이가 아니라, 많은 사람들로부터 심한 미움을 받는 죽어 마땅한 악인이라면 과연 측은히 여기는 마음이 생기겠는가. 채지홍에 따르면, 측은히 여기는 마음은 고사하고 쫓아가서

---

584 『孟子』,「公孫丑(上)」, "無惻隱之心, 非人也; 無羞惡之心, 非人也; 無辭讓之心, 非人也; 無是非之心, 非人也."

585 같은 곳, "惻隱之心, 仁之端也; 羞惡之心, 義之端也; 辭讓之心, 禮之端也; 是非之心, 智之端也."

돌을 던지는 자가 있을 것이다. 이것은 맹자가 설정한 상황이 모두 옳은 것은 아니며, 특히 맹자가 성선설의 근거로써 제시한 사단이 반드시 선한 경우만이 아니라는 말이다.

때문에 채지홍은 또 다른 사례를 제시한다.

> 공자가 제선왕에 비하면, 그 인(仁)과 불인(不仁)은 하늘과 땅만큼 다를 뿐만이 아니다. 그러나 제선왕은 흔종에 쓰이는 한 마리 소를 측은히 여겼으며, 공자가 소정묘(少正卯)를 죽이는데 측은지심이 발하였다는 말을 듣지 못했지만, 이것이 어찌 공자의 '인'을 훼손함이 있겠는가. 이와 같지 않은 것이 바로 이른바 '부인네의 인'이라는 것이니, 유약하고 착한데 빠져서 대공지정(大公至正)한 본체가 아니다.[586]

공자의 인(仁)과 제선왕의 불인(不仁)은 그 차이가 하늘과 땅만큼 다르지만, 제선왕은 사지(死地)에 끌려가는 소를 보고서 측은지심이 생겼다. 그러나 공자는 춘추시대 노나라의 대부인 소정묘(少正卯)를 죽이면서도 측은지심이 생기지 않았다. "공자가 소정묘를 죽이는데 측은지심이 발하였다는 말을 듣지 못했다." 결국 '불인'한 제선왕은 소와 같은 짐승의 죽음에도 측은지심이 있었으나, '인'한 공자는 사람의 죽음에도 측은지심이 없었다.

그렇다고 하여 공자의 '인'이 훼손되는 것은 아니다. 왜냐하면 소정묘는 마음이 음험하고, 행실이 편벽되며, 거짓말을 일삼고, 아는 것이 추잡하고, 그릇된 일을 일삼아 죽이지 않을 수 없었기 때문이다.[587] 이

---

586 『鳳巖集』卷9, 「四端辨」, "孔子之於齊宣, 其仁與不仁, 不啻霄壤, 而齊宣則惻隱於釁鍾之一牛, 孔子之誅正卯, 未聞有惻隱之發, 斯豈有害於孔子之仁也. 不如是, 卽所謂婦人之仁, 失之柔善, 而非大公至正之本體也."

러한 이유에서 공자는 노나라의 재상이 된지 7일 만에 노나라 대부 소정묘(少正卯)를 처형한다. 이것은 탕임금이 윤해(尹諧)를 처형하고, 문왕이 번지(潘止)를 처형하며, 주공이 관숙(管叔)을 처형하고, 태공이 화사(華仕)를 처형하며, 관중이 부리을(付里乙)을 처형하고, 자산이 등석(鄧析)과 사부(史付)를 처형한 것과 같은 경우이다.[588]

이렇게 볼 때, 공자가 소정묘를 죽이면서 측은지심이 없었던 것이 오히려 옳은 일이 된다. 그렇지 않고 측은지심이 있었다면, 이것은 '부인네의 인'[589]이라는 것으로써 유약하고 착한데 빠진 것이니 대공지정(大公至正)한 본체가 아니다. 어떤 일에서나 측은지심이 발하는 것이 무조건 옳은 것이 아니니, 결국 측은·수오·사양·시비의 사단에는 불선이 있다.

채지홍은 이러한 문제를 중절과 부중절의 개념으로 설명한다.

> 수오·사양·시비와 같은 것에 이르러서도 중절(中節)과 부중절(不中節)의 단서가 있지 않음이 없다. 예컨대 선비가 도에 뜻을 두고서 나쁜 옷과 나쁜 음식을 부끄러워하고, 다른 사람의 뛰어나고 훌륭한 것을 시기하는 것은, 마땅히 수오하지 말아야 하는데 수오한 것이다. 또한 오나라 왕

---

587 『荀子』,「宥坐」,"一曰心達而險, 二曰行辟而堅, 三曰言僞而辯, 四曰記醜而博, 五曰順非而澤……不可不誅也."

588 같은 곳, "是以湯誅尹諧, 文王誅潘止, 周公誅管叔, 太公誅華仕, 管仲誅付里乙, 子産誅鄧析史付. 此七子者, 皆異世同心, 不可不誅也."

589 한신이 항우의 인품을 폄하하여 자잘한 일에 인자하지만 큰 은혜가 없음을 '부인네의 인'이라고 한데 유래한다.(『史記』,「淮陰侯列傳」, "項王見人, 恭敬慈愛, 言語嘔嘔, 人有疾病, 涕泣分食飮, 至使人, 有功當封爵者, 印刓敝忍不能予, 此所謂婦人之仁也." 항왕은 사람을 보면 공경하고 자애하며, 말하는 것이 화기애애하여 다른 사람에게 병이 있으면 눈물을 흘리면서 음식을 나누어 먹지만, 사람을 부리는데 있어서는 공을 세워서 마땅히 봉작해야할 사람이 있어도 인장을 만지작거리면서 차마 주지 못하니, 이것은 '부인네의 인'이라고 하는 것이다.)

자 찰(札)이 임금 자리를 양보한 것이나 연나라 왕 쾌(噲)가 나라를 양보한 것은, 마땅히 사양하지 말아야 하는데 사양한 것이다. 옳은 것을 그른 것으로 알고 그른 것을 옳은 것으로 아는 것에 이르러서는 손가락으로 이루 다 꼽을 수도 없다.[590]

만약 공자가 소정묘를 죽이면서 측은지심이 생겼다면, 이것은 마땅히 측은하지 말아야 하는데 측은하는 것이니 '부중절'이 된다. 반대로 공자가 소정묘를 죽이면서 측은지심이 생기지 않았다면, 이것은 마땅히 측은하지 말아야 하는데 측은하지 않는 것이니 오히려 '중절'이 된다.

수오·사양·시비의 경우도 마찬가지다. 예컨대 선비가 도에 뜻을 두고서 거친 옷과 거친 음식을 부끄러워하는 것은 마땅히 수오하지 말아야 하는데 수오하는 것이니 '부중절'이 된다. 다른 사람의 뛰어나고 훌륭한 것을 시기하는 것은 수오하지 말아야 하는 것이니 '부중절'이 된다. 물론 수오하지 말아야 할 때에 수오하지 않는 것은 '중절'이 된다.

또한 오나라의 찰(札)이 임금 자리를 양보하거나 연나라의 쾌(噲)가 나라를 양보한 것은 마땅히 사양하지 말아야 하는데 사양한 것이니 '부중절'이 된다. 이것은 오나라 왕자인 찰이 임금 자리를 사양하여 나라를 그르친 것과 연나라 왕인 쾌가 재상 자지(子之)에게 나라를 양보하였다가 그르친 것을 말한다.[591]

---

590 『鳳巖集』卷9,「四端辨」, "至如羞惡辭讓是非, 莫不有中節不中節之端. 如士志於道而恥惡衣惡食, 人之彦聖, 娟嫉而惡之者, 不當羞惡而羞惡者也. 且如吳札之遜位, 燕噲之讓國, 不當辭讓而辭讓者也. 至於認是爲非, 認非爲是之端, 則指不勝屈矣."
591 이들 내용은 『春秋』(「襄公 29年」)와 『孟子集註』(「梁惠王(下)」)에 나온다.

이처럼 사단이라도 마땅히 측은·수오·사양·시비하지 말아야 하는데 측은·수오·사양·시비하는 하는 것과 같은 부중절한 경우가 "손가락으로 이루다 꼽을 수 없을 정도로 많다." 때문에 측은·수오·사양·시비의 사단도 불선할 수 있다.

이렇게 볼 때, 채지홍 사단칠정론의 특징은 사단과 칠정을 하나의 정으로 보는데 있으며, 이때의 하나의 정은 사단과 칠정을 포괄한다. 그럼에도 채지홍은 「사단변」이라는 글의 제목에서도 알 수 있듯이, 칠정보다는 사단을 중심으로 정을 해석한다. 아울러 하나의 정인 사단 역시 성이 이미 발한 정이므로 이기를 겸하니, 사단에도 불선이 없을 수 없다. 이러한 의미에서 채지홍은 사단의 불선을 강조한다. 이러한 해석은 이황이 사단/이발과 칠정/기발이라는 서로 다른 정으로 보는 것과는 분명히 구분된다.

30
이세형(李世珩)의 사단칠정론

이세형(李世珩, 1685~1761)[592]의 사단칠정론은 그의 「이율곡사칠설변(李栗谷四七說辨)」에 보이는데, 제목에서 알 수 있듯이 이황을 변호하는 입장에서 이이의 이론을 비판하는데 그 요지가 있다.

먼저 이세형은 이황의 호발설, 즉 사단/이발이기수지(理發而氣隨之)와 칠정/기발이이승지(氣發而理乘之)를 다음과 같이 해석한다.

노선생(이황)의 '리가 발하고 기가 따르며 기가 발하고 리가 탄다'는 말이 어찌 이른바 '리와 기 두 가지가 혹 앞서기도 하고 혹 뒤서기도 하여 서로 대립하여 두 갈래가 되어 각자 나오는 것과 같겠는가. 노선생의 뜻은 〈성이〉 발하여 정이 된 후에 리와 기가 각각 중한 곳에 나아가 구분한 것이다. 사단도 기가 없는 것은 아니지만 이발(理發)이라 한 것은 그 리가 주가 되어 기가 리에게서 명령을 듣기 때문이고, 칠정도 리가 없는 것은 아니지만 기발(氣發)이라 한 것은 그 기가 주가 되어 리가 기 속에 떨어져 있

592 이세형의 본관은 廣州, 자가 楚伯, 호가 怨軒. 경북 칠곡 출신이다. 저서로는 『서헌집』이 있다.

기 때문이다.[593]

이이는 이황의 호발설과 같다면, 사단은 리에서 나오고 칠정은 기에서 나와서 근본이 둘이 된다고 비판한다. "지금 만약 '사단은 리가 발하고 기가 따르며 칠정은 기가 발하고 리가 탄다'고 한다면, 이것은 리와 기 두 가지가 혹 앞서기도 하고 혹 뒤서기도 하여 서로 대립하여 두 갈래가 되어 각자 나오는 것이니, 사람의 마음에 어찌 두 개의 근본이 〈있는 것이〉 아니겠는가."[594]

그러나 이세형은 이이의 비판과 달리, 이황의 호발설을 주리와 주기의 차이로 해석한다. "〈성이〉 발하여 정이 된 후에 리와 기가 각각 중한 곳에 나아가 구분한 것이다." 즉 성이 발한 이후의 정은 모두 이기를 겸한다. 그러므로 사단도 기가 없는 것이 아니지만 리를 주로 하여 말한 것이고, 칠정도 리가 없는 것은 아니지만 기를 주로 하여 말한 것이다. 사단은 리를 주로 하여 말한 것이므로(리가 重한 것이므로) '이발'이라 하고, 칠정은 기를 주로 하여 말한 것이므로(기가 重한 것이므로) '기발'이라 한다.

결국 사단에도 기가 없는 것은 아니지만 이때의 기는 리에게서 명령을 듣기 때문에 '이발'이 되고, 칠정에도 리가 없는 것은 아니지만 이때의 리는 기 속에 떨어져 있기 때문에 '기발'이 된다. 이러한 이유에서 이황이 사단/이발과 칠정/기발로 구분한 것이지, 이이의 비판처럼 리와

---

593 『怨軒集』卷2, 「李栗谷四七說辨」, "老先生理發氣隨氣發理乘之論, 豈如所謂理氣二物, 或先或後, 相對爲兩岐, 各自出來者耶. 老先生之意, 以發而爲情後, 就理氣之各有所重處而分之也. 四端非無氣也而謂之理發者, 以其理爲主而氣聽命於理也; 七情非無理也而謂之氣發者, 以其氣爲主而理墮在氣中也."

594 『栗谷集』卷9, 「答成浩原(壬申)」, "今若曰, 四端, 理發而氣隨之; 七情, 氣發而理乘之, 則是理氣二物, 或先或後, 相對爲兩歧, 各自出來矣, 人心豈非二本乎."

기가 서로 두 갈래가 되어 각자 나오는, 즉 사단은 리에서 나오고 칠정은 기에서 나와서 근본이 둘이라는 말이 아니다.

이에 이세형은 이이가 이황의 사단/이발과 칠정/기발의 뜻을 제대로 궁구하지 못했다고 비판한다. "지금 '사람의 마음에 어찌 두 개의 근본이 〈있는 것이〉 아니겠는가'라는 말을 살펴보면, 노선생이 〈성이〉 발하여 정이 된 후에 분속하는 미묘한 뜻을 궁구하지 못했음을 알 수 있다."[595] 그러나 '〈성이〉 발하여 정이 된 후에 분속한다'는 말에서 알 수 있듯이, 이황처럼 "사단은 본연지성에 근원하고 칠정은 기질지성에 근원한다"는 소종래에 따른 근원적인 구분으로는 해석하지 않음을 알 수 있다.

또한 이세형은 이황의 호발설이 주자의 해석에 대한 연장선상에 있다고 강조한다.

> 주자의 '〈사단은〉 리가 발한 것이고 〈칠정은〉 기가 발한 것이다'는 말은 명백하고 적당하다고 말할 수 있다. 그러나 혹 세상의 학자들이 그 미묘한 뜻의 소재를 알지 못할까 염려하였기 때문에 노선생은 기수(氣隨)와 이승(理乘) 네 글자를 가지고 '이발'과 '기발'의 아래에 보탰으니, 그런 후에 리와 기 두 가지가 서로 기다려서 서로 떨어지지 않음을 볼 수 있고, 서로 떨어지지 않는 속에서 또한 주로 하는 바의 구별이 있음을 볼 수 있다. 이것이 노선생께서 주자가 미처 밝히지 못한 것을 확대한 이유이다.[596]

---

595 『恕軒集』卷2, 「李栗谷四七說辨」, "今觀人心豈非二本之語, 可知其不能究老先生發而爲情後, 分屬之微意也."

596 같은 곳, "朱子理發氣發之論, 可謂明白的當. 而或慮世之學者, 不知其微意之所在, 故老先生以氣隨理乘四字, 足之於理發氣發之下, 然後可見其理氣二物相須不相離, 而於其不相離之中, 又可見其所主之有別. 此老先生所以擴朱子之所未發者也."

주자의 "사단은 리가 발한 것이고 칠정은 기가 발한 것이다"[597]는 말은 명백하고 적당하다. 그러나 주자의 말대로라면, 자칫 세상의 학자들이 사단에는 리만 있고 기가 없으며 칠정에는 기만 있고 리가 없는 것으로 오해할 소지가 있다. 이러한 염려 때문에 이황은 사단에도 기가 없는 것이 아니고 칠정에도 리가 없는 것이 아님을 알리기 위해 기수(氣隨)와 이승(理乘)의 글자를 덧붙인 것이다.

주자처럼 사단/이발(理之發)과 칠정/기발(氣之發)이 아니라, 이황처럼 사단/이발이기수지(理發而氣隨之)와 칠정/기발이이승지(氣發而理乘之)라고 말한 후에 비로소 리와 기가 "서로 기다려 서로 떨어지지 않음을 볼 수 있고" 즉 사단에도 기가 없는 것이 아니고 칠정에도 리가 없는 것이 아님을 알 수 있다. 게다가 "서로 떨어지지 않는 속에서 또한 주로 하는 바의 구별이 있음을 볼 수 있다" 즉 사단에도 기가 없는 것은 아니지만 리를 주로 하여 말한 것이므로 '이발'이고 칠정에도 리가 없는 것은 아니지만 기를 주로 하여 말한 것이므로 '기발'이니, 결국 사단/이발과 칠정/기발의 구별이 있음을 알 수 있다.

이렇게 볼 때, 이황의 사단/이발이기수지와 칠정/기발이이승지는 주자의 사단/이발과 칠정/기발이 미처 밝히지 못한 것을 확장한 것이라 말할 수 있다. "이것이 노선생께서 주자가 미처 밝히지 못한 것을 확대한 이유이다"라는 뜻이다.

또한 이세형은 사단과 칠정을 서로 다른 정으로 구분해야 하는 내용상의 차이를 설명한다.

무릇 사람의 성은 오상(五常) 외에 다른 성이 없으니, 사단과 칠정이 모

---

597 『朱子語類』卷53, "四端是理之發, 七情是氣之發."

두 오상의 성에서 나왔으나 그 의미와 묘맥은 저절로 같지 않는 것이 있다. 대개 성의 체(體)는 비록 하나이지만 정의 용(用)은 하나가 아니니, 곧바로 성에서 나와 순수하게 지선(至善)한 것은 측은·수오·사양·시비지심이니, 이것은 중절하지 않음이 없어서 인·의·예·지의 단서가 된다. 비록 성에서 나왔지만 선악이 아직 정해지지 않는 것은 희·로·애·구·애·오·욕의 정이니, 이것은 반드시 중절을 기다린 후에야 비로소 인·의·예·지의 달도(達道)가 된다. 그렇다면 애(愛)·오(惡)와 측은·수오가 비록 서로 가깝지만, 지선(至善)한 것과 〈선악이〉아직 정해지지 않는 것에 어찌 틈이 있지 않겠는가.[598]

"사람의 성은 오상(五常) 외에 다른 성이 없다." 이것은 성이 하나라는 말에 다름 아니다. 물론 이때의 오상은 인·의·예·지·신을 가리킨다. 그러므로 사단과 칠정은 모두 오상의 성에서 나왔으니 "성의 체는 하나이지만 정의 용은 하나가 아니다." 사단과 칠정이 모두 성이 발한 것이지만 둘로 분명히 구분되니 "그 의미와 묘맥은 저절로 같지 않은 것이 있다." 예컨대 측은·수오·사양·시비의 사단은 성에서 곧바로 나와 순수하게 지선(至善)한 것이니, 이것은 중절하지 않음이 없어서 인·의·예·지의 단서가 된다. 맹자가 말한 "측은지심은 인의 단서이고, 수오지심은 의의 단서이며, 사양지심은 예의 단서이고, 시비지심은 지의 단서이다"[599]라는 뜻이다.

---

598 『恕軒集』卷2,「李栗谷四七說辨」, "凡人之性, 五常之外無他性, 四端七情皆出於五常之性, 而其意味苗脈自有不同者. 蓋性之體雖一, 而情之用非一也, 直出於性而粹然至善者, 惻隱羞惡辭讓是非之心也, 此則無不中節, 而爲仁義禮智之端緒. 雖出於性而善惡未定者, 喜怒哀懼愛惡欲之情也, 此則必待中節而後始爲仁義禮智之達道. 然則愛惡之與惻隱羞惡, 雖其相近, 而其至善之與未定, 豈不有間哉."

599 『孟子』,「公孫丑(上)」, "惻隱之心, 仁之端也; 羞惡之心, 義之端也; 辭讓之心, 禮之

그러나 희·로·애·구·애·오·욕의 칠정은 성에서 나왔지만 선악이 아직 정해지지 않는 것이니, 이것은 반드시 중절을 기다린 후에야 비로소 인·의·예·지의 달도(達道)가 된다. 『중용』에서 말한 "희·로·애·락이 아직 발하지 않는 것을 중(中)이라 하고, 발하여 모두 중절한 것을 화(和)라 한다"[600]라는 뜻이다. 칠정은 반드시 중절해야 달도를 이루므로 선이 되지만, 만약 중절하지 못하면 달도를 이루지 못하므로 불선이 된다. 결국 사단이 오로지 선한 것과 달리, 칠정은 선할 수도 있고 불선할 수도 있다. 그러므로 지선(至善)한 사단과 선악이 아직 정해지지 않는 칠정은 분명히 구분된다.

이처럼 사단과 칠정은 '중절한 것'과 '중절을 필요로 하는 것'으로 분명히 구분되는데도, 이이는 사단과 칠정을 서로 섞어서 하나의 정으로 해석한다. "만약 사단을 칠정에 적용하면, 측은은 애(愛)에 속하고, 수오는 오(惡)에 속하며, 공경은 구(懼)에 속하니……칠정 외에 다시 사단이 없다."[601] 이것은 사단과 칠정이 서로 다른 정이 아니라, 사단이 칠정에 포함되는 하나의 정이라는 말이다. 그러나 이세형은 "칠정의 애(愛)·오(惡)와 사단의 측은·수오가 비록 서로 유사하지만, 사단의 지선(至善)과 칠정의 선악이 아직 정해지지 않는 것에 어찌 틈이 있지 않겠는가." 즉 이이처럼 칠정과 사단이 하나의 정이 아니라, 사단과 칠정은 분명히 구분되는 서로 다른 정임을 강조한다.

　　사단과 칠정은 모두 성이 발한 것이라고 말하면 옳지만 동일한 정이라

端也; 是非之心, 智之端也."
600 『中庸』, 第1章, "喜怒哀樂之未發, 謂之中; 發而皆中節, 謂之和. 中也者, 天下之大本也; 和也者, 天下之達道也."
601 『栗谷集』卷10, 「答成浩原(壬申)」, "若以四端準于七情, 則惻隱屬愛, 羞惡屬惡, 恭敬屬懼……七情之外, 更無四端矣."

고 말하면 옳지 않으며, 칠정이 오상(五常)의 성에서 나온 것이라고 말하면 옳지만 또한 오상의 단서라고 말하면 옳지 않으니, 왜냐하면 발하여 중절한 칠정이라야 비로소 사단과 더불어 선에 귀결할 수 있기 때문이다. 막 발한 칠정에 선악이 아직 정해지지 않은 것은 사단과 더불어 한 무리로 볼 수 없다. 맹자는 사단을 논하면서 '넓혀서 채운다(擴而充之)'라는 말을 두었는데, '확충'이라는 두 글자는 사단에 붙일 수 있으나 칠정에는 붙일 수 없다. 이것으로 미루어 가면, 사단칠정의 의미와 묘맥이 저절로 같지 않은 것이 있다.[602]

'성발위정'의 말처럼 사단과 칠정은 모두 성이 발한 것이지만, 사단은 자체로 선한 것이고 칠정은 반드시 중절해야 비로소 선할 수 있는 것이므로 '동일한(같은) 정'이 아니다. 그러므로 "사단과 칠정은 모두 성이 발한 것이라고 말하면 옳지만, 동일한 정이라고 말하면 옳지 않다." 또한 칠정 역시 오상(五常)의 성에서 나온 것이지만(성이 발한 것이지만), 반드시 발하여 중절해야 비로소 선에 귀결할 수 있기 때문에 오상의 단서라고 말할 수 없다. 그러므로 "칠정이 오상의 성에서 나온 것이라고 말하면 옳지만, 또한 오상의 단서라고 말하면 옳지 않다." 그러므로 칠정이 막 발하여 선악이 아직 정해지지 않는 것은 사단과 같은 무리로 볼 수 없다.

또한 이세형은 맹자의 확충(擴充)의 말로써 사단과 칠정을 질적으로 구분하는 근거로 삼는다. 맹자에 따르면, 사람은 누구나 이 사단을 가

---

602 『恕軒集』卷2,「李栗谷四七說辨」, "四端七情, 謂之均是性發, 則可, 謂之同一情也, 則不可; 七情, 謂之出於五常之性, 則可, 亦謂五常之端, 則不可, 何則發而中節之七情, 始可與四端同歸於善也. 才發之七情善惡未定, 則不可與四端一串看也. 孟子論四端, 而有擴而充之之語, 擴充二字, 可以加之於四端, 不可著之於七情. 以此推之, 則四七之意味苗脈, 自有所不同者矣."

지고 있으니 모두 넓혀서 채울 줄 알면 천하를 보존할 수 있다.[603] 그러
나 맹자가 말한 "확충이라는 두 글자는 사단에 붙일 수 있으나 칠정에
는 붙일 수 없다." 왜냐하면 사단은 선한 정이므로 확충해나갈 수 있으
나, 칠정은 선악이 아직 정해지지 않은 정이므로 그대로 확충해나갈 수
없다. 예컨대 중절한 칠정과 달리, 중절하지 못한 칠정은 확충해나갈
것이 아니라 제재해나가야 하기 때문이다.

이렇게 볼 때 "사단과 칠정은 그 의미와 묘맥이 저절로 같지 않은 것
이 있다." 즉 사단과 칠정은 동일한 하나의 정이 아니라 질적으로 구분
되는 서로 다른 정이다. 이것은 칠정이 사단을 포함하므로 하나의(같은)
정이라는 이이의 주장에 대한 비판이다.

나아가 이세형은 이황의 호발설에 대한 이이의 비판을 재비판한다.

> 내가 생각건대, 이 말은 스스로 깊이 살피지 못한 것이다. 호발이라 하
> 는 것은 리가 발할 때에 기가 함께함이 없고 기가 발할 때에 리가 간여함
> 이 없어 동쪽에 있고 서쪽에 있다가 각자 나와서 두 가지와 같은 모양인
> 것을 말하는 것이 아니다. 대저 심은 하나일 뿐인데, 어째서 도심과 인심
> 이 구별이 있는가. 도심은 성명의 바름에 근원하고 인심은 형기의 사사로
> 움에 생겨나서 성명에 근원한 것을 리에 분속시키고 형기에서 생겨난 것
> 을 기에 분속시키니, 리에 분속시키고 기에 분속시키는 것, 이것이 이른
> 바 '서로 발용한다'는 것이 아니겠는가. 이와 같이 이해한다면 온당하고
> 막힘이 없을 것이니, 하필 '동쪽에 있다거나 서쪽에 있다'는 설로써 호발
> 의 뜻이라고 말하는가.[604]

---

603 『孟子』, 「公孫丑(上)」, "凡有四端於我者, 知皆擴而充之……足以保四海."
604 『怨軒集』卷2, 「李栗谷四七說辨」, "愚謂此論自不能深察者也. 互發云者, 非謂理發
時氣無所與, 氣發時理無所干, 在東在西, 各自出來, 如二物樣者也. 夫心一而已矣,

이이는 이황의 호발설을 다음과 같이 비판한다. "만약 퇴계의 설과 같으면, 본연지성은 동쪽에 있고 기질지성은 서쪽에 있어서 동쪽에서 나오는 것을 도심이라 하고 서쪽에서 나오는 것을 인심이라 하는 것이니, 이것이 어찌 이치이겠는가."[605] 이것은 이황의 "정에 사단과 칠정의 구분이 있는 것은 성에 본연(본연지성)과 기품(기질지성)의 다름이 있는 것과 같다"[606]라는 말에 대한 이이의 비판이다. 이이에 따르면, 이황처럼 사단은 본연지성이 발한 것이고 칠정은 기질지성이 발한 것이 아니라, 성은 하나이니 정에 두 개의 근원이 있을 수 없다.

그러나 이세형은 이이의 "이 말은 스스로 깊이 살피지 못한 것이다" 즉 이황의 호발설을 제대로 이해하지 못한 것이라고 비판한다. 호발이라 하는 것은 "리가 발할 때에 기가 함께함이 없고 기가 발할 때에 리가 간섭함이 없는 것이 아니다." 사단처럼 리가 발할 때도 기가 없는 것이 아니고, 칠정처럼 기가 발할 때도 리가 없는 것이 아니다. 비록 사단과 칠정이 모두 이기를 겸하지만, 다만 주로 하는 바에 따라 '이발'과 '기발'로 구분될 뿐이다. 사단은 리를 주로 하여 말한 것이므로 '이발'인 것이고, 칠정은 기를 주로 하여 말한 것이므로 '기발'인 것이다. 그러므로 이이의 비판처럼, 리는 동쪽에 있고 기는 서쪽에 있다가 각자 나와서 리가 발한 것은 사단이 되고 기가 발한 것은 칠정이 되는 것을 말하는 것이 아니다.

또한 이세형은 이황의 호발설을 인심도심의 문제와 연관지어 설명한

何以有道心人心之別也. 道心原於性命之正, 人心生於形氣之私, 以其原於性命也, 而屬之理; 以其生於形氣也, 而屬之氣, 其所以屬之理屬之氣者, 此非所謂互有發用者耶. 如是看解, 則穩且無碍, 何必以在東在西之說謂是互發之義耶."

605 『栗谷集』卷10, 「答成浩原」, "若如退溪之說, 則本然之性在東, 氣質之性在西, 自東而出者, 謂之道心, 自西而出者, 謂之人心, 此豈理耶."

606 『退溪集』卷16, 「答奇明彦(論四端七情 第1書)」, "情之有四端七情之分, 猶性之有本性氣稟之異也."

다. 예컨대 심은 하나일 뿐이지만, 도심은 성명의 바름에 근원한 것이고 인심은 형기의 사사로움에서 생겨난 것이다. 이것이 바로 인심도심에 대한 주자의 혹원혹생(或原或生)의 해석이다. 성명에 근원한 것(도심)은 리에 분속시키고 형기에서 생겨난 것(인심)은 기에 분속시키는데, 이때 리에 분속시키고 기에 분속시키는 것, 이것이 바로 '서로 발용한다' 즉 호발의 뜻이다. 비록 도심은 리에 분속시키고 인심은 기에 분속시킨다고 하더라도, 도심에는 기가 없고 인심에는 리가 없는 것이 아니다. 결국 심은 하나이지만 도심은 리에 분속시키고 인심은 기에 분속시키듯이, 사단과 칠정 역시 리와 기로 각각 분속시킬 수 있다. 이로써 사단은 리에서 발한 것이고 칠정은 기에서 발한 것이니, 사단과 칠정은 서로 발용하는 '호발'이다.

이와 같이 이황의 호발설을 이해하면 온당하고 막힘이 없을 것이니, 이이의 말처럼 '동쪽에 있다거나 서쪽에 있다'는 설로써 호발의 뜻을 이해하는 것은 옳지 않다.

또한 이세형은 호발의 뜻을 어린아이가 우물에 들어가는 사례로써 설명한다.

> 지금 어떤 사람이 있는데, 평소 마음가짐이 비록 몹시 포악할지라도 어린아이가 우물에 들어가는 것을 보는데 이르러서는 반드시 측은한 양심이 싹트니, 이러한 한 사람의 마음에도 선악의 마음이 잠깐 사이에 서로 발용한 것이다. 그렇다면 측은한 마음은 동쪽에서 나오고 포악한 마음은 서쪽에서 나오는가? 노선생의 이발 · 기발의 설은 다만 주자의 이발 · 기발의 말을 기술한 것일 뿐이니, '서로 발용한다'는 말은 실제로 주자 혹원혹생(或原或生)의 뜻을 따른 것이다.[607]

몹시 포악한 사람이라도 어린아이가 우물에 들어가는 것을 목격할 경우 측은한 양심이 싹트는데, 이것이 바로 "선악의 마음이 잠깐 사이에 서로 발용한다는 것이다." 결국 몹시 포악한 사람이라도 어린아이가 우물에 들어가는 것을 목격하면 측은한 양심이 싹트는 것처럼 선한 마음이 발하기도 하고, 평소의 마음가짐처럼 악한 마음이 발하기도 하여 '서로 발용하니', 이이의 비판처럼 측은한 마음은 동쪽에서 나오고 포악한 마음은 서쪽에서 나오는 것이 아니다.

따라서 심은 하나이지만 성명에 근원하기도 하고(도심) 형기에서 생겨나기도 하여(인심) 서로 발용하는 것처럼, 성은 하나이지만 리가 발하기도 하고(사단) 기가 발하기도 하여(칠정) 서로 발용하는 것이다. 이것이 바로 호발의 뜻이다. 이 때문에 이세형은 이황의 호발설이 바로 주자의 사단/이발과 칠정/기발의 말을 기술한 것이며, 호발 역시 '실제로 주자의 혹원혹생(或原或生)의 뜻'이라고 강조한다.

또한 이세형은 호발의 뜻을 물그릇에 비유하여 설명하기도 한다.

그러나 그 〈그릇의〉 물이 흔들려서 유출함에 이르러서는 혹은 맑은 갈래가 쏟아져 나오는 때가 있고, 혹은 탁한 찌꺼기가 섞여서 나오는 때가 있다. 맑은 갈래가 쏟아져 나오는 것은 물의 본래 맑은 것에 근원한 것이고 탁한 찌꺼기가 섞여서 나오는 것은 그릇의 더러움에 연유한 것이니, 이것은 리와 기가 호발하는 까닭인 것이 아니겠는가.[608]

---

607 『恕軒集』卷2, 「李栗谷四七說辨」, "今有人焉, 平生處心, 雖極暴惡, 及見孺子之入井, 則必萌惻隱之良心, 此一人之心也. 善惡之心互有發用於俄頃之間. 然則惻隱之心自東而出, 暴惡之心自西而出耶. 老先生理發氣發之說, 只述朱子理發氣發之論也, 互有發用之語, 實遵朱子或原或生之意也."

608 같은 곳, "然及其水之動而流出也, 或有淸派瀉出之時, 或有濁滓雜出之時. 淸派瀉出者, 原於水之本淸也, 濁滓雜出者, 由乎器之汚穢也, 此非理氣所以互發者乎."

'호발'은 미발(未發)의 때가 아니라 이발(已發)의 때에 해당한다. 그릇에 있는 물에 비유하면, 그릇의 물이 아직 움직이지 않을 때가 '미발'에 해당하니 이때는 호발을 말할 수 없다. 다만 물이 흔들려서 유출하는데 이르러서는(이발의 때에는) 혹은 맑은 갈래가 쏟아져 나오는 때가 있고 혹은 탁한 찌꺼기가 섞여서 나오는 때가 있다.

이때 맑은 갈래가 쏟아져 나오는 것은 물의 본래 맑은 것에 근원한 것이지만, 탁한 찌꺼기가 섞여서 나오는 것은 그릇의 더러움에 연유한 것이다. 결국 그릇의 물은 하나이지만, 그것이 흔들려서 유출할 때에 물의 맑은 것에 근원한 것도 있고 그릇의 더러움에 연유한 것도 있다. 마찬가지로 성은 하나이지만, 그것이 발할 때에 리에 근원한 것도 있고 기에 연유한 것도 있다. 이때 리에 근원한 것이 사단이고 기에 연유한 것이 칠정이니, 이것이 바로 리와 기가 호발하는 까닭이다.

이처럼 이세형은 "퇴계의 병폐는 오로지 호발 두 글자에 있다"[609]라는 이이의 호발설에 대한 비판에 직면하여 그 타탕성을 강조한다. 이이의 비판처럼, 호발이라는 것이 성이 발하기 이전에 이미 동쪽과 서쪽으로 나누어져 있다가 '〈리는〉동쪽에서 나오고 〈기는〉서쪽에서 나오는 것'이 아니라, 하나의 성이 발할 때에 리에 근원하는 것과 기에 연유하는 것으로 구분될 뿐이다.

이렇게 볼 때, 이세형이 비록 이황 호발설의 타당성을 강조하지만, 다만 이황의 "사단은 본연지성이 발한 것이고 칠정은 기질지성이 발한 것이다"라는 말처럼 소종래에 따른 근원적인 구분에는 반대하고 있음을 알 수 있다.

더 나아가 이세형은 '이발', 즉 "리는 무위하므로 호발이라 말할 수 없

609 『栗谷集』卷10, 「答成浩原」, "退溪之病, 專在於互發二字."

다"는 이이의 주장에 대해 다음과 같이 비판한다.

　　이것은 또한 기발(氣發) 외에 다른 길이 없다는 설을 스스로 밝힌 것이
다. 기가 명령을 듣는지의 여부를 기가 하는 것에 귀결시키고 리를 무위
(無爲)에 귀결시켜 '서로 발용한다'고 말할 수 없다면, 그렇다면 리라는 것
은 바로 하나의 죽은 물건이니, 우뚝이 기 속에 있어 온갖 만사의 선악(善
惡)·사정(邪正)과 온갖 변화의 소식(消息)·영허(盈虛)가 모두 이 기의 작
용에 맡겨지고 리는 그 사이에서 유위(有爲)할 수 없다. 리를 '무위하다'고
하고 기를 '유위하다'고 하는 것은 리는 형체를 볼 수 없으나 기는 흔적을
찾을 수 있다는 말이다. 〈형체를〉볼 수 없기 때문에 '무위하다'고 하고
〈흔적을〉찾을 수 있기 때문에 '유위하다'고 하는 것이지, 리는 발용함이
없고 기만 유독 발용함이 있다고 말하는 것이 아니다. 리는 기의 주재이
고 기는 리의 재료이니, 어찌 재료가 있다면 유독 주재하는 바가 있거늘 끝
내 〈작위〉하는 바의 리가 없겠는가. 유위할 수 있는 것은 기이고 유위할 수
있게 하는 것은 리이다. 무위는 곧 유위의 근저이고 유위는 무위의 지엽이
니, 어찌 기만 유독 유위하고 리는 끝내 무위하다고 할 수 있겠는가.[610]

　　이이에 따르면, 리는 무위하므로 결코 발하는 주체가 될 수 없다. "기
가 명령을 듣는지의 여부는 모두 기가 하는 것이고 리는 무위하니 서로

---

610 『恕軒集』卷2, 「李栗谷四七說辨」, "此亦自明其氣發外無他途之說也. 以氣之聽命
與否歸之於氣之所爲, 以理歸之於無爲, 而不可謂互有發用, 然則所謂理者乃一死
底物, 而兀然在氣中, 百千萬事之善惡邪正, 百千萬變之消息盈虛, 一任於是氣之
作用, 而理則不能有爲於其間耶. 理謂之無爲, 而氣謂之有爲者, 理則無形可見, 氣
則有迹可尋. 以其無可見也, 故謂之無爲也; 以其有可尋也, 故謂之有爲也, 非謂其
理則無所發用而氣獨有所發用也. 理者, 氣之主宰也; 氣者, 理之材料也, 豈有材料
則獨有所爲主宰, 則終無所爲之理哉. 其能有爲者, 氣也, 而所以能有爲者理也. 無
爲乃有爲之根柢也, 有爲是無爲之枝葉也, 豈可謂氣獨有爲而理終無爲也哉."

발용한다고 말할 수 없다."[611] "리는 무위하고 기는 유위하므로 기가 발하고 리가 탄다."[612] 그러므로 사단과 칠정은 모두 '기발이승일도'이다. 따라서 발하는 것은 기이고 기가 아니면 발할 수 없으니[613], 이황의 '이발'은 옳지 않다. 왜냐하면 리는 무위하므로 '발'이라는 작위적 개념을 쓸 수 없기 때문이다.

이에 이세형은 이이가 '리가 무위하다'는 데에 근거하여 사단과 칠정을 모두 '기발' 하나로 해석한 것이라고 지적한다. "이것은 기발(氣發) 외에 다른 길이 없다는 설을 스스로 밝힌 것이다."

이어서 이세형은 무위(無爲)와 유위(有爲)의 의미상의 차이를 설명한다. 리를 '무위하다'고 하는 것은 그 형체를 볼 수 없기 때문이고, 기를 '유위하다'고 하는 것은 그 흔적을 찾을 수 있기 때문이다. 따라서 형체를 볼 수 없기 때문에 '무위하다'고 하고 흔적을 찾을 수 있기 때문에 '유위하다'고 하는 것이지, 무위하므로 발용할 수 없고 유위하므로 발용할 수 있음을 말하는 것이 아니다. 결국 무위한 리라도 발용할 수 있다.

또한 이세형은 리가 발용하는 구체적 사례를 '주재'의 개념으로 설명한다. 리는 기의 주재이고 기는 리의 재료이니, 재료가 있다면 반드시 주재하는 것이 있다. 이때 주재하는 것이 바로 리이니 "끝내 〈작위〉하는 바의 리가 없겠는가." 즉 리는 발용(작용)함이 있다. 예컨대 유위할 수 있는 것은 기이고 유위할 수 있게 하는 것은 리라고 할 때, 이때 '유위할 수 있게 하는 것'이 바로 리의 주재이고 리의 실재적 작용이다. 다만 눈으로 볼 수 있는 기의 작용이 아니라 눈으로 볼 수 없는 본체의 작용(妙用)

---

611 『栗谷集』卷10,「答成浩原」, "氣之聽命與否, 皆氣之所爲也, 理則無爲也, 不可謂互有發用也."
612 『栗谷集』卷20,「聖學輯要」,〈論心性情〉, "理無爲而氣有爲, 故氣發而理乘."
613 같은 곳, "理無爲而氣有爲, 故氣發而理乘."

일 뿐이며 또한 주재인 것이다. 따라서 리에는 주재와 같은 작용(발용)이 있으므로 이이처럼 '아무런 작용'이 없다고 말할 수 없다.

따라서 이이처럼 '기만 유독 유위하고 리는 결코 무위하다'라고 말할 수 없다. "무위는 곧 유위의 근저이고, 유위는 무위의 지엽이다." 즉 기의 근거가 리이며, 이때 리가 바로 주재의 의미이고 리의 실재적 작용이다. 그렇지 않고 이이처럼 '리가 무위하다'는 이유로써 온갖 만사의 선악(善惡)·사정(邪正)이나 온갖 변화의 소식(消息)·영허(盈虛)를 모두 기의 작용에만 맡긴다면, 결국 리는 하나의 죽은 물건에 불과하다. 이처럼 이세형은 이이가 말하는 리의 '소이연'의 의미를 리가 실제로 발용하는 '주재'의 의미로 해석한다.

이렇게 볼 때, 이세형의 사단칠정론은 이황의 호발설을 지지하는 입장에서 이이를 비판하고 있음을 알 수 있다. 다만 이황처럼 소종래에 따른 근원적 구분은 인정하지 않고, 발할 때에 주리와 주기에 따른 사단/이발과 칠정/기발로 구분할 것을 강조한다.

31

이상정(李象靖)의 사단칠정론

이상정은 이황의 분개설과 이이의 혼륜설을 종합한 인물로 평가된다.[614] 이상정은 당시 퇴계학파의 성리설이 분개에 치우친 폐단을 바로 잡기 위해, 이황의 분개설을 견지하면서도 이이의 혼륜설까지 수용함으로써 분개와 혼륜의 두 관점을 종합하는 논리를 전개한다. 혼륜과 분개의 두 관점을 종합적으로 파악할 때만이 사단칠정론에 대한 정확한 해석이 가능하다는 입장이다.

이상정(李象靖, 1711~1781)[615] 사단칠정론의 특징은 혼륜과 분개라는 두 가지 인식방법을 동시에 인정하는데 있다. 퇴계학파와 율곡학파에서 각각 상반된 성리설을 주장하는 이유가 관점의 편향에서 생겨난 문제

---

[614] 특히 유명종은 이상정이 分開와 渾淪의 두 길을 변증법적 방법으로 통일하였다고 평가하며(「조선후기 성리학사에서 대산 이상정의 사상사적 위치 – 혼륜설과 분개설의 통일 –」, 『동방학지』113, 2001), 전병철도 渾淪과 分開의 두 관점을 통합함으로써 퇴계학파와 율곡학파의 성리설이 회통할 수 있는 토대를 마련하였다고 평가한다.(「대산 이상정 성리설의 회통적 성격」, 경상대학교 박사학위논문, 2007)

[615] 이상정의 본관은 韓山, 자는 景文, 호는 大山. 시호는 文敬이며, 경북 안동 출신이다. 이현일의 외손으로, 그의 학문은 남한조·유치명으로 이어졌으며 이황의 정통학맥을 이었다고 평가한다. 저서로는 『대산집』·『경재잠집설』 등이 있다.

이니, 그것을 해결하기 위해서는 여러 관점에서 종합하는 인식방법이 필요하다. 이이(또는 율곡학파)가 혼륜의 관점에서 자신의 이론을 전개하고 이황(또는 퇴계학파)이 분개의 관점에서 자신의 이론을 전개하였다고 할 때, 이상정은 혼륜설과 분개설을 종합하는 관점에서 자신의 이론을 전개한다.

이러한 종합적 사고의 대표적인 사례가 바로 이황의『성학십도』의 제6도인「심통성정도(心統性情圖)」의 중도(中圖)와 하도(下圖)에 대한 해석이다.[616] '중도'는 혼륜의 관점에서 사단칠정을 해석한 것이고, '하도'는 분개의 관점에서 사단칠정을 해석한 것으로써[617] 혼륜설과 분개설을 종합하는 관점에 주목한다. 이상정은 이러한 두 관점을 종합해 보아야 하는 이유로써 애초에 사단과 칠정이라는 말의 내력이 서로 달랐기 때문이라고 설명한다.

칠정은 이기를 겸하고 선악을 합한 것이기 때문에 혼륜하여 말하면, 성은 대본(大本)이 되고 칠정은 대용(大用)이 되어 사단을 그 안에 포함하니, 이것은『중용』과『예기』「악기」의 설이고 정자가 자신의 설로 삼은 이유이다. 분개하여 보면, 사단은 리를 주로 하여 선하지 않음이 없고 칠정은 기를 주로 하여 혹 불선하기도 하니, 이것은『서경』「대우모」와『맹자』의 뜻이며 주자가 자신의 설로 삼은 이유이다.[618]

---

616 『聖學十圖』제6도인「心統性情圖」의 中圖와 下圖의 해석에 근거하여, 이상정은 이황이 분개 한쪽에 치우친 것이 아니라 분개와 혼륜을 종합하였다고 평가한다.
617 『大山集』卷14,「答安百順」, "性情中圖, 蓋就渾淪言中拈其善一邊, 則原於天命之性, 而爲天下之達道. 與下圖之分開說者, 各是一義."
618 『大山集』卷29,「答金直甫」, "蓋七情, 秉理氣合善惡, 故渾淪而言, 則以性爲大本, 七情爲大用而包四端在其中, 卽中庸樂記之說而程子所以爲說也. 分開而看, 則四端主於理而無不善, 七情主於氣而或不善, 此禹謨孟子之意而朱子所以爲說也."

『중용』과『예기』「악기」에서 칠정을 말한 뜻과『맹자』와『서경』「대
우모」에서 사단을 말한 뜻은 이미 그 내력이 서로 다르다.『중용』과「악
기」에서 말한 칠정은 이기를 합쳐서 말한 것이므로 혼륜설의 시초가 되
고,『맹자』와「대우모」에서 말한 사단은 리에 해당하는 것만을 뽑아내어
말한 것이므로 분개설의 시초가 된다. 때문에 사단과 칠정에 대한 정확한
이해를 위해서는 혼륜과 분개의 두 관점을 동시에 적용해야 한다.

『중용』은 혼륜의 관점에서 칠정을 말한 것이고『맹자』는 분개의 관
점에서 사단을 말한 것으로 각각 한 가지 뜻을 밝혔으니, 반드시 이렇게
분리해 보기도 하고 합쳐서 보기도 하여야 사단과 칠정의 뜻을 다할 수
있다.[619] 이러한 혼륜과 분개의 두 관점은 사단칠정의 관계에서뿐만 아
니라 리와 기의 관계에서도 그대로 적용된다. 이러한 사실을 이상정은
주자의 말로써 설명한다.

> 주자가 말하기를, "태극(리)은 음양과 떨어질 수 있는 것이 아니고, 음
> 양(기)에 나아가 그 본체를 가리켜서 음양과 섞지 않고 말한 것이다." 또
> 말하기를, "만약 음양이 없으면 태극은 어디에 붙어있겠는가? 리는 참으
> 로 기에서 떨어지지 않지만 사물에 얽매이지도 않는다. 그러므로 음양 ·
> 오행 속에 있지만 또한 음양 · 오행과 섞이지 않는다."[620]

실질적으로 리와 기는 하나의 물건(一物) 속에 섞여있어 떨어질 수 없
는 관계에 있다(혼륜). 리는 기 속에 있지만, 또한 기와 섞이지 않는 속성

---

619 『大山集』卷29,「答金直甫(別紙)」, "中庸樂記以七情言, 孟子又專以四端言, 蓋各
是發明一義, 須如是離合看, 方盡其義也."
620 『大山集』卷40,「讀聖學輯要」, "朱子曰, 太極非有以離陰陽也, 卽陰陽而指其本體
不雜乎陰陽而爲言. 又曰若無陰陽, 太極那裏收附. 蓋理固不離乎氣, 然亦不囿於
物. 故雖在陰陽五行之中, 而亦不雜於陰陽五行之中."

이 있기 때문에 분석하여 말할 수 있다. 리는 형이상의 것이고 기는 형이하의 것으로써 둘은 분명히 구분된다. 이 때문에 비록 리와 기가 떨어질 수 없는 관계에 있더라도 둘을 분석하여 구분하여 말할 수 있다.

여기에서 바로 분개설의 논리가 등장한다. "그 합쳐진 것으로부터 혼륜의 설이 만들어지고, 그 합쳐진 것을 쪼개서 분개의 설이 있다."[621] '분개'란 합쳐진 곳에 나아가 쪼개서 말한 연후에 성립되는 개념이다.[622] 물론 이러한 사고는 어디까지나 논리적 또는 이론적으로만 가능하다. 왜냐하면 현실적으로 리와 기는 서로 분리될 수 없는 관계에 있으며, 이 것을 분리시켜 설명하기 때문에 논리적이라 말하는 것이다.

이어서 이상정은 이러한 분개설의 근거로써 주리 · 주기의 논리를 제기한다.

> 정은 하나이니 어찌 둘이 있겠는가. 다만 무엇을 주로 하여 발하느냐에 따라 두 개의 명칭이 있을 뿐이다. 그러므로 주자가 말하기를, "사단은 리가 발한 것이고 칠정은 기가 발한 것이다"라고 하였으니, 정은 하나이지만 리를 주로 하느냐 기를 주로 하느냐에 따라 그 명칭을 달리할 뿐이다.[623]

'사단과 칠정을 하나의 정으로 보려는 것'은 혼륜의 관점에서 말한 것이고, '사단과 칠정을 이발(理發)과 기발(氣發)로 나누어 보려는 것'은 분개의 관점에서 말한 것이다. 이상정은 분개해 볼 수 있는 근거로써 주

---

621 『大山集』卷10, 「答李天牖(別紙)」, "故因其合而爲渾淪之論, 或析其合而有分開之說."
622 같은 곳, "然就其合而析言之, 然後方是分開底道理."
623 『大山集』卷40, 「讀聖學輯要」, "情一也, 豈有二乎. 特以所主而發者有二名耳. 故朱子曰, 四端理之發, 七情氣之發, 情則一也, 以主理主氣而異其名耳."

리 · 주기의 논리를 제시한다.

원래 주리 · 주기란 리와 기의 떨어질 수 없는 혼륜의 관계를 전제로 한 용어이다. 왜냐하면 리와 기가 분리된 상황에서는 '주로 한다'는 말을 할 수 없기 때문이다. 현실적으로 리와 기는 어떠한 경우에도 떨어질 수 없다. 그렇지만 떨어질 수 없는 가운데 리를 주로 해서 말하거나 기를 주로 해서 말할 수 있으니, 이것이 바로 주리 · 주기의 논리이다. "리와 기는 잠시도 떨어질 수 없지만, 다만 그 사이에서 발하는 곳에 따라 주리 · 주기의 구분이 있을 뿐이다."[624]

리만을 주로 해서 말하거나 기만을 주로 해서 말하는 주리 · 주기의 논리는 분개의 관점에서 가능하다. 이러한 분개의 관점에서는 사단은 리를 주로 하여 말한 것이므로 '이발'이 되고 칠정은 기를 주로 하여 말한 것이므로 '기발'이 된다. 이것은 주리 · 주기의 논리에 따른 분개의 관점에서 이황 호발설의 타당성을 해석한 것이다. 이상정은 혼륜과 분개의 두 가지 인식방법을 동시에 강조한다.

> 합하여 하나가 되더라도 '일찍이 섞인 적이 없다(분개)'는 것에 해되지 않으며, 나누어서 둘이 되더라도 '본래 분리되지 않는다(혼륜)'는 것에 해되지 않는다. 혼륜하여 말하더라도 그 분개한 것은 진실로 그대로이고, 분개하여 보더라도 그 혼륜한 것이 또 조금도 손상된 적이 없다. 다만 리가 하나라는 것만 알아서 분개를 폐기해 버리고자 한다면, 이는 하나만 알고 둘은 모르는 것이다. 마치 눈금 없는 저울이나 표기 없는 자와 같아서 애매하고 모호한 폐단이 있다. 다만 구분한 것이 다르다는 것만 고집할 줄 알고 혼륜에 대해서 말하는 것을 싫어한다면, 이는 차이만

---

624 같은 곳, "固無頃刻之離者, 而但於其間, 隨其所發地頭, 而有主理主氣之分耳."

보고 같음은 알지 못하는 것이다. 마치 줄기 없는 가지나 근원 없는 물결과 같아서 지리하고 엉성한 폐단이 있다. 둘은 모두 잘못되어 도에 이를 수 없다.[625]

분개와 혼륜의 두 관점을 동시에 적용할 수 있어야 온전한 인식방법이다. 혼륜만 알고 분개를 버리면 "눈금 없는 저울이나 표기 없는 자"처럼 분명하지 못하여 기를 리로 오인하는 문제가 발생하며, 반대로 분개만 고집하고 혼륜을 싫어하면 "줄기 없는 가지나 근원 없는 물결"처럼 다름만 보고 같음을 알지 못하니 둘 다 옳지 않다. '같음을 알지 못한다'는 것은 사단뿐만 아니라 칠정 역시 성이 발한 것이라는 사실을 의미한다. 이것은 사단의 성(본연지성)과 칠정의 성(기질지성)을 지나치게 구분함으로써 칠정은 성이 발한 것이 아니라고까지 해석하는 퇴계학파에 대한 비판이다.

이러한 이유에서 이상정은 혼륜하여 말하더라도 분개에 해되지 않고 분개하여 말하더라도 혼륜에 해되지 않는 인식방법을 '하나이면서 둘이고 둘이면서 하나'라고 설명한다. "다름에 나아가서 같음이 있음을 보기 때문에 혼륜하여 말한 것이 있으며, 같음에 나아가서 다름이 있음을 보기 때문에 분별하여 말하더라도 불가할 것이 없으니, 이것이 하나이면서 둘이고 둘이면서 하나라는 것이다."[626] '하나이면서 둘이고 둘

---

625 『大山集』卷20,「答李希道」, "合而爲一, 而不害其未嘗雜; 分而爲二, 而不害其本不離. 渾淪言, 而其分開者, 固自若也; 分開看, 而其渾淪者, 又未嘗或損也. 徒知理之一, 而欲廢分開, 則是知一而昧夫二. 如無星之稱, 無寸之尺, 而其弊也失之鶻圇含糊. 徒守分之殊, 而厭說渾淪, 則是見異而昧其同. 如無榦之支, 無源之派, 而其弊也失之支離闊疎. 二者恐胥失, 而不達於道矣."
626 『大山集』卷39,「四端七情說」, "就異而見其有同, 故渾淪言之者有之, 就同而見其有異, 故分別言之而無不可. 所謂一而二二而一者也."

이면서 하나'라는 표현은 혼륜과 분개의 두 관점을 종합하는 방식이다. 이러한 종합적 사고에서 볼 때, 이상정은 이이가 '하나다(혼륜)'는 측면에 치우쳐 '다르다(분개)'는 측면을 보지 못하였다고 비판한다.

> 저들(이이)이 말한 '같다'는 것은 '같아서 다름이 없다(同而無異)'는 것이고, 내가 말한 '같다'는 것은 '같으면서 다르다(同而異)'는 것이다. 저들이 말한 '하나'라는 것은 '하나여서 둘이 될 수 없다(一而不二)'는 것이고, 내가 말한 '하나'라는 것은 '하나이면서 둘이다(一而二)'는 것이다. 저들에게는 혼륜만 있지만 나는 분개라는 것을 겸하여 말하고, 저들에게는 하나의 도만 있지만 나는 호발(互發)이란 것을 아울러 말한다.[627]

이이처럼 혼륜의 측면에서 '하나(같다)'만을 말해서는 안 되고, 하나임을 말하면서 동시에 '둘이다(다르다)'는 분개의 측면도 아울러 말해야 한다. 결국 혼륜의 관점에서 사단과 칠정이 모두 같은 하나의 정이라는 사실을 말하면서도, 동시에 분개의 관점에서 사단과 칠정이 '이발'과 '기발'로 구분되는 이치를 아울러 말해야 한다는 것이다. "지금 만약 오로지 분개만을 주장하고 서로 혼합하지 않는다면, 비록 간결하여 좋을 것 같지만 한쪽으로 떨어져서 원만하지 못하니, 저들이 합치는 것을 좋아하고 분리하는 것을 싫어하는 것과 참으로 방법은 다르지만 결과는 동일하다."[628] 분개만을 주장하는 자들의 폐단이든 혼륜만을 주장하는 자들의 폐단이든 모두 그 방법은 비록 다른 것 같으나, 결과는 모두 한

---

627 『大山集』卷20, 「答李希道」, "夫彼所謂同, 同而無異, 而吾所謂同, 同而異. 彼所謂一, 一而不二, 而吾所謂一, 一而二. 彼但有渾淪而吾以分開者而兼言, 彼但有一道而吾以互發者而並論."

628 같은 곳, "今若專主分開不相混合, 則雖似簡潔可喜, 然其落於一偏, 不能圓備, 則與彼之喜合惡離者, 眞所謂殊塗而同科矣."

쪽으로 치우쳐 있으므로 옳지 않다.

이러한 이유에서 이상정은 혼륜설과 분개설의 종합적 사고에서 사단과 칠정을 해석한다.

칠정은 혼륜하여 말하면 진실로 이기를 겸하고 선악을 합한 것이지만, 사단과 상대하면 리와 선을 발라낸 것이니 어찌 형기의 측면에 속하지 않겠는가? 그러나 분개하더라도 혼륜에 해되지 않기 때문에 사단과 상대하지 않고 말하면, 또한 이기를 겸하고 선악을 합한 것이다. 이렇게 보든 저렇게 보든 서로 방해하지 않고 합하여 말하든 구분하여 말하든 서로 어긋나지 않으니, 어찌 오로지 한쪽만을 고집하여 다름이 있다는 설을 받아들이지 않을 수 있겠는가.[629]

혼륜의 관점에서는 칠정이 이기를 겸하므로 오로지 기에만 분속시킬 수 없지만, 분개의 관점에서는 사단의 선한 부분을 발라냈기 때문에 결국 칠정은 기에 분속된다. 이것은 이상정의 "혼륜의 관점에서는 칠정이 이기를 겸하고 선악이 있으니, 사단은 칠정 안에 포함된다. 분개의 관점에서 사단과 칠정을 상대시켜 말하면, 사단이 리의 부분을 점유하니 칠정이 기에서 나왔다고 하는 것이 무슨 불가함이 있겠는가?"[630]라는 말에 다름 아니다.

이이처럼 혼륜의 관점에서는 칠정이 이기를 겸하므로 칠정의 중절

---

629 『大山集』卷40, 「讀聖學輯要」, "夫七情渾淪言, 則固兼理氣合善惡, 然與四端對待, 則其理與善, 爲其所剔撥出矣, 豈不屬於形氣之一邊乎. 然卽分開而不害有渾淪, 故不與四端對言, 則又是兼理氣而合善惡. 蓋橫看竪看而不相礙, 合說分說而不相悖, 豈可專執一邊而不容其有異說哉."

630 『大山集』卷40, 「讀奇高峯四端七情後說總論」, "七情渾淪言, 則固兼理氣有善惡, 四端包在其中矣. 卽四端七情之對言者, 謂四端占理邊而七情出於氣, 何不可之有."

한 것은 사단과 다르지 않지만, 이황처럼 분개의 관점에서는 사단이 이미 리의 부분을 차지했으므로 칠정은 기에 속하니 기발(氣發)의 표현도 가능하다. 분개하더라도 혼륜에 해되지 않으므로 칠정을 사단과 상대시키지 않으면, 이기를 겸하고 선악이 함께 있다. 반대로 혼륜하더라도 분개에 해되지 않으므로 칠정을 사단과 상대시키면, 사단이 리(또는 선)의 부분을 차지하므로 결국 칠정에는 기 부분만 남게 된다.

분개하더라도 서로 방해되지 않고 혼륜하더라도 서로 어긋나지 않으니, 분개만을 고집하여 리와 기를 겸한다는 사실을 놓쳐서도 안 되고 혼륜만을 고집하여 리와 기로 구분된다는 사실을 외면해도 안 된다. 이렇게 볼 때, "혼륜과 척발(분개)에는 비록 리와 기가 나누어지고 합쳐지는 차이가 있을지라도, 애초에 사단과 칠정이 길을 달리하는 염려는 없다."[631] 사단과 칠정을 혼륜과 분개의 두 관점에서 동시에 해석하더라도 문제될 것이 없다. 혼륜의 관점에서도 사단과 칠정을 해석할 수 있고, 분개의 관점에서도 사단과 칠정을 해석할 수 있다. 이 때문에 이상정은 혼륜의 관점에서 이이의 이론을 설명하고, 분개의 관점에서 이황의 이론을 설명한다.

먼저 이상정은 혼륜의 관점에서 이이처럼 "사단과 칠정은 애초에 다른 뜻이 없다"[632]는 뜻을 해석한다. 칠정의 중절한 것이 사단이니, 칠정 밖에 다른 정이 있는 것이 아니다. "성이 발하여 정이 되는 것은 칠정도 그러하니, 오로지 사단으로만 보아서는 안 된다."[633] '칠정도 성이 발한 것'이라는 말은 칠정에도 리가 있으니, 이황처럼 '기발'로만 해석해서는

---

631 『大山集』卷10, 「答李天牖(別紙)」, "渾淪剔撥, 雖有理氣分合之異, 而初無四七殊途之礙."
632 같은 곳, "蓋渾淪看, 則四端七情, 初無異義."
633 『大山集』卷10, 「與李天牖論理氣性情圖後論疑義」, "且性之發而爲情, 卽七情亦然, 不可專以爲四端也."

안 된다.

이러한 사고는 어디까지나 혼륜의 관점에 따른 것이며, 동시에 이이의 사단칠정론에 대한 이상정의 해석이기도 하다. 혼륜의 관점에서는 "칠정을 오로지 기만을 가리켜서 말해서는 안 되니……사단과 칠정은 두 개의 뜻이 있는 것이 아니다."[634]

> 만약 섞어서 논하면(혼륜) 칠정의 중절한 것은 곧 기가 리에게 명령을 듣는 것이니, 이때의 리는 바로 본성이 발한 것이다. 사단이 악으로 흐르는 것은 곧 리가 발하여 완수되기 전에 기에 의해 가려지는 것이니, 이때의 기는 바로 형질이 얽매는 것이다.[635]

이 구절은 혼륜의 관점에서 사단과 칠정을 해석한 것이다. "칠정의 중절한 것이 곧 사단이다"는 명제와 "사단도 악으로 흐를 수 있다"는 두 명제를 동시에 설명하고 있다. 사단과 칠정 모두 이기를 겸하니, 칠정에도 리가 없는 것이 아니므로 본성(리)이 발한 것이고 사단에도 기가 없는 것이 아니므로 악(기)으로 흐를 수 있다. 칠정의 중절한 것은 기가 리의 명령을 들었기 때문이며, 사단이 악으로 흐를 수 있는 것은 리가 발하여 완수되기 전에 기에 의해 가려졌기 때문이다.

결국 칠정도 본성이 발한 것이 되고 사단도 부중절(不中節)할 수 있게 된다. 전자는 이이가 강조한 내용이고, 후자는 율곡학파 가운데 송시열(宋時烈)·한원진(韓元震) 계열이 특히 강조한 내용이다.[636] 때문에 이상

---

634 『大山集』卷40, 「讀聖學輯要」, "七情不可專指氣言……四七非有二之義."

635 『大山集』卷20, 「答李希道」, "若錯而論之, 七情之中節, 卽氣之聽命於理, 斯理也, 乃本性之發也. 四端之流惡, 卽理發未遂而爲氣揜, 是氣也, 卽形質之累也."

636 송시열과 한원진은 이이의 氣發理乘一途의 원칙 하에서 사단과 칠정이 모두 이기를 겸하므로 칠정뿐만 아니라 사단에도 선악이 있다고 주장한다. "사단에도 선악

정은 "성으로부터 발하지 않았다면 정으로 부를 수 없거니와, 이미 정이라고 불렀다면 결국 성이 발한 것이다. 칠정을 순수하게 본성이 발한 것이 아니라고 하면 옳지만, 성이 발한 것이 아니라고 하면 옳지 않다."[637] 이러한 해석은 모두 혼륜의 관점에 따른 것이다.

> 칠정을 기가 발한 것이라 하여 전혀 리에 속하지 않는다고 하면 이는 천하에 리 밖의 기가 있는 것이며, 비록 리가 있으나 사단의 리와 다르다고 하면 이는 천하에 두 가지 리가 있는 것이다. 리 밖에 기가 있다고 하면 이는 기를 알지 못하는 것이며, 두 가지 리가 있다고 하면 이는 리에 통달하지 못한 것이다.[638]

분개의 관점에서 사단과 칠정을 지나치게 상대시켜 해석할 때 나타나는 문제점을 지적한다. 칠정을 지나치게 기에만 소속시키면, 칠정에는 리가 없는 것이 되어 결국 리 밖에 기가 있게 되므로 이치에 어긋난다. 칠정은 이기를 겸하므로 기에만 분속시켜서는 안 된다. 또한 칠정의 리를 사단의 리와 구분시키면, 두 가지 리가 있게 되므로 이 또한 이치에 어긋난다. 이상정은 "리는 하나의 리일 뿐이다. 이미 칠정이 겸한 리가 있는데 또 다시 사단의 리가 있어서 하나의 마음속에 두 리가 번갈아 둥지를 튼다면, 이는 의리가 성립하지도 않고 말이 되지도 않는다."[639]

이 있다"는 것은 결국 사단에도 中節뿐만 아니라 不中節이 있다는 것을 의미한다.

637 『大山集』卷20, 「答李希道(別紙)」, "不自性發, 不名爲情, 旣名爲情, 畢竟是性發. 以七情爲非純然本性之發則可, 謂非性之發則不可."

638 『大山集』卷20, 「答李希道」, "且以七情爲氣發而全不屬於理, 則是天下有理外之氣, 以爲雖有理而與四端之理不同, 則是天下有二理也. 以爲理外有氣, 則是不識乎氣, 以爲有二理焉, 則是不達於理."

639 『大山集』卷20, 「答李希道(別紙)」, "理只是一理. 旣有七情所兼之理, 又別有四端之理, 一心之中, 兩理交宿, 此不成義理, 不成言語."

칠정이 비록 리를 겸할지라도 칠정의 리 밖에 다시 사단의 리가 있는 것이 아니다.

사단이든 칠정이든 모두 이기를 겸하며, 사단의 리든 칠정의 리든 모두 하나의 리이다. 이상정에 따르면, 사단과 칠정은 서로 다른 정이 아니라 칠정의 중절한 것이 사단이니, 칠정 밖에 다시 사단이 있는 것이 아니다. 결국 사단과 마찬가지로 칠정도 성이 발한 것이니, '기발'로 보아서는 안 된다. 이러한 해석은 혼륜의 관점에 따른 것으로 이이의 이론과 일치한다.

동시에 이상정은 분개의 관점에서 이황의 호발설을 해석한다. "사단/이발이기수지(理發而氣隨之)와 칠정/기발이이승지(氣發而理乘之)는 참으로 분개의 설이다. 만약 혼륜하여 말할 때면 또 어찌 사단과 칠정의 명칭이 다르고 리와 기가 서로 발하는 일이 있겠는가?"[640] 이상정은 이황의 호발설이 분개의 설임을 전제한다.

> 사단에도 기가 따르는 것이 없을 수가 없으나 천리가 주인이 되고 기가
> 손님이 되며, 칠정에도 리가 타는 것이 없을 수가 없으나 형기가 주인이
> 되고 리가 손님이 된다. 손님과 주인이 분명한데, 그 구분이 또 어떻게 다
> 르지 않을 수 있겠는가.[641]

분개의 관점에서는 사단에도 기가 없는 것은 아니지만 사단은 리가 주인이 되고 기가 손님이 되며, 칠정에도 리가 없는 것은 아니지만 칠정

---

640 같은 곳, "理發氣隨, 氣發理乘, 正是分開說. 若渾淪說時, 又安有四七之異名, 理氣
之互發哉."

641 『大山集』卷20, 「答李希道」, "四端, 非無氣之隨也, 而天理爲主而氣爲客; 七情, 非
無理之乘也, 而形氣爲主而理爲客. 其客主之所形, 其分又烏得以不殊哉."

은 기가 주인이 되고 리가 손님이 된다. '리가 주인이 된다'는 것은 리를 주로 하여 말한 것이고, '기가 주인이 된다'는 것은 기를 주로 하여 말한 것이다. 사단은 리를 주로 하여 말한 것이므로 이발(理發)이 되고, 칠정은 기를 주로 하여 말한 것이므로 기발(氣發)이 된다. 물론 '이발'이라고 하여 기가 없다는 말이 아니며, '기발'이라고 하여 성이 발한 것이 아니라는 말이 아니다.

분개의 관점에서는 이황의 호발설이 타당하다. 그렇지만 혼륜의 관점에서는 칠정의 중절한 것이 사단이며, 사단과 칠정에 두 가지 뜻이 있는 것이 아니므로 결코 호발설이 성립될 수 없다. 이것이 바로 이황의 호발설인 '이발'과 '기발'에 대한 이상정의 해석이다. 이상정은 주리·주기라는 분개의 관점에서 이황 호발설의 타당성을 인정한다.

더 나아가 이상정은 이러한 분개의 관점에서 선악의 개념적 대립이 가능하다고 설명한다.

> 합쳐진 것에 나아가 분석하여 말하면, 하나의 정 속에 성명(性命)의 바름에 근원하는 것은 순수하여 선하지 않음이 없지만, 형기(形氣)의 경계에 기인하는 것은 사사로워 혹 불선하기도 하다. 이때 사사로움(私)과 바름(正)의 구분은 근본으로부터 이미 그러하니, 비록 한데 섞고자 하더라도 할 수 없다.[642]

분개의 관점에서는 성명의 바름에 근원하는 사단과 형기의 사사로움에서 생겨나는 칠정이 근원적으로 구분된다. 이것을 선악의 개념으

---

642 『大山集』卷39, 「四端七情說」, "卽其合而析言之, 則一情之中, 其原乎性命之正者, 粹然而無不善, 其緣乎形氣之境者, 私而或不善. 其私正之分, 自根本而已然, 雖欲渾而雜之而不可得也."

로 표현하면, 사단은 성명의 바름에 근원하므로 선하지 않음이 없지만, 칠정은 형기의 사사로움에서 생겨나므로 혹 불선하기도 하다. 따라서 분개의 관점에서는 칠정이 비록 중절하더라도 사단이라고 말할 수는 없다. 그 이유로써 "중절(中節)이란 기가 리에 순응하여 발하여 조금도 방해됨이 없는 것일 뿐이므로 곧장 사단으로 보아서는 안 된다."[643] 칠정이 비록 중절하더라도 어디까지나 기가 리에 순응한 것에 불과하니, 순수하고 선한 리가 발한 사단과는 분명히 구분된다.

결국 칠정이란 리에 분속되는 사단과 달리, 기에 분속시켜 이해해야 한다. 때문에 이상정은 "이러한 분개의 관점에서는 이것(사단)은 리이고 저것(칠정)은 기이며 이것은 순선하고 저것은 섞여있으니, 일괄적으로 본성이 발한 것이라고 말해서는 안 된다"[644]라고 강조한다. 사단처럼 칠정은 성이 발한 것이 아니니, 칠정에는 성발위정(性發爲情)의 명제를 적용해서는 안 된다. 왜냐하면 "가령 이미 리와 선한 부분만을 발라내어 사단이라 하였다면, 칠정은 마땅히 기와 악한 부분만 외롭게 남기 때문이다.[645] 이것이 바로 칠정을 기(또는 악)에 분속시켜야 하는 이유이다.

이상정은 혼륜과 분개의 두 관점을 종합하여 사단과 칠정을 해석한다. 이러한 종합적 사고는 퇴계학파와 율곡학파가 어느 한쪽을 주장하는데 따른 한계와 문제점을 바로잡기 위한 것으로써, 이것이 바로 그를 통합적·회통적 학자로 평가하는 이유이기도 하다. 이 때문에 이상정은 혼륜이든 분개든 어느 한쪽으로 치우치는 것을 경계한다.

---

643 『大山集』卷40, 「讀奇高峯四端七情後說總論」, "其所謂中節者, 卽氣之順理而發, 無一毫有礙者耳, 不可便認以爲四端也."

644 『大山集』卷12, 「與金退甫論四端」, "夫四端之與七情, 以分開看, 則此理而彼氣, 此純善而彼有雜, 不可槩謂本性之發."

645 『大山集』卷10, 「答李天牖(別紙)」, "假令旣剔其理與善一邊爲四端, 則七情當以氣與惡一邊, 孑然獨立."

리와 기가 분리되지 않는 것을 보고 "사단도 기가 발한 것이다"고 하는 자는 참으로 하나만 알고 둘은 알지 못하는 것이니, 그 폐단은 두루뭉술하여 분별이 없다. 혹 오로지 분개만을 주장하여 서로 통일하지 못하고서 "칠정은 성이 발한 것이라 말해서는 안 된다"고 한다면 또한 다름만 보고 같음은 알지 못하는 것이니, 그 폐단은 엉성하여 실정에 맞지 않다.[646]

"사단도 기가 발한 것이다"는 말은 혼륜의 관점에서 사단과 칠정 모두 이기를 겸한 것으로 보면, 사단에도 기가 없는 것이 아니므로 사단을 '기발'로 해석한다. 이것은 혼륜의 관점에 치우친 율곡학파의 폐단을 지적한 것이다. 또한 "칠정은 성이 발한 것이라 말해서는 안 된다"는 것은 사단과 칠정을 상대시키면 사단은 리에 속하고 칠정은 기에 속하며 사단은 '이발'이 되고 칠정은 '기발'이 된다. 때문에 칠정을 지나치게 기에다가 제한시키면, 칠정에는 리가 없는 것이 되어 결국 칠정을 성이 발한 정이라는 사실을 알지 못한다. 이것은 분개의 관점에 치우친 퇴계학파의 폐단을 지적한 것이다.

혼륜의 관점에서만 보아서도 안 되고 분개의 관점에서만 보아서도 안 되니, 두 관점을 두루 통간할 수 있어야 한다. "같지만 다름이 있음에 해되지 않고 나누지만 실제로 서로 합하는데 귀결되니……하나를 고집하여 다른 하나를 버리거나 이것을 취하여 저것을 버려서는 안 된다."[647] 반드시 같은 것 속에 나아가 다름이 있음을 알고 다른 것 속에 나아가 같음이 있음을 보아야, 비로소 두루 정밀해져서 한쪽으로 떨어지

---

646 『大山集』卷39,「四端七情說」, "彼見理氣之不離, 而謂四端亦氣發者, 固見一而不知二, 其弊也鶻圇無別. 而其或專主分開, 不相統一, 至謂七情不可謂性發, 則又見異而不知同, 其弊也闊疎不情."

647 『大山集』卷29,「答金直甫」, "同而不害其有異, 分而實歸於相合.……不可執一而廢二, 取此而遺彼也."

지 않는다.[648]

　이처럼 이상정은 혼륜과 분개 어느 한쪽에 집착하는데서 벗어나 양자를 포괄하는 통합적 논리를 제시한다. 혼륜의 관점에서 이이처럼 정이 하나임을 인정하면서도, 동시에 분개의 관점에서 이황처럼 '이발'과 '기발'의 타당성을 인정한다. 이것은 이황이 사단과 칠정을 서로 다른 정으로 보려는 것과 구분되고, 또한 이이가 끝까지 '이발'을 인정하지 않은 것과도 구분된다. 결국 이황과 이이의 이론을 혼륜과 분개의 두 관점으로 종합한 것이라고 할 수 있다. 이러한 통합적 논리에 따라 이황의 분개설을 재해석하고, 특히 이이의 혼륜설에 대해서도 전폭적인 수용의 자세를 보인 것이다.

　이처럼 이상정은 퇴계학파와 율곡학파가 서로 상반된 성리설을 주장하는 이유가 관점의 편향에서 생겨난 것으로 보고, 혼륜과 분개의 두 관점을 동시에 인정하는 종합적 사고를 전개한다. 율곡학파는 혼륜의 관점에 치우친 것이고, 퇴계학파는 분개의 관점에 치우친 것이다. 이러한 종합적 사고의 대표적인 사례로써 이황의 『성학십도』「심통성정도」 중도와 하도에 대한 해석에 주목한다. 중도는 혼륜의 관점에서 사단칠정을 해석한 것이고, 하도는 분개의 관점에서 사단칠정을 해석한 것이니, 두 가지 관점이 동시에 적용된다.

　이러한 두 가지 관점을 종합해 보아야 하는 이유로써 애초에 사단과 칠정의 내력이 서로 달랐기 때문이다. 『중용』에 연원하는 칠정은 혼륜설의 시초가 되고, 『맹자』에 연원하는 사단은 분개설의 시초가 되어 그 내력이 서로 다르기 때문에 혼륜과 분개의 두 관점을 동시에 적용해야 한다. 혼륜만 알고 분개를 버리면 사단칠정의 개념적 차이가 분명하지

---

648 『大山集』卷20,「答李希道」, "須是就同中而知其有異, 就異中而見其有同, 方是周遍精密, 不落一邊."

못하고, 분개만 고집하고 혼륜을 싫어하면 다름만 보고 같음을 알지 못하니, 둘 다 옳지 않다.

특히 분개만을 강조할 경우, 리를 주로 하는 사단과 기를 주로 하는 칠정이라는 두 개의 정으로 해석될 수 있으며, 정의 근원으로서의 성 역시 사단의 근원인 본연지성과 칠정의 근원인 기질지성이라는 두 개의 성으로 해석될 수 있다. 때문에 이상정은 심과 성과 정이 모두 하나이어야 한다고 강조한다. "사람에는 하나의 심이 있고, 심에는 하나의 성이 갖추어져 있다. 성이 발하여 정이 되니, 이 또한 하나일 뿐이다."[649] 이러한 이유에서 이상정은 퇴계학파의 일원이지만, 율곡학파의 혼륜의 관점을 동시에 강조한다.

혼륜하여 말하더라도 분개설에 해되지 않고 분개하여 말하더라도 혼륜설에 해되지 않는 인식방법을 '하나이면서 둘이고 둘이면서 하나'라고 표현한다. 결국 이상정은 퇴계학파의 극단적 이원화와 율곡학파의 혼륜설에 치우친 문제를 동시에 해결하기 위해 혼륜과 분개의 두 관점을 동시에 적용함으로써 사단칠정론에서 제기될 수 있는 다양한 문제들을 해결한다.

이 글은 「대산과 농암 사단칠정론의 대비적 고찰」(『동양철학』45, 한국동양철학회, 2016)의 내용을 일부 수정·보완한 것이다.

---

649 『大山集』卷39, 「四端七情說」, "夫人有一心, 心具一性. 性之發爲情, 則亦一而已矣."

32
임성주(任聖周)의 사단칠정론

임성주(任聖周, 1711~1788)[650]의 사단칠정론은 그의 문집 가운데 잡저에 수록된「심경(心經)」(1728) 속에 일부 내용이 보인다. 그의 사단칠정론은 진덕수(眞德秀, 1178~1235)의 사단칠정론에 대한 비판으로 시작된다.

호요(好樂)와 분치(忿懥)를 인심에 소속시킨 것은 결코 온당하지 못하다. 생각건대, 서산(진덕수)이 사단과 칠정의 이발(理發)・기발(氣發)의 설과 인심과 도심의 형기(形氣)・성명(性命)의 설에 구애되어 반드시 칠정을 인심에 소속시키고 사단을 도심에 소속시키려고 하였기 때문에 이렇게 말하였을 것이다. 자사는 희・로・애・락이 절도에 맞는 것을 달도(達道)라고 하였고, 정자는 칠정을 '성이 동한 것'이라고 하였다. 칠정이 만약 인심일 뿐이라면, 이는 자사와 정자가 한쪽에 치우친 논의를 한 것이다. 또한 여색을 좋아하는 것과 같은 것은 진실로 인심이지만 선을 좋아하는 것도 인심이겠는가.[651]

---

650 임성주의 본관은 豊川, 자는 仲思, 호는 鹿門으로 충북 청풍 출신이다. 李縡의 문인으로, 저서로는『녹문집』이 있다.

651 『鹿門集』卷12,「心經」, "以好樂忿懥, 屬之人心, 終未穩當. 意者西山拘於四端七情

호요(好樂)와 분치(忿懥)는『대학』에 나오는 말이다. "몸을 닦는 것이
그 마음을 바르게 하는데 있다'는 것은, 마음에 분노하는 바(忿懥)가 있
으면 그 바름을 얻지 못하고, 마음에 두려워하는 바(恐懼)가 있으면 그
바름을 얻지 못하며, 마음에 좋아하는 바(好樂)가 있으면 그 바름을 얻지
못하고, 마음에 근심하는 바(憂患)가 있으면 그 바름을 얻지 못한다."[652]
여기에서 '분치'는 분노하는 것이고, '호요'는 좋아하는 것이다. 정자에
의하면, "분노(忿懥)·두려움(恐懼)·좋아함(好樂)·근심(憂患) 네 가지는
모두 마음의 작용으로 사람에게 없을 수 없는 것이다. 그러나 하나라도
가지고 있으면서 살피지 못하면, 욕심이 움직이고 정이 이겨서 그 작용
이 행하는 것이 간혹 바름을 잃지 않을 수가 없다."[653] 이렇게 볼 때,『대
학』에 나오는 분노·두려움·좋아함·근심은 칠정의 로(怒)·구(懼)·
락(樂) 등과 그 의미가 다르지 않다. 결국 '호요와 분치를 인심에 소속시
킨다'는 것은 칠정을 인심에 소속시킨다는 말에 다름 아니다.[654]

이러한 의미에서 임성주는 칠정을 인심에 소속시키고 사단을 도심
에 소속시키는 진덕수의 주장이 온당하지 않다고 비판한다. 임성주가
보기에, 진덕수의 주장은 모두 사단을 이발에 칠정을 기발에 소속시키
거나 인심을 형기에 도심을 성명에 소속시킨 해석에 근거한다. 즉『중

理發氣發之說與夫人心道心形氣性命之論, 必欲以七情屬之人心, 四端屬之道心,
故有此云然耶. 子思以喜怒哀樂之中節爲達道, 程子以七情爲性之動. 七情若只是
人心, 是子思程子作一偏之論也. 且如好色固是人心, 好善亦是人心耶."

652 『大學』, 傳7章, "所謂修身在正其心者, 身有所忿懥, 則不得其正; 有所恐懼, 則不得
其正; 有所好樂, 則不得其正; 有所憂患, 則不得其正."

653 『大學章句』, 傳7章, "蓋是四者, 皆心之用而人所不能無者. 然一有之而不能察, 則
欲動情勝, 而其用之所行, 或不能不失其正矣."

654 이진상과 곽종석은『예기』「예운」의 희·로·애·구·애·오·욕 일곱에다『대
학』의 분치(忿懥: 忿)·공구(恐懼)·호락(好樂: 樂)·우환(憂患: 憂) 중에서 忿·
樂·憂 셋을 더하여 10개의 정(十情)으로 표현하기도 한다.

용장구』의 "인심은 형기(形氣)에서 생겨난 것이고 도심은 성명(性命)에 근원한 것이다"[655]거나 『주자어류』의 "사단은 리가 발한 것이고 칠정은 기가 발한 것이다"[656]는 말에 얽매여서 '칠정을 인심에 소속시키고 사단을 도심에 소속시킨 것'이라는 말이다.

만약 진덕수처럼 칠정을 인심에다 소속시키면, 자사의 '칠정의 중절한 것을 달도(達道)라 한다'[657]거나 정자의 '칠정 역시 성이 동(발)한 것이다'는 해석은 한쪽에 치우친 주장이 된다. 예컨대 칠정이 곧장 인심의 의미라면, 어떻게 중절하여 달도를 이룰 수 있겠으며, 어떻게 '성이 발한 것'이 될 수 있겠는가. 칠정에는 인심뿐만 아니라 도심의 내용도 있기 때문에 중절하여 달도를 이룰 수 있으며 또한 성이 발한 것이 될 수 있다.

그래서 임성주는 좋아하는 감정인 칠정을 인심의 내용과 도심의 내용으로 나누어 설명한다. "여색을 좋아하는 것과 같은 것은 진실로 인심이지만, 선을 좋아하는 것도 인심이겠는가." 여색을 좋아하는 것은 인심이지만, 선을 좋아하는 것은 인심이 아니라 도심이다. 좋아하는 감정인 칠정에는 인심의 내용도 있고 도심의 내용도 있으니, 칠정을 인심에만 소속시키면 결국 도심의 한쪽을 빠뜨리는 것이므로 옳지 않다. 이처럼 임성주는 칠정을 인심과 도심을 총괄하는 개념으로 이해한다.

---

655 『中庸章句』序, "心之虛靈知覺, 一而已矣, 而以爲有人心道心之異者, 則以其或生於形氣之私, 或原於性命之正, 而所以爲知覺者不同."(심의 허령한 지각은 하나일 뿐인데, 인심과 도심의 다름이 있다고 하는 것은 혹 형기의 사사로움에서 생겨나기도 하고 혹 성명의 올바름에 근원하기도 하여 지각한 것이 다르기 때문이다.)

656 『朱子語類』卷53, "四端是理之發, 七情是氣之發."

657 『中庸章句』, 第1章, "喜怒哀樂之未發, 謂之中; 發而皆中節, 謂之和. 中也者, 天下之大本也, 和也者, 天下之達道也."(희·로·애·락이 아직 발하지 않은 것을 中이라 하고, 발하여 모두 절도에 맞는 것을 和라 한다. 中이란 것은 천하의 대본이고, 和란 것은 천하의 달도이다.) 결국 희·로·애·락의 칠정이라도 중절하면 達道를 얻는다는 말이다.

칠정은 인심도심과 선악을 총칭한 것이다. 희(喜)에는 인심도 있고 도심도 있으며 선도 있고 악도 있는데, 로(怒)·애(哀)·락(樂)도 모두 그렇지 않은 것이 없다. 예컨대 사냥을 좋아하거나 술을 좋아하는 것은 인심이고 독서를 좋아하거나 검속을 좋아하는 것은 도심인데, 인심과 도심이 그 중(中)을 얻은 것은 선이지만, 사냥을 좋아하되 그 정도가 지나치고 술을 좋아하되 그 절도를 벗어나는 것과 독서를 좋아하고 검속을 좋아하되 도리어 뜻을 잃거나 얽매이는 병통에 빠지는 것은 악이다.(이것이 바로 율곡이 말한 '도심으로 시작했다가 인심으로 끝난다'는 것이다.) 이로부터 추론하면, 다른 것도 알 수가 있다. 지금 이와 같이 분석하지 않고, 오히려 대충 칠정을 거론하여 한마디로 단정하여 '이것은 인심이다'라고 한다면, 과연 옳은 도리이겠는가.[658]

  칠정은 인심도심과 선악을 총칭하는 개념이다. 그러므로 희·로·애·락의 칠정에는 인심도 있고 도심도 있으며, 또한 선도 있고 악도 있다. 이러한 해석은 '불상리'를 강조한 표현으로써 칠정이 이기를 겸한다는 의미이다.

  이어서 임성주는 칠정이 인심도심과 선악을 총칭하는 이유를 구체적인 사례로써 설명한다. 사냥을 좋아하거나 술을 좋아하는 것은 인심이고, 독서를 좋아하거나 검속을 좋아하는 것은 도심이다. 칠정에는 이·목·구·비가 좋아하는 인심의 내용도 있고, 인·의·예·지가 좋아하는 도심의 내용도 있다. 그러므로 칠정을 인심에만 소속시키는 것

---

[658] 『鹿門集』卷12, 「經義(心經)」, "盖七情是人心道心善惡之總名也. 喜也有人心, 亦有道心, 有善亦有惡, 怒也哀也樂也, 莫不皆然. 如喜獵喜酒人心也, 喜讀書喜檢束道心也, 人道心之得其中善也; 喜獵而過其度, 喜酒而踰其節, 喜讀書喜檢束而反入於喪志拘迫之病者,(此卽栗谷所謂始道心終人心者也), 惡也. 從此推之, 餘者可知. 今不如此分析, 而乃泛擧七情而句斷之曰此人心也云, 則其果成道理乎."

은 옳지 않다.

그렇다고 인심이 곧장 악이 되고 도심이 곧장 선이 되는 것은 아니다. 선과 악은 전적으로 '중'을 얻는지(중절하는지)의 여부에 달려있으니, 인심과 도심을 막론하고 모두 '중'을 얻으면 선이 되고 '중'을 얻지 못하면 악이 될 뿐이다. 예컨대 사냥을 좋아하되 그 절도를 벗어나거나 술을 좋아하되 그 절도를 벗어나는 것처럼 인심이 '중'을 얻지 못한 것도 악이 되고, 또한 독서를 좋아하되 뜻을 잃거나 마음을 검속하되 얽매이는 것처럼 도심이 '중'을 얻지 못한 것도 악이 된다. 다시 말하면, 칠정에는 인심이 있고 도심이 있는데, 이때의 인심과 도심이 그대로 선악으로 이어지는 것이 아니니, 인심이라도 '중'을 얻으면 선이 되고 도심이라도 '중'을 얻지 못하면 악이 된다는 말이다. 임성주는 이것이 바로 이이의 '인심도심상위종시설(人心道心相爲終始說)'의 내용이라고 설명한다. 인심으로 시작했지만 '중'을 얻으면 도심으로 끝나기도 하고, 도심으로 시작했지만 '중'을 얻지 못하면 인심으로 끝나기도 한다는 것이다.

그렇지만 진덕수는 도심이 순선하듯이 사단도 순선하고, 인심이 악으로 흐르기 쉬운 것이듯이 칠정도 악으로 흐르기 쉬운 것이라는 관점에서, 즉 사단=도심=선, 칠정=인심=불선이라는 사유구조에서 사단과 칠정의 관계를 인심과 도심의 관계와 동일선상에서 이해하여 칠정을 인심에 소속시킨다. 이러한 진덕수의 주장은 이황의 해석과 크게 다르지 않는데, 이에 임성주는 "퇴계 역시 서산(진덕수)의 병통을 면하지 못하였기 때문에 이러한 곳을 명확하게 간파하지 못하였다"[659]라고 비판한다.

---

659 같은 곳, "退翁亦不免西山之病, 故此等處不能明破歟."

정은 하나이지만 용(用)은 둘이다. 예컨대 여색을 좋아하거나 선을 좋
아하는 것처럼, 좋아하는 정은 하나이지만, 감응하는 대상이 같지 않기
때문에 혹 인심이 되기도 하고 혹 도심이 되기도 한다. 여기에서 살피기
를 반드시 정밀하게 한 뒤에야 잘못이 없을 수 있다. 서산의 이 구절은 말
이 정밀하지 않은 것은 아니지만, 서산이 이미 칠정을 전적으로 인심에
소속시키고 따로 인의중정(仁義中正)을 거론하여 도심을 해석하였으니,
이것이 바로 리와 기를 둘로 하는 병통을 면치 못한 것이다.[660]

칠정을 인심에 소속시키고 도심을 논할 때에 또 따로 인의중정(仁義中
正)을 거론하였는데, 모르겠지만 칠정 이외에 따로 인의중정의 발함이 있
는가.[661]

정은 칠정 하나이지만 그 작용은 둘이니, 예컨대 칠정이 이·목·
구·비에 감응하면 여색을 좋아하여 인심이 되고, 인·의·예·지에
감응하면 선을 좋아하여 도심이 된다. 그러므로 칠정을 곧장 인심에만
소속시킬 수 없으니, 이에 대해 반드시 정밀하게 살핀 뒤라야 잘못이 없
을 수 있다.

그렇지만 진덕수는 칠정을 전적으로 인심에만 소속시키고, 또 따로
인의중정(리)으로 도심을 해석하여 '도심은 인의중정이 발한 것'이라고
주장한다. 이것은 사단과 도심은 인·의·예·지와 같은 인의중정(리)
이 발한 것이고, 칠정과 인심은 이·목·구·비와 같은 형기(기)가 발한
것이라는 말에 다름 아니다. 결국 사단과 도심은 리가 발한 것이고 칠

---

660 같은 곳, "情一而用二. 如好色好善, 好之情一也, 而所感不同, 故或爲人心或爲道
心. 於此察之必精, 然後可無差失. 西山此句, 語非不精, 第西山旣七情專歸之人心,
而別擧仁義中正以釋道心, 則正不免二理氣之病."

661 같은 곳, "以七情屬之人心, 而論道心, 則又別擧仁義中正, 未知七情之外, 抑別有
仁義中正之發耶."

정과 인심은 기가 발한 것이니, 사단과 도심의 근원은 리가 되고 칠정과 인심의 근원은 기가 된다. 이 때문에 임성주는 '이것이 바로 리와 기를 둘로 나누는 병통을 면치 못한다'고 비판한다.

임성주가 보기에, 칠정은 인심과 도심을 포괄하는 개념이니, 진덕수처럼 도심만 인의중정이 발한 것이 아니라 칠정 역시 인의중정이 발한 것이다. 그래서 "칠정 이외에 따로 인의중정이 발한 것이 없다"고 강조한다.

오성(五性)은 심의 전체이고, 칠정은 심의 대용(大用)이다. 칠정이 형기에서 발한 것은 인심이고, 칠정이 의리에서 발한 것은 도심이다. 인심과 도심이 절도에 맞는 것은 천리이고, 인심이 욕심으로 흐르는 것과 도심이 지나치거나 모자란 것은 인욕이다. 옛사람이 사단과 칠정을 논한 곳이 있고, 인심과 도심을 논한 곳이 있고, 천리와 인욕을 논한 곳이 있는데, 말이 다르고 뜻이 각각 같지 않다. 지금 만약 사단과 칠정을 논한다면 다만 순리(純理)와 겸기(兼氣)의 설에 따라 말할 수 있을 뿐이고, 인심과 도심을 논한다면 다만 형기와 성명의 가르침에 따라 나눌 수 있을 뿐이며, 천리와 인욕을 논한다면 다만 공사(公私)와 선악(善惡)의 예를 따라 해석할 수 있을 뿐이다. 이것을 저것에 합치거나 동쪽을 서쪽에다 끌어와서는 안 되니, 이치에 무익하고 오히려 본뜻을 어지럽힐 뿐이다.[662]

---

662 같은 곳, "五性, 心之全體也; 七情, 心之大用也. 七情之發於形氣者, 人心也; 七情之發於義理者, 道心也. 人心道心之中節者天理也, 人心而流於慾, 道心而過不及者人欲也. 古人有論四端七情處, 有論人心道心處, 有論天理人欲處, 語異而意各不同. 今若論四端七情, 則只可依純理兼氣之說而言之而已; 論人心道心, 則只可遵形氣性命之訓而分之而已; 論天理人欲, 則只可循公私善惡之例而釋之而已. 不可以此而合乎彼, 以東而牽乎西, 無益於理而徒亂本旨也."

'오성은 심의 전체(全體)이고 칠정은 심의 대용(大用)이다'는 것은 심의 본체는 인·의·예·지·신의 오성이고 심의 작용은 희·로·애·락의 칠정이니, 결국 오성이 발한 것이 칠정이며 칠정의 근원이 오성이라는 말이다. 이것이 바로 임성주 사단칠정론의 중심 내용이다. '성이 발한 것이 칠정이다'는 것은 정은 칠정 하나이며, 그 가운데 선한 부분만을 말한 것이 사단이라는 의미이다. 이것은 이황처럼 칠정을 '기발'로 해석해서는 안 된다는 의미이기도 하니, 이에 임성주는 "만약 그 병폐의 근원을 궁구해보면 '칠정은 기가 발한 것이다'라는 한 구절 때문인 것 같다"[663]라고 강조한다.

성이 발한 것이 칠정이니, 칠정에는 인심이 있고 도심이 있다. 칠정이 형기에 감응하면 인심이 되고 의리에 감응하면 도심이 된다. 결국 칠정은 인심과 도심을 모두 포함하니, 칠정을 인심에만 소속시키는 것은 옳지 않다. 또한 칠정에 비록 인심과 도심이 모두 있으나, 인심은 곧장 악이고 도심은 곧장 선인 것이 아니라, 인심과 도심이 모두 중절하는 지의 여부에 따라 선악이 결정되니, 예컨대 인심이라도 절도에 맞으면 선(천리)이 되고, 도심이라도 지나치거나 모자라면 악(인욕)이 된다.

이어서 임성주는 사단과 칠정의 관계, 도심과 인심의 관계, 천리와 인욕의 관계에 있어서 그 말과 뜻이 각각 다르다고 설명한다. 사단과 칠정의 관계는 순선(純善)과 겸기(兼氣)로써 구분할 수 있으니, 사단은 오로지 선할 뿐이고 칠정은 기를 겸하므로 선도 있고 악도 있다. 이것은 정은 칠정 하나이며 그 가운데 선한 부분만을 말한 것이 사단이니, 칠정이 사단을 내포하는 관계이다. 인심과 도심의 관계는 형기에 근원하는 인심과 성명에 근원하는 도심으로 구분할 수 있으니, 인심과 도심은 상

---

663 같은 곳, "若究其病源, 則似亦坐乎七情氣之發之一句耳."

대적 관계이다. 그렇다고 도심이 곧장 선이고 인심이 곧장 악인 것은 아니니, 예컨대 인심이라도 중절하면 선이 되고 도심이라도 중절하지 못하면 악이 될 뿐이다. 천리와 인욕의 관계는 공사(公私) 또는 선악에 따라 구분할 수 있으니, 천리와 인욕은 상대적 관계이다. 그러므로 '공'을 따르면 천리이고 선이 되며 '사'를 따르면 인욕이고 악이 된다.

이처럼 사단과 칠정의 관계, 도심과 인심의 관계, 천리와 인욕의 관계는 각각 말이나 뜻이 다르기 때문에 "이것으로 저것에 합치거나 동쪽을 서쪽에다 끌어와서는 안 된다." 사단과 칠정의 관계를 그대로 인심과 도심의 관계로 해석하거나 인심과 도심의 관계를 그대로 천리와 인욕의 관계로 해석해서는 안 되니, 사단과 칠정은 내포적 관계로 해석하고 도심과 인심은 상대적 관계로 해석해야 한다. 이것은 사단과 칠정, 도심과 인심, 천리와 인욕의 관계를 상대시켜 동일선상에서 이해하는 진덕수(또는 이황)에 대한 비판이기도 하다. 그래서 임성주는 이와 같은 해석이 "이치에 무익할 뿐만 아니라 오히려 본뜻을 어지럽힐 뿐이다"고 비판한다.

이렇게 볼 때, 임성주의 사단칠정론은 이이의 이론과 매우 유사하다는 것을 알 수 있다. 정은 칠정 하나이며, 그 가운데 선한 부분만을 말한 것이 사단이니, 바로 이이의 '칠정이 사단을 내포한다'는 뜻이다. 이때의 칠정은 성이 발한 것이므로 그 근원은 성(리)이 된다. 다만 칠정은 기를 겸하므로(兼氣) 칠정에는 인심의 내용도 있고 도심의 내용도 있다. '칠정에는 인심도 있고 도심도 있다'는 것은 리와 기를 겸한다는 말에 다름 아니며, 동시에 이황처럼 칠정을 '기가 발한 것'으로 보는 것에 대한 비판이기도 하다.

임성주의 사단칠정론이 진덕수의 사단칠정론을 비판하는 것으로 시작하지만, 결국 진덕수와 이론구조가 유사한 이황의 호발설에 대한 비판이라 볼 수 있다. 특히 이황이 칠정의 근원을 기(또는 기질지성)로 보아 '기가 발한 것(氣發)'을 주장하는 것과 달리, 임성주는 한결같이 칠정의 근원을 성으로 보아 '성이 발한 것'임을 강조한다. 왜냐하면 정은 칠정 하나인데, 이황처럼 칠정을 '기가 발한 것(악으로 흐르기 쉬운 것)'로 해석할 경우 자칫 인간의 감정 자체가 불선한 것으로 규정될 수 있기 때문이다.

33

안정복(安鼎福)의 사단칠정론

① 사단은 '이발'이고 칠정은 '기발'이다

안정복(安鼎福, 1712~1791)[664] 사단칠정론의 특징은 사단은 리가 발한 것이고 칠정은 기가 발한 것으로써 둘을 서로 다른 정으로 구분하는데 있다. 그 이유로써 사단은 본연지성에 근원하므로 '이발'이 되고, 칠정은 기질지성에 근원하므로 '기발'이 된다. 또한 이러한 "사단은 이발이고 칠정은 기발이다"는 관점에 근거하여 사단의 부중절(不中節)을 '기발'로 해석하거나 칠정의 중절(中節) 또는 성인의 칠정을 '이발'로 해석하는 것에 반대한다.

결국 사단을 '이발'로, 칠정을 '기발'로 해석한다는 것은 이황 호발설의 타당성을 인정한다는 의미이다. 안정복의 행장에는 "퇴계와 율곡의 이기설이 서로 다른데, 어느 것이 옳습니까?"라는 제자의 질문에, "율곡은 자득한 견해이고 퇴계는 주자에 근본을 둔 것으로 본말(本末)이 있으니, 나는 퇴계를 따르겠다"[665]라고 대답하고 있다. 이를 통해 볼 때, 안정

---

664 안정복의 본관은 廣州, 자는 百順, 호는 順庵, 충북 제천 출신이다. 이익의 문인으로, 저서로는 『순암집』·『동사강목』 등이 있다.

복은 이이보다 이황의 학설을 견지하고 있음을 알 수 있다. 이황의 학설을 견지한다는 것은 '사단은 이발이고 칠정은 기발이니' 이황의 호발설의 타당성을 인정한다는 말이다.

이러한 관점에 근거하여 안정복은 사단과 칠정의 차이를 '이발'과 '기발'로써 설명한다.

> 무릇 인·의·예·지가 천리이고 본연지성이라면, 사단은 리에 속하는 것이 아니겠는가? 희·로·애·구가 기질에 의해 주어진 성이라면, 칠정은 기에 속하는 것이 아니겠는가? 리 쪽에 속하는 것은 리를 주로 하였으니 이발(理發)이라고 말하는 것이 옳으며, 기 쪽에 속하는 것은 기를 주로 하였으니 기발(氣發)이라고 말하는 것이 옳으니, 어찌 리가 기를 기다려 발하기 때문에 사단 역시 '기발'이라고 말할 수 있겠는가? 리가 기를 기다려 발하면 기가 리에 의해 사용될 뿐이니, 이것이 '리가 발하고 기가 따른다(理發而氣隨)'는 것이다. 사단이 리에서 발하는 것이 분명하다.[666]

이 구절은 그의 「사칠이기(四七理氣)」편의 첫머리에 나오는 글로, 사단이 비록 기를 기다려서 발할지라도 '기발'로 보아서는 안 되고 '이발'로 보아야 한다는 내용이다. 결국 이 내용은 이이의 기발이승일도(氣發理乘一途)의 논리에 근거할 때 발생할 수 있는 문제에 대한 지적이다. 이

---

665 『順菴集』卷26, 「順菴先生行狀」, "退溪栗谷理氣說, 互有不同, 何者爲是? 先生對曰, 栗谷乃自得之見, 若退溪本於朱子, 有源委, 臣從退溪說."

666 『順菴全集』卷2, 「四七理氣」, "夫仁義禮智天理本然之性, 則四端其非屬於理乎. 喜怒哀懼氣質所稟之性, 則七情其非屬於氣乎. 屬於理邊此(者), 理爲之主而謂之理發, 可也; 屬於氣邊者, 氣爲之主而謂之氣發, 可也, 豈可以理之待氣而發者, 因謂之曰四端亦氣發耶. 理之待氣而發, 則氣爲理所使而已. 此是理發而氣隨者也. 四端之發於理, 則明矣."

이는 사단과 칠정 모두 "발하는 것은 기이고 발하게 하는 소이(근거)를 리"로써 해석한다. 이때 리는 무위(無爲)하므로 자체로 발할 수 없고 반드시 기를 기다려서 발하니, 사단 역시 '기발'로 보아야 한다.

그렇지만 안정복은 사단을 '기발'로 보아서는 안 된다고 주장한다. 비록 칠정처럼 사단도 리가 기를 기다려서 발하는 것이지만, 이때는 "기가 리에 의해 사용될 뿐이므로" 사단을 '이발'로 해석해야 한다. '기가 리에 의해 사용된다'는 것은 비록 발하는 주체가 기라고 하더라도 이때는 기의 작용이 전적으로 리를 위한 작용을 하니, 즉 리가 주도적 역할을 하므로 '기발'이 아니라 '이발'이 되어야 한다. 이것이 바로 이황의 사단/이발이기수지(理發而氣隨之)에 대한 해석이다.

이황은 사단을 본연지성(리)에 근원하므로 '이발'로 해석하고, 또한 이때에도 기가 없는 것이 아니라는 의미에서 기수지(氣隨之)를 덧붙였는데, 물론 이것은 이이와 마찬가지로 사단도 이기를 겸한다는 사실을 염두에 둔 해석이다. 이황처럼 사단의 경우도 기가 없는 것은 아니지만, 이때의 기는 리를 위해 사용된 것에 불과하므로 '이발'로 보아야 한다.

더 나아가 안정복은 정의 근원으로서의 성을 이황처럼 본연지성과 기질지성으로 구분지어 해석한다. 이것은 소종래(所從來)에 따른 근원적 구분을 의미하는 것으로, 사단은 본연지성(리)에 근원하고 칠정은 기질지성(기)에 근원함으로써 사단과 칠정을 근원적으로 구분한다. 이러한 의미에서 안정복은 "인·의·예·지가 천리이고 본연지성이라면, 사단은 리에 속하는 것이 아니겠는가? 희·로·애·구가 기질로서 주어진 성이라면, 칠정은 기에 속하는 것이 아니겠는가?"라고 강조한다. 결국 사단은 인·의·예·지라는 본연지성에 근원하므로 리에 속하고, 칠정은 형기라는 기질로 주어진 기질지성에 근원하므로 기에 속한다는 말이다.

따라서 사단은 리에 속하므로 '이발'이 되고 칠정은 기에 속하므로 '기발'이 된다. 이러한 해석은 이황의 "정에 사단과 칠정의 구분이 있는 것은 성에 본연(본연지성)과 기품(기질지성)의 차이가 있는 것과 같다"[667]라는 말과 같은 의미이다. 물론 이황의 이러한 해석에 대해 이이는 사단과 칠정을 리와 기에 분속시켜 근원을 둘로 하는 이원(二源)의 잘못을 범하였다고 비판한다. 그렇지만 안정복은 이황이 사단과 칠정을 소종래에 따른 근원적 차이로 구분하는 해석을 고수한다.

또한 안정복은 사단은 리가 발한 정이고 칠정은 기가 발한 정으로, 서로 다른 정이 되는 근거를 주리(主理) · 주기(主氣)의 논리로서 설명한다. "리 쪽에 속하는 것은 리를 주로 하였으니 '이발'이라고 말하는 것이 옳고, 기 쪽에 속하는 것은 기를 주로 하였으니 '기발'이라고 말하는 것이 옳다." 사단은 리를 주로 하여 말한 것이므로 '이발'이라 말해야 옳고, 칠정은 기를 주로 하여 말한 것이므로 '기발'이라 말해야 옳다. 물론 이러한 주리 · 주기의 논리는 리와 기가 서로 떨어지지 않는 '불상리'의 관계를 전제로 하는 표현이다. 왜냐하면 리와 기를 분리시킨 상황에서는 '주로 한다'는 말을 할 수 없기 때문이다.

이러한 주리 · 주기의 논리를 사용하는 것은 "사단과 칠정을 지나치게 리(이발)와 기(기발)로 분속시키면 사단에는 기가 없게 되고 칠정에는 리가 없게 된다"는 기대승(이이)의 비판에 대한 이황의 대응으로 제시된 개념이다. 사단은 리를 주로 하여 말한 것일 뿐이지 이때도 기가 없다는 말이 아니며, 칠정은 기를 주로 하여 말한 것일 뿐이지 이때도 리가 없다는 말이 아니다. 그럼에도 사단은 리를 주로 하여 말한 것이므로 '리가 발한 것(理發)'이고 칠정은 기를 주로 하여 말한 것이므로 '기가 발

---

667 『退溪集』卷16, 「答奇明彦(論四端七情 第2書)」, "故愚嘗妄以爲情之有四端七情之分, 猶性之有本性氣稟之異也."

한 것(氣發)'이니 사단과 칠정은 서로 다른 정이다.

이처럼 정의 근원으로서의 성에 이미 본연지성과 기질지성의 구분이 있을 뿐만 아니라 또한 주리·주기의 논리에서 해석하더라도 '이발'과 '기발'의 구분이 있으니, 사단과 칠정은 서로 다른 정으로 구분해보아야 한다. 때문에 안정복은 "사단이 비록 기를 기다려 발한다고 하더라도 사단을 '기발'로 해석해서는 안 된다"라고 말한다.

더 나아가 안정복은 사단의 측은(惻隱)과 칠정의 비애(悲哀)·친애(親愛) 등에는 비슷한 점이 없다고 할 수 없지만, 근본적으로 다른 종류의 정이라는 것을 논증한다.

> 측은은 인(仁)의 단서로서 남에게 차마하지 못하는 선한 마음을 형용한 것이니, 비애(悲哀)·친애(親愛)는 측은과 구별된다. 수오는 의(義)의 단서로서 자신과 남의 불선을 부끄러워하고 미워하는 것이니, 에로(恚怒)·염오(厭惡)는 수오와 저절로 다르다. 애(哀)와 애(愛), 로(怒)와 오(惡)를 '인'의 종류나 '의'의 종류라고 한다면 옳으나, '인'의 단서이고 '의'의 단서라고 한다면 옳지 않다. 또한 공손하고 사양하며 시비를 변별하는 것은 예(禮)이고 지(智)이다. 그러나 희(喜)·구(懼)·욕(慾 또는 欲) 세 가지는 사양이나 시비와는 본래 서로 부합되지 못하니, 어찌 칠정 속에 사단이 있다고 말할 수 있겠는가? 또한 사단과 칠정이 본래 두 물건이 아니라고 말할 수 있는가? 칠정은 금수에도 있을 수 있다. 만약 사단과 칠정이 본래 두 물건이 아니라면, 금수에도 사단이 있을 수 있는가? 이것으로 말한다면, 사단과 칠정을 어떻게 섞어서 동일시할 수 있겠으며, 또한 어찌 '이발'과 '기발'의 차이가 없겠는가?[668]

---

668 『順菴全集』卷2,「四七理氣」, "惻隱仁之端, 而形容不忍人之善心, 則悲哀親愛, 與惻隱有別. 羞惡義之端, 而恥憎己與人之不善, 則恚怒厭惡, 與羞惡自異. 哀與愛,

안정복은 사단의 정과 칠정의 정을 두 물건 또는 서로 다른 정으로 분명히 구분한다. 때문에 안정복은 "칠정 가운데 사단이 있다고 말할 수 없다"라고 분명히 말한다. 사단도 칠정이 될 수 있고 칠정도 사단이 될 수 있는 것이 아니라, 사단과 칠정은 서로 다른 두 물건이다.

그 이유로써 측은에도 애(哀: 슬픔)와 애(愛: 사랑)의 뜻이 있기도 하지만 사단의 측은과는 다르며, 수오에도 로(怒: 성냄)와 오(惡: 미움)의 뜻이 있기도 하지만 수오와는 저절로 다르다. 또한 사양과 시비의 경우에도 희(喜: 기쁨)・구(懼: 두려움)・욕(慾: 욕구)의 뜻이 있기도 하지만 사양과 시비와는 서로 부합하지 않는다. 때문에 "칠정 속에 사단이 있다고 말할 수 없으며, 사단과 칠정은 본래 두 물건이 아니라고 말할 수 없다."

이어서 안정복은 사단과 칠정을 구분해보아야 하는 이유 중의 하나가 바로 사단은 본성에 속하고 칠정은 기질에 속하기 때문이라고 설명한다. 물론 이것은 정의 근원으로서의 성에 대한 근원적인 구분을 의미한다. 이 때문에 "남의 불선을 보고 증오하고 미워하는 것은 바로 사단의 오(惡)이고, 죽음과 가난을 싫어하고 미워하는 것은 바로 칠정의 오(惡)이니, 사단의 '오'는 본성에 속하는 것이고 칠정의 '오'는 기질에 속하는 것이라면 옳다."[669] 안정복에 따르면, 사단의 '오'와 칠정의 '오'는 분명히 구분되며, 둘을 서로 다른 정으로 구분지어 보아야 하는 근본적인 이유가 바로 사단은 본성(본연지성)에 속하고 칠정은 기질(기질지성)에 속하기 때문이다. 이러한 해석은 "측은은 본연지성에서 나와서 대공무사

怒與惡(惡), 謂之仁之類義之類則可, 謂仁之端義之端則不可. 且揖遜辭讓辨別是非, 禮也智也. 而喜懼慾三者, 與辭讓是非, 固非沕然相合, 則豈可曰七情中亦有四端. 又可曰四七本非二物乎. 且七情禽獸亦得有之, 若四七本非二物, 則禽獸亦得有四端乎. 由此言之, 則四七豈可混而同之, 亦豈無理發氣發之異乎."

669 같은 곳, "見人有不善, 憎而惡之者, 此乃四端之惡也; 死亡貧苦, 厭而惡之者, 此乃七情之惡也, 四端之惡, 屬之本性, 七情之惡, 屬之氣質, 可也."

(大公無私)하나, 은애(恩愛)는 기질지성에 속하여 공(公)도 있고 사(私)도 있다"[670]라는 말의 다른 표현이기도 하다.

또 하나 주목해야 할 것은, 안정복은 사람에는 사단과 칠정이 모두 있으나 금수에는 사단이 없고 칠정만 있다고 해석한다. 또한 사람에는 사단과 칠정이 모두 있으나 금수에는 사단이 없고 칠정만 있는 이유 역시 사람에는 본연지성과 기질지성이 모두 있으나 금수에는 본연지성이 없고 기질지성만 있기 때문이라고 설명한다.[671] 사람에는 사단과 칠정이 있으나 금수에는 사단이 없고 칠정만 있으니, 사단의 정과 칠정의 정은 서로 다른 정으로 구분해보아야 한다. 때문에 "사단과 칠정은 본래 두 물건이니 섞어서 동일시할 수 없다." 이렇게 볼 때, 사단은 본연지성에 근원하는 것이므로 '이발'이 되고 칠정은 기질지성에 근원하는 것이므로 '기발'이 되니, 결국 "이발과 기발의 차이가 없을 수 없다."

이처럼 안정복은 이황의 "사단은 이발이고 칠정은 기발이다"는 해석에 근거하여 사단과 칠정을 서로 다른 정으로 구분할 것을 강조하고, 더 나아가서 칠정의 중절(中節)한 것을 '이발'로 해석하거나 사단의 부중절(不中節)한 것을 '기발'로 해석하는 것에 반대한다. 때문에 안정복의 사단칠정론에는 '칠정의 중절'이나 '사단의 부중절'의 문제가 중요하게 부각된다.

---

670 같은 곳, "惻隱出自本然之性, 而大公無私; 恩愛係於氣質之性, 而有公有私, 此所以有別也."
671 이 부분은 안정복의 인물성동이론에 관한 내용이다. 안정복은 사람과 금수의 차이에 대해, 사람에는 본연지성과 기질지성이 있으나 금수에는 본연지성이 없고 기질지성만 있다는 해석한다. 이러한 해석에 근거할 때, 사람과 금수가 본질적으로 다르다는 人物性異論을 주장하고 있음을 알 수 있다.

② 부중절한 사단은 사단이 아니다

'사단의 부중절' 문제나 '칠정의 중절 또는 성인의 칠정' 문제는 모두 이이의 기발이승일도(氣發理乘一途)의 논리가 강조됨으로써 제기되는 문제이다. '기발이승일도'에 따르면, 사단도 이기를 겸하고 칠정도 이기를 겸하므로 사단에도 기가 없는 것이 아니고 칠정에도 리가 없는 것이 아니다. 사단에도 기가 없는 것이 아니므로 사단도 부중절(不中節)할 수 있고, 칠정에도 리가 없는 것이 아니므로 칠정도 중절(中節)할 수 있다.

여기에서 '부중절'한 사단을 기가 발한 것으로 볼 것인지 리가 발한 것으로 볼 것인지의 문제가 제기되며, 또한 '중절'한 칠정(또는 성인의 칠정)을 기가 발한 것으로 볼 것인지 리가 발한 것으로 볼 것인지의 문제가 제기된다.

먼저 사단의 부중절에 관한 안정복의 해석을 살펴보자. '사단의 부중절'이란 사단이 중절하지 못한 경우를 말한다. 예를 들어 측은해야 할 때 측은하지 않거나 수오해야 할 때 수오하지 않는 경우와, 반대로 측은하지 않아야 할 때 측은하거나 수오하지 않아야 할 때 수오하는 경우를 말한다. 그렇다면 사단도 '부중절'할 때가 있는가? 결론부터 말하자면, 안정복은 측은해야 할 때 측은하지 않거나 수오해야 할 때 수오하지 않은 것과, 또는 측은하지 않아야 할 때에 측은하거나 수오하지 않아야 할 때 수오하는 것과 같은 것은 사단이라고 할 수 없다고 분명히 말한다. 결국 사단의 '부중절'을 기발(氣發)로 해석해서는 안 된다는 말에 다름 아니다.

사단의 '부중절' 문제는 기대승으로부터 시작된다.[672] 기대승은 이황

---

672 사단의 不中節 표현은 이미 주자의 말에서도 나온다. "측은 · 수오에도 중절과 부중절이 있다. 만약 측은하지 않아야 하는데 측은하거나 수오하지 않아야 하는데

의 "사단은 리에서 발하여 선하지 않음이 없다"는 주장에 대해 다음과 같이 말한다. "일반적으로 정에 나아가 세부적으로 논하면, 사단의 발함에도 '부중절'한 경우가 있으니 진실로 모두 선하다고 할 수 없다. 보통 사람의 경우에는 혹 수오하지 않아야 하는 것을 수오하는 경우가 있고, 또한 시비하지 않아야 하는 것을 시비하는 경우가 있다. 리가 기 속에 있다가 기를 타고서 발현함에 리는 약하고 기는 강하여 그 기를 통제하지 못하면, 유행하는 사이에 진실로 이와 같은 것이 있으니, 어찌 정이 선하지 않음이 없다고 할 수 있으며, 또 어찌 사단이 선하지 않음이 없다고 할 수 있겠는가?"[673] 여기에서 기대승은 사단의 '부중절' 문제를 제기한다.

칠정과 마찬가지로 사단도 리가 기를 타고 발현하는데, 이때 리는 약하고 기는 강하여 그 기를 통제하지 못하면 사단도 '부중절'할 수 있다. 예를 들어 수오하지 않아야 할 때에 수오하거나 시비하지 않아야 할 때에 시비하는 경우와, 수오해야 할 때 수오하지 않거나 시비해야 할 때 시비하지 않는 경우이다. 그렇지만 이황은 사단의 '부중절'을 인정하지 않는다. 기대승의 "사단도 부중절할 수 있다"는 주장에 대해, 이황은 "이와 같은 의론은 단지 우리의 도를 발명하는데 무익할 뿐만이 아니라, 도리어 후학에게 전해주어도 유해하다"[674]라는 말로써 일축한다.

그렇다면 사단의 '부중절'에 대한 안정복의 해석은 어떠한가.

수오하는 것이 바로 부중절이다."(朱子語類」卷53), "惻隱羞惡也, 有中節不中節. 若不當惻隱而惻隱, 不當羞惡而羞惡, 便是不中節."
673 『高峯集』, 「論四端七情書」, "若泛就情上細論之, 則四端之發, 亦有不中節者, 固不可皆謂之善也. 有如尋常人, 或有羞惡其所不當羞惡者, 亦有是非其所不當是非者. 盖理在氣中, 乘氣以發見, 理弱氣强, 管攝他不得, 其流行之際, 固宜有如此者, 烏可以爲情無有不善, 又烏可以爲四端無不善耶."
674 『退溪集』卷16, 「答奇明彦(論四端七情 第2書)」, "如此議論, 非徒無益於發明斯道, 反恐有害於傳示後來也."

측은하지 않아야 할 때에 측은하는 것은 내가 말한 인(仁)의 단서가 아니며, 수오하지 않아야 할 때에 수오하는 것은 내가 말한 의(義)의 단서가 아니다. 심지가 견고하지 못하고 사사로운 뜻과 잡된 생각으로 거스를 때가 있다면, 어찌 사단이라고 칭할 수 있겠는가? 만약 측은하되 지나치게 측은하고 수오하되 지나치게 수오하면, '리가 발하고 기가 따를(理發氣隨)' 즈음에 리가 기에 의해 잘못되는 것이니, 이는 사단에 폐단이 있는 것이 아니라 바로 기의 폐단이다.[675]

이황과 마찬가지로, 안정복도 사단의 '부중절'을 인정하지 않는다. 안정복은 "심지가 견고하지 못하고 사사로운 뜻과 잡된 생각으로 거스를 때가 있다면, 어찌 사단이라고 칭할 수 있겠는가?"라고 하여, 측은하지 않아야 할 때에 측은하거나 수오하지 않아야 할 때에 수오하는 것은 사단이라고 부를 수 없다고 말한다. 왜냐하면 측은하지 않아야 할 때에 측은하거나 측은해야 할 때 측은하지 않는 것은 '인'의 단서가 될 수 없고, 수오하지 않아야 할 때에 수오하거나 수오해야 할 때 수오하지 않는 것은 '의'의 단서가 될 수 없기 때문이다.

이것은 이황의 "사단이 발하는데 진실로 기가 없는 것이 아니지만, 맹자가 가리킨 것은 실제로 기에서 발하는 것에 있지 않다. 만약 기를 겸하여 가리킨 것이라고 한다면, 이미 더 이상 사단이라고 말할 수 있는 것이 아니다"[676]라는 말의 의미이기도 하다. 물론 사단에도 기가 없는

---

675 『順菴全集』卷2, 「四七理氣」, "不當惻隱而惻隱者, 非吾所謂仁之端也; 不當羞惡而羞惡者, 非吾所謂義之端也. 心志未固, 私意雜念, 有時橫出者, 曷足以四端稱之乎. 若夫惻隱而過於惻隱, 羞惡而過於羞惡者, 理發氣隨之際, 理爲氣所誤者也, 此非四端有弊也, 乃亦氣弊也."

676 『退溪集』卷16, 「答奇明彦(論四端七情 第2書)」, "四端之發, 固曰非無氣. 然孟子之所指, 實不在發於氣處. 若曰兼指氣, 則已非復四端之謂矣."

것은 아니지만, 사단이란 기를 겸하여 말한 것이 아니니, 이 때문에 측은하지 않아야 할 때에 측은하거나 수오하지 않아야 할 때에 수오하는 경우는 일어나지 않는다. 반대로 측은해야 할 때에 측은하지 않거나 수오해야 할 때에 수오하지 않는 경우도 마찬가지다. 그래서 이황은 기를 겸하여 사단을 말하면, 더 이상 사단이 아니라고 말한 것이다.

설령 측은하지 않아야 할 때에 측은하거나 수오하지 않아야 할 때에 수오하는 경우가 있을지라도, 이것은 사단에 폐단이 있는 것이 아니라 바로 기의 폐단이라고 지적한다. 때문에 "사단은 본래 선한 성이지만, 그것이 발할 때에 혹 기에 의해 지나치기도 하면, 또한 올바름을 얻지 못할 경우가 있다. 이것은 사단이 바르지 못한 것이 아니며, 바르지 못하게 하는 것은 바로 기이다."[677] 사단이 혹 잘못될 수도 있는 것은 사단 자체의 문제가 아니라 전적으로 기의 잘못 때문이다.

이어서 안정복은 사단에 폐단이 없는 이유로써, 사단은 리에서 발한 것이므로 리에 폐단이 없기 때문에 사단에도 폐단이 없다고 설명한다. "리 쪽에는 본래 폐단이 없고 기 쪽에는 쉽게 폐단이 생겨나는 것은 무엇 때문인가? 천리는 본연지성으로 선하지 않음이 없으니, 리에는 폐단이 없다고 말할 수 있다. 기질에 부여된 성에는 선도 있고 불선도 있으니, 기에는 폐단이 있다고 말할 수 있다."[678] 리는 본연지성으로 선하지 않음이 없으므로 리에는 폐단이 없으며, 리에는 폐단이 없기 때문에 리에서 발한 사단도 폐단이 없다. 결국 사단에는 폐단이 없으므로 측은하지 않아야 할 때 측은하거나 수오하지 않아야 할 때 수오하는 것과 같

---

677 『順菴全集』卷2, 「四七理氣」, "四端固本善之性, 而其發也, 或爲氣所溢, 則亦有所不得其正者, 此非四端不正也, 使之不正者, 乃氣也."

678 같은 곳, "理邊本無弊, 氣邊易生弊, 何者. 天理本然之性, 無有不善, 則理可謂無弊也. 氣質所稟之性, 有善有不善, 則氣可謂有弊也."

은 해석은 옳지 않으며, 더구나 사단을 '기발'로 해석하는 것은 더더욱 옳지 않다.

③ 중절한 칠정은 '기발'이다

또한 "성인의 칠정 또는 중절한 칠정은 이발(理發)이다"라는 주장에 대한 안정복의 해석을 살펴보자. 안정복은 성인의 칠정을 '이발'로 보는 것에 반대한다. 성인의 칠정도 칠정인 이상 '기발'로 해석해야 한다는 입장이다.

성인의 칠정을 '이발'로 볼 것인지 '기발'로 볼 것인지에 대한 문제는 이익(李瀷)에서 발단한다. 이익의 사단칠정론에 대한 해석을 살펴보면, 이황과 달리 성을 하나로 전제하면서 형기에 매개되지 않는 '이발'과 형기에 매개된 '이발'로 사단과 칠정을 구분한다. 이것은 사단과 칠정 모두 '이발' 하나로 해석한다는 의미이다. 사단과 칠정을 모두 '이발'로 해석하는 이유는 바로 성발위정(性發爲情)의 명제에 따른 것이다. 사단과 마찬가지로 칠정도 정인 이상, 성이 발한 것임이 분명하기 때문이다.

여기에서 복잡한 문제가 제기된다. 칠정을 '이발'로 해석할 경우, 사단과 마찬가지로 칠정도 성(리)이 발한 것이기 때문에 칠정의 공적인 성격을 인정하지 않을 수 없기 때문이다. 칠정 역시 성(리)이 발한 것이라면, 칠정은 공적인 것인가 사적인 것인가? 이익은 이것을 공희로(公喜怒)라고 부른다. '공희로'는 맹자가 기뻐하는 것과 순임금이 성내는 것과 같은 성인의 칠정을 의미한다. 이익은 한때 성인의 칠정을 '이발'로 해석하기도 하지만, 결국은 '기발'로 해석해야 한다는 입장을 견지한다.

여기에서 성인의 칠정을 '이발'로 보아야 할 것인지 '기발'로 보아야 할 것인지를 두고 성호학파 내에서는 치열한 논변이 전개된다.[679] 그렇다면 안정복은 성인의 칠정 문제를 어떻게 해석하는가.

성인과 일반인의 칠정이 비록 적중하고 적중하지 못한 차이가 있더라
도 칠정이 칠정되는 이유가 동일하다면, 일반인의 칠정은 기에서 발한다
고 하고 성인의 칠정은 유독 리에서 발한다고 하겠는가? 또한 리는 본래
선하여 확충할 수 있는데, 칠정도 확충할 수 있는가? 만약 칠정을 확충하
게 한다면, 그 폐단은 장차 어떠하겠는가? 이발(理發)이라고 말할 수 없음
이 분명하다. 그러므로 마땅한 칠정은 '바른 기(正氣)'에서 발하여 기질이
맑은 것을 받은 것이고, 마땅치 못한 칠정은 '바르지 못한 기(客氣: 쓸데없
고 실속 없이 부리는 혈기)'에서 발하여 기질이 탁한 것을 받은 것이라고 한
다. 비록 기가 맑고 기가 탁함, 바른 기와 바르지 못한 기의 구분이 있지만,
그것이 기에서 발한 것은 동일하다.[680]

성인의 칠정이든 일반인의 칠정이든 모두 기에서 발한 것이다. 성
인의 칠정이라도 '이발'이라 말할 수 없으며 '기발'이라고 말해야 한다.
비록 칠정이 바른 기에서 발하여 맑은 기질을 부여받거나 바르지 못한
기에서 발하여 탁한 기질을 부여받는 차이가 있을지라도, 모두 기에서
발한 것이라는 사실은 동일하므로 '이발'이 아니라 '기발'이다. 이것은
"비록 성인의 칠정이라도 그것이 형기 속에 있는 것은 사실이니, 칠정
이 형기에서 나온 것이라면 '기발'이라고 해야 옳다"[681]라는 말에 다른

679 안영상, 「순암 안정복이 사단칠정설 ─ 성호학파 내부 논쟁을 중심으로 ─」, 『한국
  실학연구』3, 한국실학학회, 2001; 안영상, 「실학파의 사단칠정론 ─ 성호학파의 公
  喜怒 理發說을 중심으로 ─」, 『〈2013 유교문화화연구소 추계학술회의〉 사단칠정
  론의 재인식』, 성균관대학교 유교문화연구소, 2013
680 『順菴全集』卷2, 「四七理氣」, "聖凡之七情, 雖有中不中之不同, 七情之所以爲七
  情, 一也, 則凡人之七情, 謂之發於氣, 而聖人之七情, 獨謂之發於理乎. 且理本善
  而可以擴充, 七情亦可以擴充乎. 苟使之擴充, 其弊將如何. 不可謂之理發也, 明矣.
  故曰, 當然之七情, 發於正氣, 而稟氣質之淸者也; 不當然之七情, 發於客氣, 而稟氣
  質之濁者也. 雖有氣淸氣濁正氣客氣之分, 而其發於氣, 則一也."
681 『順菴集』卷3, 「與邵南尹丈書」, "雖聖人之七情, 其在于形氣中, 則信矣, 從此形氣

표현이다.

　이어서 성인의 칠정을 '이발'로 볼 수 없는 이유로써 확충(擴充)의 개념을 거론한다. "칠정이 발하는데 리가 그 속에 있으면 '이발'이라 말하는 것이 옳다. 그러나 리는 확충할 수 있고 칠정은 확충할 수 없으니 칠정은 '이발'이라 말할 수 없다."[682] '확충'이란 넓혀서 가득 채워나간다는 의미로, 『맹자』에 나오는 개념이다.[683] 안정복은 맹자가 말한 확충의 개념에 근거하여, 사단은 확충할 수 있으므로 '이발'이라 할 수 있으나 칠정은 확충할 수 없으므로 '이발'이라고 할 수 없다는 논리를 전개한다. 예를 들어 측은 · 수오와 같은 사단은 리에서 발한 것이므로 확충해가면 인(仁)을 다하고 의(義)를 다하는 경지에 이르게 된다. 희 · 로와 같은 칠정은 비록 어진 자와 어리석은 자의 차이가 있지만 결국 기에서 발한 것이니, 장차 확충해가면 그 폐단이 어떠하겠는가.[684] 칠정은 기에서 발한 것이므로 이것을 확충해가면 희 · 로 · 애 · 구 · 애 · 오 · 욕을 다하게 되어 그 폐단이 이루 말할 수 없다.

　안정복은 사단을 확충할 수 있는 이유로써 사단은 본연지성(리)에서 발원하기 때문이고, 칠정을 확충할 수 없는 이유로써 칠정은 기질지성(기)에서 발원하기 때문이라고 설명한다.[685] 이것은 이황의 사단은 본연

　　而出, 則謂之氣發可矣."

682　『順菴全集』卷2,「四七理氣」, "七情之發, 理在其中, 則謂之理發, 可也. 然而理可擴充, 而七情不可擴充, 則七情不可謂理發也."

683　맹자는 나에게 있는 사단의 싹을 확충해 나갈 것을 강조한다. "불이 처음 타오르거나 샘물이 처음 솟아나는 것과 같은 사단을 확충해나갈 수 있으면 천하를 보존할 수 있으나, 만일 확충해나가지 못한다면 부모도 섬길 수 없다."(『孟子』,「公孫丑(上)」, "凡有四端於我者, 知皆擴而充之矣, 若火之始然, 泉之始達. 苟能充之, 足以保四海; 苟不充之, 不足以事父母.")

684　『順菴集』卷4,「與貞山李景協」, "惻隱羞惡是發於理者, 故擴而充之, 則至于仁之盡義之至之境矣. 若喜怒則雖有賢愚之不同, 而終是發於氣者也, 將擴而充之, 則弊將如何."

지성(리)에 근원하고 칠정은 기질지성(기)에 근원한다는 말의 다른 표현이다. 결국 사단은 '이발'로 해석할 수 있고, 칠정은 중절의 여부와 상관없이 '이발'로 해석해서는 안 된다.

이처럼 안정복은 사단의 부중절을 '기발'로 해석하거나 성인의 칠정 또는 중절한 칠정을 '이발'로 해석하는 것에 모두 반대한다. 이러한 사실은 "만약 희·로가 바름을 얻은 것을 이발(理發)이라고 한다면, 사단이 바름을 얻지 못한 것을 기발(氣發)이라고 하겠는가?"[686]라는 말에서도 알 수 있다. 칠정이 바름을 얻더라도 '이발'이라고 할 수 없으며, 사단이 바름을 얻지 못하더라도 '기발'이라고 할 수 없다. 왜냐하면 사단은 본연지성(리)에 근원하고 칠정은 기질지성(기)에 근원하기 때문이다. 사단은 인·의·예·지의 본성에서 곧바로 나온 것이므로 '부중절'한 경우는 사단이라고 부를 수 없고, 칠정은 형기에서 나온 것이므로 성인의 칠정이라도 '이발'이 될 수 없다.

안정복의 사단칠정론은 "나는 퇴계를 따르겠다"라는 말에서 알 수 있듯이, 이황의 사단은 '이발'이고 칠정은 '기발'이라는 호발설에 근거하여 전개한다. 이황처럼 사단은 리가 발한 것이고 칠정은 기가 발한 것이므로 둘을 서로 다른 정으로 분명히 구분한다. 동시에 그 이론적 근거로써 사단은 본연지성에 근원하므로 '이발'이 되고 칠정은 기질지성에 근원하므로 '기발'이 된다는 이황의 소종래(所從來)의 해석을 그대로 따른다. 또한 사단과 칠정을 구분해보아야 하는 근거를 주리·주기의 논리로도 설명하니, 사단은 리를 주로 하여 말한 것이므로 '이발'이

685 『順菴全集』 卷2, 「四七理氣」, "惻隱羞惡, 可以擴充, 則其發源在於本然之性, 可知也; 喜怒哀懼, 不可擴充, 則其發源在於氣質之性, 可知也."
686 『順菴集』 卷26, 「順菴先生行狀」, "若以喜怒之得其正者, 謂之理發, 則其將以四端之不得其正者, 謂之氣發耶."

되고 칠정은 기를 주로 하여 말한 것이므로 '기발'이 된다. 이러한 해석은 사단과 칠정을 서로 다른 정으로 구분하는 이황의 이론과 일치한다.

안정복의 사단칠정론은 이황의 사단/이발과 칠정/기발의 해석에 근거하는데, 이러한 관점에서 사단의 부중절을 '기발'로 해석하거나 칠정의 중절 또는 성인의 칠정을 '이발'로 해석하는 것에 반대한다. 사단은 리에서 발한 것이므로 사단에는 부중절의 문제가 일어날 수 없다. 다시 말하면, 리에는 폐단이 있을 수 없으므로 결국 리에서 발한 사단에도 폐단이 없다는 것이다.

따라서 사단에 폐단이 없으므로 측은하지 않아야 할 때에 측은하거나 수오하지 않아야 할 때에 수오하는 경우와 측은해야 할 때에 측은하지 않거나 수오해야 할 때에 수오하지 않는 경우는 있지 않으며, 특히 사단을 '기발'로 해석하는 것은 더욱 옳지 않다. 그래서 안정복은 "만약 사단이 때에 따라 마땅치 못한 행동을 한다면, 사단이라고 말할 수 없다"라고 강조한다. 이것은 이황의 "기를 겸하여 말하면, 더 이상 사단이라고 말할 수 있는 것이 아니다"라는 말의 다른 표현이기도 하다.

또한 성인의 칠정도 칠정이므로 '기발'로 보아야지 '이발'로 보아서는 안 된다는 입장이다. 안정복은 성인의 칠정을 '이발'로 볼 수 없는 이유로써 확충(擴充)의 개념을 제시한다. 측은·수오·사양·시비의 사단은 인·의·예·지로 확충할 수 있으므로 '이발'이라고 할 수 있으나, 희·로·애·구·애·오·욕의 칠정은 확충할 수 없으므로 '이발'이라고 할 수 없다. 리(본연지성)에서 발한 사단과 달리, 칠정은 기(기질지성)에서 발한 것이므로 이것을 확충해가면 절제할 수 없는 폐단에 빠진다. 따라서 사단만이 '이발'로 해석할 수 있고 칠정은 중절의 여부와 상관없이 '이발'로 해석해서는 안 되니, 결국 칠정은 '기발'로 해석해야 한다.

이렇게 볼 때, 안정복은 이황의 '이기호발설'에 근거하여 자신의 사단칠정론을 전개하고 있음을 알 수 있다. 안정복은 이황의 사단/이발과 칠정/기발에 근거하면서 그 시대에 제기된 다양한 문제들, 예를 들어 '사단의 부중절'이나 '칠정의 중절' 또는 '성인의 칠정' 문제 등에 대한 자신의 해석을 전개한다. 이것이 바로 이황과 구분되는 안정복 사단칠정론의 특징이며, 이를 통해 이황의 사단칠정론이 18세기에는 어떻게 전개되어 나갔는지 그 전개양상을 확인할 수 있다.

이 글은 「순암 안정복과 남당 한원진 사단칠정론의 대비적 고찰」(『유교사상문화연구』69, 한국유교학회, 2017)의 내용을 일부 수정·보완한 것이다.

34

이광정(李光靖)의 사단칠정론

이광정(李光靖, 1714~1789)[687]의 사단칠정론은 혼륜설과 분개설을 종합하는데 그 특징이 있다. 이것은 혼륜의 관점에 있는 기대승 또는 이이(율곡학파)의 주장과 분개의 관점에 있는 이황(퇴계학파)의 주장을 동시에 해석한다는 의미이다.

① 혼륜과 분개의 종합

이광정은 사단과 칠정을 혼륜과 분개의 두 관점에서 동시에 해석한다.

> 리와 기가 합하여 심이 되어 성과 정을 통솔한다. 아직 발하지 않았을 때는 성이 되고 이미 발하면 정이 되는데, 칠정 가운데 사단을 포함하니 자사가 논한 대본(大本)과 달도(達道)가 이것이다.(「악기」와 「호학론」은 모두 혼륜하여 말한 것이다.) 성에는 본성(본연지성)과 기품(기질지성)의 다름

---

687 이광정의 본관은 韓山, 자는 休文, 호는 小山이다. 소퇴계로 불리는 (대산)이상정의 동생이며, 이황의 학풍을 계승한 남인의 유학자이다. 저서로는 『소산집』이 있다.

이 있고 정에는 주리(主理)와 주기(主氣)의 구분이 있으니, 주자가 말한 이발(理發)과 기발(氣發)이 이것이다.(면재와 퇴계는 주로 분개를 주장한 것이다.)[688]

심은 리와 기가 합쳐진 것이니, 이때 '심의 리'가 성이 되고 '심의 기'가 정이 된다. 심이 성과 정을 총괄하니, 이것이 심통성정(心統性情)의 뜻이다. 또한 심은 미발(未發)과 이발(已發)로도 설명하니, 생각이나 감정이 아직 일어나지 않는 심의 미발상태는 성이 되고, 생각이나 감정이 이미 일어난 심의 이발상태는 정이 된다. 이때 정에는 사단과 칠정이 있다.

이러한 사단과 칠정의 관계를 어떻게 보느냐, 즉 대립적(상대적) 관점(분개)에서 서로 다른 정으로 보느냐, 아니면 포괄적(내포적) 관점(혼륜)에서 하나의 정으로 보느냐를 두고 논변이 발생하는데, 그것이 16세기 이황과 기대승 사이에서 전개된 사단칠정논변이다.

먼저 이광정은 『중용』·「악기」·「호학론」이 모두 혼륜의 관점에서 말한 것이라고 설명한다. 자사에 따르면, "희·로·애·락이 아직 발하지 않은 것을 중(中)이라 하고, 발하여 모두 절도에 맞는 것을 화(和)라 한다. '중'이란 것은 천하의 대본(大本)이고 '화'라는 것은 천하의 달도(達道)이다."[689] 칠정이 발하여 모두 절도에 맞는 것은 '화'이고 '달도'이니, 비록 칠정이 리와 기를 겸하고 선과 악이 함께 있으나 그것이 발하여 절도

---

688 『小山集』卷2, 「答地主尹侯(光紹)問目」, "夫理氣合而爲心而統性情焉. 未發則爲性, 已發則爲情, 而包四端於七情之中, 子思之論大本達道是也.(樂記好學論, 皆渾淪而言.) 性有本性氣禀之異, 而情有主理主氣之分, 朱子之言理發氣發是也.(勉齋退陶, 多主分開.)

689 『中庸』, 第1章, "喜怒哀樂之未發, 謂之中; 發而皆中節, 謂之和. 中也者, 天下之大本; 和也者, 天下之達道也."

에 맞는 것은 리이고 선이니, 이때의 칠정은 사단과 다르지 않다. 결국 사단이 칠정 속에 포함되어 있으니 사단과 칠정은 하나의 정이다.

정자 「호학론」의 "칠정이 이미 강성하고 더욱 방탕해지면 그 성이 훼손된다"[690]거나 「악기」의 "사람이 태어나서 고요한 것은 하늘의 성이고, 사물에 감응하여 움직인 것은 성의 욕구(칠정)이다"[691]라는 내용도 사단과 칠정을 분개하여 말한 것이 아니라, 사단을 칠정 속에 포함시켜 혼륜하여 말한 것이다.

이러한 내용은 모두 리와 기가 함께 있는 가운데 나아가 혼륜하여 말한 것으로써, 혼륜의 관점에서는 사단이 칠정 속에 포함되니, 사단과 칠정은 하나의 정이다. 이것은 정의 근원으로서의 성도 마찬가지다. 정은 칠정 하나이고 그 가운데 선한 부분만을 말한 것이 사단이듯이, 성은 기질지성 하나이고 그 가운데 오로지 리만을 말한 것이 본연지성이다. 결국 성이 하나이듯이 성이 발한 정 역시 하나이니, 이것은 혼륜의 관점에서 말한 것이다.

또한 이광정은 주자의 사단/이발과 칠정/기발을 분개의 관점에서 설명한다. 비록 사단과 칠정이 모두 리와 기를 겸하지만, 사단은 리를 주로 하여 말한 것이므로 '이발'이라 하고 칠정은 기를 주로 하여 말한 것이므로 '기발'이라 한다. 이것이 바로 주자의 사단/이발(理之發)과 칠정/

---

690 『二程全書』, 「顔子所好何學論」, "其未發也五性具焉, 曰仁義禮智信. 形旣生矣, 外物觸其形而動於中矣, 其中動而七情出焉, 曰喜怒哀懼愛惡欲. 情旣熾而益蕩, 其性鑿矣."(〈마음이〉 아직 발하지 않았을 때는 오성이 갖추어져 있으니 인·의·예·지·신이라 한다. 형체가 이미 생겨나면, 바깥 사물이 그 형체에 감촉하여 〈오성이〉 속에서 움직이고, 그것이 속에서 움직여서 칠정이 나오니 희·로·애·락·애·오·욕이라 한다. 칠정이 이미 강성하고 더욱 방탕해지면 그 성이 훼손된다.)

691 『禮記』, 「樂記」, "人生而靜, 天之性也; 感於物而動, 性之欲也." 주자는 '성의 욕'을 정으로 해석한다.(『朱熹集』卷67, 「樂記動靜說」, "性之欲卽所謂情也.") '욕'은 희·로·애·락·애·오·욕의 욕이니 칠정을 말한다.

기발(氣之發)의 뜻이다. 여기에서 더 나아가 이황은 사단과 칠정의 근원으로서의 성을 본연지성과 기질지성으로 구분한다. "정에 사단과 칠정의 구분이 있는 것은 성에 본연(본연지성)과 기품(기질지성)의 다름이 있는 것과 같다." 결국 사단은 본연지성이 발한 것이고(理發) 칠정은 기질지성이 발한 것이니(氣發), 사단과 칠정은 근원적으로 구분되는 서로 다른 정이다. 이것은 분개의 관점에서 사단과 칠정을 해석한 것이다.

이처럼 사단과 칠정은 혼륜하여 말하면 하나의 정이지만 분개하여 말하면 서로 다른 정이다. 전자의 해석이 바로『중용』·「악기」·「호학론」의 내용에 해당한다면, 후자의 해석은 주자·이황·황간 등의 '이발'과 '기발'의 내용에 해당한다.

이어서 이광정은 이황의 말에 근거하여 사단과 칠정을 분개와 혼륜의 두 관점에서 동시에 말할 것을 강조한다.

> 대개 성은 하나이고 정 또한 둘이 아니니 어찌 사단과 칠정의 다른 이름이 있겠으며, 리는 같고 기 또한 다름이 없으니 어찌 분(分, 분개)과 합(合, 혼륜)의 다른 명칭이 있겠는가. 리와 기는 혼연하여 간격이 없으나, 또한 찬연하여 조리가 있다. 혼연한 것에서 보면, 똑같이 하나의 정이니 어찌 일찍이 사단과 칠정의 구분이 있겠는가.(퇴계가 말하기를 "희·로·애·락은 오로지 기만을 가리켜 말해서는 안 되고, 측은·수오와 상대하여 말한 뒤에야 리에 속하고 기에 속하는 구분이 있을 뿐이다.") 찬연한 것에서 보면, 주로 하는 바와 중한 바로써 각각 속한 곳이 있다.(퇴계가 말하기를 "두 가지가 모두 리와 기에서 벗어난 것은 아니지만, 그 소종래에 인하여 각각 그 주로 하는 바를 가리켜서 말한다면, 어떤 것을 리라 하고 어떤 것을 기라 한들 어찌 불가함이 있겠는가.") 사단을 말하지 않고 오로지 칠정만을 말하면, 칠정은 본래 공정한 이름이니(열 글자는 퇴계의 말이다), 기가 발한 것이라고 해서는 안 되고 반

드시 분개하여 사단과 대립한 뒤에 기라고 말할 수 있다.[692]

이광정은 사단과 칠정을 혼륜과 분개의 두 관점에서 말해야 하는 이유를 설명한다. 리와 기는 항상 함께 있어 서로 떨어지지 않으니 "혼연하여 간격이 없다." 또한 리는 형이상의 도이고 기는 형이하의 그릇으로 서로 섞이지 않으니 "찬연하여 조리가 있다."

그러므로 혼연한 것(혼륜)에서 말하면, 사단과 칠정은 모두 성이 발한 하나의 정이니 둘의 구분이 있을 수 없다. 사단에도 리와 기가 함께 있고 칠정에도 리와 기가 함께 있다. 그러므로 칠정을 오로지 '기'라고 말해서는 안 되고, 다만 사단과 상대하여 말할 때에는 '기'라고 말할 수 있다. 이것은 이황의 주장이기도 하니 "희·로·애·락은 측은·수오 등과 상대하여 말한 후에야 리에 속하고 기에 속하는 구분이 있을 뿐이다."[693] 이황의 말처럼, 혼륜하여 말할 때는 칠정이 리와 기를 겸하므로 '기'로만 말해서는 안 되고, 반드시 사단과 상대해서 말한 뒤에는 리에 속하는 사단과 기에 속하는 칠정으로 각각 분속할 수 있다.

또한 찬연한 것(분개)에서 말하면, "주로 하는 바와 중(重)한 바로써 각각 속하는 곳이 있다." 사단과 칠정이 모두 리와 기를 겸하지만, 사단은 리를 주로 하거나 중한 것으로 말한 것이고 칠정은 기를 주로 하거나 중

---

692 『小山集』卷2, 「答地主尹侯(光紹)問目」, "蓋性一情亦非二, 則何以有四七之異名, 理同氣亦無異, 則何以有分合之殊稱. 理之與氣, 渾然而無間, 亦粲然而有條. 自夫渾然者而觀之, 則同是一情, 何嘗有四七之分.(退陶曰喜怒哀樂, 不可專指氣言, 與惻隱羞惡對說而後, 有屬理屬氣之分耳.) 自其粲然者而觀之, 則以其所主與所重而各有攸屬.(退陶曰二者皆不外乎理氣, 因其所從來, 各指其所主而言之, 謂之某爲理某爲氣, 何不可之有.) 不言四端而單說七情, 則七情本是公然平立之名(十字退陶語), 不可謂氣之發, 而必分開而與四端對立, 然後可謂之氣."

693 『退溪集』卷25, 「答鄭子中(別紙)」, "喜怒哀樂, 與惻隱羞惡等對說, 而後有屬理屬氣之分耳."

한 것으로 말한 것이다. 그러므로 '주로 하거나 중한 것'으로 말하면, 사단은 리에 칠정은 기에 각각 분속시킬 수 있다. 이것은 이황의 주장이기도 하니 "두 가지(사단과 칠정)가 비록 모두 리와 기에서 벗어나지 않지만 그 소종래에 따라 각각 그 주로 하는 바를 가리켜서 말하면, 어떤 것을 리라 하고 어떤 것을 기라 한들 어찌 불가함이 있겠는가."[694] 이황의 말처럼, 사단과 칠정이 모두 리와 기를 겸하지만 '주로 하는 것'으로 말하면, 사단은 리에 칠정은 기에 각각 분속시킬 수 있다.

더 나아가 이황은 '주로 하거나 중한 것'뿐만 아니라 소종래에 따른 근원적인 구분을 강조하니, 사단의 소종래는 본연지성이고 칠정의 소종래는 기질지성이다. 그러므로 사단은 본연지성이 발한 것이고(理發) 칠정은 기질지성이 발한 것이니(氣發), 둘은 서로 다른 정이다. 결국 사단과 칠정을 분개하여 말하면 칠정을 '기'에다 분속시킬 수 있다는 말이다.

그러나 사단과 칠정을 분개하여 말하지 않고 혼륜하여 칠정만을 말하면(혼륜하여 말할 때는 사단이 칠정 속에 포함되어 있으니 칠정 하나뿐이다), 이때의 칠정은 공정하고 중립적인 명칭이니 오로지 '기'에다 분속시킬 수 없다. 이황의 말처럼 "칠정이 비록 '기에서 발한다'고 하지만, 실제로 공정하고 중립적인 명칭이지 한쪽에 떨어져 있는 것이 아니다."[695] 즉 혼륜하여 칠정만을 말할 때는 '기에서 발한다'거나 '기발'이라 말할 수 없고, 다만 사단과 상대시켜 말할 때라야 비로소 '기발'이라 말할 수 있다는 말이다.

---

694 『退溪集』卷16, 「答奇明彦(論四端七情 第2書)」, "二者雖曰皆不外乎理氣, 而因其所從來, 各指其所主而言之, 則謂之某爲理, 某爲氣, 何不可之有乎."
695 『退溪集』卷37, 「答李平叔」, "至如七情, 則雖云發於氣, 然實是公然卓立之名, 非落在一邊底."

결국 칠정이 혼륜의 관점에서는 '기발'이 아니지만 분개의 관점에서는 '기발'이니, 오로지 '기발'이라고 말해서도 안 되고 또한 오로지 '이발'이라고 말해서도 안 된다.

이 때문에 칠정에는 전혀 리가 없다고 말해서도 안 되니 천하에는 리 없는 기가 없기 때문이며, 또 자사가 중화(中和)를 논한 것으로 마침내 칠정은 순전히 '리가 발한 것'이라고 해서도 안 되니 반드시 '발하여 절도에 맞은' 뒤에 비로소 화(和)라고 말하기 때문이다.[696]

사단과 칠정은 모두 리와 기를 겸하니, 사단에도 기가 없는 것이 아니고 칠정에도 리가 없는 것이 아니다. 그러므로 칠정에는 전혀 리가 없다고 말해서는 안 되니, 왜냐하면 천하에는 리 없는 기가 없기 때문이다. 따라서 칠정을 오로지 '기발'이라고 말해서는 안 된다.

또한 자사가 중화(中和)를 논할 때에 반드시 "발하여 모두 절도에 맞는 것을 화(和)라 한다"라고 하였으니, 칠정을 순전히 '리가 발한 것'이라고 말해서도 안 된다. 왜냐하면 자사는 희·로·애·락이 발한 것을 그대로 '화'라고 하지 않고, 발하여 모두 절도에 맞는 것을 '화'라고 하였기 때문이다. 이것은 칠정이 절도에 맞지 않는 경우도 있다, 즉 중절(中節)을 필요로 하는 대상이라는 말이니, 곧장 '이발'로 말해서도 안 된다.

이 뜻을 알면, 다름 가운데 그 같은 것을 보고 같음 가운데 그 다른 것을 아니, 분개한다고 두 가지 정이 있는 것이 아니고 혼륜한다고 실제로 한

---

696 『小山集』卷2,「答地主尹侯(光紹)問目」, "而不可以此而謂七情全無理也, 以天下無無理之氣也, 又不可以子思之論中和而遂以七情爲純理之發, 以其必發而中節然後方謂之和也."

가지 물건이 아니다. 나눌 수 없는 가운데 나누지 않을 수 없는 것이 있고, 나누지 않을 수 없는 가운데 또 나눌 수 없는 것이 있다. 이와 같이 종횡으로 말하고 이합(離合)으로 보아야 비로소 새는 것을 끊어 병폐가 없다. 분개를 고집하여 '칠정은 리로써 말할 수 없다'고 하는 것은 진실로 한편에 떨어진 것이고, 혼륜을 좋아하여 '칠정은 기에 속할 수 없다'고 하는 것 또한 모호하여 구별이 없게 된다. 이것이 의리의 원두이며, 조금의 잘못도 용납할 수 없는 곳이다.[697]

사단과 칠정이 서로 다르지만 하나의 정임을 보아야 하고, 하나의 정이지만 사단과 칠정이 서로 다름을 알아야 한다. 이것이 바로 "다름 가운데 그 같은 것을 보고, 같음 가운데 그 다른 것을 안다"는 뜻이다. 사단과 칠정을 분개한다고 두 가지 정이 있는 것이 아니고, 사단과 칠정을 혼륜한다고 실제로 한 가지 물건이 아니다. '두 가지 정이 있는 것이 아니다'는 것은 사단과 칠정은 하나의 정이라는 말이며, '실제로 한 가지 물건이 아니다'는 것은 사단과 칠정은 서로 다른 두 가지 정이라는 말이다. 전자가 기대승(이이)의 주장이라면, 후자는 이황의 주장이다.

이에 이광정은 분개만을 주장하거나 혼륜만을 주장하는 것을 동시에 비판한다. 예컨대 분개를 고집하여 '칠정은 리로써 말할 수 없다' 즉 오로지 기발(氣發)이라고 하는 것은 진실로 한쪽에 떨어진 것이고, 또한 혼륜을 좋아하여 '칠정은 기에 속할 수 없다'라고 하는 것도 사단과 칠정의 구별을 없게 한다.

---

697 같은 곳, "識得此義, 則異中見其所同, 同中識其所異, 分開而非有二情也, 渾淪而實非一物也. 不可分中有不可不分者, 不可不分中又有不可分者. 如是橫竪說離合看, 方絶滲漏無病敗. 執分開而謂七情之不可以理言者, 固墮於一偏; 樂渾全而謂七情之不可以屬於氣者, 亦失於儱侗而無別也. 此是義理原頭, 不容少差處."

따라서 "나눌 수 없는 가운데 나누지 않을 수 없는 것이 있고, 나누지 않을 수 없는 가운데 또 나눌 수 없는 것이 있다." 혼륜하여 말하는 가운데 분개하지 않을 수 없는 것이 있고, 분개하여 말하지 않을 수 없는 가운데 혼륜하여 말하는 것이 있다. 이처럼 혼륜과 분개를 종합하여 "종횡으로 말하고 이합(離合)으로 보아야 비로소 새는 것을 막아 병폐가 없다." 결국 혼륜설과 분개설을 동시에 보아야 한다는 말이니, 이것이 바로 의리의 근원이며 조금의 잘못도 용납할 수 없는 곳이다.

이처럼 이광정은 혼륜과 분개의 두 관점을 종합할 것을 강조하니, 예컨대 이황(퇴계학파)처럼 분개만을 말하여 '칠정은 오로지 기발이다'고 해서도 안 되고, 이이(율곡학파)처럼 혼륜만을 말하여 '칠정은 기발이 아니다'고 해서도 안 된다. 이것은 이황의 사단/이발과 칠정/기발이 분개의 관점에서 말한 것이므로 타당하다는 말에 다름 아니다.

이 때문에 이광정은 '이발'이라고 기가 없는 것이 아니고 '기발'이라고 리가 없는 것이 아니라고 강조한다. "이발이라고 하지만 기를 빠뜨린 것이 아니고, 기발이라고 하지만 리를 빠뜨린 것이 아니니, 주로 하는 바와 중한 바에 나아가 말한 것일 뿐이다."[698] 이황의 사단/이발과 칠정/기발에서 '이발'이라 한다고 기가 없는 것이 아니며, '기발'이라 한다고 리가 없는 것이 아니다. 사단과 칠정은 모두 리와 기를 겸하지만, 다만 사단은 리를 주로 하여 말한 것이므로 '이발'이라 하고 칠정은 기를 주로 하여 말한 것이므로 '기발'이라 할 뿐이다. 이러한 주리·주기의 방법론은 분개의 관점에 따른 해석이니, 분개의 관점에서 말하면 이황의 사단/이발과 칠정/기발은 타당하다.

---

698 『小山集』卷6,「答裵君相說(別紙)」, "此是義理原頭, 從古議論多端處, 今且熟玩天理流行之妙, 人心性情體用之全, 然後可以默識. 其曰理發, 非遺却氣也; 其曰氣發, 非遺却理也, 就其所主與所重而言耳. 謂之理發氣發, 而非有先後互發之異也."

② 김창협과 기대승 비판

분개의 관점에서는 칠정/주기가 타당하다. 이와 관련하여 이이가 이황의 칠정/주기를 비판하자, 김창협은 칠정/주기가 타당하다는 입장에서 이이를 재비판한다. 또한 김창협이 이황의 사단/이발이기수지(理發而氣隨之)와 칠정/기발이이승지(氣發而理乘之)가 두 갈래의 잘못이 있다고 비판하자, 이광정은 주리·주기의 연장선상에서 김창협을 재비판한다.

먼저 김창협이 이이를 비판한 내용의 요지는 다음과 같다. "사단은 리를 주로 하여 말한 것이지만 기가 그 속에 있고, 칠정은 기를 주로 하여 말한 것이지만 리가 그 속에 있다. 사단의 기가 바로 칠정의 기이고 칠정의 리가 바로 사단의 리이니, 다만 이름하여 말할 때에 각각 주로 하는 바가 있을 뿐이다. 칠정이 '기를 주로 한다(主氣)'는 것을 율곡이 그르다고 여겼다."[699] 김창협에 따르면, 사단과 칠정이 모두 리와 기를 겸하지만, 사단이라 하고 칠정이라 하여 이름을 말할 때에는 각각 주로 하는 바가 있으니, 예컨대 사단은 리를 주로 하여 말한 것이고 칠정은 기를 주로 하여 말한 것이다. 그러므로 사단/주리와 마찬가지로, 칠정/주기 역시 이이의 비판처럼 칠정에 리가 없다는 말이 아니라 기를 주로 하여 말한 것일 뿐이다. 그럼에도 이이는 칠정에도 기와 함께 리가 있으므로 곧장 '주기'라 말해서는 안 된다고 비판한다.

그러나 김창협은 이이의 주장과 달리, 칠정을 '주기'로 볼 수 있다는 입장이다. 김창협이 이어서 말하기를 "자사가 대본(大本)과 달도(達道)를 논하면서 '희·로·애·락이 발한 것이 천하의 달도이다'라고 하지 않

---

699 『小山集』卷7,「金農巖昌協論退栗四七說辨」, "說略曰, 四端主理言而氣在其中, 七情主氣言而理在其中. 四端之氣, 卽七情之氣; 七情之理, 卽四端之理, 但其名言之際, 各有所主耳. 以七情爲主氣, 栗谷非之.…"

고, 반드시 '발하여 절도에 맞는 것'을 달도라고 한 것은 바로 인심의 기틀이 움직일 때에 어긋나기가 쉬우므로 모름지기 리를 따라 그 바름을 얻은 뒤에야 '달도'라고 말할 수 있기 때문이다."[700] 김창협에 따르면, 칠정이 곧장 '달도'인 것이 아니라 절도에 맞은 뒤에야 '달도'가 되니, 칠정이란 중절을 필요로 하는 대상이다. '중절을 필요로 한다'는 것은 절도에 맞지 않는다(어긋나기가 쉽다)는 말이요, '절도에 맞지 않는다'는 것은 칠정이 기를 주로 하여 말한 것이라는 뜻이다. 칠정은 기를 주로 하여 말한 것이므로 '모름지기 리를 따라 그 바름을 얻은 뒤에야', 즉 반드시 발하여 절도에 맞은 뒤에야 '달도'라 말할 수 있다는 것이다.

또 이어서 말하기를 "정자도 '정이 이미 강성하여 더욱 방탕해지면 그 성이 훼손된다'라고 하였으니, 이천(정이)이 정이 리에 근본하는 것을 모른 것은 아니지만, 그 말이 이와 같은 것은 또한 기를 주로 하여 말하였기 때문이다.……대개 칠정이 비록 리와 기를 겸하지만, 〈그 중에〉 선한 것은 기가 리를 따른 것이고 〈그 중에〉 선하지 않은 것은 기가 리를 따르지 않은 것이니, 애당초 '기를 주로 한다'고 하여도 무방하다."[701] 김창협에 따르면, 정자의 「호학론」에 근거할 때에 칠정이 비록 리와 기를 겸하지만 방탕해지기 쉬운 정이므로 주기(主氣)로 보아도 무방하다. '주기'라고 하여도 이이의 비판처럼 칠정에 리가 없다는 말이 아니라, 리와 기를 겸하는 가운데 기를 주로 하여 말한 것일 따름이다. 칠정을 '주기'

---

700 같은 곳, "然子思論大本達道, 不曰喜怒哀樂之發, 是天下之達道, 而必以發而中節者爲達道者, 正以人心氣機之動, 易於差忒, 須是循理而得其正, 然後可謂之達道也."

701 같은 곳, "程子亦曰情旣熾而益蕩, 其性鑿矣, 伊川非不知情之本乎理, 而其言如此者, 亦以氣爲主而言耳.……蓋七情雖兼理氣, 而其善者, 氣之能循理者也; 其不善者, 氣之不循理者也, 初不害爲主氣也."(이 내용은 『農巖續集』卷下, 「四端七情說」에 나온다.)

라고 하더라도 실제로 리와 기를 겸하므로, 이때 기가 리를 따르면 선이 되고 기가 리를 따르지 않으면 불선이 된다. 결국『중용』·「호학론」의 말에서 볼 때, 칠정은 중절을 필요로 하는 또는 방탕해지기 쉬운 정이므로 '주기'로 보아야 한다는 말이다. 이처럼 김창협은 사단과 칠정이 모두 리와 기를 겸하더라도, 이황처럼 분개의 관점을 수용하여 사단/주리와 칠정/주기로 해석하고 있음을 알 수 있다.

김창협의 사단/주리와 칠정/주기의 해석에 대해, 이광정은 그의 뛰어난 식견을 칭찬하면서도, 동시에 그의 말에 모순이 있다고 비판한다.

> 농암(김창협)이 평생 익힌 견문 속에서 이런 의견을 드러낼 수 있었으니, 의리가 인심에서 없어지지 않음을 볼 수 있고, 또한 그의 총명함이 남보다 뛰어난 곳을 볼 수 있다. 그러나 그 말에 능히 모순이 없지 않으니, 어찌 생각이 자세하지 못함이 있어서인가, 아니면 오히려 감히 스승의 설을 다 배반할 수 없어서 그 말을 얼버무린 것인가. 이미 "사단은 리를 주로 하여 말한 것이나 기가 그 속에 있고, 칠정은 기를 주로 하여 말한 것이나 리가 그 속에 있는 것은 옳다"고 하였으면, 또 어찌 '리가 발하고 기가 따르며 기가 발하고 리가 탄다'는 것을 말의 잘못이고 두 갈래의 근심이 있다고 하였는가.[702]

김창협이 사단/주리와 칠정/주기로 해석한 것은 그 총명함이 남보다 뛰어나다. 사단과 칠정이 비록 리와 기를 겸하지만, 사단은 리를 주로

---

702 같은 곳, "農巖於一生習熟見聞中, 能發出此簡意見, 可見義理之在人心, 有不容泯沒, 而亦見他聰明有過人處也. 然其言不能無矛盾, 豈思之有未審乎, 抑以猶不敢盡背師說, 而彌縫其辭乎. 蓋旣曰四端主理言而氣在其中, 七情主氣言而理在其中者爲是, 則又何以理發氣隨氣發理乘, 爲名言之差而有二歧之患乎."

하여 말한 것이고 칠정은 기를 주로 하여 말한 것이다. 사단이 리를 주로 하여 말한 것이나 기가 그 속에 있고, 칠정은 기를 주로 하여 말한 것이나 리가 그 속에 있다. 김창협의 사단/주리와 칠정/주기는 그가 일생 동안 익힌 견문에 근거하여 드러난 의견이다.

그럼에도 이광정은 김창협의 말에 모순이 없지 않다고 비판한다. 왜냐하면 김창협이 이황의 사단/이발이기수지(理發而氣隨之)와 칠정/기발이이승지(氣發而理乘之)를 두 갈래의 근심이 있다고 비판했기 때문이다. "퇴계는 이를 알면서도 이 부분이 지극히 정미하여 말하기 어려웠기 때문에 분석할 때에 번번이 두 갈래를 이루었으니, 그의 '기가 발하고 리가 타며 리가 발하고 기가 따른다'는 말에 이르러서는 말의 잘못이 바른 식견에 누를 끼침을 면치 못하였다."[703] 김창협에 따르면, 이황은 사단과 칠정이 주리·주기로 구분되는 것을 알았으나, 이 부분이 매우 정미하여 말하기 어려웠기 때문에 분석할 때에 사단/이발이기수지와 칠정/기발이이승지처럼 두 갈래로 말하는 잘못을 범하였다. '두 갈래로 말하는 잘못'이라는 것은 사단의 소종래는 본연지성(리)이 되고 칠정의 소종래는 기질지성(기)이 되어 리와 기로 분속시키는 것을 의미한다. 이로써 사단은 리가 발한 것이고 칠정은 기가 발한 것이니, 이로써 사단에는 기가 없게 되고 칠정에는 리가 없게 된다. 이 때문에 김창협은 이황의 사단/이발이기수지와 칠정/기발이이승지와 같은 말의 잘못이 그의 바른 식견에 누를 끼쳤다고 비판한 것이다.

이러한 김창협의 비판에 대해, 이광정은 이황의 사단/이발이기수지와 칠정/기발이이승지가 두 갈래의 잘못을 범한 것이 아니라고 반박한다. "리와 기 두 가지는 서로 기다려서 서로 떨어지지 않고, 또한 서로 섞

---

703 『農巖續集』卷下,「四端七情說」, "退溪有見於此, 而此處極精微難言, 故分析之際, 輒成二歧, 而至其言氣發理乘理發氣隨, 則名言之差, 不免有累於正知見矣."

이지 않는다. 리를 주로 하여 말하지만 기가 그 속에 있으니 '이발이기수지'이고, 기를 주로 하여 말하지만 리가 그 속에 있으니 '기발이이승지'이다."[704] 이광정에 따르면, 이황의 사단/이발이기수지와 칠정/기발이이승지는 사단은 본연지성이 발한 것이고 칠정은 기질지성이 발한 것처럼 소종래에 따른 근원적인 구분을 말하는 것이 아니라, 사단은 이기를 겸하지만 다만 리를 주로 하여 말한 것이므로 '이발'이라 하고, 칠정 역시 이기를 겸하지만 다만 기를 주로 하여 말한 것이므로 '기발'이라 한다. 또한 이때 기수지(氣隨之)와 이승지(理乘之) 역시 리와 기가 함께 있음을 강조한 표현에 다름 아니다. 사단은 리를 주로 하여 말한 것이지만(이발) 그 속에 기가 있으므로 '기수지'라 말한 것이고, 칠정은 기를 주로 하여 말한 것이지만(기발) 그 속에 리가 있으므로 '이승지'라고 말한 것이다.

　이렇게 볼 때, 이광정은 이황의 사단/이발이기수지와 칠정/기발이이승지를 이황처럼 소종래에 따른 근원적 차이로 해석하지 않고, 다만 주리·주기의 차이로 해석하고 있음을 알 수 있다.[705] 이러한 관점에서 이광정은 이황의 사단/이발이기수지와 칠정/기발이이승지가 두 갈래의 잘못이 있다는 김창협의 비판에 대해, 오히려 생각이 자세하지 못한 것이거나 아니면 스승인 이이의 기발이승일도(氣發理乘一途)설을 다 배반할 수 없어서 그 말을 얼버무린 것이라고 비판한다.

　실제로 이이의 '기발이승일도' 역시 김창협의 사단/주리와 칠정/주

---

704 『小山集』卷7,「金農巖昌協論退栗四七說辨」, "夫理氣二者, 相須而不相離, 亦不相雜. 主理言而氣在其中, 則理發而氣隨之也; 主氣言而理在其中, 則氣發而理乘之也."

705 그렇지만 김창협의 비판처럼, 이황은 실제로 사단과 칠정을 각각 리와 기에 분속시켜 해석한다. 사단은 인·의·예·지의 성(리)에 근원하므로 리가 발한 것이고, 칠정은 형기(기)에 근원하므로 기가 발한 것이다. 그러므로 사단의 소종래는 리가 되고 칠정의 소종래는 기가 된다. 이것이 바로 이이로부터 二源으로 잘못을 범했다고 비판받는 이유이기도 하다.

기의 주장처럼 리와 기가 함께 있다는 '불상리'에 기초한 이론이다. 이
이에 따르면, 사단과 칠정이 모두 이기를 겸하지만, 이때 발하는 것은
기이고 발하게 하는 소이는 리이니 모두 '기발이승일도'이다. 결국 김
창협의 주리·주기와 이이의 '기발이승일도'는 모두 '불상리'를 전제하
는 이론이다.

　이렇게 볼 때, 김창협의 사단/주리와 칠정/주기는 이황의 사단/이발
이기수지와 칠정/기발이이승지와 마찬가지로 분개의 논리에 따른 것
이지만, 동시에 이이의 '기발이승일도'처럼 리와 기가 함께 있다는 '불
상리'를 전제한다. 이러한 '불상리'를 강조하면, 혼륜의 관점에서 말한
것처럼 사단과 칠정은 하나의 정이 된다. 이 때문에 이광정은 김창협이
"이이의 설을 다 배반할 수 없어서 그 말을 얼버무린 것" 즉 이이가 주장
하는 혼륜의 관점을 배반할 수 없어서 이황이 주장하는 분개의 관점을
제대로 말하지 못한 것이라고 비판한 것이다.

　이어서 이광정은 김창협의 비판처럼 이황의 사단/이발이기수지와
칠정/기발이이승지가 두 갈래의 잘못을 범한 것이 아니라고 설명한다.

　　사단에 나아가 말하면 리를 주로 하지만 기가 여기에 벗어나지 않고, 칠
　　정에 나아가 말하면 기를 주로 하지만 리 또한 여기에 있다. 각각 주로 하
　　는 것에 나아가 말하면 이와 같지 않을 수 없으니, 어찌 이것 때문에 천도
　　의 운행에 두 가지가 있고 사람의 마음에 두 갈래가 있다고 말할 수 있겠는
　　가. 분석해도 그 같음에 해가 되지 않고 혼륜해도 원래 하나의 물건이 아니
　　니, 도를 아는 자는 묵묵히 살피는 것이 좋을 것이다. 이미 '말의 잘못'이라
　　하고 또 '정밀하고 세밀하다'고 하니, 또한 무슨 말인지 모르겠다.[706]

---

706 『小山集』卷7, 「金農巖昌協論退栗四七說辨」, "就四端而言, 則主理而氣不外是; 就
　　七情而言, 則主氣而理亦在此. 各就其所主而言, 不得不如此, 豈可以此而謂天運

사단은 리를 주로 하여 말한 것이지만 "기가 여기에서 벗어나지 않고" 즉 기가 그 속에 있고, 칠정은 기를 주로 하여 말한 것이지만 "리 또한 여기에 있다" 즉 리가 그 속에 있다. 이것은 사단과 칠정이 모두 리와 기를 겸한다는 말이다.

사단과 칠정이 모두 이기를 겸하지만, 사단은 리를 주로 하여 말한 것이므로 '이발이기수지'라 하고, 칠정은 기를 주로 하여 말한 것이므로 '기발이이승지'라 한다. 각각 주로 하는 것에 나아가 말하면, 사단/이발이기수지와 칠정/기발이이승지라 말하지 않을 수 없다. 그렇다고 이 때문에 천도의 운행에 두 가지가 있고 사람의 마음에 두 갈래가 있는 것은 아니다.

천도의 운행에 두 가지가 없고 사람의 마음에 두 갈래가 없듯이, 사단과 칠정 역시 '이발이기수지'와 '기발이이승지'로 구분하더라도 두 갈래가 있는 것이 아니다. 이이의 비판처럼 사단의 소종래는 리가 되고 칠정의 소종래는 기가 되어 근원이 둘이라는(二源) 잘못이 있는 것이 아니라, 다만 사단은 리를 주로 하여 말한 것이고 칠정은 기를 주로 하여 말한 것일 뿐이다. 이것은 이황의 사단/이발이기수지와 칠정/기발이이승지는 김창협의 사단/주리와 칠정/주기의 의미와 다르지 않다는 말이니, 김창협의 '두 갈래의 잘못'이라는 말은 옳지 않다.

게다가 김창협은 이황의 사단/이발이기수지와 칠정/기발이이승지를 '말의 잘못'이라고 비판하면서도, 동시에 "그 뜻이 정밀하고 세밀하니 후인들이 또한 살피지 않을 수 없다."[707] 즉 이황의 사단/이발이기수지와 칠정/기발이이승지의 뜻이 매우 정밀하다고 강조한다. 김창협이

有二致人心有二歧乎. 分析而不害其同, 渾淪而元非一物, 知道者默而觀之可也. 旣謂之名言之差, 而又謂之精微縝密, 則又不知其何說也."

707 『農巖續集』卷下, 「四端七情說」, "然其意思之精詳縝密, 則後人亦不可不察也."

한편으로는 '말의 잘못'이라고 하면서 다른 한편으로는 '뜻이 정밀하다'고 말하니, 무슨 말인지 모르겠다는 것이다.

이처럼 "분석해도 그 같음에 해가 되지 않고" 즉 사단은 리를 주로 하여 말한 것이고 칠정은 기를 주로 하여 말한 것이지만 사단과 칠정은 모두 같은 정이며, "혼륜해도 원래 하나의 물건이 아니다" 즉 사단과 칠정이 같은 정이지만 사단은 리를 주로 하여 말한 것이고 칠정은 기를 주로 하여 말한 것이므로 구분이 없을 수 없다. 그러므로 도를 아는 자는 반드시 분개와 혼륜의 두 관점을 동시에 살펴야 한다.

또한 이광정은 기대승에 대해서도 비판한다.

> 기고봉의 〈사단칠정후설〉과 〈사단칠정총론〉 두 편은 옛날 견해를 씻어버리고 선을 따르는데 용감하였으니, 사람을 탄복하게 한다. 그러나 말과 뜻 사이가 다 풀리지 않았으나 〈퇴계〉선생은 큰 것이 이미 같기 때문에 다시 더불어 변론하지 않았다.[708]

기대승은 〈사단칠정후설〉과 〈사단칠정총론〉에서 이황의 사단/이발과 칠정/기발, 즉 사단과 칠정을 리와 기에 분속시키는 문제에 대해 인정하는 태도를 보인다. 특히 기대승이 이황의 주장에 끝까지 반대하던 칠정/기발 역시 「호학론」의 내용에 근거해보면 '기발'이라 할 수 있다고 인정한다. "무릇 칠정이 강성하고 더욱 방탕해져서 그것을 제약하여 절도(中)에 맞도록 하고자 한다면, 칠정은 '기가 발한 것'이 또한 옳지 않겠습니까."[709] 기대승에 따르면, 칠정은 쉽게 방탕해지므로 제약해야

---

708 『小山集』卷7, 「箚記」, "奇高峯後說總論二篇, 濯去舊見, 勇於從善, 令人歎服. 然辭意之間, 未盡融釋, 而先生以大者旣同, 故不復與之辨論."
709 『退溪集』卷17, 「重答奇明彦(附奇明彦四端七情後說)」, "夫以七情之熾而益蕩, 而

470 본론 사단칠정논변과 그 전개: 조선유학자들의 사단칠정론

할 대상이니 '기발'이라 말할 수 있다. 사단이 '이발'인 것과 함께 칠정이 '기발'이라면, 사단과 칠정은 각각 리와 기에 분속되니, 결국 리에서 발한 사단과 기에서 발한 칠정이라는 두 가지 정이 된다. 이것은 기대승의 주장처럼 사단이 칠정에 포함되므로 하나의 정이라는 것과 분명히 구분된다.

이러한 내용에서 볼 때, 이광정은 기대승이 이황의 사단/이발과 마찬가지로 칠정/기발의 주장을 받아들인 것으로 보아 "옛날의 견해를 씻어버리고 선을 따르는데 용감하였으니 사람들을 탄복하게 한다"라고 평가한다.

그렇지만 이러한 이광정의 평가와 달리, 실제로 기대승은 '칠정이 발하여 절도에 맞는 것은 사단과 다르지 않다(칠정을 오로지 기발이라 해서는 안 된다)'는 주장을 포기하지 않는다. 그러므로 이어서 말하기를 "칠정이 비록 기에 속하지만 리가 본래 그 가운데 있으니, 그것이 발하여 절도에 맞는 것이 바로 천명지성(天命之性)이고 본연지체(本然之體)이니, 그렇다면 어찌 기가 발한 것이지만 사단과 다르다고 말할 수 있겠습니까. 발하여 모두 절도에 맞는 것을 화(和)라 하고, '화'는 바로 달도(達道)를 말합니다. 만약 보내온 말씀과 같다면, '달도' 역시 기가 발한 것이라고 말할 수 있습니까."[710] 기대승에 따르면, 칠정이 발하여 절도에 맞는 것은 리(천명지성)이고 선(본연지체)이며 '달도'이니 '기발'이라 해서는 안 되며, 이때의 칠정은 사단과 다르지 않으니 사단과 칠정이 서로 다른 정이 아니다.

欲其約之以合於中, 則七情是氣之發者, 不亦然乎."

710 『退溪集』卷17, 「重答奇明彦(附奇明彦四端七情後說)」, "蓋七情雖屬於氣, 而理固自在其中, 其發而中節者, 乃天命之性本然之體, 則豈可謂是氣之發而異於四端耶.(大發皆中節, 謂之和, 而和卽所謂達道也. 若果如來說, 則達道亦可謂是氣之發乎.)"

결국 기대승은 〈사단칠정후설〉과 〈사단칠정총론〉에서 이황의 주장을 이해하는 모습을 보이지만, 칠정/기발에 대해서는 끝까지 포기하지 않는다. 이 때문에 이광정은 "말과 뜻 사이가 다 풀리지 않았다" 즉 이황과 기대승의 의견이 완전히 일치한 것이 아니라고 말한다. 그렇지만 이광정은 "퇴계선생은 큰 것이 이미 같기 때문에 다시 더불어 변론하지 않았다", 즉 큰 것에는 의견이 일치한 것이라는 말이다.

그렇다면 여기에서 '큰 것이 이미 같다'는 것은 무엇인가. 그것은 〈사단칠정총론〉의 마지막 구절에 나오는 사단을 확충의 대상으로 보는 것과 달리, 칠정을 성찰하여 다스려야 할 대상으로 본다는 것이다. 사단과 칠정이 모두 리와 기를 겸하지만, 사단은 리가 발한 것이므로 확충해 나가야 하고, 칠정은 쉽게 악으로 흐르기 때문에 성찰하여 다스려야 한다. 이것이 바로 이황이 칠정을 '기발'로 해석하려는 이유이며, 기대승이 이 부분을 인정했기 때문에 다시 더불어 변론하지 않은 이유이기도 하다.

이어서 이광정은 기대승이 분개의 관점을 알지 못하고 혼륜의 관점에만 치중해 있다고 비판한다.

본연지성과 기품지성(기질지성)은 비록 두 가지 이름이 있지만 동일한 성이고, 사단과 칠정은 상대하여 말하면 실제로 두 가지 정이다. 하나의 성 속에 나아가 혹 리를 주로 하여 말하면 본연지성이라 하고, 혹 기를 겸하여 말하면 기질지성이라 한다. 두 가지 정으로 말하여 사단과 칠정이라 하면, 이것은 분개하여 말한 것이다. 나아가 말한 것에 같지 않음이 있으니, 명색이 비슷하다고 의리가 실제로 같다고 할 수는 없고, 반드시 사단을 말하지 않고 오로지 칠정만을 말한 연후에 기를 겸한 성과 같을 수 있을 뿐이다.(『중용』의 희·로·애·락과 「호학론」에서 말한 칠정과 같은 것이 이것이다.) 고봉은 여기에서 살피지 못한 것이 있어 시종 이것으로 말하였기 때문에 끝내 시원하고 분명하지 못하여 후대의 분란을 열어놓았다.[711]

성이 발한 것이 정이니(性發爲情), 사단과 칠정의 근원은 모두 동일한 성이다. 비록 성에는 본연지성과 기질지성이라는 두 가지 이름이 있으나 동일한 하나의 성이니, "하나의 성 속에 나아가 혹 리를 주로 하여 말하면 본연지성이라 하고, 혹 기를 겸하여 말하면 기질지성이라 한다." 기질지성 가운데 오로지 리만을 말하면 본연지성이고, 리와 기를 함께 말하면 기질지성이니, 기질지성을 벗어나 별도로 본연지성이 있는 것이 아니다. 이러한 해석은 혼륜의 관점에 있는 기대승(또는 이이)의 주장이다. 이것은 이황이 본연지성과 기질지성을 서로 다른 성으로 해석하는 것과 분명히 구분된다.

이러한 성에 대한 해석의 차이는 그대로 정에 대한 해석의 차이로 이어진다. 기대승에 따르면, 본연지성과 기질지성이 하나의 성이듯이 사단과 칠정도 하나의 정이다. 성은 기질지성 하나이며 그 가운데 리(선)만을 말한 것이 본연지성이듯이, 정은 칠정 하나이며 그 가운데 선한 부분만을 말한 것이 사단이다. 결국 사단은 칠정 속에 포함되니 사단과 칠정은 하나의 정이다.

그러나 이황에 따르면, 본연지성과 기질지성이 두 개의 성이듯이, 사단과 칠정도 두 개의 정이다. "정에 사단과 칠정의 구분이 있는 것은 성

---

711 『小山集』卷7, 「箚記」, "本然性氣稟性, 雖有二名, 而同一性也; 四端七情, 對待而言, 則實二情也. 就一性之中, 而或主理言曰本然性, 或兼氣言曰氣質性. 以二情言而曰四端七情, 則是分開言之也. 所就而言之有不同, 不可以名色之相似而謂義理之實同也, 必不言四端而單言七情, 然後可與兼氣之性同耳. 如中庸之喜怒哀樂, 好學論之言七情是也. 高峯於此, 有所不察, 而終始以是爲說, 故終未灑落分明, 有以啓後來之紛紜也歟."

에 본연지성과 기질지성의 다름이 있는 것과 같다."[712] 사단은 본연지성이 발한 것이고(이발) 칠정은 기질지성이 발한 것이니(기발), 사단과 칠정은 서로 다른 두 개의 정이다. 결국 기대승이 사단과 칠정을 하나의 정으로 본 것이라면, 이황은 사단과 칠정을 두 개의 정으로 본 것이다. 이것이 바로 기대승과 이황의 사단칠정론에 대한 해석상의 차이이다.

여기에서 이광정은 기대승처럼 혼륜의 관점에서 성은 하나로 보면서도, 이황처럼 분개의 관점에서 사단과 칠정을 두 개의 정으로 해석한다. "두 가지 정으로 말하여 사단과 칠정이라 하면, 이것은 분개하여 말한 것이다." 분개의 관점에서 말하면, 사단과 칠정은 두 개의 정으로 보아야 한다.

또한 분개의 관점에서 사단과 칠정을 두 개의 정으로 해석하는 이유로는 "나아가 말한 것에 같지 않음이 있기 때문이다"라고 설명한다. 예컨대 사단과 칠정이 모두 리와 기를 겸하지만, 사단은 리를 주로 하여 말한 것이고 칠정은 기를 주로 하여 말한 것이니, 사단은 나아가 말한 것이 리에 있고 칠정은 나아가 말한 것이 기에 있으므로 서로 다른 정이다. 그러므로 "명색이 비슷하다고 의리가 실제로 같다고 할 수는 없다", 즉 사단과 칠정이 모두 같은 정이라고 하더라도 실제로는 같지 않으니, 사단은 사단이고 칠정은 칠정으로 서로 다른 두 개의 정이라는 말이다.

만약 기대승처럼 칠정 가운데 선한 부분만을 사단이라 한다면, 즉 성이 하나이듯이 정 역시 하나라면, "반드시 사단을 말하지 않고 오로지 칠정만을 말한 연후에 기를 겸한 성과 같을 수 있다." 기대승의 주장은 분개하여 말할 때는 맞지 않고 오로지 혼륜하여 말할 때에만 적용되니, 예컨대 『중용』·「호학론」의 칠정과 같은 경우이다. 『중용』·「호학론」

---

712 『退溪集』卷16, 「答奇明彦(論四端七情 第2書)」, "情之有四端七情之分, 猶性之有本性氣稟之異也."

은 혼륜의 관점에서 칠정만을 말한 경우이고, 사단과 칠정을 함께 말하려면 반드시 분개하여 말해야 한다. 이것이 바로 사단과 칠정을 분개하여 말해야 하는 이유이다.

이 때문에 이광정은 기대승이 사단과 칠정을 분개하여 말하지 않고 시종 혼륜하여 칠정만을 말하여 끝내 분명하지 못하였다고 비판한다. "여기에서 살피지 못한 것이 있어 시종 이것으로(혼륜) 말하였기 때문에 끝내 시원하고 분명하지 못하여 후대의 분란을 열어놓았다." 결국 분개와 혼륜을 함께 말해야 하는데, 기대승은 분개를 말하지 않고 오로지 혼륜만을 말하여 사단과 칠정에 대한 해석이 분명하지 못하였다는 것이다.

이렇게 볼 때, 이광정의 사단칠정론은 기대승처럼 성은 하나로 보면서도, 이황처럼 정은 사단과 칠정으로 둘을 구분하고자 하였음을 알 수 있다. 성이 하나임을 혼륜의 관점에서, 정이 두 개임을 분개의 관점에서 설명함으로써 혼륜(성)과 분개(정)의 두 관점을 종합한다. 이것이 바로 이황의 이론과도 다르고 기대승의 이론과도 다른 이광정 사단칠정론의 특징이며, 동시에 이광정이 이황과 기대승의 이론을 종합·절충한 것이라고도 말할 수 있다. 이 과정에서 김창협과 기대승의 주장을 동시에 비판하는데, 김창협이 주리·주기라는 분개의 관점을 수용하면서도 이황의 사단/이발이기수지(理發而氣隨之)와 칠정/기발이이승지(氣發而理乘之)를 두 갈래로 본 것(소종래로 구분한 것)은 잘못이며, 또한 기대승은 분개를 말하지 않고 혼륜에만 치중한 것이라고 비판한다. 이것은 사단과 칠정이 서로 다른 정이지만, 그 성은 하나임을 강조한 것이라는 말에 다름 아니다.

이 글은 「이광정의 사단칠정론 고찰」(『퇴계학논총』44, 부산퇴계학연구원, 2024)의 내용을 일부 수정·보완한 것이다.

35

정종로(鄭宗魯)의 사단칠정론

정종로(鄭宗魯, 1738~1816)[713]의 사단칠정론은 이황의 『성학십도』 제6도
인 「심통성정도(心統性情圖)」에 근거하여 하도의 해석인 칠정/기발과 함
께 중도의 해석인 칠정/이발을 동시에 주장하는데 그 요지가 있다.

① 칠정은 '이발'이다

정종로의 사단칠정론은 칠정을 '기가 발한 것'으로만 보는 것에 대한
의심으로부터 시작한다. 이것은 사단과 마찬가지로, 칠정 역시 '이발'
로 보아야 한다는 말이다.

'사단은 리가 발한 것이고 칠정은 기가 발한 것이다'는 설은 이미 선배
들의 정론이 있으니 많은 변론이 필요하지 않지만, 나는 유독 '칠정은 기
가 발한 것이다'는 설에 대해서는 늘 의심하여 칠정 또한 성명(性命)에서

713 정종로의 본관은 晉州, 자는 士仰, 호는 立齋 · 無適翁, 경북 문경 출신이다. 정경
세의 6대손이며, 이상정으로 이어지는 영남학파의 퇴계학통을 계승한다. 그의 문
하에는 李源祚 · 康儼 등이 있으며, 저서로는 『입재집』이 있다.

발한 것이 있다고 생각한다.[714]

"사단은 리가 발한 것이고 칠정은 기가 발한 것이다"는 설은 이황의 호발설을 말한다. 이황에 따르면, 사단에도 기가 없는 것은 아니지만 (氣隨之) 리가 주가 되므로 리가 발한 것이며, 칠정에도 리가 없는 것은 아니지만(理乘之) 기가 주가 되므로 기가 발한 것이다. 이것이 바로 이황의 사단/이발이기수지(理發而氣隨之)와 칠정/기발이이승지(氣發而理乘之)이다. 물론 이 과정에서 이황은 사단을 본연지성이 발한 것이므로 리에 귀속시키고 칠정을 기질지성이 발한 것이므로 기에 귀속시켜 소종래에 따른 근원적인 구분을 전개한다. 이 때문에 이이는 이황이 근원을 둘로 보는 이원(二源)의 잘못을 범했다고 비판한다.[715]

그러나 정종로는 이황의 호발설에서 특히 칠정/기발에 대해 의문을 제기한다. "칠정 또한 성명(性命)에서 발한 것이 있다고 생각한다"는 말처럼, 칠정에는 '리가 발한 것'도 있기 때문이다. 정종로는 그 이유를 이황의『성학십도』제6도인「심통성정도」중도의 해석에 근거하여 설명한다.

　'칠정에도 이발이 있다'는 설은 제가 어찌 감히 새로운 설을 만들었겠는가. 우리 퇴계선생께서「심통성정도」중도에서 이미 명백하게 제시하

---

714 『立齋集』卷13,「與黃次野」, "四端理發, 七情氣發之說, 已有先輩定論, 不必多辨, 而愚獨於七情氣發之說, 尋常致疑, 以爲七情亦有自性命而發者."
715 기질지성과 본연지성은 결코 두 개의 성이 아니니, 다만 기질 위에 나아가 오로지 리만을 가리켜서 본연지성이라 하고, 이기를 합하여 기질지성이라 말할 뿐이다. 성이 이미 하나인데, 정에 어찌 두 근원이 있겠는가? 두 가지 성이 있은 후에야 비로소 두 가지 정이 있을 뿐이다.(『栗谷集』卷10,「答成浩原」, "氣質之性, 本然之性, 決非二性, 特就氣質上, 單指其理曰本然之性, 合理氣而命之曰氣質之性耳, 性旣一則情豈二源乎. 除是, 有二性然後, 方有二情耳.")

였으니, 그 글이 본연지성 아래에 바로 〈칠정을〉 사단과 합하여 쓰고, 또 해설을 지어서 '이발'이 됨을 밝힌 것이 해와 별이 밝은 것과 같을 뿐만이 아니다. 그러나 세상의 학자들은 무슨 까닭으로 이 중도를 내버려두고 깊이 고찰하지 않고 항상 하도의 '기질을 겸하여 말한 것'에 나아가 칠정을 오로지 '기발'로 간주하고 도리어 '이발'의 설에 의심을 가지는가.[716]

칠정/이발의 설은 내가 새롭게 만든 것이 아니다. 이것은 이황이 이미 그의 「심통성정도」 중도에서 분명히 제시한 내용이다. 이황은 「심통성정도」의 중도를 그리면서 상단의 동그라미에는 오직 인 · 의 · 예 · 지를 써서 본연지성을 밝히고, 그 아래에 사단과 칠정을 합쳐서 써서 안에는 사단을 쓰고 밖에는 칠정을 써서 본연지성이 발한 것이 사단뿐만 아니라 칠정이 된다는 것을 밝혔으니, 이로써 사단과 칠정은 모두 본연지성(리)이 발한 것이니 그 해설이 이미 해와 별처럼 분명하다.

그런데도 세상의 학자들은 이황의 「심통성정도」 중도를 내버려두고 항상 「심통성정도」 하도에 나아가서 칠정을 오로지 '기발'로 간주하고, 도리어 칠정이 '이발'이 되는 것을 의심한다. 이것은 이황의 「심통성정도」 중도에 따르면, 칠정은 '이발'로 보아야 한다는 말에 다름 아니다.

칠정/이발이라는 말은 이황의 중도에 근본한 것이지만, 정종로는 이황의 중도 역시 「악기」 · 『중용』 · 「호학론」의 내용에 근거한 것이라고 설명한다. 이에 정종로는 칠정이 '이발'이라는 구체적인 사례를 다음과

---

716 『立齋集』卷12, 「答金公穆(熙周)」, "七情亦有理發之說, 愚豈敢創立新說哉. 盖我退陶老先生於心統性情中圖, 已爲之明白揭示, 其書本然性下, 直與四端合而書之, 又爲著說, 以明其爲理發者, 不啻如日星之昭然. 顧世之學者, 何故置此中圖, 而不深考, 每就下圖兼氣質言者, 以七情專作氣發看, 而反有疑於理發之說."

같이 논증한다.

①「악기」에서 "사람이 태어나서 고요한 것은 하늘의 성이다"라고 말하지 않았는가. 이 '성'자는 바로 본연지성이고, 그 아래에 '이 성이 사물에 감응하여 움직임'을 말하면서 바로 희·로·애·락·애·오·욕으로 말하였으니, 이것은 칠정이 또한 '이발'이 되는 첫 번째 증거이다. ② 또 『중용』에서 "희·로·애·락이 발하지 않은 것을 중(中)이라 한다"고 말하지 않았는가. 그리고 『장구』에서 "희·로·애·락은 정이고, 그것이 발하지 않은 것은 성이다"라고 말하였으니, 이 '성'자는 바로 본연지성이고 그것이 발하면 바로 희·로·애·락이 되니, 이것은 칠정이 또한 '이발'이 되는 두 번째 증거이다. ③ 또 정자의 「호학론」에서 "그것이 발하지 않았을 때는 오성(五性)이 갖추어져 있다"라고 말하고, 바로 또 이어서 "바깥 사물이 그 형체에 감촉하여 〈오성이〉 속에서 움직이고, 그것이 속에서 움직여서 칠정이 나온다"라고 말하지 않았는가. 오성이 곧 본연지성이며, 그것이 움직이면 바로 칠정이 되니, 이것은 칠정이 또한 '이발'이 되는 세 번째 증거이다.[717]

① 『예기』「악기」에 따르면, "사람이 태어나서 고요한 것은 하늘의 성이고, 사물에 감응하여 움직이는 것은 성의 욕(欲)이다."[718] 이때 성은

---

717 『立齋集』卷20, 「答姜伯玄(問目)」, "樂記不云乎, 人生而靜天之性也. 此性字卽所謂本然之性, 而其下言此性之感物而動, 則便以喜怒哀樂愛惡欲言之, 此其七情之亦爲理發一也. 中庸又不云乎, 喜怒哀樂之未發謂之中. 而章句謂喜怒哀樂情也, 其未發則性, 此性字卽所謂本然之性, 而其發則便爲是喜怒哀樂, 此其七情之亦爲理發二也. 程子好學論又不云乎, 其未發也五性具焉云云, 卽又係之曰外物觸其形而動於中, 其中動而七情出焉. 五性卽所謂本然之性, 而其動則便爲是七情, 此其七情之亦爲理發三也."
718 『禮記』, 「樂記」, "人生而靜, 天之性也; 感於物而動, 性之欲也."

본연지성이며, '욕'은 희·로·애·락·애·오·욕의 하나인 칠정을 말한다. 이 성이 사물에 감응하여 움직이면, 즉 본연지성이 발하면 칠정으로 드러나니, 결국 칠정은 '리가 발한 것'이다.

②『중용』에 따르면, "희·로·애·락이 발하지 않은 것을 중(中)이라 한다"[719]거나『중용장구』에는 "희·로·애·락은 정이고, 그것이 발하지 않은 것은 성이다."[720] 희·로·애·락의 칠정이 발하지 않은 것이 성이며, 이때의 성은 본연지성이다. 결국 본연지성이 발한 것이 칠정이니, 칠정은 '리가 발한 것'이다. 만약 칠정이 '리가 발한 것'이 아니고 기가 발한 것'이라면, 주자가『중용장구』에서 "그것이 발하지 않은 것은 성이다"라는 말은 하지 않았다는 것이다.

③「호학론(안자소호하학론)」에 따르면, "그것이 아직 발하지 않았을 때에는 오성(五性)이 갖추어져 있으니 인·의·예·지·신이라 한다. 형체가 이미 생겨나면 바깥 사물이 그 형체에 감촉하여 〈오성이〉 속에서 움직이고, 그것이 속에서 움직여서 칠정이 나오니 희·로·애·락·애·오·욕이라 한다."[721] 이때 오성은 본연지성이며, 그것이 바깥 사물과 감촉하여 칠정으로 드러나니, 결국 칠정은 '리가 발한 것'이다. 이처럼「악기」·『중용』·「호학론」의 내용에 근거할 때, 칠정은 모두 리(본연지성)가 발한 것임을 알 수 있다.

또한 정종로는 칠정을 그대로 천리의 발현이라고 설명한다.

> 순임금이 〈공공·환도·삼묘·곤의〉 사흉(四凶)을 죽인 노여움(怒) ……

---

719 『中庸』, 第1章, "喜怒哀樂之未發謂之中."
720 『中庸章句』, 第1章, "喜怒哀樂情也, 其未發則性也."
721 『二程全書』, 「顔子所好何學論」, "其未發也五性具焉, 曰仁義禮智信. 形旣生矣, 外物觸其形而動於中矣, 其中動而七情出焉, 曰喜怒哀樂愛惡欲."

탕임금이 두려워하는 두려움(懼), 문왕이 아버지께서 편안하시다는 것을 듣고서 기뻐하는 기쁨(喜)……공자가 안연의 죽음에 곡하는 슬픔(哀), 〈자로 · 증석 · 염유 · 공서화〉 네 제자가 나란히 모시는 것을 보고 즐거워함(樂)……맹자가 악정자의 정사하는 것을 기뻐함(喜)……이러한 칠정이 어찌 순수하게 천리의 발현이 아님이 없겠는가.[722]

순임금 · 탕임금 · 문왕 · 공자 · 맹자 등 성인의 칠정은 모두 천리가 발현한 것이다. 예컨대 순임금의 노여움, 탕임금의 두려움, 문왕의 기쁨, 공자의 슬픔과 즐거움, 맹자의 기쁨 등은 모두 천리가 발현한 것이니, 이때의 칠정은 그대로 '리가 발한 것'이다. 그러므로 칠정에는 성명(리)에서 발한 것이 있음이 분명하다. "성명에서 발하는 것에는 또한 마땅히 희(喜)가 있고 로(怒)가 있으며 애(哀)가 있고 락(樂)이 있으나 순수하여 형기의 섞임이 없다면, 이것은 리에서 발한 것이 분명한 것 같다."[723]
  이처럼 정종로는 리에서 발한 칠정을 강조하는데, 이러한 관점에서 칠정을 리에서 발한 사단과 연결시켜 설명하기도 한다.

지금 또 어린아이가 우물로 들어가는 것을 봄으로 말하면, 이때 불쌍히 여기는 마음이 자기도 모르게 나오는 것은 진실로 '리가 발한 것'이다. 그러나 만약 자신의 손이 형편상 멀어서 구하지 못하지만 때마침 다른 사람이 〈어린아이〉 곁에 있어서 구한다면 반드시 기뻐할 것이며, 그 사람이 구하지 않으면 반드시 성낼 것이며, 구하여 어린아이가 살 수 있으면 반

---

722 『立齋集』卷12,「答金公穆(熙周)」, "〈舜之〉與夫誅四匈之怒……成湯慄慄危懼之懼, 文王之聞王季安乃喜之喜……孔子哭顔淵之慟, 見四子列侍而樂……孟子之以樂正子爲政而喜……此等七情, 何莫非粹然天理之發乎."

723 『立齋集』卷17,「答柳敬甫(別紙)」, "其自性命而發者, 亦當有喜有怒有哀有樂, 而粹然無形氣之雜, 則是爲發於理也, 似不奮分明."

드시 즐거워할 것이며, 구하지 않아서 어린아이가 마침내 죽으면 반드시 슬퍼할 것이다. 이것은 무슨 까닭인가. 자신이 어린아이를 본래부터 사랑하여 그를 살리고자 하기 때문이다.[724]

어린아이가 우물에 들어가는 것을 보면 불쌍히 여기는 마음(情)이 생기는데, 이것은 맹자의 "측은지심은 인(仁)의 단서이다"[725]라는 말처럼, '인'이 발한 것이다. 이것으로 미루어보면, 측은·수오·사양·시비의 사단은 인·의·예·지, 즉 '리가 발한 것'이다.

또한 어린아이가 우물에 들어가려는 사태에 당면하여 '인'의 단서가 드러날 때, 측은지심만 홀로 발하는 것이 아니라 그에 부합하는 칠정도 함께 발한다. 이것은 칠정을 사단 속에서 이해한다는 말이다. 예컨대 어린아이가 우물에 들어가려 할 때에 형편상 자기의 손이 멀어서 구하지 못하더라도 때마침 다른 사람이 그 곁에 있어서 구한다면 반드시 기뻐할 것이고(喜), 그 사람이 구하지 않으면 반드시 성낼 것이며(怒), 구하여 어린아이가 살 수 있으면 반드시 즐거워할 것이고(樂), 구하지 않아 어린아이가 죽으면 반드시 슬퍼할 것이다(哀). 이러한 칠정은 사단처럼 인·의·예·지의 성에 근원한 것이므로 '이발'이라 하지 않을 수 없다.

더 나아가 정종로는 칠정을 사계절이나 오행과도 연결시킨다.

만약 희·로·애·락을 사계절에 짝지으면, 기쁨(喜)은 봄에 속하고, 성냄(怒)은 가을에 속하고, 슬픔(哀)은 겨울에 속하고, 즐거움(樂)은 여름

---

724 『立齋集』卷11, 「答蔡笒範」, "今且以見孺子入井言之, 此時惻隱之心, 不覺地出來者, 固理之發也. 然若己之手, 勢遠未及救, 而適有人在傍救之, 則必喜矣; 其人不救之, 則必怒矣; 救之而赤子得生, 則必樂矣; 不救而赤子遂死, 則必哀矣. 是何故, 己之於赤子, 本愛之而欲其生故也."

725 『孟子』, 「公孫丑(上)」, "惻隱之心, 仁之端也."

에 속한다.……오행에 짝지으면 기쁨은 목(木)에 속하고, 성냄은 금(金)에
속하며, 슬픔은 수(水)에 속하고, 즐거움은 화(火)에 속한다.……이와 같
이 보는 것도 한 가지 방법이나 또한 과연 옳은지는 알지 못하겠다.[726]

정종로는 칠정을 사계절이나 오행과도 연결시켜 해석하는데, 이것
은 봄·여름·가을·겨울의 사계절이나 수·화·목·금·토의 오행과
같은 자연현상이 곧장 악이 될 수 없듯이, 기가 발한 칠정이라도 곧장
악으로 귀속시켜서는 안 된다는 뜻이다. 또한 그가 사단과 칠정을 모두
원·형·이·정과 연결시키는 것도 같은 이유이다.

> 오직 이와 같기 때문에 사람에 있는 인·의·예·지는 곧 천지의 원·
> 형·이·정이다. 인·의·예·지가 발하여 사랑(仁)·공경(恭)·마땅함
> (宜)·분별(別)과 희·로·애·구·애·오·욕이 되는 것은 바로 원·형·
> 이·정이 발하여 따뜻함·더위·서늘함·추위와 비·이슬·서리·눈·
> 흐림·갬·바람 등이 되는 것이니……순수하고 지선(至善)하여 애초에
> 조금의 불선도 섞임이 없으니, 이것이 '이발'이 아니고 무엇이겠는가.[727]

원·형·이·정이 발하여 비·이슬·서리·눈·흐림·갬 등 자연현
상이 되는 것처럼, 인·의·예·지가 발하여 사랑·공경·마땅함·분
별의 사단과 희·로·애·구·애·오·욕의 칠정이 된다. 이것은 원·

---

[726] 『立齋集』卷11, 「答姜子惠(問目)」, "如以喜怒哀樂配四時, 則喜屬春怒屬秋哀屬冬
樂屬夏……配五行則喜屬木怒屬金哀屬水樂屬火……如是看亦一道, 而亦未知其
果是."

[727] 『立齋集』卷13, 「與黃次野」, "惟其如是, 故在人之仁義禮智, 卽天地之元亨利貞. 仁
義禮智之發而爲愛恭宜別及喜怒哀懼愛惡欲, 卽元亨利貞之發而爲溫暑涼寒及雨
露霜雪陰晴風等……純粹至善, 初無毫髮不善之雜, 此非所謂理發而何."

35 정종로(鄭宗魯)의 사단칠정론 **483**

형·이·정이 발한 자연현상이 곧장 악이 아니듯이, 칠정 역시 인·의·예·지가 발한 것이므로 곧장 악으로 귀속시켜서는 안 된다는 뜻이다.

그렇지만 또한 정종로는 칠정/이발과 동시에 칠정/기발을 강조한다.

② 칠정은 '이발'이면서 또한 '기발'이다

정종로는 칠정을 다시 '성명에서 발한 것'과 '형기에서 발한 것'으로 구분한다. '성명에서 발한 것'은 이황 「심통성정도」의 중도에서 말한 칠정이고, '형기에서 발한 것'은 「심통성정도」의 하도에서 말한 칠정이다.

> 이 칠정은 바로 이른바 형기에서 발한 것이니, 성명에서 발한 칠정과 대비하여 말할 수 있는 것이 아니다. 혹자는 살피지 않고 오히려 중도의 칠정이 바로 이 하도의 칠정이 선한 것이라고 하니, 그 잘못이 심하다. 이 칠정이 선한 것은 이 기가 리를 거스르지 않은 것에 불과할 따름이니, 그렇다면 비록 그것이 선하더라도 여전히 기에서 발한 것이어서 다만 형기의 사사로운 것일 뿐이니, 어찌 리에서 발하여 성명의 공적인 것과 나란히 같이할 수 있겠는가.[728]

하도의 칠정은 바로 '형기에서 발한 것'이고 중도의 칠정은 '성명에서 발한 것'이니, 이 둘은 나란히 말할 수 있는 것이 아니다. 왜냐하면 하나

---

[728] 『立齋集』 卷13, 「與黃次野」, "此七情, 乃所謂發於形氣者, 而非可與發於性命之七情, 對而言之者也. 或者不察, 乃以中圖之七情, 卽此下圖七情之善者, 則其誤甚矣. 此七情之善者, 不過是氣之不拂乎理者而已, 則雖其善矣, 依舊是發於氣, 而是特形氣之私也, 烏可與發於理而爲性命之公者, 比而同之哉."

는 형기(기)에서 발한 것이고 하나는 성명(리)에서 발한 것이니, 그 묘맥 (소종래)이 근본적으로 다르기 때문이다. 이것을 선악의 개념으로 설명 하면, '중도의 칠정'은 리에서 발한 것이므로 선할 뿐이지만, '하도의 칠 정'은 기에서 발한 것이므로 선도 있고 악도 있다. 그러므로 '중도의 칠 정'과 '하도의 칠정'은 서로 다르다.

그런데도 혹자는 '중도의 칠정'과 '하도의 칠정'의 근본적 차이를 살 피지 않고, '중도의 칠정'이 바로 '하도의 칠정'의 선한 것이라고 하니 매 우 잘못이다. '중도의 칠정'은 리에서 발한 것이므로 선하지만, '하도의 칠정'은 기에서 발한 것이므로 선도 있고 악도 있는데, 이때 기가 리를 거스르지 않으면 선이 되고 기가 리를 거스르면 악이 된다. 그러므로 '하도의 칠정'이 선한 것과 '중도의 칠정'이 선한 것은 다르다. 왜냐하면 '중도의 칠정'은 리에서 발한 것이므로 공적인 것이고, '하도의 칠정'은 기에서 발한 것이므로 사사로운 것이기 때문이다. '하도의 칠정'이 비 록 선하더라도 그것은 여전히 '기에서 발한 것'이므로 형기의 사사로운 것일 뿐이다. 이것은 '중도의 칠정'이 리에서 발한 것이므로 공적인 것 과는 분명히 구분된다.

"이 때문에 중도의 칠정과 하도의 칠정은 그 명칭이 비록 다름이 없 지만, 중도의 칠정은 바로 사단과 병행하여 그 선함이 천하에 이를 수 있으나 하도의 칠정은 형기의 사사로운 것에 불과하여 비록 그 선한 것 이라도 다만 한 몸에 속할 뿐이다."[729] '중도의 칠정'은 사단과 마찬가지 로 리에서 발한 것이므로 그 선함이 천하에 이를 수 있지만, '하도의 칠 정'은 기에서 발한 것이므로 비록 그것이 선하더라도 한 몸의 사사로운

---

[729] 『立齋集』卷12, 「答金公穆(熙周)」, "是故中與下之七情, 其名雖無異同, 然中七情 之爲情也, 直與四端幷行, 其善可以達之天下, 而下七情之爲情也, 不過爲形氣之 私, 雖其善者, 只可屬之一己而已."

것에 속할 뿐이다. 이 때문에 리에서 발한 '중도의 칠정'과 기에서 발한 '하도의 칠정'은 나란히 같이 말할 수 없다.

따라서 정종로는 이것이 바로 이황이 「심통성정도」에서 칠정을 '중도의 칠정'과 '하도의 칠정'으로 구분한 이유라고 강조한다.

> 칠정이 본연지성에서 발한 것은 순수하고 지선(至善)하여 사단과 다만 같을 따름이니, 이것이 사단과 합하여 말한 까닭이다. 〈칠정이〉기질지성에서 발한 것에 이르러서는 선도 있고 악도 있음을 면하지 못하지만, 비록 그것이 선한 것이라도 리에서 발한 칠정과는 저절로 서로 같지 않다. 이것이 사단의 아래층에 별도로 써놓아 그것이 매우 다르다는 것을 보인 까닭이다.[730]

칠정이 본연지성에서 발한 것은 '중도의 칠정'을 말하니, 이것은 리에서 발한 것이므로 순수하고 지선(至善)하여 사단과 다름이 없다. 이것이 바로 이황이 「심통성정도」 중도에서 사단과 칠정을 합쳐서 말한 이유이다.

칠정이 기질지성에서 발한 것은 '하도의 칠정'을 말하니, 이것은 기에서 발한 것이므로 선도 있고 악도 있음을 면하지 못하는데, 이때 기가리를 거스르지 않으면 선이 되고 기가 리를 거스르면 악이 된다. 비록 그것이 선한 것이라도 '기에서 발한 것'이므로 리에서 발한 칠정(중도의 칠정)과는 서로 다르다. 이것이 바로 이황이 「심통성정도」 하도에서 사

---

730 『立齋集』卷20,「答姜伯玄(問目)」, "盖七情之從本然性發者, 純粹至善, 與四端只是一般而已矣, 此所以與四端合而言之也. 至其從氣質性發者, 不免有善有惡, 而雖其善者, 與發於理之七情, 自不相侔. 此所以別書於四端之下層, 以見其逈異者也."

단의 아래층에 별도로 칠정을 써놓고 이 둘을 구분한 이유이다.

결국 칠정은 '중도의 칠정'과 '하도의 칠정'이 다르며, 비록 '하도의 칠정'이 선한 것이라도 '중도의 칠정'과 다르다. 왜냐하면 '중도의 칠정'은 리에서 발한 것이고 '하도의 칠정'은 기에서 발한 것으로써 그 묘맥이 서로 다르기 때문이다. 이렇게 볼 때, 정종로는 중도의 칠정/이발과 하도의 칠정/기발을 동시에 말하고 있음을 알 수 있다.

이러한 이유에서 정종로는 자신이 오로지 중도의 칠정/이발만을 말하고 하도의 칠정/기발을 말하지 않은 것이 아니라고 강조한다.

> 내가 어찌 칠정을 온전히 리에서 발하고 기에서 발하지 않았다고 하였는가. 대개 '칠정은 형기에서 발한 것이 있고 성명에서 발한 것이 있다'라고 하였으니, 진실로 그것이 성명에서 발한 것이면 이것은 사단과 다름이 없으므로 비록 '리에서 발한다'고 말해도 좋을 것이다. 만약 그렇지 않으면, 퇴계의 「심통성정도」 중도는 본연지성이 기에 섞이지 않음을 밝힌 것인데 어찌 칠정을 사단의 좌우에 두었겠는가.[731]

성발위정(性發爲情)에 따르면 사단과 칠정은 모두 성(리)이 발한 것이지만, 칠정은 온전히 리(성)에서만 발한 것이 아니다. '중도의 칠정'은 리에서 발한 것이지만, '하도의 칠정'은 기에서 발한 것이다. 이 때문에 "칠정은 형기에서 발한 것도 있고 성명에서 발한 것도 있다"라고 하였으니, 정종로가 칠정을 온전히 리에서만 발하고 기에서 발하지 않았다

---

731 『立齋集』卷17, 「答柳敬甫(別紙)」, "愚何嘗以七情爲全發於理, 而不發於氣乎. 蓋曰七情有自形氣而發者, 有自性命而發者, 苟其自性命而發, 則是與四端無異, 而雖謂之發於理可也. 如其不然, 退陶之心統性情中圖, 所以明本然之性, 不雜乎氣者, 而何以置七情於四端之左右."

고 말한 적이 없다. 이것은 칠정을 '이발'뿐만 아니라 '기발'로도 해석하고 있다는 말에 다름 아니다.

또한 칠정이 성명에서 발한 것 즉 '중도의 칠정'은 사단과 다름이 없으니, 왜냐하면 사단 역시 성명에서 발한 것으로써 그 묘맥이 같기 때문이다. 이때의 칠정은 "사단과 다름이 없으므로 '리에서 발한 것(이발)'이라고 말해도 좋을 것이다." 이것이 바로 이황이 「심통성정도」 중도에서 칠정이 기에 섞이지 않는 본연지성에서 발한 것임을 밝혀서 사단의 좌우에다 쓴 것이며, 하도에서처럼 사단의 아래층에다 따로 칠정을 써서 구분한 것이 아니다. 이처럼 정종로는 사단과 마찬가지로 칠정을 '이발'로 해석한다. 이것이 바로 이황의 「심통성정도」 중도의 칠정이다.

그렇다고 칠정은 오로지 '이발'만 있는 것이 아니다. 칠정에는 기에서 발한 '기발'도 있으니, 이것이 바로 이황의 「심통성정도」 하도의 칠정이다. 이러한 이유에서 정종로는 칠정/기발에 대해서는 주자와 이황이 이미 남김없이 모두 밝혔음을 강조한다. "사단이 리에서 발하고 칠정이 기에서 발한다는 것은 주자께서 이미 분명히 말하였고, 우리 노선생(이황)에 이르러서도 그것을 충분히 밝히어 더 이상 남음이 없었다."[732] 이것은 정종로가 칠정/이발만을 주장하는 것이 아니라, 주자와 이황의 말처럼 칠정/기발 역시 인정하고 있다는 말에 대한 반증이다.

더 나아가 정종로는 그 묘맥이 다르다는 이유로 '하도의 칠정이 선한 것'과 '중도의 칠정이 선한 것'을 구분하듯이, 리에서 발한 '중도의 칠정'과 리에서 발한 '사단'도 구분할 것을 강조한다.

> 만약 리에서 발하고 기에서 발하는 것을 구분하지 않고 다만 명칭이 칠

---

732 같은 곳, "夫四端之發於理, 七情之發於氣, 子朱子旣已明白立說, 至我老先生, 又 爲之發揮得十分, 無復餘蘊."

정이라는 것으로 말한다면, 그 가운데 기에서 발하여 리를 거스르지 않는 것은 또한 이미 선의 명칭을 얻었으니, '리에서 발한 것'의 선과 마땅히 다름이 없는 듯하다. 그러나 실제로 이 두 가지는 묘맥이 본래 저절로 같지 않다. '리에서 발한 것'은 천하의 공적인 것으로써 그 쓰임이 매우 크고 그 뜻이 매우 넓어 곧바로 사단과 그 종류를 같이한다. 그러나 끝내 사단은 저절로 사단이고 칠정은 저절로 칠정이어서 각각 그 명색(名色)을 오로지 하니, 어찌 '리에서 발한 것'이 같다는 것으로 칠정을 가리켜서 사단이라 할 수 있겠는가.[733]

중도의 칠정은 '리에서 발한 것'이고 하도의 칠정은 '기에서 발한 것' 이다. 그러므로 중도의 칠정과 하도의 칠정은 그 명칭이 모두 '칠정'이지만, 둘은 분명히 구분된다. 이것을 선악으로 설명하면, 리에서 발한 칠정은 선하지만 기에서 발한 칠정은 선도 있고 악도 있다. 비록 '하도의 칠정'이 선한 것이라도 '중도의 칠정'이 선한 것과는 구분되는데, 왜냐하면 하나는 리에서 발한 것이고 하나는 기에서 발한 것으로써 그 묘맥이 서로 다르기 때문이다.

또한 정종로는 '중도의 칠정'과 '하도의 칠정'을 천하의 공적인 것 (公)과 한 개인의 사사로운 것(私)으로 구분한다. 중도의 칠정은 '리에서 발한 것'이므로 천하의 공적인 것이지만, 하도의 칠정은 '기에서 발한 것'이므로 한 개인의 사사로운 것이다. "기에서 발한 것과 같은 것은 한 사람의 사사로운 것에 불과하기 때문에 비록 그것이 리를 거스

---

733 같은 곳, "若不分發於理發於氣, 徒以所謂名爲七情者言之, 則其中發於氣而不拂乎理者, 亦旣得善之名, 而與發於理者之善, 宜若無異同. 然其實此二者苗脈, 本自不同. 發於理者, 天下之公也, 其用甚大, 其義甚廣, 直與四端同其類. 然終是四端自四端, 七情自七情, 而各專其名色, 何得以發於理之同而指七情爲四端乎."

르지 않아서 선의 명칭을 얻더라도 그 쓰임이 매우 적고 그 뜻이 매우 협소하다."[734] 결국 기에서 발한 '하도의 칠정'과 리에서 발한 '중도의 칠정'은 다르다.

게다가 정종로는 그 묘맥이 같은 '중도의 칠정'과 '사단'도 서로 다른 정으로 구분한다. 예컨대 「심통성정도」의 중도에서처럼 칠정도 '리가 발한 것'이고 사단도 '리가 발한 것'으로써 그 묘맥이 같다면, 칠정과 사단은 같은 종류(같은 정)인 것이 아닌가. "리에서 발한 것은 천하의 공적인 것으로써……곧바로 사단과 그 종류(정)를 같이한다." 즉 '리에서 발한 칠정'과 '리에서 발한 사단'은 천하의 공적인 것이므로 같은 정이라고 말할 수 있을 듯하다.

그렇지만 정종로는 사단과 칠정의 명칭이 서로 다르다는 이유로 둘을 분명히 구분된다. "사단은 저절로 사단이고 칠정은 저절로 칠정이어서 각각 그 명색(名色)을 오로지하니, 어찌 리에서 발한 것이 같다는 것으로 칠정을 가리켜서 사단이라 할 수 있겠는가." 비록 사단과 칠정(중도의 칠정)이 모두 '리에서 발한 것'이라고 하더라도, 이 둘은 명칭이 서로 다르므로 같은 정으로 볼 수 없다. 이것은 이황이 사단/이발과 칠정/기발처럼 서로 다른 정으로 구분하는 것과 다르지 않으며(물론 이때 칠정에 대한 해석은 이황과 다르다), 무엇보다 이이가 칠정 가운데 선한 부분만을 사단이라 하여 하나의(같은) 정으로 보는 것과는 분명히 구분된다.

게다가 정종로는 칠정이 '리가 발한 것'이므로 곧장 악으로만 귀속시켜서는 안 된다고 강조한다.

또 칠정에는 사단과 같은 것도 있고 사단과 다른 것도 있다. 이른바 '같

---

734 같은 곳, "乃若發於氣者, 不過是一人之私也, 雖其不拂乎理而得善之名, 其用甚小, 而其義甚狹."

다'는 것은 성명(性命)이 발한 것이 되기 때문이며, 이른바 '다르다'는 것은 형기(形氣)가 발한 것이 되기 때문이다. 성명이 발할 때는 진실로 순선하고 악이 없으나 발한 뒤에 혹 기에 가려지게 되면 또한 중절하지 못할 수 있다. 이에 반드시 발하여 모두 중절하더라도 계신(戒愼)의 공부를 하지 않는다고 말해서는 안 된다. 형기가 발할 때는 선악을 겸하고 있으나 그 윗면에는 모두 마땅히 그러한 이치가 있어 타거나 싣고 나온다. 그러므로 기가 이것에 순응하는 것은 선이 되고, 이것에 거스르는 것은 악이 된다. 지금 한결같이 악에 귀속시키니 너무 지나친 것이 아닌가.[735]

칠정은 '리가 발한 것'과 '기가 발한 것'으로 구분된다. 리가 발한 것은 사단과 같고, 기가 발한 것은 사단과 다르다. 그러므로 "칠정에는 사단과 같은 것도 있고 사단과 다른 것도 있다." 사단과 같은 것은 성명이 발한 것이므로 '중도의 칠정'을 말하고, 사단과 다른 것은 형기가 발한 것이므로 '하도의 칠정'을 말한다. 여기에서 '칠정이 사단과 같다'고 하여, 이이처럼 칠정이 사단을 포함하는 하나의 정을 말하는 것이 아니다. 사단과 칠정은 그 명칭이 다르기 때문에 서로 다른 정이다.

칠정이 리가 발할 때는 〈사단처럼〉 순선하고 악이 없지만, 발한 뒤에 혹 기에 가려지게 되면 또한 중절하지 못할 수도 있다. 그러므로 반드시 발하여 모두 중절하더라도 계신(戒愼)의 공부가 필요하다. 리가 발한 칠정이라도 혹 기에 가려지게 되면 중절하지 못할 수도 있으므로 항상 경계하고 삼가야 하는데, 이것이 바로 리가 발한 칠정이라도 사단과 구

---

735 『立齋集』卷11, 「與李士輝(東壁)」, "又七情有與四端同者, 有與四端異者. 所謂同者, 以其爲性命之發也; 所謂異者, 以其爲形氣之發也. 性命之發, 固純善無惡, 而發以後或爲氣所揜, 則亦有未能中節. 不可謂這箇必發皆中節, 而不下戒愼之工. 形氣之發, 兼善惡而有之, 那上面皆有當然之理, 乘載出來. 故氣之順乎此者爲善, 拂乎此者爲惡. 今一例歸之於惡, 無乃過乎."

분되는 이유이다.

또한 칠정이 기가 발할 때에는 선과 악을 겸하고 있어서, 예컨대 기가 발할 때에도 그 위에는 리가 있어서 그것을 타거나 싣고 나오니(기가 발할 때에도 리가 없는 것은 아니니), 이때 기가 리에 순응하는 것은 선이 되고 기가 리를 거스르는 것은 악이 된다. 이로써 기가 발한 칠정에는 선도 있고 악도 있으니, 한결같이 악에만 귀속시켜서는 안 된다.

정종로가 칠정/이발과 칠정/기발을 동시에 인정하는 것과 달리, 이황은 칠정/이발을 인정하지 않고 칠정/기발만을 인정한다. 이황에 따르면, 칠정은 '기가 발한 것'이므로 곧장 악은 아니지만 악으로 흐르기 쉬운 감정이니 항상 단속 · 절제하는 공부가 필요하다. 이것은 정종로도 마찬가지다. 정종로가 비록 기가 발한 칠정에도 선한 부분이 있으므로 곧장 악으로 귀속시켜서 안 된다고 주장하지만, 단속 · 절제하거나 계신하는 공부를 강조하는 것은 이황과 다르지 않다. 이처럼 정종로는 칠정을 '기발'로만 간주하여 지나치게 악으로 귀속시키는데 반대한다. 그렇게 되면 자칫 인간의 감정이 악(불선)한 것으로 부정될 수 있기 때문이다.

> 또 사단은 진실로 순선하고 악이 없으나 칠정은 곧 선과 악을 겸한 것이다. 그러므로 그것(칠정)이 발할 때에 기가 만약 리에게 명령을 듣는다면 이것이 그 절도에 맞아 선하지 않음이 없다. 지금 "기가 오로지 용사(用事)하여 리가 기를 부릴 수 없기 때문에 중절하지 못하여 악이 된다"고 말한다면, 이는 칠정을 순전히 악하고 선이 없다고 여기는 것이니, 온당하지 않음이 없을 수 있겠는가.[736]

---

736 『立齋集』卷22, 「答尹聖郊」, "又四端固純善無惡, 而七情則是兼善惡者. 故其發也氣若聽命於理, 則斯中其節而無不善. 今謂氣全用事, 理不能使氣, 故不得中節而

사단은 리가 발한 것이므로 순선하고 악이 없으나, 칠정은 기가 발한 것이므로 선도 있고 악도 있다. 물론 이때는 '하도의 칠정'에 해당한다. 비록 '하도의 칠정'처럼 기가 발할 때에도 리가 타고 있으므로 기가 리의 명령을 들으면(리를 거스르지 않으면), 이때는 중절하여 선하지 않음이 없다. 그럼에도 칠정은 "오로지 기가 용사(用事)하여 리가 기를 부릴 수 없기 때문에 중절하지 못하여 악이 된다" 즉 칠정은 기가 발한 것이므로 악이 된다고 말한다면, 이는 칠정을 순전히 악하고 선이 없는 것으로 여긴 것이니 온당하지 못하다. 이것은 칠정을 곧장 악으로 규정해서는 안 된다는 말에 다름 아니다.

이렇게 볼 때, 정종로의 사단칠정론은 이황의 「심통성정도」 중도와 하도를 동시에 해석하고 있음을 알 수 있다. 특히 사단보다 칠정에 더 주목하는데, 왜냐하면 칠정에 대한 이황의 중도와 하도의 해석이 서로 다르기 때문이다. '중도의 칠정'은 리가 발한 것이지만 '하도의 칠정'은 기가 발한 것이니, 결국 정종로의 사단칠정론은 이황 「심통성정도」의 중도와 하도를 종합하는데 그 특징이 있다.

그러므로 정종로가 "〈이황이〉중도와 하도를 지어서 천하 후세에 게시한 것이 이와 같이 명백하고 마땅하니 그 은혜가 크다"[737]라고 이황을 칭송한 것도 이러한 이유에서이다. 다만 이러한 해석은 기대승의 이황 비판에서처럼 이선(二善)의 오류를 범할 수 있다.[738] 즉 '중도의 칠

爲惡, 則是以七情爲純惡而無善矣, 得無未安矣乎."

[737] 『立齋集』卷13, 「與黃次野」, "故爲著中下二圖, 以揭示天下後世, 若是其明白切當, 其爲惠大矣."

[738] 『高峯集』, 「論四端七情書」, "且雖不疑於兩情, 而亦疑其情中有二善, 一發於理, 一發於氣者, 爲未當也."(또한 비록 정이 둘이라고 의심하지 않는다 하더라도, 역시 그 정 속에는 두 가지의 선이 있어서 하나는 리에서 발하고 하나는 기에서 발하는 것이 있다고 의심할 것이니, 타당하지 않다.)

정'은 리에서 발한 선이고 '하도의 칠정'은 기에서 발한 선이니, 결국 두 가지의 선이 있다는 것이다. 그럼에도 또한 정종로는 칠정/기발을 강조한다.

③ 이이에 대한 비판: 칠정은 '기발'이다

정종로는 칠정/이발 역시 사단과는 분명히 구분하는데, 이것이 바로 이이처럼 칠정이 사단을 포함하는 하나의 정으로 보는 것이 아니라, 이황처럼 사단과 칠정을 서로 다른 두 개의 정으로 본다는 의미이다. 이러한 관점에서 정종로는 이황의 호발설을 비판한 이이를 재비판한다.

> 율곡이 〈퇴계의〉 이발을 잘못이라 여긴 것은 기수(氣隨)의 '수'자에 대해 투철하게 보지 못하여, 여기서 말한 '수'가 본래 '이발'상에 의거하여 그 발하는 곳을 가리킬 때에 이 기가 이미 그것(리)을 따른다는 뜻을 알지 못하고 바로 '리가 먼저 발하고 기가 뒤에 따른다'는 것으로 보았기 때문이다. 리와 기 둘은 비록 서로 섞이지 않지만 원래 서로 떨어지지 않아서 리가 발할 때에 기의 발함이 이미 그 속에 있으니, 천하에 어찌 기 없는 리가 스스로 먼저 발할 수 있는 이치가 있겠는가.[739]

이이는 이황처럼 '사단/이발이기수지(理發而氣隨之)'와 칠정/기발이이승지(氣發而理乘之)'라고 한다면, 리가 먼저 발하고 기가 그 뒤에 따르거

---

739 『立齋集』卷23, 「答柳元若(別紙)」, "乃若栗谷所以以理發爲非者, 是於氣隨之隨字看不透, 不知這所謂隨, 本據理發上指其發處, 這氣已隨之之意, 乃以理先發而氣後隨看了故耳. 理氣二物, 雖不相雜, 元不相離, 理發時氣之發已在其中, 天下豈有無氣之理自能先發之理耶."

나 기가 먼저 발하고 리가 그 뒤에 타는 것이니 시간상의 선후관계가 성립하므로 옳지 않다고 비판한다.[740]

그렇지만 정종로는 이이의 이러한 비판이 '이발이기수지'의 수(隨)자에 철저하지 못한 것이라고 비판한다. 이황의 '수'는 이이의 말처럼 '리가 먼저 발하고 기가 그 뒤에 따른다' 즉 시간상의 선후가 있는 것이 아니라, 리가 발할 때에도 기가 함께 있다는 뜻이다. 왜냐하면 리와 기 둘은 비록 서로 섞이지도 않지만, 원래 서로 떨어지지도 않기 때문이다. 그러므로 사단처럼 리가 발할 때에도 기가 함께 있으므로 '기가 따른다'고 말한 것이고 칠정처럼 기가 발할 때에도 리가 함께 있으므로 '리가 탄다'고 말한 것이니, 이것이 바로 이황의 사단/이발이기수지와 칠정/기발이이승지의 뜻이다.

이렇게 볼 때, 이황의 기수(氣隨)와 이승(理乘)은 리가 발한 사단에도 기가 함께 있고 기가 발한 칠정에도 리가 함께 있음을 강조한 말에 다름 아니다. 결국 리 없는 기가 없고 기 없는 리가 없으니 "천하에 어찌 기 없는 리가 스스로 먼저 발할 수 있는 이치가 있겠는가." 즉 기 없이 오로지 리만 발하거나 리 없이 오로지 기만 발하는 이치는 없으니(리가 발할 때도 기가 따르고 있고 기가 발할 때도 리가 타고 있으니), 이이처럼 '리가 먼저 발하고 기가 그 뒤에 따른다'는 식의 비판은 옳지 않다.

이어서 정종로는 리 없는 기가 없고 기 없는 리가 없으니, 리가 발한 사단에도 기가 없는 것이 아니라고 강조한다.

> 또 사단은 본래 리가 발한 것이지만, 이것은 리를 주로 하여 말한 것이므로 '리가 발한 것'이라고 하는 것도 이 때문이다. 실제로 사단도 기가 없

---

740 『栗谷集』卷10, 「答成浩源(壬申)」, "四端則理先發, 七情則氣先發也."

이 스스로 발한 적이 없는데, 지금 바로 이것(사단)으로 오로지 서로 섞이지 않은 리에 귀속시켜서 마치 기가 없이 스스로 발하는 것처럼 여기니 온당하지 않음이 없겠는가.[741]

사단은 참으로 리가 발한 것이지만, 이때도 기가 없는 것이 아니니 "실제로 사단 역시 기가 없이 스스로 발한 적이 없다." 리가 발한 사단에도 기가 없는 것은 아니지만, 다만 리를 주로 하여 말한 것이므로 '이발'이라고 말할 뿐이다. 그럼에도 이이는 이황의 사단/이발을 리와 기가 서로 섞이지 않은, 즉 오로지 리에만 귀속시켜서 기가 없이 스스로 발한 것이라고 비판하니 옳지 않다.

이처럼 사단에도 리와 기가 함께 있고 칠정에도 리와 기가 함께 있다면, 어째서 사단은 '이발'이고 칠정은 '기발'이라고 말하는가. 이러한 문제에 직면하여, 정종로는 주리·주기의 이론을 제기한다.

퇴계의 '사단은 리가 발한 것'이라는 설은 리를 주로 하여 말한 것이고, '칠정은 기가 발한 것'이라는 설은 기를 주로 하여 말한 것이다. 반드시 이와 같이 분별하여 말한 뒤라야 비로소 리와 기가 서로 섞이지 않음을 알고, 반드시 '이발'의 아래에 기수(氣隨)를 잇고 '기발'의 아래에 이승(理乘)을 이은 것도 〈리와 기〉 둘이 원래 서로 떨어지지 않음을 알기 때문이다. 이는 그 설이 백번 온당하다고 말할 만한데, 율곡이 주리·주기의 차이를 알지 못하고 바로 '이발'을 잘못이라 여겼으니 또한 이상하지 않겠는가.[742]

---

741 『立齋集』卷11, 「答蔡笏範」, "且四端固是理之發, 而此是主理而言之, 故以爲理之發者此也. 其實四端亦未嘗無氣而自發, 今乃以是專歸之不相雜之理, 而有若無氣而自發者然, 得無未安矣乎."

주리·주기는 리와 기가 함께 있음을 전제하는 이론이다. 왜냐하면 리와 기가 서로 분리된 상태에서는 '리를 주로 한다'거나 '기를 주로 한다'는 말이 성립되지 않기 때문이다. 사단에도 기가 없는 것은 아니지만 리를 주로 하여 말한 것이므로 '이발'인 것이고, 칠정에도 리가 없는 것은 아니지만 기를 주로 하여 말한 것이므로 '기발'인 것이다. 이것이 바로 이황의 사단/이발과 칠정/기발의 뜻이라는 말이다.

이와 달리 이이는 주리·주기의 구분에 반대한다. "인심도심은 주리·주기의 설이 될 수 있으나 사단칠정은 이와 같이 말할 수 없으니, 사단은 칠정 속에 있고 칠정은 리와 기를 겸하기 때문이다."[743] 도심과 인심은 상대시켜 말한 것이므로 주리·주기로 구분할 수 있지만, 사단과 칠정은 상대시켜 말한 것이 아니라 칠정 속에 사단을 포함하고 있으므로 주리·주기로 구분할 수 없다. 특히 사단은 오로지 리만을 말한 것이므로 '주리'라 할 수 있으나, 칠정은 이기를 겸하므로 '주기'라 할 수 없다는 것이다.

그렇다면 정종로는 어째서 사단과 칠정을 주리·주기로 구분하여 말하는가. 왜냐하면 사단과 칠정을 주리·주기로 구분하여 말한 뒤라야 비로소 리와 기가 서로 섞이지 않음을 볼 수 있고(不相雜), 또한 리와 기가 원래 서로 떨어지지 않음을 볼 수 있기 때문이다(不相離). 만약 사단과 칠정을 주리·주기로 구분하지 않으면, 결국 사단에도 리와 기가 함께 있고 칠정에도 리와 기가 함께 있으니 실제로 사단과 칠정의 구분

---

742 『立齋集』卷23, 「答柳元若(別紙)」, "盖退陶四端理發之說, 是主理而言者也; 七情氣發之說, 是主氣而言者也. 必如是分別言, 然後方見理氣之不相雜, 而其必以氣隨系於理發之下, 以理乘系於氣發之下者, 亦見夫二物元不相離故也. 是其爲說, 可謂四亭八當, 而栗谷不知主理主氣之異, 乃以理發爲非, 不亦異乎."
743 『栗谷集』卷10, 「答成浩原」, "人心道心, 可作主理主氣之說, 四端七情, 則不可如此說, 以四端在七情中, 而七情兼理氣故也."

이 무색해진다.

따라서 사단에도 기가 없는 것이 아니지만 〈사단의 리가〉 기와 섞일 수 없으므로 '이발'이라 말한 것이고, 칠정에도 리가 없는 것은 아니지만 〈칠정의 기가〉 리와 섞일 수 없으므로 '기발'이라 말한 것이다. 또한 '이발'의 아래에 기수(氣隨)를 잇고 '기발'의 아래에 이승(理乘)을 이은 것도 결국 '리와 기가 원래 서로 떨어지지 않는다'는 것을 말하기 위한 것이다. 이것은 사단의 '이발'에도 기가 있고 칠정의 '기발'에도 리가 있음을 강조한 말에 다름 아니다.

이렇게 볼 때, 이황의 사단/이발이기수지와 칠정/기발이이승지는 그 설이 매우 타당하다. 그럼에도 이이는 이러한 주리 · 주기의 차이를 알지 못하고 이황의 '이발'이 잘못이라고 비판하니 옳지 않다. 무엇보다 이이가 이황의 호발설을 비판하는 요지는 '이발' 두 글자에 있다.[744] 그러나 이황의 '이발'은 이이의 비판처럼 리가 무위(無爲)하므로 발할 수 없는 것이 아니라, 사단에도 기가 없는 것은 아니지만 다만 리를 주로 하여 말한 것에 불과하다는 뜻이다. 이처럼 정종로는 '기수와 이승'은 '불상리'의 관점에서, 주리 · 주리는 '불상잡'의 관점에서 동시에 해석함으로써 이황의 사단/이발이기수지와 칠정/기발이이승지의 타당성을 강조한다.

이 때문에 정종로는 '리와 기가 서로 떨어질 수 없음'을 중시하면서도, 동시에 '리와 기가 서로 섞일 수 없음'을 강조한다.

대저 리와 기는 비록 서로 섞이지 않지만 또한 서로 떨어진 적도 없다.

---

744 『栗谷集』卷10, 「答成浩原」, "退溪之病, 專在於互發二字." (퇴계의 병폐는 오로지 互發 두 글자에 있다고 비판하지만, 율곡은 퇴계의 互發 중에서 특히 理發을 문제 삼는다.)

리 없는 기가 없고 또한 기 없는 리가 없으니, 리가 발하는 가운데 진실로 저절로 기가 있어 따르고, 기가 발하는 가운데도 저절로 리가 있어 탄다. 그러나 반드시 이와 같이 분개하여 그 리를 주로 하여 기에 섞이지 않은 뒤에 이 '리가 본래 선하다'는 것이 비로소 드러날 수 있으며, 그것이 혹 선하지 않은 곳이 있음은 모두 이 기가 한 것이지 이 리가 한 것이 아님을 밝힌 것이다. 그러므로 종래의 주자와 퇴계의 가르침이 이미 자세함이 저와 같으니, 진실로 명백하다고 말하는 것이다.[745]

리와 기는 비록 서로 섞이지도 않지만, 또한 서로 떨어진 적도 없다. 리 없는 기가 없고 기 없는 리가 없으니(리와 기는 서로 떨어진 적이 없으니), 리가 발하는 가운데 저절로 기가 있어 따르고 기가 발하는 가운데도 저절로 리가 있어 탄다. 이것이 바로 이황이 '이발'의 뒤에 기수(氣隨)와 '기발'의 뒤에 이승(理乘)을 덧붙인 이유이다.

무엇보다 리와 기가 서로 떨어지지 않는다는 '불상리'를 중시하는 경향은 이이 이론의 요지이기도 하다. 이이는 사단과 칠정을 모두 기발이승일도(氣發理乘一途)로 해석하는데, 이것은 사단도 이기를 겸하고 칠정도 이기를 겸한다는 말에 다름 아니다. 사단도 이기를 겸하고 칠정도 이기를 겸하니, 결국 사단과 칠정은 모두 기가 발하고 리가 타는 하나의 길 뿐이다. 왜냐하면 리는 무위하니 발하는 것은 전적으로 기의 몫이기 때문이다.

그렇지만 정종로는 그와 동시에 리와 기가 서로 섞이지 않는다는 '불

---

745 『立齋集』卷13, 「與黃次野」, "大抵理與氣, 雖不相雜, 而亦未嘗相離. 未有無理之氣, 亦未有無氣之理, 則理發中固自有氣而隨之矣, 氣發中亦自有理而乘之矣. 然必如是分開, 以明其理爲主而不雜於氣, 然後此理之本善, 方可發揮, 而其或有不善處, 皆此氣之所爲, 而非此理之所爲. 故從來朱退之訓, 旣丁寧如彼, 眞所謂八字打開者也."

상잡'을 강조한다. 왜냐하면 그 리를 주로 하여 기에 섞이지 않은 뒤에야 이 '리가 본래 선하다'는 것을 드러낼 수 있기 때문이다. 만약 리를 주로 하지 않고 기와 섞이면, 결국 청탁(淸濁)·수박(粹駁)한 기에 구속되어 이 '리가 본래 선하다'는 것을 드러낼 수 없다. 이로써 혹 불선이 있는 것은 모두 기가 한 것이지 리가 한 것이 아님을 밝힌 것이니, 이것이 바로 이황과 주자가 리와 기를 분개하여 사단/이발과 칠정/기발로 분속한 이유이다.

때문에 이러한 칠정은 반드시 절제하고 제약하는 공부가 필요하다.

> 지금의 계책은 다만 마땅히 칠정이 발할 때에 절제하고 제약하는 공부를 지극히 하여 두려움과 즐거움을 막론하고 모두 중절한 뒤에 그만두는 것이 바로 첫 번째로 해야 하는 중요한 일이다.[746]
> 또한 그 형세가 쉽게 방자하여 내버려둘 수 없으므로 항상 단속하고 제약하는 공부를 한 뒤에 비로소 그 선됨을 보장할 수 있다.[747]

물론 이때의 칠정은 기가 발한 것이니 '하도의 칠정'을 말한다. 기가 발할 때는 절제하고 제약하는 공부를 지극히 하여 희·로·애·구·애·오·욕의 칠정이 모두 중절한 뒤에 그만두어야 한다. 예컨대 욕심은 막아야 하고 분노는 징계해야 하는데, 만약 이때 스스로 절제하고 제약하지 못하면 욕심이 일어나고 분노가 촉발하게 된다. "특히 사단을 확충하고 칠정을 제약하는 것에서 자세히 살피고 세심히 공부하여 천

---

746 『立齋集』卷11, 「答姜子惠(問目)」, "爲今之計, 但當於七情之發, 克致節約之工, 未論懼與樂, 咸使中節而後已, 乃爲第一要務."
747 『立齋集』卷17, 「答柳敬甫(別紙)」, "且其勢易肆而不可縱, 常加斂約之工, 然後方得保其爲善."

리가 날마다 자라고 인욕이 날마다 소멸하여 끝내 중화(中和)의 지극한 공부에 도달하게 하는 것이 바로 학문이다."[748] 결국 사단은 확충해나 가고 칠정은 절제하고 제약해나가는 공부가 바로 학문하는 이유라는 것이다.

이어서 정종로는 『예기』·『대학』·『중용』에 나오는 칠정을 모두 제 약하고 제거하여 절도에 맞게 하는 것이 바로 학문하는 가장 중요한 방 법이라고 강조한다.

> 오직 『예기』의 칠정에 대해서는 그것이 방탕할 것을 염려하여 반드시 제약해야 하며, 『대학』의 네 가지에 대해서는 한 가지라도 있는 것을 살 펴서 반드시 제거해야 하며, 『중용』의 네 가지에 대해서는 각각 그 절도 에 따라 반드시 맞게 하는 것이 비로소 학문하는 공부이며 제일 중요한 방 법이다.[749]

『예기』의 일곱 가지는 희·로·애·구·애·오·욕을 말하고, 『대 학』의 네 가지는 분치(忿懥: 성냄)·공구(恐懼: 두려움)·호락(好樂: 즐거움)· 우환(憂患: 근심)을 말하며, 『중용』의 네 가지는 희·로·애·락을 말한 다. 정종로는 이들을 모두 제약하고 제거하여 중절을 필요로 하는 대상 으로 간주한다. '제약하고 제거하여 중절을 필요로 하는 대상'이란 칠 정이 악으로 흐르기 쉬운 정이라는 것을 의미한다. 이것이 바로 이황이 칠정을 '기발'로 해석하는 이유이기도 하다. 물론 이때의 칠정은 기가

---

748 『立齋集』卷9, 「上百弗庵(別白)」, "尤於擴四端約七情上, 精細加察, 密切下工, 使 天理日長, 人欲日消, 而終底於中和之極工者, 只此便是學."
749 『立齋集』卷15, 「答朴南吉(慶家)心經問目」, "惟是於記之七情, 則慮其熾蕩而必約 之; 於大學之四者, 則察其一有而必去之; 於中庸之四者, 則各隨其節而必中之者, 方是學問工夫, 而爲第一件道理."

발한 '하도의 칠정'에 해당한다. 이것이 바로 학문하는 이유이니, 결국 학문은 칠정을 절제하고 제거하여 절도에 맞도록 하는데 그 목적이 있다.

이렇게 볼 때, 정종로가 칠정/이발을 주장하기도 하지만, 그의 학문적 요지는 칠정/기발을 강조하는데 있음을 알 수 있다. 칠정은 '기가 발한 것'이니 반드시 절제하고 제약하는 공부가 필요하며, 이것이 바로 학문하는 이유이자 목적이다. 결국 사단을 확충의 대상으로 보는 것과 달리, 칠정을 절제의 대상으로 보려는 것은 이황의 칠정/기발의 주장과 다르지 않다.

따라서 정종로가 중도에 해당하는 칠정/이발만을 주장한 것이 아니라 하도에 해당하는 칠정/기발을 동시에 주장하며, 오히려 그것을 학문의 목적으로 삼고 있음을 잊어서는 안 된다.

이 글은 「입재 정종로의 사단칠정론 재검토」(『퇴계학보』155, 퇴계학연구원, 2024)의 내용을 일부 수정·보완한 것이다.

36

정약용(丁若鏞)의 사단칠정론

정약용(丁若鏞, 1762~1836)[750]의 사단칠정론은 「중용강의보(中庸講義補)」
(1784)·「서암강학기(西巖講學記)」(1795) 및 「이발기발변(理發氣發辨)」(1801)
등에 단편적인 글이 보인다. 『중용강의보』는 23세의 정약용이 정조의
질문에 대답한 것으로써, 이때는 이이의 입장에서 사단칠정론을 이해
한다. 그러나 후에 이벽(李蘗)의 영향으로 「서암강학기」·「이발기발변」
에서는 이황의 이론을 인정하는 입장에서 이 양자를 종합하는 입장을
취한다.

정약용의 사단칠정론은 정조(正祖)의 질문으로부터 시작된다. 정조
는 정약용에게 다음과 같이 질문한다.

동유(이이)가 인심과 도심의 분별을 말하였다. "리와 기는 혼융하여 원

---

750 정약용의 본관은 羅州. 자는 美庸, 호는 茶山, 당호는 與猶堂, 시호는 文度이다. 근
기 남인 출신으로 이가환·이승훈 등과 교류하고 이익을 사숙한다. 전라도 강진
등지에서 18년간 유배생활을 하면서『목민심서』·『경세유표』등을 저술한다. 저
서로는『여유당전서』가 있다. 2012년에는 정약용 탄생 250주년을 맞이하여 '2012
년 유네스코 세계기념인물'로 선정된다.

래 서로 떨어지지 않으니, 발하는 것은 기이고 발하게 하는 소이는 리이니" 어찌 '이발'과 '기발'의 다름이 있겠는가. 다만 도심이 비록 기에서 떠나지 않지만 발하는 것은 도의(道義)가 되기 때문에 성명에 속하고, 인심이 비록 리에 근본하지만 발하는 것은 구체(口體)가 되기 때문에 형기에 속한다. 발하게 하는 소이(所以發)와 발하는 것(發之)이라고 말한 것은 이 리가 있는 까닭에 발하고 이 기가 없으면 발하지 못한다는 말이니, 리와 기가 원래 서로 떨어지지 않는다는 것이 이것을 해결할 수 있다. 그렇다면 일설에서 사단을 '이발'에 분속시키고 칠정을 '기발'에 분속시키는 것은 무엇 때문인가. 〈이것이〉곧 퇴계의 설인데, 정확한 논변을 듣고 싶다.[751]

정조는 이이의 이론에 근거하여 사단칠정론에 관해 질문한다. "리와 기는 혼융하여 원래 서로 떨어지지 않으니, 발하는 것은 기이고 발하게 하는 소이는 리이다"는 것은 이이 이론의 요지이다. 리와 기는 결코 서로 떨어질 수 없으며, 또한 리는 무위(無爲)하고 기는 유위(有爲)하니, 실제로 작용하는 것은 기이고 작용하게 하는 근거(원인)가 리이다. 그러므로 사단과 칠정은 모두 기가 발하고 리가 타는 '기발' 하나일 뿐이다. 이 것이 바로 이이의 기발이승일도(氣發理乘一途)이다. "어찌 '이발'과 '기발'의 다름이 있겠는가." 이것은 이황의 사단/이발과 칠정/기발의 이론이 옳지 않다는 말의 다른 표현이다. 물론 이러한 해석은 이황이 불상잡(不相雜)의 관점에서 리와 기를 해석하는 것과는 분명히 구분된다.

---

751 『與猶堂全書』,「中庸講義補(朱子序)」, "御問曰東儒言人心道心之別. 曰理氣渾融, 元不相離, 發之者氣也, 所以發者理也, 安有理發氣發之殊乎. 但道心雖不離乎氣, 而其發也爲道義, 故屬之性命; 人心雖亦本乎理, 而其發也爲口體, 故屬之形氣. 曰所以發, 曰發之云云, 蓋謂有是理故發也, 無是氣則不發也, 理氣之元不相離, 即此可決. 然則一說以四端屬理發, 以七情屬氣發者, 何也. 即退溪之說, 願聞的確之論."

그렇지만 인심도심은 사단칠정과 달리, 성명(리)과 형기(기)로 구분된다. "도심이 비록 기에서 떠나지 않지만 발하는 것은 도의(道義)가 되기 때문에 성명에 속하며, 인심이 비록 리에 근본하지만 발하는 것은 구체(口體)가 되기 때문에 형기에 속한다." 도심과 인심 역시 '불상리'하므로 모두 이기를 겸하니, 도심에도 기가 없는 것이 아니고 인심에도 리가 없는 것이 아니다. 도심에도 기가 없는 것이 아니지만 이때는 '도의'가 발한 것이므로 성명에 속하고, 인심에도 리가 없는 것은 아니지만 이때는 '구체'가 발한 것이므로 형기에 속한다.

도심과 인심은 '도의'에서 발한 성명(리)과 '구체'에서 발한 형기(기)로 구분되지만, 이것을 그대로 '이발'과 '기발'로는 표현할 수 없다. 왜냐하면 리는 무위하므로 결코 '발(또는 발동)'과 같은 작용성을 가질 수 없기 때문이다. 이와 달리, 이황은 도의(성명)에서 발한 것은 그대로 '이발'이고 구체(형기)에서 발한 것은 그대로 '기발'이라고 해석한다.

정조에 따르면, 이이의 "발하는 것은 기이고 발하게 하는 소이는 리이다"라는 말은 실제로 발하는 주체는 기이니 "이 기가 없으면 발하지 못하고", 또한 기가 발할 수 있게 하는 근거가 리이니 "리가 있는 까닭에 발할 수 있다." 이것은 리와 기가 원래 서로 떨어지지 않는다는 '불상리'의 관점을 강조한 표현에 다름 아니다. '불상리'의 관점에서 볼 때, 이황의 '사단은 이발에 속하고 칠정은 기발에 속한다'는 이론은 논리적으로 맞지 않다.

이러한 관점에서 정조는 "퇴계가 사단을 이발에 분속시키고 칠정을 기발에 분속시키는 것은 무엇 때문인지, 그 정확한 논변을 듣고 싶다"라고 질문을 제기한다. 이렇게 볼 때, 정조는 '불상리'의 관점을 강조하는 이이의 이론에 기초하여 사단칠정론을 이해하고 있으며, 동시에 이황의 이론에 의문을 제기하고 있음을 알 수 있다.

이러한 정조의 질문에, 정약용도 이황의 "사단은 이발에 속하고 칠정은 기발에 속한다"는 설에 대해서는 오래전부터 의문을 품었다고 고백한다.[752] 정조와 마찬가지로, 정약용 역시 리와 기의 개념적 규정에 근거하여 사단칠정론을 이해한다.

기는 스스로 존재하는 것이고 리는 의지하여 붙어있는 것이니, 의지하여 붙어있는 것은 반드시 스스로 존재하는 것에 의지합니다. 그러므로 기가 발하면 바로 리가 있는 것입니다. 그렇다면 '기가 발하고 리가 탄다'고 말하면 옳으나, '리가 발하고 기가 따른다'고 말하면 옳지 않습니다. 무엇 때문이겠습니까. 리는 스스로 서는(존재하는) 것이 아니기 때문에 먼저 발하는 법이 없습니다. 아직 발하기 전에는 비록 리가 먼저 있지만, 바야흐로 발할 때에는 기가 반드시 앞서게 됩니다. 동유(이이)가 말한 "발하는 것은 기이고 발하게 하는 소이는 리이다"라는 말은 참으로 정확하니, 누가 바꿀 수 있겠습니까. 신이 망령되이 생각건대, 사단칠정을 한 마디로 말하면 '기가 발하고 리가 타는 것'이니 리와 기에 분속시킬 필요는 없을 것입니다. 사단칠정뿐만 아니라, 풀 한 포기 나무 한 그루가 꽃피고 무성한 것이나, 새 한 마리 짐승 한 마리가 날고 달리는 것도 '기가 발하고 리가 타는 것'이 아님이 없습니다.[753]

기는 스스로 존재하는 것이고 리는 의지하여 붙어있는 것이니, 리는

---

752 같은 곳, "臣於四端屬理發, 七情屬氣發之說, 有宿疑焉."
753 같은 곳, "蓋氣是自有之物, 理是依附之品, 而依附者, 必依於自有者. 故纔有氣發, 便有是理. 然則謂之氣發而理乘之可, 謂之理發而氣隨之不可. 何者. 理非自植者, 故無先發之道也. 未發之前, 雖先有理, 方其發也, 氣必先之. 東儒所云發之者氣也, 所以發者理也之說, 眞眞確確, 誰得以易之乎. 臣妄以謂四端七情, 一言以蔽之曰, 氣發而理乘之, 不必分屬於理氣也. 不但四七, 卽一草一木之榮悴, 一烏一獸之飛走, 莫非氣發而理乘之也."

반드시 기에 의지하여 존재한다. 이 때문에 기가 발할 때에도 리는 기에 붙어있으니 "기가 있으면 바로 리가 있다." 물론 이때의 리는 기가 발할 수 있게 하는 근거가 된다. 그러므로 '기가 발하고 리가 탄다(氣發理乘)'는 것은 옳으나, '리가 발하고 기가 따른다(理發氣隨)'는 것은 옳지 않다. 리는 스스로 존재할 수 없으므로 결코 발하는 주체가 될 수 없다.

이 때문에 "아직 발하기 전에는 비록 먼저 리가 있지만, 바야흐로 발할 때에는 기가 반드시 앞선다." 심이 대상에 감응하면 성이 정으로 드러나니 이것이 사단칠정이다. 아직 대상과 감응하지 않은 미발의 때에는 기가 작용하지 않으므로 리를 먼저 말할 수 있다. 그러나 감응하여 발한 이후에는 반드시 기를 먼저 말해야 한다. 왜냐하면 발하는 주체는 기이며, 기가 있어야 리가 기에 의지하여, 즉 기를 타고 발하게 하는 근거가 될 수 있기 때문이다.[754]

이러한 관점에서 정약용은 "이이의 이론은 참으로 정확하니, 그 누구도 바꿀 수 없다"고 지지한다. 따라서 사단칠정론을 한 마디로 말하면, 이이처럼 '기가 발하고 리가 타는 것(氣發理乘一途)'에 불과하니, 이황처럼 이발(또는 理發而氣隨之)과 기발(또는 氣發而理乘之)로 분속시킬 필요가 없다.

게다가 정약용은 이이의 '기가 발하고 리가 타는 것'은 사람의 사단칠정에만 적용되는 것이 아니라, 풀 한 포기 나무 한 그루나 새 한 마리 짐승 한 마리에 이르는 천지만물이 모두 '기가 발하고 리가 타는 것'이라 주장한다. 그러나 이러한 해석에는 선악(善惡)·공사(公私)와 같은 가치

---

754 여기에서 "아직 발하지 전에는 리가 먼저 있다"는 표현 역시 많은 문제를 내포한다. 그 대표적인 것이 바로 미발심체순선유선악(未發心體純善有善惡) 문제이다. 한원진은 미발 역시 심의 미발상태이므로 미발의 때에도 기가 있다고 주장하는 반면, 이간은 미발의 때에 비록 기가 있다고 하더라도 작용(用事)하지 않으므로 기가 없는 것과 같다고 주장한다.

문제가 제외된다. 만물과 달리, 사람에게는 반드시 선악·공사의 가치 문제가 병행한다. 천지만물은 선악·공사의 가치문제가 불필요하며, 이것은 결국 이이의 '칠정의 선한 부분을 사단'으로 해석하는 이론과도 배치된다.

그렇지만 정조와 문답 직후, 1784년에 이벽(李檗)은 이황을 옹호하는 입장에서 정약용의 논의가 틀렸다고 반박한다.

> 만약 '리'자와 '기'자의 본뜻을 가지고 공론하면 이 설이 참으로 가깝지 만, 만약 성리학자들이 말한 예를 가지고 분석하면 리는 도심일 뿐이고 기는 인심일 뿐이다. 심이 성령(性靈)에서 발한 것은 '이발'이 되고, 심이 형구(形軀)에서 발한 것은 '기발'이 된다. 이것에 근거하여 말하면, 퇴계의 설이 매우 정미하니, 율곡의 설은 따를 수 없다.[755]

이 글은 이벽이 정약용에게 한 말이다. 리와 기의 의미규정을 가지고 말하면 이이의 이론이 정론에 가깝지만, 성리학자들의 말한 사례를 가 지고 말하면 리는 도심이고 기는 인심이니 이황의 이론이 오히려 정론 에 가깝다. 이때 성리학자들이 말한 사례 가운데, 특히 주자의 "인심은 혹 형기의 사사로움에서 생겨나고 도심은 혹 성명의 바름에 근원한 다"[756]는 것이 그 대표적이다. 이벽은 주자의 인심도심설에 근거하여 사단칠정론을 해석하니 "성령(性靈)에서 발한 것은 이발이 되고, 형구(形 軀)에서 발한 것은 기발이 된다." 이때 '성령'과 '형구'는 각각 성명(性命)

---

755 『與猶堂全書』, 「中庸講義補(朱子序)」, "李德操曰若就理字氣字之原義而公論之, 則此說固近之; 若就性理家所言之例而剖論之, 則理只是道心, 氣只是人心. 心之 自性靈而發者爲理發, 心之自形軀而發者爲氣發. 由是言之, 退溪之說甚精微, 粟 谷之說不可從."
756 『中庸章句』序, "人心道心之異者, 則以其或生於形氣之私, 或原於性命之正."

과 형체(形體)에 해당하니, 이것은 결국 이황의 '사단은 성명(본연지성)에 근원하므로 이발이 되고, 칠정은 형기(기질지성)에 근원하므로 기발이 된다'라는 뜻이다. 이러한 이유에서 이벽은 이황의 이론이 매우 정미하다고 칭송하고, 이이의 이론은 결코 따를 수 없다고 배척한다.

이벽이 정약용의 논의에 문제를 제기하자, 정약용은 1801년 장기(長鬐)에 유배되어 있는 중에 「이발기발변(理發氣發辨)」을 지어 사단칠정론에 대한 자신의 생각을 수정한다.

> 퇴계는 '사단은 리가 발하고 기가 따르는 것이며 칠정은 기가 발하고 리가 타는 것이다'고 하였으며, 율곡은 '사단과 칠정이 모두 기가 발하고 리가 타는 것이다'고 하였다. 후학들은 각각 들은 것을 존중하여 서로 옳고 그름을 어지럽게 다투니, 〈견해가〉 연나라와 월나라처럼 멀어져 하나로 돌아갈 수 없게 되었다. 내가 일찍이 두 분의 글을 구해서 읽고 그 견해가 나누어진 이유를 깊이 찾아보니, 두 분이 말한 리와 기가 그 글자는 비록 같지만 가리키는 것은 전(專)도 있고 총(總)도 있다. 퇴계도 스스로 하나의 이기를 말하였고 율곡도 스스로 하나의 이기를 말하였으니, 율곡이 퇴계의 이기를 취하여 곤란해진 것이 아니다.[757]

이황과 이이의 이론이 연나라와 월나라처럼 멀어져 하나로 돌아갈 수 없는 이유는 무엇보다도 리와 기에 대한 개념규정이 서로 달랐기 때문이다. "두 분이 말한 리와 기가 그 글자는 비록 같지만, 가리키는 것은

---

757 『與猶堂全書』卷12, 「理發氣發辨(1)」, "退溪曰四端理發而氣隨之, 七情氣發而理乘之, 栗谷曰四端七情, 皆氣發而理乘之. 後之學者, 各尊所聞, 聚訟紛然, 燕越以邈, 莫可歸一. 余嘗取二子之書而讀之, 密求其見解之所由分, 乃二子之曰理曰氣, 其字雖同, 而其所指有專有總. 卽退溪自論一理氣, 栗谷自論一理氣, 非栗谷取退溪之理氣而汩亂之爾."

전(專)도 있고 총(總)도 있다." '전'은 리와 기를 각각 오로지 한다는 뜻이니 분개 또는 '불상잡'의 의미라면, '총'은 리와 기를 총괄한다는 뜻이니 혼륜 또는 '불상리'의 의미이다.

이황이 주로 '불상잡'의 관점에서 리와 기를 해석한다면, 이이는 주로 '불상리'의 관점에서 리와 기를 해석한다. 이황처럼 '불상잡'을 강조하면, 리와 기는 존비(尊卑)·귀천(貴賤)·주종(主從) 등의 관계가 형성되어 리가 실제로 동하고(理動), 발하고(理發), 이르는(理到) 것과 같은 작용성(능동성)을 갖는다. '불상리'를 강조하면, 리는 기의 소이(所以)로만 존재하므로 실제적 작용은 전적으로 기의 몫이 된다.

이것은 어디까지나 이 세계를 해석하는 하나의 관점에 불과하니, 이황은 이황대로 자신의 이기론을 전개하고 이이도 이이대로 자신의 이기론을 전개한 것일 뿐이다. 따라서 이이가 이황의 이기론 때문에 곤란해지거나 이황이 이이의 이기론 때문에 곤란해질 필요는 없다. 결국 두 사람의 이기론은 각각 의미가 있으니 잘못된 것이 아니다.

이황과 이이는 각자 자신의 이기론에 근거하여 사단칠정론을 전개한 것이니, 이황은 분개(또는 불상잡)의 관점에서 "사단은 리가 발하고 기가 따르는 것이며 칠정은 기가 발하고 리가 타는 것이다"(이발이기수지기발이이승지)고 하였고, 이이는 혼륜(또는 불상리)의 관점에서 "사단과 칠정이 모두 기가 발하고 리가 타는 것이다"(기발이이승일도)고 하였다. 다만 후학들이 각자 자신들이 듣고 배운 스승의 설을 존경하고 옹호하는 입장에서 서로 옳고 그름을 다투었을 뿐이며, 이들의 다툼은 퇴계학파와 율곡학파라는 학파적 차원으로까지 확대된다. 이러한 의미에서 정약용은 "퇴계와 율곡이 모두 사단칠정을 논하고 함께 이기를 말했지만, 리와 기 두 글자의 해석은 아주 다르다"[758]라고 지적한 것이다.

이어서 정약용은 이들 두 사람의 이론적 차이를 좀 더 구체적으로 설명한다.

　　퇴계는 오로지 사람의 심상(心上)에서 논의를 전개하였으니, 리라고
하는 것은 본연지성이고 도심이며 천리의 공정함이며, 기라고 하는 것은
기질지성이고 인심이며 인욕의 사사로움이다. 그러므로 사단칠정이 발
함에 공사(公私)의 분별이 있어서 사단은 '이발'이 되고 칠정은 '기발'이 된
다고 말한 것이다. 율곡은 태극 이래의 이기를 총괄하여 공론하였으니
"무릇 천하의 사물이 아직 발하기 전에는 비록 리가 먼저 있지만, 바야흐
로 발할 때는 기가 반드시 앞선다"라고 하였으니, 비록 사단칠정이라도
오직 공례(公例)로써 예를 들었기 때문에 사단과 칠정이 모두 '기발'이라
고 말한 것이다. 리라고 하는 것은 형이상이고 사물의 법칙이며, 기라고
하는 것은 형이하이고 사물의 형질이니, 고의로 간절하게 심 · 성 · 정을
가지고 말한 것이 아니다.[759]

　정약용에 따르면, 이황은 사람의 심상(心上, 마음)에서 논의한 것이고,
이이는 태극 이래의 이기를 총괄하여 공론한 것이다. 이것은 "이황이
말한 이기가 오로지 사람의 성정(性情)에서 논리를 세운 것이라면, 이이
가 말한 이기는 천지만물을 총괄하여 논리를 세운 것이다"[760]라는 말에

---

758 『與猶堂全書』卷21,「西巖講學記」, "然則退溪栗谷, 雖同論四七, 共談理氣, 卽其理
氣二字注脚判異."

759 『與猶堂全書』卷12,「理發氣發辨(1)」, "蓋退溪專就人心上八字打開, 其云理者, 是
本然之性, 是道心, 是天理之公; 其云氣者, 是氣質之性, 是人心, 是人欲之私. 故謂
四端七情之發, 有公私之分, 而四爲理發, 七爲氣發也. 栗谷總執太極以來理氣而
公論之, 謂凡天下之物, 未發之前, 雖先有理, 方其發也, 氣必先之. 雖四端七情, 亦
唯以公例例之, 故曰四七皆氣發也. 其云理者是形而上, 是物之本則; 其云氣者, 是
形而下, 是物之形質, 非故切切以心性情言之也."

760 『與猶堂全書』卷21,「西巖講學記」, "蓋退溪所論理氣, 專就吾人性情上立說.……
栗谷所論理氣, 總括天地萬物而立說."

다름 아니다. 이황의 논의는 사람의 성정에 국한된 것이므로 본연지성
과 기질지성, 도심과 인심, 천리의 공정함과 인욕의 사사로움이라는 공
사(公私)에 따른 가치의 분별이 없을 수 없다. 이 때문에 사단은 본연지
성·도심·천리의 공정함에 해당하므로 '이발'이 되고, 칠정은 기질지
성·인심·인욕의 사사로움에 해당하므로 '기발'이 된다.

또한 정약용은 리는 도심·천리·성령으로, 기는 인심·인욕·혈기
로 구분지어 설명하기도 한다. "리는 도심으로 천리에 해당하고 성령
(性靈)방면의 것이며, 기는 인심으로 인욕에 해당되고 혈기(血氣)방면의
것이다. 그러므로 "사단은 리가 발하고 기가 따르는 것이며 칠정은 기
가 발하고 리가 타는 것이다"고 말한 것이다. 심이 발할 때에 천리·성
령방면에서 나오는 것이 있으니 이는 본연지성이 감응한 것이며, 인
욕·혈기방면에서 나오는 것이 있으니 이는 기질지성이 감촉한 것이
다."[761] 결국 심이 발할 때에 천리·성령·본연지성에서 나온 것이면
'이발'이 되고, 인욕·혈기·기질지성에서 나온 것이면 '기발'이 된다.
이것이 바로 이황의 이발기발설(호발설)에 대한 정약용의 해석이다.

반면 이이의 논의는 천지만물을 총괄한 것이니, 이 때문에 이황처럼
공사(公私)의 분별이 중시되기보다는 발하는 주체로서의 기와 발하게
하는 소이로서의 리의 관계가 중시된다. 왜냐하면 만물에는 공사·선
악의 가치를 따질 수 없기 때문이다. "리는 무형한 것으로 사물의 근거
이며, 기는 유형한 것으로 사물의 형질(形質)이다. 그러므로 사단칠정이
나 천지만물에 이르기까지 기가 발하고 리가 타지 않음이 없다. 사물이
발동할 수 있는 것은 형질이 있기 때문이니, 형질이 없다면 비록 리가

761 같은 곳, "理者道心也, 天理分上也, 性靈邊的也; 氣者人心也, 人慾分上也, 血氣邊
的也. 故曰四端理發而氣隨, 七情氣發而理乘. 蓋心之所發, 有從天理性靈邊來者,
此本然之性有感也; 有從人慾血氣邊來者, 此氣質之性有觸也."

있다고 하더라도 어디에서 발동하는 것을 보겠는가."[762] 리는 무형한 형이상의 것으로 사물의 법칙이나 근거이며, 기는 유형한 형이하의 것으로 사물의 형질이다. 결국 발하는 주체는 기이고 발하게 하는 근거가 리이니, 사단칠정이나 천지만물은 모두 기가 발하고 리가 타는 것이다. 이것이 바로 이이의 '기발이승일도'에 대한 정약용의 해석이다.

이처럼 정약용은 이황과 이이의 이론을 모두 수용하여 종합하는 입장에서 어느 한쪽이 그른 것이 아니라고 설명한다.

> 퇴계의 말은 정밀하고 자세하며, 율곡의 말은 넓고 간단하다. 그러나 뜻을 주로 하여 가리켜서 말한 것은 각각 다르니, 두 분 중 어찌 일찍이 한쪽이 그르겠는가. 일찍이 한쪽이 그르지 않는데, 억지로 한쪽이 그르고 자기만이 옳다고 주장하려 하니, 이 때문에 논의가 분분하여 정론(定論)이 있지 못한 것이다. 요점을 말하자면, 전(專)이냐 총(總)이냐 하는 것이다.[763]

이황과 이이는 애당초 "뜻을 주로 하여 말한 것이 각각 다르다." 이황은 사람의 성정에 국한하여 말한 것이고 이이는 천지만물을 총괄하여 말한 것으로써 그 뜻이 각각 다르다. 이황은 사람의 성정에서 말한 것이므로 공사 · 선악과 같은 가치문제가 중시되고, 이 과정에서 '불상잡'의 관점이 강조된다. 반면 이이는 천지만물을 총괄하여 말한 것이므로

---

762 같은 곳, "理者無形之也, 物之所由然也; 氣者有形之也, 物之體質也. 故曰四端七情, 以至天下萬物, 無非氣發而理乘之. 蓋物之能發動, 以其有形質也, 無是形質, 雖有理乎, 安見發動."

763 『與猶堂全書』卷12,「理發氣發辨(1)」, "退溪之言, 較密較細; 栗谷之言, 較闊較簡. 然其所主意而指謂之者各異, 卽二子何嘗有一非耶. 未嘗有一非, 而强欲非其一以獨是, 所以紛紛而莫之有定也. 求之有要, 曰專曰總."

발하는 것과 발하게 하는 소이와 같은 존재문제가 중시되고, 이 과정에서 '불상리'의 관점이 강조된다. 때문에 한쪽이 다른 한쪽을 일방적으로 그르다고 말해서는 안 된다. 처음부터 양쪽이 모두 그르지 않는데, 양쪽 모두 자기만이 옳다고 주장함으로써 논의가 분분해진 것이다.

따라서 요점은 전(專)이냐 총(總)이냐에 있을 뿐이다. 이렇게 볼 때, 정약용은 이황과 이이의 이론을 '전'과 '총'으로 종합하고 있음을 알 수 있다.

더 나아가 정약용은 사단도 부중절(不中節)할 수 있고 칠정도 중절(中節)할 수 있다는 사단칠정론의 해석을 전개한다. 먼저 정약용은 사단의 '부중절'을 말한다.

> 사단의 대체(大體)는 이발이니, 본연지성에서 발한 것을 말한다. 비록 그렇지만, 당나라 현종이 마외(馬嵬)에서 양귀비에게 이끌려 측은지심이 발하거나, 한나라 고조가 백등(白登)에서 돌아오며 수괴지심을 발하거나, 조조가 제위를 사양하고 오르지 않거나, 순자가 열두 사람을 비난한 이와 같은 것들은 천리의 공정함에서 발한 것이라고 말해서는 안 된다.[764]

당나라 현종이 고력사(高力士)를 시켜 양귀비를 목 졸라 죽일 때에 느낀 측은지심, 한나라 고조가 백등(白登)에 포위되었을 때 느낀 수오지심, 이미 황제나 다름없는 조조에게 황제에 오르라는 신하의 간청 때에 느낀 사양지심, 순자가 전국시대의 학자 열두 사람을 비난할 때 느낀 시비지심 등은 모두 천리의 공정함에서 발한 것이 아니다.

---

[764] 『與猶堂全書』卷12, 「理發氣發辨(2)」, "四端大體是理發, 謂發於本然之性. 雖然明皇於馬嵬, 引貴妃而發惻隱之心, 漢高祖自白登還而發羞愧之心, 曹操讓帝號而不爲, 荀卿非十二子, 若此類謂其發於天理之公, 不可得也."

'대체'로 말하면, 사단은 본연지성에서 발한 것이므로 '이발'이라 할 수 있다. 그렇지만 측은지심 · 수오지심 · 사양지심 · 시비지심의 사단이라도 중절(中節)하지 못할 때가 있으니, 이때는 천리의 공정함에서 발한 것이 아니므로 '이발'이 아니다. 이것은 주자의 "측은과 수오에도 중절과 부중절이 있으니, 만약 마땅히 측은하지 않아야할 때에 측은하거나 마땅히 수오하지 않아야할 때에 수오하면, 이것이 부중절이다"[765]라는 말에 다름 아니다.

또한 정약용은 칠정의 '중절'을 말한다.

> 칠정의 대체(大體)는 기발이니, 기질지성에서 발한 것을 말한다. 비록 그렇지만, 자로가 허물 듣기를 기뻐한 것, 문왕이 한번 성내어 천하의 백성을 안정시킨 것, 「관저」에서의 슬픔, 『중용』에서의 두려움, 어린아이가 그 부모를 사랑하는 것, 우임금이 맛좋은 술을 싫어한 것[766], 『대학』에서 그 뜻을 진실하게 하고자 하거나 그 마음을 바르게 하고자 하는 것과 같은 것들은 형기의 사사로움에서 발한 것이라고 말하면 안 된다.[767]

자로(子路)는 남이 허물을 말해주면 기뻐하며(喜)[768], 문왕은 한번 성내어 천하의 백성을 안정시키며(怒)[769], 『시경』「관저」편은 즐거워하되 지나치지 않고 슬퍼하되 사람의 마음을 해치지 않으며(哀)[770], 군자는 보이

---

765 『朱子語類』卷53, "惻隱羞惡也, 有中節不中節, 若不當惻隱而惻隱, 不當羞惡而羞惡, 便是不中節."

766 『孟子』, 「離婁(下)」, "孟子曰, 禹惡旨酒而好善言."

767 『與猶堂全書』卷12, 「理發氣發辨(2)」, "七情人體是氣發, 謂發於氣質之性. 雖然子路喜聞過, 文王一怒而安天下之民, 關雎之哀, 中庸之恐懼, 孩提之愛其親, 禹之惡旨酒, 大學之欲誠其意欲正其心, 若此類謂其發於形氣之私, 不可得也."

768 『孟子』, 「公孫丑(上)」, "子路, 人告之以有過則喜."

769 『孟子』, 「梁惠王(下)」, "此文王之勇也, 文王一怒而安天下之民."

지 않는 곳에서도 삼가며 들리지 않는 곳에서도 두려워하며(懼)[771], 사람이 배우지 않고도 할 수 있는 것은 양능(良能)이고 생각하지 않고도 아는 것은 양지(良知)이니 어려서는 그 부모를 사랑할 줄 모르는 자가 없으며(愛)[772], 우임금이 맛 좋은 술을 싫어하고 선한 말을 좋아하며(惡)[773], 그 뜻을 진실하게 하고자 하거나 그 마음을 바르게 하고자 하는(欲)[774] 등은 모두 형기의 사사로움에서 발한 것이 아니다.

'대체'로 말하면, 칠정은 기질지성에서 발한 것이므로 '기발'이라 할 수 있다. 그렇지만 희·로·애·구·애·오·욕의 칠정이라도 중절할 때가 있으니, 이때는 형기의 사사로움에서 발한 것이 아니므로 '기발'이 아니다. 물론 이때의 '기발'은 이황이 말하는 '기발'의 의미이다. 이황의 '기발'과 이이의 '기발'은 그 의미가 구분되니, 이이가 기의 발동(작용성)을 '기발'로 해석하는 것과 달리, 이황은 악으로 흐르기 쉬운 성향을 '기발'로 해석한다.

이처럼 정약용은 사단에도 부중절이 있고 칠정에도 중절이 있다고 강조한다. 사단의 부중절과 칠정의 중절이라는 말은 '불상리'의 관점이 강조된 표현이다. '불상리'의 관점이 강조되면, 사단과 칠정은 모두 이기를 겸하므로 사단에도 기가 없는 것이 아니고 칠정에도 리가 없는 것이 아니다. 사단에도 기가 없는 것이 아니므로 사단도 '부중절'할 수 있고, 칠정에도 리가 없는 것이 아니므로 칠정도 '중절'할 수 있다. 이러한

---

770 『論語』, 「八佾」, "關雎, 樂而不淫, 哀而不傷."
771 『中庸』, 第1章, "君子, 戒愼乎其所不睹, 恐懼乎其所不聞."
772 『孟子』, 「盡心(上)」, "人之所以不學而能者, 其良能也; 所不慮而知者, 其良知也. 孩提之童, 無不知愛其親也."
773 『孟子』, 「離婁(下)」, "禹惡旨酒而好善言."
774 『大學』, 經1章, "古之欲明明德於天下者, 先治其國……欲正其心者, 先誠其意, 欲誠其意者, 先致其知."

해석은 정약용이 '불상리'를 강조하는 이이의 이론을 지지하는 것처럼 보인다.

그렇지만 정약용은 사단칠정논변의 궁극적 목적이 수양에 있다는 말로 자신의 사단칠정론을 총괄한다.

> 사단은 나의 심에 연유하고 칠정도 나의 심에 연유하니, 심에 리와 기라는 두 구멍이 있어 각각 내보내는 것이 아니다. 군자가 고요할 때 보존하고 움직일 때 살핀다는 것은 한 생각의 발함이 있으면, 곧 두려운 듯 크게 반성하여 "이 생각이 천리의 공정함에서 발한 것인지, 인욕의 사사로움에서 발한 것인지, 이것이 도심인지, 이것이 인심인지"를 깊이 추구하여, 이것이 과연 천리의 공정함이면 그것을 배양하고 확충해나가며, 혹 인욕의 사사로움에서 나온 것이면 그것을 막고 꺾어서 극복해야 한다.[775]

사단과 칠정은 모두 나의 심에서 나온 것이지만, 심에 리와 기라는 두 구멍이 있어 각각 사단과 칠정을 내보내는 것이 아니다. 사단은 리라는 구멍에서 나오고 칠정은 기라는 구멍에서 나오는 것이 아니라, 모두 하나의 심에서 나온 것이다. 이러한 해석은 하나의 근원(一源)을 강조하는 이이에 이론에 가깝다. 이와 달리, 사단의 소종래는 본연지성(리)이고 칠정의 소종래는 기질지성(기)으로써 소종래에 따른 근원적 차이를 강조하는 이황의 이론과는 분명히 구분된다.

특히 중요한 것은, 정약용이 사단칠정논변을 전개하는 궁극적 목적

---

775 『與猶堂全書』卷12,「理發氣發辨(2)」, "四端由吾心, 七情由吾心. 非其心有理氣二竇而各出之使去也. 君子之靜存而動察也, 凡有一念之發, 卽已惕然猛省曰, 是念發於天理之公乎, 發於人欲之私乎, 是道心乎, 是人心乎, 密切究推, 是果天理之公, 則培之養之, 擴而充之, 而或出於人欲之私, 則遏之折之, 克而復之."

이 수양에 있음을 강조하는데 있다. 성리학의 수양론은 크게 정(靜)과 동(動) 또는 미발(未發)과 이발(已發)의 관계로 설명된다. "고요할 때는 마음을 보존하고 움직일 때는 마음을 살핀다." 감정이나 생각이 싹트지 않은 고요한 미발의 때에는 마음의 본체에 해당하는 본성을 잘 기르고 보존해야 하는데, 이것을 존양(存養) 또는 함양(涵養)공부라고 한다. 또한 감정이나 생각이 이미 싹터서 움직이는 이발의 때에는 일의 기미를 자세히 살펴서 조금도 어긋남이 없도록 해야 하는데, 이것을 성찰(省察) 또는 찰식(察識)공부라고 한다.

따라서 한 생각의 발함이 있으면, 곧장 두려운 마음으로 크게 반성하여 "이 생각이 천리의 공정함에서 나온 것인지, 인욕의 사사로움에서 나온 것인지, 또는 이것이 도심인지, 이것이 인심인지"를 깊이 따져보고, 이것이 천리의 공정함에서 나온 것이면 그 마음을 확충해나가고 혹 인욕의 사사로움에서 나온 것이면 그 마음을 막고 극복해야 한다. 이것이 바로 사단과 칠정의 논변을 통해 얻고자 하는 궁극적 목적이다. "군자들이 입술이 타고 혀가 달도록 진지하게 이발과 기발을 논변한 것은 바로 이 때문이니"[776] 결국 한 생각이 일어날 때, 천리의 공정함에서 나온 것이면 확충해나가고 인욕의 사사로움에서 나온 것이면 단속해나갈 뿐이다.

여기에서 정약용은 확충해나가는 공부와 단속해나가는 공부를 일생동안 노력한 사람으로 이황을 지목한다. "퇴계는 일생동안 마음을 다스리고 본성을 기르는 공부에 힘썼기 때문에 이발과 기발을 나누어 말하였으며, 오직 그것이 분명하지 못할까를 걱정하였다."[777] 이황이 일

---

776 같은 곳, "君子之焦脣敝舌, 而檣慘乎理發氣發之辯者, 正爲是也."
777 같은 곳, "退溪一生用力於治心養性之功, 故分言其理發氣發, 而唯恐其不明."

생동안 노력한 것은 사단의 확충공부와 칠정의 단속공부를 분명히 구분하는데 있었다는 말이다.

이황이 사단과 달리, 칠정을 단속공부의 대상으로 본 것은 공자의 "기뻐하되 지나치지 않고 슬퍼하되 해치지 않는다"는 말에서처럼, 기쁨과 슬픔도 지나치면 바름을 잃을 수 있다고 여겼기 때문이다. 결국 기쁨(喜)·성냄(怒)·슬픔(哀)·즐거움(樂)·사랑(愛)·미움(惡)·욕망(欲)과 같은 칠정은 지나치면 바름을 잃을 수 있으므로 항상 경계하고 조심해야 할 대상이라는 말이다. 이러한 의미에서 정약용은 "배우는 자들이 이 뜻을 통찰하고 깊이 체득한다면 퇴계의 충실한 후학이 될 것이다"[778]라고 강조한다.

이렇게 볼 때, 정약용이 이론적 측면에서는 이이의 이론에 공감하면서도, 수양적 측면에서는 이황의 이론을 지지하고 있음을 알 수 있다. 따라서 처음에는 이이의 이론을 지지하다가 나중에는 이황의 이론을 수용함으로써 이 둘을 종합하는 경향을 보이기도 하지만, 사단칠정논변의 궁극적 목적이 결국 마음을 다스리고 본성을 기르는데 있다고 할 때, 정약용의 사단칠정론 역시 이황의 이론에 기울어져 있다고 볼 수 있다.

---

778 같은 곳, "學者察此意而深體之, 則斯退溪之忠徒也."

오희상(吳熙常)의 사단칠정론

　　오희상(吳熙常, 1763~1833)[779]의 사단칠정론은 김창협(金昌協)에 대한 내용으로 시작된다. 김창협의 사단칠정론은 『농암속집』 권하, 「사단칠정설」에 보인다. 그러나 처음 문집을 간행할 때, 권상하(權尙夏)가 김창협의 글이 이이와 차이가 있다는 이유로 산삭할 것을 적극 주장하여 결국 문집에서 누락된다. 그 뒤 연보를 추가로 간행할 적에 김원행(金元行)이 그 내용 가운데 중요한 부분을 모아서 수록하지만, 결국 글의 전체가 완비되는 것만 못하니 참으로 한스럽다.[780] 오희상은 김창협의 「사단칠정설」이 그의 5대손 김수근(金洙根)이 속집을 간행할 때 하권에 수록되지만, 전체 글이 아닌 일부 내용만 수록된 것에 대해 강한 아쉬움을 드러낸다.

---

779 오희상의 본관은 海州, 자는 士敬, 호는 老洲이다. 조선성리학은 크게 이황과 이이의 학설을 중심으로 전개되는데, 오희상은 이황(퇴계학파)과 이이(율곡학파)의 어느 쪽에도 기울지 않는 절충적 태도를 취함으로써 '절충파'로 불린다. 저서로는 『노주집』이 있다.

780 『老洲集』卷24, 「雜識(2)」, "曾聞印集之時, 遂庵以其有參差於栗谷, 力主刪去之論, 見漏於原集. 其後年譜之追刊也, 渼湖雖撮其要而附見, 終不如全文之完備, 殊可恨也."

그렇다면 오희상은 무엇 때문에 김창협의 「사단칠정설」에 대해 강한 아쉬움을 드러냈는가. 그것은 김창협의 사단칠정론이 오히려 이이를 능가할 정도로 매우 정밀하다고 보았기 때문이다. 김창협의 사단칠정론에 대한 오희상의 평가는 다음과 같다.

대개 사단칠정은 퇴계가 너무 지나치게 분석하여 마침내 두 갈래의 병통을 이루었다. 이에 율곡이 기발이승(氣發理乘)으로 사단칠정을 총괄하여 말하여 한 길로 만들었는데, 매우 간략하고 분명하다고 이를 만하다. 다만 율곡의 '선은 맑은 기가 발한 것이고, 악은 탁한 기가 발한 것이다'라고 말한 것은 다만 선과 악의 큰 구분을 따라 말하다 보니 오히려 조금 소략함을 면치 못하였다. 농암(김창협)이 여기에서 견해가 있었으니 "대개 사람 마음에서 선악의 구분은 모두 기에서 연유하는데, 그 이유에는 세 가지가 있다. 본래 품부받은 것이 첫 번째이고, 때에 따라 맑거나 흐린 것이 두 번째이고, 감응하는 바의 경중(輕重)이 세 번째이다. 이 세 가지를 서로 참고하여 상세히 따져보면 그 뜻이 지극하다"[781]라고 하였다. 이것이 내가 말하는 '(농암의 이 말이) 율곡의 말 밖의 뜻을 밝힌 점이 있어 율곡보다 오히려 더 정밀하다'는 것이다.[782]

먼저 오희상은 이황이 사단과 칠정을 지나치게 분석하여 두 갈래의

781 『農巖續集』卷下, 「四端七情說」, "大槩人心善惡之分, 皆因乎氣, 而其端則有三焉. 本來稟賦, 一也; 隨時淸濁, 二也; 所感輕重, 三也. 以此三者, 參互而曲暢之, 其義盡矣."
782 『老洲集』卷8, 「答沈子純」, "大抵四端七情, 退陶剖析太過, 遂成二歧之病. 栗谷之以氣發理乘, 統言於四七作爲一塗者, 可謂直截明透. 但其所謂善者淸氣之發, 惡者濁氣之發云云, 只從善惡大分而爲說, 猶未免少疎. 農巖有見於此, 以爲人槩人心善惡之分, 皆因乎氣, 而其端有三焉. 本來稟賦一也, 隨時淸濁二也, 所感輕重三也. 以此三者, 參互而曲暢之, 其義盡矣. 此愚所謂有發於栗翁言外之旨而較却精密也."

병통을 이루었다고 비판한다. '두 갈래의 병통'이란 사단은 리가 발한 것이고 칠정은 기가 발한 것이라는 이황의 호발설을 말한다. 이황은 이러한 호발설의 타당성을 리와 기에 근원지어 설명한다. 사단의 근원은 리가 되고 칠정의 근원은 기가 된다. 그러므로 사단은 리가 발한 것이고 칠정은 기가 발한 것이다. 이황은 이러한 근원을 본연지성과 기질지성의 관계로도 설명하니, 사단의 근원은 본연지성이 되고 칠정의 근원은 기질지성이 된다. 결국 사단과 칠정은 리와 기 또는 본연지성과 기질지성이라는 두 개의 근원이 있게 되는데, 이러한 관점에서 오희상은 이황의 호발설을 비판한다. 이것은 결국 오희상이 사단과 칠정의 근원을 하나의 성(리)으로 본다는 의미이기도 하며, 또한 사단과 칠정의 근원을 하나의 성으로 보는 것은 이이와 다르지 않다.

이이는 이황의 호발설을 비판하고, 사단과 칠정은 모두 '기발' 하나일 뿐이라는 기발이승일도(氣發理乘一途)를 주장한다. 사단과 칠정은 모두 성이 발하여 드러난 정으로서, 이때 발하는 것은 기이고 리는 다만 그 위에 타고 있을 뿐이다. 이러한 해석은 '기는 유위(有爲)하고 리는 무위(無爲)하다'는 성리학의 기본 전제에 따른 것이다. 게다가 사단도 '기발이승'이고 칠정도 '기발이승'이라는 것은 사단에도 이기가 함께 있고 칠정에도 이기가 함께 있다는 의미이니, 이것은 리와 기가 서로 떨어지지 않는다는 '불상리'의 관점에 따른 해석이다. 오희상은 이이의 '기발이승일도'가 간략하고 분명하다고 칭찬한다. 이것은 오희상도 이이처럼 사단과 칠정을 '기발이승일도'로 해석한다는 의미이다. 리와 기는 떨어지지 않고 항상 함께 있으며 또한 리는 무위하고 기는 유위하니, 사단과 칠정은 모두 '기발이승일도'가 된다.

그러면서도 오희상은 이이가 「인심도심설」에서 말한 "선은 맑은 기가 발한 것이고 악은 탁한 기가 발한 것이다"는 구절에 대해서는 의문을 제기한다. 이이의 이 말에 대해서는 김창협도 이미 지적한 적이 있다. 그래서 김창협의 말을 재인용하여 이이의 이론을 비판한다.

먼저 이이의 요지를 소개하면 다음과 같다. 성이 발하여 정이 되니, 성이 본래 선하다면 성이 발한 정 역시 마땅히 선하지 않음이 없어야 한다. 그런데도 정에 불선(악)이 있는 것은 무엇 때문인가. 이러한 질문에 대해, 이이는 정에 선 또는 불선이 있는 것을 기의 청탁(淸濁) 때문이라고 설명한다. 왜냐하면 아직 발하지 않은 미발의 때에는 기가 용사하지 않으므로 순선하다. 다만 기가 발할 때에 이르러서 비로소 선악이 나누어지는데, 이때 선은 맑은 기가 발한 것이고 악은 탁한 기가 발한 것이다. 정이 선한 것은 기가 발할 때에 맑은 기를 탔기 때문이고, 정이 불선한 것은 탁한 기를 탔기 때문이니 결국 정의 선악은 기의 청탁(淸濁) 때문이라는 것이다.[783]

이러한 이이의 해석에 대해, 훗날 김창협이 이의를 제기한다. "기가

---

[783] "성이 심에 갖추어져 있다가 발하여 정이 되니, 성이 이미 본래 선하다면 정도 마땅히 선하지 않음이 없어야 하는데, 정에 혹 不善이 있는 것은 무엇 때문인가. 리는 본래 순선하나, 기에는 청탁이 있기 때문이다. 기는 리를 담고 있는 그릇인데, 그것이 미발의 때에는 기가 用事하지 않으므로 中體로서 순선하다. 그것이 발함에 이르러서는 선악이 비로소 나누어지니, 선은 맑은 기가 발한 것이고 악은 탁한 기가 발한 것이다. 그 근본은 다만 천리일 뿐인데, 정이 선한 것은 맑은 기를 타고 천리를 따라 곧바로 나와서 그 中을 잃지 않아서 그것이 인·의·예·지의 단서가 됨을 볼 수 있기 때문에 지목하여 사단이라 한다. 정이 불선한 것은 비록 리에 근본하나, 이미 탁한 기에 가려져서 그 본체를 잃고 거슬러 나와서 혹 지나치거나 혹 모자라서 仁에 근본하나 도리어 仁을 해치고, 義에 근본하나 도리어 義를 해치며, 禮에 근본하나 도리어 禮를 해치고, 智에 근본하나 도리어 智를 해치기 때문에 사단이라고 말할 수 없을 뿐이다."(『栗谷集』卷14, 「人心道心圖說」, "性具於心而發爲情, 性旣本善, 則情亦宜無不善, 而情或有不善者, 何耶. 理本純善, 而氣有淸濁. 氣者, 盛理之器也, 當其未發, 氣未用事, 故中體純善. 及其發也, 善惡始分, 善者, 淸氣之發也, 惡者, 濁氣之發也. 其本則只天理而已, 情之善者, 乘淸明之氣, 循天理而直出, 不失其中, 可見其爲仁義禮智之端, 故目之以四端. 情之不善者, 雖亦本乎理, 而旣爲汚濁之氣所掩, 失其本體而橫生, 或過或不及, 本於仁而反害仁, 本於義而反害義, 本於禮而反害禮, 本於智而反害智, 故不可謂之四端耳.")

맑은 것이 발하면 진실로 선하지 않음이 없으나, 선한 정이 모두 '맑은 기'에서 발한다고 하는 것은 옳지 않다. 정이 악한 것은 진실로 '탁한 기'에서 발하지만, '탁한 기'가 발한 정이 모두 악하다고 하는 것은 옳지 않다."[784] 이이의 말처럼 '선은 맑은 기가 발한 것'이지만 선한 정이 모두 맑은 기에서 발한 것이 아니며, '악은 탁한 기가 발한 것'이지만 악한 정이 모두 탁한 기가 발한 것이 아니다.

이어서 김창협은 정에 선악이 있는 것이 모두 맑은 기와 탁한 기에 말미암지 않음을 두 가지 비유로써 설명한다. 첫째, 보통 사람들은 참으로 탁한 기가 많고 맑은 기가 적다. 그러나 어린아이가 우물에 빠지려는 것을 보면 누구나 깜짝 놀라고 불쌍히 여기는데, 이것은 맑은 기가 발한 것이 아니라 천리(또는 리)가 감응에 따라 발한 것이다. 리는 성에 근본하니, 비록 리가 타고 있는 기가 맑지 않고 탁하더라도 그것에 가려지지 않는다.[785] 둘째, 지극히 무도한 사람이라도 남이 자기의 부모를 해치는 것을 보면 분개하여 원수를 갚을 것을 생각한다. 이것은 지극히 무도한 사람은 탁한 기로 가득 찬 사람일 것인데, 부모의 원수를 갚으려는 선한 마음이 어떻게 나올 수 있겠느냐. 즉 아무리 무도한 자라도 부모의 원수를 갚으려는 선한 마음이 발하는데, 이때의 선한 마음은 기가 맑기 때문이 아니라 성에 근원하는 천리가 그대로 발하여 나온 것이라

---

784 『農巖續集』卷下, 「四端七情說」, "蓋氣之淸者, 其發固無不善, 而謂善情皆發於淸氣則不可. 情之惡者, 固發於濁氣, 而謂濁氣之發, 其情皆惡則不可."
785 "보통 이하의 사람들은 진실로 탁한 기가 많고 맑은 기가 적다. 그러나 어린아이가 우물에 들어가는 것을 보면 깜짝 놀라고 불쌍히 여기지 않는 자가 없는데, 이것이 어찌 맑은 기가 발한 것이겠는가.……천리는 성에 근본하는 것이므로 감응에 따라 즉시 발하니, 비록 천리가 타는 기가 탁하고 맑지 않더라도 또한 그것에 가려지지 않을 뿐이다."(『農巖續集』卷下, 「四端七情說」, "自中人以下, 其氣固多濁少淸. 然見孺子入井, 未有不怵惕惻隱者, 此豈皆淸氣之發哉.……蓋天理之根於性者, 隨感輒發, 雖所乘之氣濁而不淸, 而亦不爲其所掩耳.")

는 말이다.[786]

김창협이 보기에는 "리가 비록 정의도 없고 조작도 없지만, 진순(陳淳)의 말처럼 필연·능연·당연·자연의 속성이 있으니, 아득하여 주재함이 없는 것이 아니다. 그러므로 사람의 마음이 움직일 때에 리가 비록 기를 타고 있지만, 기 역시 리의 명령을 듣는다. 지금 만약 정의 선악을 오로지 기의 청탁(淸濁)으로만 돌린다면, 아마도 리의 실체인 성이 선하다는 것을 알 수 없을 것이다."[787] 선한 정은 리(천리)가 발한 것이지 맑은 기가 발한 것이 아니다. 왜냐하면 리는 대상에 감응하면 바로 발하는데, 비록 타고 있는 기가 탁하고 맑지 않더라도 그것에 가려지지 않기 때문이다. 그래서 어린아이가 우물에 빠지려는 것을 보거나 누군가가 자기 부모를 해치려는 것을 보면, 아무리 탁한 기로 가득 찬 무도한 자라도 불쌍히 여기거나 부모의 원수를 갚을 것을 생각한다. 이러한 선

---

786 "매우 고집이 세고 어리석어 평소의 소행이 지극히 무도한 사람의 경우도 갑자기 남이 자기 부모를 해치는 것을 보면, 반드시 발끈 분개하여 원수를 갚을 것을 생각한다. 그 사람은 마음속에 탁한 기로 가득 차 있으니, 어찌 조금이라도 맑고 밝은 기가 있겠는가. 다만 부자간의 사랑이 천성 가운데 가장 중하기 때문에 매우 절박한 상황에 처하여 자기도 모르게 진심이 발하여 나온 것일 뿐이다. 여기에서 사람의 성이 선함을 알 수 있고, 여기에서 천리가 없어지지 않는다는 것을 알 수 있다. 이것이 어찌 맑은 기가 한 것이라고 할 수 있겠는가."(『農巖續集』卷下,「四端七情說」, "至於頑愚之甚, 平日所爲, 至無道者, 猝見人欲害其親, 則亦必勃然而怒, 思所以仇之. 彼其方寸之內, 濁氣充塞, 豈復有一分淸明之氣. 特以父子之愛, 於天性最重, 故到急切處, 不覺眞心發出. 於此可以見人性之善, 於此可以見天理之不容已. 此豈可曰淸氣之所爲哉.") 여기에서 '부자간의 사랑이 천성 가운데 가장 중하다'는 것은 사랑에도 경중의 차이가 있다는 말이다. 예컨대 친척을 사랑하는 것이 백성을 사랑하는 것보다 중하고, 백성을 사랑하는 것이 만물을 사랑하는 것보다 중하다. 친척을 사랑하는 것 중에서도, 부모의 사랑이 형제의 사랑보다 중하고, 형제의 사랑이 친척의 사랑보다 중하다. 이것은 천리에도 輕重의 차이가 있다는 말이다.

787 『農巖續集』卷下,「四端七情說」, "理雖曰無情意無造作, 然其必然能然當然自然, 有如陳北溪之說, 則亦未嘗漫無主宰也. 是以人心之動, 理雖乘載於氣, 而氣亦聽命於理. 今若以善惡之情, 一歸之於氣之淸濁, 則恐無以見理之實體而性之爲善也."

한 마음은 모두 천리가 발한 것이지, 기의 청탁 여부에 따른 것이 아니다. 이것이 바로 맹자가 말한 '사람의 성이 선하다(性善)'는 의미이다. 이러한 이유에서 김창협은 이이가 정의 선악을 기의 청탁으로 해석하는 것에 반대한다. 오희상 역시 김창협의 이러한 주장을 적극 지지하는 입장에서, 이이의 말은 "다만 선과 악의 큰 틀에서 말하여 오히려 조금 소략함을 면치 못하였다"고 비판한다.

더 나아가 김창협은 이러한 천리가 발할 때에 감응하는 대상의 경중(輕重)에 따라 선악이 갈라진다고 설명한다. 예컨대 "보통 사람의 경우, 타고난 기는 맑은 기와 탁한 기가 반반이다. '반반'이라는 것은 매우 맑지도 않고 매우 탁하지도 않다는 뜻이다. 매우 맑지 않기 때문에 발하는 것이 모두 선할 수도 없고, 매우 탁하지 않기 때문에 발하는 것이 모두 악할 수도 없다. 그러므로 감응하는 경중과 청탁(淸濁)의 비율에 따라 서로 승부가 되어 선악이 나누어진다.……만약 감응하는 것이 〈부자간의 사랑처럼〉 천리의 중한 것이어서 탁한 기의 비율이 그것을 이기지 못하면 발하여 선한 정이 되고, 감응하는 것이 〈사욕처럼〉 외부 유혹의 중한 것이어서 맑은 기의 비율이 그것을 이기지 못하면 발하여 악한 정이 된다."[788]

또한 김창협은 탁한 기가 전체 기에서 차지하는 비율에 따라 정이 발하는 내용이 달라진다고 설명한다. "예를 들어 〈전체 기에서〉 기의 탁한 것이 4-50%이면, 그 정이 만물을 사랑하는데 발하는 것은 이미 적지만 친척을 사랑하거나 백성을 사랑하는데 발하는 것은 아직 많다. 내려가서

---

788 같은 곳, "今且以中人言之, 其所稟之氣, 淸濁蓋亦相半矣. 然所謂相半者……乃謂其不甚淸, 亦不甚濁耳. 不甚淸, 故所發不能皆善; 不甚濁, 故所發不能皆惡. 於是乎隨其所感之輕重與淸濁之分數, 相爲勝負, 而善惡分焉.……如所感者, 天理之重, 而濁氣分數, 不足以勝之, 則其發爲善情; 所感者外誘之重, 而淸氣分數, 不足以勝之, 則其發爲惡情."

기가 탁한 것이 6-70%이면, 그 정이 백성을 사랑하는데 발하는 것은 적지만 친척을 사랑하는데 발하는 것은 아직 많다. 더 내려가서 기가 탁한 것이 8-90%에서 100%에 이르면, 그 정이 친척을 사랑하는데 발하는 것은 거의 없지만 부자간의 사랑에서는 발하지 않을 수 없다."[789] 기의 탁한 정도에 따라, 정이 만물을 사랑하는 데까지 발하기도 하고, 친척을 사랑하거나 백성을 사랑하는 데까지만 발하기도 한다. 결국 기가 온통 탁한 경우에도 부자간의 사랑은 발하지 않음이 없으며, 이때 부자간의 사랑과 같은 선한 정은 탁한 기가 아니라 그대로 천리가 발한 것이다. 그렇지만 이러한 천리도 감응하는 대상의 경중에 따라 선악이 달라진다.

이러한 김창협의 구체적·세부적 견해에 대해, 오희상은 김창협이 이이의 "말 밖의 뜻을 밝힌 점이 있다"고 지적하며, 김창협의 견해가 이이보다 오히려 더 정밀하다고 평가한다. 더 나아가 오희상은 김창협의 견해가 이황과 이이가 미치지 못한 부분에까지 나아간 것으로써 이전 사람들이 밝히지 못한 것을 밝혔다고 평가한다.

> 농암(김창협)의 사단칠정설은 정밀하고 심오하며 참으로 온축된 것을 발명하여 퇴계와 율곡이 미치지 못한 이치에 나아간 것이 많으니, 무궁한 것이 의리여서 선대 현인들이 남겨둔 것을 후대 현인이 밝혔다고 할 만하다.[790]
> 농암의 사단칠정설과 삼연(김창흡)의 미발설은 후대의 유학자 중에 이

789 같은 곳, "氣之濁者四五分, 則其情之發於愛物者已少, 而發於親親仁民者尙多也. 又降而氣之濁者六七分,則其情之發於仁民者亦少, 而發於親親者尙多也. 又降而氣之濁者八九分, 至於十分, 則其情之發於親親者幾希. 而亦不能不發於父子之親."
790 『老洲集』卷24, 「雜識(2)」, "農巖四端七情說, 精深微密, 發明眞蘊, 多造退栗所未臻之理, 可謂無窮者義理, 而前賢之所留蘊, 後賢發之也."

이치에 도달한 자가 드무니, 거의 '이전 사람이 밝히지 못한 것을 밝혔다'
고 이를 만하다.[791]

또한 오희상은 정지운(鄭之雲)의 이론을 비판하면서 사단칠정론에 대
한 자신의 견해를 제시한다.

사단칠정의 논변은 실제로 추만(정지운)의 「천명도」에서 유래한다. 추
만은 인심과 도심이 두 갈래로 대대하는 설을 보고, 『주자어류』의 '리가
발하고 기가 발한다'라는 말이 또 혹원혹생(或原或生)의 가르침과 서로 비
슷하기 때문에 마침내 그 설을 주로 하여 도설 속에 기록한 것이다. 그러
나 인심과 도심은 순임금이 우임금에게 고할 때 이미 대대하여 말함으로
써 위태함(危)과 미약함(微)의 기미와 정밀함(精)과 한결같은(一) 공부를
보여주었다. 그러나 사단과 칠정의 경우 하나(사단)는 맹자의 말에서 나
오고, 하나(칠정)는 『예기』「예운」의 글에 보이니, 각자 말하고 각자 주장
하는 것이 있어 애초에 두 갈래로 병렬하여 말한 것이 아니다. 그 구도에
나아가면, 이미 인심과 도심이 원래 한 곳에서 대대하여 말한 것과는 같
지 않을 뿐만이 아니다. 추만은 이것에 대해 궁구하지 않고, 다만 한 때의
견해에 의거하여 사단과 칠정을 하나의 원 안에 병렬하여 두고서 호발의
증거로 삼았으니, 가령 말이 합당하더라도 오히려 화정(윤돈)의 '경전을
해석함에 새롭고 기이하길 바라는' 비난을 면치 못하거늘, 하물며 또 반
드시 옳은 것이 아님에서랴?[792]

---

791 같은 곳, "農巖之四七說, 三淵之未發說, 後來儒者鮮有臻斯理者, 庶可謂發前人未
發也乎."
792 같은 곳, "四七之辨, 實由於鄭秋巒天命圖. 盖秋巒見人心道心之兩下對說, 而語類
理之發氣之發云云, 又與或原或生之訓, 若有相似然, 故遂主其說而著之於圖中.
然人心道心, 舜之告禹也, 已對待立言, 以示危微之幾, 精一之功也. 四端七情, 一

오희상은 사단과 칠정이 대대(對待)한다는 설의 원류를 정지운의 「천명도」에 근거하여 설명한다. '대대한다'는 말은 사단과 칠정을 상대시켜 본다는 것으로서, 이황의 "사단의 근원은 리이고 칠정의 근원은 기이다"는 말처럼 사단과 칠정을 리와 기로 상대시켜 서로 다른 정으로 본다는 뜻이다. 이것은 이이가 사단은 칠정 가운데 선한 부분만을 가리키니 칠정이 사단을 포함하므로 사단과 칠정을 하나의 정으로 보는 것과 구분된다.

오희상은 사단칠정논변이 정지운의 「천명도」에서 유래하다고 설명한다. 정지운의 「천명도」에는 여러 판본이 있으므로 어떤 판본을 말하는지 알 수는 없으나, 아마도 『퇴계전서』에 실린 「천명구도(天命舊圖)」를 가리키는 듯하다. 정지운은 이 그림에서 사단과 칠정을 모두 성이 발한 선한 정(善幾)으로 이해하면서도, 동시에 사단의 원은 안에다 그리고 칠정의 원은 밖에다 그려서 둘을 구분한다. 게다가 구분을 좀 더 분명히 하기 위해서 그 옆에다 '사단발어리(四端發於理) 칠정발어기(七情發於氣)', 즉 사단은 리에서 발한 것이고 칠정은 기에서 발한 것이라는 말을 덧붙인다.

오희상은 정지운이 '사단발어리 칠정발어기'로 사단과 칠정을 대대하여 각각 리와 기에 분속시킨 것은 주자의 혹원혹생(或原或生)의 해석에 근거한 것이라고 설명한다. 주자는 인심과 도심의 차이를 "혹은 형기의 사사로움에서 생겨나고(或生) 혹은 성명의 바름에서 근원한다(或原)"[793]라고 하여, 인심과 도심을 각각 형기(기)와 성명(리)으로 분속시켜

出於孟子之言, 一見於禮運之書, 各自立言, 各有攸主, 初非比併兩下說也. 卽其體貌, 已與人道心之元來作對說於一處者, 不啻不侔矣. 秋巒之不究於此, 只據一時之見, 幷置四七於一圈之中, 以爲互發之證者, 假使說得是當, 猶未免尹和靖解經新奇之譏, 況又未必是也耶."

793 『中庸章句』序, "蓋嘗論之, 心之虛靈知覺, 一而已矣, 而以爲有人心道心之異者, 則

해석한다. 또한 주자는 "사단은 리가 발한 것이고 칠정은 기가 발한 것이다"[794]라고 하여, 사단과 칠정을 각각 리와 기로 분속시켜 해석한다. 결국 주자의 인심도심과 사단칠정은 모두 대대의 관계를 이룬다는 측면에서 볼 때 그 해석 구조가 매우 비슷하다. 오희상은 이러한 주자의 대대적(대립적) 해석에 근거하여, 정지운이 사단칠정을 리와 기에 분속시켜 자신의 도설에 기록한 것이라고 지적한다.[795]

이어서 오희상은 정지운의 이러한 해석, 즉 "사단은 리에서 발한 것이고 칠정은 기에서 발한 것(四端發於氣 七情發於氣)이다"라고 하여 두 갈래로 대대하는 설이 잘못이라고 비판한다. 그렇지만 오희상은 사단칠정과 달리, 인심도심은 본래 두 갈래로 대대하여 말한 것이라고 설명한다. 인심도심은 『상서』「대우모」의 "인심은 위태하고 도심은 미약하니 오직 정밀하게 살피고 오직 한결같이 지켜서 진실로 그 중을 잡아라"[796]라는 말에 근원한다. 물론 이것은 순임금이 제위를 이어받을 우임금에게 전해준 말이다. 이 말에서는 이미 위태함(危)과 미약함(微) 또는 정밀함(精)과 한결같음(一)이 대대를 이루니, 인심도심은 원래 한 곳에서 대대하여 말한 것이다.

사단칠정은 그렇지 않다. 사단은 『맹자』의 말에서 나오고 칠정은 『예기』「예운」의 글에서 보이니, 인심도심처럼 한 곳에서 말한 것이 아니라 각각 다른 곳에서 말한 것이며 또한 각각 주장하는 것이 다르므로 애당초 대대하여 말한 것이 아니다. 그러므로 사단칠정을 인심도심처

以其或生於形氣之私, 或原於性命之正, 而所以爲知覺者不同."
[794] 『朱子語類』卷53, "四端是理之發, 七情是氣之發."
[795] 오희상은 정지운이 주자의 인심도심이나 사단칠정에 대한 해석에 근거하여 사단과 칠정을 두 갈래로 나누었다고 주장하지만, 정지운이 실제로 주자의 해석에 근거하였다는 기록은 보이지 않는다.
[796] 『尙書』,「大禹謨」, "人心惟危, 道心惟微, 惟精惟一, 允執厥中."

럼 대대하여 말해서는 안 된다. 그런데도 정지운은 사단칠정과 인심도심의 구도적 차이에 대해서는 살피지 않고, 사단과 칠정을 대대하여 리와 기로 분속시켜 호발의 증거로 삼았으니 잘못이다. 호발이란 "사단은 리가 발한 것이고 칠정은 기가 발한 것이다", 즉 사단과 칠정을 리와 기로 분속시켜 대대하여 말한 것을 의미한다. 결국 "정지운이 호발의 증거로 삼았으니 잘못이다"는 말은 오희상이 이황의 호발설을 인정하지 않는다는 의미이다. 그렇다고 이이처럼 무위한 '리가 발한다'는 이발(理發)에 대한 비판보다는, 사단과 칠정의 근원을 각각 리와 기에 분속시켜 보는 것에 대한 비판이다.

그럼에도 오희상은 수양공부의 방면에서 사단과 칠정을 대립시켜 이해하기도 한다.

경전의 문자를 볼 때에는 마땅히 각각 말을 세운 본래 뜻에 따라서 그 취지를 이해해야 비로소 깔끔하다. 맹자는 일생토록 성선(性善)의 논의를 주장하였는데, 그가 사단을 말한 것은 선의 한 측면만을 발라내어 밝혀서 사람들로 하여금 확충하게 하였을 뿐이다. 『예기』「예운」에서는 정(情)·의(義)·이(利)·환(患)을 두루 거론하였는데, 여기에서 칠정을 말한 것은 선악을 겸하므로 사람들에게 단속하게 하였을 뿐이다. 독자들이 여기에서 반복하여 깊이 알면 '뜻을 얻고 말을 잊어' 수용하기가 끝이 없을 수 있으니, 하필 나누고 합하며 같고 다른 사이에 억지로 끌어들임에 힘을 낭비하여 도리어 본래 그러한 취지를 잃어서야 되겠는가?[797]

『老洲集』卷24,「雜識(2)」, "凡看經傳文字, 當各從言本旨而理會其歸趣, 方是潔淨. 孟子一生主性善之論, 其言四端者, 剔發善一邊, 敎人擴充而已. 禮運歷擧情義利患, 其言七情者兼善惡, 要人約之而已. 讀者反復深認於此, 可以得意忘言, 受用無窮, 何必費力牽比於分合同異之間, 反失其自然之趣耶."

37 오희상(吳熙常)의 사단칠정론 **531**

"말을 세운 본래 뜻에 따라 그 취지를 이해해야 한다"는 것은 사단과 칠정의 내력이 서로 다르다, 즉 사단을 말한 뜻과 칠정을 말한 뜻이 본래 다르니 각각 그 취지에 나아가서 이해해야 한다는 말이다. 맹자가 사단을 말한 것은 사람의 본성이 선하다는 성선(性善)을 주장하기 위해 선한 부분만을 발라내어 말한 것이니, 이를 통해 사람들로 하여금 선한 사단을 확충시키려는 것이다. 예컨대 "사단이 나에게 있는 것을 모두 확충시킬 줄 알면, 불이 처음 타오르고 물이 처음 솟아나는 것과 같으니, 만일 사단을 채울 수 있으면 사해(四海)를 보존할 수 있고, 만일 사단을 채우지 못하면 부모도 섬길 수 없다."[798] 사단이란 불이 처음 타오르고 물이 처음 솟아나는 것처럼 그 존재가 매우 미약하지만, 사람들이 사단으로 가득 채울 수 있으면 그 마음이 천하를 보존할 수 있고, 반대로 사람들이 사단을 채우지 못하면 내 부모조차도 섬길 수 없게 된다. 결국 맹자는 사람들의 선한 마음을 확충시키기 위해 사단을 말한 것이다.

『예기』「예운」에서 칠정을 말한 것은 선악을 겸하고 있음을 말한 것이니, 이를 통해 사람들로 하여금 선할 수도 있고 악할 수도 있는 칠정을 단속시키려는 것이다. 예컨대 "무엇을 사람의 정이라고 하는가? 희·로·애·구·애·오·욕이니 이 일곱 가지는 배우지 않고도 할 수 있는 것이다. 무엇을 의(義)라고 하는가? 부모는 자애하고 자식은 효도하며, 형은 어질고 동생은 공경하며, 남편은 의롭고 아내는 남편에게 순종하며, 어른은 은혜를 베풀고 어린이는 유순하며, 임금은 인자하고 신하는 충성하는, 이 열 가지를 사람의 '의로움(義)'이라고 말한다. 신뢰를 강구하고 화목을 쌓는 것을 사람의 '이로움(利)'이라고 말하며, 다투

798 『孟子』, 「公孫丑(上)」, "凡有四端於我者, 知皆擴而充之矣, 若火之始然, 泉之始達, 苟能充之, 足以保四海, 苟不充之, 不足以事父母."

고 빼앗아 서로 죽이는 것을 사람의 '근심(患)'이라 말한다. 그러므로 성
인이 사람의 일곱 가지 정을 다스리고, 열 가지 의로움을 닦으며, 신뢰
를 강구하고 화목을 쌓으며, 사양하는 마음을 숭상하고 다투고 빼앗은
일을 없게 하는데, 예를 버리고 무엇으로 다스릴 것인가?"[799]

『예기』「예운」에서는 칠정을 의(義)·이(利)·환(患) 등과 함께 거론한
다. 그럼에도 "성인이 사람의 칠정을 다스리는데, 예를 버리고 무엇으
로 다스릴 것인가"라고 하여, 사람의 칠정을 다스려야 할 대상으로 규
정한다. 칠정은 반드시 예로써 다스려야 하는데, 왜냐하면 희·로·
애·구·애·오·욕의 일곱 가지 정은 기품에 구애되고 물욕에 미혹되
어 중절하지 못하여 악으로 흐를 수 있기 때문이다. 결국 『예기』「예운」
에서 말하는 칠정은 '중절하지 못하여 악으로 흐를 수 있다'는 말처럼
위태로운 시선이 추가되어 마음껏 활개치지 못하도록 다스리거나 단
속해야 할 대상으로 간주하는데, 이것은 『중용』에서 말하는 희·로·
애·락의 의미와는 구분된다. 『중용』에 따르면, "희·로·애·락이 아
직 발하지 않는 것을 중(中)이라 하고, 발하여 모두 절도에 맞는 것을 화
(和)라 한다. '중'이란 것은 천하의 대본이고 '화'란 것은 천하의 달도이
다."[800] 이때의 희·로·애·락은 다스리거나 단속해야 할 대상이 아니
라, 성발위정(性發爲情)의 말처럼 성이 발하여 드러난 정(선악미정)으로서
의 의미이다. 이 때문에 칠정에 대한 해석은 『예기』의 관점에서 보느냐
『중용』의 관점에서 보느냐에 따라 그 의미가 달라진다. 이황이 『예기』

---

799 『禮記』,「禮運」, "何謂人情. 喜怒哀懼愛惡欲, 七者弗學而能. 何謂人義. 父慈子孝,
兄良弟弟, 夫義婦聽, 長惠幼順, 君仁臣忠, 十者謂之人義. 講信修睦, 謂之人利; 爭
奪相殺, 謂之人患. 故聖人之所以治人七情, 修十義, 講信修睦, 尙辭讓, 去爭奪, 舍
禮何以治之."

800 『中庸』, 第1章, "喜怒哀樂之未發, 謂之中; 發而皆中節, 謂之和. 中也者, 天下之大
本也; 和也者, 天下之達道也."

의 관점에서 칠정을 해석한다면, 이이는 『중용』의 관점에서 칠정을 해석한다. 그래서 이황은 다스리거나 단속해야 할 대상인 칠정을 그대로 '기가 발한 것'으로 해석하지만, 이이는 칠정에도 기와 동시에 리가 있으니 '기가 발한 것'으로 해석해서는 안 된다고 강조한다.

오희상은 『중용』 아닌 『예기』의 관점에서 칠정을 해석하니, 칠정은 단속해야 할 대상이며, 이것은 칠정이 선악을 겸한다는 의미이다. 물론 이때 '칠정이 선악을 겸한다'는 말도 이이처럼 '칠정이 이기를 겸하므로 칠정을 곧장 기가 발한 것으로 보아서는 안 된다'는 의미가 아니라, 이황처럼 '칠정에도 리가 없는 것은 아니지만(선악이 있지만) 악으로 흐르기 쉽기 때문에 기가 발한 것으로 보아야 한다'는 의미이다. 결국 이이가 칠정이 이기를 겸하지만 그 가운데 '리'의 의미를 강조한다면, 이황은 칠정이 이기를 겸하지만 그 가운데 '기'의 의미를 강조한다. 물론 이것은 칠정을 『중용』의 관점에서 보느냐 『예기』의 관점에서 보느냐에 따른 차이인 것이다.

이렇게 볼 때, 오희상 사단칠정론의 특징은 크게 두 가지로 설명된다. 하나는 정의 선악을 이이처럼 '기의 청탁'으로 보는 것이 아니라 '천리의 발현'으로 본다는 것이다. '천리가 발한다'는 표현은 이황의 '리가 발한 것'과 비슷한 모습을 보이지만, 다만 이황처럼 사단과 칠정의 근원을 각각 리와 기에 분속시키는 구분에 대해서는 반대한다. 이것은 사단과 칠정 모두 그 근원으로서의 성은 하나라는 의미이니, 근원을 하나의 성으로 보려는 것은 이이와 다르지 않다.

다른 하나는 수양방면에서 '사단은 확충의 대상이고 칠정은 단속의 대상'으로 둘을 분명히 구분한다. 이것은 이이처럼 "사단은 칠정 가운데 선한 부분만을 가리킨 것이므로 사단과 칠정을 하나의 정으로 본다"는 것이 아니라, 이황처럼 사단과 칠정은 그 내력이 다르므로 서로 다른 정으로 본다는 의미이다. 결국 오희상의 사단칠정론은 정의 근원으로서의 성은 하나로 보면서도, 수양방면에서는 사단과 칠정을 개념적으로 분명히 구분한다. 이처럼 오희상은 율곡학파의 일원이면서도 이이의 이론을 수용 또는 비판하기도 하고 이황의 이론을 수용 또는 비판하기도 하는데, 이것이 바로 그를 '절충파'로 분류하는 이유이다.

38

이항로(李恒老)의 사단칠정론

① 사단과 칠정은 모두 '기발'이다

이항로(李恒老, 1792~1868)[801]의 사단칠정론은 사단과 칠정을 하나의 정으로 보는데서 출발한다. "성이 발하여 정이 되니 정은 하나이다."[802] 정이 하나라는 말은 이황처럼 "사단은 리에서 발한 것이고 칠정은 기에서 발한 것이다"라고 하여 이 둘을 서로 다른 정으로 보려는 것이 아니라, 이이처럼 "칠정은 사단의 순수함만 못하고 사단은 칠정의 온전함만 못하다", 즉 칠정의 중절한 것이 사단이고 칠정 밖에 다시 사단이 있는 것이 아니라는 의미이다.

이항로는 사단과 칠정이 하나의 정임을 강조한다.

사단은 그 단서를 소급하여 그 근본을 밝힌 것이니 중점이 인 · 의 ·

---

801 이항로의 본관은 碧珍, 자는 而述, 호는 華西, 시호는 文敬으로 경기도 양평 출신이다. 문인으로는 한말의 위정척사론자로 유명한 金平默 · 柳重敎 · 崔益鉉 등이 있다. 저서로는 『화서집』이 있다.
802 『華西集』卷17,「鳳岡疾書」, "性之發爲情, 情一也."

예·지의 글자에 있고, 칠정은 그 작용에 나아가 그 조목을 구분한 것이니 중점이 희·로·애·락의 글자에 있다. 그러므로 저것(사단)은 순선으로 말한 것이고 이것(칠정)은 선악을 겸하여 말한 것이니, 그 실상은 하나의 정이다.[803]

　사단은 성 속에서 추출하여 말한 것이고 칠정은 정 위에 나아가 모두 갖추고서 말한 것이며, 사단은 다만 머리(初頭)만을 들어서 말한 것이고 칠정은 머리와 꼬리(首尾)를 포함하여 전체를 말한 것이다.[804]

　사단과 칠정의 개념적 차이로 "사단은 그 단서를 소급하여 그 근본을 밝힌 것이고, 칠정은 그 작용에 나아가 그 조목을 구분한 것이다." 사단은 측은·수오·사양·시비를 소급하여 인·의·예·지의 성이 사람에게 갖추어져 있음을 밝힌 것이고, 칠정은 성이 발하여 드러난 구체적 조목이 희·로·애·구·애·오·욕이라는 것을 밝힌 것이다. 하나의 정이지만, 정을 발하게 하는 근원에 주목하여 말한 것이 사단이고, 정으로 드러나는 현상의 구체적 조목에 주목하여 말한 것이 칠정이다.

　그러므로 "사단의 중점은 인·의·예·지에 있고 칠정의 중점은 희·로·애·락에 있다." 이것은 정은 하나인데, 어디에 중점을 두고 말하느냐에 따라 사단이 되기도 하고 칠정이 되기도 한다는 의미이다. 이에 이항로는 "자사가 말한 희·로·애·락은 그 근본을 '거꾸로 미루어간 것(逆推)'이고, 맹자가 말한 인·의·예·지는 그 단서를 '같은 방향으로 미

803　같은 곳, "四端遡其端而明其本, 重在仁義禮智字; 七情就其用而分其目, 重在喜怒哀樂字. 故彼以純善言, 此以兼善惡言, 其實一情也."
804　『華西集』卷19,「四端七情圖說」, "四端自性中推出說, 七情就情上該備說; 四端只擧初頭說, 七情該首尾全體說."

루어간 것(順推)' 것이니, 실제로 하나이다"[805]라고 말하기도 한다.

이항로의 이러한 사단과 칠정의 관계는 이이의 칠정이 사단을 포함하는 '칠정포사단'의 논리와 일치한다. "사단은 머리만을 들어서 말한 것이고, 칠정은 머리와 꼬리를 포함하여 전체를 말한 것이다." '머리'는 물이 처음 솟아나거나 불이 처음 타오르는 단서의 의미이니, 사단은 정 가운데 선한 부분만을 가리켜서 말한 것이고 칠정은 정의 전체를 통틀어서 말한 것이다. 리와 기의 개념으로 설명하면, 사단은 오로지 리만을 가리켜서 말한 것이고, 칠정은 이기를 겸하여 전체를 말한 것이다. 또한 선악의 개념으로 설명하면, 사단은 순선한 것만을 말한 것이고 칠정은 선악을 겸하여 말한 것이다. 이것이 바로 이이의 '칠정포사단'이다.

이러한 의미에서 이항로는 "율곡의 '칠정은 사단의 순수함만 못하고 사단은 칠정의 온전함만 못하다'는 말이 바뀔 수 없는 이론이다"[806]라고 강조한다. 이이의 표현에 따르면, 사단은 선한 정만을 말한 것이기 때문에 칠정보다 순수하다는 것이고, 칠정은 이기를 겸한 정의 전체를 말한 것이기 때문에 사단보다 온전하다는 것이다. 때문에 사단은 칠정을 겸할 수 없으나, 칠정은 사단을 겸한다. 이것은 이황이 "사단은 칠정이 아니며 칠정은 사단이 아니다"고 하여, 사단과 칠정을 서로 다른 정으로 해석하는 것과 분명히 구분된다.

② 사단과 칠정은 모두 성에 근원한다

이항로는 하나의 정인 사단과 칠정을 요약과 부연의 관계로 설명한다.

---

805 『華西集』卷21, 「性情中和圖說」, "蓋子思說喜怒哀樂, 而逆推其根本; 孟子說仁義禮智, 而順推其端緒, 其實一也."

806 『華西集』卷22, 「三淵先生行狀記疑」, "栗谷曰七情不如四端之粹, 四端不如七情之全, 此亦不易之論也."

정의 조목에는 사단과 칠정이 있으니, 사단은 성에서 발하여 각각 주로 하는 바가 있어 혼란스러울 수 없다. 칠정은 성에서 발하니, 애(愛)·애(哀)는 인(仁)에서 발하고, 로(怒)·오(惡)는 의(義)에서 발하며, 희(喜)·구(懼)·욕(欲)은 혹 '인'에서 발하기도 하고 혹 '예'에서 발하기도 하며 '의'에서 발하기도 하여 주로 하는 바가 있지 않다. 그러나 총론하면 칠정이 '인'에서 발한 것은 모두 측은에 속하고, '의'에서 발한 것은 모두 수오에 속하며, '예'에서 발한 것은 모두 공경에 속하고, '지'에서 발한 것은 모두 시비에 속한다. 부연하면 칠정이 되고 요약하면 사단이 되니, 두 가지 정이 있는 것이 아니다.[807]

이 구절에서 이항로는 두 가지를 강조하는데, 하나는 사단과 칠정이 하나의 정이라는 것이고, 다른 하나는 사단과 칠정이 모두 성이 발한 것이므로 사단도 성에 근원하고 칠정도 성에 근원한다는 것이다. 결국 '성발위정'에 근거하여 사단과 칠정을 해석한다는 의미이다.

사단은 성이 발한 것이며, 그 이유로써 "측은은 '인'이 발한 것이고, 수오는 '의'가 발한 것이며, 사양은 '예'가 발한 것이고, 시비는 '지'가 발한 것으로써 각각 주로 하는 바가 있어 혼란스러울 수 없다." 이것은 측은·수오·사양·시비의 사단이 인·의·예·지의 성에 근원한다는 말이다. 칠정도 성이 발한 것이며, 그 이유로써 "애(愛)·애(哀)는 '인'에서 발하고, 로(怒)·오(惡)는 '의'에서 발하며, 희(喜)·구(懼)·욕(欲)은 '인'에서 발하기도 하고 '예'에서 발하기도 하고 '의'에서 발하기도 하여 주

---

807 『華西集』卷18, 「南塘集記疑」, "情之目有四端七情, 四端之發於性, 各有攸主而不可亂也. 七情之發於性, 愛哀發於仁, 怒惡發於義, 喜懼欲或發於仁, 或發於禮, 發於義而未有所主矣. 然總而論之, 則七情之發於仁者, 皆惻隱之屬也; 發於義者, 皆羞惡之屬也; 發於禮者, 皆恭敬之屬也; 發於智者, 皆是非之屬也. 衍之爲七, 約之爲四, 非有二情也."

로 하는 바가 있지 않다." 이것은 희·로·애·락·애·오·욕의 칠정이 인·의·예·지의 성에 근원한다는 말이다.

이렇게 볼 때, 이항로는 사단과 칠정을 모두 성에 근원시켜 해석하고 있음을 알 수 있다. 이러한 해석은 이황이 성명(리)에 근원하는 사단과 형기(기)에 근원하는 칠정으로 나누어 보는 것과 분명히 구분된다.

또한 이항로는 정이 하나임을 강조하는 관점에서 사단과 칠정을 '요약'과 '부연'의 관계로 해석한다. "사단을 부연하면 칠정이 되고 칠정을 요약하면 사단이 되니, 두 가지 정이 있는 것이 아니다." 하나의 정을 네 가지로 요약해서 말할 수도 있고 일곱 가지로 늘려서 말할 수도 있는데, 네 가지로 요약해서 말하면 사단이 되고 일곱 가지로 늘려서 말하면 칠정이 된다. 이러한 해석은 이황처럼 사단은 사단이고 칠정은 칠정으로 서로 다른 정인 것이 아니라, 하나의 정임을 강조한 표현이다. 앞에서 말한 것처럼 "하나의 정인데, 정을 발하게 하는 근원에 주목하여 말하면 사단이 되고, 정으로 드러나는 현상의 구체적 조목에 주목하여 말하면 칠정이 된다"는 것과 같은 의미이다.

이어서 이항로는 칠정을 요약하면 사단이 되고 사단을 부연하면 칠정이 되는 구체적인 사례를 제시한다. "칠정이 '인'에서 발한 것은 모두 측은(惻隱)에 속하고, '의'에서 발한 것은 모두 수오(羞惡)에 속하며, '예'에서 발한 것은 모두 공경(恭敬)에 속하고, '지'에서 발한 것은 모두 시비(是非)에 속한다." 칠정이 '인'에서 발한 것은 모두 측은에 속하므로 애(愛)·애(哀)는 측은에 해당하고, 칠정이 '의'에서 발한 것은 모두 수오에 속하므로 로(怒)·오(惡)는 수오에 해당한다. 이렇게 볼 때, 애(愛)·애(哀)는 측은에 해당하고, 로(怒)·오(惡)는 수오에 해당하며, 희(喜)·구(懼)·욕(欲)은 측은·수오·공경에 모두 해당하게 된다.

이러한 해석은 이이가 희(喜)·애(哀)·애(愛)·욕(欲)을 측은에, 로

(怒)·오(惡)를 수오에, 구(懼)를 공경 등에 해당시킨 것과 비슷하다.[808] 이처럼 사단을 칠정에 분속시키고 칠정을 사단에 분속시키는 해석은 정이 하나임을 강조하는 표현에 다름 아니다. 동시에 사단의 측은을 '인'에 근원시키거나 칠정의 애(愛)·애(哀)를 '인'에 근원시키는 것은 사단과 칠정의 근원이 모두 하나의 성(리)임을 강조하는 표현이다.

이 때문에 이항로는 사단과 칠정의 근원을 성으로 해석하는 이론적 근거를 리의 체용관계로 설명한다.

주자가 "칠정은 기가 발한 것이고 사단은 리가 발한 것이다"고 하고 그 말이 『주자어류』에 보이는데, 지금 선생께서 "희·로·애·락이 발한 것과 아직 발하지 않은 미발이 모두 리에 속한다"고 말한 것은 무엇 때문입니까? 이항로가 대답하기를, 미발(未發)을 성이라 하고 도의 체(體)라 하며, 이발(已發)을 정이라 하고 도의 용(用)이라 하는 것은 주자의 이 장에 대한 바른 해석이다. 주자가 경전을 해석한 친필을 믿지 않고 도리어 문인들이 기록한 총론을 따르면, 이미 경중의 순서를 잃은 것이다.[809]

이 구절은 주자가 이미 "사단은 리가 발한 것이고 칠정은 기가 발한 것"으로 해석하고 그 내용이 『주자어류』에 보이는데, 지금 다시 칠정을 리로써 해석하는 것은 잘못이 아니냐는 제자의 질문에 대한 이항로의

---

808 『栗谷集』卷10,「答成浩原(壬申)」, "夫人之情, 當喜而喜, 臨喪而哀, 見所親而慈愛, 見理而欲窮之, 見賢而欲齊之者, 已上喜哀愛欲四情. 仁之端也. 當怒而怒, 當惡而惡者, 怒惡二情. 義之端也. 見尊貴而畏懼者, 懼情. 禮之端也."

809 『華西集』卷21,「性情中和圖說」, "朱子曰七情氣之發, 四端理之發, 其說見於語類, 而今子曰喜怒哀樂之發與未發, 皆屬於理, 何哉. 曰以未發爲性爲道之體, 以已發爲情爲道之用者, 卽朱子本章正釋也. 不信朱子釋經之親筆, 而反從門人記錄之泛論, 已失輕重之倫矣."

대답이다. 이항로에 따르면, 『주자어류』의 "사단은 리가 발한 것이고 칠정은 기가 발한 것이다"는 말은 주자의 친필이 아니라, 문인들이 기록한 것이므로 정론(定論)이 아니다.

이 구절에 대한 바른 해석은 "미발(未發)은 성이고 도의 체이며, 이발(已發)은 정이고 도의 용이다." 도(道)는 '리'의 다른 표현이니, 결국 "미발의 성은 리의 체이고 이발의 정은 리의 용이다"라는 의미이다. 이것은 미발의 성과 이발의 정을 리의 체용관계로 해석한 것이다. 미발의 성은 리의 체(體)에 해당하고 이발의 정은 리의 용(用)에 해당하니, 결국 사단과 칠정은 모두 성(리)에 근원한다는 것이다.

이항로는 사단과 칠정의 근원을 모두 성(리)에 두고 있지만, 그것을 그대로 이발(理發)로 표현하지는 않는다. 왜냐하면 이항로 사단칠정론의 이론적 구조는 바로 이이의 기발이승일도(氣發理乘一途)에 근거하기 때문이다. 이이에 따르면, "발하는 것은 기이고 발하게 하는 소이는 리이니, 기가 아니면 발할 수 없고 리가 아니면 발할 것이 없다."[810] 발하는 주체는 어디까지나 리가 아니라 기이니 사단과 칠정 모두 기발(氣發)이 된다.

③ 사단과 칠정은 구분된다

이상의 내용에 따르면, 이항로는 사단과 칠정을 하나의 정으로 보고, 그 근원을 모두 성으로 해석함으로써 사단과 칠정이 모두 성에 근원한다는 사실을 강조한다. 이것을 선악의 개념으로 설명하면, 사단도 성에 근원하므로 선한 것이 되고 칠정도 성에 근원하므로 선한 것이 된다. 그렇지만 이항로는 순선한 사단과 달리, 칠정에는 지나치거나 모자라

---

[810] 『栗谷集』卷10,「答成浩原(壬申)」, "發之者, 氣也; 所以發者, 理也, 非氣則不能發, 非理則無所發."

는 차이가 발생할 수 있으며 그 원인으로 기를 지목한다.

> 맹자의 사단은 사람의 정(情)·의(意)가 발용하는 곳에 나아가 납교(納
> 交)·요예(要譽)·오성(惡聲) 등의 사사로운 갈래를 하나하나 제거하여 말
> 하였기 때문에 자연히 순선무악(純善無惡)하다. 자사의 칠정은 천하의 만
> 가지 일과 만 가지 생각이 모두 천명의 성에 근원하는 것이지만, 그 지나
> 치고 모자라는 것은 불선이 된다는 것을 밝힌 것이다. 그러므로 사단은
> 자연히 기를 말할 필요가 없고 칠정도 기를 말할 필요가 없지만, 그것이
> 중절하지 못하는 것은 기가 리를 따르지 않기 때문이다.[811]

남교(納交)·요예(要譽)·오성(惡聲) 등은 『맹자』「공손추(상)」에 나오
는 말이다. 맹자는 이 글에서 사람은 누구나 측은·수오·사양·시비
라는 사단지심(四端之心)을 가지고 있음을 증명한다. 지금 사람이 갑자
기 어린아이가 우물에 빠지려는 것을 보면 모두 두려워하고 불쌍히 여
기는 마음을 갖게 되는데, 그것은 어린아이의 부모와 교분을 맺으려는
것(納交)도 아니고, 향당의 친구들에게 칭찬을 받으려는 것(要譽)도 아니
며, 어린아이를 구하지 않았다는 비난의 소리를 듣기 싫어해서(惡聲)도
아니다.

이 내용에서 알 수 있듯이, 맹자가 말한 사단은 납교(納交)·요예(要
譽)·오성(惡聲) 등과 같은 사사로운 뜻을 제거하고 말한 것이므로 순선
하여 악이 없다. 그러므로 "사단은 기를 말할 필요가 없다." 왜냐하면

---

811 『華西集』卷19,「四端七情圖說」,"孟子之四端, 就人情意發用處, 一一揀去其納交
要譽惡聲等私歧而言之, 故自純善無惡. 子思之七情, 明天下之萬事萬慮皆原於天
命之性, 而其過與不及者爲不善. 故四端自不必言氣, 七情亦不必言氣, 但其不中
節者, 是氣不循理耳."

사단은 이미 기를 제거하고 말한 것이기 때문이다. 물론 현실적으로 리와 기는 떨어질 수 없는 관계에 있으니, 사단도 이기를 겸하므로 기가 없는 것은 아니지만, 기를 제거하고 리만을 가리켜서 말한 것이 사단이라는 것이다.

자사가 말한 칠정도 사단처럼 천명의 성에 근원하므로 '순선무악'하니, 이때는 "기를 말할 필요가 없다." 칠정도 이기를 겸하지만 이때에는 사단과 마찬가지로 기가 작용하지 않는다. 그렇지만 칠정에는 지나치거나 모자라는 일이 발생하게 된다. 무엇 때문인가? 이항로는 『중용』의 내용으로 설명한다.

『중용』에 따르면, "희·로·애·락의 미발을 중(中)이라 하고 발하여 모두 절도에 맞는 것을 화(和)라 한다. '중'이란 천하의 대본(大本)이고 '화'란 천하의 달도(達道)이다."[812] 희·로·애·락의 칠정이 발하여 중절할 경우에는 '달도'를 이룰 수 있으나 중절하지 못할 경우에는 '달도'를 이룰 수 없다. 『중용』에서 자사는 희·로·애·락이 발한 것을 그대로 '화'라고 하지 않고, 발하여 중절한 것을 '화'라고 한다. 이렇게 볼 때, 자사가 말한 칠정이란 어디까지나 중절하지 못할 수 있음을 염두에 둔 표현이 된다.

따라서 중절하지 못할 때에는 비록 칠정이 '천명의 성'에 근원할지라도 지나치거나 모자라는 차이가 없을 수 없다. 이것을 선악의 개념으로 설명하면, 순선한 사단과 달리 칠정은 불선으로 흐를 수 있다. 결국 이항로는 사단과 칠정을 모두 '천명의 성'에 근원시켜 해석하면서도, 동시에 사단과 칠정을 상대시켜 해석하려는 경향을 엿볼 수 있다.

이러한 사실은 사단과 칠정에 대한 그의 주리·주기의 해석에서도 보인다.

---

812 『中庸』, 第1章, "喜怒哀樂之未發, 謂之中; 發而皆中節, 謂之和. 中也者, 天下之大本也; 和也者, 天下之達道也."

심이 성명을 지각하고 형기를 지각하여 이미 인심·도심의 구분이 있다면, 정이 발함에도 또한 어찌 성명을 주로 하고 형기를 주로 하는 차이가 없겠는가? 다만 칠정 속에서 분별하여 말하면 불가함이 없을 것 같으나, 칠정을 기에 분속시키고 사단을 리에 분속시키면 또한 반드시 그러한지를 모르겠다. 율곡의 논변이 옳지만, 주리·주기의 설을 두 갈래에 귀속시켜 배척하면 아마도 반드시 정론이 아닐 것이다.[813]

이항로는 사단과 칠정을 주리·주기의 관점에서 해석한다. 주자의 『중용장구』 서문에는 "심의 허령한 지각은 하나일 뿐인데, 인심과 도심의 다름이 있다고 하는 것은 혹 형기(形氣)의 사사로움에서 생겨나고 혹 성명(性命)의 바름에 근원하여 지각하는 것이 다르기 때문이다."[814] 심에서는 성명을 지각하는 도심과 형기를 지각하는 인심으로 양분시켜 볼 수 있듯이, 정에서도 성명을 주로 하는 사단과 형기를 주로 하는 칠정으로 양분시켜 볼 수 있다. '성명을 주로 한다'거나 '형기를 주로 한다'는 말은 사단과 칠정을 주리·주기의 논리로 해석할 수 있다는 말에 다름 아니다. 이때의 주리·주기란 실제로 분별설의 관점을 강조하는 표현이다.[815]

이황은 자신의 이기호발설, 즉 "사단은 이발(理發)이고 칠정은 기발

---

813 『華西集』卷18,「南塘集記疑」, "心之覺於性命, 覺於形氣, 旣有人心道心之別, 則情之發, 亦豈無主於性命主於形氣之不同乎. 但於七情中分別言之, 則似無不可, 而以七情屬之氣, 四端屬之理, 則亦未知其必然. 栗谷之辨是也, 然以主理主氣之說, 並歸之於二歧而斥之, 則恐亦不必爲定論也."

814 『中庸章句』序, "心之虛靈知覺, 一而已矣, 而以爲有人心道心之異者, 則以其或生於形氣之私, 或原於性命之正, 而所以爲知覺者不同."

815 主理·主氣는 물론 분별설의 인식방법이다. 현실적으로 리와 기는 혼륜하여 섞여있어 서로 나눌 수 없지만 혼륜하여 섞여있는 속에 나아가 나누어 말할 수 있으니, 이것이 바로 분별설의 논리이다. 분별설의 논리에서는 "리는 스스로 리이고 기는 스스로 기이니" 둘의 구분이 가능하다. 결국 리만을 주로 해서 말하거나 기만을 주로 해서 말하는 주리·주기의 인식방법은 분별설의 논리에서만 가능하다.

(氣發)이다"는 이론적 근거로써 주리·주기의 방법을 제시한다. "성명에 근원하는 사단은 리를 주로 하여 말한 것이므로 '이발'이라 하고, 형기에 근원하는 칠정은 기를 주로 하여 말한 것이므로 '기발'이라 한다." 그러나 이이는 사단과 칠정을 주리·주기의 방법으로 해석하는 것에 반대한다. 사단은 리만을 가리켜서 말한 것이므로 주리(主理)라고 할 수 있으나, 칠정은 이기를 겸하므로 주기(主氣)라고 할 수 없다.

이렇게 볼 때, 주리·주기의 인식방법은 이이처럼 혼륜의 관점이 아니라 이황처럼 분개의 관점에 타당한 해석이다. 이항로가 사단과 칠정을 주리·주기로 해석하려는 것은 그의 사단칠정론에 분개의 관점을 수용한다는 의미로 볼 수 있다.

물론 이항로는 이황처럼 사단은 리를 주로 하여 말한 것이므로 리에 분속시키고 칠정은 기를 주로 하여 말한 것이므로 기에 분속시켜 사단과 칠정을 소종래(所從來)에 따른 근원적 차이로 구분하는 것에는 반대한다. "칠정을 기에 분속시키고 사단을 리에 분속시키면 또한 반드시 그러한지를 모르겠다." 이황처럼, 사단은 리에 분속시키고 칠정은 기에 분속시켜 소종래의 차이로 해석해서는 안 된다.

이어서 이이가 "칠정을 기에 분속시키고 사단을 리에 분속시킨다"는 관점에서 이황을 비판한 것 또한 정론이 아니라고 지적한다. 결국 이항로가 말하는 주리·주기는 이황처럼 소종래(所從來)에 따른 근원적 차이로 해석해서는 안 되고, 다만 리를 주로 하여 말한 사단과 기를 주로 하여 말한 칠정으로 구분할 수 있을 뿐이다. 이것을 선악의 개념으로 설명하면, 리를 주로 하여 말한 사단은 선이 되지만 기를 주로 하여 말한 칠정은 불선(악)이 될 수 있다.

여기에서 이항로는 칠정이 불선할 수 있는 원인으로 기를 지목한다. "이발(已發)과 미발(未發)은 리로써 말한 것이고, 중(中)하지 못하고 화(和)

하지 못하는 것은 기가 있기 때문이다. 리로써 말하면 동정을 막론하고 순선무악하나, 기를 말하면 동정을 막론하고 선악이 같지 않다."[816] 이렇게 볼 때, 이항로는 칠정도 성에 근원한다는 사실을 강조하면서, 동시에 칠정이 가지는 불선의 의미를 주기(主氣) 또는 기의 차이로 해석하고 있음을 알 수 있다.

이상의 내용을 종합하여 이항로는 다음과 같이 설명한다.

> 내가 보기에 리와 기는 서로 기다리는 물건이니, 율곡이 말한 "기가 아니면 발할 수 없고 리가 아니면 발할 것이 없다"는 것은 바뀔 수 없는 정리(定理)이다. 다만 동일하게 발하지만 주리·주기의 차이가 있으니, 비록 발하는 것이 리를 주로 하고 기를 주로 하여 다르지만 발하게 하는 것이 하나 되는데 해되지 않으며, 발하는 것이 하나이지만 리와 기로 갈라지는 데 해되지 않는다.[817]

"리와 기는 서로 기다리는 물건이다"는 말은 리와 기가 서로 떨어지지 않는 '불상리' 관계를 전제로 한다는 표현이니, 사단도 이기를 겸하고 칠정도 이기를 겸한다. 이어서 이항로가 이이의 "기가 아니면 발할 수 없고, 리가 아니면 발할 것이 없다"는 말을 바뀔 수 없는 정론이라고 강조한 것은, 이이처럼 사단과 칠정을 모두 기발(氣發) 하나로 해석한다는 의미이다. 사단도 이기를 겸하고 칠정도 이기를 겸하지만, 발하는 주체는 어디까지나 기가 되고 리는 그 근거로써의 의미를 갖는다. 이것

---

816 『華西集』卷21,「性情中和圖說」, "已發未發, 以理言也, 不中不和, 有氣故也. 以理則無論動靜, 純善無惡, 言氣則無論動靜, 美惡不齊."
817 『華西集』卷22,「三淵先生行狀記疑」, "愚按理氣相須之物也, 栗谷曰非氣則不能發, 非理則無所發, 此則不易之定理也. 但同一發也, 而有主理主氣之不同, 雖所發主理主氣之不同, 而不害爲發之之爲一也. 發則一也, 而不害爲理氣之分歧也."

이 바로 이이의 기발이승일도(氣發理乘一途)이다.

이항로의 사단칠정론은 이이의 '기발이승일도'에 근거하여 해석한다. 이 때문에 이항로가 성과 정의 관계를 리의 체용구조인 "리의 체는 성이고 리의 용은 정이다"에 근거하여 사단과 칠정을 모두 리(성)가 발한 것으로 해석하면서도, 그것을 그대로 '이발'로 해석하지 않고 '기발'로 해석하는 이유이다. 그럼에도 이항로의 사단칠정론은 이이의 이론과 차이를 보인다. 이이의 '기발이승일도'에 근거하여 사단과 칠정이 모두 '기발'이 되지만, 주리·주기의 차이에 따라 리를 주로 하는 사단과 기를 주로 하는 칠정으로 구분한다. 그래서 "동일하게 발하지만 주리·주기의 차이가 있다"라고 강조한다.

이 때문에 이항로는 전자처럼 "비록 발하는 것이 리를 주로 하고 기를 주로 하여 다르지만, 발하게 하는 것이 하나 되는데 해되지 않는다." 이것은 주리·주기의 차이에 따라 사단과 칠정으로 구분될 수 있지만, 모두 '기발'이라는 사실에는 어긋나지 않는다는 뜻이다. 또한 후자처럼 "발하는 것은 하나이지만 리와 기로 갈라지는데 해되지 않는다." 이것은 발하는 것이 모두 '기발' 하나이지만, 이때도 리는 없고 기만 있는 것이 아니므로 이기를 겸한다는 사실에는 방해되지 않는다는 뜻이다. 현실적으로 이기는 떨어질 수 없는 관계에 있으므로 사단도 이기를 겸하고 칠정도 이기를 겸한다는 사실을 강조한 표현이다.

이처럼 이항로의 사단칠정론은 이이의 '기발이승일도'에 기초하여 출발하지만, 결국 이황처럼 리를 주로 하는 사단과 기를 주로 하는 칠정이라는 상대적 관계로 인식하는 경향을 보인다. 이러한 해석을 두고 학계에서는 이황과 이이의 이론을 종합·절충한 것으로 평가하기도 하지만, 이항로가 강조한 것은 근원을 하나로 보면서, 동시에 사단과 칠정을 상대시켜 보려는데 있다.

결국 이항로는 '성발위정'의 명제에 근거하여 사단과 칠정의 근원을 하나로 보면서, 동시에 주리·주기의 논리에 근거하여 리를 주로 하는 사단과 기를 주로 하는 칠정으로 구분한다. 전자는 이이의 일원적 사고에 근거한 혼륜의 해석이라면, 후자는 이황의 이원적 사고에 근거한 분개의 해석이다. 이것이 바로 19세기 사단칠정론의 해석이 '리'를 중심으로 당시 서로 대치하던 퇴계학파의 분개와 율곡학파의 혼륜의 두 관점을 종합한 것으로 평가하는 이유이며, 동시에 이황의 '이기호발설'과 이이의 '기발이승일도'를 절충한 것으로 평가하는 이유이기도 하다.

───────────

이 글은 「한주 이진상과 화서 이항로 사단칠정론의 대비적 고찰」(『영남학』63, 경북대학교 영남문화연구원, 2017)의 내용을 일부 수정·보완한 것이다.

39

이원조(李源祚)의 사단칠정론

① 혼륜과 분개의 통합

이원조(李源祚, 1792~1871)[818]의 사단칠정론은 혼륜설과 분개설을 통합하는데 그 특징이 있다. 먼저 이원조는 이황과 이이의 차이를 다음과 같이 설명한다.

> 퇴계가 "정에 사단과 칠정의 분별이 있는 것은 마치 성에 본연(本然)과 기질(氣質)의 차이가 있는 것과 같다"라고 하였으며, 율곡은 "사단과 칠정은 바로 본연(本然)과 기질(氣質)과 같다"라고 하였으니, 말이 비록 같으나 뜻은 다르다. 퇴계는 분개설을 취하여 사단과 칠정이 다르다는 것을 논증하였고, 율곡은 혼륜설을 취하여 사단과 칠정이 분별되지 않는다는 것을 논증하였다.[819]

---

818 이원조의 본관은 星山, 자는 周賢, 호는 凝窩, 시호는 定憲이다. 저서로는 『응와집』이 있다.

819 『凝窩集』 卷11, 「山房寓物錄」, "退溪曰, 情之有四端七情之分, 猶性之有本然氣質之異. 栗谷曰, 四端七情, 正如本然氣質, 言雖同而意則異. 退溪分開說取, 以爲四七不同之證, 栗谷混淪說取, 以爲四七不分之證."

이원조는 이황과 이이 사단칠정론의 특징을 혼륜설과 분개설의 차이로 설명한다. 이황은 분개의 관점에서 사단과 칠정이 서로 다르니 '서로 다른 정'임을 논증하였고, 이이는 혼륜의 관점에서 사단과 칠정이 분별되지 않으니 '하나의 정'임을 논증하였다는 것이다.

이황은 사단과 칠정이 '서로 다른 정'이라는 근거로써 성에 이미 본연지성과 기질지성의 차이가 있다고 설명한다. "정에 사단과 칠정의 구분이 있는 것은 성에 본연(본연지성)과 기품(기질지성)의 차이가 있는 것과 같다."[820] 사단은 본연지성(리)에 근원하고 칠정은 기질지성(기)에 근원하므로 사단과 칠정은 서로 다른 정이다.

이이 역시 사단과 칠정이 '하나의 정'이라는 근거로써 성에 이미 본연지성과 기질지성의 차이가 있다고 설명한다. "사단과 칠정은 바로 본연지성과 기질지성과 같다. 본연지성은 기질을 겸하지 않고 말한 것이지만, 기질지성은 도리어 본연지성을 겸한다. 그러므로 사단은 칠정을 겸할 수 없으나 칠정은 사단을 겸한다."[821] 기질지성 가운데 리만을 가리킨 것이 본연지성이듯이, 칠정 가운데 선한 부분만을 가리킨 것이 사단이다. 이 때문에 이원조는 "이들의 말이 비록 같으나 그 뜻은 다르다"라고 말한다.

이황과 이이는 모두 정을 성에 근원시켜 해석하지만, 이황은 분개의 관점에서 본연지성과 기질지성을 리와 기로 분속시켜 '서로 다른 정'으로 해석하는 반면, 이이는 혼륜의 관점에서 본연지성을 기질지성 속에 포함시켜 부분과 전체의 관계에서 '하나의 정'으로 해석한다. 이 때문

---

820 『退溪集』卷16, 「答奇明彦(論四端七情 第2書)」, "故愚嘗妄以爲情之有四端七情之分, 猶性之有本性氣稟之異也."

821 『栗谷集』卷9, 「答成浩原(壬申)」, "四端七情, 正如本然之性氣質之性. 本然之性, 則不兼氣質而爲言也; 氣質之性, 則却兼本然之性. 故四端不能兼七情, 七情則兼四端."

에 이원조는 혼륜과 분개의 두 관점을 통합할 것을 강조한다.

> 이기(理氣) · 사칠(四七)의 논변은 그 설명이 매우 길지만, 요점은 혼
> 륜 · 분개의 네 글자를 벗어나지 않는다. 그 한쪽에 치우치게 주장하여 서
> 로 통하지 못하는 것이 가장 고질병이다. 혼륜과 분개의 두 설을 합하여
> 회통하면, 이러한 의심과 병통이 없다.[822]

이원조는 사단칠정론의 고질병이 혼륜과 분개의 두 설을 회통시켜
보지 못하는데 있다고 지적한다. 이것은 혼륜과 분개의 두 관점을 동시
에 인정해야 한다는 말의 다른 표현이다. 분개의 관점에서는 사단은 리
가 발한 것(理發)이고 칠정은 기가 발한 것(氣發)이라는 서로 '다른 정'으
로 구분해볼 수 있고, 혼륜의 관점에서는 칠정 속에 사단을 포함하고 있
으므로 사단과 칠정은 '하나의 정'으로 볼 수 있다.

그렇지만 여기에서 중요한 문제가 발생한다. 혼륜설과 분개설을 동
시에 인정할 경우, 칠정이 '이발'이 되기도 하고 '기발'이 되기도 한다.
혼륜의 관점에서는 칠정이 사단을 포함하기 때문에 '이발'이 되나, 분개
의 관점에서는 성명에 근원하는 사단과 달리 칠정은 형기(기)에 근원하
기 때문에 '기발'이 된다. 이것은 칠정이 '이발'이 될 수도 있고 '기발'이
될 수도 있다는 말이며, 동시에 사단과 칠정이 '하나의 정'이 될 수도 있
고(혼륜) '서로 다른 정'이 될 수 있다(분개)는 말이기도 하다.

그렇다면 칠정은 '이발'인가 '기발'인가? 아니면 '이발'이면서 '기발'인
가? 이원조는 칠정을 '이발'이라 할 수도 있고 '기발'이라 할 수도 있다고
설명한다.

---

822 『凝窩集』卷10,「答文聖中」, "理氣四七之辨, 其說甚長, 而要不外渾淪分開四字. 偏
主一邊, 不能相通, 最爲痼病. 合兩說而會通, 則無此疑與病耳."

리와 기는 '불상리'하면서 또한 '불상잡'하기 때문에 옛사람들이 리와 기를 논할 때에 혼륜하여 말한 곳도 있고 분개하여 말한 곳도 있다. 칠정을 사단에 상대하여 말하면 기발(氣發)이라 하고, 사단을 포함하여 말하면 이발(理發)이라 하는 것도 또한 좋다. 지금 「호학론」의 칠정은 바로 사단을 포함한 정이니, 그 속에서 움직인 것을 '리가 움직인 것(理動)'이라 하는 것이 어찌 불가함이 있겠는가?[823]

대체로 리와 기는 '불상리'하면서 또한 '불상잡'하니, 일물(一物)이 아니고 또한 이물(二物)도 아니다. 있으면 함께 있고 발하면 함께 발하니, 사단과 칠정을 막론하고 이발(理發)이라 하는 것도 좋고 기발(氣發)이라 하는 것도 역시 좋다. 퇴계의 중도(中圖)와 하도(下圖) 속에는 이미 이러한 뜻이 있다.[824]

리와 기의 관계는 서로 떨어지지 않으므로 '불상리'하면서 또한 서로 섞이지 않으므로 '불상잡'하다. '불상리'하므로 혼륜해서 말해야 하고, '불상잡'하므로 분개해서 말해야 한다. 분개하여 사단과 칠정을 상대해서 말하면, 사단은 '이발'이 되고 칠정은 '기발'이 된다. 그러나 혼륜하여 말하면, 칠정이 사단을 포함하므로 이때의 칠정은 '이발'이 된다.

이원조는 칠정이 '이발'이 되는 근거로써 정자의 「호학론」을 제시한다. 정자의 「호학론」에 따르면, "형체가 이미 생겨나면 바깥 사물이 그 형체에 감촉하여 〈오성이〉 속에서 움직이며, 그것이 속에서 움직여서

---

823 『凝窩集』卷8,「答崔幼天」, "蓋理氣不相離, 亦不相雜, 故古人論理氣, 有混淪說處, 有分開說處. 七情對四端言, 則謂之氣發, 而包四端言, 則謂之理發亦得. 今夫好學論之七情, 卽包四端之情也, 其中之動, 謂之理動, 何不可之有也."

824 『凝窩集』卷12,「四七理氣辨後」, "大抵理與氣, 不相離而亦不相雜, 非一物而亦非二物, 有則俱有, 發則俱發, 無論四端與七情, 謂之理發也亦得, 謂之氣發也亦得. 退溪中下圖中已有此義."

칠정이 나온다."[825] 마음속에 갖추어져 있던 인·의·예·지·신의 오성(리)이 바깥 사물의 감촉에 따라 움직여서 칠정이 나오니, 이때의 칠정은 리가 발한 것이 된다. 때문에 이원조는 "그 속에서의 움직임을 리가 움직인 것이라 하는 것이 어찌 불가함이 있겠는가?" 그 속에서 움직인 것은 리(오성)가 움직인 것이므로 「호학론」의 칠정은 '이발'이 되어야 한다.

이원조는 분개의 관점에서는 칠정이 '기발'이 되지만, 혼륜의 관점에서는 칠정이 '이발'이 된다고 주장한다. 이러한 의미에서 이원조는 "기발이라 하는 것도 좋고 이발이라 하는 것도 좋다"라고 말한다.

이원조는 이러한 혼륜과 분개의 두 관점을 종합하는 대표적인 사례가 바로 이황의 「심통성정도」 중도와 하도의 해석이라고 설명한다. 칠정은 '이발'이라 할 수도 있고 '기발'이라 할 수도 있는데, 이것은 바로 이황의 『성학십도』 제6도인 「심통성정도」의 중도와 하도의 해석에 근거한다. 이황에 따르면, 「심통성정도」의 중도에서는 사단과 칠정을 하나의 구역 속에다 합쳐서 그려놓지만, 하도에서는 사단과 칠정을 이발(理發而氣隨之)과 기발(氣發而理乘之)로 구역을 달리하여 그려놓는다.

---

825 「好學論」은 「顔子所好何學論」을 말한다. 정이(이천)가 18세(1050)에 太學의 학생으로 있을 적에 胡瑗선생이 출제한 문제에 대해 답한 것인데, 이 글을 지어 胡瑗선생의 신임을 받았다고 한다. 그 내용은 "천지가 정기를 쌓아 〈만물을 낳는데〉 그 중에서도 오행의 빼어난 정기를 얻은 것이 사람이니, 그 근본은 참되고 고요하다. 그것이 아직 밖으로 드러나지 않았을 때에는 五性을 갖추고 있으니, 인·의·예·지·신이라 한다. 형체가 이미 생겨나면 바깥의 사물이 그 형체에 감촉하여 〈오성이〉 속에서 움직인다. 그것이 속에서 움직여서 칠정이 나오니 희·로·애·락·애·오·욕이라 한다. 정이 이미 왕성하고 더욱 방탕해지면 그 본성이 훼손된다. 그러므로 깨달은 자는 그 정을 단속하여 中(본성)에 합하게 하며, 그 마음을 바르게 하고 그 본성을 기를 뿐이다."(『二程全書』, 「顔子所好何學論」, "天地儲精, 得五行之秀者爲人, 其本也眞而靜. 其未發也五性具焉, 曰仁義禮智信. 形旣生矣, 外物觸其形而動於中矣, 其中動而七情出焉, 曰喜怒哀樂愛惡欲. 情旣熾而益蕩, 其生鑿矣. 故覺者, 約其情, 使合於中, 正其心, 養其性而已.")

중도에서는 칠정이 사단을 포함하고 있으니 이때의 칠정은 '이발'이 되지만, 하도에서는 사단이 '이발'인 것과 달리 칠정은 '기발'이 된다. 이황의 「심통성정도」 중도의 해석에 근거하면 칠정은 '이발'이 되지만, 하도의 해석에 근거하면 칠정은 '기발'이 되니, 결국 칠정은 '이발'이라 할 수도 있고 '기발'이라 할 수도 있다.

이렇게 볼 때, 이원조는 「심통성정도」의 중도에서처럼 혼륜의 관점에서는 칠정을 '이발'로 해석하고, 「심통성정도」의 하도에서처럼 분개의 관점에서는 칠정을 '기발'로 해석하고 있음을 알 수 있다.

② 중절한 칠정도 '기발'이다

이원조는 혼륜의 관점에서 성립하는 중절(中節)한 칠정 역시 '기발'로 해석해야 한다고 주장한다. 이것은 이황처럼 "사단은 리가 발한 것이고 칠정은 기가 발한 것이니" 둘은 서로 다른 정으로 해석해야 한다는 말의 다른 표현이다.

사칠 · 이기의 논변은 퇴계의 중도와 하도에서 시작되었고, 고봉과 율곡이 차이를 반복하였으며, 그 후 여러 선배들이 서로 변증한 것이 수천만의 말뿐만이 아니라 칠정 또한 '이발'이라는 이론에 이르렀다. 그러나 다만 칠정 속에 나아가 선한 부분은 사단과 다름이 없음을 말한 것이지, "칠정이 순선(純善)하여 사단과 같다"는 것을 말하는 것이 아니다. 성에는 본연과 기질의 구분이 있어서 발하여 정이 되는 것도 리와 기의 구별이 없을 수 없다. 오직 이와 같기 때문에 사단과 칠정은 상대하여 말하면, 이것은 리이고 저것은 기로서 분별하여 말하지 않을 수 없다.[826]

826 『凝窩集』卷8, 「答崔幼天」, "夫四七理氣之辨, 始於退溪中下圖. 高峯栗谷往復同異, 其後諸先輩, 互相辨證, 不啻累千萬言. 至有七情亦理發之論. 然只就七情中善

이원조는 칠정의 선한 부분과 사단의 순선(純善)을 분명히 구분한다. "칠정의 선한 부분"이란 중절한 칠정을 의미한다. 결국 중절한 칠정과 사단은 분명히 구분되어야 한다. 그럼에도 사람들이 중절한 칠정을 그대로 사단과 마찬가지로 '이발'로까지 해석하니 잘못이다. "칠정 또한 '이발'이라는 이론에 이르렀다"라는 말은 중절한 칠정은 '이발'로 해석해서는 안 된다는 말의 다른 표현이다. 때문에 이원조는 비록 중절한 칠정이라도 "칠정 속에 나아가 선한 부분은 사단과 다름이 없음을 말한 것이지, 칠정이 순선(純善)하여 사단과 같음을 말한 것이 아니다." 중절한 칠정이 비록 사단과 마찬가지로 선하다고 할지라도 사단과는 다르다는 것이다.

이원조는 그 이유를 소종래(所從來)로 설명한다. "성에 이미 본연지성과 기질지성의 구분이 있으므로 성이 발한 정에도 리와 기의 구분이 없을 수 없다." '리와 기의 구분이 없을 수 없다'는 말은 사단은 본연지성(리)에 근원하고 칠정은 기질지성(기)에 근원하니 그 소종래가 다르다는 것이다. 사단의 소종래는 리가 되고 칠정의 소종래는 기가 된다. 사단은 리가 발한 것이므로 '이발'이 되고, 칠정은 기가 발한 것이므로 '기발'이 된다.

이에 이원조는 "이것(사단)은 리이고 저것(칠정)은 기로서 분별하여 말하지 않을 수 없다"라고 말한다. 결국 사단은 '이발'이고 칠정은 '기발'이니 구분해보아야 한다는 뜻이다. 이렇게 볼 때, 이원조는 혼륜의 관점에서 칠정의 '이발'을 인정하면서도, 동시에 분개(분별)의 관점에서 사단은 '이발'이고 칠정은 '기발'로 구분해볼 것을 강조하고 있음을 알 수

一邊, 謂與四端無異, 而未嘗曰七情純善, 與四端同者. 蓋以性有本然氣質之分, 而發而爲情者, 亦不能無理氣之別也. 惟其如是, 故四端與七情對言, 則不得不以此理彼氣, 分別言之."

있다.

그렇다면 중요한 것은 혼륜과 분개의 두 관점 중에서 어느 쪽을 더 중시하느냐가 관건이다. 이원조가 혼륜과 분개의 두 관점을 동시에 강조하지만, 결국 이원조의 요지는 분개의 관점에 무게를 두고 있음을 알 수 있다. 이것은 사단은 '이발'이고 칠정은 '기발'이라는 의미이며, 동시에 중절한 칠정도 '기발'이 되어야 한다는 의미이다.

이러한 사실은 이원조가 최유천(崔幼天)의 질문에 이황·이상정·정종로 등의 글을 인용하여 대답한 내용에서도 확인할 수 있다.[827] 먼저 이원조는 분개의 관점에서 이황의 사단칠정론을 주리·주기로 해석한다.

> 퇴계가 이굉중(李宏仲)에게 답한 편지에서 말하였다. "정이 발할 때에 혹 리를 주로 하기도 하고 혹 기를 주로 하기도 하니, 리가 발한 것은 사단이 이것이고 기가 발한 것은 칠정이 이것이다."[828]

이원조는 사단을 '이발'로 칠정을 '기발'로 분개시켜 보아야 하는 논거로써 이황의 주리·주기의 논리를 제시한다. 본래 주리·주기는 기대승의 이황 호발설 비판에 대해 이황이 해명하는 과정에서 제기된 이론이다. 기대승은 이황처럼 사단과 칠정을 '소종래'에 따라 리와 기로 분속시킬 경우, 사단에는 기가 없는 것이 되고 칠정에는 리가 없는 것이

---

827 이원조는 정종로의 제자이며, 정종로는 이상정의 제자이며, 이상정은 이황의 적통을 잇고 있기 때문에 이들의 이론에 근거하여 자신의 사단칠정론을 전개한 것이다.

828 『凝窩集』卷8, 「答崔幼天」, "退溪答李宏仲書曰, 情之發, 或主於理, 或主於氣, 理之發, 四端是也, 氣之發, 七情是也."(이 내용은 『退溪集』卷36, 「答李宏仲問目」에 보인다.)

되므로 옳지 않다고 비판한다. 왜냐하면 사단과 칠정은 모두 성이 이미 발한(已發) 정이므로 이기를 겸하기 때문이다. 이에 이황은 주리·주기의 논리로써 "사단에도 기가 없는 것이 아니고 칠정에도 리가 없는 것은 아니지만, 사단은 리를 주로 하여 말한 것이므로 그 소종래가 리가 되고 칠정은 기를 주로 하여 말한 것이므로 그 소종래가 기가 된다"[829] 라고 해명한다. 사단은 리가 주가 되므로 '리가 발한 것'이고 칠정은 기가 주가 되므로 '기가 발한 것'이니, 사단을 '이발'로 칠정을 '기발'로 분속시켜 볼 수 있다.

이어서 이원조는 이상정의 글을 인용하여 중절한 칠정이라도 '이발'이 아니라고 강조한다.

> 대산(이상정)이 기고봉의 사칠후설(四七後說)을 읽고 말하였다. "칠정을 혼륜하여 말하면 이기를 겸하지만, 분개하여 말하면 기를 주로 한다. 지금 칠정이 '기를 주로 한다'는 것은 사단이 리에 속하는 것에 상대하여 말한 것이다. 이른바 중절(中節)이란 것은 바로 기가 리를 따라서 발한 것이니 사단으로 보아서는 안 된다."[830]

이원조는 이상정의 글을 인용하여 중절한 칠정이라도 '이발'로 보아서는 안 된다고 주장한다. 칠정 역시 이기를 겸하므로 칠정에도 리가

---

829 『退溪集』卷16, 「答奇明彦(論四端七情 第2書)」, "四之所從來旣是理, 七之所從來非氣而何."(사단의 소종래가 이미 리라면, 칠정의 소종래는 기가 아니고 무엇이겠는가.)
830 『凝窩集』卷8, 「答崔幼天」, "大山讀奇高峯四七後說曰, 七情混淪言, 則兼理氣; 分開言, 則主於氣. 今以七情主於氣者, 對四端屬理者而言, 其所謂中節者, 卽氣之順理而發, 不可便認爲四端也."(이 내용은 『大山集』卷40, 「讀奇高峯四端七情後說總論」에 보인다.)

없는 것이 아니다. 때문에 칠정도 중절이 가능하다. 그러나 이상정의 말처럼, 중절이란 "기가 리를 따라서 발한 것이니" 결국 기가 발한 것이 된다. 중절한 칠정이라도 어디까지나 '기가 발한 것'이므로 이발(理發)이 아니라 기발(氣發)이 되어야 한다. 이러한 의미에서 이원조는 "만약 칠정이 사단과 처음부터 다르지 않다면, 주자가 무엇 때문에 '이발'과 '기발'로 대거하여 말하였겠는가?"[831] 비록 중절한 칠정이라도 기가 발한 것이기 때문에 '이발'의 사단과 달리 '칠정'은 기발이 되어야 한다.

또한 이원조는 정종로의 글을 인용하여 중절한 칠정과 사단의 차이를 설명한다.

> 입재(정종로)가 말하였다. "만약 리에서 발하고 기에서 발하는 것을 구분하지 않고, 다만 칠정이라는 이름으로 말하면 그 가운데 기에서 발하지만 리에 어긋나지 않는 것은 또한 이미 선(善)의 이름을 얻어서 사단이 리에서 발한 것과 마땅히 차이가 없다. 그러나 실제로 이 두 가지의 묘맥은 본래 저절로 같지 않아서 각자 그 이름을 차지하니, 어찌 리에서 발한 것과 같은 것으로 여겨서 칠정을 가리켜서 사단이라 할 수 있겠는가?"[832]

정종로는 비록 중절한 칠정이라도 리에서 발한 사단과는 분명히 다르다고 강조한다. 이것은 "사단은 리가 발한 것이고 칠정은 기가 발한 것이다"는 말의 다른 표현이다. 왜냐하면 중절한 칠정은 "기에서 발하지만 리에 어긋나지 않는 것이니" 결국 기가 발한 것이기 때문이다. 중

---

831 같은 곳, "若與四端初不異, 則朱子何必以理發氣發, 對擧而互言之耶."
832 같은 곳, "立齋曰若不分發於理發於氣, 徒以所謂名爲七情者言之, 則其中發於氣而不拂乎理者, 亦旣得善之名, 而與四端發於理者, 宜若無異同. 然其實此二者苗脉, 本自不同, 各專其名, 何得與發於理者同, 而指七情爲四端乎."

절한 칠정이라도 어디까지나 기가 발한 것이므로 '기발'이 되며, '이발'의 사단과는 분명히 구분되어야 한다. 이것은 이상정의 '중절한 칠정'에 대한 해석과 다르지 않다.

정종로에 따르면, "중절한 칠정 역시 선하기 때문에 리에서 발한 사단과 다름이 없는 것 같으나 실제로 둘은 본질적으로 구분되며, 둘이 본질적으로 구분되는 이유로는 그 묘맥(소종래)이 서로 다르기 때문이다." 중절한 칠정이라도 그 소종래는 기가 되기 때문에 리에서 발한 사단과는 구분되어야 한다. 이에 "실제로 이 두 가지의 묘맥은 본래 저절로 같지 않아서 각자 그 이름을 차지하니, 어찌 리에서 발한 것과 같은 것으로 여겨서 칠정을 가리켜서 사단이라 할 수 있겠는가?" 사단의 소종래는 리가 되고 칠정의 소종래는 기가 되어 그 소종래가 각각 서로 다르기 때문에 중절한 칠정이라도 '이발'의 사단과는 다르니 '기발'이 되어야 한다.

이상에서처럼, 이원조는 이상정과 정종로의 글에 근거하여 중절한 칠정이라도 '기발'로 해석할 것을 강조한다. 이것은 결국 사단은 '이발'이고 칠정은 '기발'이니 둘을 구분해야 한다는 말의 다른 표현이다. 이렇게 볼 때, 이원조가 비록 혼륜과 분개의 두 관점을 종합할 것을 강조하지만, 결국 분개의 관점에서 사단을 '이발'로 칠정을 '기발'로 구분하는데 그 요지가 있음을 알 수 있다. 이황의 주리·주기를 거론한 것도 분개를 강조하기 위한 하나의 방법에 불과하다.

③ 칠정은 사단에 분배할 수 없다

사단의 소종래는 리가 되고 칠정의 소종래는 기가 되므로 사단과 칠정은 근원적으로 구분된다. 이러한 관점에서 이원조는 칠정을 사단에 분배하는 것에 반대한다. 칠정을 사단에 분배하는 문제는 "정은 칠정

하나이고 그 가운데 선한 부분을 사단이라 한다"는 이이의 사단칠정론에 대한 해석과 연결된다. 때문에 이이는 희(喜)·애(愛)·애(哀)·욕(欲)을 측은에, 로(怒)·오(惡)를 수오에, 구(懼)를 공경 등에 분배한다.[833] 칠정을 사단에 분배하거나 사단을 칠정에 분배하는 문제는 사단도 칠정이 될 수 있고 칠정도 사단이 될 수 있다는 말로, 결국 사단과 칠정이 같은 '하나의 정'임을 강조하는 표현에 다름 아니다.

그러나 이원조는 칠정을 사단에 분배해서는 안 된다고 주장한다. 이것은 사단은 '리가 발한 것'이고 칠정은 '기가 발한 것'이라는 서로 다른 정으로 구분해보아야 한다는 말의 다른 표현이다.

> 심에는 사덕(四德)이 있으나, 인(仁)의 단서가 측은이 되고, 의(義)의 단서가 수오가 되며, 예(禮)와 지(智)가 또한 그러하니, 모두 감촉에 따라서 곧장 응한다.……또한 칠정의 애(愛)·오(惡)·욕(欲)이 비록 혹 모양이 사단과 서로 비슷하지만, 결국에는 형기의 쪽에 속하니 사단이라는 글자에 비교할 수 있는 것이 아니다.[834]

예컨대 칠정의 애(愛)와 사단의 측은(惻隱), 칠정의 오(惡)와 사단의 수오(羞惡) 등은 그 모양이 서로 비슷하지만, 결국 칠정은 형기(기)에 속하므로 성명(리)에 근원하는 사단과는 다르다. 이것은 사단의 소종래는 리가 되고 칠정의 소종래는 기가 되므로 둘은 서로 다른 정이라는 의미이다.

---

833 『栗谷集』卷10,「答成浩原(壬申)」, "喜哀愛欲四情. 仁之端也.……怒惡二情. 義之端也.……懼情. 禮之端也."
834 『凝窩集』卷8,「崔幼天」, "心有四德, 而仁之端爲惻隱, 義之端爲羞惡, 禮智亦然, 皆隨感卽應.……且七情之愛惡欲, 雖或貌象之相近於四端, 而終屬形氣邊, 非所可比四字."

이어서 이원조는 이황과 이익의 말을 인용하여 칠정을 사단에 분배
할 수 없다고 강조한다.

　　퇴계가 김이정(金而精)에게 답한 편지에서 말하였다. "주선생이 비록
　　일찍이 일곱 가지로 측은·수오의 두 단서에 나누었지만, 결국 칠정을 사
　　단에 분배해서는 안 된다고 여겼다. 하나하나 분배하고자 하면, 서로 끌
　　어당겨서 합하는 병폐가 있음을 면치 못한다."[835]
　　성호(이익)가 말하였다. "칠정 역시 성에서 발한 것이니 그 기미와 모양
　　사이에는 진실로 사단과 서로 비슷한 곳이 있다. 그러나 기가 바탕이 되
　　고 묘맥이 이미 구별되니, 억지로 끌어다가 서로 분배해서는 안 된다."[836]

　주자도 희(喜)·애(愛)·애(哀)·구(懼)를 측은에, 로(怒)를 수오에 분배
하기도 하지만, 결국에는 "칠정은 사단에 분배해서는 안 되니, 칠정은
저절로 사단에 옆으로 관통하여 지나간다"[837]라고 하여, 칠정을 사단에

835　같은 곳, "退溪答金而精書曰, 朱先生雖嘗以七者, 分之惻隱羞惡兩端, 畢竟以爲七
　　情不可分配四端. 盖欲一一分配, 則不免有牽合之病."
836　같은 곳, "李星湖曰七情亦自性發, 則其氣味貌象之間, 固有與四端相似處. 然氣爲
　　田地, 苗脉旣別, 不可强引相配."
837　같은 곳, "語類或人問, 七情亦自性發, 怒自羞惡發, 喜愛欲自惻隱發. 曰哀懼也只
　　從惻隱發, 懼亦是怵惕之甚者. 但七情不可分配四端, 七情自於四端橫貫過了."(『
　　주자어류』에서 어떤 사람이 물었다. "칠정도 성에서 발한 것이니, 怒는 羞惡에서
　　발한 것이고, 喜·愛·欲은 惻隱에서 발한 것입니까." 주자가 대답하였다. "哀·懼
　　는 다만 측은에서 발한 것이지만, 懼는 또한 놀라고 두려워함이 심한 것이다. 그러
　　나 칠정은 사단에 분배해서는 안 되니, 칠정은 저절로 사단에서 옆으로 관통하여
　　지나간다.) 이 내용은 『朱子語類』卷87에 나온다. "喜怒哀懼愛惡欲是七情, 論來亦
　　自性發. 只是惡自羞惡發出, 如喜怒愛欲, 恰都自惻隱上發. 曰哀懼是那箇發. 看來
　　也只是從惻隱發, 蓋懼亦是怵惕之甚者. 但七情不可分配四端, 七情自於四端橫貫
　　過了."(희·로·애·구·애·오·욕은 칠정이니, 말하자면 또한 성에서 발한 것
　　입니다. 다만 惡는 羞惡에서 발한 것이니, 喜·怒·愛·欲은 모두 측은에서 발한
　　것입니까. 대답하기를 "哀·懼는 어디에서 발한 것인가. 내가 보기에는 다만 측은

분배하는 것에 반대한다. 이황과 이익 역시 "하나하나 분배하고자 하면 서로 끌어당겨서 합하는 병폐가 있음을 면치 못한다"거나 "억지로 끌어 다가 서로 분배해서는 안 된다"라고 강조한다. 결국 이이처럼 "칠정 가 운데 선한 부분이 사단이니" 칠정과 사단은 하나의 정이라는 말이 아니 라, 이황처럼 "사단은 사단이고 칠정은 칠정이니" 둘은 서로 다른 정이 라는 말이다.

사단과 칠정은 서로 다른 정이므로 억지로 끌어다가 서로 분배해서 는 안 된다. 이익의 말처럼 "칠정 역시 성에서 발한 것이므로 사단과 모 양에서 서로 비슷한 곳이 있으나, 기가 바탕이 되고 묘맥이 이미 구별된 다." 사단의 소종래는 리가 되고 칠정의 소종래는 기가 되므로 둘은 서 로 다른 정이니, 칠정을 사단에 분배해서는 안 된다. 이러한 이유에서 이원조는 사단과 칠정의 소종래가 다르다고 강조한다.

> 맹자가 사단을 논하여 "모두 확충할 줄 안다"라고 하였고, 정자가 칠정 을 논하여 "깨달은 자는 그 정을 단속하여 속(오성)에 합하게 한다"고 하였 다. 그 묘맥이 각각 달라서 서로 처음이 되고 끝이 되지 않기 때문에 이것 은 확충하고자 하고 저것은 단속하고자 한 것이다. 만약 그대의 설과 같 다면, 사단을 확충하면 칠정이 되고 칠정을 요약하면 사단이 되니, 아마 도 정암(나흠순)의 "도심은 체(體)가 되고 인심은 용(用)이 된다"는 설이나, 남당(한원진)의 "부연하면 칠정이 되고 요약하면 사단이 된다"는 설과 동 일한 말이다.[838]

에서 발한 것이지만, 懼는 또한 놀라고 두려움이 심한 것이다. 그러나 칠정은 사단 에 분배해서는 안 되니, 칠정은 사단에서 옆으로 관통하여 지나간다.")
838 『凝窩集』卷8,「崔幼天」, "孟子論四端曰知皆擴而充之, 程子論七情曰覺者約其情, 使合於中. 盖其苗脉各異, 不相終始, 故此欲擴充, 彼欲斂約. 若如貴說, 則四端擴 之爲七情, 七情約之爲四端, 恐與羅整菴道心爲體, 人心爲用之說, 及韓南塘衍之

이원조는 사단과 칠정의 묘맥(소종래)이 서로 다르다는 것을 강조한다. "소종래가 서로 다르니" 사단의 소종래는 리가 되고 칠정의 소종래는 기가 된다. 사단의 소종래는 리가 되니 사단은 '리가 발한 것'이고, 칠정의 소종래는 기가 되니 칠정은 '기가 발한 것'이다. 따라서 사단은 리가 발한 것이므로 확충해야 할 대상이 되고, 칠정은 기가 발한 것이므로 단속해야 할 대상이 된다.

또한 이원조는 이것을 인심도심과 연결시켜 해석한다. "도심이 성명에 근원하는 것은 곧 사단의 리가 발한 것이고, 인심이 형기에서 발한 것은 곧 칠정의 기가 발한 것이다."[839] 도심은 성명(리)에 근원하므로 사단처럼 '이발'이 되고, 인심은 형기(기)에서 생겨난 것이므로 칠정처럼 '기발'이 된다. 이것은 사단을 '이발'로 칠정을 '기발'로 구분하듯이, 도심을 '이발'로 인심을 '기발'로 구분해보아야 한다는 말이다. 이러한 의미에서 이원조는 나흠순의 "도심은 체가 되고 인심은 용이 된다"거나 한원진의 "부연하면 칠정이 되고 요약하면 사단이 된다"[840]는 설을 모두 비판한다. 왜냐하면 사단칠정이든 인심도심이든 애초에 그 소종래가 서로 다르기 때문에 하나의 정(또는 심)으로 보아서는 안 되고, 리에서 발한 사단과 기에서 발한 칠정으로 분속시켜 보아야 한다. 결국 사단은 리가 발한 것이고 칠정은 기가 발한 것으로 서로 다른 정이라는 말의 다름 아니다.

    爲七情, 約之爲四端之說, 同一話柄也."

839 『凝窩集』卷10,「答金南輝」, "盖道心之原於性命者, 卽四端之理發也; 人心之發於形氣者, 卽七情之氣發也."

840 한원진은 정이 하나라는 사실에 근거하여 사단과 칠정을 요약과 부연의 관계로 설명한다. "칠정을 요약하면 사단이 되고, 사단을 부연하면 칠정이 된다."(『南塘集』卷29,「示同志說」, "故七情約之爲四端, 四端衍之爲七情.") 이것은 하나의 정을 네 가지로 요약해서 말할 수도 있고 일곱 가지로 늘려서 말할 수도 있는데, 네 가지로 요약해서 말하면 사단이 되고 일곱 가지로 늘려서 말하면 칠정이 된다는 말이다.

이처럼 이원조의 사단칠정론은 이황의 분개설과 이이의 혼륜설을 종합하는데서 시작한다. 분개의 관점에서는 사단의 '이발'과 칠정의 '기발'이라는 서로 다른 정으로 구분해볼 수 있고, 혼륜의 관점에서는 칠정 속에 사단을 내포하고 있으므로 사단과 칠정은 하나의 정으로 볼 수 있다. 결국 혼륜의 관점에서는 칠정이 사단을 내포하기 때문에 칠정이 '이발'이 되지만, 분개의 관점에서는 성명(性命)에 근원하는 사단과 달리 칠정은 형기(形氣)에 근원하기 때문에 '기발'이 된다.

이원조는 이러한 혼륜설(이때의 칠정은 '이발'이 된다)과 분개설(이때의 칠정은 '기발'이 된다)을 종합하는 근거로써 이황의 「심통성정도」 중도와 하도의 해석을 거론한다. 「심통성정도」 중도의 해석에 근거하면 칠정은 '이발'이 되지만, 하도에 해석에 근거하면 칠정은 '기발'이 된다. 이 때문에 이원조는 칠정을 '이발'이라 할 수도 있고 '기발'이라 할 수도 있다고 주장한다.

그러나 이원조는 혼륜과 분개의 두 관점을 통합하면서도, 결국 분개의 관점에서 칠정을 '기발', 특히 중절(中節)한 칠정까지도 '기발'로 해석한다. 이 과정에서 이상정과 정종로의 글을 인용하여 중절한 칠정이 '기발'임을 논증하고, 그 이론적 근거로써 소종래(所從來)에 따른 근원적 차이를 강조한다. 사단의 소종래는 리가 되고 칠정의 소종래가 기가 되므로, 비록 중절한 칠정이라도 칠정인 이상 그 소종래는 기가 되어야 한다. 중절한 칠정은 "기가 리를 따라 발한 것"이니, 결국 기가 발한 것이므로 '기발'이 되어야 한다. 이것은 사단의 '이발'과 칠정의 '기발'이라는 분개의 관점에 근거하여 칠정을 '기발'로 보아야 한다는 말에 다름 아니다.

이렇게 볼 때, 이원조 사단칠정론의 특징은 혼륜과 분개의 두 관점을 종합하여 혼륜의 관점(또는 「심통성정도」의 중도)에서 칠정의 '이발'을 인정하지만, 결국 분개의 관점(또는 「심통성정도」의 하도)에서 사단의 '이발'과 칠정의 '기발'로 구분하는데 있다. 이 때문에 중절한 칠정 역시 '이발'이 아닌 '기발'이 된다. 이로써 이원조의 사단칠정론은 이황의 사단은 '이발'이고 칠정은 '기발'이라는 호발설을 적극 계승하고 있음을 알 수 있다. 이러한 이유에서 이원조는 이황 호발설의 정당성을 강조하여 "퇴계는 우리 동방의 백세의 스승이다"[841]라고 평가한다.

이 글은 「응와 이원조와 후산 허유의 사단칠정론 비교 고찰」(『민족문화』54, 한국고전번역원, 2019)의 내용을 일부 수정·보완한 것이다.

---

841 『凝窩集』卷8, 「答崔幼天」, "退溪卽吾東百世之師也."

40

기정진(奇正鎭)의 사단칠정론

기정진(奇正鎭, 1798~1879)[842]의 사단칠정론은 그의 편지글이나 「우기(偶記)」·「외필(猥筆)」 등에 이따금 보인다.

먼저 기정진은 『예기』의 칠정이 숫자 일곱 가지에 그치는 것이 아님을 강조한다.

> 사(四)와 칠(七)이 비록 똑같이 숫자이지만, 사덕의 '사'와 칠정의 '칠'은 그 내력의 경중이 매우 같지 않다. '사'는 천지의 원기(元氣)가 변화하여 하나가 둘을 낳고 둘이 넷을 낳는 것에서 나온 것이니, 『주역』과 『홍범』은 이 이치가 아닌 것이 없다. '칠'은 날마다 쓰는 인사(人事)의 가장 많은 것으로 열거하다 우연히 '칠'에 찬 것이니, 만약 궁구하여 말하면 또한 '칠'에만 그치지 않는다. 그러므로 의서(醫書)에는 희(喜)·로(怒)·우(憂)·사(思)·비(悲)·경(驚)·공(恐)을 칠정으로 하고, 석씨(불교) 또한 별도로 칠

---

842 기정진의 본관은 幸州, 초명은 金賜, 자는 大中, 호는 蘆沙, 시호는 文簡이다. 노사학파의 종장으로서, 성리학의 華夷論을 바탕으로 위정척사를 주장한 대표적인 위정척사파이다. 저서로는 『노사집』이 있다.

정의 목록이 있으니, 애초에 『예기』의 칠정에 그치는 것이 아니다. 어찌 '사'와 '칠'이 똑같이 숫자라고 해서 관련지어 논할 수 있겠는가. 그러나 정은 비록 이름이 일곱 가지이지만 실제는 희(喜)·로(怒) 두 단서에 불과하니, 애(哀)·구(懼)·오(惡)는 모두 로(怒)이고, 애(愛)·욕(欲)은 모두 희(喜)이다. 어찌 일찍이 성 속의 사덕(四德)이 각각 영역을 차지하고 있는 것과 같겠는가.[843]

성이 발한 것이 정인데, 이때 사덕(성)과 칠정(정)이 똑같이 숫자로 이루어져 있지만 그 숫자의 의미는 매우 다르다. 사덕의 '사'는 인·의·예·지 네 가지로써 『주역』과 『홍범』에서 말하는 원·형·이·정(또는 춘·하·추·동)의 이치에 근거한다. 그러나 칠정의 '칠'은 희·로·애·구·애·오·욕 일곱 가지로써 일상에서 가장 많이 쓰이는 사람의 일을 열거하다가 우연히 일곱 가지로 정해진 것일 뿐이다.

사덕의 '사'와 칠정의 '칠'은 그 내력이 다르므로 칠정을 그대로 사덕에 분속시켜서는 안 된다. "덕에 네 가지가 있는 것은 하늘에서 나와서 내력이 분명하지만, 정에 일곱 가지가 있는 것은 사물에 감응하여 모습이 각각 다른 것이니, 만약 토막토막 분속하고자 한다면 그것이 가능한지 모르겠다."[844] 칠정이 비록 성이 발한 것이지만, 사단처럼 칠정을 성(사덕)에 하나하나 분속시키는 것은 옳지 않다. 예컨대 사단의 경우 측

---

843 『蘆沙集』卷13,「答安行五問目」, "四七雖同爲數目, 而四德之四, 七情之七, 其來歷輕重, 迥然不侔. 四則自天地元化一生兩兩生四而來, 易範無非此理. 七則以日用人事之最多者歷數之, 偶然滿七, 若究言之, 又不止於七也. 故醫書以喜怒憂思悲驚恐爲七情, 釋氏亦別有七情之目, 初非止於禮記七情也. 豈可以四七同爲數目而參涉論之乎. 抑情雖名七, 而其實則不過喜怒兩端耳, 哀懼惡皆怒也, 愛欲皆喜也. 何嘗如性中四德之各占地界乎."

844 『蘆沙集』卷11,「答柳德鄰(漢新)」, "德之有四, 出於天而來歷分明, 情之有七, 感於物而面貌各別, 若欲段段分屬, 則未知其可也."

은은 인(仁)에, 수오는 의(義)에, 공경은 예(禮)에, 시비는 지(智)에 분속시키는 것처럼, 칠정의 희·로·애·구·애·오·욕을 인·의·예·지 사덕에 곧장 분속시킬 수 없다.

또한 칠정은 사물의 감응에 따라 그 모습이 각각 다른 것이니 일곱 가지에 그치지 않는다. 그래서 의서에서는 희(喜)·로(怒)·우(憂)·사(思)·비(悲)·경(驚)·공(恐)을 칠정이라 하고, 불교에는 희(喜)·로(怒)·우(憂)·구(懼)·애(愛)·증(憎)·욕(欲)을 칠정이라 하니, 애당초 『예기』의 희(喜)·로(怒)·애(哀)·구(懼)·애(愛)·오(惡)·욕(欲) 칠정에 그치는 것이 아니다. 『예기』의 칠정도 사람의 감정이 일곱 가지에 그치는 것이 아니라, 낱낱이 셀 수 없기 때문에 다만 일곱 가지를 거론한 것일 뿐이다. "칠정의 명칭이 비록 『예기』에서 나왔으나, 정이 어찌 일곱 가지에 그치겠는가. 낱낱이 셀 수 없기 때문에 다만 일곱 가지를 거론하였을 뿐이다."[845]

이러한 의미에서 기정진은 희·로·애·구·애·오·욕의 칠정을 희·로 두 가지로 요약하기도 한다. 희·로·애·구·애·오·욕의 칠정 가운데 애(哀)·구(懼)·오(惡)는 로(怒)에 해당하고 애(愛)·욕(欲)은 희(喜)에 해당하니, 결국 희·로 두 가지로 요약된다. 이것은 성 속의 사덕이 인·의·예·지 넷으로 정해진 것과 달리, 칠정은 일곱으로 정해진 것이 아니라는 말이다. 그래서 칠정은 "성 속의 사덕이 각각 인·의·예·지의 영역을 차지하고 있는 것과는 매우 다르다"고 강조한다.

이어서 기정진은 이황의 호발설을 자신의 관점에서 재해석한다.

사단과 칠정은 두 가지 정이 아니니, 리와 기는 호발(互發)할 수 없다.

---

845 『蘆沙集』卷14, 「答朴道謙中庸問目」, "七情名目, 雖出於禮記, 情豈止於七乎. 不可歷數, 故姑擧其七."

여러 선생이 논한 것이 분명하여 의심할 만한 것이 없다. 다만 이로 인하여, 또 『주자어류』의 이발 · 기발 두 구절을 곧바로 기록의 오류라고 한다면(율곡설이며, 고봉에서 이미 이러한 뜻이 있었다) 아마도 말이 너무 지나치다. 지금 사람이 말을 타는 설로 추론해보자. 말이 사람의 뜻을 이해하여 길을 따라 나가는 것을 '사람이 나간다'고 말하면 괜찮지만, 반드시 사람이 발로 걸어간 연후에야 '사람이 나간다'고 말할 필요는 없다. 간혹 통제를 받지 않고 멋대로 쫓아나가는 것을 '말이 달아난다'고 하면 괜찮지만, 사람이 말 위에 있다고 해서 '말이 달아난다'고 말하지 않아서는 안 된다. 대개 이미 사단을 도출하여 '리가 발한 것'이라고 하면, 이외에 칠정은 바로 정이 멋대로 달아나는 것이므로 '기가 발한 것'이라 하는 것이 불가할 것이 없다. 만약 혹 이발 · 기발의 설에 집착해서 사단과 칠정의 근원에 두 근본이 있다고 의심한다면, 이것이 어찌 주자의 본뜻이겠는가.[846]

정은 칠정 하나이며 그 가운데 선한 부분만을 말한 것이 사단이니, 사단과 칠정은 하나의 정이지 두 가지 정이 아니다. 사단과 칠정은 두 가지 정이 아니니 '사단은 리가 발한 것이고 칠정은 기가 발한 것이다'는 이황의 호발설은 옳지 않다. 리와 기는 호발할 수 없는데, 왜냐하면 사단과 마찬가지로 칠정 역시 성(리)이 발한 것이기 때문이다(性發爲情). 칠정은 '리가 발한 것'이므로 이황처럼 '기가 발한 것'이라고 말할 수 없다. 이러한 의미에서 기정진은 "칠정 밖에 본래 사단이 없으니 호(互)자

---

846 『蘆沙集』卷16,「偶記」, "四七非兩情, 理氣無互發. 諸先生所論的然無可疑. 但緣此而幷以語類理發氣發二句, 直謂記錄之誤, (栗谷說, 自高峯已有此意.) 則或涉過重矣. 今以人騎馬之說推之. 馬之曉解人意思, 循軌而出者, 謂之人出可也, 不必以人脚行然後謂之人出也. 其或不受箝制而橫逸傍出者, 謂之馬奔可也, 不得以人在馬上不謂之馬奔也. 蓋旣挑出四端而謂之理發, 則外此七情, 乃是情之奔逸者, 故謂之氣發無不可. 若或執據理氣發之說, 疑四七之原有二本, 則是豈朱子之本意哉."

는 좋지 않다"[847]라고 강조한다.

그렇다고 이이나 기대승처럼 『주자어류』의 "사단은 리가 발한 것이고 칠정은 기가 발한 것이다"[848]라는 두 구절을 곧바로 기록의 오류로 간주하는 것은 또한 말이 너무 지나치다. 왜냐하면 '사단은 이발이고 칠정은 기발이다'는 것으로도 해석할 수 있기 때문이다.

이어서 기정진은 주자의 "사단은 리가 발한 것이고 칠정은 기가 발한 것이다"는 주장을 사람이 말을 타고 가는 것에 비유하여 설명한다. 이때 사람은 리에 해당하고 말은 기에 해당한다. 예컨대 사람이 말을 타고 나가는데 말이 사람의 뜻을 이해하여 길을 따라가면, 비록 사람과 말이 함께 있지만 즉 사람과 말이 함께 나간다고 말하지 않고 '사람이 나간다'고 말할 수 있으며, 이때 반드시 말을 타지 않고 사람이 발로 걸어간 연후에야 사람이 나간다고 말할 필요는 없다. 사람과 말이 함께 있더라도 사람만을 가리켜서 '사람이 나간다'고 할 수 있듯이, 칠정이 비록 이기를 겸하지만 리(선)만을 가리켜서 사단이라 할 수 있으니 이때의 사단은 '이발'로 볼 수 있다.

또한 간혹 말이 사람의 통제를 받지 않고 멋대로 쫓아나가면, 비록 사람과 말이 함께 있지만 즉 사람과 말이 함께 달아난다고 말하지 않고 '말이 달아난다'고 말할 수 있으니, 이때 사람이 말 위에 있다고 해서 말이 달아난다고 말할 수 없는 것이 아니다. 말과 사람이 함께 있더라도 말만을 가리켜서 '말이 달아난다'고 할 수 있듯이, 칠정이 비록 이기를 겸하지만 리 부분을 제외하고 남은 기만을 가리켜서 칠정을 말할 수 있으니, 이때의 칠정은 '기발'로 볼 수 있다.

---

847 『蘆沙集』卷11, 「答柳德郵(漢新)」, "七情之外, 本無四端, 互字不好."
848 『朱子語類』卷53, "四端是理之發, 七情是氣之發."

다시 말하면, 이미 사단만을 도출하여 '이발'이라고 한다면, 사단부분을 제외하고 남은 칠정은 바로 '정이 멋대로 달아나는 것'이므로 '기발'이라 하는 것이 불가할 것이 없다. 이것을 선악으로 표현하면, 칠정 가운데 선한 부분만을 말한 것이 사단이니, 칠정 가운데 선한 부분만을 발라낸 것을 '이발'이라 한다면, 결국 칠정에는 불선만 남으니 이때 칠정은 '기발'이라 할 수 있다. 이처럼 기정진은 이황처럼 '사단은 이발이고 칠정은 기발이다'고 해석할 수 있음을 지적한다.[849]

그렇지만 기정진의 '사단은 이발이고 칠정은 기발이다'는 주장은 이황의 호발설과 분명히 구분된다. 왜냐하면 이황이 사단과 칠정을 서로 다른 정으로 본다면, 기정진은 사단과 칠정을 하나의 정(칠정)으로 보기 때문이다. 이황은 사단과 칠정이 서로 다른 정이기 때문에 사단은 리가 발한 것이므로 그 근원은 리(또는 본연지성)가 되고, 칠정은 기가 발한 것이므로 그 근원은 기(또는 기질지성)가 된다고 주장한다. 결국 사단의 근원은 리가 되고 칠정의 근원은 기가 되니 두 개의 근본이 있게 된다.

그러나 기정진은 이황처럼 사단과 칠정의 근원을 둘로 나누는 것에 반대한다. "만약 혹 이발·기발의 설에 집착해서 사단과 칠정의 근원에 두 근본이 있다고 의심한다면, 이것이 어찌 주자의 본뜻이겠는가." 이황처럼 사단의 근원을 리라 하고 칠정의 근원을 기라 한다면 근본이 둘

---

849 게다가 기정진은 이황처럼 칠정을 '바깥에서 거칠게 말한 것', 즉 형기에서 생겨난 것이라고 주장하기도 한다. "성이 발한 것이 정인 것은 사단이 이것이고, 칠정은 바깥에서 거칠게 말한 것이다. 궁구하여 말하면 다만 두 정이니, 반드시 四德과 짝하고자하면 구애된다."(『蘆沙集』卷5, 「答李能白(丁巳)」, "性發爲情, 四端是也, 七情是從外面粗說. 究言之, 祇是兩情, 必欲配四德則拘矣.") 성이 발한 것은 사단이고, 칠정은 바깥에서 거칠게 말한 것이다. 즉 이황의 말처럼 사단은 리에 근원하고 칠정은 형기에서 생겨난 것이니, 결국 두 가지 정이다. 그러므로 사단이 리에 근원하는 것처럼, 칠정을 사덕(리)에 분속시키면 구애된다. 이러한 해석은 이황의 사단·칠정의 대한 해석과 유사하다.

이 되니, 주자의 본뜻이 아니다. 이것은 사단과 칠정이 하나의 정이므로 그 근원 역시 성(리) 하나라야 한다는 의미이다.

이렇게 볼 때, 기정진은 사단과 칠정을 이황처럼 이발·기발로 해석할 수 있음을 인정하면서도, 그 근원을 둘로 나누는 것에 대해서는 분명히 반대한다. 무엇보다 칠정을 '멋대로 달아나는 것'이라 하여 이황처럼 불선(악)으로 흐르기 쉬운 것으로 보면서도, 그 근원은 이황처럼 '기가 발한 것'이 아니라 '성(리)이 발한 것'으로 해석하는데, 이것이 바로 이황과 구분되는 기정진 사단칠정론의 특징이다.

더 나아가서 기정진은 사단과 칠정을 모두 '이발'로 해석하기도 한다.

> 기가 리를 따라 발하는 것은 기발(氣發)이 곧 이발(理發)이고, 〈기가〉 리를 따라 행하는 것은 기행(氣行)이 곧 이행(理行)이다. 리는 조작하여 스스로 움직일 수 있는 것이 아니므로 그것이 발하고 행하는 것은 분명히 기가 하는 것인데, '이발'과 '이행'이라 말하는 것은 무엇 때문인가. 기가 발하고 행하는 것은 실제로 리에서 명령을 받은 것이다. 명령하는 것은 주인이고 명령을 받는 것은 종으로써 종은 그 일을 맡고 주인은 그 공을 차지하니, 이것이 하늘의 법칙이고 땅의 의리이다.[850]

정은 칠정 하나이고, 그 가운데 선한 부분만을 말한 것이 사단이다. 다시 말하면 "사단은 선한 부분이기 때문에 리로써 말한 것이고, 칠정은 선악을 겸하기 때문에 '이기를 겸한다'고 말한 것이다."[851] 사단은 리

---

850 『蘆沙集』卷16, 「猥筆」, "氣之順理而發者, 氣發卽理發也; 循理而行者, 氣行卽理行也. 理非有造作自蠢動, 其發其行, 明是氣爲, 而謂之理發理行何歟. 氣之發與行, 實受命於理. 命者爲主而受命爲僕, 僕任其勞而主居其功, 天之經, 地之義."
851 『蘆沙集』卷12, 「答鄭季方(辛未)」, "四端善一邊, 故以理言; 七情兼善惡, 故曰兼理氣. 此等理氣字, 以善惡字看, 則都無事."

만을 말하고, 칠정은 이기를 겸한다는 말이다.

칠정이 이기를 겸하지만, 기가 리를 따라 발하는 것은 '기가 발한 것(氣發)'이 곧 '리가 발한 것(理發)'이며, 기가 리를 따라 행하는 것은 '기가 행한 것(氣行)'이 곧 '리가 행한 것(理行)'이다. 리는 무위(無爲)하여 스스로 움직일 수 없으므로 실제로 발하고 행하는 것은 기가 하는 것이다. 그렇지만 기가 발하고 행하는 것은 리의 명령에 따른 것이므로, 결국 '리가 발한 것'이고 '리가 행한 것'이다. 왜냐하면 명령하는 것은 주인이고 명령을 받는 것은 종으로써, 이때 종은 일을 할 뿐이고 실제의 공은 주인이 차지하기 때문이다. 여기에서 주인은 리에 해당하고, 종은 기에 해당한다. 그러므로 실제로 기가 발하고 기가 행하지만, 그 공은 전적으로 리에 있으므로 '리가 발한 것'이고 '리가 행한 것'이다. 기정진은 이것이 바로 천지의 법칙이라고 강조한다.

이러한 해석은 이이가 "리는 무위하고 기는 유위하다"는데 근거하여 사단과 칠정을 모두 '기발' 하나로 해석하는 것과는 분명히 구분된다. 이이에 따르면, 사단이든 칠정이든 발하는 것은 기이고 리는 타고 있는 것일 뿐이므로 '기발이승일도(氣發理乘一途)'이다.

이렇게 볼 때, 기정진의 사단칠정론은 이이처럼 정은 칠정 하나이며, 그 가운데 선한 부분만을 사단으로 이해한다. 그럼에도 리와 기를 주인과 종, 명령하는 자와 명령을 받는 자라는 가치우열의 관계로 이해함으로써, 실제로 발하는 것이 기라고 하더라도 그것은 리의 명령에 따른 것이므로 '기발'이 아니라 '이발'이다. 또한 이러한 '이발'은 이황의 '이발'과도 구분되니, 이황이 사단만을 '이발'로 해석하는 것과 달리 기정진은 사단과 칠정을 모두 '이발'로 해석한다. 기정진 사단칠정론의 특징은 사단과 칠정을 모두 '이발'로 해석하는데 있으니, 결국 이이와 이황의 이론을 종합하여 자신의 관점으로 재해석하고 있음을 알 수 있다.

41

이진상(李震相)의 사단칠정론

① 사단과 칠정은 모두 '이발'이다

이진상(李震相, 1818~1886)[852] 사단칠정론의 특징은 사단과 칠정을 모두 이발(理發) 하나로 해석하는데 있다. 이러한 해석은 사단을 '이발'로 칠정을 '기발'로 해석하는 이황뿐만 아니라, 사단과 칠정을 모두 '기발' 하나로 해석하는 이이와도 구분된다.

이 때문에 이진상은 이황과 이이의 사단칠정론에 대한 해석이 모두 잘못되었다고 비판한다.

세상에 사단과 칠정을 논하는 자들이 많지 않은 것은 아니지만, 분석을 주장하면 두 갈래로 나누어서 도리어 상대하여 각각 나오는데 의심을 사게 되고, 합일을 주장하면 한 물건으로 섞여서 마침내 근본이 없어 성립되지 않는 데에 돌아가니, 사단과 칠정을 둘로 구분하는 자들은 진실로

---

852 이진상의 본관은 星山, 자는 汝雷, 호는 寒洲. 경북 성주 출신이며, 문인으로는 곽종석·허유·윤주하·장석영 등이 유명하다. 저서로는 『한주집』·『이학종요』 등이 있다.

하나로 합일할 수 없고, 하나로 합일하는 자들은 마침내 둘로 나누어 볼 수 없으므로[853] 모두 대본(大本)에 어긋나서 유감이 없을 수 없다.[854]

이진상은 당시의 분개설과 혼륜설이 서로 대치하던 사단칠정론에 대한 해석이 모두 잘못되었다고 비판한다. 분개의 관점을 강조하면 리와 기를 둘로 나눔으로써 도리어 상대하여 각각 나와 근원이 둘이 되고, 혼륜의 관점을 강조하면 리와 기를 한 물건으로 섞음으로써 근본이 없게 된다. 전자는 사단을 리에 칠정을 기에 각각 분속시켜 해석하는 이황의 호발설(사단/이발과 칠정/기발)에 대한 비판이고, 후자는 사단과 칠정을 모두 '기발' 하나로 해석하는 이이의 기발이승일도(氣發理乘一途)에 대한 비판이다.

이황의 해석에 따르면, 사단은 본연지성(리)에서 발한 것이고 칠정은 기질지성(기)에서 발한 것이므로 리와 기가 상대하여 각자 나와서 두 개의 성(근원)이 있게 되며, 또한 이이의 해석에 따르면, 사단과 칠정이 모두 '기발'로 규정되어 기가 대본(大本)이 되고 리가 불필요한 사물(死物)이 되므로 근본이 없게 된다.[855] 때문에 이진상은 "이황의 분개의 관점이든 이이의 혼륜의 관점이든 모두 대본(大本)에 어긋난다"라고 비판한다.

---

853 원문에는 '一之者, 適所以二之'로 되어 있으나, 직역할 경우 문맥상의 해석과 일치하지 않는다. 오자가 아닌가 생각된다.

854 『寒洲集』卷33,「四七辨後說」, "且見世之論四七者, 不爲不多, 而主分則判爲兩岐, 反疑於相對各出; 主合則滾爲一物, 遂歸於無本不立, 二之者, 固不能一之; 而一之者, 適所以二之, 均之爲差卻大本, 而不能無遺憾."

855 『寒洲集』卷5,「上柳定齋先生」, "其分說者則曰, 四端發於本然之性, 七情發於氣質之性, 如此則理氣相對各出, 而性有兩項矣. 以四七之皆氣發者爲合說, 如此則氣爲大本, 而理爲死物矣."(나누어 말하는 자는 "사단은 본연지성에서 발하고 칠정은 기질지성에서 발한다"고 하니, 이와 같으면 리와 기가 상대하여 각자 나와서 성에 두 가지가 있게 된다. "사단과 칠정이 모두 氣發이다"는 것은 합하여 말한 것이니, 이와 같으면 기가 大本이 되고 리는 죽은 물건이 된다.)

이러한 관점에서 이진상은 "사단과 칠정은 모두 성에서 발한 것이므로 두 갈래로 있는 것이 아니며, 성이 곧 리이니 기발(氣發)이라고 말할 수 없다"[856]라고 말한다. 결국 사단과 칠정은 모두 성(리)에서 발한 것이므로 이발(理發)이 되어야 한다. 이진상은 이황의 호발설이나 이이의 '기발이승일도'와 달리, 사단과 칠정을 모두 '이발' 하나로 해석한다.

이어서 그 이론적 근거로써 성과 정의 관계를 해석한다.

> 성은 심에 있으나 동정을 갖추고 있어서 치우치지 않으니, 동(動) 또한 성의 '동'이고 정(靜) 또한 성의 '정'이다. '정'할 때에는 만 가지 이치가 갖추어지고 '동'할 때에는 만 가지 이치가 유행하니, 처음부터 '정'만 있고 '동'이 없는 것이 아니며, 또한 처음에는 리였다가 끝에는 기인 것도 아니다.[857]

이진상은 심을 동정의 관계로 해석하는 것이 아니라, 심의 내용인 성(리)을 동정의 관계로 해석한다. 이것은 "심의 체(體: 靜)는 미발(未發)의 성이고 심의 용(用: 動)은 이발(已發)의 정이다"는 주자의 심성론, 즉 중화신설(中和新說)에 대한 해석과 구분된다. 그래서 "성은 심에 있으나 동정을 갖추고 있어서 치우치지 않는다"라고 말한다. 이것은 성이 동정을 갖추고 있다는 말이다. 이때 성은 곧 리이니, 리가 동정을 갖추고 있다. 결국 리의 정(靜)은 미발의 성이고, 리의 동(動)은 이발(已發)의 정이다.

그래서 "동(動) 또한 성의 '동'이고 정(靜) 또한 성의 '정'이다"라고 말한다. 물론 동정 대신에 체용을 적용할 수도 있으니, 리의 체는 미발의 성

---

856 『寒洲集』卷33,「太極圖箚疑後說」, "四七人道, 皆自性發, 非有二岐, 則性則理也, 不可謂之氣發."

857 같은 곳, "性之在心, 該動靜而不偏, 動亦性之動, 靜亦性之靜. 靜而萬理具, 動而萬理行. 初非有靜而無動, 亦非始理而終氣也."

이고 리의 용은 이발의 정이다. 이것은 '리'를 동정 또는 체용의 관계로 해석하는 것을 의미한다. 이러한 해석의 배경에는 그의 심즉리(心卽理) 이론이 자리하고 있다. 심이 곧 리이니, 이때의 심을 동정의 관계로 보는 것이 아니라 리를 동정의 관계로 본다는 것이다.

또한 "정(靜)할 때에는 만 가지 이치가 갖추어지고 동(動)할 때에는 만 가지 이치가 유행한다." '리의 정'인 미발의 때에는 만 가지 이치가 갖추어져 있다가, '리의 동'인 이발의 때에는 미발의 때에 갖추어져 있던 만 가지 이치가 실제로 유행하여 드러나게 된다. 이러한 해석을 좀 더 확대하면, 미발의 때에 인(仁)이라는 성이 갖추어져 있기 때문에 이발의 때에 측은이라는 정이 생겨날 수 있고, 미발의 때에 의(義)라는 성이 갖추어져 있기 때문에 이발의 때에 수오라는 정이 생겨날 수 있다는 의미이다.

결국 이발의 정은 미발의 성을 전제로 하여 성립하는 개념이 된다. 이러한 해석은 19세기 '리'를 우위에 두는 주리론적 사유경향의 일환으로 볼 수 있는데, 이진상은 이것을 수간(豎看)의 인식방법이라고 설명한다.[858] 이렇게 볼 때, 이발(已發)의 정은 실제로 미발(未發)의 성이 드러난 것이니, 사단과 칠정은 모두 '리가 발한 것(理發)'이 된다. 이러한 이유에서 이진상은 "처음에는 리였다가 끝에는 기인 것도 아니다"라고 말한다. 미발의 때에는 리였다가 이발(已發)의 때에는 기가 되는 것이 아니라, 이발의 때에도 '리가 동한 것'이므로 기발(氣發)이 아니라 이발(理發)이 되어야 한다.

---

[858] 이진상은 대상세계를 온전히 이해하기 위해 豎看·橫看·倒看 등 다양한 인식방법을 강조한다. '수간'은 대상이 현상으로 드러나기 이전의 본원을 살피는 것이고, '횡간'은 본원에서 현상으로 유행하는 과정을 살피는 것이며, '도간'은 현상으로 드러난 이후의 형적을 살피는 것이다. (김문용, 「한주 이진상의 사단칠정론」, 『사단칠정론』, 민족과 사상연구회편, 1992, pp.422-423)

이진상은 이러한 성과 정의 관계를 주인과 손님의 관계에 비유하여 설명한다.

> 성은 미발(未發)의 리이고 정은 이발(已發)의 리이다. 성이 발하여 정이 되니 단지 하나의 리일 뿐이다. 비유하면 주인이 나가면 손님이 되지만 단지 한 사람인 것과 같다. 진실로 성과 정의 실상을 구한다면 이발(理發)만 있고 기발(氣發)은 없다.[859]

'성발위정'에 따르면, 성이 발하여 정이 되니 사단과 칠정 모두 성(리)이 발한 것이다. 그 이유로써 미발(未發)의 성은 리의 정(靜)이고 이발(已發)의 정은 리의 동(動)이기 때문이다. 그래서 이진상은 "성은 미발의 리이고 정은 이발의 리이다"라고 말한다. 이것이 바로 이진상이 사단과 칠정을 모두 이발(理發) 하나로 규정하는 이유이다. "성이 발하여 정이 되는 것은 한 가지 길(一路)뿐이니 어찌 기를 섞어서 말할 수 있겠는가?"[860] 여기에서 그의 이발일로(理發一路)라는 개념이 등장하고, 그의 사단칠정론을 그대로 이발일로설(理發一路說)로 규정하는 이유이다. 사단과 칠정은 모두 성(리)이 발한 것이므로 '이발' 하나가 된다.

이러한 해석은 이이가 '성발위정'에 근거하여 사단과 칠정을 모두 '기발' 하나로 해석하는 것과 분명히 구분된다. 이이 역시 '성발위정'에 근거하여 사단뿐만 아니라 칠정까지도 모두 리에 근원하고 있음을 강조한다. 그럼에도 이이는 "발하는 것은 기이고 발하게 하는 소이는 리이니, 기가 아니면 발할 수 없고 리가 아니면 발할 것이 없다"[861]는 이론에

---

859 『寒洲集』 卷32, 「四七原委說」, "性是未發之理, 情是已發之理. 性發爲情, 只是一理. 比如主出爲客, 只是一人. 苟求性情之實相, 則有理發而無氣發."
860 『寒洲集』 卷33, 「四七辨後說」, "性發爲情一路而已, 烏可以雜氣說乎."

따라, 리는 무위(無爲)하여 발할 수 없고 실제로 발하는 것은 기이므로 사단과 칠정은 모두 '기발이승일도'임을 강조한다. 사단과 칠정이 모두 리에 근원할지라도 실제로 발하는 주체는 기가 된다. 이것은 이진상이 발하는 주체를 리로써 해석하는 것과 분명히 구분된다.

이진상은 이러한 성과 정의 관계를 주인과 손님의 관계에 비유하여 설명한다. 집에서는 주인이 되고 밖에서는 손님이 되지만 같은 한 사람이듯이, 성은 미발(未發)의 리이고 정은 이발(已發)의 리로써 성과 정이 구분되지만 모두 리에 근원한다는 점에서는 동일하다. 같은 한 사람이지만 집에 있으면 주인이 되고 밖에 나가면 손님이 되듯이, 리도 미발의 때에는 성이 되고 이발의 때에는 정이 되지만 실제로 모두 하나의 리에 불과하다. 그래서 이진상은 "정에는 만 가지로 다름이 있더라도 그 근본은 단지 이 하나의 리일 뿐이다"[862]라고 강조한다. 따라서 사단과 칠정은 모두 이발(理發)이 된다.

이상에서처럼 성과 정의 관계를 모두 리로써만 해석한다면, 이때 기의 의미는 무엇인가? 리는 기 없이도 독자적으로 발현한다는 것인가? 이러한 리와 기의 관계에 대해 이진상은 다음과 같이 설명한다.

> 리와 기는 원래 서로 떨어지지 않으니, 비록 이발(理發)이라고 하지만 리는 실제로 기를 타고 발한다. 다만 리를 근본(本)으로 삼고 기를 말단(末)으로 삼으며, 리를 주체(主)로 삼고 기를 자료(資)로 삼을 뿐이기 때문에 섞어서 기발(氣發)이라고 말해서는 안 된다.[863]

---

861 『栗谷集』卷10,「答成浩原(壬申)」, "大抵發之者, 氣也; 所以發者, 理也, 非氣則不能發, 非理則無所發."
862 『寒洲集』卷32,「四七經緯說」, "情有萬殊, 其本則只是一理."
863 『寒洲集』卷32,「四七原委說」, "理氣元不相離, 雖曰理發, 理實乘氣而發. 特以理爲本而氣爲末, 理爲主而氣爲資, 故不可混謂之氣發也."

이때의 리는 본래 기에 실려 있고 이때의 기는 본래 형체에 갖추어져 있기 때문에 형체와 기는 드러나기가 쉬우나 성과 리는 드러나기가 어렵다. 오직 살피기를 정밀히 하고 지키기를 한결같이 한 뒤라야 실상이 분명하게 드러나지만, 형기(기)는 도리어 그것(리)을 돕는 것이다.[864]

"리와 기는 원래 서로 떨어지지 않는다"라는 말에서 알 수 있듯이, 이진상도 사단과 칠정이 모두 리와 기의 떨어질 수 없는 관계임을 전제한다. 이진상에 의하면, 기는 어디까지나 리를 실고 있는 자료(바탕)가 될 뿐이고 실제로 발하는데 주체적 역할을 하는 것은 리이다. 그래서 이진상은 "리는 기에 실려 있으므로 기는 밖으로 드러나기가 쉬우나 리는 드러나기가 어렵다"고 말한다. 리가 기에 실려 있으므로 실제로 발하는 주체를 기로 인식하기가 쉽다. 그러나 실상을 자세히 살펴보면, 비록 리가 기에 실려 있을지라도 기는 리를 돕는 보조에 불과하며 실제로 발하는데 주체적 역할을 하는 것은 리가 된다.

이러한 의미에서 이진상은 "발하는 곳을 볼 수 있는 것은 진실로 기이나, 기의 발생은 또한 리에 근본한다. 발하는 바의 실질을 분명하게 지적하면, 정이 비록 만 가지라도 어느 것인들 리에서 발한 것이 아니겠는가?"[865]라고 강조한다. 리는 무위(無爲)하여 스스로 발할 수 없으므로 반드시 기에 의지하지 않을 수 없지만, 이때의 기 또한 리에 근본하여 생겨난 것이므로 실제로 발하는 주체는 기가 아니라 리가 된다. 기가 생겨나는 근거도 결국 리에 있으므로 실제로 발하는 주체는 리라는 것이다.

---

864 같은 곳, "只緣此理本搭於氣, 此氣本具於形, 故形氣易見而性理難著. 惟察之精而守之一, 然後實相昭著, 而形氣反爲之助矣."

865 같은 곳, "發處之可見者固氣, 而氣之生又本於理. 的指所發之實, 則情雖萬般, 夫孰非發於理者乎."

이진상이 수간(竪看)·횡간(橫看)·도간(倒看) 등의 다양한 인식방법을 제기하지만, 결국 "리가 기에 앞서 있고, 리는 기의 주인이 되며, 정(靜)은 리의 체이고 동(動)은 리의 용이다"[866]라는 수간의 관점에서 사단칠정론을 해석하고 있음을 알 수 있다. 그래서 "먼저 발하는 주체(리)가 있어야 비로소 발하는 자료(기)가 있어 발하는 곳에서 발하니, 리가 미발에 갖추어져 있기 때문이다."[867] 이것은 발하는 주체로서의 리가 발하는 자료로서의 기보다 우선한다는 수간의 관점을 강조한 표현이다. 그렇지만 이때도 기가 없는 것이 아니므로 "발하는 것은 리의 체(體)이나 리는 반드시 기를 기다려서 체가 되고, 발할 수 있는 것은 리의 용(用)이나 리는 반드시 기를 기다려서 용이 된다"[868]라고 말한다. 리가 비록 기를 타고 발하지만 발하는 주체는 어디까지나 리가 되므로 사단과 칠정을 모두 '이발'로 해석해야 한다.

이진상은 리와 기의 떨어질 수 없는 '불상리' 관계를 전제하면서도, 사단과 칠정을 '이발'로 해석해야 하는 이유를 부부의 관계로 설명한다.

리와 기가 서로 짝이 되는 것은 마치 부부와 같다. 부부는 진실로 한 몸

---

866 『寒洲集』卷33,「太極圖箚疑後說」,"竪看則理在氣先, 理爲氣主, 而靜則理之體, 動則理之用也. 橫看則理氣迭相先後, 迭相賓主, 而或理動氣挾, 或氣動理隨, 倒看則理氣一物, 不可分開, 而發出之際, 氣在先理在後, 氣爲主理爲賓, 動亦氣靜亦氣, 而理爲借乘之死物矣."(수간하면, 리는 기에 앞서 있고, 리는 기의 주인이 되며, 靜할 때에는 리의 체이고 動할 때에는 리의 용이다. 횡간하면, 리와 기가 번갈아 서로 선후가 되고, 번갈아 서로 손님과 주인이 되어 혹 리가 동함에 기가 끼기도 하고 혹 기가 동함에 리가 따르기도 한다. 도간하면, 리와 기가 한 물건으로 나눌 수 없으나, 발할 때에 기가 앞에 있고 리가 뒤에 있으며, 기가 주인이 되고 리가 손님이 되어, 動하는 것도 기이고 靜하는 것도 기이니, 리는 기를 빌려 타는 죽은 물건이 된다.)

867 『寒洲集』卷33,「四七辨後說」,"先有發者之主, 而方有此發之之資, 發之於所發, 以其貯之於未發也."

868 같은 곳, "夫所以發者理之體, 理必須氣而爲體; 所能發者理之用, 理必待氣而爲用."

(一體)이지만, 그들이 자녀를 낳음에 이르러 임신하고, 기르고, 젖주고, 먹이는 데에는 어미의 공이 비교적 드러난다.……그러나 그 출생을 물으면 모두 '아비가 낳았다'고 하고 그 성을 물으면 반드시 아비의 성을 드니, 진실로 아비로부터 시작되어 하나의 근본이 있기 때문이다. 만약 혹자가 임신하고 기른 은혜로써 단지 '어미가 낳았다'고 하면, 이것은 생명을 받은 근원을 모르는 것이다. 자신의 성을 말하는데 곧장 어미의 성을 들면, 사람들이 반드시 오랑캐로 지목할 것이다. 어미의 공이 비교적 드러나는 것으로 '어미가 낳았다'고 하는 것은 기발(氣發)의 설이다. 아비를 닮고 아비를 따르는 것을 가리켜서 '아비가 낳았다'고 말하는 것과 어미를 닮고 어미를 따르는 것을 가리켜서 '어미가 낳았다'고 말하는 것이 이발·기발의 이론이다. 반드시 '아비가 낳았다'고 말하고 반드시 아비의 성을 드는 것이 바로 '이발'의 설이다.[869]

비록 부부가 일심동체라도 부부에는 각자의 역할이 있다. 이것은 리와 기가 떨어질 수 없는 관계에 있더라도 리는 형이상의 것이고 기는 형이하의 것으로 서로 구분이 없을 수 없는 것과 같은 의미이다. 그렇지만 아이를 낳을 때에 어미가 임신하고, 기르고, 젖주고, 먹이는 공이 아비보다 크지만, 그 출생을 물으면 '아비가 낳았다'거나 그 성을 물으면 아비의 성을 말한다. 반대로 '어미가 낳았다'거나 어미의 성을 말하면 근원을 모르는 자이거나 오랑캐라는 비난을 받는다.

869 『寒洲集』卷32,「四七原委說」, "理氣之相配如夫婦. 夫婦固一體也, 及其生箇子女, 胎養乳哺, 母功較著.……然問其生, 則皆曰父生, 問其姓, 則必舉父姓, 誠以資始於父, 一本在焉故也. 苟或以胎養之恩, 而只曰母生, 則是不知受生之原也. 言己姓而直舉母姓, 則人必以夷虜目之矣. 蓋以母功較著, 而謂母之生者, 氣發之說也. 指其肖父隨父, 而言父之生, 指其肖母隨母, 而言母之生者, 理發氣發之論也. 必曰父生必舉父姓者, 卽俱是理發之論也."

이진상에 따르면, 아비가 낳았다거나 아비의 성을 말하는 것은 이발(理發)에 해당하고, 어미가 낳았다거나 어미의 성을 말하는 것은 기발(氣發)에 해당한다. 부부의 관계에서 아기를 직접 낳고 기르는 것이 비록 어미가 될지라도 '아비가 낳았다'고 말하는 것처럼, 리와 기의 관계에서도 성이 발할 때에 기가 리를 싣고 있더라도 실제로 발하는 주체는 리가 된다. 이러한 의미에서 사단과 칠정은 모두 '이발'이 되어야 한다.

② 사단과 칠정은 모두 리(성)에 근원한다

이진상은 사단과 칠정이 모두 '이발'이라는 관점에 근거하여 칠정을 '기발'로 해석하는 것을 비판한다.

> 지금 칠정을 논하는 자들은 칠정을 통틀어 기발(氣發)로 간주한다. 그러나 여기서 말하는 '희 · 로 · 애 · 락의 중절한 것'은 자사의 성(天命之性)과 도(率性之道)를 따라서 리 한쪽을 말한 것이다. 미발의 중(中)은 리의 체이고, 이발의 화(和)는 리의 용이다. 만약 대본(大本)상에서 기를 겸하여 말한다면, 기에는 치우치고 온전함(偏全)과 맑고 탁함(淸濁)이 있어 어둡고 혼란스러워 '중'이 아니다. 만약 달도(達道)상에서 기를 겸하여 말한다면, 기에는 모이고 흩어짐(聚散)과 없어지고 자라남(消息)이 있어 넘어지고 어긋나서 화(和)가 아니다. 이에 근거한다면, 칠정이 발하여 중절한 것은 리가 주가 된 것이 참으로 분명하다.[870]

---

870 『寒洲集』卷5,「上柳定齋先生」, "今之論七情者, 通看作氣之發. 而此所言喜怒哀樂之中節者, 則子思所以從性道而言理一邊也. 蓋未發之中, 理之體也, 已發之和, 理之用也. 若於大本上兼氣說, 則氣有偏全淸濁, 昏昧雜擾而非中矣. 若於達道上兼氣說, 則氣有聚散消息, 推盪拗轉而非和矣. 据此則七情之發而中節者, 理之爲主者, 固自若也."

칠정 역시 '이발'로 해석해야 한다. 그 이유로써 칠정이 발하여 중절한 것은 리 한쪽을 말한 것이기 때문이다. 자사의 『중용』에 따르면, "희·로·애·락이 아직 발하지 않은 것을 중(中)이라 하고 발하여 절도에 맞는 것을 화(和)라 하니, '중'이란 것은 천하의 대본(大本)이고 '화'라는 것은 천하의 달도(達道)이다."[871] 칠정이 발하여 중절한 것은 천명지성(天命之性)이나 솔성지도(率性之道)와 마찬가지로 '리' 한쪽을 말한 것으로써, 이때도 기가 없는 것은 아니지만 기를 겸하여 말한 것이 아니다. 만약 기를 겸하여 말한다면 대본(大本)은 '중'이 될 수 없고 달도(達道)는 '화'가 될 수 없다.

그 이유로써 기에는 치우치고 온전함과 맑고 탁함의 차이가 있는데, 이러한 기질의 차이가 성(리)의 발현에 영향을 미치기 때문이다. 예를 들어 "기질이 맑고 순수하면 이 성이 쉽게 드러나서 항상 주인이 되지만, 기질이 탁하고 잡박하면 이 성이 쉽게 가려져서 오히려 기에 의해 사역된다."[872]

기의 치우치고 온전함과 맑고 탁함에 따라 성(리)도 어둡고 혼란스럽게 되므로 '중'을 이룰 수 없으며, 또한 기의 모이고 흩어짐과 없어지고 자라남에 따라 성(리)도 넘어지고 어긋나게 되므로 '화'를 이룰 수 없다. 이러한 이유에서 이진상은 "달도가 과연 '기발'이라면, 천명지성(天命之性)을 기라고 하겠는가 아니면 대본지중(大本之中)도 기라고 하겠는가."[873] '천명지성'과 '대본지중'을 기라고 말할 수 없듯이, 칠정이 발하

---

871 『中庸』, 第1章, "喜怒哀樂之未發謂之中, 發而皆中節謂之和, 中也者, 天下之大本也; 和也者, 天下之達道也."
872 『寒洲集』卷33, 「太極圖箚疑後說」, "淸粹則此性易著, 而常爲之主; 濁薄則此性易掩, 而反爲所役."
873 『寒洲集』卷23, 「答張舜華」, "達道果是氣發, 則抑以天命之性謂氣耶, 抑以大本之中爲氣耶."

여 중절한 것도 리가 주가 되므로 '이발'로 해석해야 한다.

또한 이진상은 이러한 '중'과 '화'의 관계를 리의 체용관계로 해석하니, "중(中)은 리의 체이고 화(和)는 리의 용이다." '중'은 미발(未發)의 상태인 성에 해당하고, '화'는 이발(已發)의 상태인 정에 해당한다. 이것은 앞에서 말한 "성은 리의 정(靜)이고 정은 리의 동(動)이다"는 말과 같은 의미이다. 이렇게 볼 때, 성(性)과 정(情), 중(中)과 화(和), 대본(大本)과 달도(達道)는 모두 리의 체(體)가 되고 리의 용(用)이 되므로 결국 리에 근원하게 된다. 희 · 로 · 애 · 락의 칠정 역시 리에 근원하므로 이발(理發)이 된다. "성이 발하여 정이 되고 '중'이 발하여 '화'가 되니 어찌 기발이라고 하겠는가?"[874] 이것은 칠정 역시 '기발'이 아니라 '이발'이 되어야 한다는 말이다.

③ 사단과 칠정은 주리 · 주기로 구분된다

이진상은 사단과 칠정을 모두 '이발'로 해석한다. 이것을 선악의 개념으로 설명하면, 사단도 리가 발한 것이므로 선한 것이고, 칠정도 리가 발한 것이므로 선한 것이다. 그렇지만 현실 속에서 칠정의 의미는 그렇지 않다. 이에 이진상은 다음과 같이 설명한다.

내 생각에 사단과 칠정이 모두 성에서 발한 것이고 성은 곧 리이니, 리가 기를 타고 발한다고 하는 것은 다를 수 없다. 그러나 다만 감응하는 바가 다르니, 어린아이가 우물에 빠지는 것을 보거나 종묘를 지나가는 것은 리에 감응한 것이며, 배고픔과 추위를 만나 옷과 음식을 생각하는 것은 기에 감응한 것이다. 리에 감응한 것은 리를 따라가서 사단과 도심을 이

---

874 같은 곳, "性發爲情, 中發爲和, 曷以謂之氣發也."

발(理發)이라 하는 것이고, 기에 감응한 것은 기를 따라가서 칠정과 인심을 기발(氣發)이라 하는 것이다. 이와 같다면 사단과 칠정을 나누고 합하는 것은 다만 한 곳에 있어서 〈어느 한쪽을〉 치우치게 주장할 수 없음이 분명하다.[875]

'성발위정'에 따르면, 사단과 칠정은 모두 리가 발한 것이다. 그렇지만 리는 기 없이 스스로 발할 수 없으며 반드시 기를 타고 발하니, 사단도 리가 기를 타고 발한 것이고 칠정도 리가 기를 타고 발한 것이다. 리가 기를 타고 발하지만, 리는 발하는 주체가 되고 근본(本)이 되며 기는 자료가 되고 말단(末)이 될 뿐이다. 그러므로 사단과 칠정은 모두 '이발'이 된다. 이러한 해석에 따르면, 사단과 칠정의 실질적인 차이를 찾기가 어려우니 사단과 칠정의 구분이 무색해진다.

이러한 이유에서 이진상은 사단과 칠정의 실질적인 차이를 설명한다. 비록 사단과 칠정이 모두 리에 근원할지라도, 다만 발할 때에 도의(道義)와 감응하느냐 식색(食色)과 감응하느냐에 따라 사단과 칠정이 구분된다. 이것은 "사단과 칠정이 모두 리에 근본하지만, 사단은 리가 형기와 무관하게 곧바로 발한 것이고, 칠정은 리가 형기에 따라서 발한 것이어서 각각 묘맥이 있다"[876]거나 "사단은 리가 경기(經氣)를 타고서 곧바로 이루어진 것이고, 칠정은 리가 위기(緯氣)를 타고서 가로로 나온 것이다"[877]라는 말의 다른 표현이다. 성이 발하여 정으로 드러날 때에, 리

---

875 『寒洲集』卷5,「上柳定齋先生」, "竊意四端七情, 俱自性發, 則性卽理也, 其爲理乘氣而發者, 無以異也. 而但其所感不同, 見孺井過宗廟, 感於理者也; 値飢寒思衣食, 感於氣者也. 感於理者, 從理上去, 而四端道心, 謂之理之發; 感於氣者, 從氣上去, 而七情人心, 謂之氣之發也. 如是則分合只在一處, 而不容偏主明矣."
876 『寒洲集』卷41,「讀李星湖四七新編重跋」, "又見得四七之俱本於理, 而四端, 則不干形氣而直發; 七情, 理因形氣發, 更有一層苗脈."

가 '도의'와 감응하면 사단이 되고 리가 '식색'과 감응하면 칠정이 된다. 또한 리가 형기에 간여하지 않고 곧장 발하거나 리가 경기(經氣)를 타고서 곧장 이루어지면 사단이 되고, 리가 형기에 따라서 발하거나 리가 위기(緯氣)를 타고서 가로로 나오면 칠정이 된다.

사단과 칠정의 이러한 구분은 그의 주리·주기의 해석에서도 나타난다. "사단은 리가 발한 것이기 때문에 리가 주가 되고, 칠정은 기가 발한 것이기 때문에 기가 주가 된다. 리가 주가 되면 리가 발할 때에 기가 따르지 않은 적이 없고, 기가 주가 되면 기가 발할 때에 리가 타지 않은 적이 없다."[878] 이진상에 따르면, 비록 이황이 사단과 칠정을 각각 '이발'과 '기발'로 해석했지만 실제로 리와 기가 각각 발한다는 의미가 아니라, 사단은 리가 주가 되므로 '이발'이라고 말한 것이고 칠정은 기가 주가 되므로 '기발'이라고 말한 것이다. 또한 리가 주가 되지만 이때도 기가 없는 것이 아니므로 "기가 따르지 않은 적이 없다"라고 말한 것이며, 기가 주가 되지만 이때도 리가 없는 것이 아니므로 "리가 타지 않은 적이 없다"라고 말한 것이다. 이것이 바로 이황 호발설에 대한 이진상의 해석이다.

이렇게 볼 때, 이진상은 사단과 칠정을 모두 '이발' 하나로 해석하면서, 동시에 도의와 감응하여 발한 사단과 식색과 감응하여 발한 칠정 또는 리를 주로 하여 말한 사단과 기를 주로 하여 말한 칠정으로 상대시켜 보려고 하였음을 알 수 있다. 이진상이 사단과 칠정을 도의(道義)와 식색(食色) 또는 주리(主理)와 주기(主氣)의 차이로 구분하지만, 이황처럼 사

---

877 『寒洲集』卷33, 「太極圖箚疑後說」, "四端, 理之乘經氣, 而直遂者也; 七情, 理之乘緯氣, 而橫出者也."
878 『寒洲集』卷41, 「讀活齋集」, "四以理發, 而理爲主; 七以氣發, 而氣爲主. 理爲主, 則理之發, 而氣未嘗不隨焉; 氣爲主, 則氣之發, 而理未嘗不乘焉."

단과 칠정을 리와 기에 분속시켜 소종래(所從來)에 따른 근원적 차이로 해석하는 것은 아니다.

이러한 해석은 선악의 개념으로 설명하면, 사단은 리가 주가 되므로 선하지만 칠정은 기가 주가 되므로 불선(악)으로 흐를 수 있다. 칠정을 불선으로 해석하는 것은 칠정을 이발(선)로 해석하는 것과 논리상 맞지 않다. 결국 이진상의 사단칠정론은 사단과 칠정을 '이발/선'과 '기발/불선'으로 분속시키는 이황의 해석을 경계하면서도, 다시 사단과 칠정을 '주리'와 '주기' 또는 '도의'와 '식색'으로 상대시킴으로써 사단과 칠정을 대립적 개념으로 해석하는 이황의 해석으로 회귀하는 경향을 보인다.

이처럼 이진상의 사단칠정론은 사단과 칠정을 모두 '이발' 하나로 해석하는데 있다. 그 이론적 근거로써 이진상은 정의 근원으로서의 성(리)을 동정 또는 체용의 관계로 해석한다. "미발(未發)의 성은 리의 정(靜)이고 이발(已發)의 정은 리의 동(動)이다." 이것은 "성은 리의 체(體)이고 정은 리의 용(用)이다"라는 말의 다른 표현이다. 결국 이발(已發)한 정은 '리가 동한 것(理之動)'이거나 '리가 작용한 것(理之用)'이므로 모두 이발이 된다. 이것이 바로 이진상이 사단과 칠정을 모두 이발일로(理發一路)로 규정하는 이유이다.

이진상은 이러한 리의 동정 또는 체용관계에 따른 해석이 바로 '성발위정'의 진정한 의미라고 강조한다. 이진상의 '이발일로'는 실제로 이이의 기발일도(氣發一途)와 그 이론 구조가 비슷하다. 이 때문에 이진상의 사단칠정론이 이황과 이이의 이론을 절충하는 경향을 보인다고 평가하기도 한다.

그렇다면 이진상에 있어서 기의 의미는 무엇인가? 사단도 리가 발한 것이고 칠정도 리가 발한 것이라면, 기는 있어도 그만 없어도 그만인가? 그렇지 않다. 물론 이진상도 리와 기의 떨어질 수 없는 '불상리' 관계를 전제한다. 이진상에 의하면, 비록 사단과 칠정이 모두 '이발'일지라도, 이때의 리 역시 반드시 기를 타고 발현한다. 그렇지만 기는 어디까지나 리를 실고 있는 자료(바탕)가 될 뿐이고, 실제로 발하는데 주체적 역할을 하는 것은 리이다.

이러한 의미에서 사단과 칠정을 모두 '이발'로 해석한다. 여기에서 이진상은 리의 주체적 작용을 강조하는데, 이것은 그대로 심의 주재를 리로써 해석하는 그의 심즉리(心卽理)와 연결된다. 결국 '리'를 통해 인간의 본성을 바르게 구현하려는 그의 신념의 일환으로 볼 수 있다. 이러한 시대정신이 19세기 성리학의 주리론(主理論)적 특징으로 나타났던 것이다.

그러면서도 이진상은 사단과 칠정을 도의(道義)와 감응하느냐 식색(食色)과 감응하느냐 또는 리를 주로 하여 말하느냐 기를 주로 하여 말하느냐에 따라 구분할 것을 강조한다. 사단과 칠정을 모두 '이발일로'로 규정하면서, 동시에 사단과 칠정을 주리·주기의 논리에 따라 둘을 상대적 개념으로 구분한다. 이것을 선악의 개념으로 설명하면, 리를 주로 하는 사단은 선이 되지만 기를 주로 하는 칠정은 불선이 될 수 있음을 의미한다. 이로써 이진상의 사단칠정론은 사단을 리에 분속시키고 칠정을 기에 분속시켜 소종래(所從來)에 따른 근원적 차이로 구분하는 이황의 해석을 경계하면서도, 결국 사단과 칠정을 상대적 개념으로 해석하는 이황의 해석으로 회귀하는 경향을 보인다.

이 글은 「한주 이진상과 화서 이항로 사단칠정론의 대비적 고찰」(『영남학』63, 경북대학교 영남문화연구원, 2017)의 내용을 일부 수정·보완한 것이다.

42

허유(許愈)의 사단칠정론

① 사단과 칠정의 근원은 하나이다

허유(許愈, 1833~1904)[879]의 사단칠정론은 사단과 칠정의 근원을 하나로 보는데 그 특징이 있다. 이황 사단칠정론의 요지는 사단/이발과 칠정/기발로 구분하는데 있다. 사단은 성명(리)에 근원하므로 '이발'이고 칠정은 형기(기)에서 생겨난 것이므로 '기발'이므로 호발설(互發說)이라고도 부른다. 그러나 허유는 이황 호발설의 요지가 다만 사단/이발과 칠정/기발로 구분하는데 있는 것이 아니라, 그에 앞서 그 근원이 하나임이 전제되어야 한다고 강조한다.

"사단과 칠정이 서로 발한다(互發)"는 것은 진실로 말하기 어렵다. 근세의 논자들이 힘써 분개를 주장하여 반드시 함께 리와 기가 일원(一原)의 곳에서 각각 발하는 근본으로 여기고자 하면, 이것은 퇴계의 종지가 아니다. 만약 지금 반드시 먼저 중도(中圖)의 사단과 칠정이 모두 이발(理發)이

---

879 허유의 본관은 金海, 자는 退而, 호는 后山. 저서로는 『후산집』이 있다.

라는 뜻을 밝힌 연후에, 바로 사단과 칠정에 서로 발하는 기틀이 없을 수 없음을 논하면, 거의 옳을 것이다.[880]

허유는 이황의 호발설을 단지 분개의 관점에서만 사단을 '이발'로 칠정을 '기발'로 분속시켜 보는 것을 비판한다. 왜냐하면 분개의 관점에서 사단을 '이발'로 칠정을 '기발'로 분속시킬 경우, 자칫 사단의 근원은 리가 되고 칠정의 근원은 기가 되어 이원(二源)의 문제가 발생할 수 있기 때문이다. 이에 허유는 "반드시 함께 리와 기가 일원(一原)의 곳에서 각각 발하는 근본으로 여기고자 하면, 이것은 퇴계의 종지가 아니다." 사단은 리에 근원하고 칠정은 기에 근원하여 각각 발하는 근본을 삼으면, 즉 사단의 소종래는 리가 되고 칠정의 소종래는 기가 되면, 근원이 둘이 되므로 옳지 않다는 것이다.

이러한 주장은 이이가 이황을 비판한 내용과도 일치한다. 이이가 이황의 호발설을 비판한 요지도 결국 이원(二源)의 문제에 있다. "리와 기가 서로 발한다면, 이것은 리와 기 두 가지가 각각 심속에 뿌리를 두고서 미발일 때에도 이미 인심과 도심의 싹이 있어서 리가 발하면 도심이 되고 기가 발하면 인심이 될 것이다. 그렇다면 우리의 심에 두 개의 근본이 있는 것이니, 어찌 큰 잘못이 아니겠는가?"[881] 사단(도심)은 리가 발한 것이고 칠정(인심)은 기가 발한 것이라면, 결국 리와 기라는 두 개의 뿌리(근원)를 두게 된다. 그러나 사단과 칠정은 모두 하나의 정이니, 정

---

880 『后山集』卷7,「答河元可(在聖)」, "四七互發, 誠難言也. 近世論者, 力主分開, 必欲幷理氣於一原之地, 以爲各發之本, 此非退陶宗旨. 如今須先明中圖四七皆理發之義, 然後乃論四七之不能無互發之機, 庶乎其可也."

881 『栗谷集』卷10,「答成浩原(壬申)」, "若來書所謂理氣互發, 則是理氣二物, 各爲根柢於方寸之中, 未發之時, 已有人心道心之苗脈, 理發則爲道心, 氣發則爲人心矣. 然則吾心有二本矣, 豈不大錯乎."

의 근원 역시 '하나'가 되어야 한다.

때문에 허유는 이황의 호발설을 말할 때는 "반드시 먼저 〈「심통성정도」〉 중도의 사단과 칠정이 모두 '이발'이라는 뜻을 밝힌 후에, 사단과 칠정에 호발(互發)의 기틀이 없을 수 없음을 논하면 거의 옳을 것이다"라고 말한다. 이황의 사단은 이발이고 칠정은 기발이라는 호발설을 논하기 전에, 먼저 그 근원이 하나임이 전제되어야 한다. 그 근원이 하나임을 전제하는 방법으로, 이황의 『성학십도』의 제6도인 「심통성정도」 중도의 해석을 제기한다. 「심통성정도」의 중도에 따르면, 칠정 역시 '이발'이 된다.

칠정의 '이발'을 강조하는 것은 결국 그 근원이 하나라는 말에 다름 아니다. 왜냐하면 칠정의 '이발'은 칠정 역시 성이 발한 것이라는 의미이니, 사단이든 칠정이든 정의 근원은 모두 성이 되기 때문이다. 물론 이러한 해석은 성리학의 '성발위정'에 근거한 것이다.

이러한 의미에서 허유는 "사단과 칠정이 비록 두 가지 이름이 있으나, 그 처음에는 다만 하나의 근원일 뿐이다. 하나의 근원임을 알면, 비록 사단과 칠정이 호발한다고 해도 좋다"[882]라고 말한다. 정의 이름이 비록 사단과 칠정으로 다를지라도 그 근원은 하나이다. 만약 근원이 하나임을 알지 못하고 사단은 리가 발한 것이고 칠정은 기가 발한 것이라는 호발을 말하면, 사단은 리에 근원하고 칠정은 기에 근원하니 결국 이원(二源)의 폐단에 빠지게 된다. 이 때문에 무엇보다도 호발을 말하기 전에 먼저 근원이 하나임이 전제되어야 한다. 이렇게 볼 때, 허유의 사단칠정론은 근원을 하나로 보면서 사단은 '이발'로 칠정은 '기발'로 구분하고 있음을 알 수 있다.

---

882 『后山集』卷7, 「答劉舜思(癸巳)」, "四端七情, 雖有二名, 其初只是一原也. 知其一原, 則雖謂之四七情互發可也."

또한 허유는 정의 '실재'와 '기틀'이라는 말로 해석한다. 근원이 하나
인 것은 정의 실재에 해당하고, 사단을 이발로 칠정을 기발로 구분하는
것은 정의 기틀에 해당한다.

> 정의 실재(實)로 말하면, 어떤 정을 막론하고 다만 리가 기를 타고 발하
> 는 한 길 뿐이다. 정의 기틀(機)로써 말하면, 도리의 일이 와서 감응하면
> 이 심의 리가 바로 도리를 따라가니, 이것이 '이발'이라는 것이다. 형기의
> 일이 와서 감응하면 이 심의 리가 바로 형기를 따라가니, 이것이 '기발'이
> 라는 것이다. 실제로 비록 서로 상대되는 물건은 아니지만, 그 기틀은 진
> 실로 서로 번갈아가는 신묘함이 있으니, 퇴계의 종지는 본래 이와 같다.[883]

발할 때에 정의 실재에서 말하면, 사단과 칠정은 모두 리가 기를 타
고 발하는 이발일로(理發一路)뿐이다. 이것은 사단과 칠정을 모두 '이발'
로 해석해야 한다는 말이다. 왜냐하면 사단과 칠정이 모두 성에 근원하
기 때문이다. 그러므로 이때는 사단을 '이발'로 칠정은 '기발'로 상대시
켜 말할 수 없다.

그러나 정의 기틀로써 말하면, 사단의 '이발'과 칠정의 '기발'로 상대
시켜 말할 수 있다. 왜냐하면 "도리의 일이 와서 감응하면 심속의 리가
곧장 도리를 따라가니 이때는 '리가 발한 것'이 되고, 형기의 일이 와서
감응하면 심속의 리가 곧장 형기를 따라가니 이때는 '기가 발한 것'이
되기 때문이다." 결국 바깥 사물의 감응에 의해 성이 발할 때에, 도리를

---

883 『后山集』卷3, 「答崔誠進(惟允)·別紙」, "以情之實而言, 則無論某情, 只是理乘氣
而發一路而已. 以情之機而言, 則道理事來感, 則此心之理, 便從道理上去, 此所謂
理發也. 形氣事來感, 則此心之理, 便從形氣上去, 此所謂氣發也. 其實則雖非相對
之物, 而其機則固有交互之妙, 退陶宗旨, 本自如此."

따르면 '이발'이 되고 형기를 따르면 '기발'이 된다.

이러한 해석의 대표적인 사례가 바로 이이의 인심도심설이다. "도심이 비록 기를 떠나지 않지만 발할 때에 도의(道義)를 위하기 때문에 성명에 속하고, 인심이 비록 리에 근본하지만 발할 때에 구체(口體)를 위하기 때문에 형기에 속한다."[884] 도심도 발하는 것은 기가 되고 인심도 근원하는 것은 리가 되지만, 결국 '도의'를 위하여 발하면 도심이 되고 '구체'를 위하여 발하면 인심이 된다.

이처럼 허유는 이황의 호발설처럼 사단의 '이발'과 칠정의 '기발'로 구분되는 이유가 소종래에 따른 근원적 차이 때문이 아니라, 이이의 인심도심설처럼 발할 때의 감응에 따라 '이발'이 되기도 하고 '기발'이 되기도 한다. 이러한 해석은 결국 근원이 하나임을 강조한 표현에 다름 아니다.

허유에 따르면, 근원이 하나이므로 "사단과 칠정은 실제로 서로 상대되는 물건이 아니다." 그렇지만 발할 때에 도리를 따르면 '이발'이 되고 형기를 따르면 '기발'이 되니 "그 기틀은 진실로 서로 번갈아가는 신묘함이 있다." 이 때문에 근원을 하나로 보면서 사단의 '이발'과 칠정의 '기발'로 양분시켜 해석하는 것이 바로 "퇴계의 종지이다"라고 강조한다. 그럼에도 허유의 이러한 해석은 이황이 사단과 칠정을 소종래에 따른 근원적인 차이로 구분하는 것과는 분명한 차이를 보인다.

이렇게 볼 때, 허유는 이황의 호발설을 근원이 하나임을 전제하면서도, 동시에 사단의 '이발'과 칠정의 '기발'로 양분시켜 해석하고 있음을

---

884 『栗谷集』卷14, 「人心道心圖說」, "但道心雖不離乎氣, 而其發也爲道義, 故屬之性命; 人心雖亦本乎理, 而其發也爲口體, 故屬之形氣." 이이에 따르면, 도심도 발하는 것은 기가 되고 인심도 근원하는 것은 리가 된다. 인심과 도심 모두 그 근원은 하나의 리로 전제하면서, 동시에 도의(道義)를 위하여 발하면 도심이 되고 구체(口體)를 위하여 발하면 인심이 되므로 둘로 양분한다.

알 수 있다. 이것은 또한 근원이 하나일 때는 칠정이 '이발'로 해석되고, 사단의 '이발'과 칠정의 '기발'로 양분시킬 때에는 칠정이 '기발'로 해석된다는 의미이다. 이러한 의미에서 허유는 칠정을 '이발'이라 할 수도 있고 '기발'이라 할 수도 있다고 강조한다.

그렇다면 칠정은 '이발'인가 '기발'인가? 아니면 이발이면서 기발인가? 중요한 것은 '근원을 하나로 보는 것'과 '사단의 이발과 칠정의 기발로 양분하는 것' 가운데 어느 쪽에 더 무게를 두느냐가 관건이다. 전자는 칠정이 '이발'이 되고, 후자는 칠정이 '기발'이 된다. 허유는 '사단의 이발과 칠정의 기발로 양분하는 것'보다도 '근원을 하나로 보는 것'에 더 무게를 두고 있다. 이것은 칠정을 '이발'로 보아야 한다는 말의 다름 아니다.

② 칠정은 '리가 발한 것(理發)'이다

허유는 이황의 「심통성정도」 중도의 해석에 근거하여 칠정을 '이발'로 해석한다.

> 내가 일찍이 「심통성정도」의 중도와 하도를 보았는데, 중도에서는 사단과 칠정이 모두 '이발'이라는 뜻을 밝혔고, 하도에서는 기질 속에 나아가 말하였기 때문에 도리어 '이발'과 '기발'을 말하여 이 심이 서로 발하지 않을 수 없는 기틀을 밝혔으니, 『중용』서문의 "혹 형기에서 생겨나기도 하고 혹 성명에 근원하기도 한다(或生或原)"는 것이 이것이다.[885]

---

885 『后山集』卷11,「后山問答」, "吾嘗看心統性情中下圖, 中圖明四端七情, 皆理發之意, 下圖就氣質中說, 故卻言理發氣發, 以明此心之不能無互發之機, 卽中庸序, 或生或原, 是也."

이황의 「심통성정도」 중도에서는 "기품 속에 나아가 본연지성을 가리켜서 기품과 섞지 않고 말한 것이다.……그 성을 말한 것이 이미 이와 같기 때문에 발하여 정이 되는 것도 모두 선한 것을 가리켜서 말한 것이다"[886]라고 하여, 성과 정을 모두 기품과 섞지 않고 리만을 가리켜서 해석한다. 때문에 중도에서의 성은 기품과 섞이지 않는 순수한 본연지성이 되고, 성이 발하여 정이 되니 사단과 칠정 모두 본연지성(리)이 발한 것이므로 '이발'이 된다.

그러나 「심통성정도」의 하도에서는 "리와 기를 섞어서 말하였기 때문에"[887] 리가 주가 되는 사단은 '이발'이 되고, 기가 주가 되는 칠정은 '기발'이 된다. 이러한 의미에서 허유는 "「심통성정도」의 하도에서는 '이발'과 '기발'을 말하여 이 심이 서로 발하지 않을 수 없는 기틀을 밝혔다"라고 말한다. 이황의 '사단은 이발이고 칠정은 기발이다'는 호발설은 바로 「심통성정도」 하도의 해석에 근거한 것이며, 이때의 칠정은 '기발'이 된다.

또한 허유는 『중용장구』 서문에 나오는 혹생혹원(或生或原) 역시 이러한 하도의 해석에 근거한 것이라고 설명한다. 도심은 성명(리)의 바름에 근원하므로 '이발'이 되고, 인심은 형기(기)의 사사로움에서 생겨나므로 '기발'이 된다.

더 나아가 허유는 이러한 하도의 해석이 바로 분개설의 근거가 된다고 주장한다.

---

886 『退溪集』卷7, 「聖學十圖」, 〈第六心統性情圖〉, "其中圖者, 就氣稟中, 指出本然之性, 不雜乎氣稟而爲言.……其言性旣如此, 故其發而爲情, 亦皆指其善者而言."
887 같은 곳, "其下圖者, 以理與氣合而言之.……其言性旣如此, 故其發而爲情, 亦以理氣之相須, 或相害處言."(하도는 리와 기를 합하여 말한 것이다.……성을 말한 것이 이미 이와 같기 때문에 그것이 발하여 정이 된 것도 리와 기가 서로 기다려서 혹서로 해치기도 하는 곳을 말한 것이다.)

「심통성정도」의 중도에서는 "기를 섞지 않고 오로지 리만을 말한 것이다"라고 하였고, 하도에서는 "리와 기를 합하여 말한 것이다"라고 하였으니, 그 뜻이 분명할 뿐만이 아니다. 그러나 지금 사람들은 다만 하도로써 분개설의 근거를 삼고, 중도가 어떤지를 말하지 않는다. 본원을 버리고 지류를 찾으니, 배우는 자들이 그 종지의 방향을 알지 못하는 이유이다.[888]

허유는 '본원'과 '지류'라는 말로써 이황의 호발설을 해석한다. 「심통성정도」 중도의 해석은 본원이 되고, 「심통성정도」 하도의 해석은 지류가 된다. 중도의 해석인 '본원'에 근거하면, 사단과 칠정이 모두 '이발'이 된다. 하도의 해석인 '지류'에 근거하면, 사단은 '이발'이 되고 칠정은 '기발'이 된다. 그런데도 "지금 사람들은 다만 하도로써 분개설의 근거를 삼고, 중도가 어떤지를 말하지 않는다." '지류'가 되는 하도에 근거하여 사단의 '이발'과 칠정의 '기발'로 해석할 줄만 알고, '본원'이 되는 중도에 근거하여 칠정을 '이발'로 해석할 줄을 모른다. 그러므로 본원이 되는 중도에 근거하여 칠정을 '이발'로 해석해야 한다.

이렇게 볼 때, 허유는 중도와 하도의 두 해석을 모두 인정하면서도, 중도의 해석에 근거하여 칠정을 '이발'로 볼 것을 강조한다. 이러한 의미에서 허유는 "근세의 학자들이 혼륜을 버리고 다만 분개만을 말하니, 어찌 퇴계의 요지이겠는가?"[889] 이황의 요지는 분개의 관점에서 칠정을 '기발'로 보는데 있지 않고, 혼륜의 관점에서 칠정을 '이발'로 보는데 있다. 이것은 칠정을 '이발'로 보아야 한다는 말에 다름 아니다.

---

888 『后山集』卷10, 「答李致三(炳台)·乙未」, "心統性情中圖說曰, 不雜氣而單言理, 下圖說曰, 以理與氣合而言之, 其義也不啻分明. 而今人只以下圖分開說爲據, 而不說了中圖之如何. 舍本原而探支流, 學者所以莫知其宗向也."
889 같은 곳, "近世學者, 舍渾淪, 而只說分開, 豈退陶之旨哉."

또한 허유는 칠정이 '이발'이 되는 이유가 중절하기 때문이라고 설명한다.

> 『중용』의 "발하여 모두 절도에 맞는다"는 것은 진실로 희·로·애·락 네 가지 정(칠정)이 발한 것을 가리킨다. 그러나 어떤 정을 막론하고 도리를 따라 발하면 바로 중절(中節)을 말하는 것이니, 이것이 이른바 개(皆)라는 것이다. 리에는 절도가 있고 기에는 절도가 없기 때문에 리는 중절을 말할 수 있으나 기는 중절을 말할 수 없다. 근세의 논의는 도산(이황)의 정론을 살피지 않고 『중용』의 희·로·애·락 네 가지 정을 "기가 리를 따라서 발한 것이다"라고 하고 마침내 "칠정에는 이발(理發)이 없다"라고 하니, 도산의 종지에서 잘못됨이 심하다.[890]

『중용』에서 말한 희·로·애·락의 칠정은 '기발'이 아니라 '이발'이 되어야 한다. 그 이유로써 "리에는 절도가 있고 기에는 절도가 없기 때문에 리는 중절을 말할 수 있으나 기는 중절을 말할 수 없다." 기는 중절을 말할 수 없고 오직 리만이 중절을 말할 수 있으므로 『중용』의 중절한 칠정은 '이발'이 되어야 한다. 게다가 허유는 『중용』의 '발하여 모두 중절한다(發而皆中節)'에서 '모두(皆)'라는 글자가 바로 "희·로·애·락의 어떤 정을 막론하고 모두 도리를 따라 발하면 바로 중절을 말한다"는 의미라고 설명한다. 결국 『중용』의 칠정은 모두 도리를 따라서 발한 것이라는 의미에서 모두(皆)자를 썼으니 '이발'이 되어야 한다.

---

890 『后山集』卷9, 「答權允夫(泰英)」, "中庸之發皆中節, 固指四情之發. 而無論某情從道理上發, 則便謂之中節, 此所謂皆也. 蓋理有節, 氣無節, 故理可以中節言, 氣不可以中節言. 近世議論, 不察乎陶山定論, 以中庸四情謂氣循理而發, 遂謂七情無理發, 其於陶山宗旨, 失之遠矣."

이어서 허유는 중절한 칠정을 '이발'로 해석하는 것이 바로 이황의 정론이라고 주장한다. "『중용』의 희·로·애·락 네 가지 정을 '기가 리를 따라서 발한 것이다'라고 하고, 마침내 '칠정에는 이발(理發)이 없다'라고 하니, 도산의 종지에서 잘못됨이 심하다." 이것은 『중용』의 칠정은 "기가 리를 따라 발한 것"이므로 결국 기가 발한 것이니 '기발'이지 '이발'이 아니라는 일부 퇴계학파에 대한 비판이다.

허유는 "기가 리를 따라서 발한 것"은 '기발'이 아니라 '이발'이 되어야 한다고 강조한다. 왜냐하면 "기가 리를 따라 가면, 기가 가는 것이 곧 리가 가는 것이기 때문이다."[891] 발할 때에 기가 리를 따르면, 비록 발하는 주체가 기일지라도 리가 발한 것과 다름이 없으므로 '이발'이 되어야 한다.

이렇게 볼 때, 허유는 「심통성정도」의 하도 또는 지류의 해석에 근거하여 사단의 '이발'과 칠정의 '기발'을 인정하면서도, 동시에 「심통성정도」의 중도 또는 본원의 해석에 근거하여 칠정을 '이발'로 해석하는 것을 알 수 있다.

③ 기발은 악(惡)이 아니다

허유에 따르면, 혼륜의 관점 또는 「심통성정도」의 중도에서는 칠정이 '이발'이 되고 분개의 관점 또는 「심통성정도」의 하도에서는 칠정이 '기발'이 된다. 이것은 칠정을 '이발'이라 할 수도 있고 '기발'이라 할 수도 있다는 말이다.

---

891 『后山集』卷4, 「答鄭厚允(別紙)」, "又曰氣之順理而發, 卽理發也, 循理而行, 則氣行卽理行也."(기가 리를 따라서 발한 것은 곧 理發이니, 리를 따라 가면 기가 가는 것이 곧 리가 가는 것이다.)

'칠정' 두 글자는 「예운」에 처음으로 보이는데, 「예운」에서는 죽음·가난·음식·남녀로 말하였으니 '기발'이 됨이 분명하기 때문에 주자가 사단에 상대하여 말한 것이다. 맹자의 사단은 리가 발한 것이고 「예운」의 칠정은 기가 발한 것이라는 것은 사단과 칠정에 본래 두 가지의 발함이 있음을 말하는 것이 아니다. 진실로 본래 두 가지로 발한다면, 『중용』에서의 달도(達道)의 정도 '기발'이라고 말할 수 있겠는가? 이 이치가 매우 분명하니, 다른 의견을 용납할 수 없다.[892]

칠정이 '기발'인 것은 어디까지나 사단의 '이발'에 상대해서 말한 것에 불과하다. 결국 칠정은 '이발'이라는 말의 다른 표현이다. 그 대표적인 사례가 『예기』「예운」의 내용이다. 「예운」에서는 죽음·가난·음식·남녀로 사람의 정을 말하였으니 '기발'이 분명하다. 그러나 「예운」에서 말한 칠정의 '기발'은 어디까지나 인·의·예·지에 근원하는 사단의 '이발'에 상대해서 말한 것이지, 칠정이 본래 '기발'이라는 말이 아니다.

이러한 의미에서 허유는 "사단과 칠정에 본래 이발과 기발이라는 두 가지의 발함이 있음을 말하는 것이 아니다"라고 말한다. 본래 사단의 '이발'과 칠정의 '기발'이라는 구분이 있는 것이 아니라, 다만 사단의 '이발'에 상대하여 말할 경우 칠정은 '기발'이 될 뿐이다.

만약 칠정이 본래 '기발'이라면, 이것은 사단과 칠정에 본래 '이발'과 '기발'이 있다는 말이니, 그렇다면 『중용』에서의 달도의 칠정 역시 '기

---

892 『后山集』卷10, 「答李致三(炳台)·乙未」, "夫七情二字, 始見於禮運, 禮運以死亡貧苦飮食男女言之, 其爲氣發明矣, 故朱子所以對四端而言. 孟子四端, 理之發也, 禮運七情, 氣之發也, 非謂四端七情, 本來有兩發也. 苟其本來兩發, 則中庸達道之情, 亦可曰氣發耶? 此理甚明, 非容他議."

발'이 되어야 한다. 왜냐하면 달도의 칠정이라도 어디까지나 칠정이기 때문이다. 이에 허유는 "진실로 본래 사단칠정에 이발과 기발이라는 두 가지 발함이 있다면, 『중용』에서의 달도의 정도 '기발'이라고 말할 수 있겠는가?" 결코 달도의 칠정은 '기발'이 될 수 없다고 말한다.

따라서 사단과 칠정은 모두 '이발'이 있을 뿐이고, 다만 칠정의 '기발'은 사단의 '이발'에 상대해서 말한 것에 불과하다. 이러한 의미에서 허유는 칠정을 '이발'이라 할 수도 있고 '기발'이라 할 수도 있다고 주장한다.

> 사람들은 모두 "칠정에는 '이발'이 없다"고 말한다. 그러나 나는 "사단
> 과 칠정을 상대하여 말하면 사단은 '이발'이고 칠정은 '기발'이지만, 오로
> 지 칠정만을 말하면 칠정에는 '이발'도 있고 '기발'도 있다"라고 말한다. 또
> 사람들의 논의를 보면, 주자와 퇴계에 합하면 믿고, 주자와 퇴계에 합하
> 지 않으면 믿지 않는다. 오직 믿지 않을 뿐만이 아니라 분노가 따르니, 이
> 것이 실제로 치우친 가운데 치우친 것이다. 치우친 곳이 이와 같으니, 어
> 찌 병폐가 없을 수 있겠는가?[893]

칠정의 '기발'은 어디까지나 사단의 '이발'에 상대해서 말한 것에 불과하다. 이것은 칠정을 '이발'로 보아야 한다는 말의 다른 표현이다. 그러므로 사람들이 모두 "칠정에는 '이발'이 없다"라고 말하지만, 허유는 "칠정에는 '이발'도 있고 '기발'도 있다"라고 강조한다.

그러나 사람들은 칠정이 '기발'인 것은 믿으나 칠정이 '이발'인 것은

---

893 『后山集』卷5,「答金致受(辛丑)」, "人皆曰七情無理發. 而鄙人則曰對說四七, 則四
端理發, 七情氣發, 而單說七情 則七情, 也有理發, 也有氣發. 又見人之議論, 合於
朱李則信之, 不合於朱李則不信之. 非惟不信也, 憤懷隨之, 此實偏中之偏也. 偏處
如是, 安得不病."

믿지 않는다. 왜냐하면 칠정의 '이발'은 주자와 이황의 이론에 부합하지 않는다고 보기 때문이다. 주자는 "사단은 리가 발한 것이고 칠정은 기가 발한 것이다"[894]라고 하여 칠정을 '기발'로 해석하였으며, 이황 역시 "사단은 이발이기수지(理發而氣隨之)이고 칠정은 기발이이승지(氣發而理乘之)이다"[895]라고 하여 칠정을 '기발'로 해석하였다. 이로써 칠정을 '기발'이 아닌 '이발'로 보는 것은 주자와 이황의 이론에 부합하지 않기 때문에 사람들이 믿지 않는다는 것이다.

게다가 사람들은 칠정의 '이발'이라는 해석을 믿지 않을 뿐만 아니라, 하물며 화를 내기까지 한다. 이에 허유는 주자의 사단은 '이발'이고 칠정은 '기발'이라는 해석이 주자의 정론이 아니라고 주장한다. "사단은 리가 발한 것이고 칠정은 기가 발한 것이라는 말은 아마도 주자의 한때 우연한 말이니 바뀌지 않는 정론(定論)으로 간주해서는 안 된다."[896] 이것은 칠정이 '기발'이 아니라 '이발'이어야 한다는 말이다. 이러한 의미에서 허유는 사람들의 '칠정에는 이발(理發)이 없다'는 해석은 "치우친 가운데 치우친 것이니, 병폐가 없을 수 없다"라고 비판한다.

더 나아가 하유는 분개의 관점 또는 「심통성정도」의 하도에서 칠정을 '기발'로 해석할지라도, 이때의 '기발'이 곧장 악(惡) 한쪽만을 의미하는 것이 아니라고 강조한다.

또한 보내온 편지에서 '기발'을 전적으로 악(惡) 일변에 귀속시키니, 이것은 아마도 그렇지 않다. 지금 사람이 말을 타는 것으로 비유하면, 말에

---

894 『朱子語類』卷53, "四端是理之發, 七情是氣之發."
895 『退溪集』卷16, 「答奇明彦(論四端七情 第2書)」, "但四則理發而氣隨之, 七則氣發而理乘之耳."
896 『后山集』卷12, 「聖學十圖附錄統論」, "或謂四端理之發, 七情氣之發, 恐朱子一時偶然之言, 不當看作不易之定論."

는 진실로 양순한 것이 있고 제멋대로 달아나는 것도 있으니, 어찌 제멋대로 달아나는 것은 말이 나온 것이라고 하고 양순한 것은 말이 나온 것이 아니라고 하겠는가?[897]

허유는 기발이 곧장 악(불선) 한쪽만을 의미하는 것이 아님을 말에 비유하여 설명한다. 말에는 제멋대로 날뛰는 말만 있는 것이 아니라 양순한 말도 있다. 제멋대로 날뛰는 말은 곧장 악이라 할 수 있으나, 양순한 말은 악이라고 할 수 없다. 이와 마찬가지로 '기발'에도 전적으로 악만 있는 것이 아니므로 '기발'을 전적으로 악 한쪽에다 귀속시키는 것은 옳지 않다. 이에 허유는 "어찌 제멋대로 달아나는 것은 말이 나온 것이라고 하고, 양순한 것은 말이 나온 것이 아니라고 하겠는가?" 제멋대로 날뛰는 말이 기가 발한 것이듯이, 양순한 말도 기가 발한 것이다. 그러므로 '기발'을 곧장 악 한쪽으로만 해석해서는 안 된다. 이러한 의미에서 허유는 "형기를 따라서 발한 것에는 선도 있고 불선도 있으니, 어찌 전적으로 악이라고 할 수 있겠는가?"[898] '기발'을 전적으로 악으로 보아서는 안 된다.

또한 허유는 이러한 관계를 인심도심과 연결시켜 해석한다. 예컨대 인심이 도심에 상대하여 말하면, 이때의 인심은 좋지 않는 것이다. 그러나 오로지 인심만을 말하면 인심은 좋지 않는 것이 아니다. '기발'과 '이발'의 관계도 마찬가지다. '기발'이 '이발'과 상대하여 말하면, '기발'은 전적으로 악의 한쪽에 속한다. 그러나 오로지 '기발'만을 말하면, 이

---

897 『后山集』卷4, 「答鄭厚允(丙子)」, "且示意似以氣發, 專屬之惡一邊, 此恐未然. 今以人乘馬論之, 馬固有馴良者, 亦有橫逸者, 豈可以橫逸者, 謂之馬出, 而馴良者, 謂非馬出耶."

898 『后山集』卷3, 「答崔誠進(惟允)・別紙」, "愚則謂從形氣而發者, 有善有不善, 何可全做惡了?"

때의 '기발'은 순전히 악한 것이 아니다.[899] 이것은 '기발'이라고 해서 전적으로 악의 한쪽에다 귀속시켜서는 안 된다는 말이다.

허유는 '기발'이 곧장 악 한쪽을 가리키는 것이 아님을 강조한다. 그렇다면 허유는 어째서 '기발'의 가치중립적 의미를 강조하는가? 허유에 따르면, 칠정의 '기발'은 어디까지나 사단의 '이발'에 상대해서 말한 것이니, 칠정 하나만을 말하면 '이발'이 되어야 한다. 칠정이 '이발'이니, 비록 사단의 '이발'에 상대하여 말한 '기발'의 칠정이라도 악 한쪽으로만 해석하는 것은 문제가 있다. 왜냐하면 칠정은 '이발'이 되어야 하기 때문이다. 따라서 "기발을 전적으로 악의 한쪽에다 귀속시키는 것은 옳지 않다"는 말은, 결국 칠정이 '이발'임을 강조한 것에 다름 아니다.

이처럼 허유의 사단칠정론은 이황의 사단은 '이발'이고 칠정은 '기발'이라고 분개하는 것에 앞서, 근원이 하나임을 전제하는데서 시작한다. 왜냐하면 분개의 관점에서 사단의 '이발'과 칠정의 '기발'로 분속시킬 경우, 자칫 사단의 근원은 리가 되고 칠정의 근원은 기가 되어 근원이 둘이 되는 이원(二源)의 문제가 발생할 수 있기 때문이다. 예를 들어 이황의 주장처럼, 사단의 소종래가 리가 되고 칠정의 소종래가 기가 된다면, 결국 리와 기라는 두 개의 근원이 있게 된다. 사단이든 칠정이든 모두 정의 근원은 하나(성)가 되어야 한다. 이로써 허유는 근원을 하나로 보면서, 동시에 사단의 '이발'과 칠정의 '기발'로 구분하고 있음을 알 수 있다.

---

899 『后山集』卷4, 「答李致維(道黙)·丙子」, "人心對道心說, 則便是勞攘底, 氣發對理發, 則亦然. 此厚允所以以氣發全屬惡一邊者也. 然單說人心, 則人心非不好底, 單說氣發, 則氣發非純惡底."(인심이 도심에 상대하여 말하면 어지러운 것이니, 氣發이 理發에 상대하여 말하면 또한 그러하다. 이것은 진실로 氣發이 전전으로 악의 한쪽에 속하는 까닭인 것이다. 그러나 오로지 인심만을 말하면 좋지 않은 것이 아니니, 오로지 칠정만을 말하면 氣發은 순전히 악한 것이 아니다.)

허유는 그 논거로써 이황의「심통성정도」중도와 하도의 해석을 거론하는데, 또한 이것을 '정의 실재'와 '정의 기틀'로써 해석하기도 한다. '근원이 하나인 것'은 정의 실재 또는「심통성정도」의 중도에 해당하고, '사단의 이발과 칠정의 기발로 양분지어 보는 것'은 정의 기틀 또는「심통성정도」의 하도에 해당한다. 근원이 하나라는 말은 칠정이 '이발'이라는 말에 다름 아니다. 왜냐하면 칠정 역시 성이 발한 것이므로 '이발'이 되기 때문이다. 따라서 '정의 실재'에서 말하면 칠정은 '이발'이 되고, '정의 기틀'에서 말하면 칠정은 '기발'이 된다. 이러한 의미에서 허유는 칠정을 '이발'이라 할 수도 있고 '기발'이라 할 수도 있다고 강조한다.

그러나 허유는 '사단의 이발과 칠정의 기발로 양분하는 것'보다 '근원을 하나로 보는 것'을 더 강조한다. 이 때문에 허유는「심통성정도」의 하도보다는 중도에 근거하여 칠정을 '이발'로 해석할 것을 강조하고, 또한 칠정이 '이발'이 되는 이유로써『중용』의 중절(中節)을 거론한다. 중절한 칠정이 비록 기가 리를 따라서 발한 것이지만, 이때 "기가 리를 따라가면 기가 가는 것이 곧 리가 가는 것이니" 결국 '이발'이 되어야 한다. 이 과정에서 허유는 사단의 '이발'과 칠정의 '기발'이라는 구분이 본래 있는 것이 아니라, 칠정의 '기발'은 어디까지나 사단의 '이발'에 상대하여 말한 것에 불과하다고 주장한다. 이것은 칠정만을 말하면 '이발'이 되어야 한다는 뜻이다.

이렇게 볼 때, 허유는「심통성정도」의 하도 또는 '정의 기틀'에 근거하여 사단의 '이발'과 칠정의 '기발'로 해석하면서도,「심통성정도」중도 또는 '정의 실재'에 근거하여 그 근원이 하나임을 강조한다. 따라서 허유 사단칠정론의 요지는 근원을 하나로 보는데 있으며, 이것은 또한 칠정을 '이발'로 보아야 한다는 말에 다름 아니다. 이를 통해, 19세기 퇴계학파 사단칠정론은 주로 칠정을 '이발'로 볼 것인지 '기발'로 볼 것이지를 중심으로 전개되었음을 확인할 수 있다.

이 글은 「응와 이원조와 후산 허유의 사단칠정론 비교 고찰」(『민족문화』54, 한국고전번역원, 2019)의 내용을 일부 수정·보완한 것이다.

43

이종기(李種杞)의 사단칠정론

① 사단과 칠정은 모두 '이발'이다

이종기(李種杞, 1837~1902)[900]의 사단칠정론은 사단뿐만 아니라 칠정을 이발(理發)로 해석하는데서 시작된다. 이러한 '이발'에 대한 긍정은 그대로 기발일도(氣發一途)만을 주장하는 이이에 대한 비판으로 이어진다. 이종기는 이황의 '이기호발설'을 다음과 같이 해석한다.

사단과 칠정은 모두 성에서 발하니, 성은 곧 리이다. 칠정 역시 리에서 발하는데, 그것을 '기발'이라 하는 것은 무엇 때문인가? 그것이 밖으로 형기(形氣)에서 감응하기 때문에 주로 하는 것과 중한 것에 나아가서 '기발'이라 말한 것일 뿐이다. 그러나 리와 기는 반드시 서로 기다려서 용(用)이되기 때문에 사단에서는 '기가 따른다(氣隨)'라고 하였고 칠정에서는 '리가 탄다(理乘)'라고 하였다. 비록 서로 기다리지만 리가 항상 주가 되기 때문에 기에 있어서는 '따른다'라고 하였고 리에 있어서는 '탄다'라고 하였

---

900 이종기의 본관은 全義, 자는 器汝, 호는 晩求. 저서로는 『만구집』이 있다.

다. 리가 이미 주가 되어 사단과 칠정이 모두 리에서 발한다는 뜻은 끝내 속일 수 없다. 그러므로 「고봉(기대승)에게 답한 편지」에서 "칠정에 리가 없는 것이 아님"을 반복해서 말하였고, 또 "그 발하는 것에 각각 묘맥이 있다"는 말을 고치고자 하였다.[901]

'성발위정'에 따르면, 사단과 칠정은 모두 정이므로 성이 발한 것이다. 성이 곧 리이니, 사단과 칠정은 모두 리가 발한 것이 된다. 그렇다면 사단뿐만 아니라 칠정 역시 '리가 발한 것'이 되어야 한다. 그런데도 이황은 사단/이발과 칠정/기발로 해석한다.

이종기는 "칠정 역시 리에서 발하는데, 그것을 '기발'이라고 하는 것은 무엇 때문인가"라고 하여, 이황이 칠정을 '기발'로 해석한 이유를 변호한다. "칠정이 밖으로 형기(形氣)에서 감응하기 때문에 주로 하는 것과 중시하는 것에 나아가서 '기발'이라 말한 것일 뿐이다." 이황이 칠정을 '기발'로 해석한 것은 다만 주리·주기의 논리에 따른 것으로써, 특히 칠정은 밖으로 형기에 감응하기 때문에 형기(기)를 주로 하거나 중한 것으로 말한 것이므로 '기발'이라 한다.

이종기는 이황이 말한 주리·주기의 논리를 이황처럼 사단은 '이발'이고 칠정은 '기발'이라는 논거로 해석하지 않고, 다만 리와 기가 서로 떨어지지 않는 '불상리'의 관계를 강조하는 논거로 해석한다. 물론 주리·주기란 리와 기의 떨어질 수 없는 '불상리'의 관계를 전제로 한 개념이다. 왜냐하면 리와 기가 분리된 상황에서는 주로 한다(所主)거나 중하

---

901 『晩求集』卷8, 「四七皆氣發理乘之辨」, "蓋四七皆發於性, 性卽理也. 七情亦發於理而謂之氣發者何耶? 以其外感於形氣, 故就其所主與所重, 而曰氣發耳. 然理與氣必相須爲用, 故於四曰氣隨, 而於七曰理乘也. 雖相須而理常爲主, 故於氣曰隨, 而於理曰乘也. 理旣爲主, 而四七皆發於理之義, 則終不可誣. 故其答奇高峯書, 反覆言七情非無理, 又欲改其發各有苗脈之語."

다(所重)는 말을 할 수 없기 때문이다. 이종기는 이황이 이러한 '불상리'의 관계에 주목하여 사단에도 기가 없는 것이 아님을 강조하여 기수(氣隨)라는 말을 덧붙였고 칠정에도 리가 없는 것이 아님을 강조하여 이승(理乘)이라는 말을 덧붙였다고 설명한다. 물론 이종기의 이러한 해석이 틀린 것은 아니다.

그렇지만 이황이 주리·주기를 제기한 것은 사단이 '이발'이고 칠정이 '기발'이라는 이론적 논거를 마련하기 위한 것임을 감안할 때, 이황의 취지와는 맞지 않다. 이 때문에 이황은 주리·주기의 논리를 소종래(所從來)로 연결하니, 사단은 인·의·예·지의 리를 주로 하기 때문에 사단의 소종래는 리가 되고, 칠정은 형기를 주로 하기 때문에 칠정의 소종래는 기가 된다.[902] 이렇게 볼 때, 이황의 주리·주기는 사단이 '이발'이고 칠정이 '기발'이라는 이론적 논거를 마련하기 위한 것이지, 이종기의 주장처럼 리와 기의 '불상리'를 강조하기 위한 것이 아니다.

이종기는 이황처럼 사단의 '이발'과 칠정의 '기발'로 상대시켜 해석하기보다는, 리와 기의 서로 떨어지지 않는 '불상리'라는 혼륜의 관점을 강조한다. 혼륜의 관점을 강조할 경우, 사단에도 기가 없는 것이 아니듯이, 칠정에도 리가 없는 것이 아니므로 칠정의 '이발'이 강조된다. 그래서 "리와 기는 서로 기다려서 필요로 하지만 리가 항상 주가 되기 때문에 사단과 칠정이 모두 리에서 발한다는 뜻은 끝내 속일 수 없다." 이것은 사단과 마찬가지로 칠정을 '이발'로 보아야 한다는 말의 다른 표현이다. 이로써 이종기가 비록 이황의 사단은 '이발'이고 칠정은 '기발'이라고 변호하는 말을 하기도 하지만, 칠정의 '이발'을 강조하는 만큼 결

---

902 『退溪集』卷16,「答奇明彦(論四端七情 第2書)」, "四之所從來旣是理, 七之所從來, 非氣而何."(사단의 소종래가 이미 리라면, 칠정의 소종래는 기가 아니고 무엇이겠는가.)

국 이황과는 상반되는 이론을 전개하고 있음을 알 수 있다.

이러한 사실은 "「고봉(기대승)에게 답한 편지」에서 칠정에 리가 없는 것이 아님을 반복해서 말하였고, 또 그 발하는 것에 각각 묘맥이 있다는 말을 고치고자 하였다"[903]는 말에서도 확인할 수 있다. 물론 이종기의 말처럼 이황이 기수지(氣隨之)를 덧붙여서 "칠정에 리가 없는 것이 아님"을 반복해서 말하였으나, 이황의 요지는 어디까지나 "칠정에 리가 없는 것이 아님"을 말하는데 있는 것이 아니라, 그럼에도 칠정이 '기발'임을 말하려는데 있다.[904]

또한 이종기는 "이황이 「심통성정도」를 만드는데 이르러서는 중도(中圖)에서 특히 발명하여 본연지성에 나아가 말하여 사단과 칠정이 모두 리에서 발한 것임을 밝혔으며, 하도(下圖)에서는 기질지성에 나아가

---

[903] 이종기의 "그 발하는 것에 각각 묘맥이 있다는 말을 고치고자 하였다"라는 말은 이황의 "나의 설 가운데 성현의 희ㆍ로ㆍ애ㆍ락의 설과 각각 소종래가 있다는 설에는 과연 온당치 못함이 있는 듯하다."(『退溪集』卷17, 「答奇明彦」, "所論鄙說中, 聖賢之喜怒哀樂及各有所從來等說, 果似有未安.")는 구절을 두고 한 말이다.

[904] 『退溪集』卷16, 「答奇明彦(論四端七情 第2書)」, "夫四端非無氣, 七情非無理, 非徒公言之, 滉亦言之, 非徒吾二人言之, 先儒已言之, 非先儒强而言之, 乃天所賦人所受之源流脈絡固然也. 然其所見始同而終異者無他. 公意以謂四端七情, 皆秉理氣, 同實異名, 不可以分屬理氣. 滉意以謂就異中而見其有同, 故二者固多有渾淪言之; 就同中而知其有異, 則二者所就而言, 本自有主理主氣之不同, 分屬何不可之有. 斯理也, 前日之言, 雖或有疵, 而其宗旨, 則實有所從來."(사단에는 기가 없는 것이 아니고 칠정에는 리가 없는 것이 아니라는 것은 그대가 말하였을 뿐만 아니라 나(이황) 역시 말하였으며, 우리 두 사람이 말하였을 뿐만 아니라 선유들도 이미 말하였으며, 선유들이 억지로 말한 것이 아니라 바로 하늘이 부여한 것과 사람이 부여받은 원류와 맥락이 본래 그러하다는 것이다. 그러나 그대와 나의 소견이 처음에는 같았으나 끝에 달라진 것은 다른 이유가 아니다. 그대의 뜻은 사단과 칠정이 모두 이기를 겸하니 실재는 같으나 이름만 달라서 리와 기로 분속시킬 수 없다는 말이다. 나의 뜻은 다른 것 속에 나아가 같음이 있음을 보기 때문에 두 가지는 진실로 혼륜하여 말한 것이 많이 있으며, 같은 것 속에 나아가 다름이 있음을 안다면 두 가지는 나아가서 말한 것에 본래 저절로 주리ㆍ주기의 다름이 있다는 말이니, 분속시키는 것이 어찌 불가할 것이 있겠는가. 이것은 이치이니, 전일의 말에 비록 혹 흠이 있다고 하더라도 그 종지는 실제로 소종래가 있다.)

말하여 사단과 칠정이 혹 리에서 발하기도 하고 혹 기에서 발하기도 함을 밝혔다. 그러나 칠정 역시 성에서 발한 것이라고 한 것은 중도와 다름이 없다"[905]라고 하여, 이황「심통성정도」의 요지가 중도에 있으며 칠정 역시 성에서 발한 것이라고 강조한다.

그러나 이황의「심통성정도」해석에 따르면, "중도는 기품 속에 나아가 본연지성을 가리켜서 기품과 섞지 않고 말한 것이다.……그 성을 말한 것이 이미 이와 같기 때문에 발하여 정이 된 것도 모두 선한 것을 가리켜서 말한 것이며"[906], "하도는 리와 기를 합하여 말한 것이다.……그 성을 말한 것이 이미 이와 같기 때문에 발하여 정이 된 것도 리와 기가 서로 기다리거나 혹 서로 해치는 것으로 말한 것이다. 마치 사단의 정은 리가 발하고 기가 따르며, 칠정의 정은 기가 발하고 리가 탄다는 것과 같다"[907]라고 하였으니, 이황의 칠정에 대한 해석은 실제로 중도의 뜻보다는 하도의 뜻에 있음을 알 수 있다.

그런데도 이종기는 이황의 취지와 달리 칠정을 중도의 뜻으로 해석한다. 중도에서의 성은 본연지성을 가리켜서 말한 것이므로 정에서도 칠정은 사단을 포함하여 모두 선한 것이다. 따라서 사단뿐만 아니라 칠정까지도 모두 '이발'이 된다. 그러나 하도에서의 성은 본래 하나이지만 청탁(淸濁)·수박(粹駁)의 차이가 있는 기품 속에 있기 때문에 본연지성과 기질지성의 두 가지 명칭으로 구분되며, 그 정 역시 사단과 칠정으

---

905 『晚求集』卷8,「四七皆氣發理乘之辨」, "及其爲心統性情圖也, 於中圖特發明之, 就本然性言而明四七之皆發於理, 下圖則就氣質性言而明四七之或理或氣. 然謂七情亦發於性, 則與中圖無異也."

906 『退溪集』卷7,「聖學十圖」,〈第六心統性情圖〉, "其中圖者, 就氣稟中指出本然之性, 不雜乎氣稟而爲言.……其言性旣如此, 故其發而爲情, 亦皆指其善者而言."

907 같은 곳, "其下圖者, 以理與氣合而言之.……其言性旣如此, 故其發而爲情, 亦以理氣之相須或相害處言.……如四端之情, 理發而氣隨之……七者之情, 氣發而理乘之."

로 구분되어 사단은 이발이기수지(理發而氣隨之)가 되고 칠정은 기발이이승지(氣發而理乘之)가 된다. 이렇게 볼 때, 이황이 「심통성정도」의 하도에 근거하여 사단의 '이발'과 칠정의 '기발'로 상대시켜 해석하려는 것과 달리, 이종기는 「심통성정도」의 중도에 근거하여 칠정 역시 성(리)이 발한 것이므로 '이발'을 강조한다.

이러한 주장은 이황보다는 오히려 기대승(또는 이이)의 해석에 부합하는 모습을 보인다. 왜냐하면 이황과 기대승의 사단칠정론에서 기대승이 끝까지 양보할 수 없었던 부분이 바로 칠정의 '기발'에 대한 해석이기 때문이다. 기대승은 칠정이 이기를 겸하므로 결코 '기발'로 해석해서는 안 된다고 주장한다.[908] 칠정이란 이기를 겸하기 때문에 칠정의 중절한 것은 바로 '천명의 성'이고 '본연의 체'이니 사단과 다르지 않다는 것이다.

이종기는 리와 기가 서로 떨어지지 않는 '불상리' 또는 혼륜의 관점에서 칠정이 '이발'임을 강조한다.

> 노선생이 또한 스스로 "『중용』의 칠정은 혼륜하여 말한 것이다"라고 하였으니, 달도(達道)는 '기발'을 가리킨 것이 아니다. 그러나 기가 발하고 리가 타서 중절한 것은 오직 달도라고 말할 수 없겠는가? 말 밖의 뜻도 마땅히 알아야 하니, 순임금이 성내고 맹자가 기뻐하는 것은 '이발'이라 하는 것이 옳다. 사단의 부중절과 같은 것은 기가 가렸다고 말할 수 있으나

---

908 『高峯集』,「四端七情後說」, "七情之發而中節者, 則與四端初不異也. 蓋七情雖屬於氣, 而理固自在其中, 其發而中節者, 乃天命之性本然之體. 則豈可謂是氣之發而異於四端耶."(칠정이 발하여 中節한 것은 사단과 애초에 다르지 않다. 칠정이 비록 기에 속하지만 리가 진실로 그 속에 자재하니, 발하여 중절한 것은 바로 천명의 성이고 본연의 체이다. 그렇다면 어찌 기가 발한 것이라서 사단과 다르다고 말할 수 있겠는가.)

'기발'이라고 말할 수 없다.[909]

희·로·애·락이 아직 발하지 않을 때는 비록 대본(大本)의 중(中)이지만, 그것이 발할 때에는 혹 리가 동하기도 하고 혹 기가 동하기도 한다. 퇴계는 『중용』의 칠정이 사단을 그 안에 포함하고 있다고 여겼으니, 이미 포함한다고 하면 비단 '이발'이 될 뿐만이 아님을 알 수 있다.[910]

노선생은 이황을 말한다. 이종기는 이황이 『중용』에서 말한 희·로·애·락의 칠정을 혼륜하여 말하였다고 설명한다.[911] "칠정을 혼륜하여 말하였다"는 것은 칠정이 이기를 겸한다는 것을 의미하니, 이것은 칠정에 리가 없는 것이 아니라는 말의 다른 표현이다. 칠정에도 리가 없는 것이 아니니, 기가 발할 때에 이 리가 타므로 중절하게 된다. 예를 들어 순임금이 성내거나 맹자가 기뻐하는 것과 같은 것은 칠정의 중절한 것이니, 이것이 바로 '이발'이며 달도(達道)가 된다.

만약 혼륜이 아니라 척발해서 말하면, 사단은 리를 주로 하여 말한 것이고 칠정은 기를 주로 하여 말한 것이니 칠정의 '달도'를 말할 수 없다. 왜냐하면 칠정은 기를 주로 하여 말한 것이기 때문이다. 이러한 이유에서 기대승은 혼륜의 관점에서 칠정이 이기를 겸한다는 사실을 끝

---

909 『晚求集』卷5, 「答宋直大(德炳)」, "老先生亦自謂中庸七情渾淪言之, 則達道非指氣發. 然氣發理乘而中節焉者, 獨不可以謂達道乎. 言外之意, 亦當識取, 舜孟之喜怒, 謂之理發可也. 而至若四端之不中節者, 可謂氣掩, 而不可謂之氣發也."

910 『滿求集』卷7, 「答沈建七(斗煥)」, "喜怒哀樂之未發, 雖是大本之中, 而其發也或理動或氣動. 退溪以中庸七情, 爲包四端在其中, 旣曰包則不獨爲理發可見矣."

911 이 내용은 아마도 「退溪集』卷16, 「答奇明彦(論四端七情 第1書)」에 나오는 글인 듯하다. "子思之論中和, 言喜怒哀樂, 而不及於四端; 程子之論好學, 言喜怒哀懼愛惡欲, 而亦不言四端, 是則就理氣相須之中而渾淪言之也."(자사는 中和를 논하여 희·로·애·락을 말하면서 사단을 언급하지 않았으며, 정자는 好學을 논하여 희·로·애·구·애·오·욕을 말하면서 또한 사단을 말하지 않았으니, 이것은 리와 기가 서로 기다리는 속에 나아가서 혼륜하여 말한 것이다.)

까지 강조하였던 것이다. 또한 이종기는 이황의『중용』에서 희·로·애·락의 칠정이 사단을 그 안에 포함한다고 여겼다고 설명한다.[912] 칠정이 선한 사단(이발)을 그 안에 포함하고 있으니, 칠정 역시 '이발'이 된다.

이러한 내용에 근거해 볼 때, 이종기가 이황의 이론을 인용하면서도 결국 칠정의 '이발'을 논증하는 논거로 삼고 있음을 알 수 있다. 이것은 실제로 이황의 해석과 상반된다. 이러한 사실은 "희·로·애·락이 아직 발하지 않을 때는 비록 대본(大本)의 중(中)이지만, 그것이 발할 때에는 혹 리가 동하기도 하고 혹 기가 동하기도 한다"는 말에서도 확인할 수 있다. "희·로·애·락이 아직 발하지 않을 때는 대본(大本)의 중(中)이다"는 말은 칠정 또한 성에 근원한다는 것으로 '이발'을 강조한 표현이다.

그러나 이황은 "정에 사단과 칠정의 구분이 있는 것은 성에 본연과 기품의 차이가 있는 것과 같다"[913]라고 하여, 정의 근원으로서의 성에 이미 본연지성(리)과 기질지성(기)의 구분이 있음을 강조한다. 이것이 바로 이이로부터 근원이 둘이 되는 이원(二源)의 혐의가 있다고 비판받은 이유이다. 그런데도 이종기는 이황의 말로써 칠정을 '이발'로 해석하는 이론적 논거를 삼는다. 이종기의 이러한 해석은 이황이 칠정을

---

912 인용문에서 말한 "칠정이 사단을 그 안에 포함하고 있다"는 말은『栗谷集』卷10,「答成浩原(壬申)」에 보인다. "四端只是善情之別名, 言七情則四端在其中矣.(사단은 다만 선한 정의 다른 이름이고, 칠정을 말하면 사단이 그 속에 있다)"거나 "若七情則已包四端在其中, 不可謂四端非七情, 七情非四端也, 烏可分兩邊乎.(칠정과 같은 것은 이미 사단을 그 속에 포함하고 있으니 사단이 칠정이 아니고 칠정이 사단이 아니라고 말해서는 안 된다. 어찌 두 쪽으로 나눌 수 있겠는가.)" "칠정이 사단을 그 안에 포함하고 있다"는 표현은 이이의 이론인데, 이종기는 이것이 이황의 말이라고 설명한다. 이황이 이런 말을 하였는지 의문이다. 적어도 기대승과 전개한 사단칠정논변에는 이러한 글이 보이지 않는다.

913 『退溪集』卷16,「答奇明彦(論四端七情 第2書)」, "故愚嘗妄以爲情之有四端七情之分, 猶性之有本性氣稟之異也."

'기발'로 보는 것과는 완전히 상반된다.

② 이이에 대한 비판

이종기는 사단과 칠정이 모두 '이발'이라는 관점에서, '이발'을 부정하고 '기발'만을 주장하는 이이의 기발일도(氣發一途)를 비판한다.

> 논할만한 것은 '기발'이라는 한마디 말에 있으나, 율곡은 도리어 '이발'의 설을 심하게 비방하여 "사단과 칠정은 모두 기가 발하고 리가 탄다"라고 하였다. 그의 뜻은 "리는 무위(無爲)하고 기는 유위(有爲)하다"고 여겼기 때문에 정은 모두 '기발'을 말할 뿐이다. 그러나 율곡 또한 스스로 "사단과 칠정은 모두 본연에서 나온다"라고 하였으니, 본연에서 나오는 것은 '이발'이 아니고 무엇이겠는가? 예컨대 나무가 뿌리에서 나왔으면 "뿌리가 발한다"라고 하는 것이 옳고, 곡식이 종자에서 나왔으면 "종자가 발한다"라고 하는 것이 옳다.[914]

사단뿐만 아니라 칠정 역시 성이 발한 것이므로 '이발'이 되어야 한다. 때문에 실제로 논란의 여지가 있는 말은 '기발'인데도 불구하고, 이이는 도리어 '이발'의 설을 심하게 비방한다.

이종기는 이이가 '이발'을 비판하는 이유 중의 하나가 바로 "리는 무위하고 기는 유위하다"는 이론에 근거한다고 설명한다. 리는 무위하므로 발(發)과 같은 작위적 개념에는 쓸 수 없다. 그러므로 사단과 칠정 모

---

914 『晩求集』卷8, 「四七皆氣發理乘之辨」, "蓋可論者在於氣發一語, 而栗谷反深詆理發之說, 曰四端七情皆氣發而理乘之. 其意以爲理無爲而氣有爲, 故情皆氣發云爾. 然栗谷亦自謂四七皆出於本然, 則出於本然者, 非理發而何. 如樹木出於根, 則謂根之發可也; 穀種出於種子, 則謂種子之發可也."

두 '기발'이 되어야 한다.

그러면서도 이이는 "사단과 칠정은 모두 본연에서 나온다"[915]라고 하여, 사단과 칠정이 모두 본연지성이 발한 것이라고 강조한다. 이종기는 이이의 "본연지성에 나온다"는 말을 그대로 "본연지성(리)이 발한 것"으로 해석한다. 그 이유로써 나무가 뿌리에서 나왔으면 뿌리가 발한다고 해야 하고, 곡식이 종자에서 나왔으면 종자가 발한다고 해야 하는 것처럼, 사단과 칠정 역시 본연지성에서 나왔으므로 본연지성(리)이 발한 것이라고 해야 한다. 이이의 말에 근거해보더라도, 사단과 칠정은 모두 본연지성(리)이 발한 것이므로 '이발'이 되어야 하는데, 이이는 도리어 '기발'로 해석하니 잘못이다.

이어서 이종기는 리를 '무위'한 것으로 보는 이이와 달리, 리에 작용이 있다고 강조한다.

> 리는 비록 무위(無爲)하나 막 기에 합하면 바로 발용할 수 있으니, 마치 촛불이 기름을 얻으면 곧 많은 불꽃이 생기는 것과 같다. 그러므로 주자가 "도리는 본래 스스로 작용이 있다"라고 하였고, 또 "리가 있은 후에 기가 있으니, 비록 동시에 모두 있지만 결국 이것은 리를 주로 한다"라고 하였다. 지금 율곡은 다만 "리는 무위하다"는 한마디 말만을 고수하고 그것에 저절로 작용이 있음을 알지 못하였고, 다만 마음에서 먼저 기를 말할 줄만 알고 리를 주로 하는 것을 살피지 못하였다. 마침내 사단과 칠정을 모두 기발(氣發)로 여기고 이승(理乘)이라는 것은 다만 그것을 따를 뿐이

---

915 "다만 리는 無爲하고 기는 有爲하기 때문에 정이 본연지성에서 나와서 형기에 가려지지 않는 것은 리에 속하고, 당초에 비록 본연에서 나왔더라도 형기가 그것을 가리면 기에 속하니, 이 또한 부득이한 말이다."(『栗谷集』卷10,「答成浩原」, "但理無爲而氣有爲, 故以情之出乎本然之性, 而不揜於形氣者, 屬之理, 當初雖出於本然, 而形氣揜之者, 屬之氣, 此亦不得已之論也.")

니, 여기에서 기는 대본(大本)이 되고 리는 죽은 물건(死物)이 되어 리가 기를 거느리지 못하고 기가 도리어 리를 운용하였다. 그 처음에 근원하면 다만 '기의 정상(精爽)' 한 구절을 잘못본 데에서 생겨났지만, 그 흘러간 잘 못이 이와 같으니 탄식하지 않을 수 있겠는가?[916]

이종기는 리가 '무위'한 것이 아니라 작용이 있음을 강조한다. 비록 리가 무위하나 리가 기와 합쳐지면 바로 작용이 일어나는데, 이것은 촛 불에 기름이 더해지면 바로 많은 불꽃이 생기는 것과 같다.[917] 이 때문 에 주자는 "도리는 본래 스스로 작용이 있다"라고 하였으며, 또한 이러 한 리의 작용 때문에 "리와 기가 동시에 함께 있지만 결국 리를 주로 한 다"라고 말한 것이다.

그러나 이이는 "리가 무위하다"는 말만을 고수하여 리에 작용이 있 음을 알지 못하였으며, 또한 심에서 기만을 말할 줄 알고(心是氣) 리가 주 재하고 있다는 것을 알지 못하였다. 이 때문에 사단과 칠정을 모두 '기 발'로 보았으며, 이승(理乘)의 의미 또한 리가 기를 타고 주재하는 것이

---

916 『晩求集』卷8, 「四七皆氣發理乘之辨」, "蓋理雖無爲, 而纔合於氣, 便能發用, 如燭 火得脂膏, 便有許多光燄. 故朱子曰道理固自有用, 又曰有理而後有氣, 雖是一時 都有, 畢竟是以理爲主. 今栗谷徒守理無爲之一語, 而不知其自有用, 但見心之先 言氣, 而不察其主於理. 遂以四端七情爲皆氣發, 而所謂理乘者, 特隨之而已, 於是 乎氣爲大本而理爲死物, 理不帥氣而氣反運理. 原其初則特出於錯看氣之精爽一 句, 而其流之差有如是者, 可勝歎哉."

917 이와 비슷한 내용이 『주자어류』에 보인다. "지각은 심의 허령함이 진실로 이와 같 은 것인지 아니면 기가 한 것인지"라는 제자의 질문에, 주자는 "리는 지각을 못하 지만 기가 모여서 모양을 이루고 리가 기와 합쳐지면 바로 지각할 수 있다. 비유하 면 촛불이 기름을 얻으면 많은 불꽃이 생기는 것과 같다.(『朱子語類』卷5, "問, 知 覺是心之靈固如此, 抑氣之爲邪? 曰理未知覺, 氣聚成形, 理與氣合, 便能知覺. 譬 如這燭火, 是因得這脂膏, 便有許多光燄.") 리에는 비록 지각과 같은 작용은 없지 만, 리가 기와 합쳐지는 순간 바로 지각의 작용이 생겨난다. 마찬가지로 리가 비록 無爲하지만 기와 합쳐지면 바로 작용이 일어난다.

아니라 다만 기를 따르는 것에 불과하니, 결국 기가 대본(大本)이 되고 리는 죽은 물건이 되어 리가 기를 통솔·주재하지 못하고 도리어 기가 리를 운용한다는 것이다.

이어서 이종기는 이이가 사단과 칠정을 모두 '기발'로 해석하는 이유 중의 하나가 바로 심을 기로 보았기 때문이라고 설명한다. "주자는 성정의 덕을 신묘하게 하는 것은 심이라고 하였는데, 율곡은 심을 기라고 하였다. 그러므로 심의 신묘한 곳에 대해 모두 기로 보았으니 마땅히 정을 '기발'이라 하였다."[918] 이이가 심을 기로 보았기 때문에 심에서 발용한 사단과 칠정을 모두 '기발'로 해석한 것이다. 여기에서 이종기는 정의 문제를 심과의 연관 속에서 설명하는데, 이것은 19세기 사단칠정론의 특징이기도 하다.

이종기가 활동한 19세기는 이전의 정과 성에 대한 해석을 넘어 정과 성을 총괄하는 심에 대한 이기론적 해석을 둘러싸고 심설논쟁(또는 명덕논쟁)이 활발히 전개된다. 이렇게 볼 때, 이종기가 정의 문제를 심과 연결시키는 것은 자연스러운 현상이다. 이종기는 이이가 심을 기로 해석하게 된 원인을 추론해 볼 때, 주자의 "심은 기의 정상(精爽)이다"[919]라는 한 구절을 잘못본데 연유한다고 설명한다. 이이는 주자의 심에 대한 해석인 '기의 정상(氣之精爽)'에서 뒷부분의 지정상(之精爽)의 세 글자를 무시하고 앞부분의 기(氣)라는 한 글자에만 근거하여 심을 곧장 기로 보았으며, 이 때문에 결국 심에서 발용한 사단과 칠정까지도 모두 '기발'로 해석하였다는 것이다.

더 나아가 이종기는 이이의 "발하게 하는 소이는 리이고, 리가 아니

---

918 『晩求集』卷8, 「四七皆氣發理乘之辨」, "朱子曰妙性情之德者心也, 栗谷以心爲氣. 故於心之妙處, 皆作氣看, 宜其以情爲氣發也."
919 『朱子語類』卷5, "心者, 氣之精爽."

면 발할 것이 없다"는 구절을 그대로 리의 작용으로 해석한다. 이것은
리가 무위(無爲)한 것이 아님을 재차 강조한 표현이다.

　　율곡이 "발하는 것은 기이고 발하게 하는 소이는 리이다. 기가 아니면
발할 수 없고 리가 아니면 발할 것이 없다"[920]라고 하였는데, 이 네 구절은
마음을 공평히 하여 살펴보면 또한 저절로 병통이 없다. 발하는 것은 비
록 기이지만 발하게 하는 소이가 리라면 리가 진실로 주가 되며, 비록 기
가 아니면 발할 수 없으나 리가 아니면 발할 것이 없다면 리에는 저절로
작용이 있다. 그러므로 주자가 "깨닫게 하는 것은 심의 리이고 깨달을 수
있는 것은 기의 허령함이다"라고 하였고, 또 "지각은 전적으로 기가 아니
다"라고 하였으며, 또 "움직이는 곳은 심이고(이 '심'자는 기를 따라서 말한 것
이다), 움직이는 것(움직이게 하는 것)은 성이다"라고 하였으니, 이로써 보
면 네 구절은 진실로 바꿀 수 없는 것이다.[921]

　이이는 이황의 사단은 '이발'이고 칠정은 '기발'이라는 호발설을 비판
하는 과정에서, 특히 무위인 리가 발한다는 '이발'의 설을 비판하여 "발

---

920 『栗谷集』卷20,「聖學輯要」,〈論心性情〉, "凡情之發也, 發之者氣也, 所以發者理
也. 非氣則不能發, 非理則無所發. 理氣混融, 元不相離, 若有離合, 則動靜有端, 陰
陽有始矣."(정이 발할 때에 발하는 것은 기이고 발하게 하는 소이는 리이다. 기가
아니면 발할 수 없고 리가 아니면 발할 것이 없다. 리와 기는 섞여있어 원래 서로
떨어지지 않으니, 만약 떨어지거나 합쳐짐이 있다면 動靜에 단서가 있고 陰陽에
시작이 있다.) 이이의 이 구절은 이황의 사단은 理發이고 칠정은 氣發이라는 해석
을 비판하면서 不相離의 관점에서 이기관계를 설명한 것이다.
921 『晩求集』卷8,「四七皆氣發理乘之辨」, "栗谷曰發之者氣也, 所以發者理也, 非氣則
不能發, 非理則無所發, 這四句平心看下, 亦自無病. 夫發之者雖氣, 而所以發者理,
則理固爲主也; 雖非氣不能發, 而非理無所發, 則理自有用也. 故朱子曰所覺者, 心
之理也; 能覺者, 氣之靈也. 又曰知覺不全是氣. 又曰動處是心, (此心字從氣說), 動
底是性, 以是而觀, 則四句固不可易也."

하는 것은 기이고 발하게 하는 소이는 리이다. 기가 아니면 발할 수 없고 리가 아니면 발할 것이 없다"라고 해석한다. 이이는 '리는 무위하고 기는 유위하다'는 이론에 근거하여 발하는 것은 기가 되고, 리는 기가 발할 수 있게 하는 이유(소이)로 존재한다. 때문에 "발하는 것은 기이고, 기가 아니면 발할 수 없다"라고 말한 것이다.

이종기는 이이의 이 구절의 내용이 매우 타당하여 바꿀 수 없는 정론이라고 설명한다. 그렇지만 이이의 이 구절에 대한 해석에서는 이이와 차이를 보인다. "발하는 것은 비록 기이지만 발하게 하는 소이가 리라면 리가 진실로 주가 되며, 비록 기가 아니면 발할 수 없으나 리가 아니면 발할 것이 없다면 리에 저절로 작용이 있다." 이종기는 이이의 말을 그대로 리의 작용으로 해석한다. 이러한 해석은 이이가 리의 무위를 강조하여 '이발'을 부정하는 것과 상반된다. 이종기가 이이의 이 구절을 리의 작용으로 해석한 것은 결국 '이발'을 인정한다는 의미이다.

이이의 "발하는 것은 기이고 발하게 하는 소이는 리이다. 기가 아니면 발할 수 없고 리가 아니면 발할 것이 없다"는 구절에 대해, 이이가 "발하는 것은 기이고, 기가 아니면 발할 수 없다"는 앞부분의 말에 근거하여 기의 역할을 강조한 것이라면, 이종기는 "발하게 하는 소이는 리이고, 리가 아니면 발할 것이 없다"는 뒷부분의 말에 근거하여 리의 역할을 더 강조한다. 그리고 이종기는 이 뒷부분의 "발하게 하는 소이는 리이고, 리가 아니면 발할 것이 없다"는 것을 그대로 리의 작용으로 해석한다. 이것은 이이와 달리 리는 결코 무위한 것이 아니라 작용이 있으며, 그것이 그대로 리의 주재로 나타난다는 것이다.

또한 이종기는 이러한 리에 작용이 있다는 관점에서 이이의 네 구절을 비판한다.

지금 율곡의 뜻은 그렇지 않으니 정을 모두 기가 발하는 것으로 보았다. 그러므로 네 개의 '발'자는 모두 기를 따라 말하였으니, '발하게 하는 소이(所以發者)'라 말한 것은 기가 발하게 하는 것이고, '발할 것이 없다(無所發者)'라고 말한 것은 기가 발할 것이 없다는 것이다. 두 개의 '리'자는 다만 예를 드는데 상대하여 거론한 물건이 될 뿐이고 주재와 발용의 신묘함이 없으니, 그 말한 것은 비록 같지만 그 뜻은 매우 다르다. 근래에 한주(이진상)가 "발하는 것은 리이고 발하게 되는 것은 기이다(發者理也, 發之者氣也)"라고 하였으니, 뜻이 도리어 평온하다. 먼저 '발하는 것은 리이다(發者理)'라고 말하였으니 리에 저절로 작용이 있음을 알 수 있고, 이어서 '발하게 되는 것은 기이다(發之者氣)'라고 말하였으니 리가 기를 타고서 발하는 것임을 알 수 있으니, 이것은 리를 주로 하는 뜻이 된다.[922]

이종기는 이이의 네 구절인 "발하는 것은 기이고 발하게 하는 소이는 리이다. 기가 아니면 발할 수 없고 리가 아니면 발할 것이 없다"는 말이 지나치게 기 위주로 해석되었다고 비판한다. 그래서 '발하는 것은 기(發者氣)'이지만 '기가 아니면 발할 수 없을(非氣則不能發)'뿐만 아니라, '발하게 하는 소이(所以發者)'도 결국 리가 아닌 기가 발하게 하는 소이가 되고 '발할 것이 없다(無所發者)'는 것도 결국 리가 아닌 기가 발할 것이 없는 것이 된다. 결국 두 개의 '리'자는 다만 기를 거론하기 위한 형식적인 물건이 될 뿐이니, 리의 주재하고 작용하는 의미를 찾을 수 없다.

이러한 이유에서 이종기는 차라리 이진상의 "발하는 것은 리이고 발

922 『晩求集』卷8, 「四七皆氣發理乘之辨」, "今栗谷之意則不然, 以爲情皆氣發. 故四箇發字, 皆從氣上說, 其曰所以發者, 氣所以發也, 其曰無所發者, 氣無所發也. 兩箇理字, 只爲備例對擧之物, 而無主宰發用之妙, 蓋其下語雖同, 而其意則迥異矣. 近世寒洲李公言發者理也, 發之者氣也, 意却平穩. 蓋先言發者理, 則理之自有用可見矣, 繼言發之者氣, 則理之乘氣而發可知矣, 此其爲主理之旨也."

하게 되는 것은 기이다(發者理也, 發之者氣也)"는 말이 오히려 더 타당하다고 설명한다. '발하는 것이 리이므로(發者理)' 리에 작용이 있음을 알 수 있고, '발하게 되는 것은 기이므로(發之者氣)' 리가 기를 타고 발하지만 리가 주재하는 뜻을 알 수 있다. 이진상의 이 두 구절이 리의 작용하고 주재하는 의미를 더 잘 표현한다는 의미이다.

이렇게 볼 때, 이종기 사단칠정론의 특징은 사단뿐만 아니라 칠정까지도 '이발'로 보려는 것과, 이러한 '이발'에 근거해서 이이의 '기발이승일도'를 비판하는데 있다. 물론 이러한 해석을 전개하는 과정에서 이종기는 이황의 이론을 자신의 이론적 논거로 제시한다. 예를 들어 이황의 이발이기수지(理發而氣隨之)와 기발이이승지(氣發而理乘之)에서, 특히 기수(氣隨)와 이승(理乘)의 말에 근거해서 이황의 이론이 혼륜(또는 불상리)에 있다고 강조한다. 물론 이러한 해석은 이황이 분개의 논리를 강조한 것과 상반된다.

또한 「고봉(기대승)에게 답한 편지」에서 "칠정에 리가 없는 것이 아님을 반복해서 강조했다"거나 「심통성정도」 중도의 해석을 이황의 정론으로 해석하기도 한다. 이렇게 볼 때, 이종기는 이황의 이론에 근거하기보다는 자신의 이론을 전개하기 위해 이황의 이론을 활용했다고 볼 수 있다. 때문에 사단과 칠정이 모두 '이발'임을 주장하여 이황의 사단은 '이발'이고 칠정은 '기발'이라는 것과 상반되는 견해를 제시한다. 이러한 혼륜에 대한 강조는 그대로 그의 심론에서 심합이기(心合理氣)의 해석으로 이어진다.

이러한 혼륜을 강조하는 사고는 이이의 이론에 부합하지만, 이종기는 리의 무위(無爲)를 주장하는 이이와 달리 리의 작용(주재)을 강조한다. 혼륜 속에서 리가 기를 타고 발하지만, 심이 작용하면 리가 심을 주재하는데 이것이 바로 리의 작용이다. 이 때문에 리는 무위한 것이 아니니,

사단과 칠정을 모두 '기발'로 해석하는 이이의 '기발이승일도'를 비판한다. 이것이 바로 이황과도 구분되고 이이와도 구분되는 이종기 사단칠정론의 특징이라 볼 수 있다.

따라서 19세기 퇴계학파의 사단칠정론은 이황의 이론을 계승하면서도, 그 내용에서는 이황과 많은 차이를 보인다. 가장 큰 차이가 바로 이황의 사단/이발과 칠정/기발과 달리, 사단과 칠정을 모두 '이발'로 해석한다는 것이다. 이 과정에서 이종기는 이황의 이론을 자신의 혼륜의 관점으로 재해석하여 사단과 칠정 모두 '이발'이라고 주장한다.

이 글은 「만구 이종기와 면우 곽종석의 사단칠정론 비교 연구」(『영남학』65, 경북대학교 영남문화연구원, 2018)의 내용을 일부 수정·보완한 것이다.

44
전우(田愚)의 사단칠정론

전우(田愚, 1841~1922)[923]의 학문은 김창협(金昌協) - 이재(李縡) - 홍직필(洪直弼) - 임헌회(任憲晦)로 이어지는 기호학파 내 낙론(洛論)학맥의 계보를 잇는다. 전우는 김창협에게서 많은 학문적 영향을 받았지만, 「농암사칠설의의(農巖四七說疑義)」를 지어 그의 이론 중에서 의심나는 부분에 이의를 제기한다. 전우의 사단칠정론은 1918년에 지은 「농암사칠설의의」의 내용을 중심으로 분석한다. 그 특징은 이황의 이론을 옹호하는 김창협을 비판하고 이이의 이론을 지지하는데 있다.

첫째, 김창협은 "『주자어류』의 '사단은 리가 발한 것이고 칠정은 기가 발한 것이다'[924]는 말은 퇴계의 설이 이와 비슷하다"[925]라고 설명한다. 이황의 호발설, 즉 '사단은 리가 발하고 기가 따르며(理發而氣隨之) 칠정은 기가 발하고 리가 탄다(氣發而理乘之)'는 설은 주자의 이론에 근거한

---

923 전우의 본관은 潭陽, 자는 子明, 호는 艮齋. 저서로는 『간재집』이 있다.
924 『朱子語類』卷53, "四端是理之發, 七情是氣之發."
925 『艮齋集後編』卷12, 「農巖四七說疑義」, "語類四端理之發, 七情氣之發, 退陶說近此."(이 글은 『農巖續集』卷下, 「四端七情說」에 나온다.)

것이니, 결국 이황의 호발설을 타당하다는 뜻이다.

이에 대해 전우는 다음과 같은 이의를 제기한다.

내가 생각건대, 무릇 정을 논할 때에 진실로 그 본원이 나온 곳을 구하면, 비단 사단만 리가 발한 것이 아니라 칠정 역시 리가 발한 것이다. 율곡(이이)도 "정이 비록 만 가지로 다르지만 어느 것인들 리에 근원하지 않겠는가"라고 말한 것이 이것이다. 만약 능소(能所)를 따라서 나누면, 비단 칠정만 기가 발한 것이 아니라 사단도 기가 발한 것이다.[926]

김창협에 따르면, 『주자어류』에 근거할 때 사단은 '이발'이고 칠정은 '기발'이라는 이황의 이론이 잘못이 아니다. 이에 전우는 본원에서 말하면, "비단 사단만 리가 발한 것이 아니라, 칠정 역시 리가 발한 것이다." 천명에 의해 부여된 성이 심의 작용에 의해 정으로 드러나니, 사단과 칠정은 모두 성이 발한 것이다. 그러므로 사단만 리가 발한 것이 아니라 칠정 역시 리가 발한 것이다. 이것이 바로 성발위정(性發爲情)의 의미이다. 이러한 의미에서 이이도 "정이 비록 만 가지로 다르지만, 어느 것인들 리에 근원하지 않겠는가"[927] 즉 사단이든 칠정이든 모두 리에 근원한다. 결국 사단과 마찬가지로 칠정 역시 리에 근원하므로 칠정을 '기발'로 해석하는 것은 옳지 않다.

또한 능소(能所)에서 말하면, "칠정만 기가 발한 것이 아니고 사단도 기가 발한 것이다." 행동의 주체를 '능'이라 하고 행동의 객체를 '소'라

---

926 같은 곳, "愚按凡論情, 苟求其本源來處, 非特四端是理之發, 七情亦是理之發. ······ 栗翁亦云, 情雖萬般, 孰非原於理乎者, 是也. 若從其能所而分焉, 則非特七情是氣之發, 四端亦是氣之發."

927 『栗谷集』卷9, 「答成浩原(壬申)」, "情雖萬般, 夫孰非發於理乎?"

할 때, 능소는 이미 행위나 인식이 일어난 상태를 가리킨다. 이것은 성이 발하여 정으로 드러난 이발(已發)의 상태를 가리키니, 이때는 사단과 칠정이 모두 이기를 겸한다. "칠정만 기가 발한 것이 아니라, 사단도 기가 발한 것이다"는 말은 사단과 칠정이 모두 이기를 겸한다는 뜻이다. 사단과 칠정이 모두 이기를 겸하는데, 이때 이이처럼 발하는 주체는 기이고 발할 수 있게 하는 소이(원인)가 리이니, 사단과 칠정은 모두 기가 발하고 리가 타는 '기발이승일도'가 된다.

이렇게 볼 때, 전우는 사단과 칠정이 모두 이기를 겸한다는 '불상리'의 관점과 이이의 "발하는 것은 기이고 발하게 하는 소이는 리이다"는 이기개념에 근거하여 그의 사단칠정론을 해석하고 있음을 알 수 있다.

둘째, 김창협에 따르면 "칠정은 기기(氣機)가 발동한 것에서 이름을 세운 것이다.……사양·시비는 곧장 도리에 나아가서 말한 것이니, 어찌 일찍이 기에 간섭되겠는가. 이것으로 미루어보면, 사단이 칠정과 다르다는 것을 알 수 있다."[928] 칠정은 기기(氣機)가 발동한 것을 말한 것인 반면, 사단은 도리가 드러난 것을 곧장 가리킨 것이니 기의 일과는 상관이 없다. '기의 일과는 상관이 없다'는 말은 사단이 발할 때에 기가 없다는 뜻이 아니라, 이때는 기에 섞이지 않는다는 뜻이다. 그러므로 사단은 리를 주로 하여 말한 것이고 칠정은 기를 주로 하여 말한 것이니 둘은 분명히 구분된다. 사단은 리를 주로 하여 말한 것이므로 '이발'이 되고 칠정은 기를 주로 하여 말한 것이므로 '기발'이 되니, 결국 이황의 호발설은 타당하는 의미이다.

이에 대해 전우는 다음과 같은 이의를 제기한다.

---

928 『艮齋集後編』卷12, 「農巖四七說疑義」, "七情者, 就氣機之發動而立名者也.…… 辭讓是非, 直就道理說, 何曾干涉於氣. 以此推之, 四端之異於七情, 可見矣."(이 글은 『農巖續集』卷下, 「四端七情說」에 나온다.)

내가 생각건대, 사단과 칠정의 다르고 같음을 반드시 이와 같이 말하고자 하면 의심되는 것이 있다. 예컨대 순임금이 부모를 사랑하고, 동생에게 기뻐하고, 사흉(四凶)에게 성내고, 하늘에 울부짖는 것이나, 공자가 말재주 있는 자를 싫어하고, 말을 그럴듯하게 잘하는 것을 싫어하고, 일에 임하여 두려워하는 것이나, 맹자가 "나는 이 때문에 두려워한다"거나, 공자가 "내가 인(仁)을 하고자 한다"거나, 맹자가 "내가 또 인심을 바로잡고자 한다"는 부류는 곧장 도리에 나아가서 말한 것을 이르니, 아마도 잘못이 없을 것이고 또한 기를 섞어서 말한 것이라고 이르기가 어려울 것이다. 비단 성인의 칠정만 이와 같을 뿐만 아니라, 비록 중인의 정이라도 이와 같은 것이 있다. 예컨대 맹자가 말한 "어려서는 그 부모를 사랑할 줄 모르는 이가 없다"는 부류가 또한 그러하니, 이것이 그렇지 않은지를 모르겠다.[929]

전우는 사단만 도리에 나아가서 말한 것이 아니라, 칠정 역시 도리에 나아가서 말한 것이라고 설명한다. 그리고 그 구체적인 사례를 제시한다. 예를 들어 순임금이 부모를 사랑하거나(愛), 동생이 기뻐하면 기뻐하거나(喜), 사흉(四凶)에게 성내거나(怒), 하늘에 울부짖거나(哀), 공자가 말 재주 있는 자를 싫어하거나(惡), 일에 임하여 두려워하거나(懼), 내가 인(仁)을 하고자 하는(欲) 등은 모두 곧장 도리에 나아가서 말한 것이다. 따라서 전우는 칠정이 도리에 나아가서 말한 것이라 하더라도 아무런 문제될 것이 없을 것이며, 또한 칠정이라도 "기를 섞어서 말한 것이라

---

929 같은 곳, "愚按四七異同, 必欲如此說, 有可疑者. 如舜之愛親, 喜弟, 怒四凶, 泣旻天, 孔子之惡佞者, 惡利口, 臨事而懼, 孟子之吾爲此懼, 孔子之我欲仁, 孟子之我亦欲正人心之類, 謂之直就道理說, 恐無礙, 亦難謂之夾帶氣說. 不但聖人之七情如是, 雖衆人之情, 亦有如是者. 如孟子所謂孩提之童無不知愛其親之類, 亦然, 未知此不然否."

고 이르기가 어려울 것이다"라고 강조한다.

또한 이러한 해석은 순임금·공자·맹자와 같은 성인의 칠정만 해당되는 것이 아니라, 보통 사람의 칠정에도 해당된다. 맹자의 "어려서는 그 부모를 사랑할 줄 모르는 이가 없다(愛)"는 말을 보면, 이때의 칠정역시 도리에 나아가서 말한 것이다. 결국 사단뿐만 아니라 칠정도 도리에 나아가서 말한 것이니 '기발' 또는 '주기'로 보아서는 안 된다. 이것은 김창협이 칠정을 기기(氣機)가 발동한 것으로 해석한 것에 대한 비판이다.

셋째, 김창협에 따르면 "자사가 달도(達道)를 논할 때에 희·로·애·락이 발한 것을 달도라 하지 않고 반드시 발하여 중절한 것을 달도라 하였으니, 바야흐로 사람 마음의 기기(氣機)가 움직일 때에 잘못되기 쉬우니 반드시 리를 따라서 올바름을 얻은 연후에 '달도'라고 말할 수 있다."[930] 이이는 이황처럼 칠정을 주기(主氣)로 해석하면 칠정에는 리가 없는 것이므로 옳지 않다고 비판하고, 그 이유로써 『중용』의 달도를 거론한다. "만약 칠정을 '주기'라고 한다면, 자사가 논한 대본(大本)과 달도(達道)에서 리 한쪽을 빠뜨린 것이 되니 크게 잘못이 되지 않겠는가."[931] 그러나 김창협이 칠정을 '주기'로 보는 것은 이이처럼 칠정에는 리가 없다는 말이 아니라, 다만 주로 하여 말한 것이 기에 있을 뿐이기 때문이다. 이러한 이유에서 김창협은 칠정을 '주기'로 해석한다.

이어서 김창협은 그 이론적 근거로써 이이와 마찬가지로 『중용』의 달도를 거론한다. 이이가 칠정을 '주기'로 볼 수 없음을 『중용』의 달도

---

930 같은 곳, "子思論達道, 不曰喜怒哀樂之發是達道, 而必以發而中節者爲達道者, 正以人心氣機之動, 易於差忒, 須是循理而得正, 然後可謂之達道."(이 글은 『農巖續集』卷下, 「四端七情說」에 나온다.)

931 『栗谷集』卷10, 「答成浩原(壬申)」, "若如兄言七情爲主氣, 則子思論人本達道, 而遺却理一邊矣, 豈不爲大欠乎."

로써 설명한 것처럼, 김창협은 칠정을 '주기'로 볼 수 있음을 『중용』의 달도로써 설명한다. 김창협에 따르면, 『중용』에서는 희 · 로 · 애 · 락이 발한 것을 그대로 달도라고 하지 않고 희 · 로 · 애 · 락이 발하여 〈모두〉중절한 것을 달도라 하였으니, 희 · 로 · 애 · 락과 같은 칠정은 중절(中節)을 필요로 하는 대상이다. '중절을 필요로 한다'는 것은 잘못되기 쉽다는 의미이며, '잘못되지 쉽다'는 것은 희 · 로 · 애 · 락이 기를 주로 한다는 말에 다름 아니다. 결국 희 · 로 · 애 · 락은 기를 주로 하여 말한 것이므로 반드시 발하여 중절해야 달도에 이를 수 있다. 이러한 의미에서 김창협은 "리를 따라서 바름을 얻은 연후에 달도라고 말할 수 있다"라고 강조한다. 그러므로 칠정은 '주기'라고 할 수 있다.

이에 대해 전우는 다음과 같은 이의를 제기한다.

> 내가 생각건대, 『중용』의 "발하여 모두 중절한다"는 것은 다만 천명의 성이 발한 것에 나아가서 희 · 로 · 애 · 락이 자연히 어긋남이 없는 곳에서 달도를 가리켰을 뿐이다. '기틀의 움직임이 쉽게 잘못된다'는 것과 '리를 따라서 바름을 얻는다'는 구분과 같은 것은 아마도 성급하게 말해서는 안 될 것이다. 그렇지 않으면, 아마도 달도는 사람에 연유하여 비로소 있는 혐의가 있을 것이니, 이 설이 옳은지 여부를 알지 못하겠다.[932]

『중용』에 따르면, "희 · 로 · 애 · 락이 아직 발하지 않는 것을 중(中)이라 하고 발하여 모두 중절한 것을 화(和)라 하니, '중'이라는 것은 천하의 대본(大本)이고 '화'라는 것은 천하의 달도(達道)이다."[933] 희 · 로 · 애 · 락

---

[932] 『艮齋集後編』卷12,「農巖四七說疑義」, "愚按中庸發而皆中節, 但就天命之性所發底, 喜怒哀樂自然無所乖戾處, 指點出達道爾. 若乃機動易差與循理得正之分, 恐未遽及也. 不然, 恐達道有因人方有之嫌矣, 未審此說是否."

은 정이고, 이것이 아직 발하지 않는 것은 성이다. 아직 발하지 않을 때의 성은 편벽되거나 치우침이 없으므로 '중'이라 하고, 이미 발하였을 때의 정은 모두 중절하여 어긋남이 없으므로 '화'라고 한다.

여기에서 김창협은 희·로·애·락이 발하여 모두 중절해야 달도를 이룰 수 있으니, 이때의 희·로·애·락은 중절하지 못한 정을 말한다. 반면 전우는 성이 발하여 정으로 드러날 때에 "희·로·애·락이 자연히 어긋남이 없는 곳에서 달도를 가리켰을 뿐이니" 이때의 희·로·애·락은 중절한 정을 말한다. 따라서 김창협이 희·로·애·락의 칠정을 중절하지 못한 정으로 해석한다면, 전우는 희·로·애·락의 칠정을 중절한 것으로 해석한다. 중절하지 못한 것은 기가 주가 되기 때문이니 칠정은 '주기'라 할 수 있고, 중절한 것은 기가 주가 되지 않기 때문이니 칠정은 '주기'라고 할 수 없다. 결국 『중용』 달도의 해석을 두고, 김창협은 '주기'로 보아야 한다고 주장하는 반면, 전우는 '주기'로 보아서는 안 된다고 주장한다.

이러한 이유에서 전우는 김창협처럼 "기기(氣機)의 움직임이 잘못되기 쉽다"거나 "리를 따라서 바름을 얻는다"는 말을 성급하게 해서는 안 된다고 비판한다. 왜냐하면 이러한 말들은 모두 칠정이 중절하지 못한다, 즉 기를 주로 하여 말한 것임을 나타내는 표현이기 때문이다. 전우에 따르면, 천명의 성이 발하여 정으로 드러나니, 비단 사단이 성에서 발한 것일 뿐만 아니라 칠정 역시 성에서 발하지 않은 것이 없다. 사단과 마찬가지로 칠정은 성에서 발한 것이니 "기기(氣機)의 움직임이 잘못되기 쉽다"는 것처럼 기를 주로 하여 말한 표현은 옳지 않다.

이 때문에 전우는 "정의 근원을 말하면 사단과 칠정이 모두 리가 주

---

933 『中庸』, 第1章, "喜怒哀樂之未發, 謂之中; 發而皆中節, 謂之和. 中也者, 天下之大本; 和也者, 天下之達道也."

인이고 기가 짝이지만, 성의 움직임을 가리키면 사단과 칠정은 모두 기가 발하고 리가 타는 것이다"[934]라고 말한다. 성이 발하기 이전의 근원을 말하면, 사단과 칠정은 모두 리에 근원한다. 이것은 일원(一源)을 강조하는 이이의 해석과 유사하며, 사단의 소종래는 본연지성(리)이 되고 칠정의 소종래는 기질지성(기)이 되어 소종래에 따른 근원적 차이를 강조하는 이황의 이론과는 분명히 구분된다.

또한 성이 발한 이후의 움직임을 말하면, 사단과 칠정이 모두 기가 발하고 리가 타고 있는 '기발이승일도'이다. 왜냐하면 사단과 칠정은 모두 이기를 겸하는데, 이때 발하는 주체는 기이고 기를 타고서 발할 수 있게 하는 원인(소이)이 리이기 때문이다. 이렇게 볼 때, 전우의 사단칠정론은 이이의 '기발이승일도'를 지지하고 이황의 '사단은 이발이고 칠정은 기발이다'는 호발설에 반대하는 것을 알 수 있다.

넷째, 김창협은 사단칠정론을 수양과 연결시켜 사단은 확충의 대상이고 칠정은 경계의 대상으로 해석한다. "예로부터 칠정을 논한 것에는 모두 경계하는 뜻이 있었으니, 사단을 오로지 확충으로 말하는 것과 같지 않고 기를 주로 하여 말하였음을 알 수 있다."[935] 사단에는 확충의 뜻이 있고 칠정에는 경계의 뜻이 있으니, 사단은 리를 주로 하여 말한 것이고 칠정은 기를 주로 하여 말한 것이다. 사단은 리를 주로 하여 말한 것이므로 '이발'이 되고, 칠정은 기를 주로 하여 말한 것이므로 '기발'이 되니, 결국 이황의 호발설은 타당하다는 의미이다.

이에 대해 전우는 다음과 같은 이의를 제기한다.

---

934 『艮齋集後編』卷12, 「農巖四七說疑義」, "愚故曰, 語情之源, 則四七皆是理主而氣配之; 指性之動, 則四七皆是氣發而理乘之也."

935 같은 곳, "古來論七情者, 皆有戒之之意, 非若四端專以擴充爲言, 其爲主氣而言, 可見矣."(이 글은 『農巖續集』卷下, 「四端七情說」에 나온다.)

내가 생각건대, 이것은 참으로 그러한 것이 있다. 다만 칠정 중에, 예컨대 부모가 늙으면 기쁘기도 하고 두렵기도 하거나, 부모가 죽으면 슬퍼하거나, 부모를 섬기는데 깊은 사랑을 간직하거나, 부모가 사랑하고 미워하는 것은 자기도 사랑하고 미워하거나, 순임금이 〈이복동생인〉 상(象)이 기뻐하면 기뻐하거나, 공자가 일에 임하여 두려워하거나, 맹자가 '내가 이 때문에 두려워한다'거나, '군자가 삼가고 두려워함을 간직한다'[936]거나, '천명(天命)을 두려워하고 성인의 말씀을 두려워한다'[937]거나, 상(喪)에서 슬퍼하거나, 불인(不仁)을 미워하거나, 향원을 미워하거나, 『논어』의 '내가 인(仁)을 하고자 한다'[938]거나, 『맹자』의 "의(義)도 내가 원하는 것이다"[939]거나, 권신이 임금을 참람하고 핍박하는 것을 보면 성내는 것 등은 배우는 사람들이 이런 부류에서 항상 그 본분을 다하지 못함을 걱정한다면, 마땅히 확충하여야 하고 경계하여 막아서는 안 된다. 성인의 칠정에 이르러서는 더욱 주기(主氣)라고 말하기 어려우니, 어떤지 모르겠다.[940]

전우에 따르면, 칠정이란 무조건 경계해야 할 대상이 아니다. 그 구체적인 사례를 열거하니, 부모가 늙으면 기쁘기도 하고(喜) 두렵기도 하는 것(懼)[941], 부모가 죽으면 슬퍼하는 것(哀), 부모를 섬기는데 깊은 사랑

---

936 『中庸』, 第1章, "是故君子戒愼乎其所不睹, 恐懼乎其所不聞."
937 『論語』, 「季氏」, "孔子曰, 君子有三畏, 畏天命, 畏大人, 畏聖人之言."
938 『論語』, 「述而」, "子曰, 仁遠乎哉. 我欲仁, 斯仁至矣."
939 『孟子』, 「告子(上)」, "生亦我所欲也, 義亦我所欲也, 二者不可得兼, 舍生而取義者也."
940 『艮齋集後編』卷12, 「農巖四七說疑義」, "愚按此固有然者. 但七情中如親老而喜懼, 親沒而哀痛, 事親而存深愛, 父母所愛惡, 己亦愛惡, 虞帝之象喜亦喜, 孔子之臨事而懼, 孟子之吾爲此懼, 君子之存戒懼, 畏天命, 畏聖言, 哀有喪, 惡不仁, 惡鄕原, 論語之我欲仁, 雛書之義亦我所欲, 見權倖之僭逼於君上則怒, 學者於此類, 常患其不盡分, 則宜亦擴而充之, 不可戒而遏之. 至於聖人七情, 尤難謂之主氣, 未知如何."

을 간직하는 것(愛), 순임금이 이복동생인 상이 기뻐하면 기뻐하는 것
(喜), 공자가 일에 임하여 두려워하는 것(懼), 맹자가 '의(義)도 내가 원하
는 것이다'는 것(欲), 권신이 임금을 참람하고 핍박하는 것을 보면 성내
는 것(怒) 등은 모두 확충해야지 경계해서는 안 된다.

결국 칠정은 확충의 대상이지 경계의 대상이 아니다. 칠정이 확충의
대상이라는 것은 기를 주로 하여 말한 것이 아니라는 의미이다. 그러므
로 칠정은 '주기'로 해석해서는 안 된다. 보통 사람들의 칠정도 그러하
거니와, 하물며 "성인의 칠정은 더욱 '주기'라고 말해서는 안 된다."

다섯 째, 김창협에 따르면 "'사단은 오로지 리를 말한 것이고 칠정은
기를 겸하여 말한 것이다'는 율곡의 설은 분명하지 않는 것은 아니지만,
내가 보기에는 조금 이상한 것이 없지 않으니, 다투는 것은 다만 '기를
겸하여 말한다'는 한 구절에 있을 뿐이다. 칠정이 비록 실제로 이기를
겸하지만 요지는 기를 주로 하니……애초에 주기(主氣)가 되는 것에 해
되지 않는다."[942] 김창협이 이이의 이론 중에서 문제 삼는 것은 칠정이
'기를 겸하여 말한다'는 표현이다. 이이의 주장처럼 칠정이 실제로 이
기를 겸하지만, 요지는 기를 주로 하는데 있는 것이지 기를 겸하는데 있
는 것이 아니기 때문이다. '기를 겸하여 말한다'는 전제 위에서 기를 주
로 하여 말한 것이 바로 칠정이니 칠정은 '주기'가 된다.

이에 대해 전우는 다음과 같은 이의를 제기한다.

> 내가 생각건대, 율곡은 칠정이 모두 선할 수 없다고 보았기 때문에 '오

---

941 부모가 늙으면 오래 사셨다는 뜻이니 기쁘기도 하지만, 늙었다는 것은 그만큼 돌
아가실 날이 가깝다는 뜻이니 두렵기도 하다.

942 『艮齋集後編』卷12, 「農巖四七說疑義」, "四端專言理, 七情兼言氣, 栗谷說, 非不明
白, 愚見不無小異者, 所爭只在兼言氣一句耳. 蓋七情雖實兼理氣, 要以氣爲
主……初不害其爲主氣也."(이 글은 『農巖續集』卷下, 「四端七情說」에 나온다.)

로지 리를 말한다'고 하지 않고 '기를 겸하여 말한다'고 하였으며, 또한 일찍이 모두 불선한 것은 아니기 때문에 '주기'라고 말하지 않고 '리와 기를 포괄한다'고 말하였으니, 그 이치를 살피는 것이 또한 매우 정밀하다. 성인의 칠정과 같은 것은 기를 주로 해서는 안 된다.[943]

　전우는 김창협이 비판한 이이의 이론이 오히려 "이치를 살피는 것이 또한 매우 정밀하다"고 변호한다. 이이의 '칠정은 기를 겸하여 말한다' 는 표현은 칠정이 모두 선할 수 없다, 즉 칠정은 선할 때도 있고 불선할 때도 있다고 보았기 때문이다. 기가 리를 따르면 선하고, 기가 리를 따르지 않으면 불선하다. 이이가 칠정에는 선뿐만 아니라 불선이 있다는 의미에서 '기를 겸한다'고 말한 것이다. 물론 이 말은 칠정에도 불선이 있음을 인정하기도 하지만, 칠정이 본래 선하다는 뜻이 전제된 표현이다. 칠정은 본래 선하니, 왜냐하면 칠정 역시 성이 발한 정이기 때문이다. 이것이 바로 '성발위정'의 의미이기도 하다. 이 때문에 전우와 이이는 칠정을 '주기'로 보는데 반대한 것이다.

　이이는 칠정이 전적으로 불선한 것이 아니기 때문에 '주기'라고 말하지 않고 '리와 기를 포괄한다'고 말한 것이다. 이것은 또한 칠정이 본래 선하다는 말에 다름 아니다. 물론 칠정에 불선이 없는 것은 아니지만, 칠정은 본래 선하므로 '주기'로 해석하는 것은 옳지 않다. 이이의 주장처럼 칠정은 결코 '주기'가 될 수 없으니, 왜냐하면 칠정에는 선(리)한 부분도 있기 때문이다. 이러한 의미에서 전우는 이이의 이론이 매우 정밀하다고 평가한다.

943　같은 곳, "愚按栗翁見七情不能皆善, 故不曰專言理, 而曰兼言氣, 又未嘗皆不善, 故不曰主氣, 而曰包理氣, 其察理亦甚精且密矣. 若乃聖人七情, 則不可以氣爲主也."

결국 이들의 이론적 차이는 김창협이 칠정을 '주기'로 보려는 것과 달리, 전우는 칠정을 '주기'로 보아서는 안 된다는데 있다. 칠정을 '주기'라고 할 수 없는 것은 성인뿐만 아니라 보통 사람의 칠정도 중절하는 경우가 있기 때문이다. 또한 이것은 이기를 겸한다는 '불상리'의 관점이 반영된 해석이다. 칠정이 이기를 겸하므로 칠정에도 리가 없는 것이 아니니, 그대로 '주기'로 보아서는 안 된다.

이러한 내용은 칠정을 '주기'로 보려는 이황과 달리, 칠정을 끝까지 '주기'로 보아서는 안 된다는 이이의 해석구조와도 유사하다. 전우의 사단칠정론은 이이의 이론을 지지하는 입장에서 이황의 이론을 지지하는 김창협의 이론에 이의를 제기한 것이니, 그 요지는 결국 칠정에 대한 해석상의 차이에 있다고 하겠다.

45

곽종석(郭鍾錫)의 사단칠정론

① 사단과 칠정은 경위(經緯)의 관계이다

곽종석(郭鍾錫, 1864~1919)[944]의 사단칠정론은 사단과 칠정(또는 십정)을 경위(經緯)의 관계로 설명하는데서 시작된다. "사람이 태어날 때는 천지의 기를 얻어서 기로 삼고 천지의 리를 얻어서 성으로 삼으니 심은 성과 기를 합한 명칭이다. 기는 수·화·목·금·토의 기이고 성은 인·의·예·지·신의 리이다.……리와 기가 발함에 종횡으로 착종하여 사단과 칠정이 생겨나는데, 이때 인·의·예·지·(신)의 리가 수·화·목·금·(토)의 기를 타고 곧게 발한 것이 경(經)이고 사단이며, 리가 기를 타고 옆으로 나온 것이 위(緯)이고 십정(十情)이다."[945] 이때 수·화·목·금·토의 기를 경기(經氣)라고 부르고, 수·화·목·금·토의 생극

---

944 곽종석의 본관은 玄風, 자는 鳴遠, 호는 俛宇로 경남 단성 출신이다. 저서로는 『면우집』이 있다.

945 『俛宇集』卷128, 「四端十情經緯圖」, "人之生也, 得天地之氣以爲氣, 得天地之理以爲性, 心者合性與氣之名也. 而其氣則水火木金土之氣也, 其性則仁義禮智信之理也.……理氣之發, 縱橫錯綜, 其理之乘氣而直發者爲經, 四端是也, 其理之乘氣而旁生者爲緯, 十情是也."

(生克)하는 기를 위기(緯氣)라고 부른다. 그래서 "리가 경기(經氣)를 타고 곧게 나온 것을 사단이라 하고, 리가 위기(緯氣)를 타고 옆으로 나온 것을 칠정(또는 십정)이라 한다."[946]

이어서 사단과 십정의 구체적 내용을 제시하니, 먼저 사단에 대해서는 다음과 같이 설명한다.

> 인(仁)의 리가 목(木)의 기를 타고 발하는 것을 '측은'이라 하며, 예(禮)의 리가 화(火)의 기를 타고 발하는 것을 '사양'이라 하며, 의(義)의 리가 금(金)의 기를 타고 발하는 것을 '수오'라고 하고, 지(智)의 리가 수(水)의 기를 타고 발하는 것을 '시비'라고 한다.……이것은 사단이 곧게 발하여 경(經)이 된 것이다.[947]

또한 십정(十情)에 대해서는 다음과 같이 설명한다.

> 지(智)와 인(仁)의 리가 수생목(水生木)의 기를 타고 발하는 것을 애(愛)라 하고, 인(仁)과 예(禮)의 리가 목생화(木生火)의 기를 타고 발하는 것을 희(喜)라 하며, 예(禮)와 신(信)의 리가 화생토(火生土)의 기를 타고 발하는 것을 락(樂)이라 하고, 신(信)과 의(義)의 리가 토생금(土生金)의 기를 타고 발하는 것을 우(憂)라 하며, 의(義)와 지(智)의 리가 금생수(金生水)의 기를 타고 발하는 것을 애(哀)라 한다. 예(禮)와 의(義)의 리가 화극금(火克金)의 기를 타고 발하는 것을 오(惡)라 하고, 의(義)와 인(仁)의 리가 금극목(金克

---

946 같은 곳, "理之乘單遂之經氣而直發者曰四端, 理之乘生克之緯氣而旁生者曰七情."

947 같은 곳, "仁之理乘木之氣而發曰惻隱……禮之理乘火之氣而發曰辭讓……義之理乘金之氣而發曰羞惡……智之理乘水之氣而發曰是非.……此則四端之直發而爲經者也."

木)의 기를 타고 발하는 것을 로(怒)라 하며, 인(仁)과 신(信)의 리가 목극토 (木克土)의 기를 타고 발하는 것을 분(忿)이라 하고, 신(信)과 지(智)의 리가 토극수(土克水)의 기를 타고 발하는 것을 욕(欲)이라 하며, 지(智)와 예(禮) 의 리가 수극화(水克火)의 기를 타고 발하는 것을 구(懼)라고 한다. 이것은 십정(十情)이 옆으로 나와서 위(緯)가 된 것이다.[948]

인·의·예·지의 리가 수·화·목·금·토의 기(經氣)를 타고 곧게 발한 것이 사단이라면, 인·의·예·지의 리가 수·화·목·금·토의 생(生)·극(克)하는 기(緯氣)를 타고 옆으로 나온 것이 십정(十情)이다. 여기에서 기존의 칠정과 달리 '십정'이라는 표현이 등장한다. 오행의 생(生)하는 기인 수생목(水生木)·목생화(木生火)·화생토(火生土)·토생금(土生金)·금생수(金生水)의 기를 타고 발한 애(愛)·희(喜)·락(樂)·우(憂)·애(哀)와 오행의 극(克)하는 기인 화극금(火克金)·금극목(金克木)·목극토(木克土)·토극수(土克水)·수극화(水克火)의 기를 타고 발한 오(惡)·로(怒)·분(忿)·욕(欲)·구(懼)로 모두 10개의 정이다.

곽종석은 십정이라는 용어를 쓰게 된 이유를 설명한다. "생(生)·극(克)의 기가 모두 열인데, 정의 큰 것이 일곱뿐이었다. 그러므로 『대학』 전7장의 네 개의 정을 취하여 그 모양을 묵묵히 추론하니 꼭 들어맞아 어긋나지 않았다."[949] 오행의 생·극의 기로 칠정을 설명하자니 10개의

---

948 같은 곳, "智之仁之理乘水生木之氣而發曰愛……仁之禮之理乘木生火之氣而發曰喜……禮之信之理乘火生土之氣而發曰樂……信之義之理乘土生金之氣而發曰憂……義之智之理乘金生水之氣而發曰哀.……禮之義之理乘火克金之氣而發曰惡……義之仁之理乘金克木之氣而發曰怒……仁之信之理乘木克土之氣而發曰忿……信之智之理乘土克水之氣而發曰欲……智之禮之理乘水克火之氣而發曰懼……此則十情之旁生而爲緯者也."
949 같은 곳, "然而生克之氣凡一十, 而情之大曰七而已. 故竊取大學傳七章四有之情, 默推其貌狀, 則盖脗合而不爽焉."

정이 필요하였으며, 이 때문에 『예기』「예운」의 희·로·애·구·애·오·욕 일곱에다 『대학』의 분치(忿懥: 忿)·공구(恐懼)·호락(好樂: 樂)·우환(憂患: 憂) 중에서 분(忿)·락(樂)·우(憂) 셋을 더하여 10개의 정으로 맞추었다는 것이다.

때문에 정을 사단과 십정으로 구분한 것은 자기 마음대로 만든 것이 아니라 『맹자』·『예기』「예운」·『대학』에 근거한 것이라고 설명한다. "『맹자』에서 '측은지심은 인의 단서이고, 수오지심은 의의 단서이고, 사양지심은 예의 단서이고, 시비지심은 지의 단서이다'라고 하였으니 나는 『맹자』에서 사단을 얻었다. 『예기』「예운」에서 희·로·애·구·애·오·욕이라 하고 『대학』에서 '마음에 분치·호락·우환이 있다'고 하였으니, 나는 「예운」과 『대학』에서 십정을 얻었다. 여기에서 말미암은 것이지 내가 사사로이 만든 것이 아니다."[950]

더 나아가 곽종석은 사단과 십정을 오행뿐만 아니라 천도의 운행질서나 자연현상과도 연결시켜 설명한다.

> 지금 천도(天道)로 말하면, 원·형·이·정의 리가 오행의 기를 타고 곧게 완수되면, 봄에 생겨나고 여름에 자라고 가을에 거두어들이고 겨울에 저장하는 작용이 되니, 사람에 있어서는 사단(四端)이 이것이다. 원·형·이·정의 리가 오행의 기를 타고 옆으로 행하면 비·바람·이슬·서리·눈·번개·우레·안개·구름·무지개의 작용이 되니, 사람에 있어서는 십정(十情)이 이것이다.[951]

---

950 같은 곳, "噫孟子曰惻隱之心仁之端也, 羞惡之心義之端也, 辭讓之心禮之端也, 是非之心智之端也, 吾於孟子, 得四端焉. 禮運曰喜怒哀懼愛惡欲, 大學曰心有所忿懥好樂憂患, 吾於禮運大學, 得十情焉. 由是而已, 非余之所私爲也."

951 같은 곳, "今以天道言之, 元亨利貞之理, 乘五行之氣而直遂, 則爲春生夏長秋斂冬藏之用, 在人則四端是也. 元亨利貞之理, 乘五行之氣而旁行, 則爲雨風露霜雪電

원·형·이·정의 리가 수·화·목·금·토의 경기(經氣)를 타고 곧게 발하여 사계절의 생(生)·장(長)·수(收)·장(藏)이 되는데, 이것은 인·의·예·지의 리가 수·화·목·금·토의 경기(經氣)를 타고 곧게 발하여 측은·수오·사양·시비의 사단이 되는 것과 같다. 또한 원·형·이·정의 리가 수·화·목·금·토의 위기(緯氣)를 타고 옆으로 발하여 비·바람·이슬·서리·눈·번개·우레·안개·구름·무지개 등의 자연현상이 되는데, 이것은 인·의·예·지의 리가 수·화·목·금·토의 위기(緯氣)를 타고 옆으로 발하여 애(愛)·희(喜)·락(樂)·우(憂)·애(哀)·오(惡)·로(怒)·분(忿)·욕(欲)·구(懼)의 십정이 되는 것과 같다는 것이다. 이것은 인간의 정을 천도에 근원시켜 해석한 것으로써, 곽종석의 천인합일(天人合一)적 사고를 엿볼 수 있다.

또한 곽종석은 경(經: 씨줄)과 위(緯: 날줄)의 특성에 근거해서 사단의 수는 일정하여 바뀔 수 없으나 칠정의 수는 얼마든지 바뀔 수 있다고 설명한다. "네 가지의 단서는 줄여서 셋이 될 수 없고 또한 늘여서 다섯이 될 수 없으니, 흡사 서로 모여 붙어있는 것과 같아서 옮기거나 바꿀 수 없다. 기는 만 가지의 다름이 있기 때문이다. 일곱 가지의 정은 천백 가지로 부연할 수 있고 또한 한두 가지로 요약할 수 있어서 별도의 정해진 수가 없으니, 오직 보는 바가 어떠한지에 달려있을 뿐이다."[952] 경기(經氣)를 타고 발하는 사단은 씨줄(經)의 특성처럼 그 수가 일정하여 바뀔 수 없으나, 위기(緯氣)를 타고 발하는 칠정(십정)은 날줄(緯)의 특성처럼 정해진 수가 없다. 때문에 십정 외에도 다른 정이 없을 수 없으니, 의(疑:

雷霧雲霞之用, 在人則十情是也."

952 같은 곳, "故四者之端, 不可減之爲三, 亦不可增之爲五, 而恰相湊著, 移易了不得矣. 以氣則有萬不齊, 故七者之情, 可以衍之爲千百, 亦可以約之爲一二, 而別無定數, 惟在乎所看之如何耳."

의심) · 회(悔: 후회) · 괴(愧: 부끄러움) · 석(惜: 안타까움) · 염(厭: 싫어함) · 고(苦: 괴로움) 등과 같은 것이다. 다만 십정은 정을 모두 말한 것이 아니라 수만 가지 정 가운데 그 대략을 거론한 것일 뿐이다.[953]

② 사단과 칠정은 모두 '이발'이다

여기에서 중요한 것은 경위(經緯)의 이론구조이다. '경위'란 체용의 이론처럼, 하나를 경(經: 날줄)과 위(緯: 씨줄)의 두 측면에서 해석하는 것을 의미한다.[954] 하나의 정을 경(經)의 측면에서 말하면 사단이 되고, 위(緯)의 측면에서 말하면 칠정이 된다. 그러므로 사단과 칠정은 하나의 정이어야 한다. 예를 들어 이황처럼 사단과 칠정을 서로 다른 정으로 해석할 경우는 경위(經緯)의 이론과는 맞지 않는다. 따라서 정은 하나이며, 이 하나의 정은 성에서 발한 것이므로 사단과 칠정은 모두 '이발'이된다.

곽종석은 이러한 관점에서 사단과 칠정이 모두 '이발'임을 강조한다.

세상 사람들이 모두 "사단은 공정하고 칠정은 사사로우며, 사단은 귀하고 칠정은 천하다"고 말하는데, 이것은 분개설에서는 옳겠지만 칠정의 모습을 다 말한 것이 아니다. 칠정 역시 이 성에서 발한 것이니, 어찌 온전히 사사롭고 공정하지 않으며 천하고 귀하지 않을 수 있겠는가?『중용』의 희·로·애·락은 천하의 달도(達道)가 되는데 부끄러움이 없으니, 공

---

953 같은 곳, "然而十情之外, 亦不能無他情, 若疑悔愧惜厭苦之類是也. ……此其大略也, 餘不盡說."
954 베틀의 경우, 날실(經)은 베틀에 고정되어 있고 씨실(緯)이 좌우로 왕복하면서 베를 짜나가니, 각각의 역할은 다르지만 서로 기다려서 함께 하는 관계이다. 이것은 씨실과 날실이 별개의 두 존재가 아님을 강조한 표현이다.(금장태,『퇴계학파의 사상(Ⅰ)』, 집문당, 1996, pp.205-206 참조.)

자의 두려움은 난신적자의 참절(僭竊: 본분을 뛰어넘어 참람하거나 함부로 도둑질하는 것)을 두려워한 것이고, 자사의 걱정은 이 도가 전해지지 못함을 걱정한 것이며, 부모를 사랑하고 임금을 사랑하는 사랑이고, 불선을 미워하고 아첨하는 것을 미워하는 미움이며, 내가 인하고자 하고 선하고자 하는 욕구이니, 어찌 지극히 공정하고 사사로움이 없는 것을 잡거나 진실로 귀하고 천하지 않는 것을 채운 것이 아님이 없겠는가?[955]

곽종석은 칠정 역시 성에서 발한 것임을 강조한다, 이것은 사단과 칠정이 모두 '이발'임을 강조한 표현이다. 그래서 "『중용』의 희·로·애·락은 천하의 달도가 되는데 조금의 부끄러움도 없다"라고 말한다. 그 이유로써 『중용』의 칠정은 사사로운 것이 아니라 공정한 것이기 때문이다. 예를 들어 공자의 두려움은 난신적자가 참람하는 것을 두려워한 것이고, 자사의 걱정은 이 도가 전해지지 못함을 걱정한 것이며, 부모를 사랑하고 임금을 사랑하는 사랑이고, 선하지 않는 것을 미워하고 아첨하는 것을 미워하는 미움이며, 내가 인(仁)하고자 하거나 선하고자 하는 욕구이니, 이것은 모두 사사로운 것이 아니라 지극히 공정한 것이며 천한 것이 아니라 진실로 귀한 것이다.

따라서 칠정이 달도가 되는데 조금의 부족함이 없으니 '이발'이 되어야 한다. 이 때문에 곽종석은 "세상 사람들이 사단은 공정하고 칠정은 사사로우며 사단은 귀하고 칠정은 천하다고 말하는 것은 칠정의 모습을 다 말한 것이 아니다"라고 말한다. 칠정의 모습은 사사로운 것이 아

---

955 『俛宇集』卷128,「四七雜記」, "世之言者, 皆曰四公而七私, 四貴而七賤, 此於分開說則得矣, 非所以盡七情之貌狀也. 七情亦發於此性, 豈其純私而不公, 可賤而不貴也哉. 中庸之喜怒哀樂, 無愧於爲天下之達道, 孔子之懼, 懼亂賊之僭竊; 子思之憂, 憂斯道之失傳; 愛親愛君之愛, 惡不善惡大佞之惡, 我欲仁可欲善之欲, 何莫非秉至公而無私, 充良貴而不賤者乎."

니라 공정한 것이며 천한 것이 아니라 귀한 것이니, 왜냐하면 칠정 역시 성에서 발한 것이기 때문이다.

곽종석은 이러한 달도의 칠정은 칠정에서 비롯된 것이 아니라, 결국 사단의 층간에서 나온 것이라고 설명한다.

> 다만 이것은 칠정이 갑자기 제멋대로 한 것이 아니라, 바로 사단의 층 간에서 번갈아 나온 것이다. 공자의 두려움은 수오의 두려움이고, 자사 의 걱정은 측은의 걱정이다. 아첨하는 자를 미워하는 것은 시비의 미움이 고, 선을 하고자 하는 것은 공경의 욕구(欲)이다. 문왕이 어버이의 건강을 기뻐하는 것은 측은의 기쁨이고, 위대한 순임금이 사흉(四凶)에게 성내는 것은 수오의 성냄이다. 정을 얻어서 슬퍼하고 불쌍히 여기는 것은 시비의 슬픔이고, 화기애애하게 한담하여 공자가 즐거워한 것은 공경의 즐거움 이다. 이것으로 미루어 가면, 사단이 칠정을 총괄하니 칠정의 공(公) 한쪽 은 진실로 천하의 달도가 되는데 부끄러움이 없다.[956]

칠정이 달도가 되는 것은 사단이 칠정을 총괄하기 때문이다. 사단이 칠정을 총괄하고 있는 이유로써, 공자의 두려움은 수오의 두려움(懼)이 고, 자사의 걱정은 측은의 걱정(憂)이며, 아첨하는 자를 미워하는 것은 시비의 미움(惡)이고, 선을 하고자 하는 것은 공경의 욕구(欲)이며, 문왕 이 부모의 건강을 기뻐하는 것은 측은의 기쁨(喜)이고, 위대한 순임금이 사흉(四凶)에게 성내는 것은 수오의 성냄(怒)이며, 정을 얻어서 슬퍼하고

---

956 같은 곳, "但此非七情之驀地自由, 而卽從四端層間迭見者也. 孔子之懼, 羞惡之懼 也; 子思之憂, 惻隱之憂也. 惡大佞, 是非之惡也; 可欲善, 恭敬之欲也. 文王之喜親 康, 惻隱之喜也; 大舜之怒四凶, 羞惡之怒也. 得情而哀矜, 是非之哀也; 闇侃而子 樂, 恭敬之樂也. 以此推之, 四端統七情, 而七情之公一邊, 固無愧於爲天下之達道 矣."

불쌍히 여기는 것은 시비의 슬픔(哀)이고, 화기애애하게 한담하여 공자가 즐거워한 것은 공경의 즐거움(樂)이기 때문이다.

곽종석은 칠정이 사단에서 나온다는 사실을 구체적 사례로써 설명한다. "예를 들어 부모가 병이 들면 측은지심이 발하는데, 음식도 조금 드시고 기력이 점차 회복되시면 기뻐하고(喜), 의사를 불러도 오지 않고 약을 청해도 주지 않으면 성내며(怒), 병이 더 심해져서 숨이 곧 끊어질 듯하면 슬퍼하고(哀), 몸조리에 효과가 있어 평상시의 기운을 회복하시면 즐거워하니(樂), 이는 희·로·애·락이 측은으로부터 말미암는 것이다."[957] 측은지심의 사단에 근거해서 희·로·애·락의 칠정이 나오니, 만약 측은지심이 없으면 희·로·애·락도 발할 수 없다. 수오·사양·시비도 마찬가지이다. 칠정은 결국 사단에서 나온 것이지 칠정에 기인한 것이 아니다.

이러한 관점에서 곽종석은 "『중용』의 칠정은 바로 사단의 칠정이지, 칠정의 칠정이 아니다"[958]라고 말한다. '달도의 칠정' 또는 '사단의 칠정'은 사단과 다르지 않다는 의미이다. 이러한 해석은 기대승의 "칠정이라는 것은 비록 기와 관계되는 것 같지만, 리가 또한 저절로 그 속에 있어서 발하여 중절한 것은 천명의 성이고 본연의 체이니, 맹자가 말한 사단과 내용은 같고 이름이 다른 것이다"[959]라는 말과 일치한다.

여기에서 중절한 칠정이 사단과 다르지 않을 수 있는 이유로는, 사단과 칠정을 하나의 정으로 본다는 것과 이 하나의 정이 성에서 발한 것으

---

957 같은 곳, "父母有疾, 惻隱之心發焉, 而匙箸稍進, 氣力稍完則喜; 迎醫不至, 請藥不與則怒; 敗症添㞋, 奄奄欲絶則哀; 調理有方, 體候復常則樂, 此則喜怒哀樂之由於惻隱者也."

958 같은 곳, "愚故曰中庸之七情, 卽四端之七情, 而非七情之七情也."

959 『高峯集』, 「論四端七情書」, "然而所謂七情者, 雖若涉乎氣者, 而理亦自在其中, 其發而中節者, 乃天命之性, 本然之體, 而與孟子所謂四端者, 同實而異名者也."

로 해석하기 때문이다. 사단뿐만 아니라 칠정까지 모두 '이발'로 해석하니, '이발'한 사단과 '이발'한 칠정은 결국 다르지 않다. 그래서 곽종석은 "사단이 칠정을 총괄하며 칠정이 사단의 층간에서 나온 것이다"라고 말한다. 이러한 해석은 사단/이발과 칠정/기발이라는 서로 다른 정으로 구분하는 이황의 이론과는 분명히 대조된다.

이어서 곽종석은 달도의 칠정뿐만 아니라 「예운」의 칠정, 즉 형기의 칠정도 리가 없는 것이 아니라고 강조한다.

> 「예운」의 칠정과 같은 것은 죽음·가난·음식·남녀상에서 말한 것이니, 예를 들어 부귀를 기뻐하고(喜), 거스르면 성내며(怒), 죽음을 슬퍼하고(哀), 환난을 두려워하며(懼), 동류를 사랑하고(愛), 자기와 다른 것을 미워하는(惡) 경우이다. 수레·말·종·북의 즐거움(樂), 성쇠·득실의 걱정(憂), 성색·취미의 욕구(欲)는 모두 칠정의 칠정이니, 점검하고 살펴서 마땅히 옳으면 선이 되고, 방종하여 그 법도를 잃으면 악이 된다. 형기의 누를 속일 수 없으니, 이것으로 사단에 상대하면 리와 기의 구별이 또한 분명하지 않겠는가? 다만 칠정에 리가 없는 것은 아니지만 기가 주가 될 때는 리가 끼인 바가 되어 흡사 없는 것과 같을 뿐이다. 그 실상을 궁구하면, 만 가지 정에 어찌 리가 없는 정이 있겠는가?[960]

곽종석은 형기의 칠정에도 리가 없는 것이 아님을 강조한다. 그래서 "만 가지 정에 어찌 리가 없는 정이 있겠는가." 이것은 『중용』에서 말한

---

960 『俛宇集』卷128, 「四七雜記」, "若夫禮運之七情, 從死亡貧苦飮食男女上說來, 如喜富貴怒拂逆哀死亡懼禍患愛同類惡異已. 車馬鍾鼓之樂, 盛衰得失之憂, 聲色臭味之欲, 皆是七情之自七情, 而檢察而當其可則爲善, 放縱而失其度則爲惡. 形氣之累, 不可誣也, 以此而對四端, 則理氣之判, 不亦較然乎. 但七情非無理, 而氣爲主時, 理爲其所挾, 恰似泯然底一般耳. 究其實相, 萬般之情, 夫焉有無理之情乎."

달도의 칠정뿐만 아니라 『예기』「예운」에서 말한 형기의 칠정도 모두 '이발'이라는 의미이다. 형기의 칠정이란 부귀를 기뻐하고(喜), 거스르면 성내며(怒), 죽음을 슬퍼하고(哀), 환난을 두려워하며(懼), 동류를 사랑하고(愛), 자기와 다른 것을 미워하는(惡) 등과 같은 공공의 칠정이 아닌 사사로운 칠정을 의미한다. 곽종석은 달도의 칠정을 '사단의 칠정'이라고 부르는 것과 마찬가지로, 이러한 형기의 칠정을 또한 '칠정의 칠정'이라고 부른다.

물론 형기의 칠정에도 리가 없는 것은 아니지만, 그렇지만 형기의 칠정은 점검하고 살펴서 마땅히 옳으면 선이 되나 방종하여 법도를 잃으면 악이 된다. 왜냐하면 이때는 기가 주가 되고 리가 사이에 끼인 바가 되어 리가 없는 것과 같기 때문이다. 그래서 이러한 형기의 칠정을 사단과 상대시켜 보면, 사단은 리가 주가 되고 칠정은 기가 주가 되어 리와 기의 구분이 없을 수 없다. 사단은 '이발'이고 칠정은 '기발'이라는 구분이 있게 된다.

③ 형기의 칠정은 '기발'이다

곽종석은 '달도의 칠정'뿐만 아니라 '형기의 칠정'까지도 모두 성이 발한 것이므로 '이발'로 해석한다. 그렇지만 형기의 칠정은 사단과 상대시킬 경우 사단은 이발(純善)이고 칠정은 기발(易惡)이라는 구분이 없을 수 없다. 이러한 이론적 모순에 직면하여, 곽종석은 혼륜과 분개라는 두 관점을 동시에 제시한다.

혼륜에는 두 가지 뜻이 있으니 선악을 포함하고 이기를 겸한 것이 하나의 설이고, 사단과 칠정을 합하여 오로지 리만을 가리킨 것이 하나의 설이다. 분개에는 두 가지 뜻이 있으니, 선으로 나누고 악으로 나누는 것이 하나의 설이고, 리로 나누고 기로 나누는 것이 하나의 설이다. 오로지 리만을 가리키면 사단과 칠정은 모두 정이며 정은 성에서 발하니, 사단도 '이발'이고 칠정도 '이발'인 것은 정의 실질이다. 리로 나누고 기로 나누면, 사단이 발할 때는 리에 감응하여 리가 주가 되고, 칠정이 발할 때는 기에 감응하여 기가 주가 되니, 사단이 '이발'이고 칠정이 '기발'인 것은 정의 기틀이다. 리가 주가 된 것은 순선하여 악이 없고, 기가 주가 된 것은 조금 선하여 쉽게 악이 된다. '이발'이 되는 것을 알면 마땅히 확충하여 속박하지 말아야 하고, 기발이 되는 것을 알면 마땅히 검속하여 방치하지 말아야 하니, 이것은 분개가 발하는 곳에서 공이 있는 것이다. 사단을 '이발'이라 하고 칠정을 '기발'이라 하여 더 이상 정의 실질을 말하지 않으면, 반드시 방촌 안에 대본(大本)이 둘이 있는 것과 같다. 그러므로 정이 발함에 모두 성이 발한 것이고 기는 다만 바탕으로 삼을 뿐이니, 이것은 혼륜이 본원(本原)에서 공이 있는 것이다.[961]

곽종석은 사단과 칠정을 혼륜과 분개의 두 관점으로 구분하여 설명한다. 혼륜이란 리와 기를 합쳐서 보는 것이니 사단과 칠정이 모두 이기를 겸한다. 때문에 혼륜의 관점에서는 사단뿐만 아니라 칠정에도 리가 없는 것이 아니니, 칠정 역시 성에서 발한 것이므로 모두 '이발'이 된다. 이에 "사단과 칠정은 모두 정이며 정은 성에서 발하니, 사단도 '이발'

---

[961] 같은 곳, "渾淪有兩義, 統善惡兼理氣者爲一說, 合四七單指理者爲一說. 分開有兩義, 分善分惡爲一說, 分理分氣爲一說. 單指理, 則四與七皆情也, 而情發於性, 四亦理發七亦理發者, 情之實也. 分理分氣, 則四端之發, 感於理而理爲主, 七情之發, 感於氣而氣爲主, 四爲理發七爲氣發者, 情之機也. 理之爲主者, 純善而無惡, 氣之爲主者, 少善而易惡. 知其爲理發也, 則當擴之而勿梏; 知其爲氣發也, 則當檢之而弗放, 此則分開之有功於發處者也. 謂四爲理發, 謂七爲氣發, 而更不道其情之實, 則疋似方寸之內, 大本有二. 故凡情之發, 均是性發, 而氣特資之而已, 此則渾淪之有功於本原者也."

이고 칠정도 '이발'이다"라고 말한다.

또한 분개란 리와 기를 분리시켜 보는 것이니, 리를 주로 하는 사단과 기를 주로 하는 칠정으로 둘을 구분할 수 있다. 그러므로 리를 주로 하는 사단은 '이발'이 되고 기를 주로 하는 칠정은 '기발'이 된다. 이에 "사단이 발할 때는 리에 감응하여 리가 주가 되고, 칠정이 발할 때는 기에 감응하여 기가 주가 된다. 리가 주가 된 것은 순선하여 악이 없고, 기가 주가 된 것은 조금 선하여 쉽게 악이 된다"라고 말한다. 분개의 관점에서는 사단=이발=순선(純善), 칠정=기발=이악(易惡: 쉽게 악으로 흐르는)의 구분이 없을 수 없다.

이 때문에 "칠정이 비록 천하의 달도(達道)가 되지 않은 것이 없으나 결국 위기(緯氣)가 옆으로 생겨난 것이다. 그러므로 리를 끼고서 멋대로 내달리는 것이 매번 있으니, 이것을 '기발'이라고 하는 것이 어찌 거짓이겠는가?"[962] 칠정은 '기발'로 보아야 한다는 의미이다. 결국 이황의 사단은 '이발'이고 칠정은 '기발'이라는 분개의 관점에서 해석한 것이다.

곽종석은 이러한 혼륜설과 분개설이 갖는 공로를 각각 설명한다. 먼저 분개설의 공로로써 확충과 단속이라는 두 가지 공부 방법을 거론한다.[963] "이발이 되는 것을 알면 마땅히 확충하여 속박하지 말아야 하고, 기발이 되는 것을 알면 마땅히 검속하여 방치하지 말아야 한다." 사단

---

962 같은 곳, "惟七者之情, 雖不無爲天下之達道者, 而畢竟是緯氣之旁生者. 故挾理而肆其馳騖者每每有之, 以此而謂之氣發, 豈其誣乎."

963 '확충'과 '단속'이라는 말은 『맹자』와 정이의 「顔子所好何學論」(『二程全書』)에 보인다. 맹자는 "사단이 나에게 있는 것을 모두 확충할 줄 알면 四海에 이를 수 있다(凡有四端於我者, 知皆擴而充之矣……可以達諸四海.)"라고 하였으며, 또한 정이는 "형체가 이미 생겨나면 바깥의 사물이 그 형체에 감촉하여 속에서 움직이고, 그 속이 움직여서 칠정이 나온다. 정이 이미 강성하고 더욱 방탕해지면 그 성이 훼손된다. 그러므로 깨달은 자는 그 정을 단속하여 속(인·의·예·지·신의 오성)에 합하게 한다(形旣生矣, 外物觸其形而動於中矣, 其中動而七情出. 情旣熾而益蕩, 則其性鑿矣. 故覺者, 約其情, 使合於中)"라고 하였다.

은 리가 발한 것이므로 확충해나가고 칠정은 기가 발한 것이므로 단속해나가야 한다. 이에 "확충하는 것이 지극하고 단속하는 것이 다하면 천하의 해야 할 일이 끝난다"[964]라고 하여, 학문의 뜻이 확충과 단속이라는 두 가지 공부를 벗어나지 않는다는 강조한다.

때문에 곽종석은 보통 사람도 확충과 단속의 공부를 다 할 수 있으면 성현과 다르지 않다고 설명한다. "아! 사람은 누군들 이 사단이 없겠으며, 또 누군들 이 칠정이 없겠는가? 요 · 순 · 주공 · 공자가 모두 이 마음이고, 안자 · 맹자 · 정자 · 주자가 모두 이 정이니, 진실로 그것을 확충하면 나 또한 저들일 뿐이고, 진실로 그것을 단속하면 나 또한 저들일 뿐이다."[965] 이러한 관점에서 이황 역시 사단은 '이발'이고 칠정은 '기발'로 구분할 것을 강조하였으며, 특히 칠정을 '기발'로 볼 것을 강조하였던 것이다.[966]

그렇지만 이러한 분개설에는 근본이 둘이 되는 이본(二本)의 혐의가 있다고 지적한다. "사단을 '이발'이라 하고 칠정을 '기발'이라 하여 더 이상 정의 실질을 말하지 않으면, 반드시 방촌의 안에 대본(大本)이 둘이 있는 것과 같다." 이황처럼 사단의 '이발'과 칠정의 '기발'을 강조할 경우 사단은 리에서 발한 것이 되고 칠정은 기에서 발한 것이 되어 이본(二本)의 혐의가 있게 된다. 이것이 바로 이이가 이황의 호발설을 비판한 이유이기도 하다. 이 때문에 곽종석은 "성은 하나일 뿐이니, 만 가지의 정이 어찌 성에서 발하지 않는 것이 있겠는가? 성이 발한 것이 아니면 정이 아니니, '기발'이라고 하면 근본을 둘로 하니 일원(一源)의 자리에 누

---

964 『俛宇集』卷128, 「四七雜記」, "擴之至, 約之盡, 則天下之能事畢矣."
965 같은 곳, "噫人孰無是四端, 又孰無是七情. 祁姚姬孔同此心也, 顔孟程朱同此情也, 苟其擴之, 吾亦彼而已矣, 苟能約之, 吾亦彼而已矣."
966 이황은 순선하여 악이 없는 사단과 달리, 칠정은 어디까지나 방탕해지기 쉬운 것으로써 단속해야 할 대상으로 간주한다.

가 감히 둘로 하겠는가"[967]라고 하여, 사단과 칠정 모두 성이 발한 것이 므로 근원이 하나임을 강조한다. 이것이 바로 혼륜설의 공로라는 것이다.

이러한 이유에서 곽종석은 혼륜과 분개 또는 수간과 횡간의 두 관점(인식방법)을 동시에 강조한다.

> 분개를 주로 하면서 근원이 모두 '이발'임을 알지 못하는 자는 '하나의 근본인 곳(一本處)'에서 둘로 하는 것이고, 혼륜을 주로 하면서 발하는 곳에 '이발'과 '기발'이 있을 수 없다고 말하는 자는 '만 가지 다른 곳(萬殊處)'에서 하나로 한 것이다. 이것은 산을 보는 자가 수간(竪看)하여 봉우리는 되나 고개라고 말하는 것을 그르다고 여기는 것이고, 횡간(橫看)하여 고개는 되나 봉우리라고 말하는 것을 그르다고 여기는 것이다.[968]

분개를 말하더라도 근원이 모두 '이발'임을 알아야 하고, 또한 혼륜을 말하더라도 '이발'과 '기발'로 나누어볼 수 있어야 한다. 사단의 '이발'과 칠정의 '기발'을 말하면서 근원이 하나임을 알지 못하는 자는 '하나의 근본인 곳(근원)'을 둘로 하는 잘못에 빠지게 되고, 근원이 모두 '이발'임을 말하면서 '이발'과 '기발'로 나눌 수 없다고 말하는 자는 '만 가지 다른 곳'을 하나로 보는 잘못에 빠지게 된다. 따라서 사단과 칠정은 혼륜과 분개의 두 관점에서 동시에 말할 수 있어야 한다.

곽종석은 이것을 산을 보는 것에 비유하여 설명한다. 같은 산을 보면

---

967 『俛宇集』卷128,「四七雜記」, "夫性一而已, 萬般之情, 焉有不發於性者乎? 非性發則非情, 謂氣發則二本, 一源之地, 其孰敢二之."
968 『俛宇集』卷128,「四端七情說」, "主於分開, 而不知根源之皆理發者, 是貳之於一本處也; 主於渾淪, 而謂無發處之有理發氣發者, 是壹之於萬殊處也. 是看山者之竪看成峯, 而以謂嶺者爲非也, 橫看成嶺, 而以謂峯者爲非也."

서도 수간(竪看)의 관점에 있는 자는 봉우리라고 해야지 고개라고 해서
는 안 된다고 말하며, 횡간(橫看)의 관점에 있는 자는 고개라고 해야지
봉우리라고 해서는 안 된다고 말한다. 봉우리든 고개든 모두 산을 설명
하듯이, 혼륜과 분개도 모두 정을 설명하는 것이므로 어느 하나의 관점
만을 고수해서는 안 된다.

곽종석은 『중용』·「악기」·「호학론」은 수간에서 말한 것이므로 칠
정도 모두 '이발'이 되고, 『맹자』의 사단과 「예운」의 칠정은 횡간에서
말한 것이므로 사단은 '이발'이고 칠정은 '기발'이라는 구분이 있다고
설명한다.[969] 이것이 바로 혼륜설과 분개설을 동시에 거론해야 하는 이
유이다. 그래서 "일심(一心)의 근본에서 말하면, 사덕(四德)의 밖에 다른
성이 없으니 사단과 칠정이 모두 인·의·예·지의 성이 발한 것이므
로 '이발'이 된다. 일심(一心)의 작용에서 말하면, 사단은 '공정한 것(公)'
이 되고 칠정은 '사사로운 것(私)'이 되며 사단은 '순전히 선한 것(純善)'이
되고 칠정은 '악을 겸한 것(兼惡)'이 되므로 사단은 '이발'이고 칠정은 '기
발'이라는 구분이 없을 수 없다."[970]

그런데도 세상의 사람들은 늘 수간을 주로 하여 횡간을 의심하거나

---

969 같은 곳, "蓋堅看則均是理發, 故四端固是仁義禮智之發, 而至於七情, 亦有天理之
粹然者, 若中庸樂記好學論之所言是也. 橫看則有理發氣發之殊, 故孟子之四端不
干於氣事, 禮運之七情從形氣上說來, 此理氣分合之妙也."(수간하면 모두 理發이
기 때문에 사단은 진실로 인·의·예·지가 발한 것이고, 칠정에 이르러서도 천리
의 순수함이 있는 것이니, 『중용』·「악기」·「호학론」에서 말한 것과 같은 것이 이
것이다. 횡간하면 理發과 氣發의 다름이 있기 때문에 맹자의 사단은 기의 일에 간
섭하지 않고 「예운」의 칠정은 형기에 따라서 말한 것이니, 이것이 리와 기가 나누
어지고 합하는 신묘함이다.)

970 같은 곳, "以言乎一心之本, 則四德之外無他性, 以言乎一心之用, 則四公而七私四
純善而七兼惡."(一心의 근본에서 말하면 사덕의 밖에 다른 성이 없고, 一心의 작
용에서 말하면 사단은 공정한 것이고 칠정은 사사로운 것이며 사단은 순전히 선한
것이고 칠정은 악을 겸한 것이다.)

혹은 횡간을 주로 하여 수간을 의심하여 모두 옳지 않은 곳으로 돌아가니, 그 말이 서로 물과 불처럼 대립하는 것이 이상할 것이 없다.[971] 이 때문에 곽종석은 사단은 '이발'이고 칠정은 '기발'이라는 다름에 근거하여 본원이 하나임을 알지 못하거나 사단과 칠정이 모두 '이발'임에 근거하여 둘로 나누어볼 줄 모르면, 즉 혼륜과 분개의 두 관점을 동시에 보지 못하면, 날로 지식의 진보도 없고 학문의 종지가 밝혀지는 것도 기약할 수 없다고 탄식한다.[972]

이처럼 곽종석은 혼륜의 관점에서 사단과 칠정을 해석한다. 이것이 바로 그의 경위(經緯)에 따른 해석이다. 리가 경기(經氣)를 타고 곧게 나온 것이 사단이고, 리가 위기(緯氣)를 타고 옆으로 나온 것이 칠정이다. 이것은 하나의 정을 경(經)의 측면과 위(緯)의 측면에서 해석한 것을 말한다.

이 하나의 정은 성에서 발한 것이니 사단과 칠정은 모두 '이발'이 된다. 칠정 역시 리가 발한 것이므로 『중용』에서 말한 희·로·애·락은 달도(達道)가 된다. 곽종석은 『중용』의 칠정이 '달도'가 되는 이유로써 사단의 층간에서 나왔다거나 사단이 총괄하기 때문이라고 설명한다. 이러한 칠정을 '달도의 칠정' 또는 '사단의 칠정'이라고 부른다. 사단의 칠정이란 칠정이 사단과 다르지 않으니, 사단과 마찬가지로 선하다. 칠

---

971 『俛宇集』卷128,「四七雜記」, "世之說者, 每主竪而疑橫, 或主橫而疑竪, 滔滔同歸於不韙之科, 其言之互相水火者無足怪也."(세상의 설은 늘 수간을 주로 하여 횡간을 의심하거나 혹은 횡간을 주로 하여 수간을 의심하여 모두 옳지 않은 곳으로 돌아가니, 그 말이 서로 물과 불인 것이 이상할 것이 없다.)

972 『俛宇集』卷128,「四端七情說」, "人方立論於發處之殊, 而從旁勒歸於本原, 以吾有見於本原之一, 而並欲鶻圇於發處, 則知識之進無日, 而宗旨之明無期矣."(사람은 바야흐로 발하는 곳의 다름에 입론하여 본원에 돌아가는 것을 제한하거나, 본원이 하나임을 보고서 아울러 발하는 곳에서 혼륜하고자 하면, 지식의 진보가 날로 없고 학문의 종지가 밝혀짐도 기약할 수 없다.)

정과 사단이 다르지 않을 수 있는 것은 모두 성에서 발한 '이발'이기 때문이다.

그렇지만 곽종석은 동시에 '형기의 칠정' 또는 '칠정의 칠정'을 말한다. 물론 형기의 칠정 역시 '이발'임을 전제한다. 그러나 형기의 칠정은 기가 주가 되고 리가 끼인 바가 되어 리가 없는 것과 같으므로 점검하고 살펴서 마땅히 옳으면 선이 되나 방종하여 법도를 잃으면 악이 된다. 때문에 형기의 칠정을 사단과 상대시켜 보면 사단=이발=순선(純善), 칠정=기발=이악(易惡: 불선)의 구분이 없을 수 없다. 따라서 '달도의 칠정'이든 '형기의 칠정'이든 모두 성에서 발한 것이므로 '이발'이 되어야 하지만, 형기의 칠정은 '기발'이라 말하지 않을 수 없다는 것이다.

결국 칠정은 '이발'이면서 '기발'이 되는 것이다. 이러한 이론적 모순을 해결하기 위해 곽종석은 혼륜과 분개의 두 관점을 동시에 강조한다. 사단과 칠정이 모두 '이발'인 것은 혼륜의 관점에서 말한 것이고, 사단은 '이발'이고 칠정은 '기발'이라는 구분이 없을 수 없는 것은 분개의 관점에서 말한 것이다. 때문에 혼륜을 말하더라도 '이발'과 '기발'로 나누어 볼 수 있어야 하고, 분개를 말하더라도 근원이 모두 '이발'임을 알아야 한다고 강조한다.

이러한 분개에 대한 강조는 또한 그의 심론에서 심즉리(心卽理)의 해석으로 이어진다. 곽종석은 분개의 관점에서 '심즉리'를 주장하여 심에서의 리의 역할을 강조한다. 분개 속에서 리의 주재를 강조할 경우, 이선기후(理先氣後)나 리유동정(理有動靜)을 인정하지 않을 수 없게 된다.

따라서 19세기 퇴계학파의 사단칠정론은 이황의 이론을 계승하면서도, 그 내용에서는 이황과 많은 차이를 보인다. 가장 큰 차이가 바로 이황의 사단/이발과 칠정/기발과 달리, 사단과 칠정을 모두 '이발'로 해석한다는 것이다. 이 과정에서 곽종석은 혼륜과 분개의 두 관점을 동시에 제시하고 이황의 이론을 분개의 관점으로 제한하여 받아들인다.

특히 곽종석은 칠정을 달도의 칠정은 '이발'로 형기의 칠정은 '기발'로 구분하는데, 이러한 해석은 비록 칠정이 성에 근원할지라도 현실 속에서는 여전히 단속하고 제재해야할 대상이라는 것을 강조한 표현이다. 이렇게 볼 때, 곽종석의 사단칠정론은 그 이론적 뼈대가 이이의 혼륜적 사고를 견지하지만, 내용에서는 결국 이황의 분개의 논리를 지향하고 있음을 알 수 있다.

이 글은 「만구 이종기와 면우 곽종석의 사단칠정론 비교 연구」(『영남학』65, 경북대학교 영남문화연구원, 2018)의 내용을 일부 수정·보완한 것이다.

사단칠정론의
사상사적 특징과 현대적 의미

01

사단칠정론의 사상사적 특징

　사단칠정론은 16세기 이황과 기대승에서 시작하지만, 그 발단은 14세기 권근(權近)으로 소급된다. 권근은 그의 「천인심성합일지도(天人心性合一之圖)」에서 '사단은 리에 근원하고(理之源) 칠정은 기에 근원한다(氣之源)'라고 해석한다. 그래서 측은·수오·사양·시비의 사단을 '이지원'과 연결하여 표시하고, 희·로·애·구·애·오·욕의 칠정을 '기지원' 아래에 표시하여 사단과 칠정을 리와 기로 구분한다. 이러한 해석은 이후 김인후·정지운·이황 등의 「천명도」에서 다루어지고, 최종적으로 이황의 『성학십도』 「심통성정도(心統性情圖)」에서 종합된다.

　정지운은 그의 「천명도(천명구도)」에서 '사단은 리에서 발한 것이고 칠정은 기에서 발한 것이다(四端發於理, 七情發於氣)'라고 하여 사단과 칠정을 리와 기로 구분한다. 또한 이황은 이러한 구분이 지나치게 리와 기로 분속되는 것을 염려하여 '사단은 리가 발한 것이고 칠정은 기가 발한 것이다(四端理之發, 七情氣之發)'는 표현으로 수정한다. 훗날 기대승은 이황의 「천명도(천명신도)」에 나오는 사단칠정의 내용에 문제를 제기하는데, 이로부터 사단칠정론에 대한 본격적인 담론이 전개된다. 이황은 기대승의 비판을 받아들여 그의 「심통성정도」에 '사단은 리가 발하고 기가 따르는 것이고 칠정은 기가 발하고 리가 타는 것이다(理發而氣隨之, 氣發而理乘之)'는 최종안을 수록한다.

이러한 도설의 내용에 근거하면, 사단은 이지원(理之源)·발어리(發於理)·이지발(理之發)·이발이기수지(理發而氣隨之)가 되고, 칠정은 기지원(氣之源)·발어기(發於氣)·기지발(氣之發)·기발이이승지(氣發而理乘之)가 되어 사단과 칠정을 각각 리와 기로 분속시키고 있음을 알 수 있다. '리와 기로 분속시킨다'는 것은 사단은 리에 근원하고 칠정은 기에 근원하는 것이므로 사단과 칠정은 서로 다른 정이라는 의미이다. 사단은 리에 근원하므로 순선하고, 칠정은 기에 근원하므로 선할 수도 있고 악할 수도 있으니, 순선한 사단과 선악을 겸한 칠정은 질적으로 구분되는 서로 다른 정이다.

이와 달리 김인후의 「천명도」에는 사단과 칠정에 대한 이기론적 해석이 없고, 다만 정의 중절(中節) 여부로 선악을 설명할 뿐이다. 결국 정은 칠정 하나이며, 이 가운데 중절한 것이 사단이라는 의미이다. 이러한 해석은 이이가 칠정의 중절 또는 칠정의 선한 부분만을 사단으로 해석하는 것과 유사하다. 다시 말하면, 권근·정지운·이황의 「천명도」는 이황처럼 사단과 칠정을 리와 기로 상대시켜 해석하는 구조라면, 김인후의 「천명도」는 이이처럼 사단과 칠정을 중절 여부로 해석하는 구조이다. 이렇게 볼 때, 「천명도」의 전개과정이 조선성리학 사단칠정론의 발단을 이해하는 중요한 자료가 된다는 사실을 확인할 수 있다.

그렇다면 사단과 칠정은 무엇인가. 무엇보다 사단과 칠정의 내력에 대한 이해가 필요하다. 본래 사단과 칠정은 그 내력이 다르다. 사단은 『맹자』에 나오는 측은·수오·사양·시비를 말하고, 칠정은 『예기』 「예운」에 나오는 희·로·애·구(락)·애·오·욕을 말한다. 맹자는 사람이면 누구나 남을 불쌍히 여기는 측은지심, 자기의 잘못을 부끄러워하거나 남의 잘못을 미워하는 수오지심, 남에게 양보하는 사양지심, 옳고 그름을 분별할 줄 아는 시비지심이 있는데, 이러한 측은 · 수오 · 사양 · 시비의 마음이 인 · 의 · 예 · 지의 네 가지 단서(또는 실마리)가 된다고 설명한다. 맹자는 사단이라는 이 네 가지 단서를 통해 사람에게 인 · 의 · 예 · 지의 성이 갖추어져 있음을 논증하는데, 이것이 바로 맹자 성선설(性善說)의 요지이다. 결국 맹자는 그의 성선설의 근거로써 사단을 제시하니, 이러한 내용에서 볼 때 사단은 확실히 선한 정임을 알 수 있다.

그러나 『예기』「예운」에서는 "성인이 사람의 칠정을 다스리는데, 예를 버리고 무엇으로 다스릴 것인가"라고 하여, 사람의 칠정을 예로써 다스려야 할 대상으로 규정한다. '예로써 다스려야 한다'는 것은 선한 사단과 달리, 위태로운 시선이 추가되어 마음껏 활개 치지 못하도록 단속해야 한다는 의미이다. 또한 '단속해야 한다'는 것은 중절하지 못하여 쉽게 악으로 흐를 수 있기 때문이니, 결국 칠정은 선한 사단과 달리 쉽게 악으로 흐를 수 있는 정임을 알 수 있다.

이렇게 볼 때, 권근 · 정지운 · 이황 등의 「천명도」에서는 『맹자』와 『예기』「예운」에 나오는 내력, 즉 '사단은 선한 정이고 칠정은 쉽게 악으로 흐르는 정'이라는데 근거하여 사단과 칠정을 각각 리와 기로 분석시킨 것으로 이해할 수 있다.

그렇지만 칠정에는 또 다른 해석이 있다. 『중용』에 따르면, "희 · 로 · 애 · 락이 아직 발하지 않는 것을 중(中)이라 하고, 발하여 모두 절도에 맞는 것을 화(和)라 한다. '중'이란 천하의 대본이고 '화'란 천하의 달도이다." 이때 희 · 로 · 애 · 락은 『예기』「예운」에서처럼 다스리거나 단속해야 할 대상이 아니라, 다만 성발위정(性發爲情)의 말처럼 성이 발하여 드러난 정으로서의 의미일 뿐이다. 정확히 말하면, 성이 선하므로 드러난 정 역시 선하다는 의미이다. 이러한 내용은 『예기』「예운」의 칠정과는 분명히 구분된다.

이로써 칠정에 대한 해석은 『예기』의 관점에서 보느냐 『중용』의 관점에서 보느냐에 따라 그 의미가 달라진다. 이황이 『예기』의 관점에서 칠정을 해석하려 한 것이라면, 이이는 『중용』의 관점에서 칠정을 해석하려 한 것이다. 그래서 이황은 칠정을 다스리거나 단속해야 할 대상으로 보아 그대로 '기가 발한 것(氣發)'으로 해석한다. 물론 이때의 기는 선악을 겸하지만(기를 곧장 악이라고 할 수 없지만), 이황은 순선한 리와 상대적인 개념으로 이해한다. 이로써 사단=리=선이라면, 칠정=기=불선의 의미이다.

반면 이이는 칠정 속에 사단을 포함시켜 인간의 정을 칠정 하나로 해석한다. 정이 칠정 하나인 이상, 결코 이황처럼 '악으로 흐르기 쉬운 정'으로 볼 수는 없다. 그렇게 되면 인간의 감정이 모두 악으로 흐르기 쉬운 나쁜 것으로 부정되고, 더 나아가 인간 자체가 악한 존재로 부정될 수 있기 때문이다. 결국 칠정에 대한 해석상의 차이가 사단칠정논변이 발생하게 되는 하나의 원인이라 하겠다.

따라서 사단칠정론은 사단과 칠정이라는 인간의 정을 가지고 선악의 문제를 따지는 과정에서 발생한 논변이라 할 수 있다. 이 과정에서 사단과 칠정의 내용을 당시의 이기론의 체계로 그 이론적 정합성·타당성을 논증해나감으로써 그 내용이 복잡해진다. 예컨대 이황은 선한 사단을 그대로 '리가 발한 것'으로 해석하고, 악으로 흐르기 쉬운 칠정을 그대로 '기가 발한 것'으로 해석한다. 이것이 바로 이황의 사단/이발(理發)과 칠정/기발(氣發)이다. 그러나 사단과 칠정은 모두 이발(已發)한 정이므로 사단도 이기를 겸하고 칠정도 이기를 겸한다. 이에 이황은 사단에도 기가 없는 것이 아니고(氣隨) 칠정에도 리가 없는 것이 아니라는 (理乘) 의미에서 사단/이발이기수지(理發而氣隨之)와 칠정/기발이이승지 (氣發而理乘之)로 규정한다. 반면 이이는 사단과 칠정을 모두 리가 발하고 기가 타고 있는 기발이승일도(氣發理乘一途)로 해석한다.

　이러한 이유에서 사단칠정론을 사단과 칠정에 대한 이기론적 해석이라고도 부른다. 이러한 사단칠정론에 대한 구체적인 논변은 16세기 이황과 기대승을 시작으로, 20세기 한말(韓末)까지 지속된다. 따라서 사단칠정론의 역사는 조선 초기 권근으로부터 한말까지 지속됨으로써 500년의 역사를 가진다고 할 수 있다.

02
사단칠정론의 현대적 의미

첫째, 사단칠정론은 단순히 사단과 칠정이라는 감정의 문제나 선악의 문제에만 그치는 것이 아니라, 이들에 대한 해석은 그대로 세계관이나 가치관과 연결됨으로써 조선사회가 봉착했던 시대문제를 해결하기 위한 철학적 모색의 성격을 띤다. 예컨대 사화(士禍)라는 혼란의 시대를 겪은 이황은 사단=이발=선=확충, 칠정=기발=불선=단속이라는 대립적 경향을 보인 반면, 사림의 집권과 더불어 사회적 통합이 요구되는 시대에 살던 이이는 칠정이라는 실재하는 하나의 정을 중심으로 통합하려는 경향을 보인다.

이황이 사단과 칠정을 마치 정의와 불의, 선과 악의 관계처럼 엄격히 구분할 것을 강조한다면, 이이는 사단을 칠정 속에 내포시켜 실재하는 칠정 하나로 통합할 것을 강조한다. 이것은 리와 기의 관계에서도 그대로 적용된다. 이황은 리와 기를 분리시켜 보는 불상잡(不相雜)을 강조하지만, 이이는 리와 기를 합쳐서 보는 불상리(不相離)를 강조한다. '리와 기를 분리시켜 보는 이유'는 순선한 사단과 선할 수도 있고 악할 수도 있는 칠정의 가치우열을 분명히 구분하기 위한 것이고, '리와 기를 합쳐서 보는 이유'는 사단과 칠정이 모두 성이 발한 정임을 강조하기 위한 것이다. 사단과 칠정이 모두 성이 발한 것이니, 이황처럼 칠정/기발은 옳지 않다.

따라서 이황은 리와 기를 분리시켜 보는 이원론적 세계관을 견지하고, 이이는 리와 기를 하나로 보는 일원론적 세계관을 견지한다. 이것은 이황이 윤리·도덕과 같은 가치론적 시각에서 사단과 칠정의 문제를 해석했다면, 이이는 존재론적 시각에서 사단과 칠정의 문제를 해석했다는 의미이다.

이황처럼 리와 기를 서로 분리시켜 보아야 '리가 발한 사단과 기가 발한 칠정'이라는 사단/이발과 칠정/기발이 가능하며, 이이처럼 리와 기를 합쳐서 보아야 사단과 칠정은 모두 기가 발하고 리가 타고 있는 '기발이승일도'가 가능하다. 물론 사단과 칠정은 모두 성이 발하여 드러난 정이므로 항상 이기를 겸한다. 그럼에도 이황은 리가 발한 사단과 기가 발한 칠정으로 둘을 분명히 구분하는데, 이것은 순선한 사단과 악으로 흐르기 쉬운 칠정을 구분하기 위한 것이다.

반면 이이는 사단과 칠정이 모두 '기가 발하고 리가 타고 있는 하나'로 보는데, 이것은 사단을 칠정 속에 포함시켜 칠정 하나로 해석하기 위한 것이다. 엄밀히 말하면, 이이의 '기발이승일도'는 사단보다는 칠정에 더 적합한 표현이니 칠정에도 리(理乘)가 있다는 의미이다. 이황과 달리, 이이는 칠정에도 리가 있음을 강조하는데, 왜냐하면 실재하는 정은 칠정 하나이며 이때의 칠정 역시 이기를 겸하기 때문이다.

그래서 이이는 이황이 칠정을 '기발'로 보는 것에 반대한다. 물론 이때의 '기발'은 이이가 말하는 '기발'과 그 의미가 다르다. 이이의 '기발'이 발동(發)과 같은 유위한 기의 작용적인 의미라면, 이황의 '기발'은 가치적인 측면에서 순선한 리와 상대되는 개념으로써 선할 수도 있고 악할 수도 있지만 결국 악으로 흐르기 쉬운 것이라는 의미이다. 이이는 사단을 포함하는 전체의 정을 칠정으로 보기 때문에 이황처럼 칠정을 악으로 흐르기 쉬운 '기발'로 해석할 수 없다.

이렇게 볼 때, 이황이 선한 사단을 지키고 악으로 흐르기 쉬운 칠정을 물리쳐서 마치 종교인에 가까운 도덕적 엄숙주의를 지향했다면, 이이는 실재하는 칠정 하나를 있는 그대로 인정하고 존중하려는 현실적 입장이 컸다고 할 수 있다. 이러한 해석상의 차이는 현실을 살아가는 그들의 행동양식에 있어서도 다른 모습으로 드러난다. 이황이 현실정치에서 물러나 자기 수양(또는 인격완성)을 도모하려 했다면, 이이는 현실정치에 나아가 도를 실현하려 했다는 등이다. 이것은 도덕적 수양을 통해 선을 추구하려는 자세와 우리가 살아가는 현실세계에서 선을 추구하려는 행동양식의 차이라고도 말할 수 있다.

결국 사단칠정론은 사단과 칠정이라는 인간의 감정을 가지고 어떻게 선을 실현할 것인가를 따지는 과정에서 전개된 담론이라 할 수 있다. 이황이 수양론(가치론)과 같은 윤리·도덕적 관점에서 이론을 전개한 것이라면, 이이는 존재론과 같은 현실적 관점에서 이론을 전개한 것이라 하겠다.

둘째, 사단칠정론은 어느 쪽이 옳고 어느 쪽이 그르다는 식으로는 판단할 수 없으며, 또한 그럴 필요도 없다. 왜냐하면 양쪽의 출발점이 다르기 때문이다. 이황이 윤리·도덕의 가치론적 시각에서 사단칠정론을 전개한다면, 이이는 현실에 기초한 존재론적 시각에서 사단칠정론을 전개한다. 현실에서 보면 이이의 이론이 더 타당해 보이지만, 도덕적 요청이나 필요성에서 보면 이황의 이론이 더 타당하기도 하다.

모든 학문에는 인간에 대한 이해가 그 바탕에 자리하고 있다. 특히 성리학은 인간을 심·성·정으로 구분하고, 천명(天命)에 의해 주어진 성이 심의 작용을 통해 정으로 실현되는 과정에서 선악의 발생 원인을 이기론의 범주로써 설명한다. 사단칠정론 역시 사단과 칠정이라는 정에 근거하여 인간의 선악문제를 이해하는 하나의 학문방법에 다름 아니다.

존재론적 시각에서 보면, 우주의 자연현상은 선악이 분명히 나뉘어져 있지 않으며, 오히려 모든 만물의 생명을 낳고 기르는 선함이 바로 우주 질서의 본질이다. 이러한 기준으로 인간사회를 바라보면, 인간에게는 절대 선도 없고 절대 악도 없다. 선 속에도 악이 있고 악 속에도 선이 있으니, 마치 '리와 기가 하나이면서 둘이고 둘이면서 하나인 것(一而二 二而一)'과 같다. 따라서 선악을 확연히 갈라놓고 악을 다스리려는 행위는 오히려 인간사회를 분열과 갈등으로 몰고 갈 위험이 있다. 이이의 사단칠정론이 가지는 이론적 기반이 '리와 기가 함께 있음(不相離)'에 있는 것은 바로 이러한 이유 때문이다. 리와 기가 함께 있다는 것은 선과 악이 함께 있다는 의미이다. 그래서 이이는 현실에 실재하는 칠정을 이황처럼 기발(氣發)로 보는데 반대한다.

그러나 이러한 해석은 악을 다스리려는 적극성이 부족해진다. 악과의 투쟁을 적극적으로 하려면, 선과 악을 분명하게 나누어 악을 버리고 선으로 나아가는 노력이 필요하다. 이러한 시각에서는 순선한 리와 선악을 겸비한 기를 일단 둘로 나누어 볼 필요가 있으며, 동시에 리의 적극적 능동성이 요구된다. 그래야 선을 추구하거나 악을 제거하려는 적극적 행동이 발휘될 수 있는데, 이황이 사단/이발을 내세워 리의 독자적 능동성을 인정하려 하거나 칠정/기발을 내세워 악을 제거하려는 이유가 바로 여기에 있다. 이러한 학설은 우주자연을 합리적으로 설명하는 데는 다소 취약해 보이지만, 인간사회를 정화시키려는 윤리적·도덕적 의지는 매우 크다고 할 수 있다. 성리학의 중심 내용인 '천리를 보존하고 인욕을 막는다(存天理 遏人欲)'는 천리와 인욕의 관계도 이러한 연장선상에 있다.

성리학의 심성론에서 보더라도 정에 대한 해석은 두 가지로 구분된다. 하나는 성이란 하늘에 근원하는 순수한 것이고 성이 사물에 감응하여 생긴 것이 정이라고 전제하듯이, 정은 밖에서 온 사물에 자극하여 생긴 것인 만큼 순선할 수 없고 잡박함을 면할 수 없다. 그래서 인간의 악함과 추함이 정에서 근원하는 것임을 인정한다. 특히 사람의 감정 가운데도 쉽게 일어나고 제어하기 어려운 것으로 성냄을 지적하기도 한다. 인간의 삶이란 욕망과 감정으로 쉽게 흔들리고 절제하기가 어려운 것이 현실이다. 당나라 때의 이고(李翺)는 성만이 순수하고 정은 본성(성품)을 혼란시키는 악으로 규정하기도 한다. 다른 하나는 성발위정(性發爲情)이나 심통성정(心統性情)에처럼 성이 본체(體)라면 정은 작용(用)으로서 달도(達道)를 이루는 것으로 이해한다. 인간의 기본적인 욕망과 감정을 부정하지 않고 인정하는 입장이다. 조선성리학의 사단칠정론 역시 성리학의 이러한 해석상의 차이에 근원한 것으로 보인다.

참고문헌

(1) 단행본

『국역 갈암집』, 민족문화추진회, 2006

『국역 고봉집』, 민족문화추진회, 1988

『국역 농암집』, 민족문화추진회, 2001

박대현 옮김, 『국역 대산집』, 한국고전번역원, 2008

『국역 송자대전』, 민족문화추진회, 1985

『국역 여헌집』, 민족문화추진회, 1997

성백효 옮김, 『국역 우계집』, 민족문화추진회, 2000

『국역 우담전집』, 나주정씨월헌공파종회, 2007

『국역 율곡집』, 민족문화추진회, 1966

『국역 퇴계전서』, 퇴계학연구원, 2001

강세구, 『성호학통의 연구』, 혜안, 1999

경북대학교 퇴계연구소 편, 『응와 이원조의 삶과 학문』, 도서출판 역락, 2006

경상대학교 남명학연구소, 『면우 곽종석의 학문과 사상』, 도서출판 술이, 2010

경상대학교 남명학연구소, 『후산 허유의 학문과 사상』, 도서출판 술이, 2007

고봉학술원, 『고봉 기대승 연구』, 이화, 2009

금장태, 『성학십도와 퇴계철학의 구조』, 서울대학교출판부, 2003

금장태, 『조선 후기의 유학사상』, 서울대학교출판부, 1998

금장태, 『퇴계학파와 理철학의 전개』, 서울대학교출판부, 2000

금장태, 『퇴계학파의 사상(Ⅰ・Ⅱ)』, 집문당, 1996

금장태, 『한국유학사의 이해』, 한국학술정보(주), 2003

김기현, 『조선조를 뒤흔든 논쟁(상・하)』, 길, 2000

김영두, 『퇴계와 고봉, 편지를 쓰다』, 소나무, 2006

김주희 역,『화서집(아언)』, 대양서적, 1978

민족과 사상연구회 편,『사단칠정론』, 서광사, 1992

박일순,『하나이면서 둘, 둘이면서 하나−사단칠정』, 다해, 2000

배종호,『한국유학사』, 연세대학교 출판부, 1974

배종호,『한국유학의 철학적 전개(상)』, 연세대학교 출판부, 1985

사단법인 하서기념회,『하서 김인후의 사상과 문학』, 하서학술재단, 2006

안유경,『성리학이란 무엇인가』, 새문사, 2015

유권종,『예학과 심학』, 한국학술정보, 2009

유명종,『조선후기성리학사』, 이문출판사, 1988

유명종,『한국사상사』, 이문출판사, 1982

유명종,『한국유학연구』, 이문출판사, 1988

유정동,『유교의 근본정신과 한국유학』, 유교문화연구소, 2014

유정동,『퇴계의 생애와 사상』, 박영사, 1974

윤사순,『조선, 도덕의 성찰−조선시대 유학의 도덕철학』, 돌베개, 2011

윤사순,『조선시대 성리학의 연구』, 고려대학교 민족문화연구원, 1998

윤사순,『퇴계 이황의 철학』, 예문서원, 2013

윤사순,『한국유학사상론』, 예문서원, 1997

이기동 외,『증보 동유학안』, 나남, 2008

이병도,『한국유학사』, 아세아문화사, 1989

이상은,『퇴계의 생애와 학문』, 예문서원, 1999

이상익 역주,『譯註 四七新編』, 도서출판 다운샘, 1999

이상익,『기호성리학연구』, 도서출판한울, 1998

이상익,『영남성리학연구』, 심산, 2011

이상호,『사단칠정 자세히 읽기』, 글항아리, 2011

이승환,『횡설과 수설』, 휴머니스트, 2012

이준모 등,『조선철학사연구』, 광주, 1988

이천승,『농암 김창협의 철학사상연구』, 한국학술정보, 2006

이형성 옮김,『다카하시 도루의 조선유학사』, 예문서원, 2001

임형택 외,『순암 안정복의 학문과 사상』, 성균관대학교출판부, 2013

장지연,『조선유교연원』, 삼성미술문화재단, 1981

최영성,『한국유학사상사(5권)』, 아세아문화사, 1994

최영진,『한국철학사－16개의 주제로 읽는 한국철학사』, 새문사, 2009

충남대 유학연구소,『기호학파의 철학사상』, 예문서원, 1995

한국사상사연구회 편저,『실학의 철학』, 예문서원, 1996

한국사상사연구회,『조선유학의 개념들』, 예문서원, 2003

한국사상사연구회,『조선유학의 학파들』, 예문서원, 1997

한국사상연구소 편,『자료와 해설: 한국의 철학사상』, 예문서원, 2001

한국철학사상연구회,『논쟁으로 보는 한국철학』, 예문서원, 2001

현상윤,『조선유학사』, 현음사, 1982

홍원식,『사단칠정론으로 본 조선 성리학의 전개』, 예문서원, 2019

황의동,『율곡학의 선구와 후예』, 예문서원, 1999

황준연 외 역주,『역주 사단칠정논쟁』, 학고방, 2009

(2) 연구논문

강필선,「화서 이항로의 철학사상 연구」, 성균관대학교 박사학위, 2002

고승환,「다산 정약용의 감정론(情) 연구」,『철학논집』54, 서강대학교 철학연구소, 2018

고영섭,「원효의 삼세육추설과 이황의 사단칠정론의 통로」,『한국불교사연구』11, 한국불교사연구소, 2017

곽신환,「우암 송시열의 이기심성관」,『유학연구』2, 충남대학교 유학연구소, 2008

곽우철,「퇴계 心統性情圖의 철학적 의미와 경영학적 응용 연구」, 성균관대학교 박사학위, 2015

권상우,「퇴계와 고봉 四七論의 덕윤리적 접근」,『민족문화논총』, 영남대학교 민족문화연구소, 2016

권향숙,「반성적 자기의식으로서 사단칠정론」,『인문과학연구논총』37, 명지대학교 인문과학연구소, 2016

금장태,「갈암 이현일의 사칠론」,『동양학국제학술회의논문집』2, 성균관대학교 대동문화연구원, 1980

금장태,「대산 이상정의 사상」,『퇴계학보』95, 퇴계학연구원, 1997

금장태,「응와 이원조의 성리설과 수양론」,『동양철학연구』13, 동양철학연구

회, 1992

금장태, 「퇴계의 이기론과 사칠론」, 『종교와 문화』3, 서울대학교 종교문제연구소, 1997

김경호, 「갈암 이현일과 우담 정시한의 율곡 사칠론 비판-그 접점과 간극-」, 『율곡사상연구』19, 율곡학회, 2009

김경호, 「대산 이상정의 율곡비판과 퇴계학 옹호」, 『대산이상정선생의 학문과 사상』, 대산이상정선생기념사업회, 2011

김경호, 「우담의 호발설 옹호와 율곡비판-四七辨證을 중심으로-」, 『한국철학논집』22, 한국철학사연구회, 2007

김근호, 「동양철학의 쟁점-리기형이상학과 사단칠정론에 대한 토론-」, 『한국도덕윤리과교육학회 학술대회자료집』8, 한국도덕윤리과교육학회, 2019

김기주, 「리기호발론으로 본 퇴계학파의 3기 발전」, 『퇴계학보』116, 퇴계학연구원, 2004

김기주, 「사단칠정논쟁, 퇴계와 고봉의 학술적 교류와 도덕적 탐색」, 『국학연구』29, 한국국학진흥원, 2016

김기주, 「사단칠정논쟁으로부터 心卽理로-사단칠정논쟁에 대한 화서·노사·한주의 결론-」, 『퇴계학논집』15, 영남퇴계학연구원, 2014

김기주, 「사단칠정논쟁의 인성교육적 함의와 의의」, 『동아인문학』39, 동아인문학회, 2017

김기주, 「사단칠정론으로 본 기호학파의 3기 발전」, 『철학연구』87, 대한철학회, 2003

김기주, 「한주 이진상의 리기설-리발일도설을 중심으로-」, 『한국학논집』60, 계명대학교 한국학연구원, 2015

김기현, 「우계의 사단칠정설에 대한 재조명」, 『우계학보』19, 우계문화재단, 2000

김기현, 「조선 선비들의 사단칠정론은 소승철학인가 대승철학인가-한형조 교수의 서평에 부쳐」, 『오늘의 동양사상』4, 예문동양사상연구원, 2001

김기현, 「퇴계의 이발설이 갖는 의의에 대한 검토」, 『철학』60, 한국철학회, 1999

김낙진, 「갈암 이현일 성리설과 경세론의 특색」, 『퇴계학』20, 안동대학교 퇴계

학연구소, 2011

김낙진, 「우담 정시한의 「사칠변증」과 心法－퇴계학과 율곡학의 심법 비교－」, 『퇴계학보』141, 퇴계학연구원, 2017

김낙진, 「주리론으로 읽어본 기대승의 사단칠정론」, 『퇴계학보』124, 퇴계학연구원, 2008

김동숙, 「퇴계 사단칠정론의 수양론적 고찰－正心工夫를 중심으로－」, 『유학연구』36, 충남대학교 유학연구소, 2016

김봉진, 「삼원 사고와 퇴계의 사단칠정론」, 『퇴계학논집』21, 영남퇴계학연구원, 2017

김상현, 「이황·이이의 사단칠정론에 대한 정약용의 관점」, 『철학연구』127, 대한철학회, 2013

김상현, 「퇴계의 사칠론 변화 주장에 대한 비판적 검토」, 『대동철학』89, 대동철학회, 2019

김승영, 「송시열의 이황 '理發' 비판에 대한 고찰」, 『유학연구』30, 충남대 유학연구소, 2014

김영우, 「다산의 사단칠정론 고찰」, 『다산학』6, 다산학술문화재단, 2005

김옥순, 「퇴계 사단칠정론 시각에서 본 승무 염불과장 둘째 마루의 동작 분석적 해석」, 『한국무용사학』12, 한국무용사학회, 2011

김용헌, 「고봉 기대승의 四七論辨과 천명도」, 『전통과 현실』8, 고봉학술원, 1996

김용헌, 「농암 김창협의 사단칠정론」, 『사단칠정론』, 서광사, 1992

김우형, 「우담 성리학의 특징과 대산 이상정에 미친 영향」, 『대산이상정선생의 학문과 사상』, 대산이상정선생기념사업회, 2011

김윤경, 「하곡학과 다산학의 사상적 연계 고찰을 위한 시론－四德·四端論을 중심으로－」, 『동양철학연구』93, 동양철학연구회, 2018

김종석, 「성호 이익의 성리설에 있어서 公 개념의 의미와 기능」, 『국학연구』1, 한국국학진흥원, 2002

김충열, 「牛栗四七論辨評議」, 『성우계사상연구논총』, 우계문화재단, 1991

김태년, 「17~18세기 율곡학파의 사단칠정론」, 『동양철학』28, 한국동양철학회, 2007

김학철, 「퇴계의 사단칠정론에 관하여」, 『퇴계학논총』12, 퇴계학부산연구원, 2006

김형수, 「갈암 이현일의 理學과 현실인식」, 『국학연구』9, 한국국학진흥원, 2006

나대용, 「갈암 이현일의 理氣二源說－우담과의 논변을 중심으로－」, 『퇴계학
　　　보』133, 퇴계학연구원, 2013

나대용, 「근기 퇴계학파의 율곡철학비판」, 『퇴계학보』130, 퇴계학연구원, 2011

나대용, 「대산 이상정의 理主氣資와 渾淪而分開」, 『동양철학연구』73, 동양철
　　　학연구회, 2013

나대용, 「우담 정시한의 理主氣輔說」, 『퇴계학보』134, 퇴계학연구원, 2013

나대용, 「우담 정시한의 인물성이론－사단칠정론과의 연관성을 중심으로－」,
　　　『유학연구』35, 충남대학교 유학연구소, 2016

남지만, 「고봉 기대승의 四七說 중 氣發의 의미변화－理氣의 氣에서 氣質의
　　　氣로－」, 『공자학』14, 한국공자학회, 2007

남지만, 「이황, 기대승, 송순의 사단칠정론」, 『한민족문화연구』21, 한민족문
　　　화학회, 2007

남지만, 「퇴계 호발설의 七情氣發에 대한 고봉의 비판적 수용」, 『동양철학』33,
　　　한국동양철학회, 2010

류정동, 「퇴계와 고봉간의 사칠논변」, 『퇴계의 생애와 사상』, 박영사, 1974

리기용, 「우ㆍ율성리학에서 본 사단칠정론」, 『우계학보』25, 우계문화재단,
　　　2006

문석윤, 「갈암 이현일의 성리설」, 『민족문화연구』29, 한국고전번역원, 2006

문석윤, 「농암 김창협의 사단칠정설에 대하여」, 『국학연구』23, 한국국학진흥
　　　원, 2013

박원재, 「대산 성리설의 사상사적 문제의식과 논리구조」, 『국학연구』19, 한국
　　　국학진흥원, 2011

박지현, 「퇴계 이황의 사단칠정론－리발설(호발설)에 대한 새로운 해석－」,
　　　『퇴계학논집』9, 영남퇴계학연구원, 2011

박지현, 「하빈 신후담의 사단칠정론과 公理에서 발하는 칠정」, 『국학연구』26,
　　　한국국학진흥원, 2015

배상현, 「녹문 임성주의 사단칠정론고」, 『한중철학』6, 한중철학회, 2000

배영순, 「이제마의 四端論과 그 경세론적 재구성」, 『민족문화논총』44, 영남대
　　　학교 민족문화연구소, 2010

배종호, 「율곡의 사단칠정론과 인심도심설」, 『동방학지』19, 연세대학교 국학

연구원, 1978

배종호, 「퇴계와 고봉의 사단칠정론」, 『한국유학의 철학적 전개(상)』, 연세대학교 출판부, 1985

서근식, 「성호 이익의 『四七新編』에 나타난 사단칠정론 연구」, 『율곡학연구』 37, 율곡학회, 2018

서근식, 「하빈 신후담의 『四七同異辯』에 관한 연구」, 『유교사상문화연구』76, 한국유교학회, 2019

성교진, 「성우계의 主理主氣一發一途纔發說에 관한 연구」, 『우계학보』18, 우계문화재단, 1999

성교진, 「우율학에서 본 화서 이항로의 성리사상」, 『율곡사상연구』21, 율곡학회, 2010

성교진, 「율곡과 우계의 성리학 논변」, 『율곡사상연구』1, 율곡학회, 1994

성교진, 「율곡과 우계의 성리학 논변」, 『중국철학』3, 중국철학회, 1992

성교진, 「퇴계와 우계의 성리사상 비교 연구」, 『우계학보』7, 우계문화재단, 1992

성락진, 「우계의 理氣一發사상」, 『성우계사상연구논총』, 우계문화재단, 1991

손흥철, 「대산 이상정의 사단칠정론」, 『동방학지』113, 연세대학교 국학연구원, 2001

손흥철, 「우담의 리기·사칠론 소고」, 『한국철학논집』22, 한국철학사연구회, 2007

송석구, 「율곡·우계 성리학 비교 연구」, 『성우계사상연구논총』, 우계문화재단, 1991

송석준, 「갈암의 율곡비판」, 『철학논총』12, 새한철학회, 1996

송일병·이문재, 「四象医學의 사단칠정론에 대한 고찰」, 『대한한의학회지』1, 대한한의학회, 1980

신정근, 「고봉은 퇴계의 사단칠정설에 동의하였는가」, 『유교사상문화연구』 42, 한국유교학회, 2010

심도희, 「주자학에서 본 퇴계와 고봉의 사단칠정론」, 『유교사상문화연구』57, 한국유교학회, 2014

안병걸, 「갈암 이현일의 유학적 삶과 경세론」, 『민족문화』29, 한국고전번역원, 2006

안병걸, 「성호 이익의 퇴계와 영남에 대한 관심 - 권상일과의 편지를 중심으로 - 」,
    『한국실학연구』18, 한국실학학회, 2009
안영상, 「남당 한원진과 대산 이상정의 이기 · 심성론 비교 연구」, 『동양철학
    연구』24, 동양철학연구회, 2001
안영상, 「대산 이상정의 渾淪 · 理發說의 착근에 있어서 여헌설의 영향과 그 의
    미」, 『유교사상문화연구』27, 한국유교학회, 2006
안영상, 「명대 中和寂感論과의 비교를 통해 본 조선시대 사단칠정론의 특징」,
    『민족문화연구』51, 고려대학교 민족문화연구원, 2009
안영상, 「사단칠정론 이해를 위한 주희 심통성정론의 검토」, 『한국학』32, 한국
    학중앙연구원, 2009
안영상, 「성호 이익의 사단칠정설」, 『동양철학』11, 한국동양철학회, 1999
안영상, 「순암 안정복의 사단칠정설 - 성호학파 내부논쟁을 중심으로 - 」, 『한
    국실학연구』3, 한국실학학회, 2001
안영상, 「실학파의 사단칠정론 - 성호학파의 公喜怒 理發說을 중심으로 - 」,
    『〈2013 유교문화연구소 추계학술회의〉 사단칠정론의 재인식』, 성균
    관대학교 유교문화연구소, 2013
안영상, 「여헌 장현광과 성호 이익의 성리설 비교 연구 - 사단칠정론과 인심도
    심론을 중심으로 - 」, 『유교사상문화연구』24, 한국유교학회, 2005
안영상, 「퇴계학파 내 호발설의 이해에 대한 일고찰 - 성호 · 청대 · 대산의 논
    쟁 비교를 통하여 - 」, 『퇴계학보』115, 퇴계학연구원, 2004
안영상, 「퇴계학파의 상수설과 호발설의 흐름」, 『퇴계학보』93, 퇴계학연구원,
    1997
안유경, 「갈암 이현일과 극재 신익황 사단칠정론의 대비적 고찰」, 『퇴계학보』
    138, 퇴계학연구원, 2015
안유경, 「갈암 이현일과 우담 정시한의 사단칠정론 비교 고찰」, 『국학연구』36,
    한국국학진흥원, 2018
안유경, 「갈암 이현일의 성리학 연구」, 성균관대학교 박사학위, 2006
안유경, 「대산과 농암 사단칠정론의 대비적 고찰」, 『동양철학』45, 한국동양철
    학회, 2016
안유경, 「만구 이종기와 면우 곽종석의 사단칠정론 비교 연구」, 『영남학』65,
    경북대학교 영남문화연구원, 2018

안유경, 「성호와 청대 사단칠정론의 대비적 고찰」, 『민족문화』47, 한국고전번역원, 2016

안유경, 「순암 안정복과 남당 한원진 사단칠정론의 대비적 고찰」, 『유교사상문화연구』69, 한국유교학회, 2017

안유경, 「여헌 장현광과 우암 송시열 사단칠정론의 비교 고찰」, 『율곡학연구』35, 율곡학회, 2017

안유경, 「우계와 율곡 사단칠정론의 대비적 고찰」, 『퇴계학』25, 안동대학교 퇴계학연구소, 2017

안유경, 「응와 이원조와 후산 허유의 사단칠정론 비교 고찰」, 『민족문화』54, 한국고전번역원, 2019

안유경, 「천명도설의 결정체, 「심통성정도」(성학십도)」, 『유교사상문화연구, 60, 한국유교학회, 2015

안유경, 「퇴계와 고봉 사단칠정론의 대비적 고찰」, 『온지논총』47, 온지학회, 2016

안유경, 「한주 이진상과 화서 이항로 사단칠정론의 대비적 고찰」, 『영남학』63, 경북대학교 영남문화연구원, 2017

안은수, 「성혼의 理氣一發說」, 『우계학보』18, 우계문화재단, 1999

안재순, 「이성호의 사단칠정론 −『四七新編』을 중심으로−」, 『동양철학연구』5, 동양철학연구회, 1984

양명수, 「칸트의 동기론에 비추어 본 퇴계의 理發」, 『퇴계학보』123, 퇴계학연구원, 2008

양승무, 「율곡과 우계의 사단칠정논변 연구」, 『동양철학』11, 한국동양철학회, 1999

엄연석, 「퇴계의 사단칠정론과 공사의 문제」, 『퇴계학보』115, 퇴계학연구원, 2004

유권종, 「갈암의 이기론에 대한 고찰」, 『철학논총』12, 새한철학회, 1996

유권종, 「천명도 비교 연구−추만, 하서, 퇴계」, 『한국사상사학』19, 한국사상사학회, 2002

유명종, 「조선후기(18세기) 성리학사에서 대산 이상정의 사상적 위치−혼륜설과 분개설의 통일−」, 『동방학지』113, 연세대학교 국학연구원, 2001

유성선, 「우담 정시한의 율곡 리기·사칠론 비판과 그 지평」, 『율곡사상연구』

14, 율곡학회, 2007

유연석, 「우암 송시열의 율곡 심성론 이해」, 『율곡사상연구』22, 율곡학회, 2011

유영희, 「확인 질문(cross examination) 방식과 퇴계 고봉 사칠 논변방식의 비교 고찰」, 『사고와 표현』8, 한국사고와표현학회, 2015

유원기, 「16세기 조선성리학 논변의 분석적 탐구」, 성균관대학교 박사학위논문, 2010

유한성, 「우담 정시한의 사단칠정론 연구」, 성균관대학교 석사학위, 2015

유한성, 「우담과 갈암의 사단칠정 소종래에 대한 인식비교 - 심유이본에 대한 대응을 중심으로 - 」, 『한국철학논집』61, 한국철학사연구회, 2019

윤사순, 「사단칠정론의 윤리적 성격에 대한 고찰」, 『퇴계학보』133, 퇴계학연구원, 2013

윤용남, 「우계 사단칠정론의 현대적 의의」, 『우계학보』17, 우계문화재단, 1998

윤정, 「16세기 사단칠정논쟁의 정치사적 함의」, 『역사와실학』49, 역사실학회, 2012

이기용, 「갈암 이현일의 율곡 성리학 비판」, 『율곡사상연구』16, 율곡학회, 2008

이기훈, 「퇴 · 고의 사칠왕복서에 대한 서지적 정리」, 『목요철학』9, 계명대학교 목요철학원, 2011

이동희, 「조선조 주자학사에 있어서의 주리 · 주기용어 사용의 문제점에 대하여」, 『동양철학연구』12, 동양철학연구회, 1991

이동희, 「퇴계학파는 퇴계의 성리학을 어떻게 이해하고 계승했는가 - 갈암 이현일의 율곡비판을 중심으로 - 」, 『철학연구』89, 대한철학회, 2004

이동희, 「퇴계학파의 퇴계의 理 개념 이해의 한 단면」, 『한국학논집』34, 계명대학교 한국학연구소, 2007

이명휘, 「이현일의 사단칠정론」, 『한국문화』43, 서울대학교 규장각한국학연구원, 2008

이봉규, 「송시열의 성리학설 연구」, 서울대학교 박사학위, 1996

이상은, 「사칠논변과 對說 · 因說의 의의」, 『퇴계의 생애와 학문』, 예문서원, 1999

이상익, 「갈암 이현일의 理能發論과 理氣分開論」, 『퇴계학보』122, 퇴계학연구원, 2007

이상익, 「성호 이익의 사단칠정론－「四七新編」을 중심으로－」, 『한국사상과
　　문화』4, 한국사상문화학회, 1999

이상익, 「우담 정시한의 四七辨證과 그 비판」, 『퇴계학보』124, 퇴계학연구원,
　　2008

이상익, 「청대 권상일의 성리설과 그 비판」, 『유교문화연구』18, 성균관대학교
　　유교문화연구소, 2011

이상하, 「한국 성리학 七情理發說의 계보 상에서의 응와 이원조」, 『퇴계학과
　　유교문화』39, 경북대학교 퇴계연구소, 2006

이상호, 「논쟁 전ㆍ후기 퇴계 사칠론의 변이 양상과 퇴계학파 사칠론의 전개」,
　　『퇴계학논집』8, 영남퇴계학연구원, 2011

이상호, 「사단칠정논쟁에 보여준 퇴계학파 초기 제자들의 사단칠정 이해」, 『종
　　교문화연구』31, 한신대학교 종교와문화연구소, 2018

이상호, 「사단칠정론의 변화로 본 퇴계학의 분화와 전개」, 『유교사상문화연
　　구』53, 한국유교학회, 2013

이상호, 「심학과 실학의 재검토: 퇴계 심학에서 성호학으로 흐르는 두 갈래 길
　　－정구의 『심경부주』해석과 이만부의 사단칠정론－」, 『한국실학연
　　구』28, 한국실학회, 2014

이승환, 「퇴계 리발설의 수반론적 해명－고봉과의 사단칠정논변을 중심으로－」,
　　『동양철학』34, 한국동양철학회, 2010

이승환, 「퇴계의 횡설과 고봉의 수설－프레임의 차이로 보는 조선유학의 분기－」,
　　『퇴계학보』131, 퇴계학연구원, 2012

이완재, 「퇴계의 互發相須와 우계의 纔發 主理主氣一發一途에 대한 논평」, 『우
　　계학보』8, 우계문화재단, 1992

이정환, 「퇴계 천명도설과 천명도에 대한 철학적 도상적 재검토」, 『퇴계학보』
　　135, 2014

이종우, 「우암 송시열의 사단칠정론과 그것에 대한 비판과 옹호」, 『열상고전
　　연구』53, 열상고전연구회, 2016

이종태, 「하곡의 사단칠정에 대한 논구」, 『논문집』36, 공군사관학교, 1995

이창후, 「태권도 철학과 사단칠정론」, 『국기원태권도연구』1, 국기원, 2010

이천승, 「농암 김창협의 사단칠정설에 대한 연구」, 『동양철학연구』37, 동양철
　　학연구회, 2004

이치억, 「퇴계 사칠론에서 사단의 순선함에 대하여」, 『유교사상연구』45, 한국
유교학회, 2011

이치억, 「퇴계 四七論에서 七情本善의 의미」, 『유학연구』36, 충남대학교 유학
연구소, 2016

이해영, 「퇴계 사단칠정론의 논거에 관한 검토」, 『유교사상문화연구』3, 한국
유교학회, 1988

이향준, 「두 개의 짐을 진 노새 - 은유논쟁으로서 사단칠정론 - 」, 『유교사상문
화연구』66, 한국유교학회, 2016

이형성, 「중헌 황철원의 노사학 계승양상 일고 - 「태극도」 이해를 통한 理發論
을 중심으로 - 」, 『유학연구』52, 충남대학교 유학연구소, 2020

이형성, 「한주 이진상 情論에 대한 소고」, 『퇴계학보』119, 퇴계학연구원, 2006

이희평, 「여헌 장현광의 철학사상 연구」, 성균관대학교 박사학위, 2000

임부연, 「송시열의 사단칠정론」, 『종교와 문화』21, 서울대 종교문제연구소, 2011

임종진, 「만구 이종기의 삶과 사상적 특징」, 『남명학연구』31, 경상대학교 남명
학연구소, 2011

임형택 외 지음, 「순암 안정복의 성리설 - 擬問의 내용을 중심으로 - 」, 『순암
안정복의 학문과 사상』, 성균관대학교 출판부, 2013

장숙필, 「전간재(田艮齋)의 사단칠정론」, 『철학연구』13, 고려대학교 철학연
구소, 1989

전병철, 「대산 이상정 성리설의 회통적 성격」, 경상대학교 박사학위, 2007

전병철, 「대산 이상정의 이기 · 심성론」, 『대동한문학』25, 대동한문학회, 2006

전성건, 「17~18세기 퇴계학파의 율곡학파에 대한 대응의식과 사상사적 지평
- 성호와 대산의 사단칠정론을 중심으로 - 」, 『태동고전연구』33, 한
림대학교 태동고전연구소, 2014

전성건, 「대산 이상정의 심성론에 대한 연구」, 고려대학교 석사학위 2004

정병련, 「성우계의 理氣一發說」, 『우계학보』10, 우계문화재단, 1993

정병연, 「기고봉 삶과 사칠리기논변」, 『남명학연구』10, 남명학회, 2000

정상봉, 「동양철학의 쟁점 - 리기형이상학과 사단칠정론 - 」, 『한국도덕윤리
과교육학회 학술대회자료집』8, 한국도덕윤리과교육학회, 2019

정상봉, 「유가의 정감윤리학」, 『중국학보』56, 한국중국학회, 2007

정소이, 「조선시대 유학자들의 감정론」, 『서강인문논총』41, 서강대학교 인문

과학연구소, 2014

정소이, 「하빈 신후담의 사단칠정론 - 정산 이병휴와 다산 정약용에게 끼친 영
　　향을 중심으로 -」, 『유교사상문화연구』58, 한국유교학회, 2014

정재현, 「사단칠정론과 모종삼」, 『철학논집』29, 서강대학교 철학연구소, 2012

조장연, 「우계와 율곡의 사단칠정과 인심도심에 대한 분석」, 『우계학보』15, 우
　　계문화재단, 1997

조첨첨, 「퇴계·고봉·율곡 사단칠정론의 爭點에 관한 대비적 연구 - '所從來'
　　의 문제를 중심으로 -」, 성균관대학교 박사논문, 2019

채무송, 「농암 사단칠정설 析辨」, 『도원 유승국 화갑기념 동방사상논고』, 종로
　　서적, 1983

채석용, 「율곡 사단칠정론의 신경윤리학적 해석」, 『윤리연구』1, 한국윤리학
　　회, 2019

채희도, 「율곡학에서 四端의 不中節 문제 - 호굉과 비교를 통해서 -」, 『태동고
　　전연구』42, 한림대학교 태동고전연구소, 2019

최영진·안유경, 「고봉 사단칠정론의 이기론적 기반에 대한 구조적 접근」, 『고
　　봉 기대승연구』, 고봉학술원, 이화, 2009

최영진·안유경, 「우계 성혼 성리설의 구조적 이해」, 『우계학보』27, 우계문화
　　재단, 2008

최천식, 「이익의 사단칠정론 - 상수설의 계승과 호발설의 폐기 -」, 『태동고전
　　연구』34, 한림대학교 태동고전연구소, 2015

추제협, 「성호 이익의 심설과 사칠문제」, 『동아인문학』19, 동아인문학회, 2011

추제협, 「이익의 사단칠정설과 성호학파의 사상적 분기」, 『한국학논집』61, 계
　　명대학교 한국학연구원, 2015

추제협, 「이황의 사단칠정론과 마음공부」, 『안동학연구』13, 한국국학진흥원,
　　2014

한자경, 「사단칠정론에서 인간의 성과 정」, 『철학연구』68, 철학연구회, 2005

허권수, 「응와 이원조의 학문과 寒洲에 대한 영향」, 『퇴계학과 유교문화』39,
　　경북대학교 퇴계연구소, 2006

허권실, 「우계와 율곡의 사단칠정과 인심도심에 관한 연구」, 군산대학교 석사
　　학위, 2012

홍성민, 「도덕 감정에 관한 퇴계와 율곡의 사유 - 상호 이해와 소통의 가능성

을 중심으로-」,『율곡학연구』37, 율곡학회, 2018

홍성민, 「四七論의 해체와 善의 일원화」,『동양철학연구』96, 동양철학연구회, 2018

홍성민, 「율곡과 여헌의 四七論에서 理의 발현과 公의 실현」,『율곡학연구』41, 율곡학회, 2020

홍성민, 「율곡의 사단칠정론에서 中節의 의미」,『한국학연구』58, 고려대학교 한국학연구소, 2016

홍원식, 「퇴계 이황의 사칠론과 그의 성리설」,『목요철학』10, 계명대학교 목요 철학원, 2012

황의동, 「간재 전우의 사단칠정론」,『간재학논총』2, 간재학회, 1998

황의동, 「우계 성리학의 이해-퇴계, 고봉, 율곡과의 비교적 관점에서-」,『우 계학보』7, 우계문화재단, 1992

황준연, 「우계-율곡 사단칠정·이기논변 역주」,『우계학보』24, 우계문화재 단, 2005

찾아보기

546, 578, 579, 580, 584, 586, 592
미발설(未發說) 527

(ㅂ)

박세채(朴世采) 186, 188, 189, 192, 193, 194, 195
박필주(朴弼周) 331, 333, 334, 335, 336, 337, 338
발(發) 97, 99, 218, 305, 408, 505, 616, 622
발어기(發於氣) 20, 660
발어리(發於理) 20, 660
백운(허겸) 190
번지(潘止) 392
범인(凡人) 280
본덕(本德) 110
본말(本末) 437
본성(本性) 58, 267, 342, 383, 386, 419, 420, 442, 454, 518, 532, 590
본연(本然) 29, 42, 155, 216, 219, 320, 356, 357, 365, 403, 440, 457, 550, 551, 555, 615, 616, 617
본연지성(本然之性) 29, 30, 35, 39, 42, 43, 51, 70, 71, 73, 76, 79, 80, 83, 84, 88, 89, 191, 192, 194, 195, 203, 205, 215, 216, 228, 235, 245, 249, 252, 284, 319, 320, 321, 322, 323, 329, 330, 338, 342, 351, 363, 364, 365, 366, 367, 369, 386, 397, 403, 406, 426, 437, 438, 439, 441, 442, 443, 447, 450, 451, 456, 457, 459, 466, 467, 472, 473, 474, 477, 478, 479, 480, 486, 487, 488, 512, 514, 515, 517, 522, 551, 556, 576, 597, 611, 612, 615, 617, 632
본연지체(本然之體) 44, 198, 471, 613, 645

본원(本原) 160, 161, 164, 598, 600, 626, 648, 653
본체(體) 36, 49, 56, 152, 154, 180, 212, 224, 249, 263, 286, 311, 314, 316, 357, 391, 408, 412, 434, 518, 668
부리을(付里乙) 392
부분(部分) 80, 81, 89, 101, 551
부연(衍) 353, 354, 358, 538, 539, 540, 563, 564
부중절(不中節) 27, 117, 118, 119, 123, 137, 138, 142, 144, 147, 194, 259, 267, 340, 374, 392, 419, 437, 443, 444, 514
북계(진순) 190
분개(分開) 194, 223, 350, 351, 411, 412, 413, 414, 415, 416, 418, 420, 421, 422, 423, 424, 425, 456, 458, 460, 461, 462, 468, 470, 472, 474, 475, 510, 546, 549, 551, 552, 553, 554, 555, 556, 557, 558, 560, 566, 592, 598, 600, 603, 605, 623, 647, 648, 649, 651, 652, 654, 655
분개설(分開說) 266, 275, 277, 278, 410, 411, 412, 413, 425, 454, 550, 551, 565, 597, 598, 642, 649, 650
분별(分別) 165
분별설(分別說) 32, 33, 34, 39, 168, 171, 172, 173, 174, 175, 179, 180, 182, 183, 184, 290, 293, 294, 295, 297, 298, 300, 301, 545
분치(忿懥) 427, 428, 501, 640
불교 569
불상리(不相離) 21, 95, 96, 97, 104, 118, 119, 123, 130, 137, 141, 158, 159, 161, 164, 193, 209, 210, 215, 217, 221, 223, 227, 246, 247, 250, 252, 259, 324, 325, 326, 327, 329, 359, 374, 382, 386, 430, 440, 468, 498, 499, 505, 510, 514, 516, 517, 522, 547, 553, 582, 589, 609,

토극수(土克水) 639
토생금(土生金) 638, 639
『퇴계전서(退溪全書)』 529
퇴계학파 74, 276, 277, 278, 301, 352,
    410, 415, 423, 424, 425, 426, 510, 549,
    600, 606, 624, 654
「퇴율양선생사단칠정인도이기설후
    변(退栗兩先生四端七情人道理氣
    說後辨)」 208, 312

(ㅍ)

필연(必然) 276, 525

(ㅎ)

하도(下圖) 20, 21, 288, 411, 425, 476,
    478, 484, 493, 502, 553, 554, 555, 565,
    596, 597, 598, 600, 603, 606, 611, 612,
    613
하도의 칠정(下圖之七情) 485, 486,
    487, 488, 489, 490, 491, 493, 494, 500,
    502
한교(韓嶠) 91, 97, 98, 99
한말(韓末) 663
한백겸(韓百謙) 100, 101, 102, 103,
    106, 107, 108
한원진(韓元震) 194, 353, 354, 355,
    356, 357, 358, 359, 360, 361, 362, 363,
    364, 365, 366, 367, 368, 369, 419, 564
한주(이진상) 622
함양(涵養) 117, 518
허겸(許謙) 189, 191
허령지각(虛靈知覺) 87
허유(許愈) 591, 592, 593, 595, 596,
    597, 598, 599, 600, 602, 603, 604, 605,
    606
「현승편(玄繩編)」 53

혈기(血氣) 213, 214, 217, 512
형구(形軀) 508
형기(形氣) 53, 80, 98, 259, 346, 347,
    422, 427, 429, 491, 545, 565, 608, 609
형기에 매개되지 않는 이발 350, 351,
    448
형기에 매개된 이발 350, 351, 448
형기의 칠정(形氣之七情) 646, 647,
    654, 655
형기지발(形氣之發) 345
형이상 324, 413, 458, 511, 513, 583
형이하 324, 413, 458, 511, 513, 583
형질(形質) 419, 511, 512, 513
형체(形體) 105, 135, 136, 160, 161,
    213, 328, 344, 407, 480, 509, 553, 581
호락(好樂) 501, 640
호발(互發) 64, 70, 71, 78, 160, 167, 168,
    224, 228, 246, 249, 250, 327, 349, 376,
    402, 404, 405, 406, 416, 528, 531, 569,
    593
호요(好樂) 427, 428
「호학론(好學論)」 271, 339, 455, 456,
    457, 464, 465, 470, 474, 478, 479, 480,
    553, 554, 652
혹생(或生) 87, 88
혹생혹원(或生或原) 597
혹원(或原) 87
혹원혹생(或原或生) 65, 66, 67, 68, 69,
    76, 86, 87, 89, 404, 405, 528, 529
혼륜(渾淪) 40, 165, 194, 223, 350, 351,
    411, 412, 413, 414, 415, 416, 418, 419,
    420, 421, 422, 423, 424, 425, 458, 460,
    461, 462, 468, 470, 473, 475, 510, 546,
    549, 551, 552, 553, 554, 555, 556, 557,
    558, 560, 598, 600, 610, 613, 614, 623,
    624, 647, 648, 651, 652, 654
혼륜설(渾淪說) 165, 168, 169, 171,

저 자 약 력

안유경

경북 안동 출생
경북대학교 중어중문학과, 성균관대학교 대학원 동양철학과 한국철학전공 졸업
(철학박사)
현재 경북대학교 영남문화연구원 연구교수

■ 역서

『리의 철학』, 『맹자의 성선론 연구』, 『유가의 형이상학』, 『동아시아 유교경전 해석
학』, 『유교는 종교인가(1·2)』, 『임계유의 노자 풀어 읽기』, 『오행이란 무엇인가』,
『주역전해(상·하)』

■ 저서

『이현일의 철학사상』, 『성리학이란 무엇인가』, 『퇴계학파의 심성론』, 『경이란 무
엇인가: 이상정의 『敬齋箴集說』역주』, 『성학십도 이야기: 학생이 묻고 퇴계가 답
하다』 외 다수

조선성리학의
사단칠정론 역사

초 판 인 쇄	2025년 05월 15일
초 판 발 행	2025년 05월 27일
저 자	안유경
발 행 인	윤석현
발 행 처	박문사
책 임 편 집	최인노
등 록 번 호	제2009-11호
우 편 주 소	서울시 도봉구 우이천로 353
대 표 전 화	02) 992 / 3253
전 송	02) 991 / 1285
전 자 우 편	bakmunsa@hanmail.net

ⓒ 안유경, 2025 Printed in KOREA.

ISBN 979-11-7390-006-8 93150   정가 64,000원

* 이 책의 내용을 사전 허가 없이 전재하거나 복제할 경우 법적인 제재를
  받게 됨을 알려드립니다.
** 잘못된 책은 구입하신 서점이나 본사에서 교환해 드립니다.